AF543574

Thomas Luther

Schachtaktik und Schachstrategie

Fundamentales Schachwissen mit
GM Thomas Luther

Joachim Beyer Verlag

ISBN 978-3-95920-146-9

1. Auflage 2022

Ein Imprint des Schachverlag Ullrich, Zur Wallfahrtskirche 5, 97483 Eltmann

Herausgeber: Robert Ullrich

Inhalt

Lieber Leser!

Dies ist der zweite Band aus der Reihe "*Fundamentales Schachwissen mit GM Thomas Luther"*. Der erste Band startete mit einfachen Übungen und kleinen Spielen und ging danach über zu Matts in 1, 2 oder 3 Zügen und den wichtigsten taktischen Motiven. Wenn du dieses Buch durchgearbeitet hast, bist du schon auf einem guten Niveau und bereit für schwierigere Lektionen.

Wir beginnen mit 50 Kombinationen, um die Motive aus dem ersten Band aufzufrischen und als eine Art von Selbsttest für die Schachfreunde, die den ersten Band nicht durchgearbeitet haben. Wenn du viele der Aufgaben nicht lösen kannst, ist es besser, einen Schritt zurück zu gehen und den ersten Band durchzuarbeiten. Es ist nicht gut, elementare Kenntnisse auszulassen. Andernfalls wird es deinen Fortschritt behindern oder zumindest verlangsamen.

In diesem Buch lernst du nicht nur weitere taktische Motive kennen, sondern bekommst auch eine Einführung in die Grundlagen der Schachstrategie. Du lernst ihre wichtigsten Elemente kennen. Dies wird dir helfen, bessere Pläne zu finden und Stellungen besser zu verstehen.

Am Schluß des Buches wartet ein Kapitel mit 50 Matts in 5+ Zügen auf dich. Es wird dir Techniken zeigen, wie man angreift oder den gegnerischen König jagt, aber auch deine Berechnungs- und Vorstellungsfähigkeiten verbessern helfen.

Und nun genug der Vorrede, gehen wir ans Werk und lernen wir eine Menge über Schachtaktik und -Strategie!

Ich wünsche dir viel Freude beim Studium dieses Buches und das es dir helfen wird, dein Spiel zu verbessern!

Dein ***Thomas Luther***

Großmeister und FIDE Senior Trainer

1.

50 Gemischte Kombinationen

Aus aller Welt und von Spielern aller Kategorien

Das taktische Motiv ist oft verborgen hinter einem Vorbereitungszug oder einem Abtausch. Aber das sollte dich nicht verwirren. Nachdem du Band 1 durchgearbeitet hast, solltest du in der Lage sein, die meisten Motive zu erkennen und anzuwenden.

Das jeweilige Motiv erscheint nach zwei bis vier Zügen. Die Umsetzung mag manchmal noch einige Züge länger benötigen.

Die gezeigten Stellungen stammen von Partien aus dem Zeitraum, in dem dieses Buch geschrieben wurde. Die Elozahlen hinter den Namen zeigen dir, wie stark die Spieler waren; viele davon Meister oder sogar Großmeister. Aber lass dich davon nicht einschüchtern. Mit Konzentration und logischem Denken kannst du viele der Übungen lösen - und aus denen, die du nicht lösen kannst, lernst du etwas Neues!

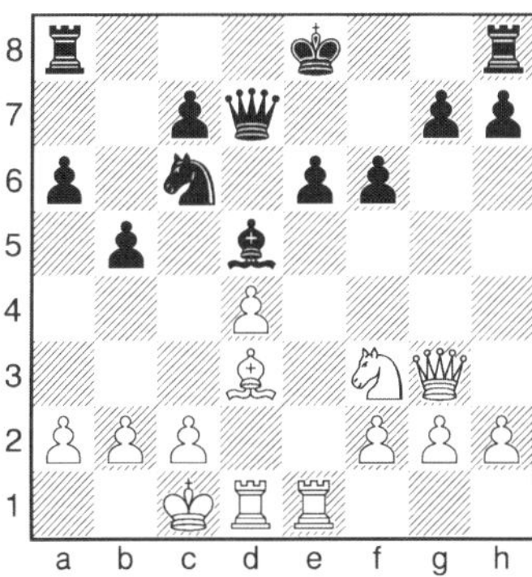

1

Burke,John M (2563) – Arun Prasad,S (2501)

Cherry Blossom Classic
Dulles USA 2019

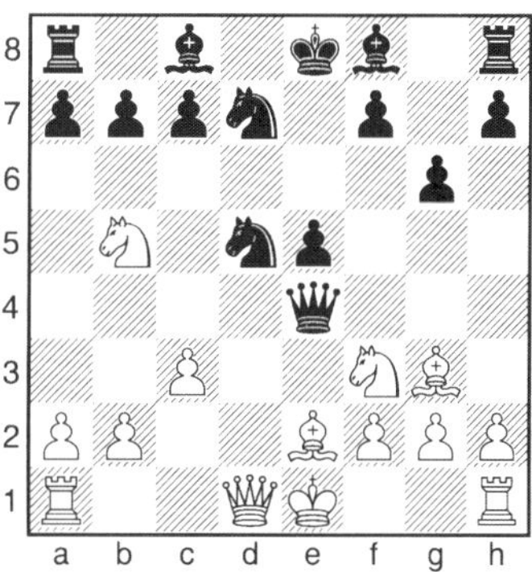

2

Thiel,T (2271) – Hoyer,O (1821)

Bodensee Open
Bregenz AUT 2019

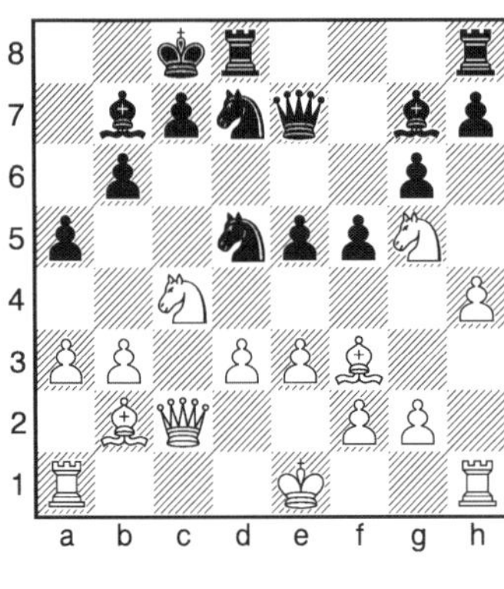

3

Herrera Reyes,J (2366) – Rasmussen,A (2552)

8th Llucmajor Open
Llucmajor ESP 2019

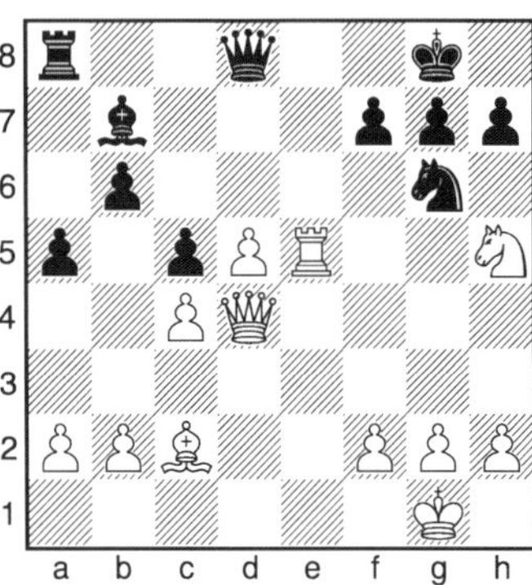

4

Kosteniuk,A (2546) – Zatonskih,A (2424)

chess.com Women's Speed 2019

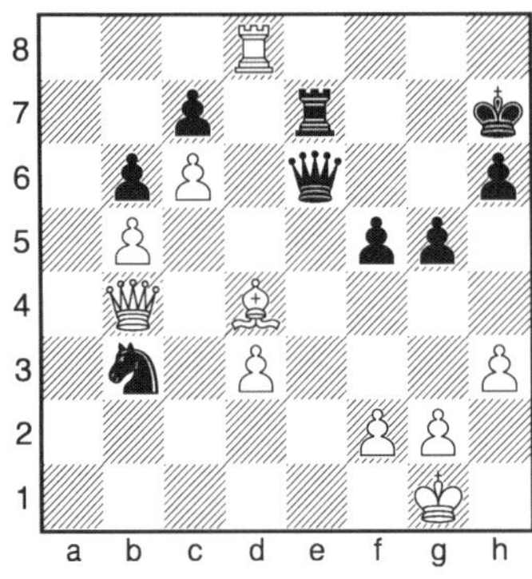

5

Nepomniachtchi,I (2773) – Grischuk,A (2772)

FIDE Grand Prix
Moskau 2019

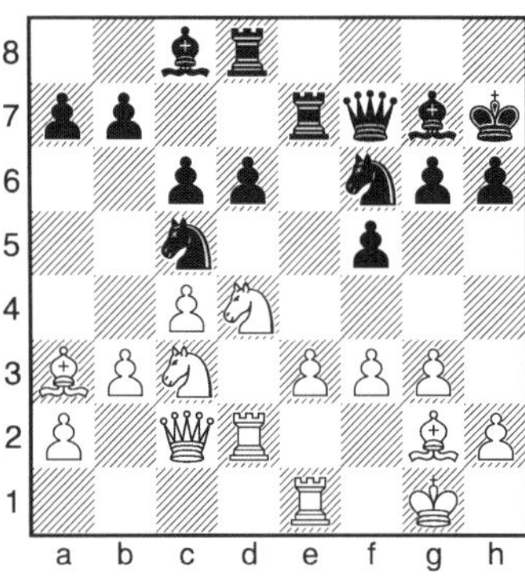

6

Krstulovic,A (2368) – Geher,K (2113)

Laszlo Barczay Memorial
Zalakaros HUN 2019

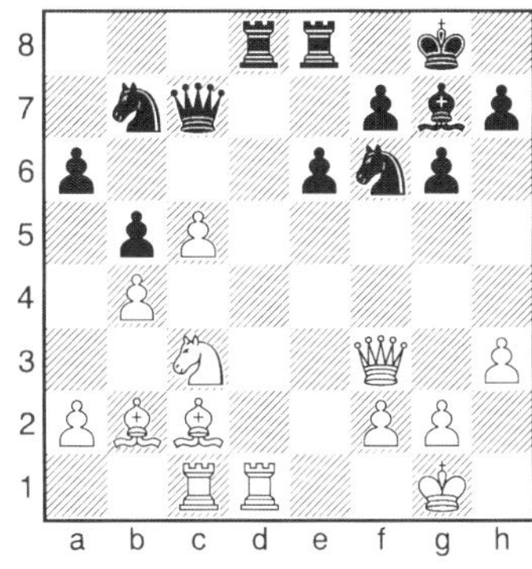

7

Blanco,Cr (2342) –
Toderrado Macias,J (1878)

XXXI Dos Hermanas Rapid
Dos Hermanas ESP 2019

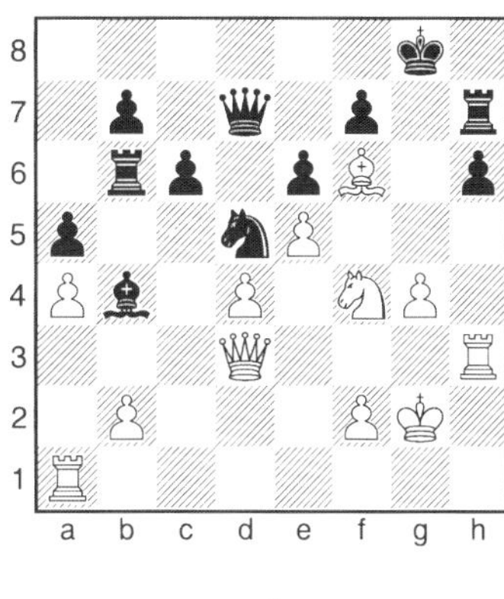

8

Devereaux,M (2342) –
Jacobsen,M (2319)

Fredericia IM
DEN 2019

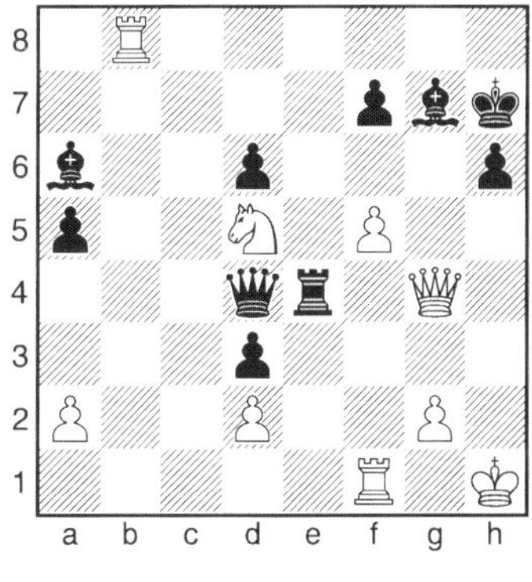

9

Thoderfinnsson,B (2451) –
Bergsson,St (2124)

Icelandic Open
Akureyri ISL 2019

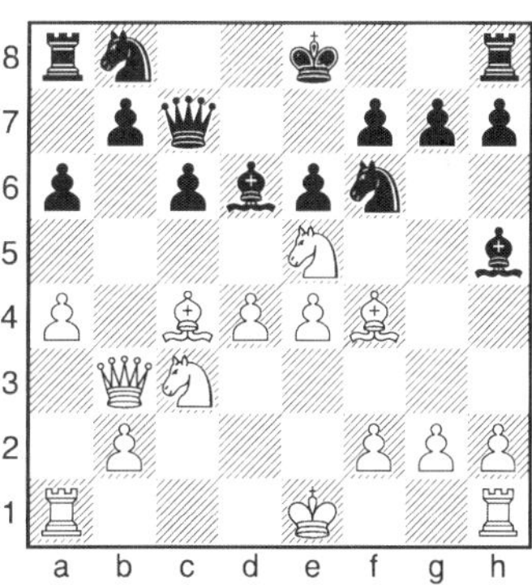

10

Oganian,M (2415) –
Martinovici,I (2367)

Sochi GM
RUS 2019

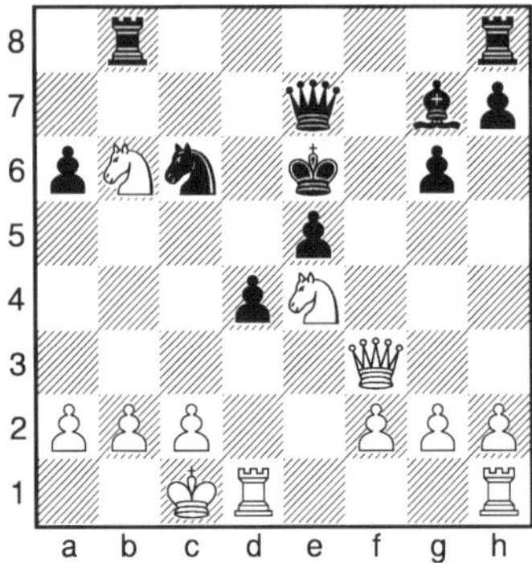

11

**Liu Guanchu (2425) –
Swicarz,M (2331)**

18th Marienbad GMA2
Marianske Lazne CZE 2019

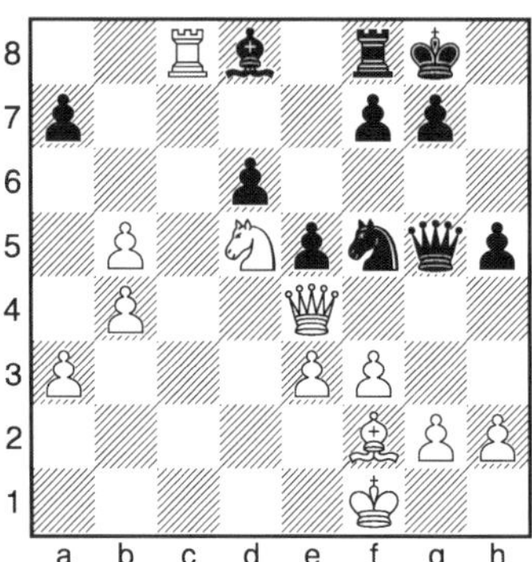

12

**Vaisser,A (2494) –
Leconte,M (2246)**

TCh-FRA Top 12
Brest 2019

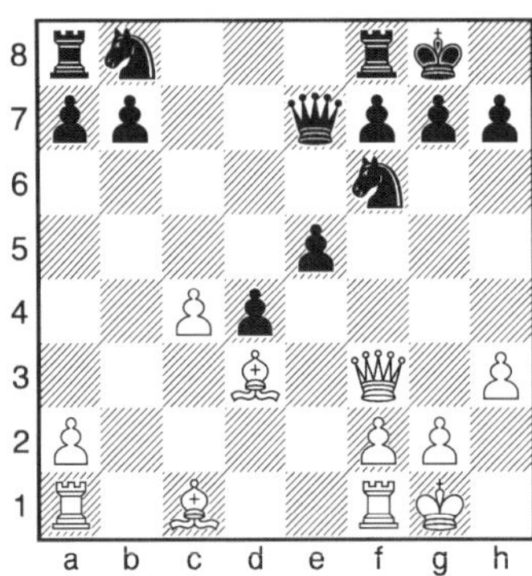

13

**Kjartansson,G (2454) –
Sokolov,I (2593)**

Icelandic Open
Akureyri Iceland 2019

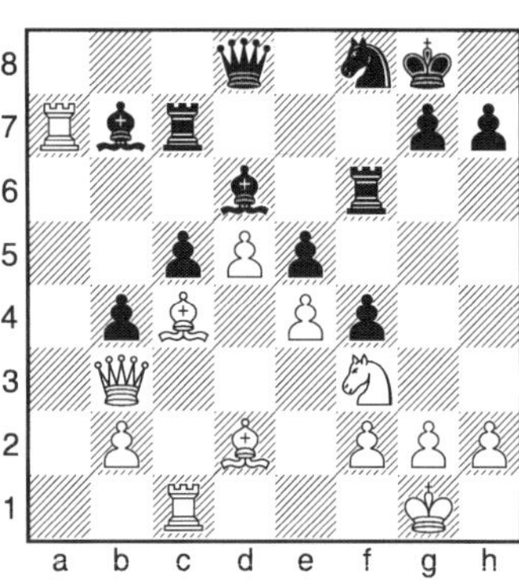

14

**Vasquez Schroeder (2476) –
Karthik,Sai Ch (1963)**

12th KIIT Cat A Open
Bhubaneswar IND 2019

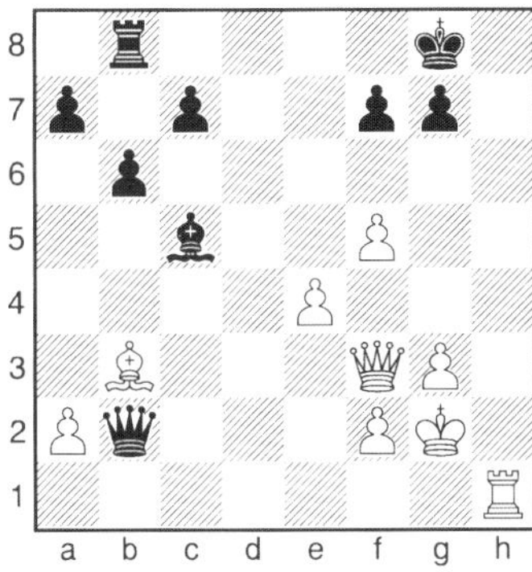

15

Ogunshola,B (2184) – Jones,S.A (2128)

2nd 4NCL Spring Bank
Basingstoke ENG 2019

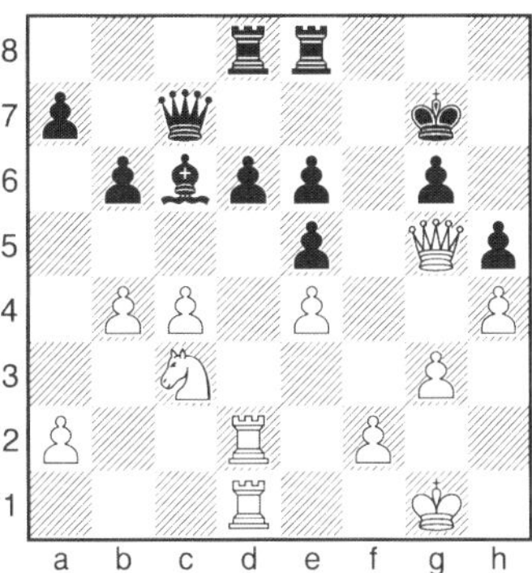

16

Ruck,R (2522) – Daly,C (2278)

Irish International Open
Dublin 2019

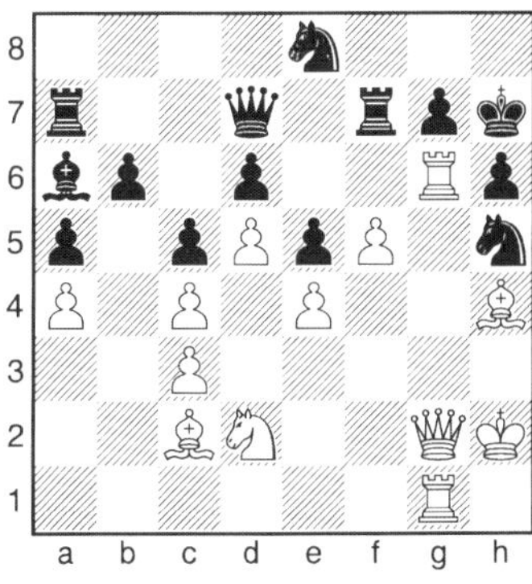

17

Hofmann,C (1951) – Pikatz,F (1707)

11. Rheinland-Pfalz Open
Weilerbach 2019

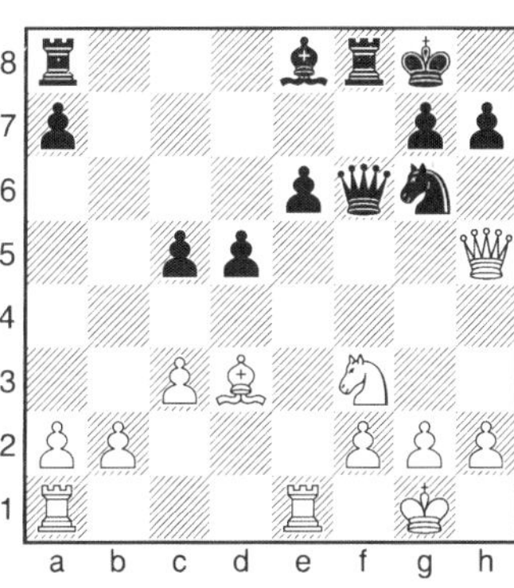

18

Santos Latasa,J (2587) – Arizmendi Martinez,J (2511)

8th Llucmajor Open
Llucmajor ESP 2019

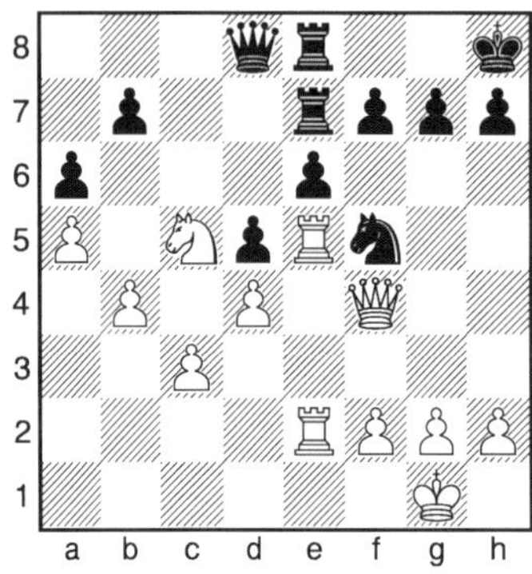

19

Carlsen,M (2861) –
Wei Yi (2736)

Cote d'Ivoire Blitz
Abidjan CIV 2019

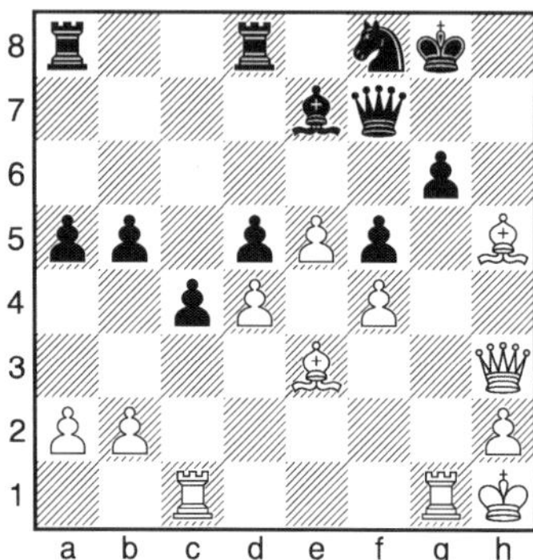

20

Laylo,D (2433) –
Bai,A (2074)

18th Asian Continental
Xingtai China 2019

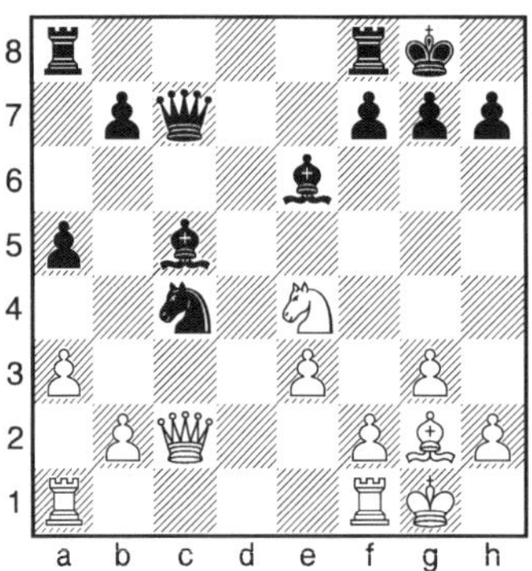

21

Ke,I (2332) –
Wu,R (2184)

ch-USA Cadet
San Jose 2019

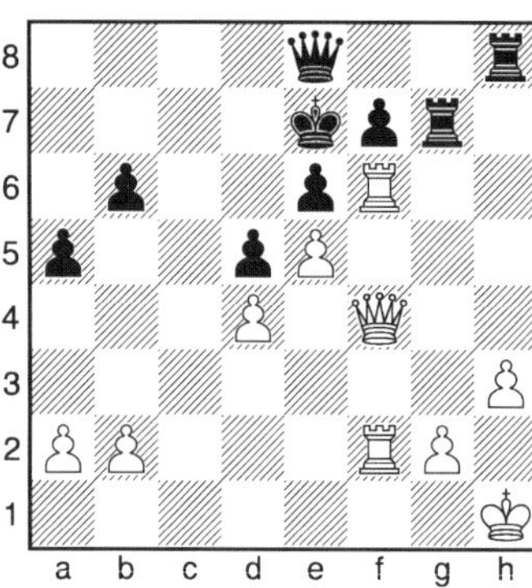

22

Yudin,S (2507) –
Mamatov,M (2223)

Blitz WM
St. Petersburg RUS 2018

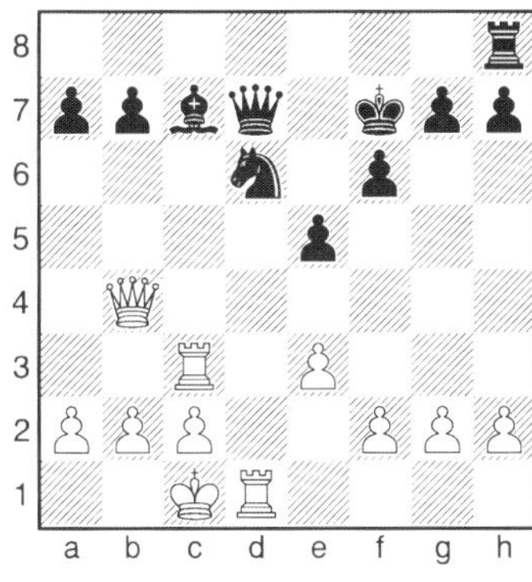

23

Brito,L (2298) – Baeta,M (1903)

14th American Continental Sao Paulo BRA 2019

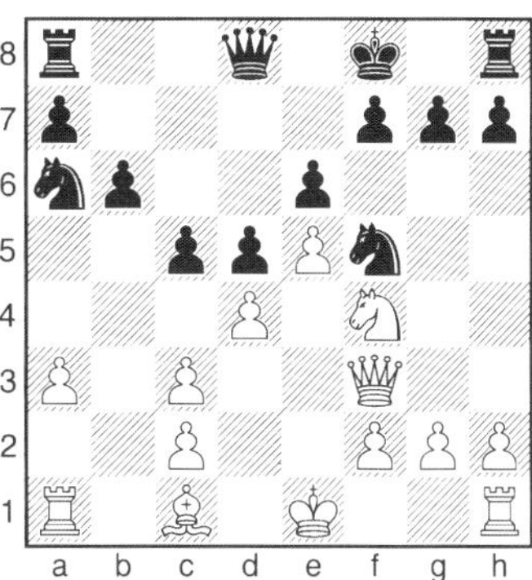

24

Murzin,V (2418) – Yanchenko,R (2478)

72nd ch-RUS
Yaroslavl RUS 2019

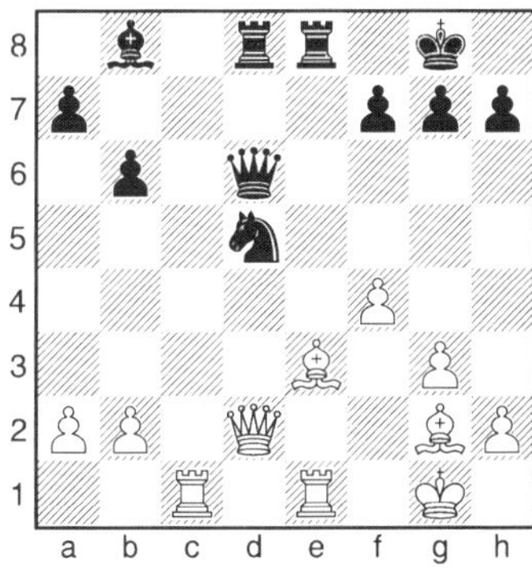

25

Neiksans,A (2566) – Jacobson,B (2486)

St. Louis Summer C
Saint Louis 2019

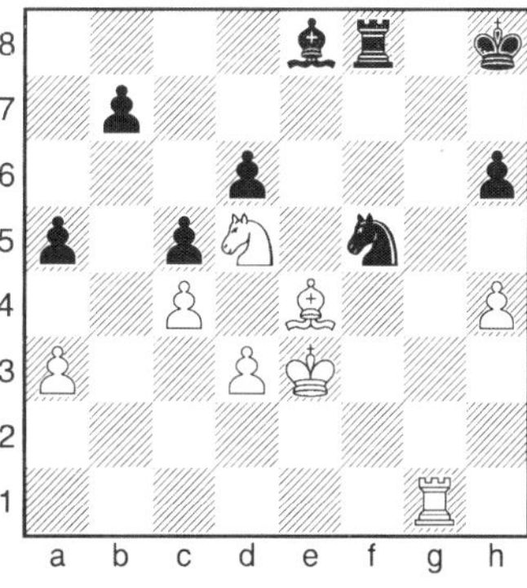

26

Colas,J (2304) – Shabalov,A (2528)

28th Chicago Open 2019

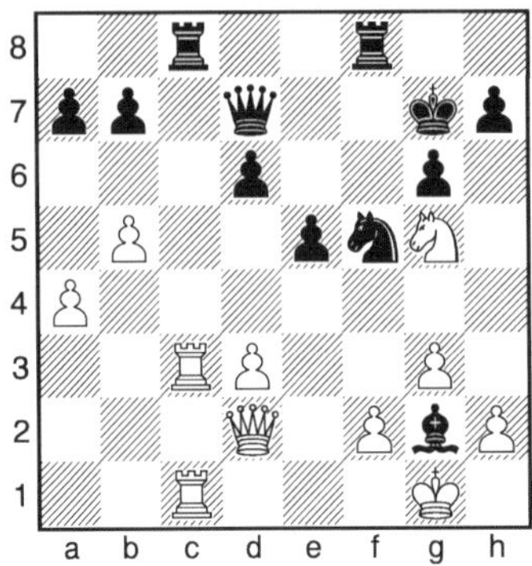

27

Bivol,A (2391) – Matveeva,O (2189)

72nd ch-RUS Women
Yaroslavl 2019

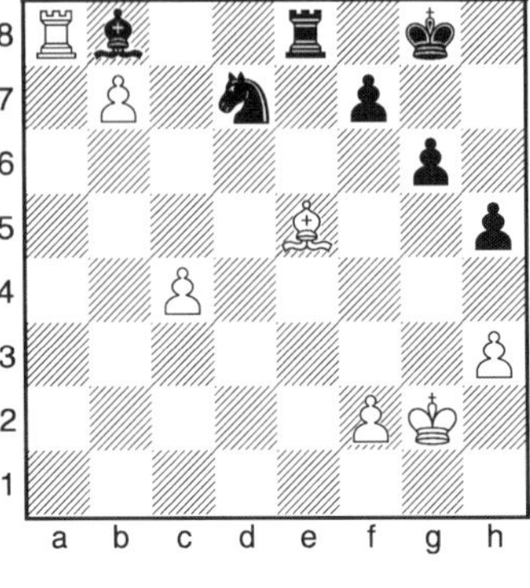

28

Sharma,Di (2295) – Gabrielian,A (2499)

Rapid WM
St. Petersburg 2018

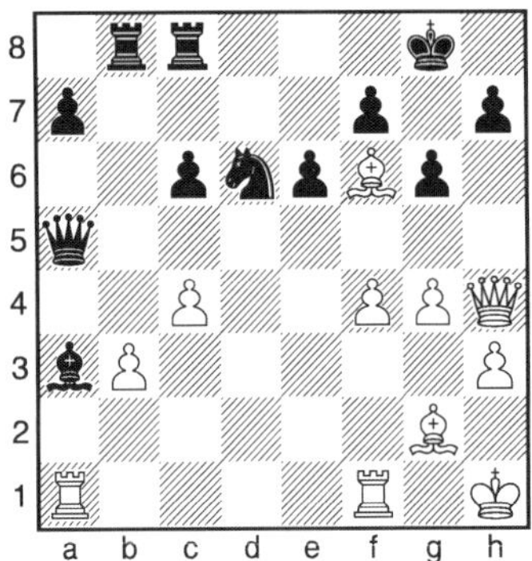

29

Urkedal,F (2566) – Stokke,K (2336)

ch-NOR
Larvik 2019

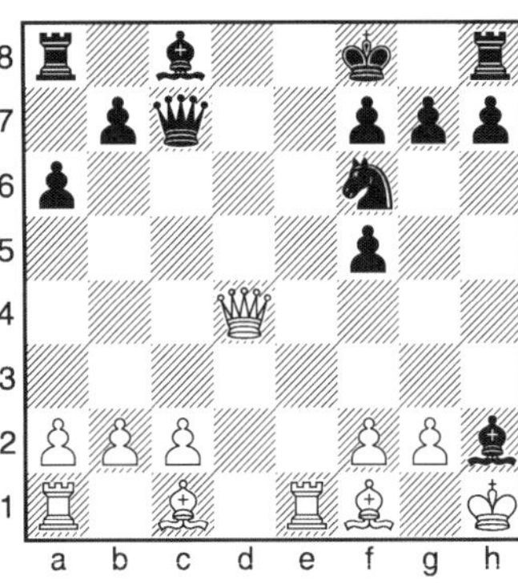

30

Vazquez,G (2497) – Toderres Rosas,L (2320)

28th Chicago Open 2019

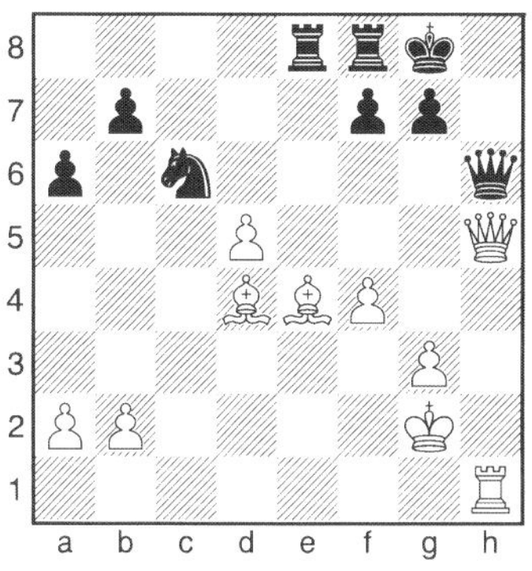

31

Van Foreest,L (2521) – Werle,J (2555)

ch-NED
Amsterdam 2019

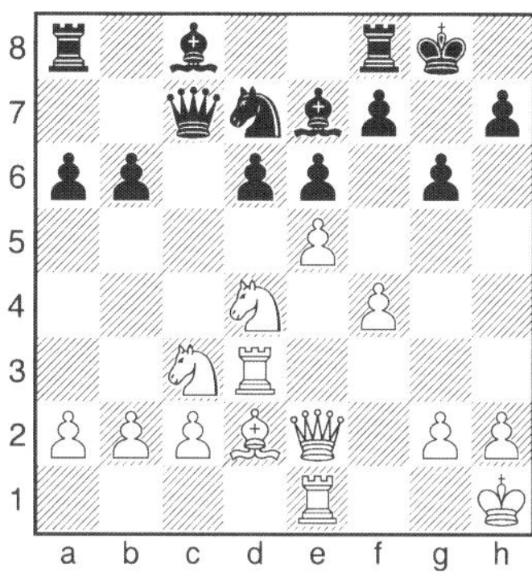

32

Husbands,O (2289) – Kelley,D (2066)

47th Annual World Open
Philadelphia 2019

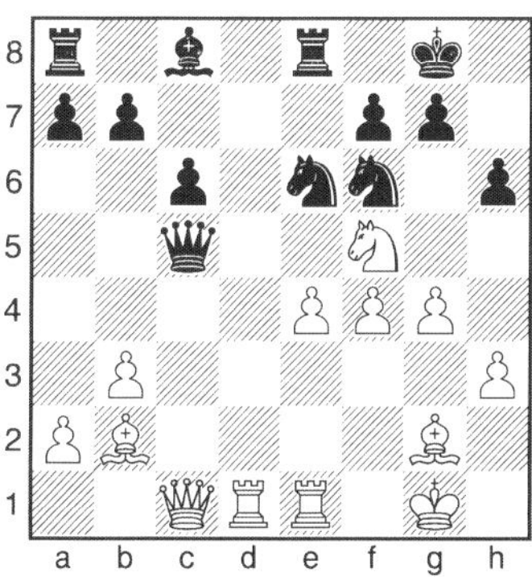

33

Garcia Cardenas,P (2443) – Ikejiri,D (2004)

14th American Continental
Sao Paulo BRA 2019

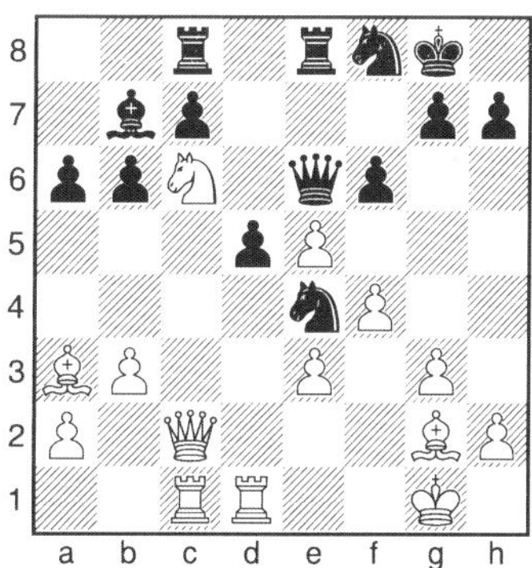

34

Shankland,S (2717) – Rensch,D (2402)

Mechanics Institute Rapid
San Francisco 2019

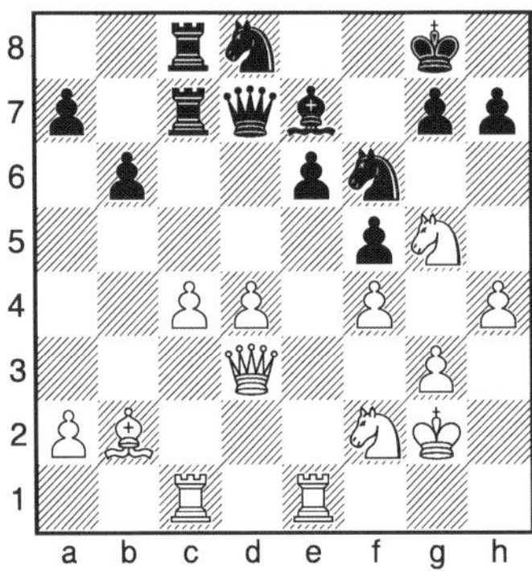

35 ●

Utiatskaja,I (2192) –
Ovod,E (2361)

72nd ch-RUS Women
Yaroslavl 2019

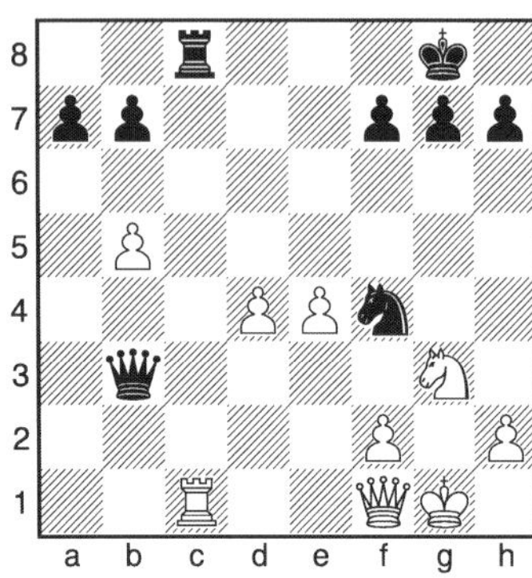

36 ●

Chudinovskikh,A (2184) –
Lampert,J (2544)

31. Staufer-Open
Schwäbisch Gmünd 2019

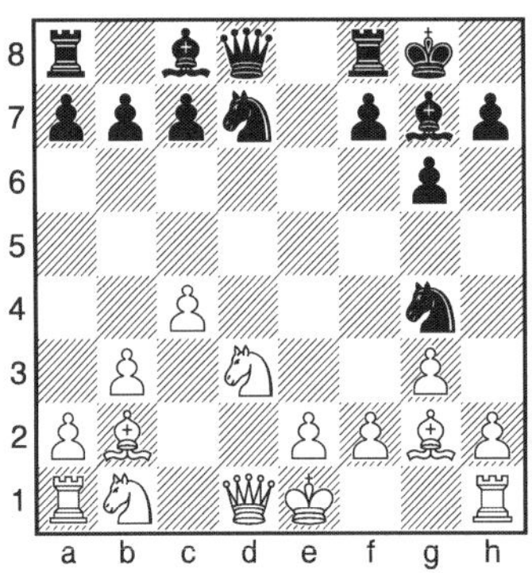

37 ●

Riemer,R (2089) –
Kurayan,R (2374)

2. Bamberg Open
Bamberg 2019

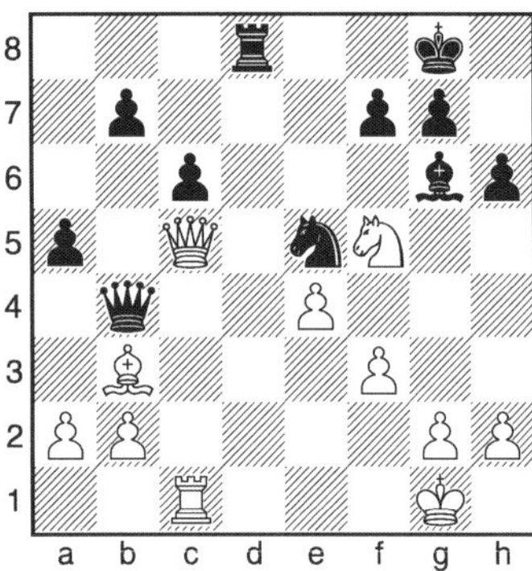

38 ●

Nihal,S (2598) –
Sevian,S (2666)

chess.com Junior
Speed chess.com INT 2019

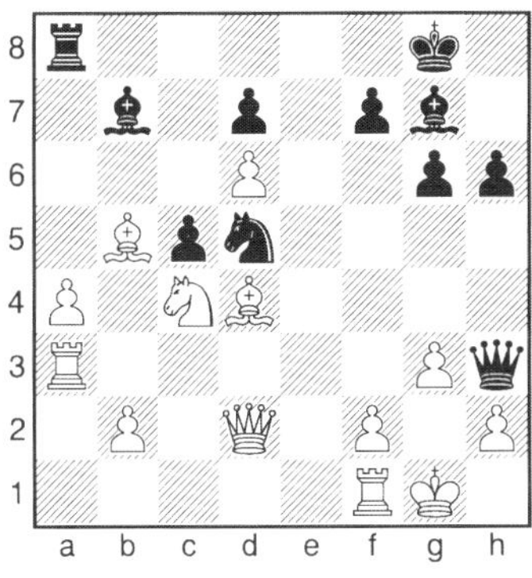

39 ●

Napalkov,V (2043) – Denishev,M (2196)

Open Voronezh RUS 2019

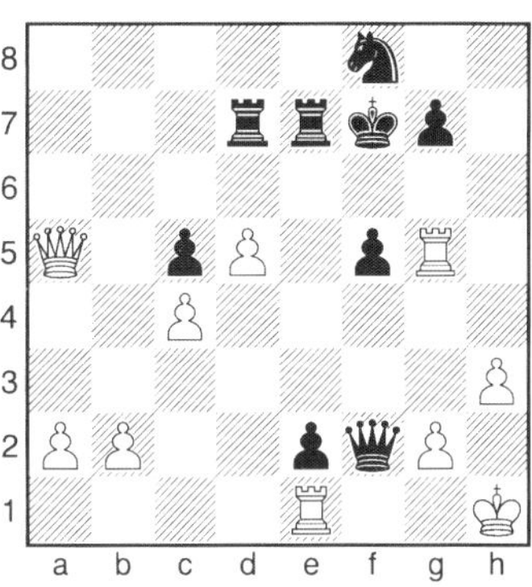

40 ●

Kadosh,L (1649) – Cohen Revivo,S (2240)

Netanya Open ISR 2019

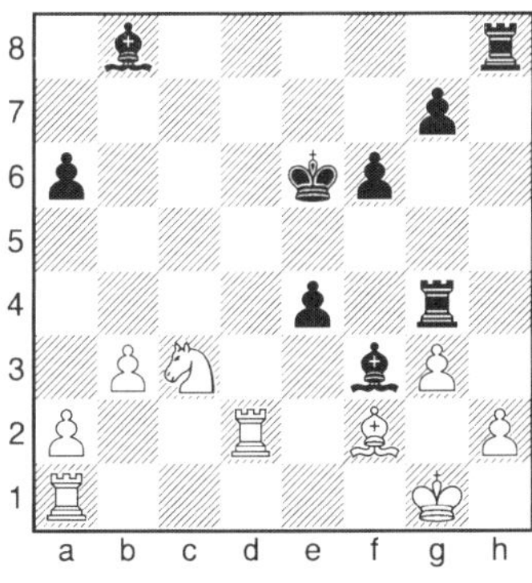

41 ●

Zavarsky,J (2000) – Tersinsev,A (2164)

19th IPCA WCh
Ruzomberok SVK 2019

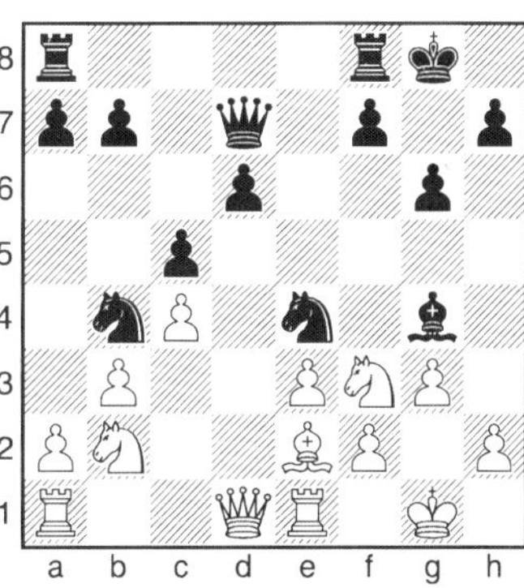

42 ●

Lindahl,E (2160) – Mardell,J (2029) Variante

Elite Hotels Vaxjo Open
Vaxjo SWE 2019

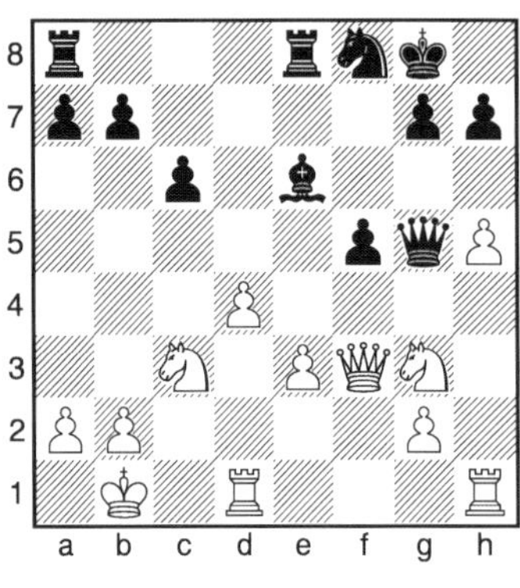

43 ●

Fernandez,M (2220) – Passos,R (1808)

14th American Continental
Sao Paulo BRA 2019

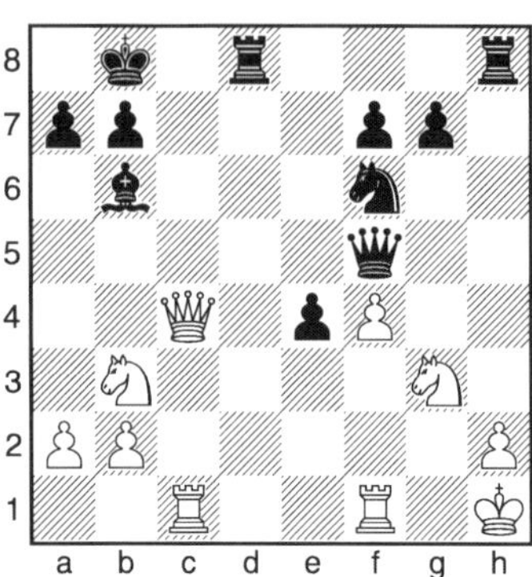

44 ●

Melo,I (1825) – Gasic Merino,F (2226)

14th American Continental
Sao Paulo BRA 2019

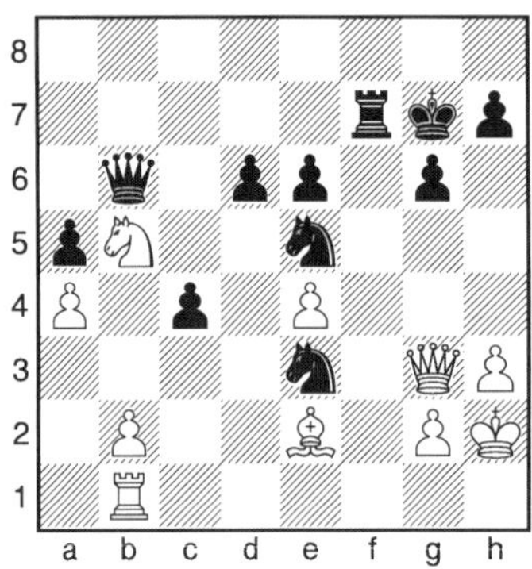

45 ●

Stocko,J (2319) – Martic,Z (2272)

Solta Amateur Open
Grohote CRO 2019

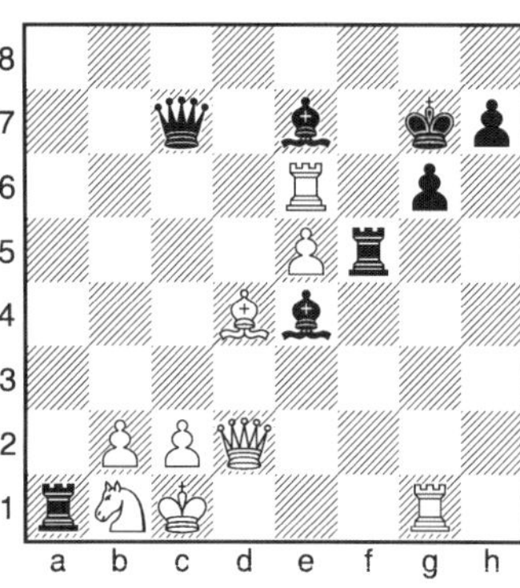

46 ●

Roseneck,J (2398) – Harazinska,M (2004)

Najdorf Mem Open A
Warschau 2019

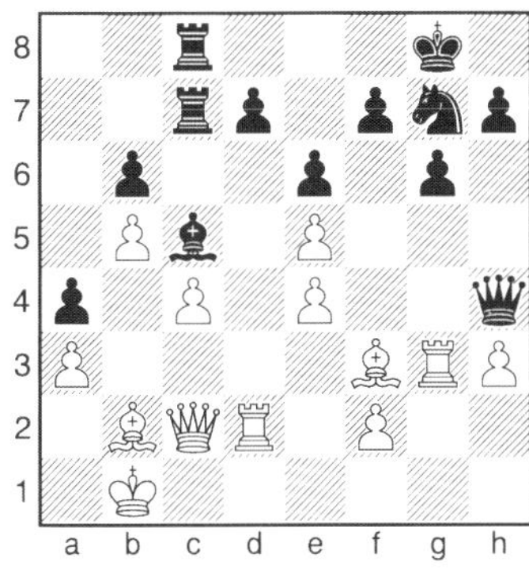

47 ●

Sanchez Alvarez,R (2434) – Iturrizaga,E (2625)

14th American Continental
Sao Paulo BRA 2019

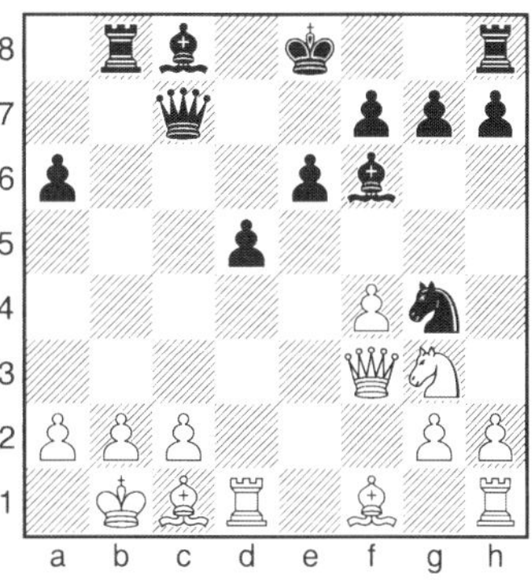

48 ●

Kubicka,A (2202) – Shyam,SM (2520)

Najdorf Mem Open A
Warsaw POL 2019

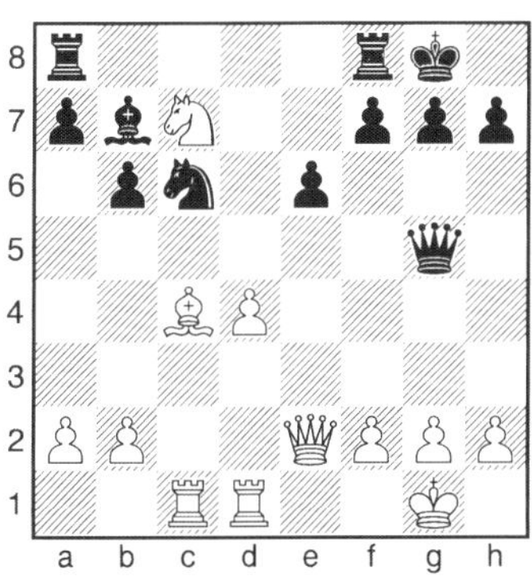

49 ●

Romero,J (1904) – Moussa,A (1993)

Denver Open USA 2019

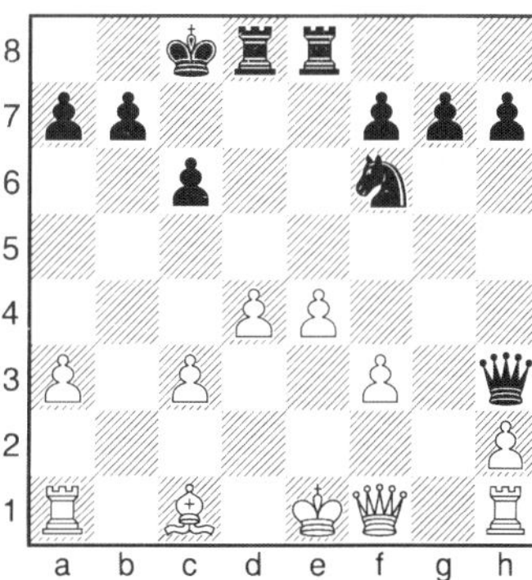

50 ●

Stolyarsky,Y (2007) – Yusupoff,Y (1874)

Netanya Open ISR 2019

Lösungen

50 gemischte Kombinationen

Nun lass uns mal sehen wie gut du bei diesem ersten Test abgeschnitten hast!

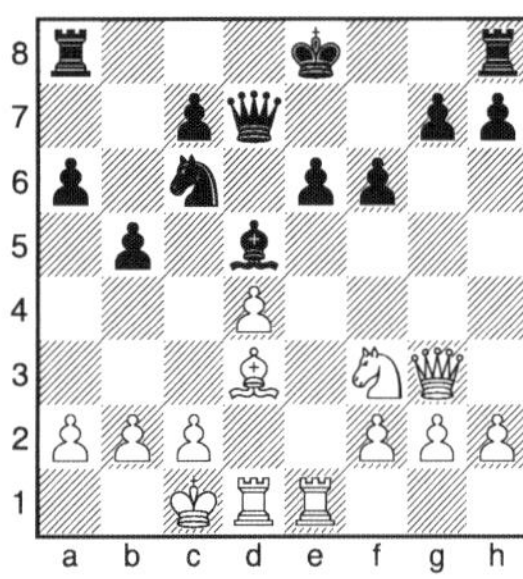

1. Burke – Arun Prasad

16.♗d3xh7 0-0-0

Und nicht etwa ***16...♖h8xh7??*** 17.♕g3–g6+ ♕d7–f7 18.♕g6xh7 +–

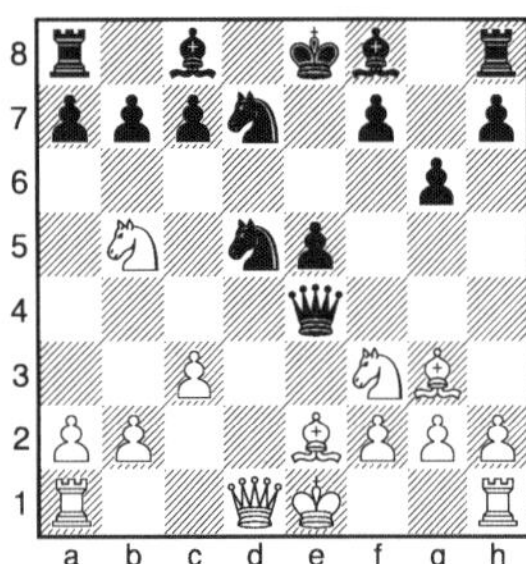

2. Thiel – Hoyer

11.♕d1xd5 ♕e4xd5
12.♘b5xc7+ ♔e8–d8
13.♘c7xd5 +–

Eine Springergabel in der Eröffnung; ein typischer Fehler.

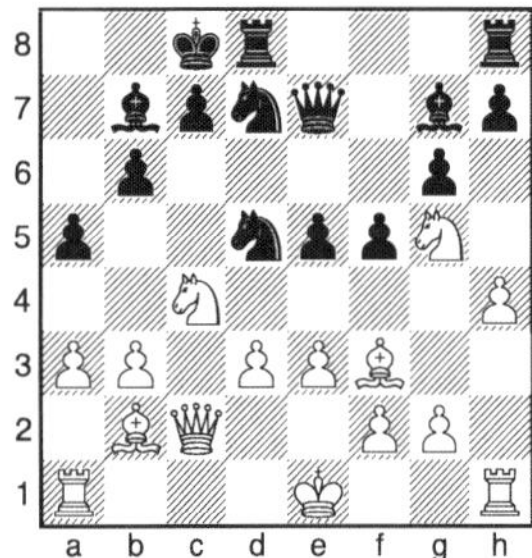

3. Herrera Reyes – Rasmussen

16.♘g5–f7 ♕e7xf7??

In der Partie folgte 16...♘d7–c5 17.♘f7xd8.

17.♘c4–d6+ ♔c8–b8 18.♘d6xf7

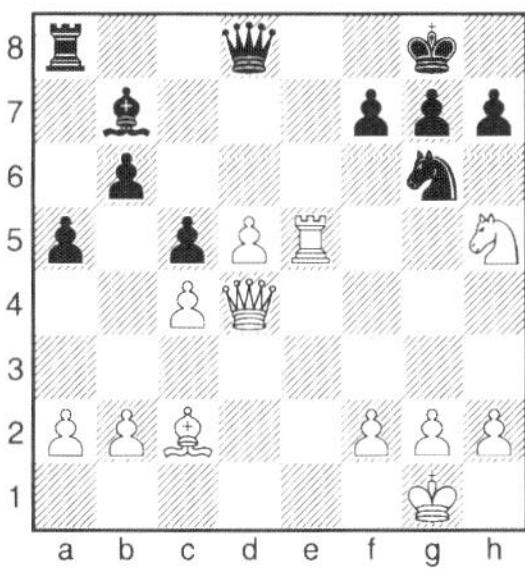

4. Kosteniuk – Zatonskih

23.♖e5–e8+ 1:0,

Ein tödliches Abzugsschach.

23...♕d8xe8 / ♘g6–f8 24.♕d4xg7#

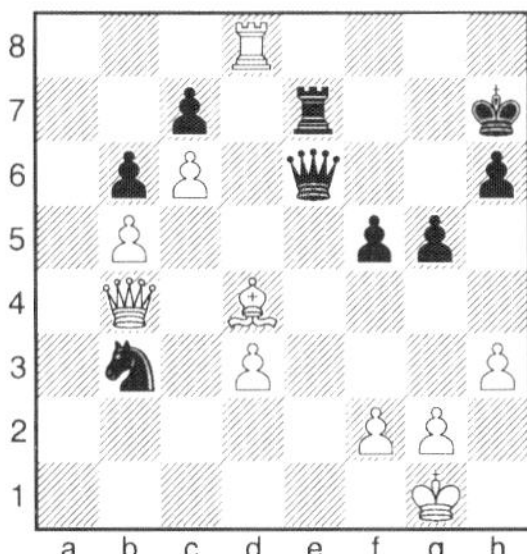

5. Nepomniachtchi – Grischuk

36.♕b4xe7+

Zwingt die Dame auf die 7.Reihe und in einen Spieß, dessen Nutznießer der Bauer ist.

36...♕e6xe7 37.♖d8–d7 ♕e7xd7 38.c6xd7

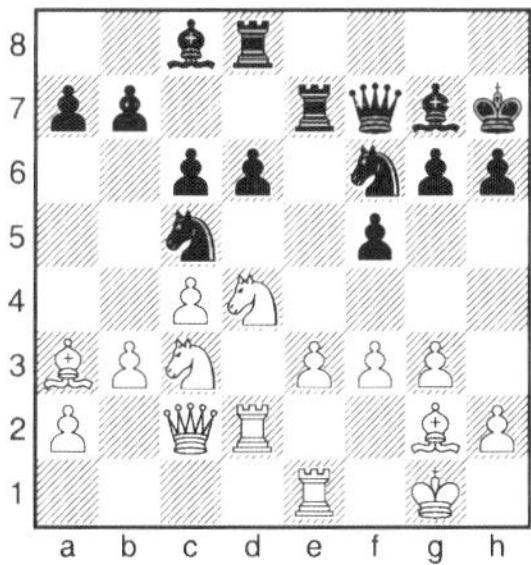

6. Krstulovic – Geher

27.♘d4xc6 b7xc6

Da dies die d–Linie für den weißen Turm geöffnet hat, ist nun der d6–Bauer gefesselt:

28.♗a3xc5

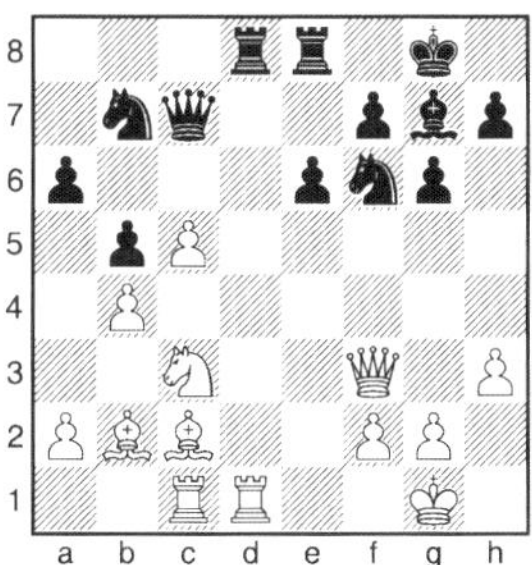

7. Blanco – Toderrado Macias

22.♘c3xb5 a6xb5

Und nach Öffnung der Diagonalen ist der Sf6 unter Beschuss.

23.♗b2xf6 ♗g7xf6 24.♕f3xf6

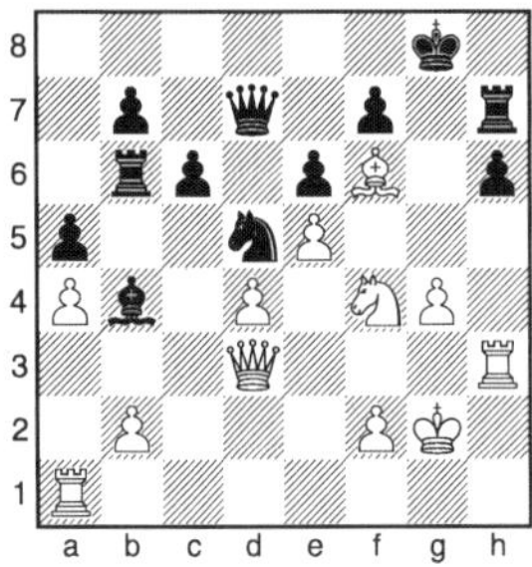

8 Devereaux – Jacobsen

27.♕d3xh7+ ♔g8xh7
28.♖h3xh6+ ♔h7xh6
29.♖a1-h1#

Oder 28...♔h7–g8 29.♖h6–h8#

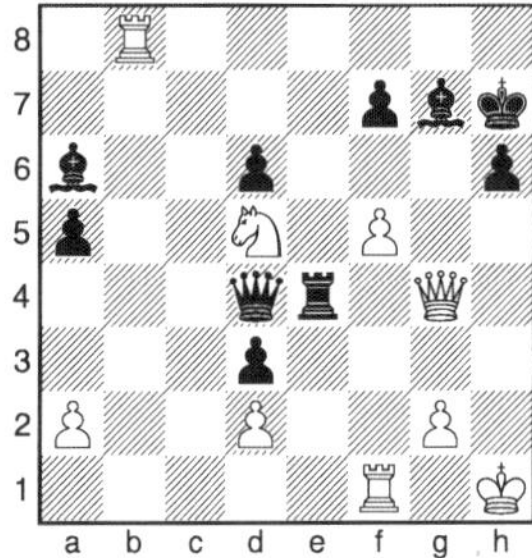

9. Thorfinnsson – Bergsson

Der Lg7 ist gegen das Mattfeld gefesselt wegen 32...♗g7xf6 33.♕g4–g8# und die Dame ist überlastet mit der Verteidigung von Turm und dem Feld f6.

32.♘d5–f6+ ♕d4xf6 33.♕g4xe4

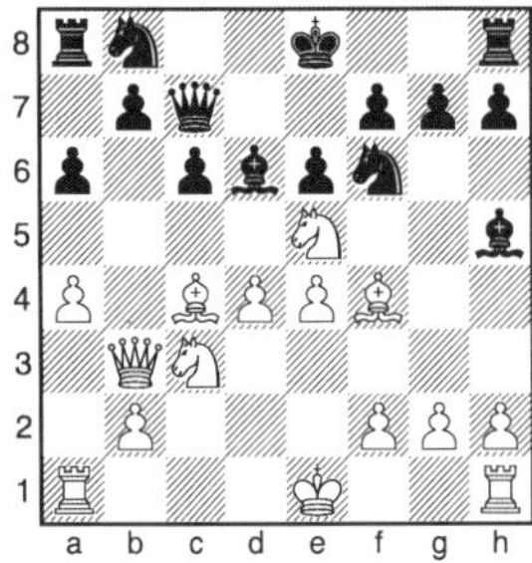

10. Oganian – Martinovici

11.♘e5xf7 ♗h5xf7

In der Partie folgte 11...♗d6xf4? 12.♘f7xh8+–; 11...♔e8xf7? 12.♗c4xe6+ ♔f7–e8 13.♗f4xd6.

12.♗f4xd6 ♕c7xd6 13.e4–e5 ±

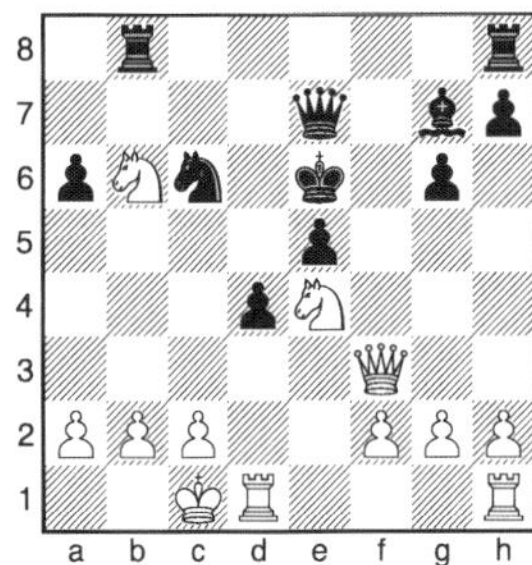

11. Liu Guanchu – Swicarz (2331)

Dame und Springerpaar arbeiten wirksam zusammen:

24.♕f3–b3+ ♔e6–f5 25.♕b3–h3+ ♔f5xe4
26.♕h3–f3#

Oder 25...♔f5–f4 26.♕h3–f3#

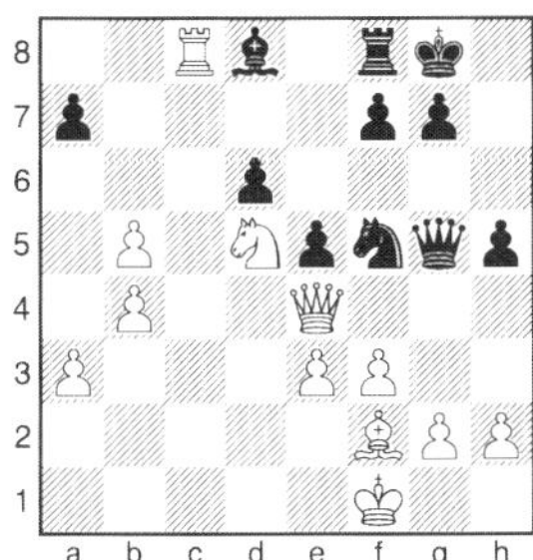

12. Vaisser – Leconte

32.♖c8xd8 ♖f8xd8

Oder 32...♕g5xd8 33.♕e4xf5

33.♕e4xf5 ♕g5xf5 34.♘d5–e7+ ♔g8–f8 35.♘e7xf5

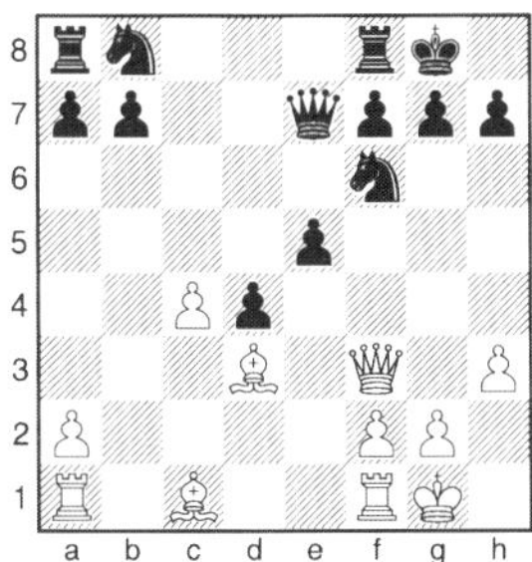

13. Kjartansson – Sokolov

17.♗c1-a3 ♕e7–c7 18.♗a3xf8

Falls 17...♕e7xa3? 18.♗d3xh7+ ♔g8xh7 19.♕f3xa3

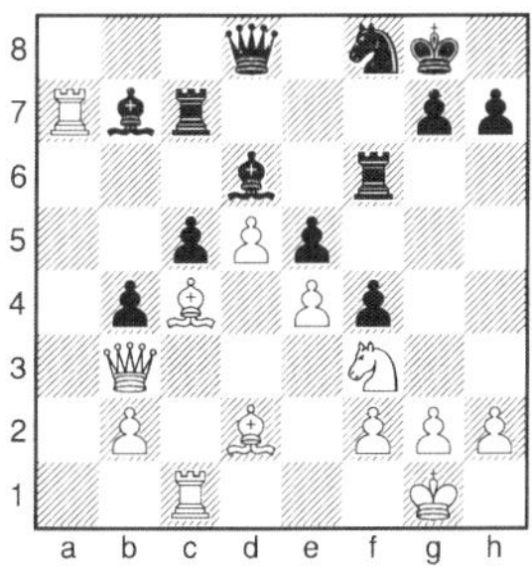

14. Vasquez Schroeder – Karthik

23.♘f3xe5 ♕d8–b8

Nach 23...♗d6xe5? gewinnt das Abzugsschach den Turm:

24.d5–d6+ ♔g8–h8 25.d6xc7.

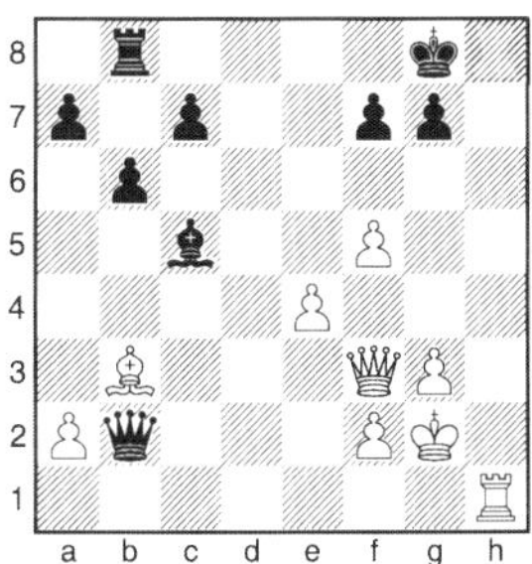

15. Ogunshola – Jones

30.♖h1-h8+

Aufgegeben. Ein Damiano Motiv kombiniert mit einem typischen Matt von Dame und Läufer.

30...♔g8xh8 31.♕f3–h5+ ♔h8–g8 32.♕h5xf7+ ♔g8–h8 33.♕f7–h5#

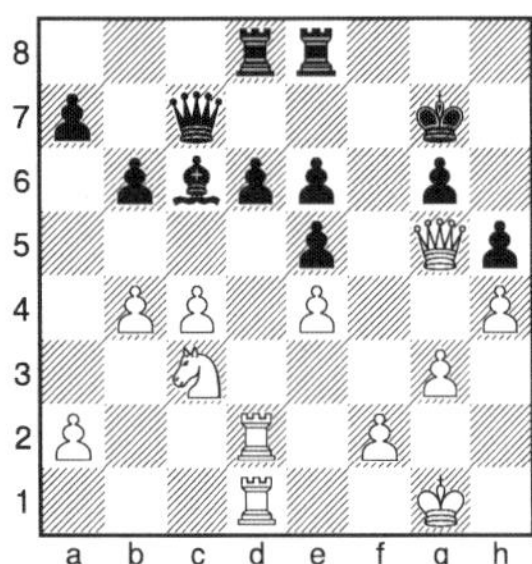

16. Ruck – Daly

27.♖d2xd6 ♖d8xd6

Oder 27...♖d8–d7 28.♕g5xe5+ ♔g7–g8, z.B. 29.c4–c5 -- 30.♕e5–f6

28.♕g5xe5+ ♔g7–f7 29.♖d1xd6

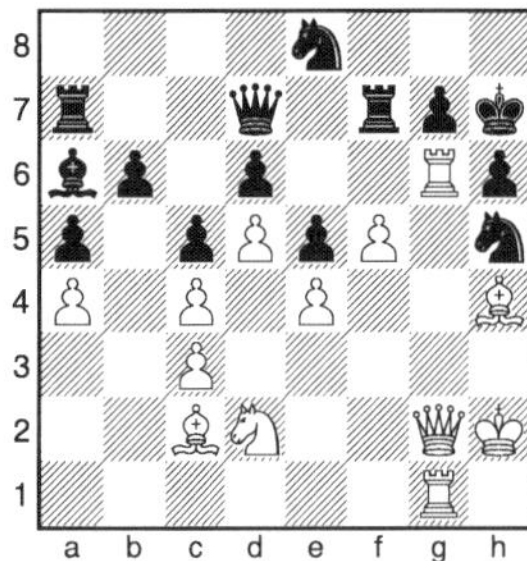

17. Hofmann – Pikatz

33.♖g6xh6+ ♔h7–g8 34.♖h6xh5

Der Turm darf nicht geschlagen werden:

33...g7xh6 34.♕g2–g8#; oder auch

33...♔h7xh6 34.♕g2–g6#

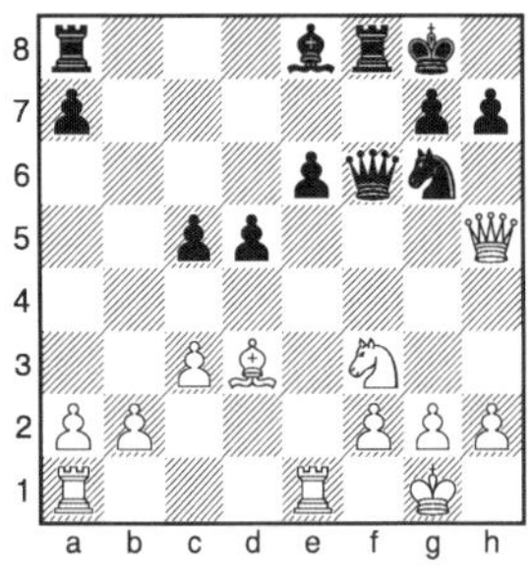

18. Santos Latasa – Arizmendi Martinez

19.♖e1xe6 ♕f6–f4

19...♕f6xe6?? wird beantwortet mit der Gabel 20.♘f3–g5 ♖f8–f6 21.♘g5xe6 ♖f6xe6 und nun 22.♕h5xd5 mit einem vernichtenden Doppelangriff zum Abschluss!

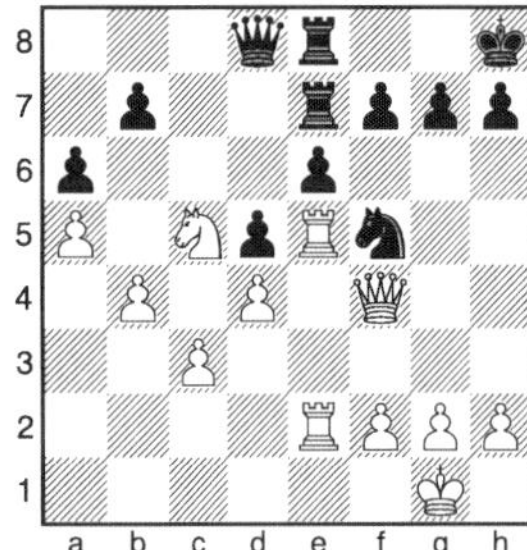

19. Carlsen,Magnus – Wei Yi

26.♘c5xb7 ♖e7xb7

Nun ist der Bauer auf e6 gefesselt und Weiß bekommt seinen Springer zurück:

27.♕f4xf5 ♖b7–c7 28.♕f5–d3

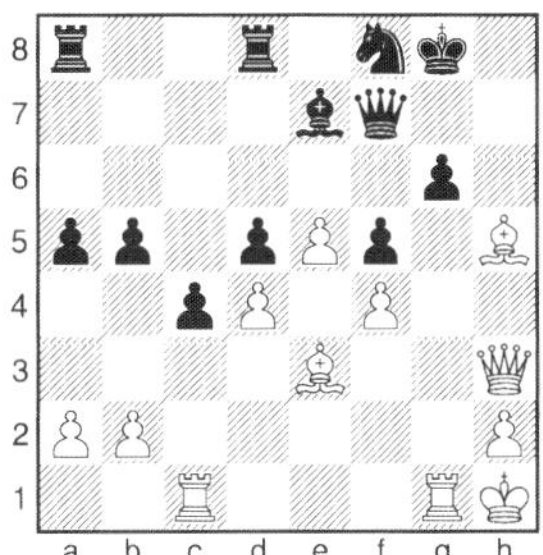

20. Laylo – Bai

Abtausch und Opfer führen den Spieß herbei, vor dem schon Dr. Tarrasch warnte:

31.♗h5xg6 ♘f8xg6 32.♖g1xg6+ ♕f7xg6 33.♖c1-g1 ♔g8–f7 34.♖g1xg6 ♔f7xg6

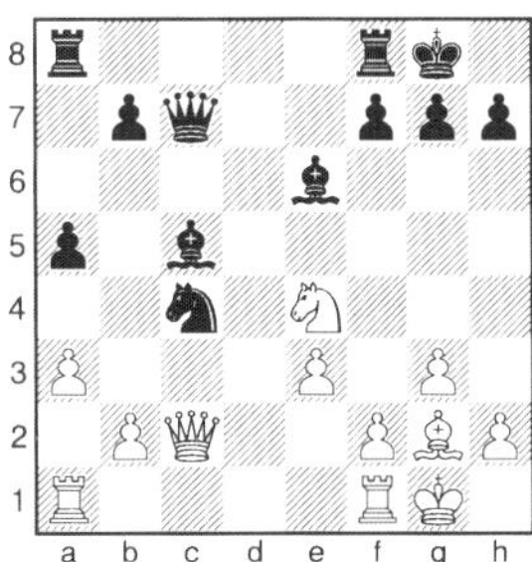

21. Ke – Wu

Eine Mattdrohung ermöglicht den Abtausch eines Verteidigers und gewinnt so eine Figur:

18.♘e4–g5 g7–g6 19.♘g5xe6 f7xe6 20.♕c2xc4

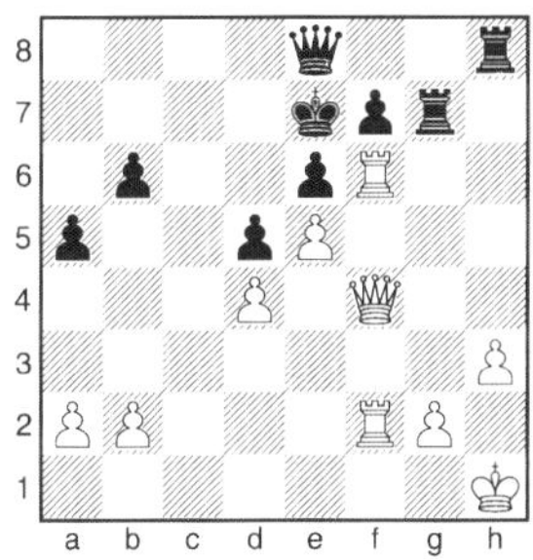

22. Yudin – Mamatov

34.♖f6xe6+ ♔e7xe6

Oder 34...f7xe6 35.♕f4–f6+ ♔e7–d7 36.♕f6xg7+

35.♕f4–f6+ ♔e6–d7 36.♕f6xg7

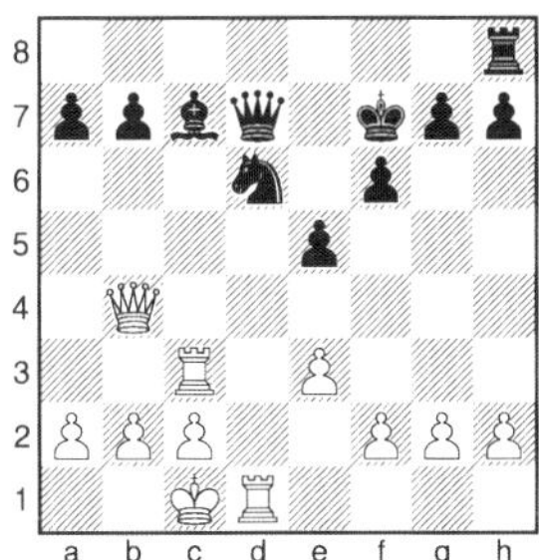

23. Brito – Baeta

25.♕b4–c4+ ♘d6xc4 26.♖d1xd7+ ♔f7–e6 27.♖d7xc7 ♘c4–d6 28.♖c7xg7

Eine andere Lösung ist ***25.♕b4xb7*** ♖h8–c8 26.♖d1xd6 ♕d7xd6 27.♕b7xc8.

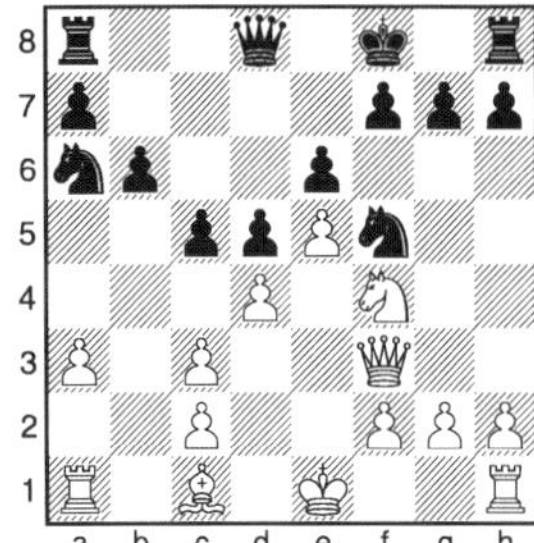

24. Murzin – Yanchenko

12.♘f4xe6+ f7xe6

Dank der Fesselung gewinnt Weiß seinen Springer zurück und hat die gegnerische Bauernstruktur aufgebrochen:

13.g2–g4 ♕d8–d7 14.g4xf5

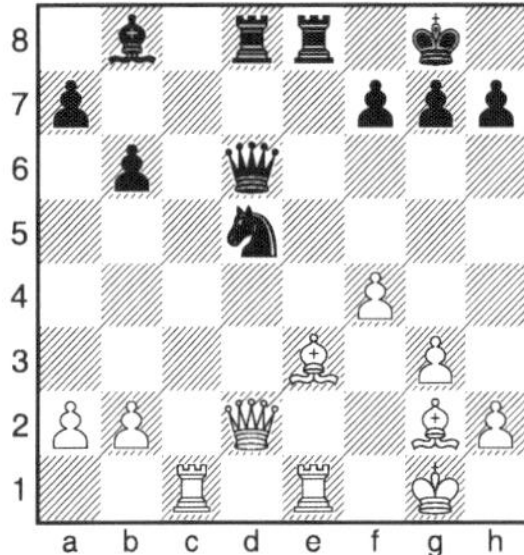

25. Neiksans – Jacobson

26.♕d2xd5 ♕d6xd5
27.♗g2xd5 ♖d8xd5 28.♗e3xb6

Gewinnt einen Bauern.

28...♖e8xe1+ 29.♖c1xe1 ♔g8–f8 30.♗b6–e3

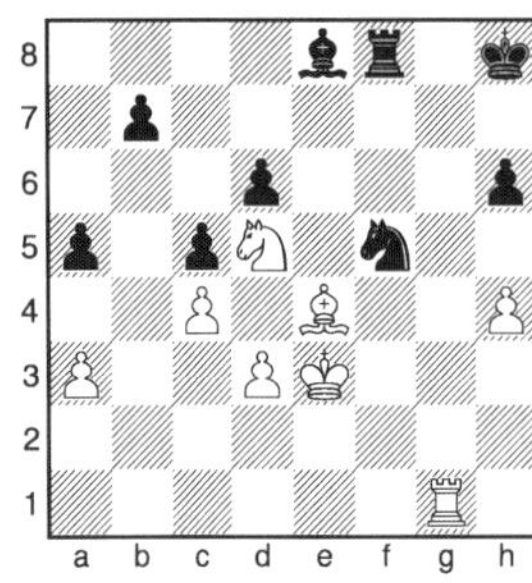

26. Colas – Shabalov

Diese Kombination vereinfacht das Endspiel in eine Remisstellung:

39.♗e4xf5 ♖f8xf5 40.♖g1-g8+ ♔h8xg8
41.♘d5–e7+ ♔g8–f7 42.♘e7xf5

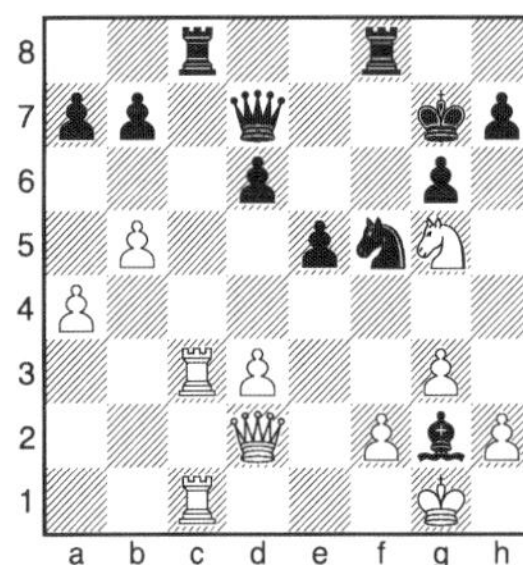

27. Bivol – Matveeva

Turm–Spieß und Springergabel verpassen Schwarz den K.o.:

26.♖c3–c7 ♖c8xc7 27.♖c1xc7 ♕d7xc7
28.♘g5–e6+ ♔g7–h8 29.♘e6xc7

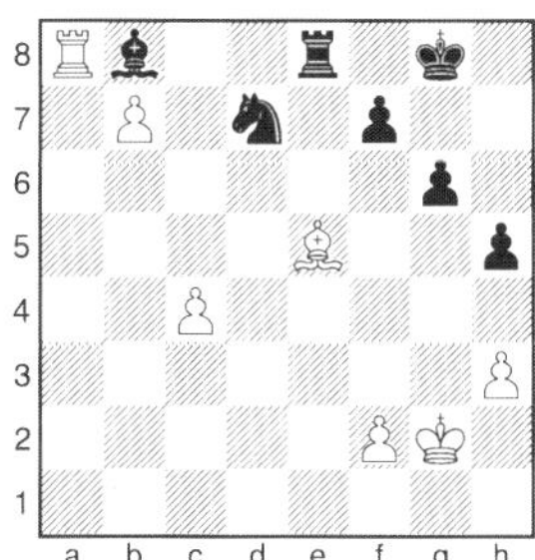

28. Sharma – Gabrielian

1.♗e5xb8 ♘d7xb8 2.c4–c5 ♔g8–f8 3.♖a8xb8!

Zwei vorgerückte verbundene Freibauern können den Turm ganz alleine überwältigen!

3...♖e8xb8 4.c5–c6 ♔f8–g7
5.c6–c7 ♖b8xb7 6.c7–c8♕

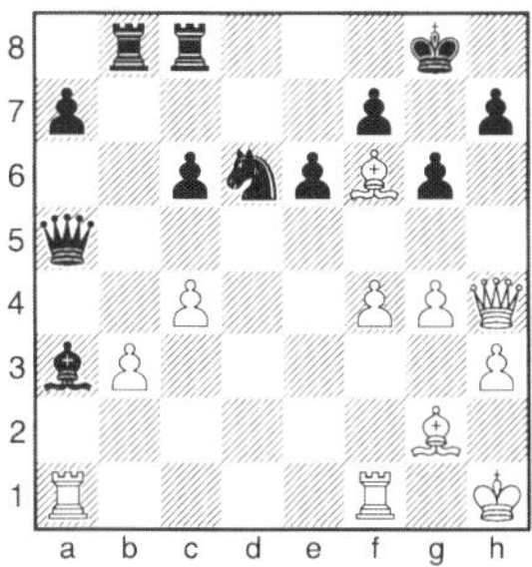

29. Urkedal – Stokke

33.♕h4–h6 ♘d6–e8 34.♗f6–e7!

Droht Matt auf f8 und greift den gefesselten Läufer an!

34...♘e8–g7 35.♖a1xa3

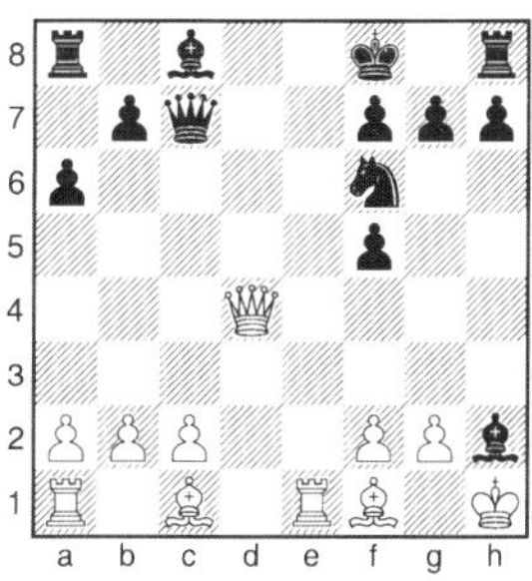

30. Vazquez – Toderres Rosas

16.♕d4xf6 h7–h5 17.♕f6–d4

Hatte Weiß vielleicht heimlich gehofft auf
16...g7xf6 17.♗c1-h6+ ♔f8-g8 18.♖e1-e8#.
Kennst du diesen "Trick"?

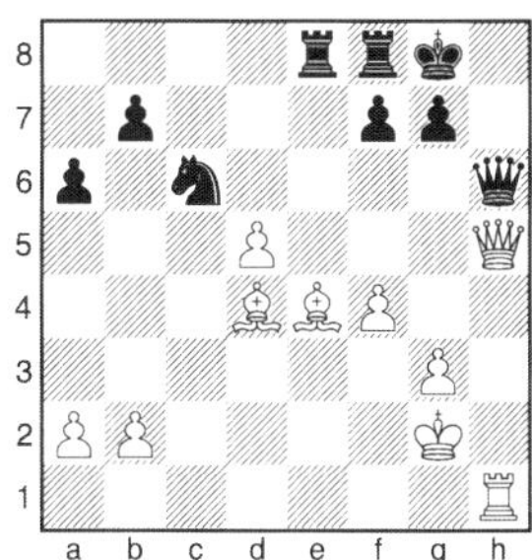

31. Van Foreest – Werle

35.♗e4–h7+ ♔g8–h8

Falls 35...♔g8xh7 36.♕h5–f5+ ♔h7–g8 37.♖h1xh6 *(Oder 36...g7–g6 37.♖h1xh6+ ♔h7xh6 38.♕f5–h3)*

36.♕h5xh6 und Matt folgt.

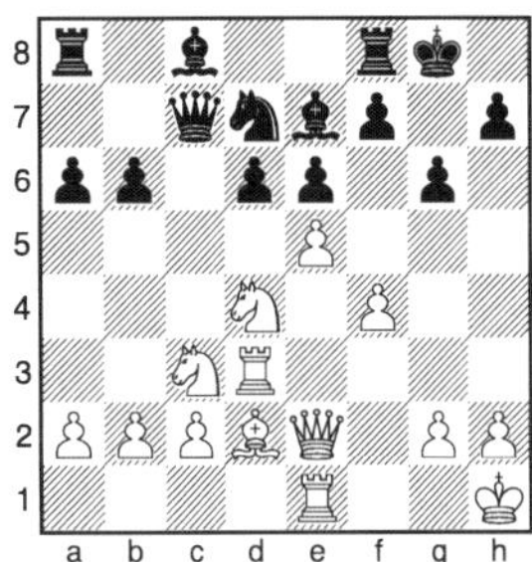

32. Husbands – Kelley

16.♘d4xe6 f7xe6 17.e5xd6 ♗e7xd6 18.♕e2xe6+ ♖f8–f7 19.♕e6xd6

Oder ebenso ***16.e5xd6*** ♗e7xd6 17.♘d4xe6.

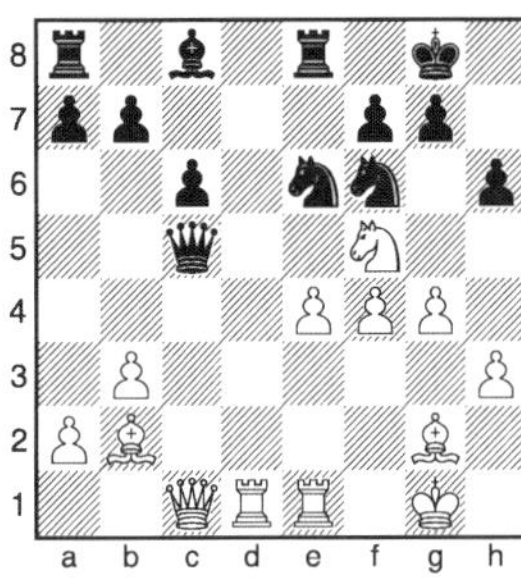

33. Garcia Cardenas – Ikejiri

28.♕c1xc5 ♘e6xc5
29.♘f5xh6+ ♔g8–h7 30.♘h6xf7

Falls 29...♔g8–f8 30.♗b2–a3 b7–b6 31.♗a3xc5+; oder 29...g7xh6 30.♗b2xf6.

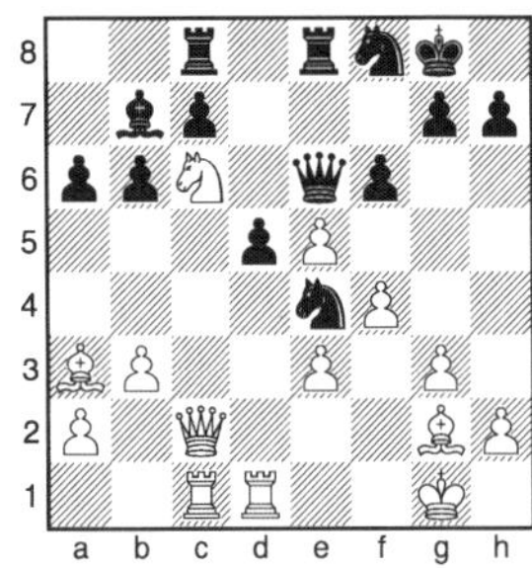

34. Shankland – Rensch

25.♖d1xd5 ♕e6xd5
26.♗g2xe4 ♕d5–f7
27.♘c6–e7+ ♖e8xe7 28.♗e4xb7

Gewinnt die Qualität zurück mit überlegener Stellung.

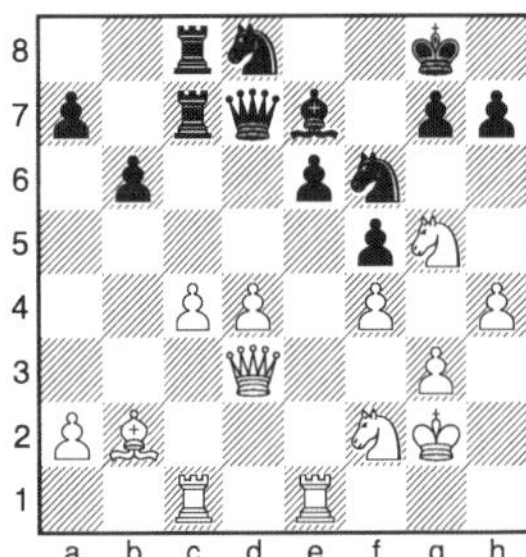

35. Utiatskaja – Ovod

Schwarz nutzt die offene Stellung des Königs zu einem Doppelangriff nach Abtausch:

28...♖c7xc4
29.♖c1xc4 ♕d7–d5+
30.♕d3–f3 ♕d5xc4

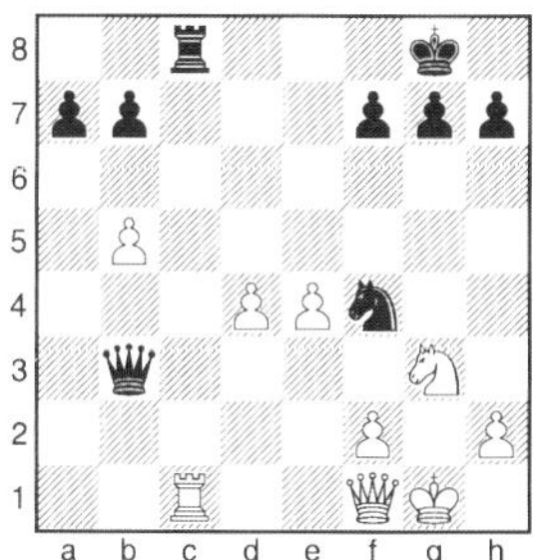

36. Chudinovskikh – Lampert

31...♖c8xc1 32.♕f1xc1 ♕b3xg3+ 33.h2xg3 ♘f4–e2+

Noch schlimmer ist 33.♔g1-f1 ♕g3–d3+ 34.♔f1-g1 ♘f4–e2+ und Schwarz bekommt die Dame umsonst.

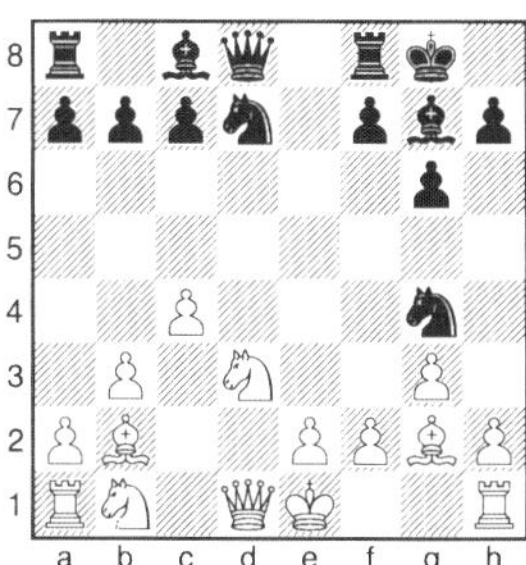

37. Riemer – Kurayan

10...♗g7xb2 11.♘d3xb2 ♕d8–f6 12.0-0

Zu spät; der König ist sicher, aber das Spiel verloren. Rochiere frühzeitig!

12...♕f6xb2

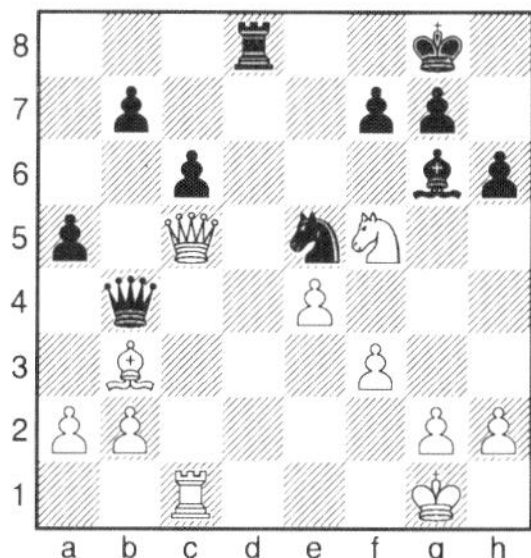

38. Nihal - Sevian

Selbst einer der besten jungen Spieler der Welt kann ein einfaches Motiv übersehen, wie Weiß es hier tat mit zuletzt ...Df2–c5??

24...♖d8–d1+ 25.♖c1xd1 ♕b4xc5+

Oder das schnelle Ende 25.♔g1-f2 / ♗b3xd1 und jeweils ♕b4–e1#

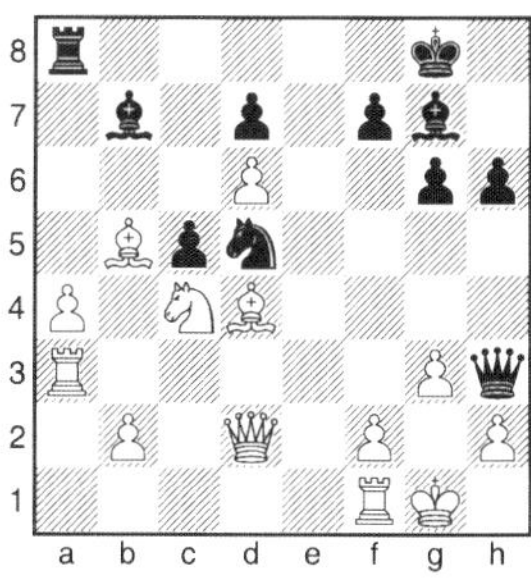

39. Napalkov – Denishev

Wenn du dich an das Matt mit Läufer und Springer erinnert hast, war die Lösung nicht schwer:

22...♕h3–g2+ 23.♔g1xg2 ♘d5–f4+

Doppelschach!

24.♔g2–g1 ♘f4–h3#

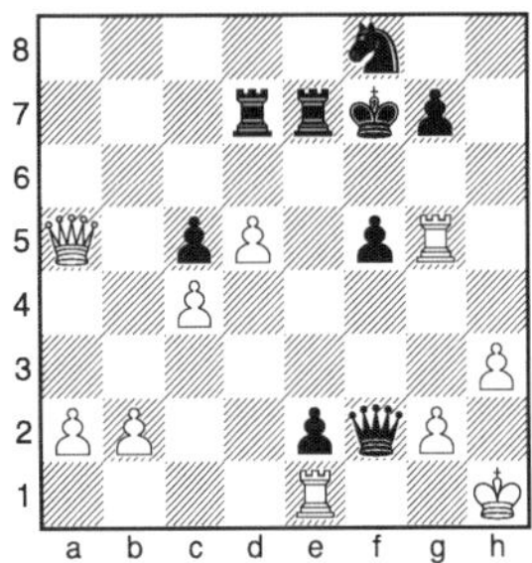

40. Kadosh – Cohen Revivo

35...♕f2–f1+
36.♔h1-h2 ♕f1-f4+
37.♔h2–h1 ♕f4xg5

Falls 37.♖g5–g3 ♖e7–e3 38.–– ♕f4xg3+

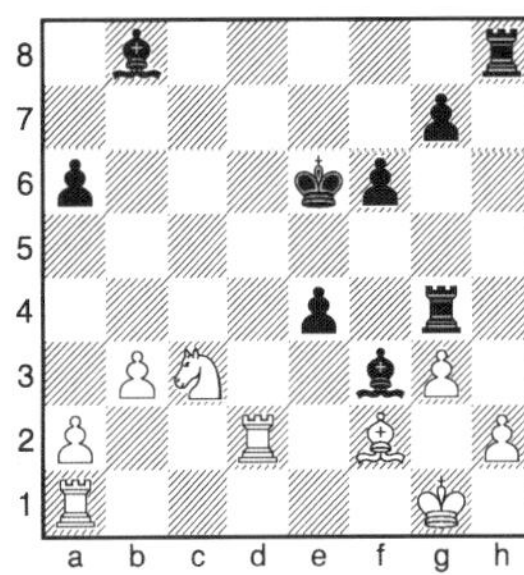

41. Zavarsky – Tersinsev

32...♖h8xh2 33.♔g1-f1

33.♔g1xh2? verliert aufgrund der Fesselung des Bg3: ♖g4–h4+ 34.♔h2–g1 ♖h4–h1#

33...♖h2–h1+ 34.♗f2–g1 ♖g4xg3

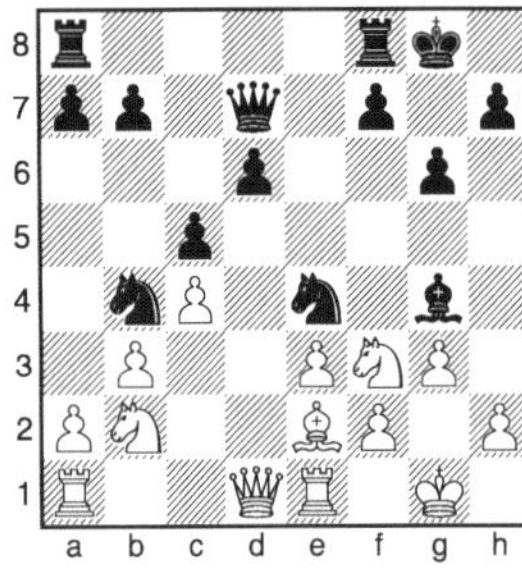

42. Lindahl – Mardell

Durch Abtausch wird die Dame von der Verteidigung von c2 weggelenkt:

16...♘e4–c3 17.♕d1-d2 ♘c3xe2+
18.♕d2xe2 ♗g4xf3 19.♕e2xf3 ♘b4–c2
20.♖a1-d1 ♘c2xe1

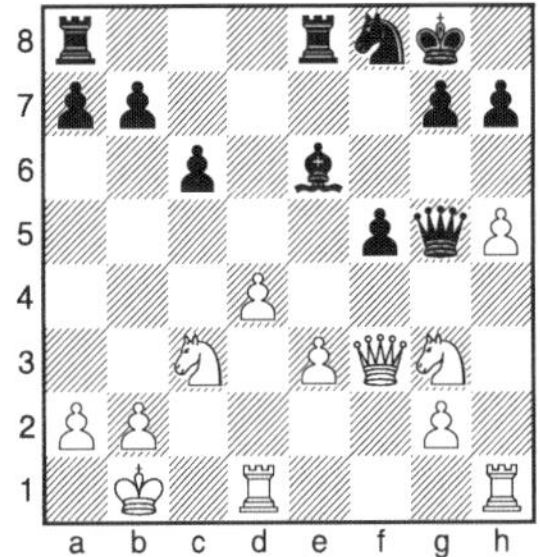

43. Fernandez – Passos

Der Abzugsangriff ist gegen e3 gerichtet:

20...♗e6xa2+
21.♔b1/♘c3xa2 ♖e8xe3
22.♕f3–f1 ♖e3xg3

Oder 22.♕f3xf5 ♖e3xg3

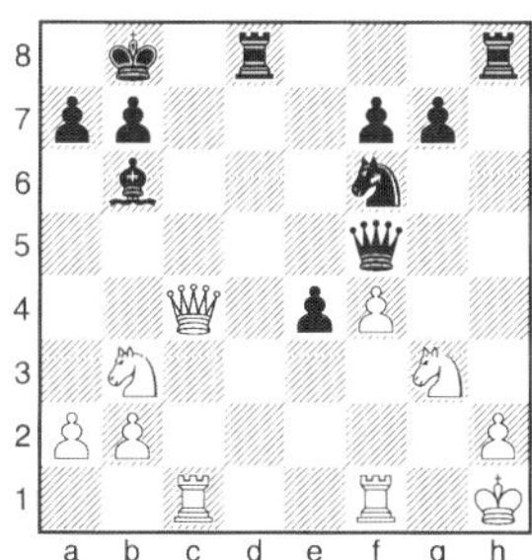

44. Melo – Gasic Merino

26...♖h8xh2+ 27.♔h1xh2 ♖d8–h8+

Material gewinnt

27...♘f6–g4+ 28.♔h2–g2 ♘g4–e3+

28.♘g3–h5 ♖h8xh5+ 29.♔h2–g3 und nun **♕f5–g4# / g6# / h3#**

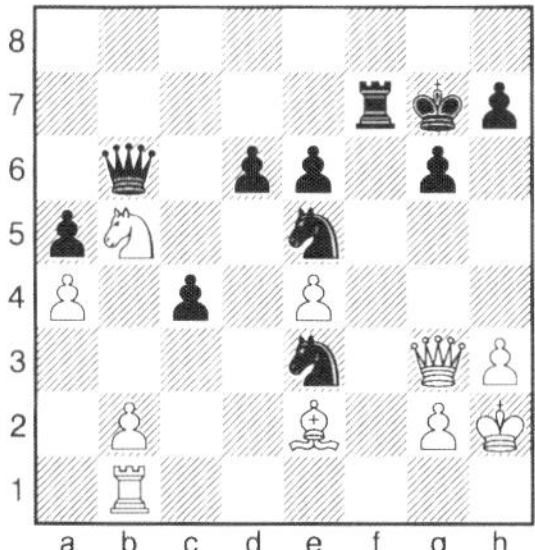

45. Stocko – Martic

Der letzte weiße Zug ♔g1-h2? (statt ♔h1) machte den Unterschied:

34...♖f7–f2! 35.♕g3xf2 ♘e3–g4+ 36.♗e2xg4 ♕b6xf2

Falls 35.♔h2–h1 ♖f2xe2; 35.-- ♖f2xg2+

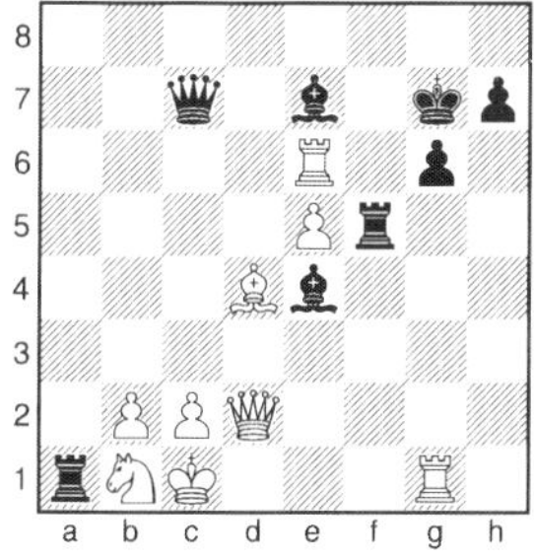

46. Roseneck – Harazinska

32...♗e7–g5 33.♖g1xg5

Oder 33.♗d4–e3 ♗g5xe3 34.♕d2xe3 ♕c7xc2#

33...♖f5–f1+ 34.♕d2–d1 ♕c7xc2#

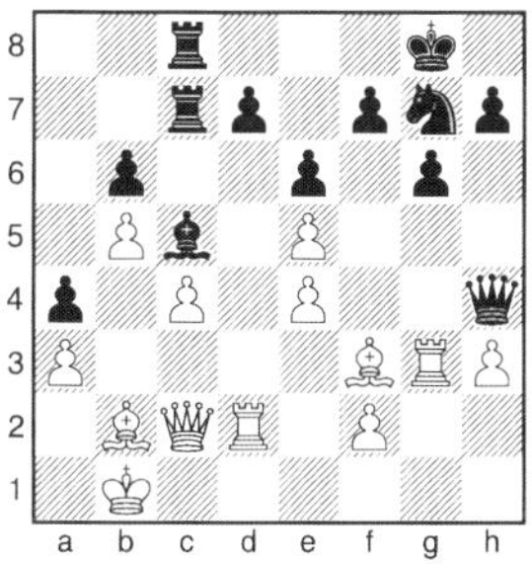

47. Sanchez Alvarez – Iturrizaga

Schwarz nutzte die Motive Abzug (für sich allein harmlos) und Überlastung:

26...♗c5–e3 27.♖d2–d1 ♖c7xc4 28.♕c2–e2 ♗e3–f4 29.♖g3–g4 ♕h4–h6 30.♖d1xd7 ♗f4–c1

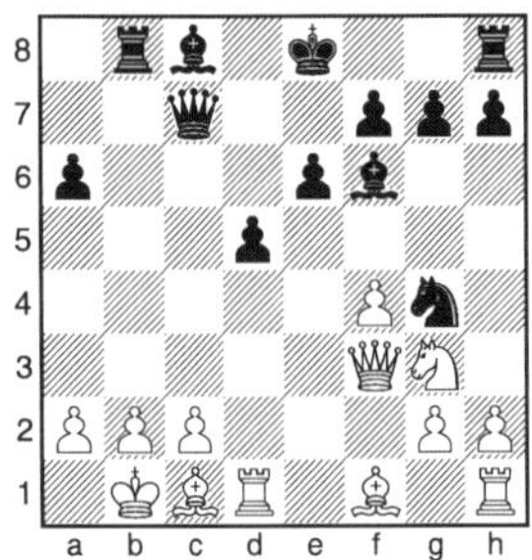

48. Kubicka – Shyam

17...♘g4–f2!
18.♘g3–h5 ♘f2xd1

Falls 18.♕f3xf2? ♕c7–c3 und Game over; Partie 18...♗f6–c3 19.♗f1-e2 ♘f2xh1.

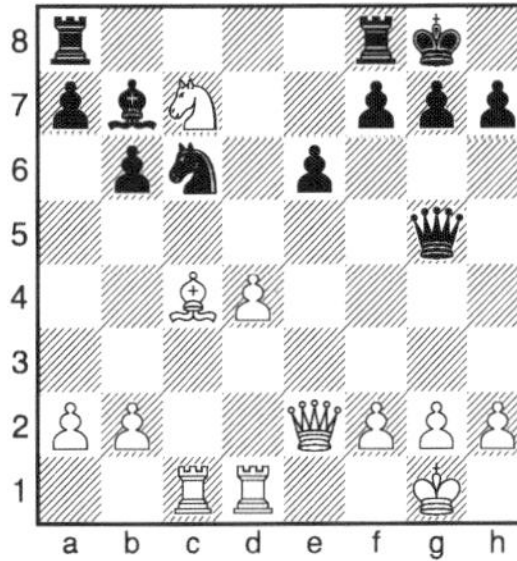

49. Romero – Moussa

16...♘c6xd4 17.♕e2–f1 ♘d4–f3+ 18.♔g1-h1 ♕g5–e5 19.g2–g3 ♘f3–d2+ gewinnt die Dame.

Falls 19.g2xf3 ♗b7xf3+ 20.♕f1-g2 ♗f3xg2+ oder Matt.

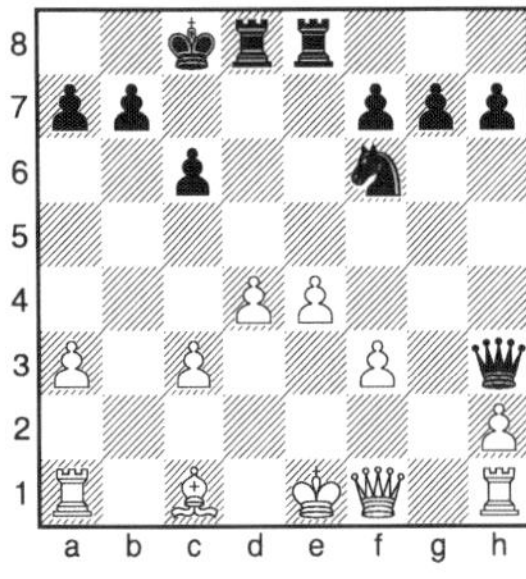

50. Stolyarsky – Yusupoff

19...♖e8xe4+ 20.♔e1-d2

Begrenzt den Verlust, während 20.f3xe4? ♕h3xc3+ 21.♔e1-e2 ♕c3xa1 zu einem hoffnungslosen Endspiel führen würde.

2. Hin- und Weglenkung

Wenn ein Bauer oder eine Figur von einem wichtigen Feld, einer Linie, Reihe oder Diagonale weggelockt oder weggezwungen wird, nennt man das eine Hin- oder Weglenkung. Da der Unterschied zwischen den beiden Begriffen gering ist - und z.T. auch im "Auge des Betrachters" liegt - verwenden wir nachfolgend meistens den Begriff "Weglenkung". Diese kann auf verschiedene Weise erfolgen. Wir können dies grob einteilen in zwei Kategorien. Eine ist, einen Verteidiger anzugreifen. Die andere ähnelt dem Motiv Überlastung, dessen Prinzip du ja schon kennst. Der Verteidiger muss auf eine Drohung reagieren und kann damit seine eigentliche Aufgabe nicht mehr erfüllen. Dies ist oft bei Angriffen auf die Grundreihe der Fall.

Anders als die bisher gesehenen Motive ist die Weglenkung kein eigener taktischer Schlag, sondern eine Methode, eines der anderen Motive oder eine Drohung zum Einsatz zu bringen. Du musst also das eigentliche Motiv finden und schauen, was seinem Einsatz im Wege steht und wie du das Hindernis ausschalten kannst. Schauen wir uns einige typische Hin- und Weglenkungen an:

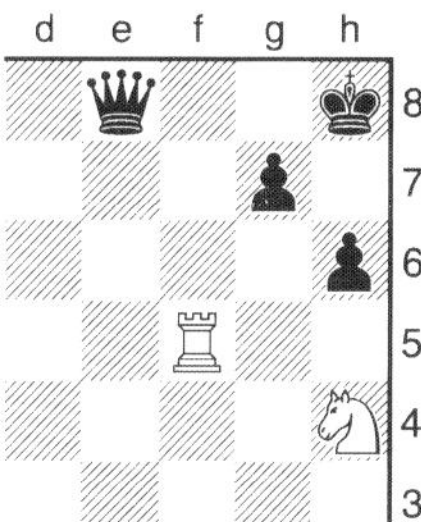

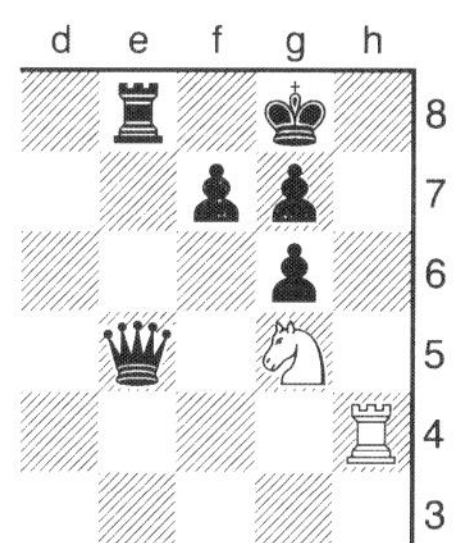

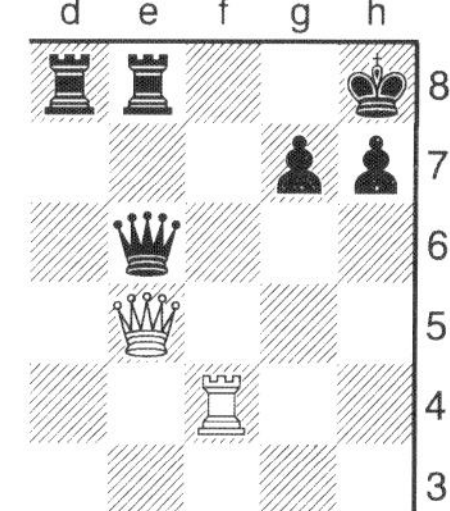

D links:

1.♖f5–f8+ zwingt die Dame in eine Springergabel.

1...♕e8xf8 2.♘h4–g6+

D mitte:

1.♖h4–h8+ zwingt den König in eine Springergabel. Erinnerst du dich an die Weltmeisterschaftspartie in Band 1 mit genau diesem Motiv?

1...♔g8xh8 2.♘g5xf7+

D rechts:

1.♖f4–f8+ Lenkt den Verteidiger von der Dame weg.

1...♖e8xf8 2.♕e5xe6

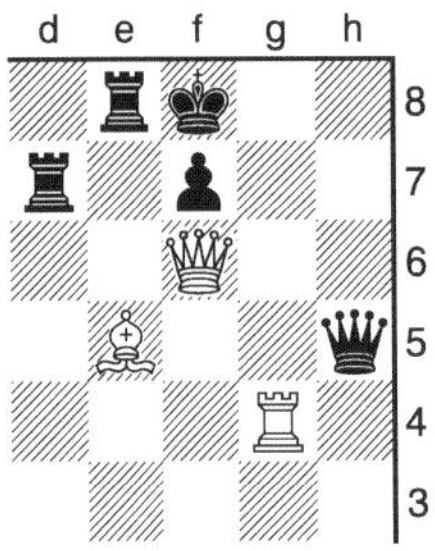

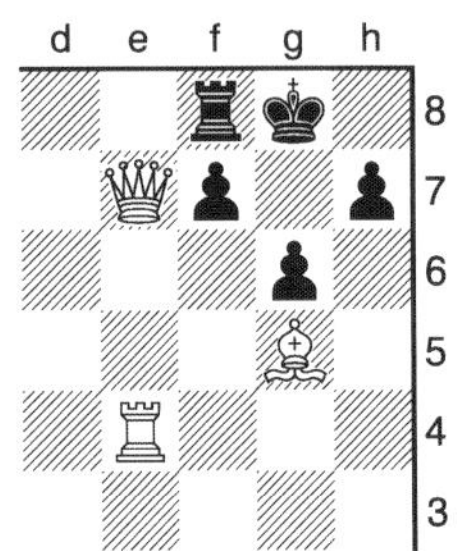

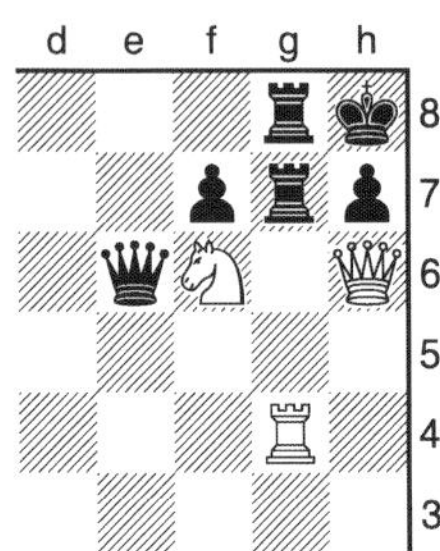

D links:

1.♖g4–g8+ zwingt den König in eine Mattstellung.

1...♔f8xg8 2.♕f6–g7#

D mitte:

1.♕e7xf8+ Lenkt den König in ein Läuferschach.

1...♔g8xf8 2.♗g5–h6+ zwingt ihn zurück, nun in eine Mattposition.

2...♔f8–g8 3.♖e4–e8#

D rechts:

1.♕h6xh7+ zwingt den Turm weg und ermöglicht ein Arabisches Matt.

1...♖g7xh7 2.♖g4xg8#

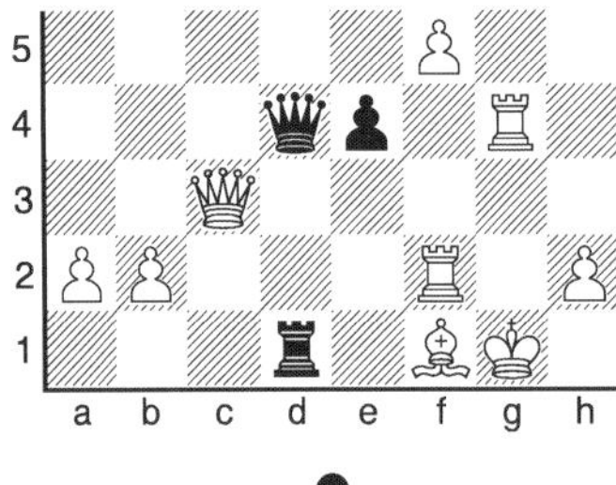

●

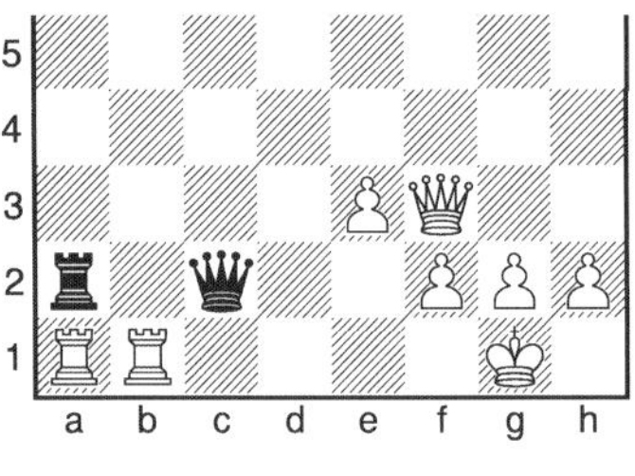

●

D links:

Die Weglenkung bereitet einen Doppelangriff vor:

1...♖d1xf1+ 2.♔g1xf1 ♕d4–d1+ 3.♕c3–e1 ♕d1xg4

D rechts:

Ein typischer Fall einer Weglenkung des Verteidigers der Grundreihe:

1...♕c2–b2! 2.♖b1xb2 ♖a2xa1+ und Matt folgt.

Die Alternativen sind auch nicht gut. Falls 2.♕f3–d1? ♕b2xf2+ 3.♔g1-h1 ♕f2xg2#; oder 2.♖b1-f1 ♖a2xa1 mit Turmverlust.

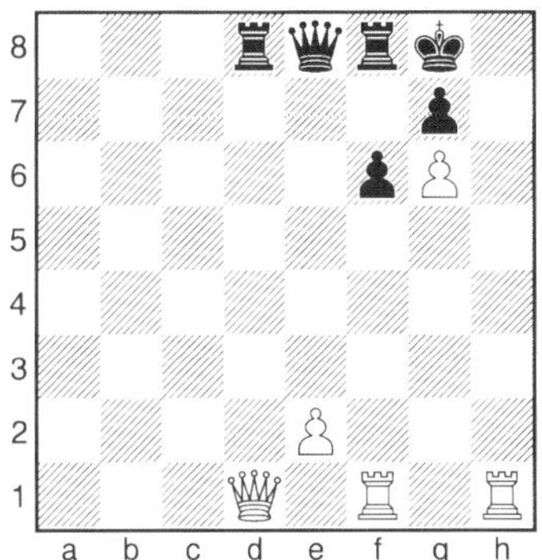

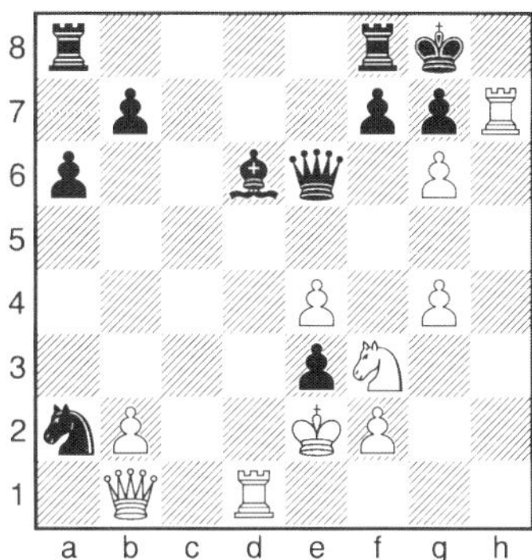

D links.

Eine berühmte Hinlenkung ist bereits über 500 Jahre alt. Der portugiesische Apotheker **Damiano** zeigte **1512** in seinem Buch einen ganz erstaunlichen Fall.

1.♖h1-h8+ ♔g8xh8 2.♖f1-h1+ ♔h8-g8 3.♖h1-h8+ ♔g8xh8 4.♕d1-h1+ ♔h8-g8 5.♕h1-h7#

Es ist ein Zusammenwirken der Motive "Räumung" (des Feldes h1 für die Dame), "Hinlenkung" (des Königs ins nächste Schach) und eines Standard Mattmotivs. Damianos Stellung hat einen Schwachpunkt, da ***1.♕d1-b3+*** auch gewinnen würde. Aber das Prinzip ist klar und anwendbar bis auf den heutigen Tag; wir sehen es noch ab und an in Turnieren. Das beweise ich dir mit der Partie eines Freundes; gespielt 502 Jahre nach Damiano.

D rechts:

Deglmann,L (2340) – **Delchev,A** (2633)

Internationale Bayrische Meisterschaft Bad Wiessee 2014

23.♖h7–h8+

Und Schwarz gab auf. Er hatte nur 23.♖d1–h1? erwartet, was gut für ihn wäre: 23...♕e6–c4+ 24.♕b1–d3 ♘a2–c1+

(24.♔e2xe3 ♗d6–f4+ 25.♔e3xf4 f7xg6+ 26.♔f4–g3 ♕c4–b3)

23...♔g8xh8 24.♖d1–h1+ ♔h8–g8 25.♖h1–h8+ ♔g8xh8 26.♕b1–h1+ ♔h8–g8 27.♕h1–h7#

Wieder einmal siehst du, dass es gut ist, die klassischen Beispiele zu kennen und dass sie uns auch heute noch im modernen Turnierschach helfen können!

Eine andere Stellung aus alten Zeiten, in der eine Weglenkung vorkommt, ist fast so alt wie das Damiano Matt. Erinnerst du dich aus dem Kapitel über Schachgeschichte in Band 1 noch an **Greco** (1600–34), den ersten großen Schachmeister und Autor? In seinen Schriften aus den Jahren 1619–21 zeigte er die folgende Stellung:

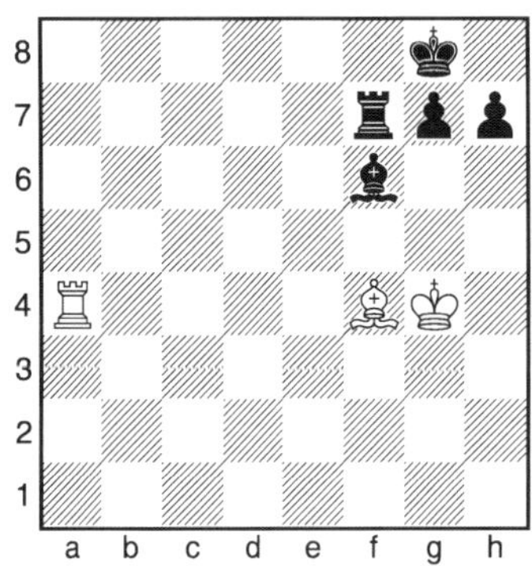

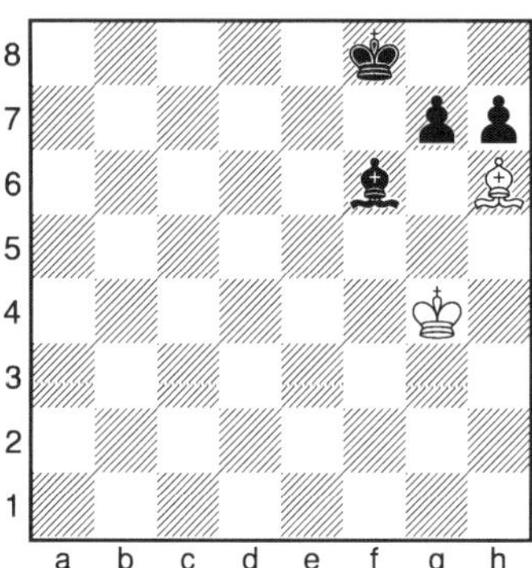

1.♖a4–a8+ ♖f7–f8 2.♖a8xf8+

Das ist erstaunlich. Normalerweise sollte die schwächere Partei nicht abtauschen, denn dies macht es dem Gegner leichter, seine Materialüberlegenheit zu nutzen.

2...♔g8xf8 3.♗f4–h6! *(D rechts)* **g7xh6**

Nicht anders 3...-- 4.♗h6xg7+ ♔f8xg7 5.♔g4–h3

4.♔g4–h3 -- 5.♔h3–g2 -- 6.♔g2–h1 =

Es besteht keine Notwendigkeit, den Bauern anzugreifen oder sich gegen den schwarzen Vormarsch zu stemmen. Bring einfach nur deinen König in die Ecke und zieh ihn auf den Feldern g1 und h1 hin und her. Der Läufer kann den König nicht aus der Ecke vertreiben, da er das Umwandlungsfeld nicht kontrollieren kann. Kommt der gegnerische König näher, endet die Partie mit einem Patt. Der Läufer hat nicht die Feldfarbe des Umwandlungsfeldes und wird deshalb einfach nur **"der falsche Läufer"** genannt. Merk dir gut:

Wenn im Endspiel Läufer und Randbauer gegen den König die Feldfarbe des Läufers von der Farbe des Eckfeldes abweicht, endet die Partie Remis, wenn der Verteidiger-König das Eckfeld erreicht. Der Gegner kann ihn nicht aus der Ecke vertreiben.

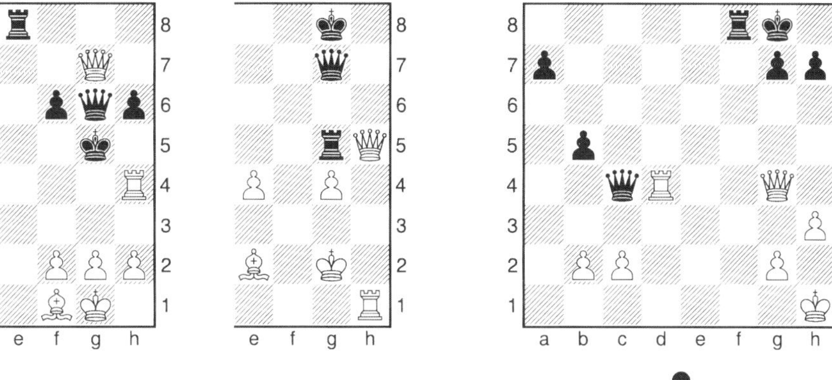

Nun sehen wir einige Beispiele zur Weglenkung im "Überlastungs-Stil":

D links:

Schwarz hat gerade das Schach pariert, indem er seine Dame nach g6 gezogen hat. Aber nun kann der Turm eine entscheidende Weglenkung vornehmen:

1.♖h4-g4+ ♔g5xg4 2.♕g7xg6+

D mitte:

Eine typische Stellung aus einem Endspiel mit Schwerfiguren. Der Gewinn ist ähnlich wie zuvor, geschieht aber statt auf der Linie auf der Reihe:

1.♕h5-e8+ ♕g7-f8 2.♖h1-h8+ ♔g8xh8 3.♕e8xf8+

D rechts:

Die Stellung scheint ausgeglichen, aber Weiß ist verloren:

1...♖f8-f1+ 2.♔h1-h2 ♕c4-c7+ 3.♕g4-g3

Noch schlimmer ist 3.g2-g3? ♕c7xc2+ und Matt folgt.

3...♖f1-h1+ 4.♔h2xh1 ♕c7xg3

Viele Schachfreunde denken, Schwerfiguren-Endspiele seien langweilig. Aber tatsächlich enthalten solche Stellungen oft verborgenes taktisches Gift, das unmittelbar die Partie entscheiden kann.

Während ich dies schreibe, fällt mir ein Fall von Weglenkung aus meiner Praxis ein, den ich dir gerne zeigen möchte.

Als junger Großmeister nahm ich am Turnier Tilburg 1994 teil. Es war ein K.o.-System Turnier mit Mini-Matches und 120 Teilnehmern, meistens Großmeister. Nachdem ich mein Match in der 2.Runde gegen GM Zoltan Ribli gewonnen hatte, blieb mir Zeit, in der Halle umherzugehen und ich schaute mir schließlich die Partie an zwischen GM Bojan Kurajica (2565) und Ex-Weltmeister Anatoli Karpov (2780), zu dieser Zeit immer noch einer der besten Spieler der Welt. Aber der "Underdog" schlug ihn mit einer erstaunlichen Kombination:

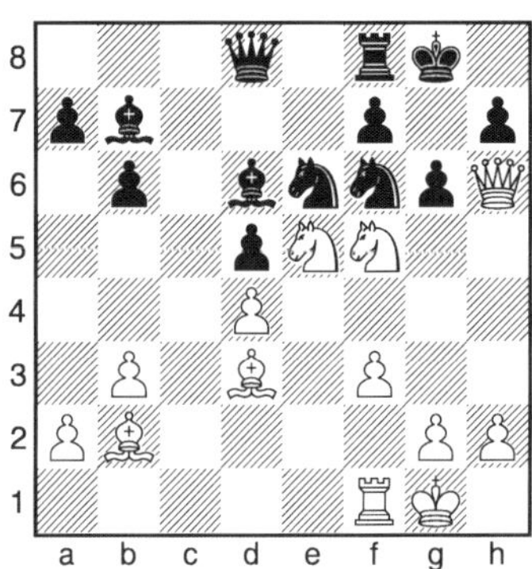

Der letzte Zug von Schwarz 20...♕c8–d8 war ein Fehler. Nötig war 20...♘f6–e8 und Weiß hat einigen Vorteil, aber es ist noch nichts entschieden.

21.♕h6–g7+ Eine super Kombination! Ich war schwer beeindruckt.

21.♕h6–g7+ ♘e6xg7 22.♘f5–h6+ *(D)*

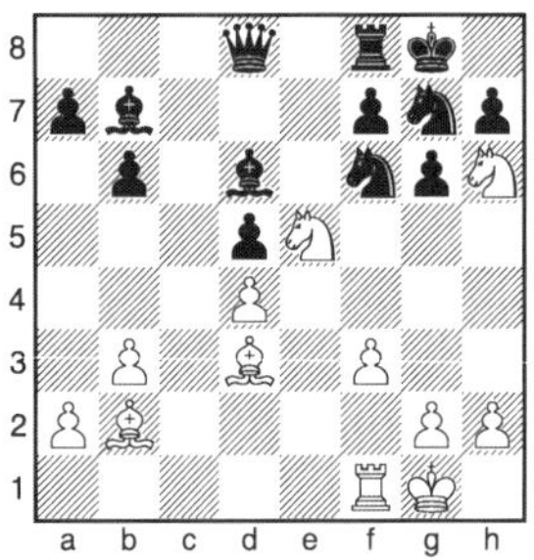

22...♔g8–h8 23.♘e5xf7+ ♖f8xf7 24.♘h6xf7+ ♔h8–g8
25.♘f7xd8 Schwarz kämpfte noch 15 Züge lang, bevor er aufgab.

Und nun genug der Erklärungen. Lass uns den praktischen Einsatz der Weglenkung in den folgenden Übungen anschauen!

Hin- und Weglenkung Teil 1

Finde und nutze Hin- und Weglenkungen in bis zu drei Zügen!

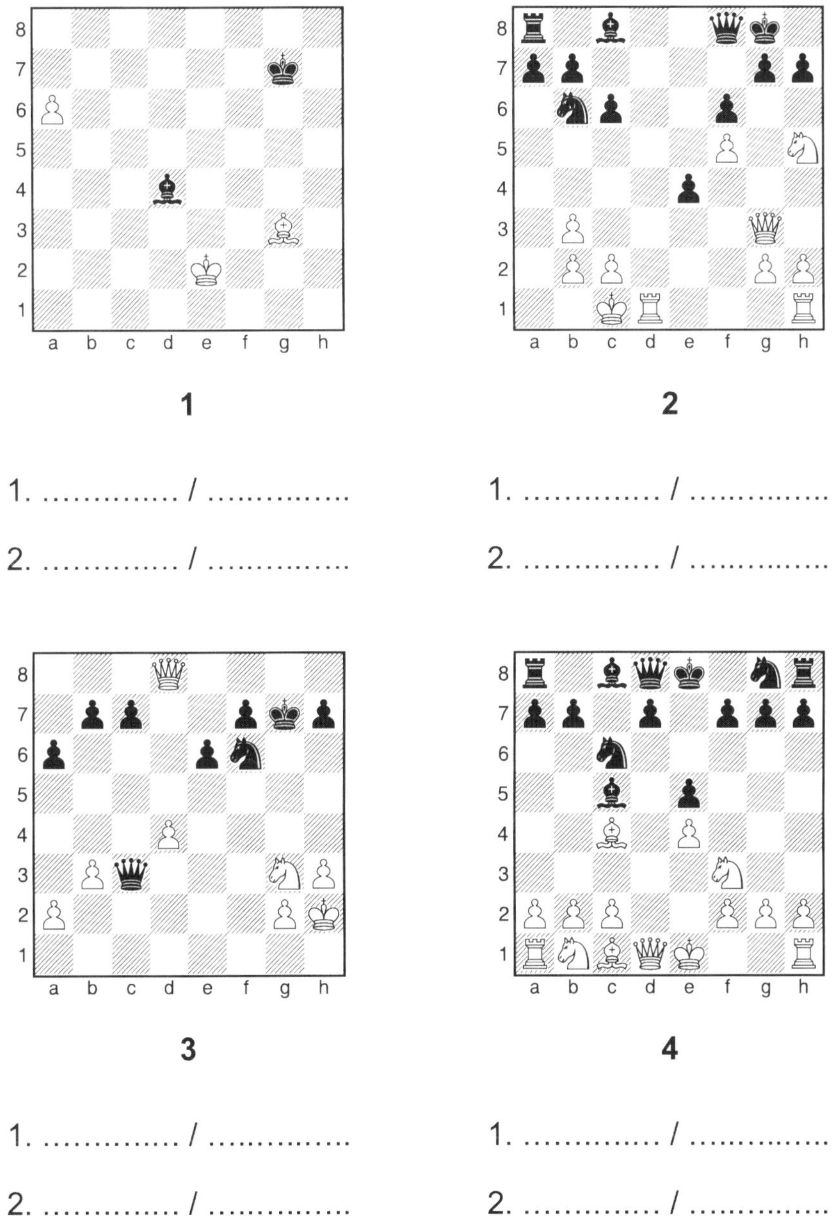

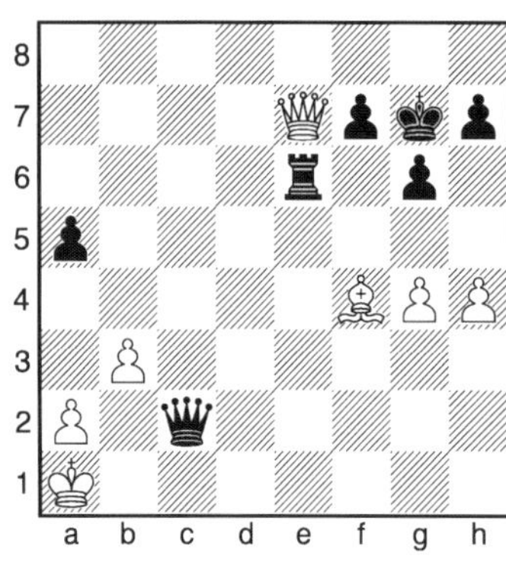

5

1. .... / ....

2. .... / ....

3. .... / ....

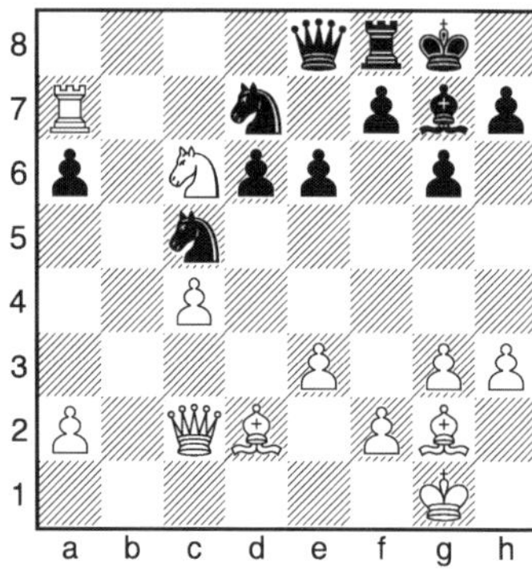

6

1. .... / ....

2. .... / ....

3. .... / ....

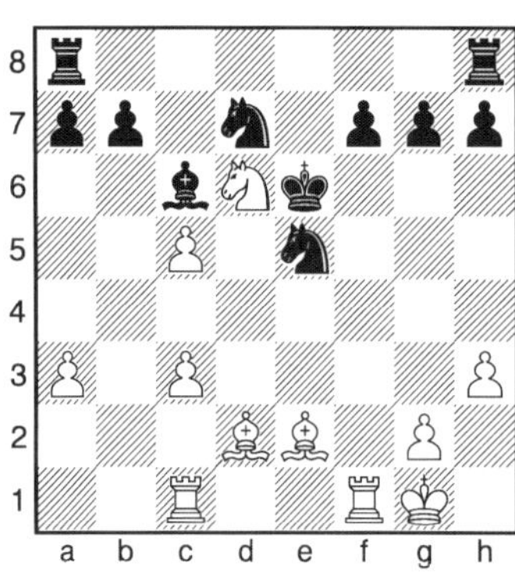

7

1. .... / ....

2. .... / ....

3. .... / ....

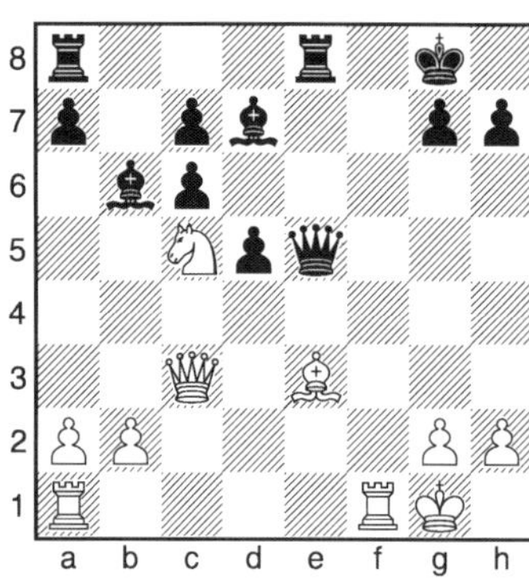

8

1. .... / ....

2. .... / ....

3. .... / ....

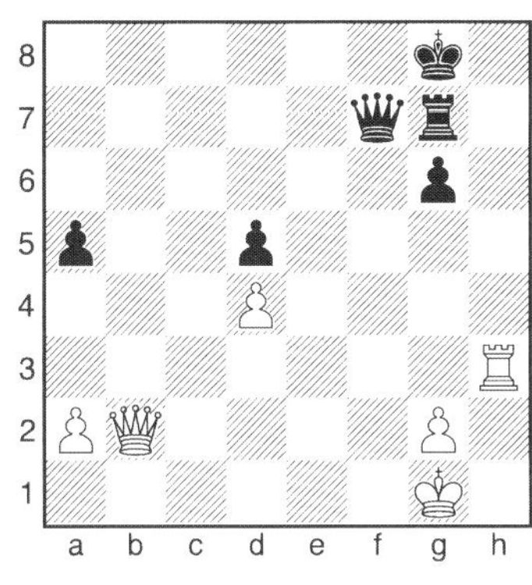

9

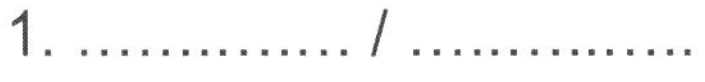

1. .... / ....

2. .... / ....

3. .... / ....

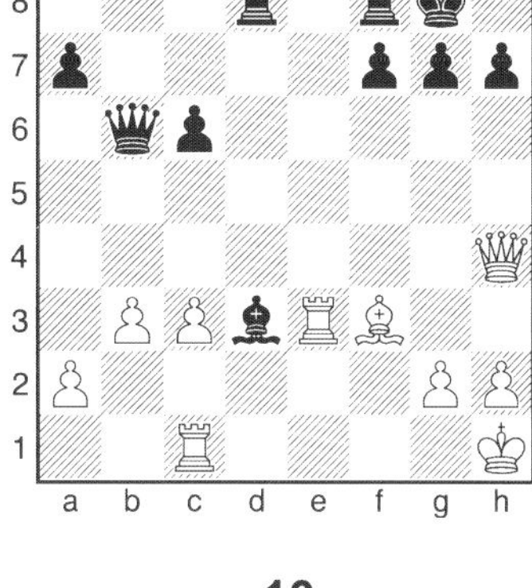

10

1. .... / ....

2. .... / ....

3. .... / ....

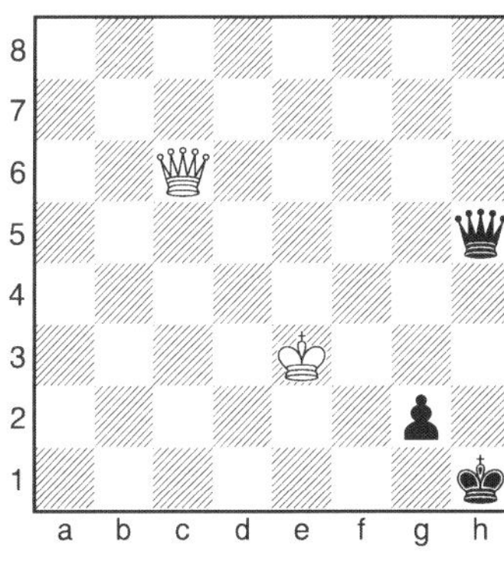

11 ●

1. -------------- / ....

2. .... / ....

3. .... / ....

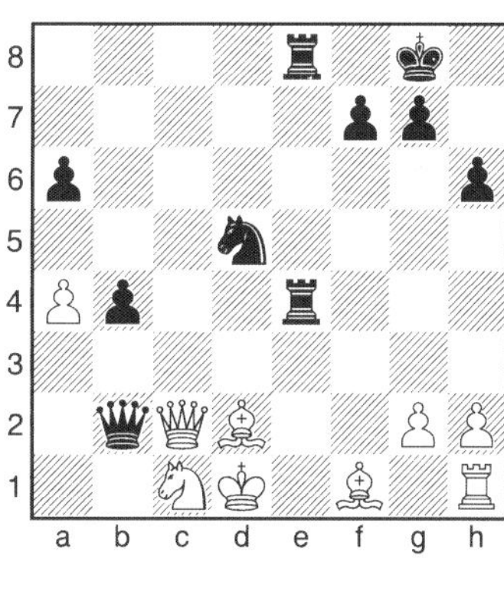

12 ●

1. -------------- / ....

2. .... / ....

3. .... / ....

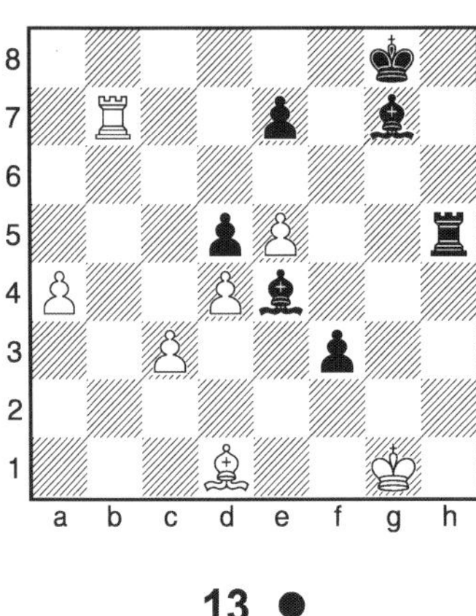

13 ●

1. -------------- / ....

2. .... / ....

3. .... / ....

14 ●

1. -------------- / ....

2. .... / ....

3. .... / ....

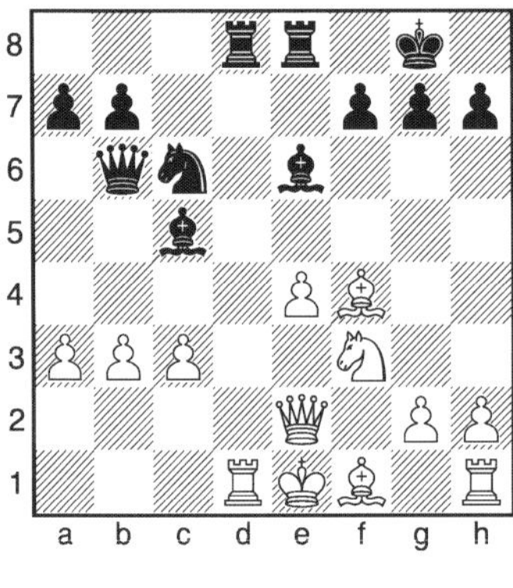

15 ●

1. -------------- / ....

2. .... / ....

3. .... / ....

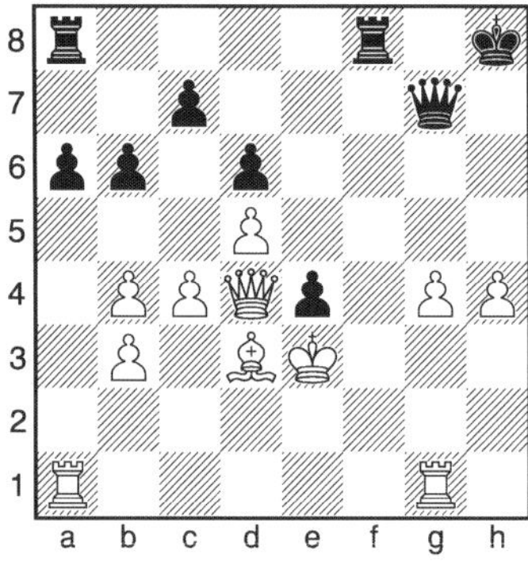

16 ●

1. -------------- / ....

2. .... / ....

3. .... / ....

Lösungen

Hin- und Weglenkung Teil 1

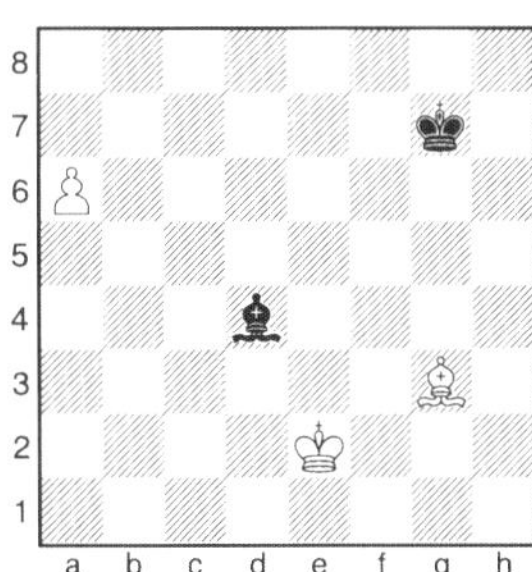

1.

1.♗g3−e5+ ♗d4xe5 2.a6−a7

Und der Bauer kann umwandeln. Die Weglenkung ist ein wichtiges Werkzeug im Endspiel und besonders nützlich, um dem Freibauer den Weg freizumachen.

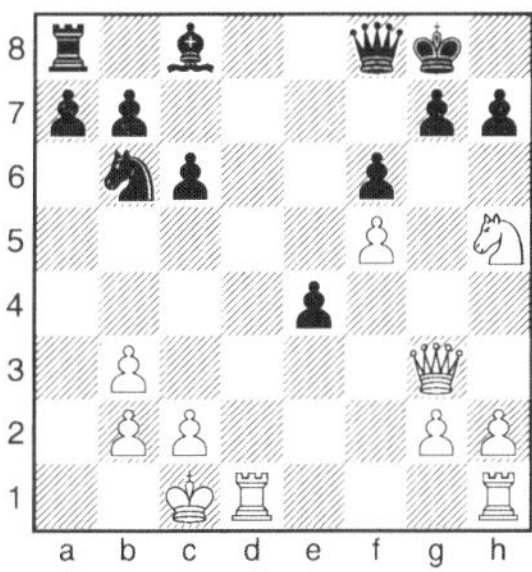

2.

Weglenkung der Dame von der Verteidigung des Mattfelds ist der Schlüssel zum Gewinn:

1.♖d1-d8 g7−g6 2.♖d8xf8+

1...♗c8−d7? und die nun gefesselte Dame kann 2.♕g3xg7# nicht verhindern.

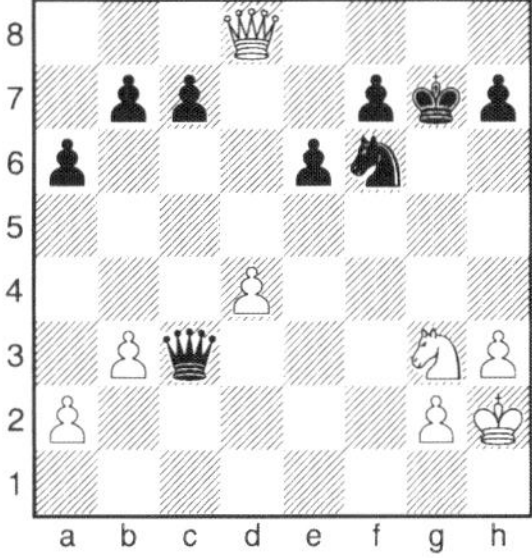

3.

Diese Art von "Trick" kennst du bereits aus dem Kapitel Springergabel in Band 1. Hinlenkung in eine Springergabel ist ein häufig anzutreffendes Motiv:

1.♕d8xf6+ ♔g7xf6 2.♘g3−e4+

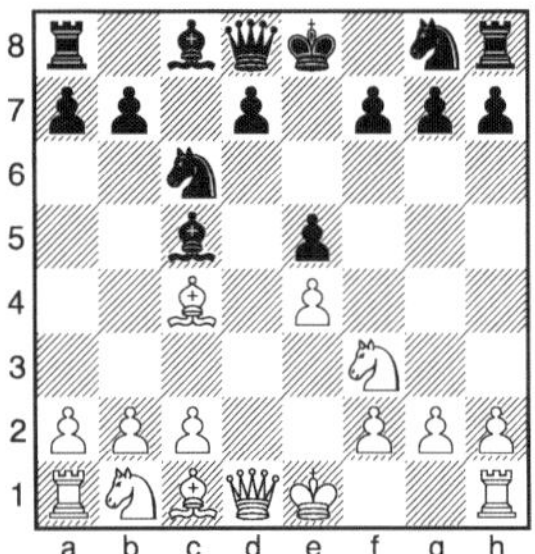

4.

Ein Opfer auf f7 mit folgendem Damenausfall gewinnt per Doppelangriff die Figur zurück:

1.♗c4xf7+ ♔e8xf7
2.♕d1-d5+ ♔f7–f8/e8
3.♕d5xc5

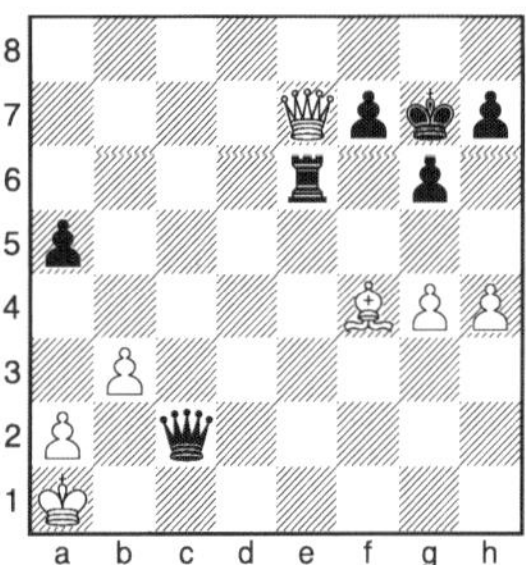

5.

Der Läufer zieht den König in die Mattstellung, ein typisches Motiv:

1.♗f4–h6+ ♔g7xh6 2.♕e7–f8#

Oder 1...♔g7–g8 2.♕e7–f8#

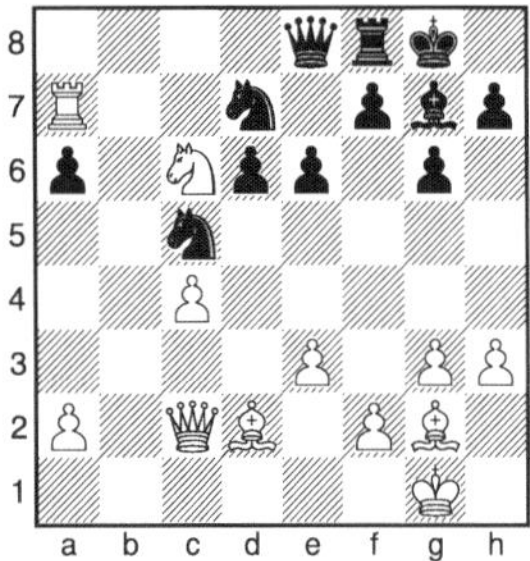

6.

1.♖a7–a8

Bringt die Dame in einen Abzugsangriff:

1...♕e8xa8 2.♘c6–e7+

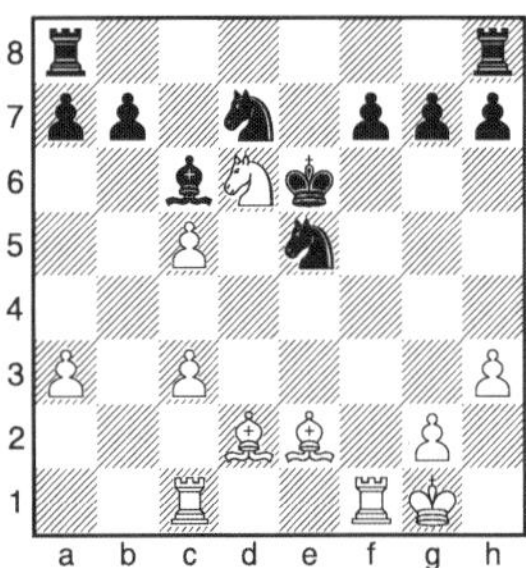

7.

1.♘d6xf7 ♘e5xf7 2.♗e2–c4+

Spießt König und Springer auf. Schwarz braucht nicht zu schlagen, verliert dann aber einen weiteren Bauer:

1...♖h8–f8 2.♘f7–g5+ ♔e6–e7 3.♘g5xh7

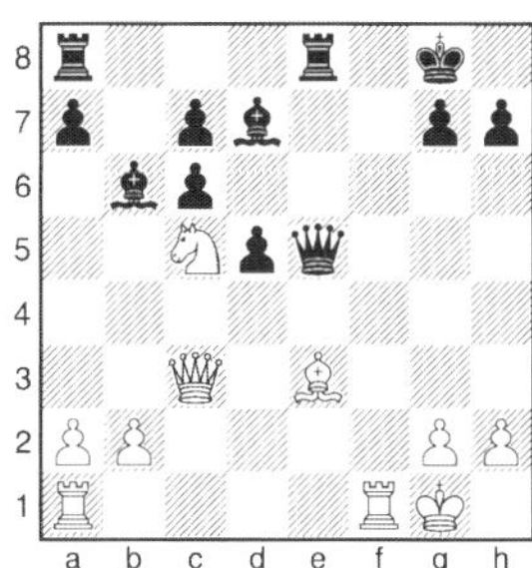

8.

1.♖f1-f8+

Zwingt den König in eine Gabel oder gewinnt andernfalls die Dame, 1...♖e8xf8? 2.♕c3xe5.

1...♔g8xf8 2.♘c5xd7+

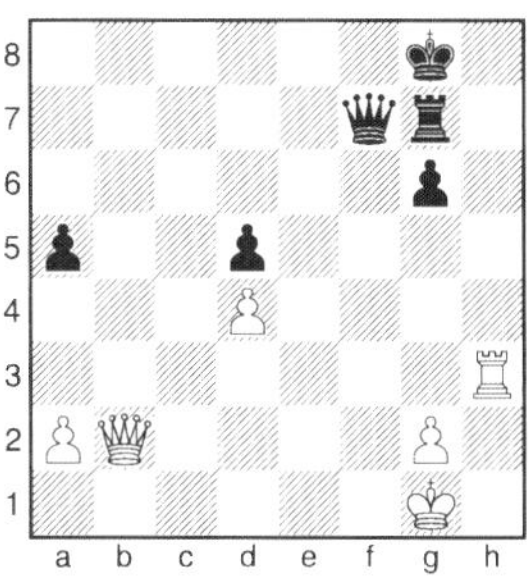

9.

Es sieht aus wie ein langweiliges Endspiel. Doch es droht unmittelbar Gefahr durch eine Weglenkung:

1.♕b2–b8+ ♕f7–f8

2.♖h3–h8+ ♔g8xh8 3.♕b8xf8+

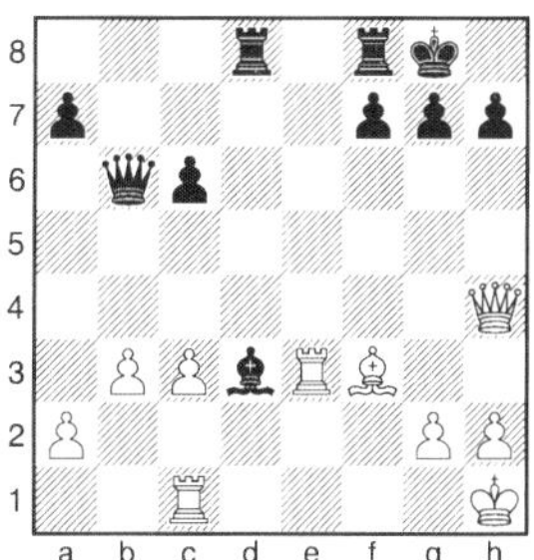

10.

1.♖e3xd3 ♖d8xd3 2.♗f3–e4

Doppelangriff mit der Drohung 2...––
3.♕h4xh7#.

2...h7–h6 / g7–g6 3.♗e4xd3

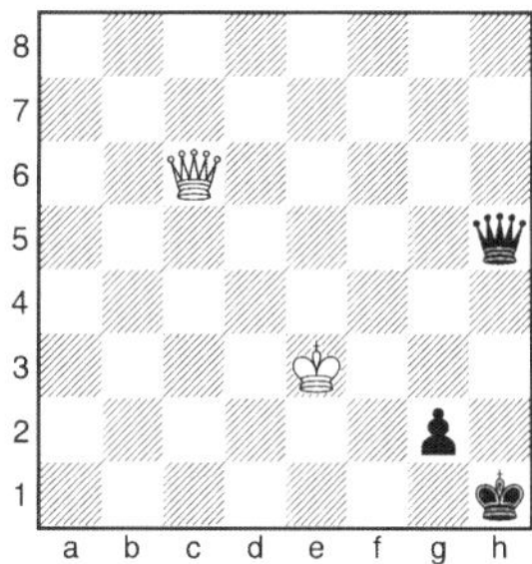

11.

1...♕h5–c5+!

Löst das Problem der Fesselung und bringt die weiße Dame in einen Spieß:

2.♕c6xc5 g2–g1♕+

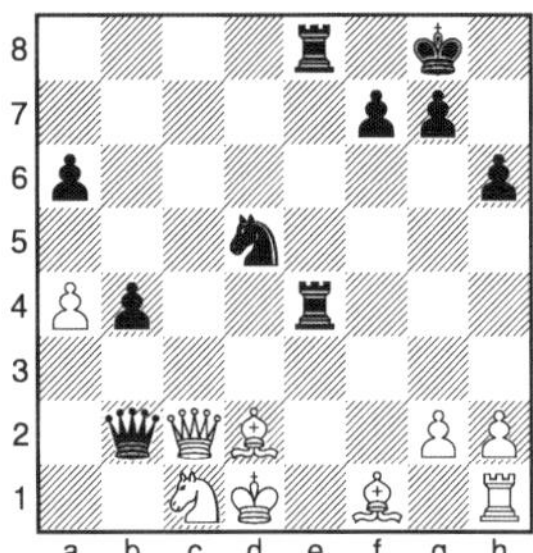

12.

1...♖e4−e1+

Weglenkung und zugleich Überlastung des Läufers, der das Feld e3 nicht länger verteidigen kann:

2.♗d2xe1 ♘d5−e3+

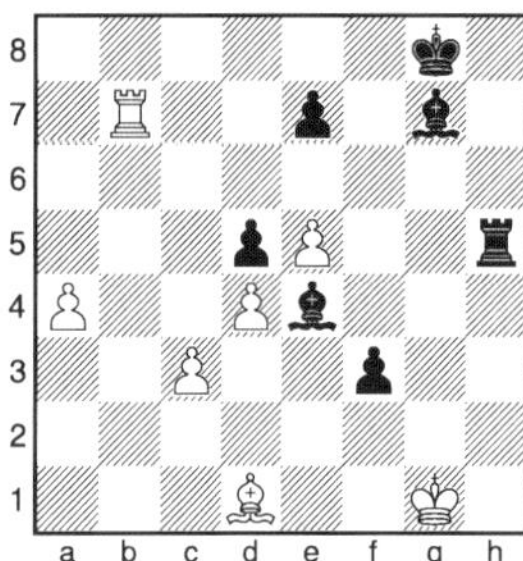

13.

1...♖h5−h1+

Läufergewinn oder Hinlenkung in ein vernichtendes Abzugsschach mit folgender Umwandlung:

2.♔g1xh1 f3−f2+

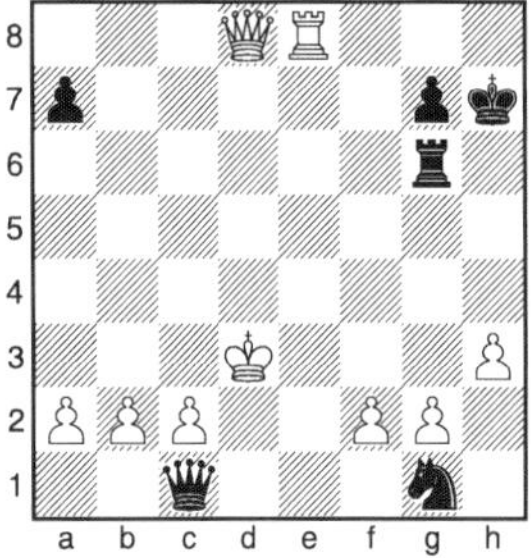

14.

1...♖g6−d6+

Zwingt die Dame von ihrem Turm weg und in einen vernichtenden Spieß:

2.♕d8xd6 ♕c1-d1+ 3.♔d3−c4 ♕d1xd6

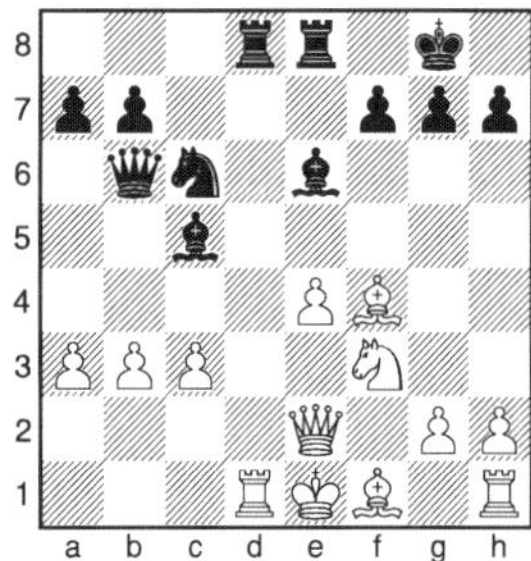

15.

Die verfehlte Entwicklung von Weiß wird durch eine Weglenkung bestraft:

1...♗c5−f2+ 2.♕e2xf2 ♖d8xd1+ 3.♔e1-e2 ♕b6xf2+ 4.♔e2xf2 ♗e6xb3

Noch schlimmer ist 3.♔e1xd1? ♕b6xf2.

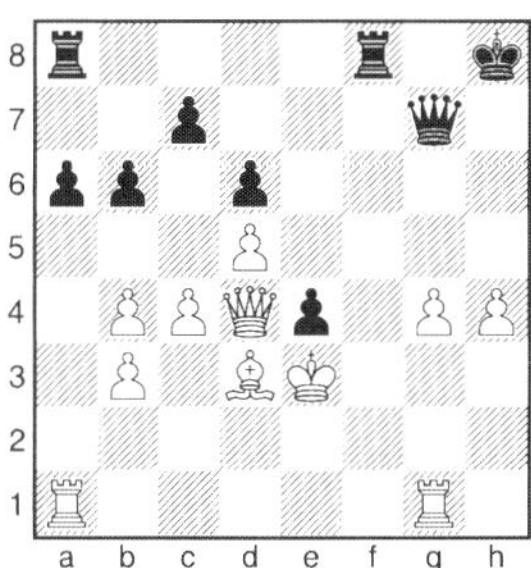

16.

1...♖f8–f3+ 2.♔e3xe4 ♖a8–e8+

Oder auch die Weglenkung mit 2...♖f3–f4+ 3.♔e4xf4 ♕g7xd4+.

3.♔e4xf3 ♕g7xd4

Hin- und Weglenkung Teil 2

Finde und nutze Hin- oder Weglenkungen in bis zu vier Zügen!

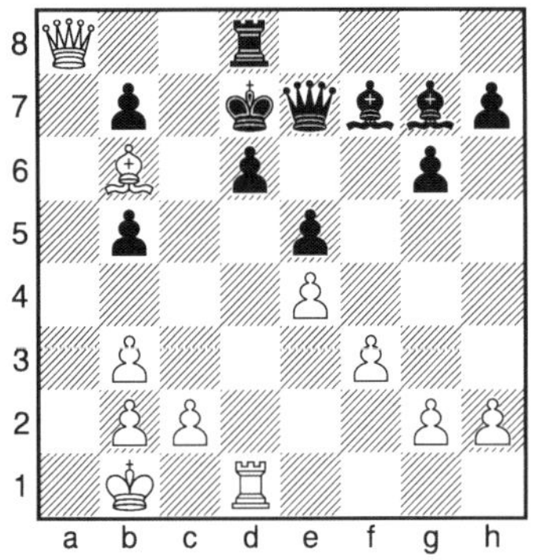

a b c d e f g h

1

1. .... / ....

2. .... / ....

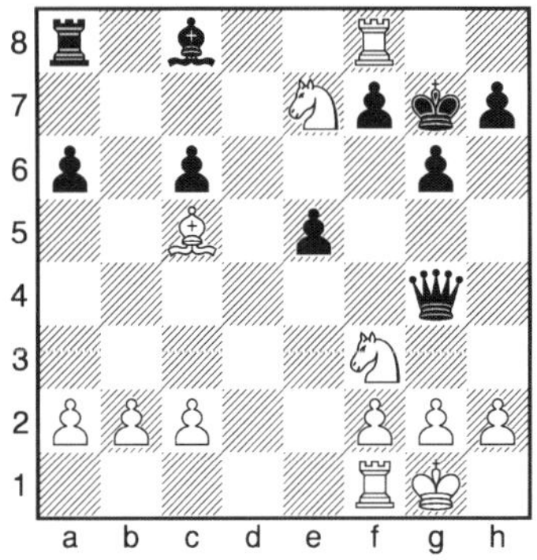

a b c d e f g h

2

1. .... / ....

2. .... / ....

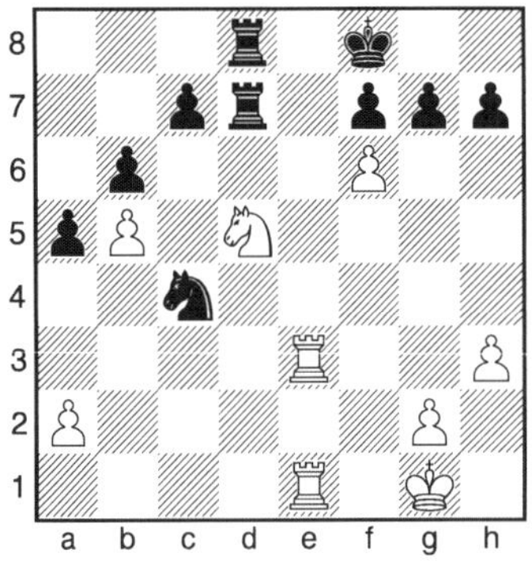

a b c d e f g h

3

1. .... / ....

2. .... / ....

a b c d e f g h

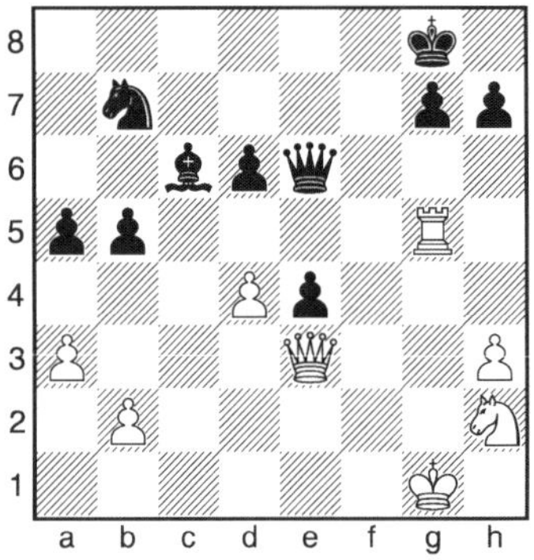

4

1. .... / ....

2. .... / ....

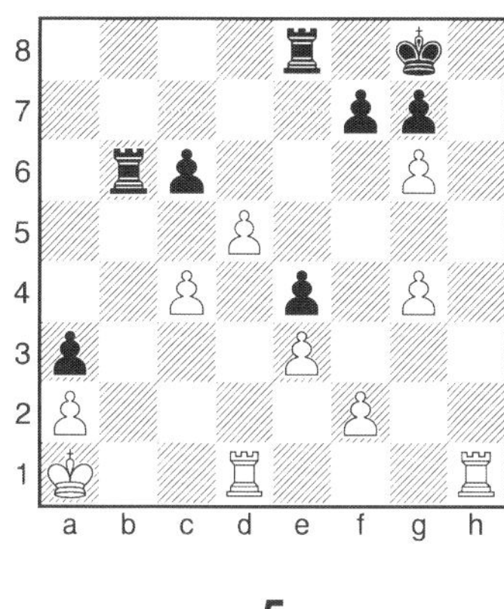

5

1. .... / ....

2. .... / ....

3. .... / ....

6

1. .... / ....

2. .... / ....

3. .... / ....

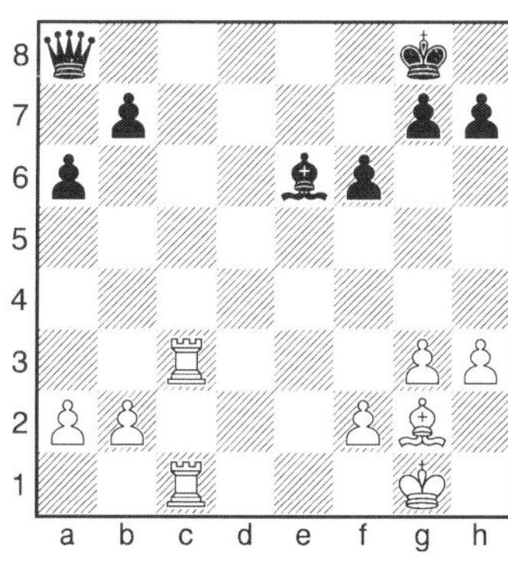

7

1. .... / ....

2. .... / ....

3. .... / ....

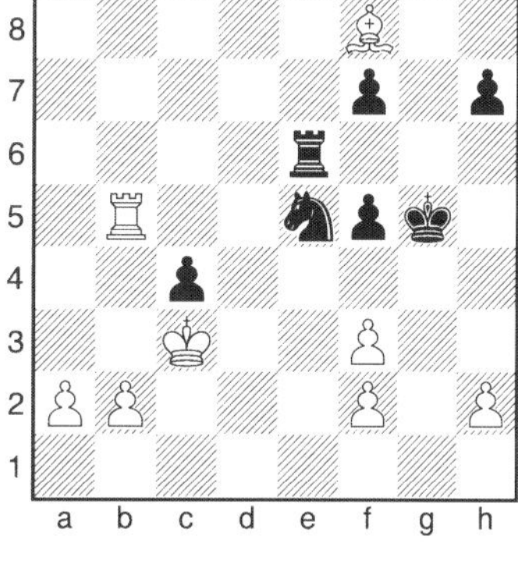

8

1. .... / ....

2. .... / ....

3. .... / ....

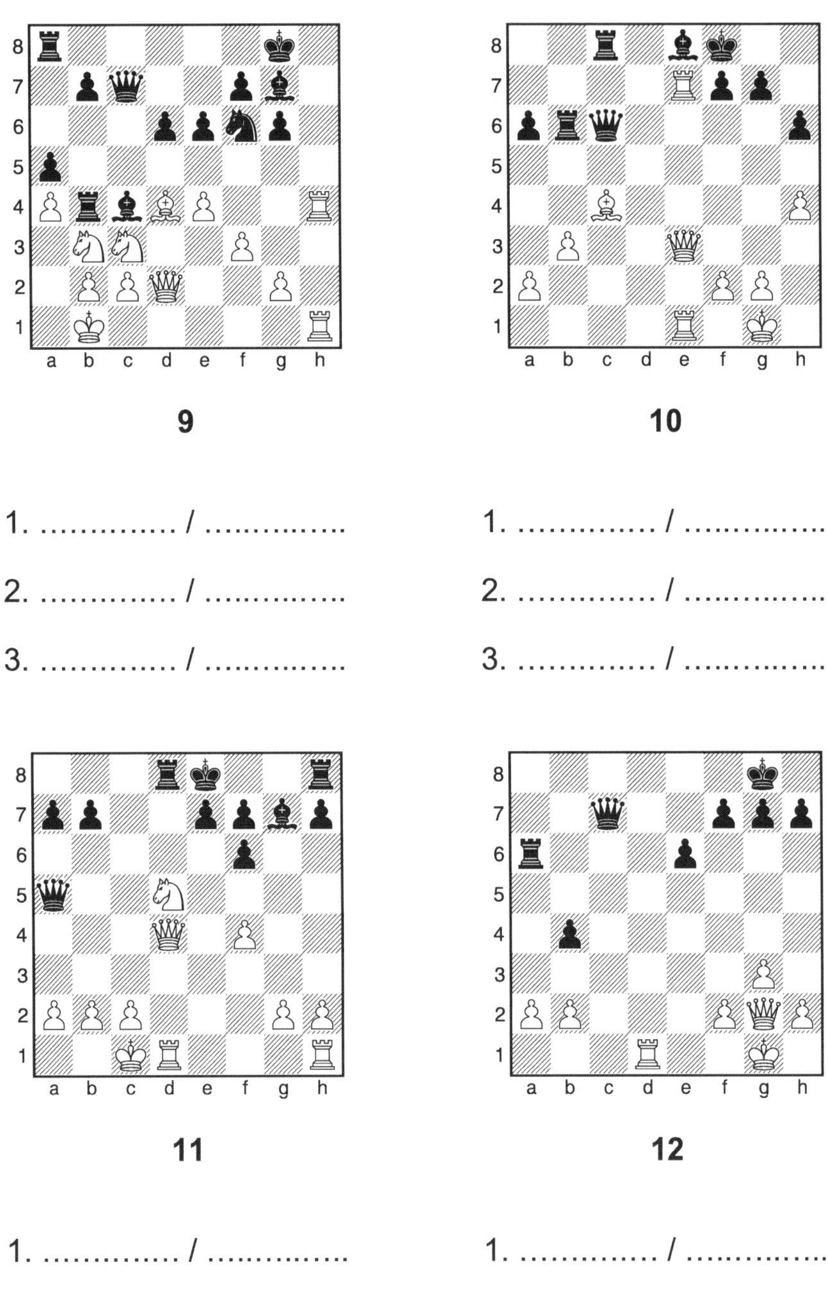

9

1. .... / ....

2. .... / ....

3. .... / ....

10

1. .... / ....

2. .... / ....

3. .... / ....

11

1. .... / ....

2. .... / ....

3. .... / ....

12

1. .... / ....

2. .... / ....

3. .... / ....

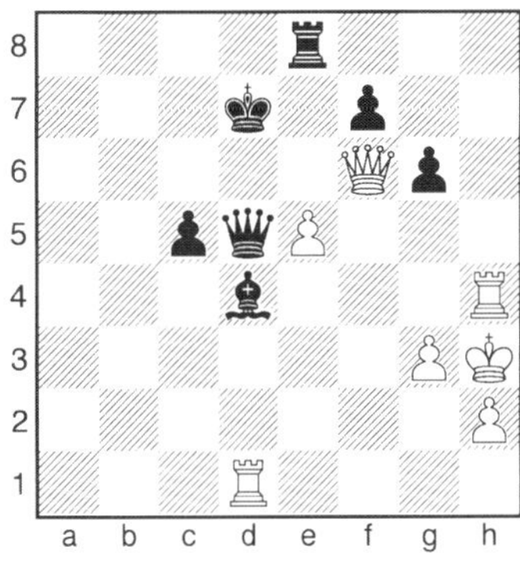

13

1. .... / ....

2. .... / ....

3. .... / ....

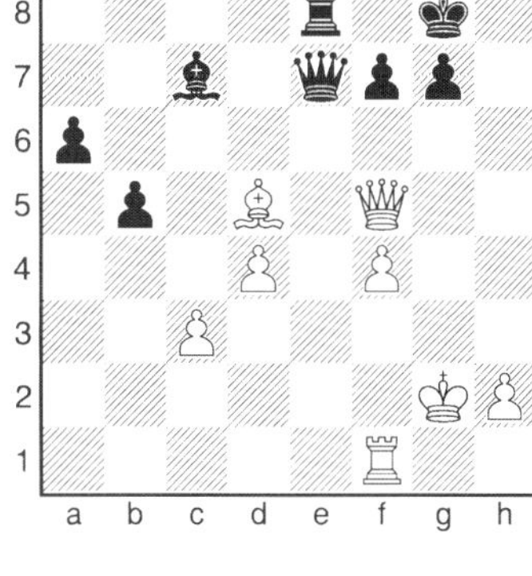

14

1. .... / ....

2. .... / ....

3. .... / ....

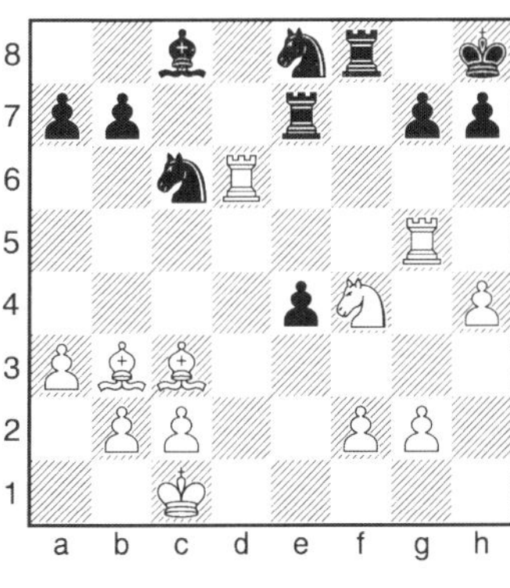

15

1. .... / ....

2. .... / ....

3. .... / ....

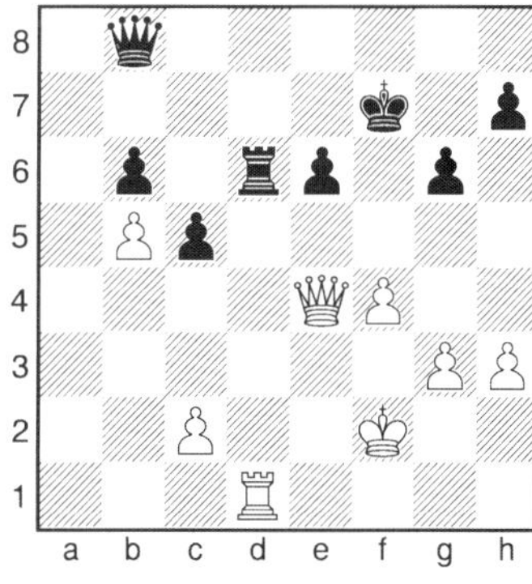

16

1. .... / ....

2. .... / ....

3. .... / ....

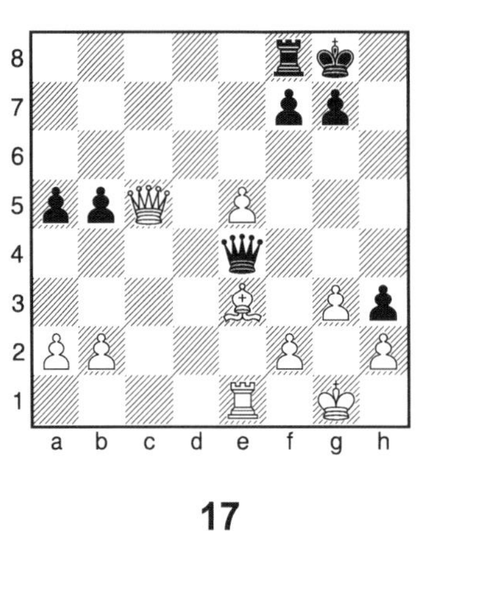

17

1. .... / ....

2. .... / ....

3. .... / ....

18

1. .... / ....

2. .... / ....

3. .... / ....

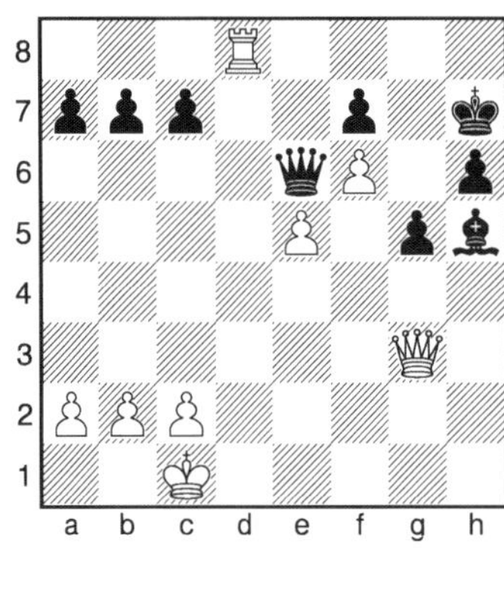

19

1. .... / ....

2. .... / ....

3. .... / ....

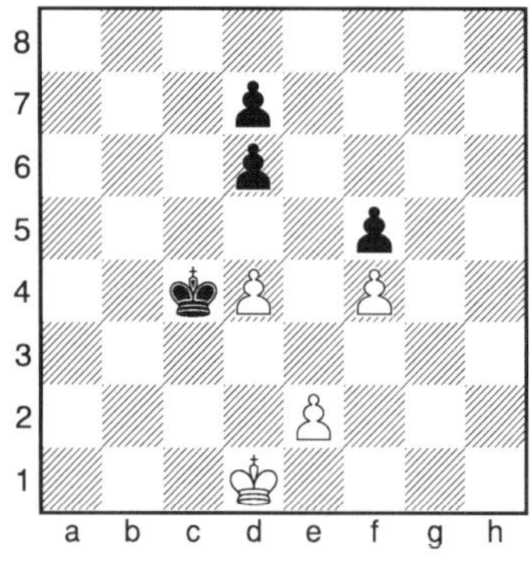

20

1. .... / ....

2. .... / ....

3. .... / ....

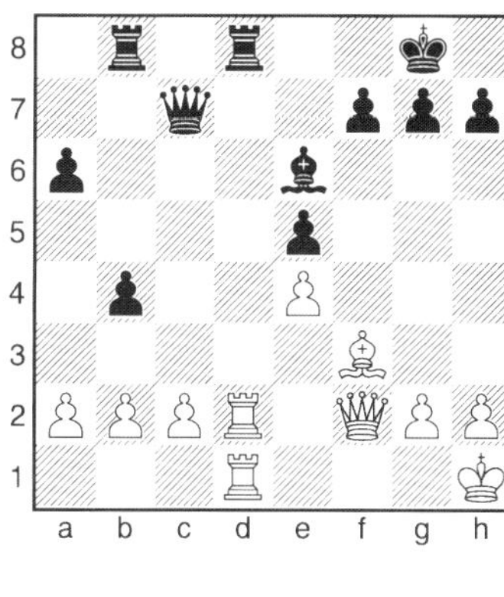

21

1. .... / ....

2. .... / ....

3. .... / ....

22

1. .... / ....

2. .... / ....

3. .... / ....

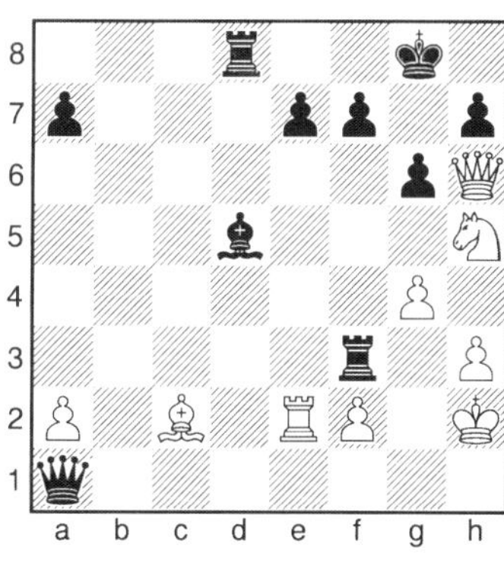

23 ●

1. -------------- / ....

2. .... / ....

3. .... / ....

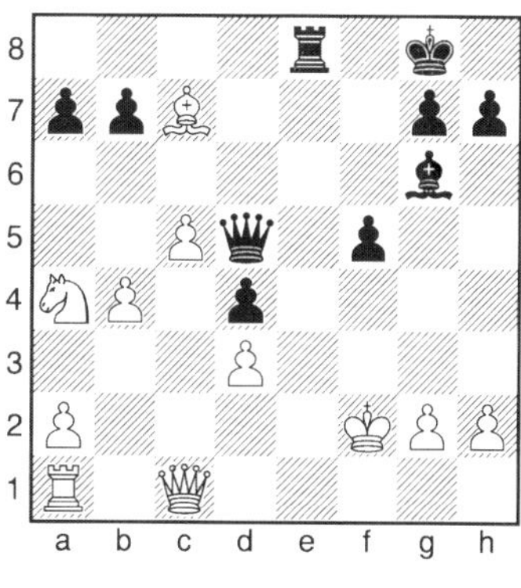

24 ●

1. -------------- / ....

2. .... / ....

3. .... / ....

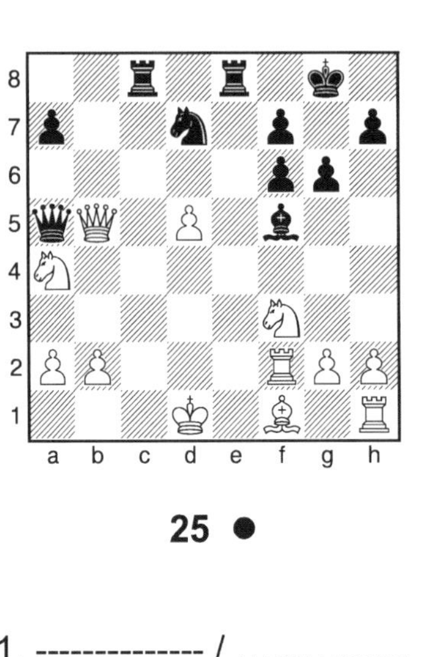

25 ●

1. -------------- / ....

2. .... / ....

3. .... / ....

26 ●

1. -------------- / ....

2. .... / ....

3. .... / ....

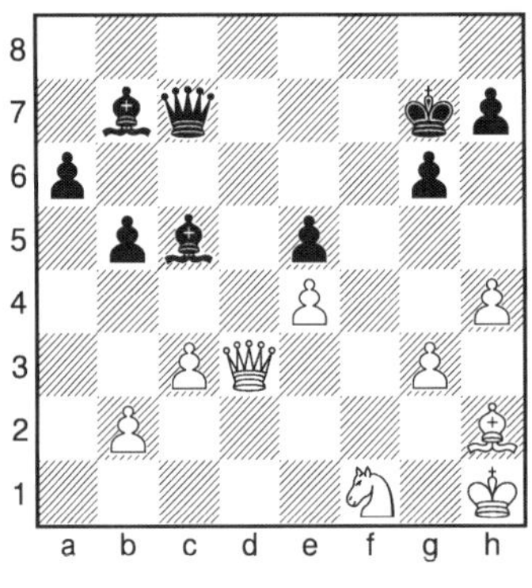

27 ●

1. -------------- / ....

2. .... / ....

3. .... / ....

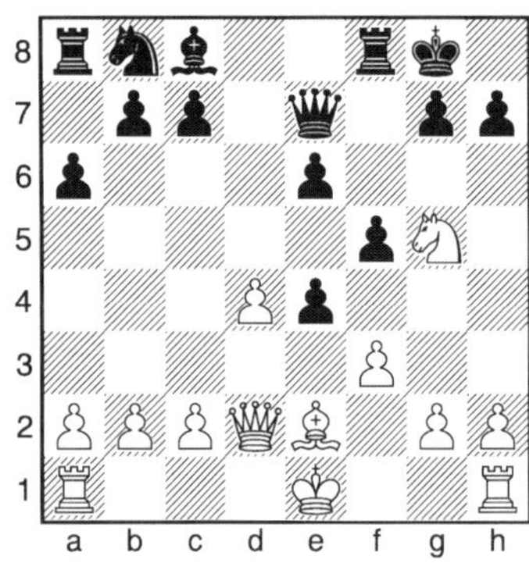

28 ●

1. -------------- / ....

2. .... / ....

3. .... / ....

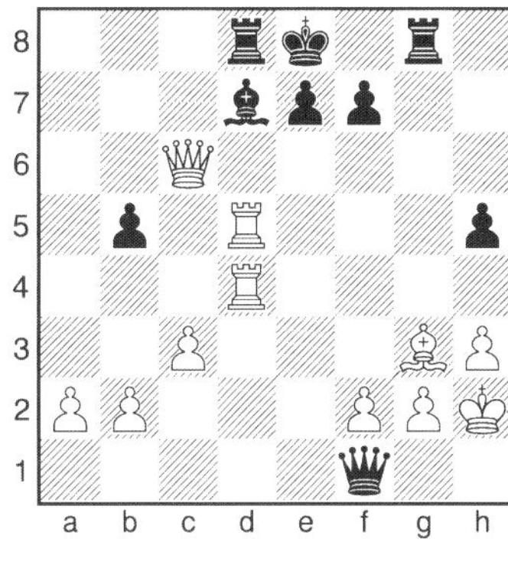

29 ●

1. -------------- / ....

2. .... / ....

3. .... / ....

30 ●

1. -------------- / ....

2. .... / ....

3. .... / ....

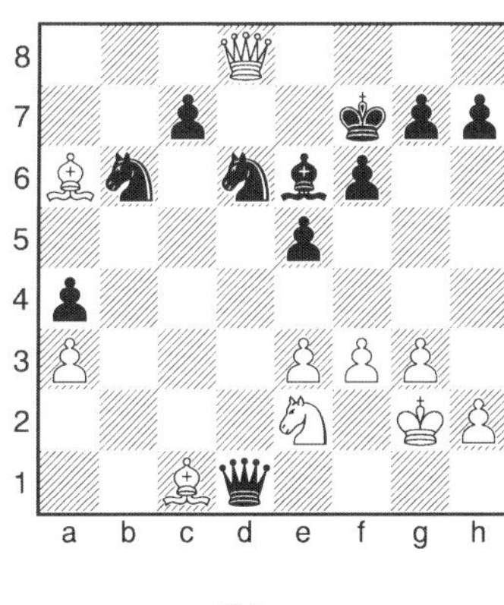

31 ●

1. -------------- / ....

2. .... / ....

3. .... / ....

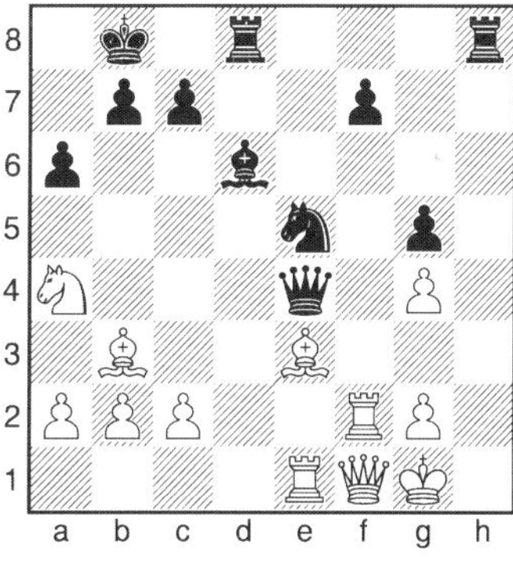

32 ●

1. -------------- / ....

2. .... / ....

3. .... / ....

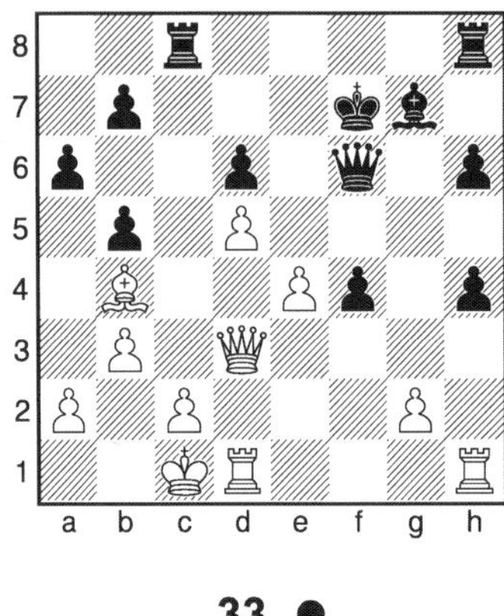

33 ●

1. ------------- / ....

2. .... / ....

3. .... / ....

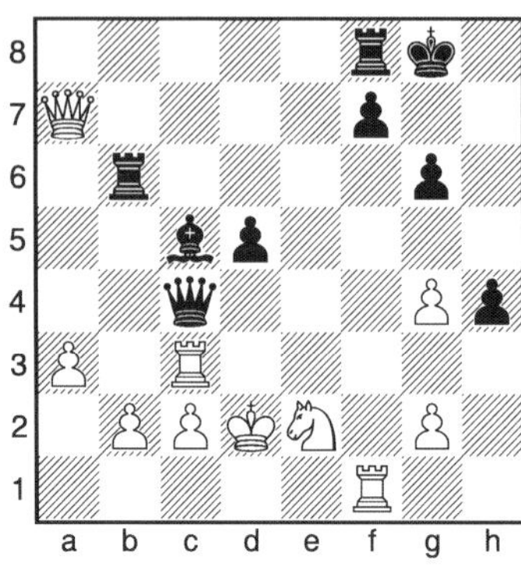

34 ●

1. ------------- / ....

2. .... / ....

3. .... / ....

Lösungen

Für die Hin- oder Weglenkungen in bis zu vier Zügen!

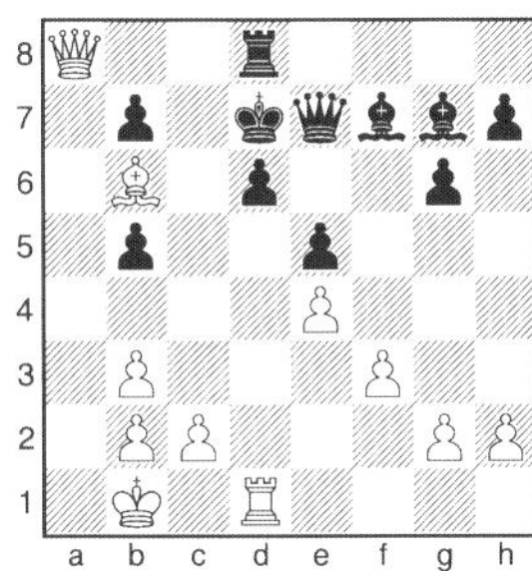

1.

Ein eher harmlos scheinender Abtausch (auch wenn das Qualitätsverlust ist) führt zu einer Hin-lenkung in einen siegreichen Spieß:

1.♗b6xd8 ♕e7xd8 2.♖d1xd6+

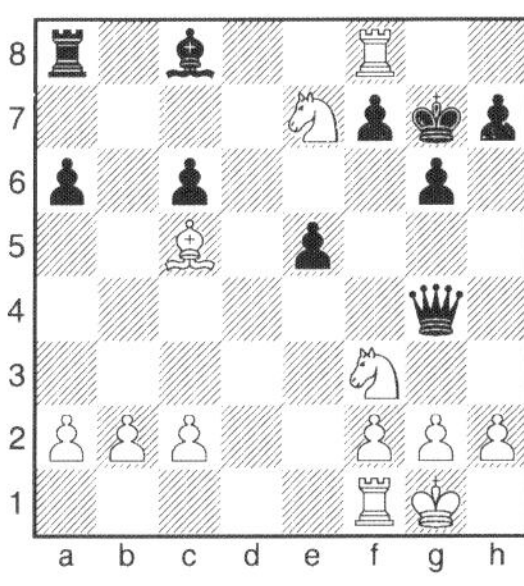

2.

1.♖f8xf7+ ♔g7xf7 2.♘f3xe5+

Andere Königszüge machen es noch schlimmer:
1...♔g7–h6 2.♘e7–g8+ ♔h6–h5 3.♖f7xh7#;
oder
1...♔g7–h8 2.♗c5–d6 droht 2...-- 3.♗d6xe5#

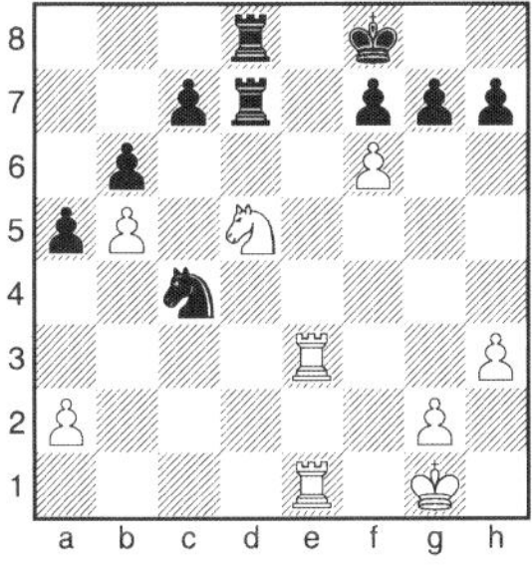

3.

Den König vom Umwandlungsfeld wegzulenken ist der richtige Plan:

1.♖e3–e8+ ♖d8xe8
2.♖e1xe8+ ♔f8xe8 3.f6xg7 ♖d7xd5
4.g7–g8♕+

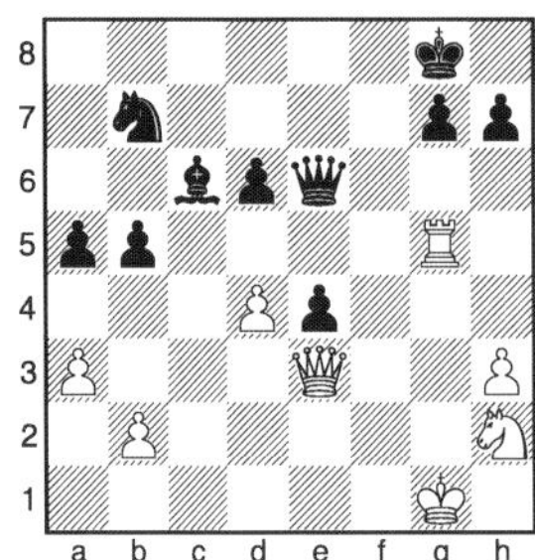

4.

1.d4–d5

Zwingt den Läufer in einen Doppelangriff, der auf das Mattfeld g7 zielt:

1...♗c6xd5 2.♕e3–d4 g7–g6 3.♕d4xd5

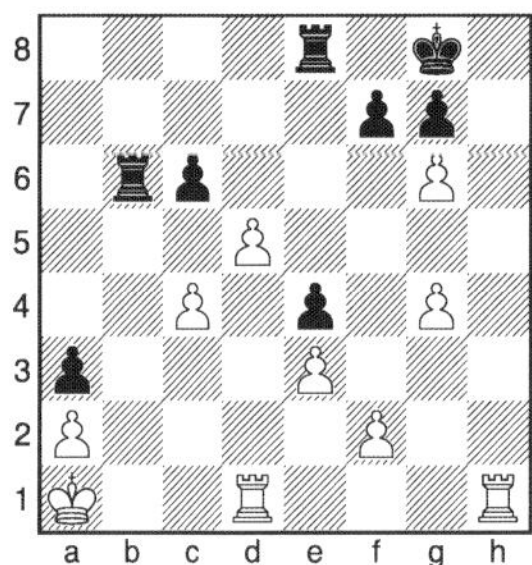

5.

1.♖h1-h8+ ♔g8xh8 2.g6xf7

Schafft eine Mattstellung, die nur durch Turmverlust nebst Umwandlung abzuwenden ist:

2...♖e8–f8 3.♖d1-h1#

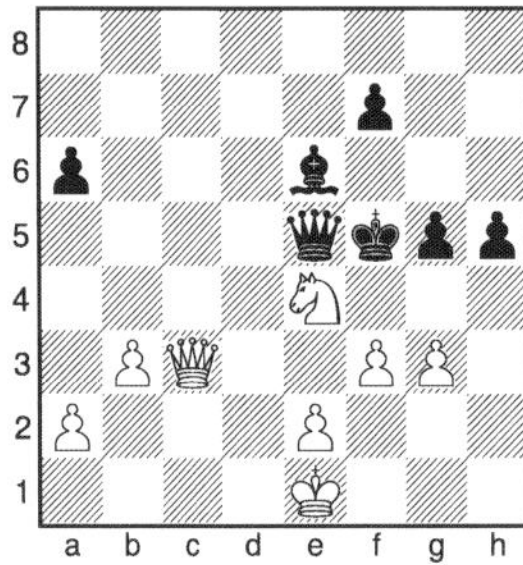

6.

1.g3–g4+ h5xg4

Falls 1...♔f5–f4 2.♕c3–d2#/c1#

2.f3xg4+ ♔f5–g6 3.♕c3xe5

2...♔f5–f4 3.♕c3–f3#; oder
2...♔f5xe4 3.♕c3–d3+ ♔e4–f4 4.♕d3–f3#

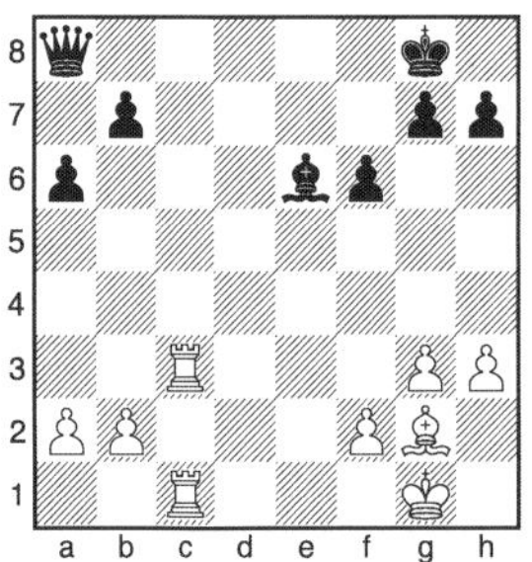

7.

1.♗g2–d5 ♗e6xd5 2.♖c3–c8+

1...♗e6–f7?? 2.♖c3–c8+ ♕a8xc8 3.♖c1xc8#; oder

1...♔g8–f7 2.♖c3–c7+ ♔f7–g6 3.♗d5xe6

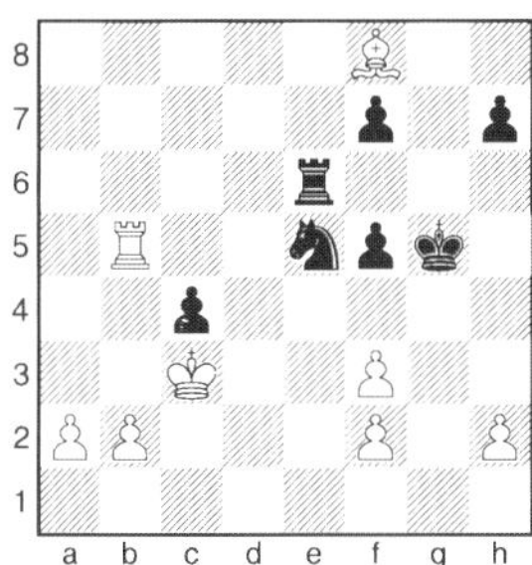

8.

1.♖b5xe5

Gewinnt entweder den Springer oder führt zu zwei Doppelangriffen, von denen der zweite gewinnt:

1...♖e6xe5 2.f3–f4+ ♔g5xf4 3.♗f8–d6 f7–f6 4.♗d6xe5+ f6xe5

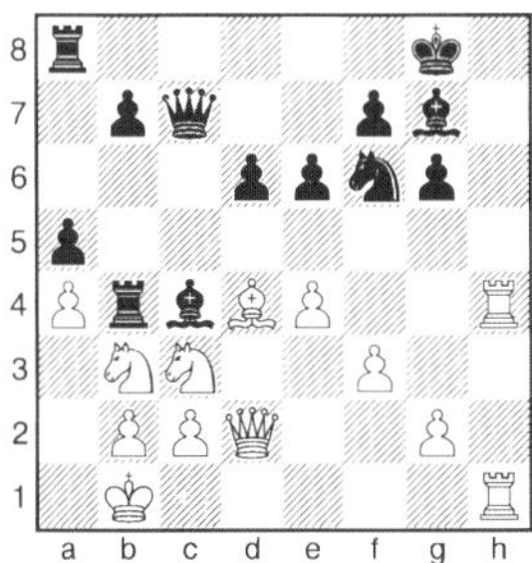

9.

Hast du dich an das alte Damiano Matt erinnert? Dies ist eine Variante davon:

1.♖h4–h8+ ♗g7xh8 2.♖h1xh8+ ♔g8xh8 3.♕d2–h6+ ♔h8–g8 4.♗d4xf6 -- 5.♕h6–g7#/h8#

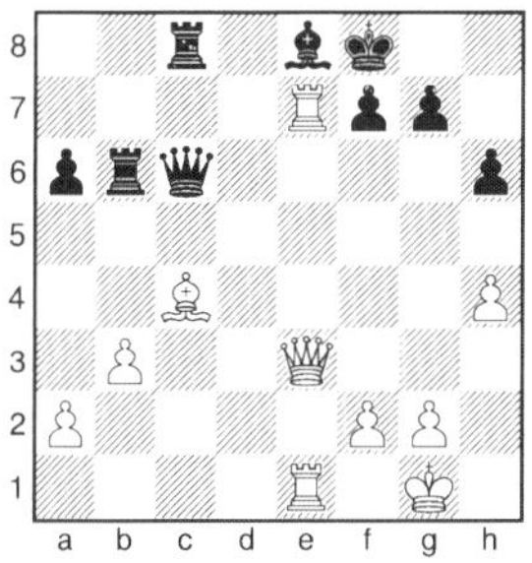

10.

Die schwarze Dame muss den Läufer verteidigen!

1.♗c4–d5 ♕c6–b5

Falls 1...♕c6xd5? 2.♖e7xe8+ ♖c8xe8 3.♕e3xe8#

2.a2–a4 ♕b5–b4 3.♖e7xe8+ ♖c8xe8 4.♕e3xe8#

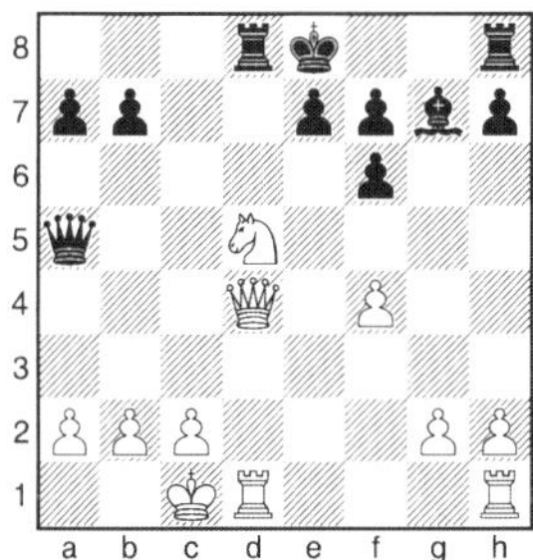

11.

Schwarz kann wählen zwischen Damenverlust und Matt, was aber nicht leicht zu sehen war:

1.♕d4–a4+ ♕a5xa4
2.♘d5–c7+ ♔e8–f8
3.♖d1xd8+ ♕a4–e8 4.♖d8xe8#

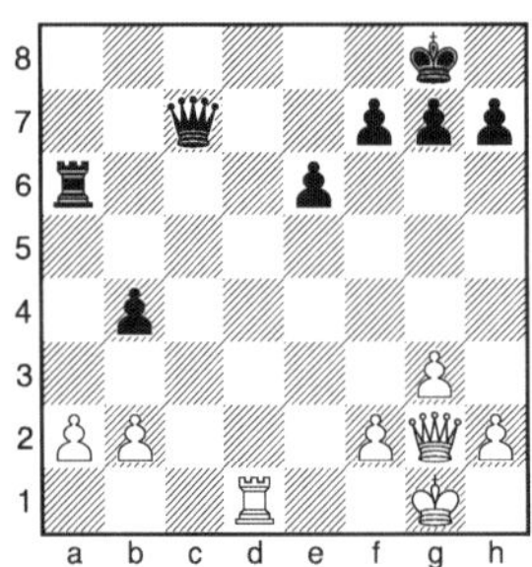

12.

1.♕g2–b7 ♖a6–c6

Falls 1...♕c7xb7? 2.♖d1-d8#

2.♕b7–a8+ ♕c7–c8
3.♖d1-d8+ ♕c8xd8 4.♕a8xd8#

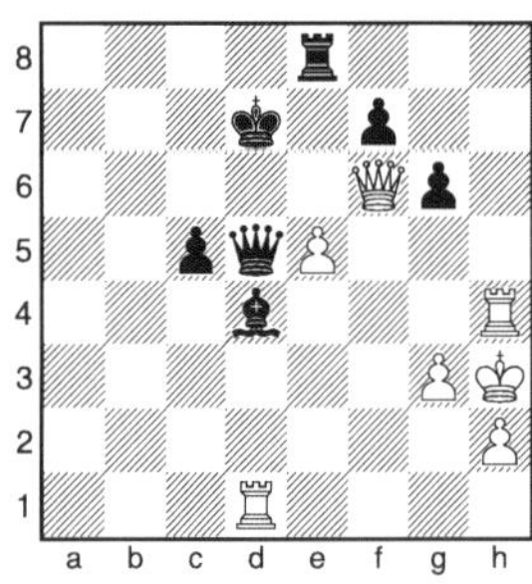

13.

Ein Opfer und eine Hinlenkung, gefolgt von einem Abzugsschach. Das war wirklich schwer!

1.♖d1/♖h4xd4 c5xd4
2.♖h4xd4 ♕d5xd4
3.e5–e6+ f7xe6 4.♕f6xd4+

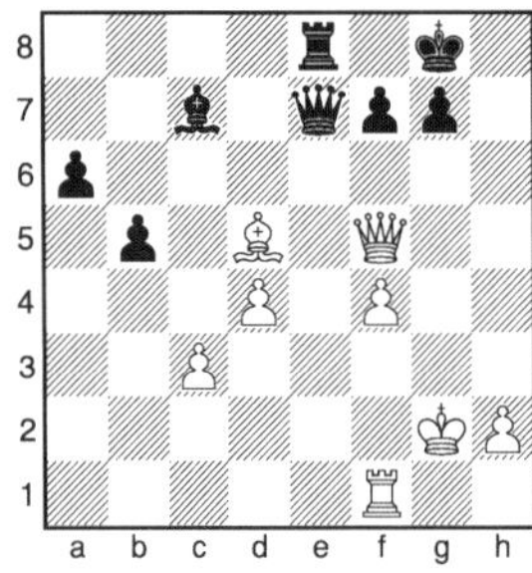

14.

1.♖f1-e1 ♕e7–f8

Falls 1...♕e7xe1 2.♕f5xf7+ ♔g8–h7 3.♕f7–h5#

2.♕f5xf7+ ♕f8xf7 3.♖e1xe8+

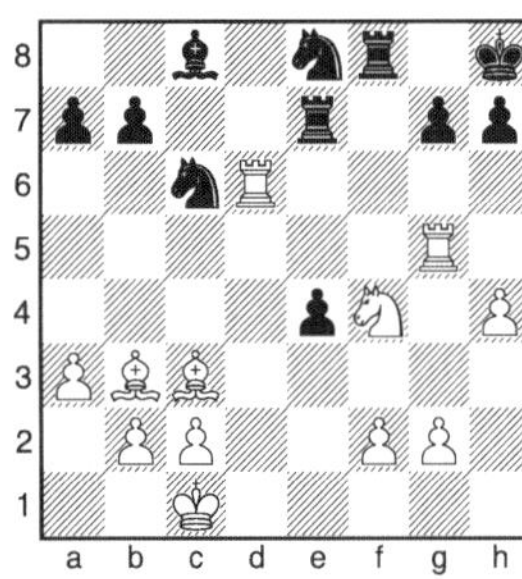

15.

1.♘f4–g6+ h7xg6 2.♖g5–h5+

Diese zweite Weglenkung eines Bauern, verbunden mit der Fesselung des Bg7, ermöglicht Matt:

2...g6xh5 3.♖d6–h6#

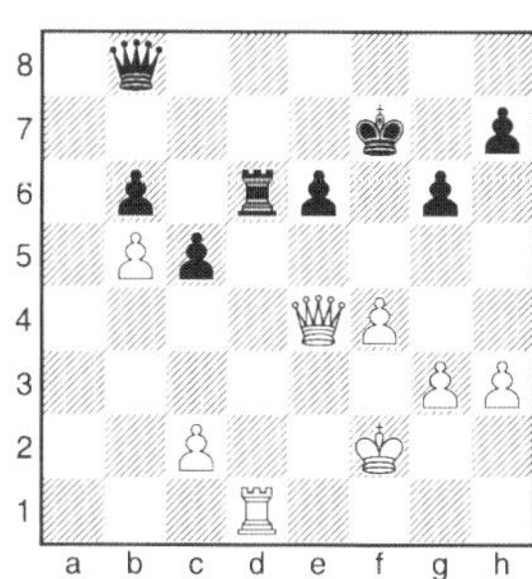

16.

1.♕e4-e5 ♖d6-d8

Nicht besser 1...♔f7-e7 2.♕e5-g7+ ♔e7-e8 3.♕g7-g8+

2.♖d1-d7+ ♖d8xd7 3.♕e5xb8

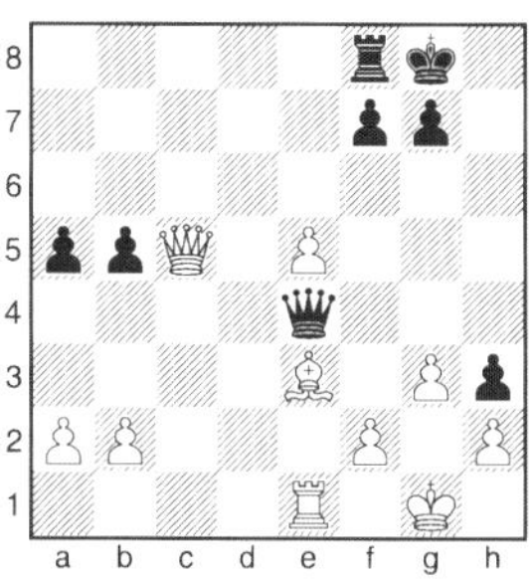

17.

Wir müssen den König in die Reichweite des Läufers = Abzugsschach bringen:

1.♕c5xf8+ ♔g8-h7 2.♕f8xg7+ ♔h7xg7 3.♗e3-h6+ ♔g7xh6 4.♖e1xe4

Oder 1...♔g8xf8 2.♗e3-c5+

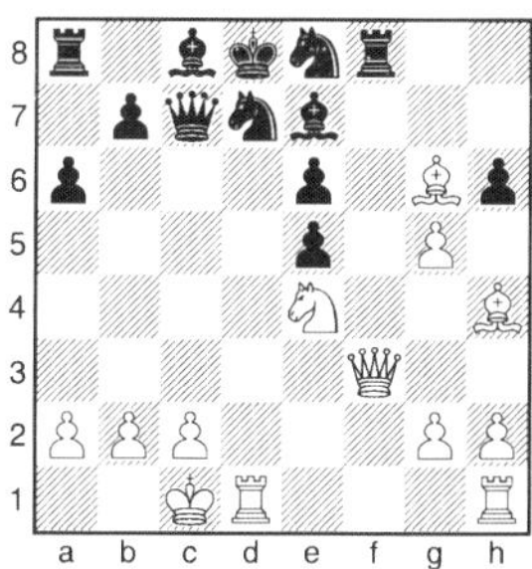

18.

1.♕f3xf8! ♗e7xf8
2.g5xh6+ ♗f8-e7
3.h6-h7

Und die Umwandlung ist nicht zu stoppen.

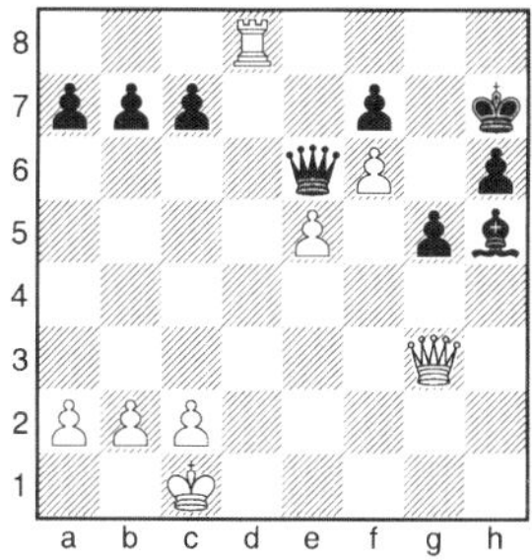

19.

1.♕g3-d3+ ♗h5-g6 2.♖d8-h8+!

Eine Art von Damiano auf der Grundreihe statt auf der offenen h-Linie!

2...♔h7xh8 3.♕d3-d8+ ♔h8-h7 4.♕d8-f8 -- 5.♕f8-g7#

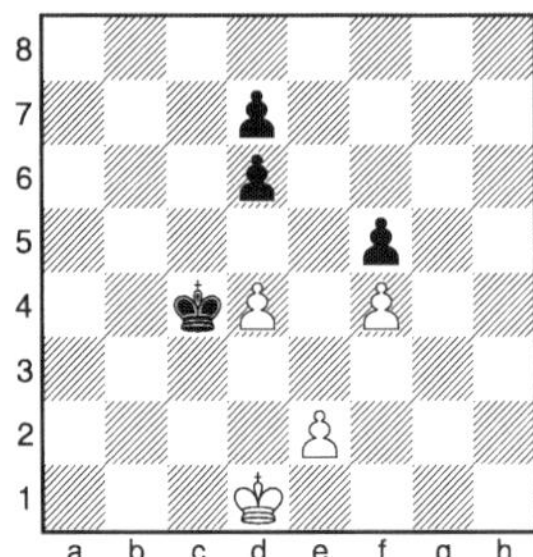

20.

1.e2–e4 ♔c4xd4

Nicht besser 1...f5xe4 2.f4–f5

2.e4xf5 ♔d4–d5 3.♔d1-e2 Zugzwang

Falls 2...d6–d5 3.f5–f6. Eine Studie von Kling & Horwitz, USA 1851.

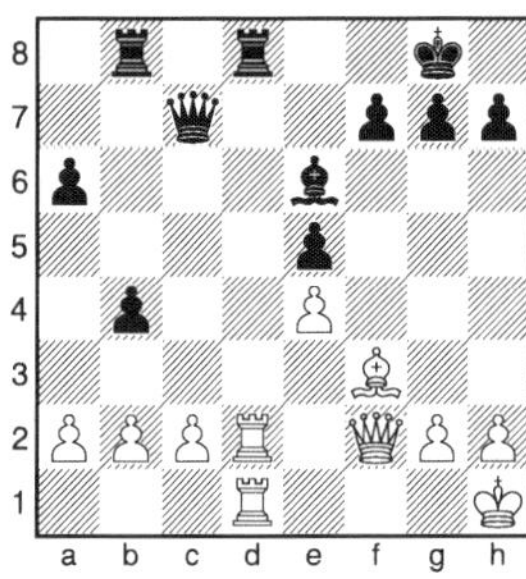

21.

1.♕f2–a7 ♕c7–a5

Falls 1...♕c7xa7 2.♖d2xd8+ ♖b8xd8 3.♖d1xd8#

2.♕a7xa6 ♕a5–c7

3.♕a6–a7 ♖d8xd2 4.♕a7xc7

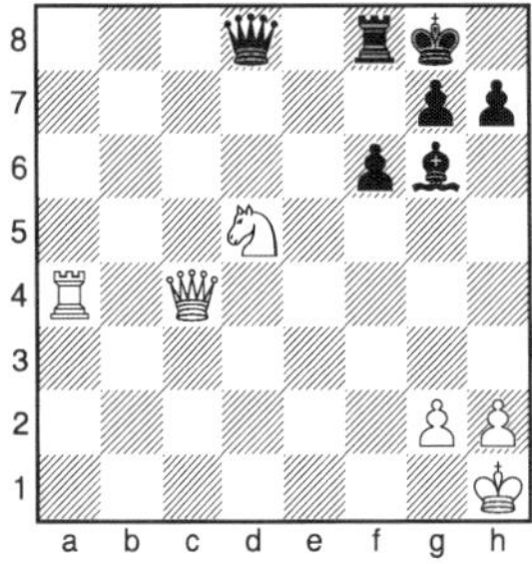

22.

1.♘d5–e7+ ♔g8–h8

2.♕c4–g8+ ♖f8xg8

3.♘e7xg6+ h7xg6 4 .♖a4–h4#

Ercole del Rio kombinierte 1750 die Motive erstickten Matt und Hin- und Weglenkung.

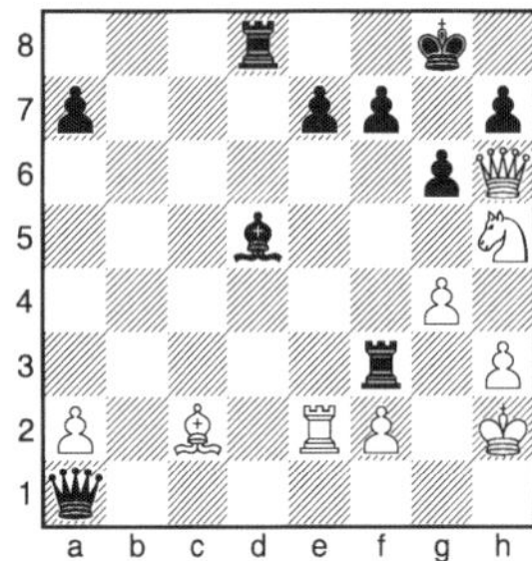

23.

Die Dame zwingt den König ins tödliche Doppelschach:

1...♕a1-h1+

2.♔h2xh1 ♖f3xh3+

3.♔h1-g1 ♖h3–h1#

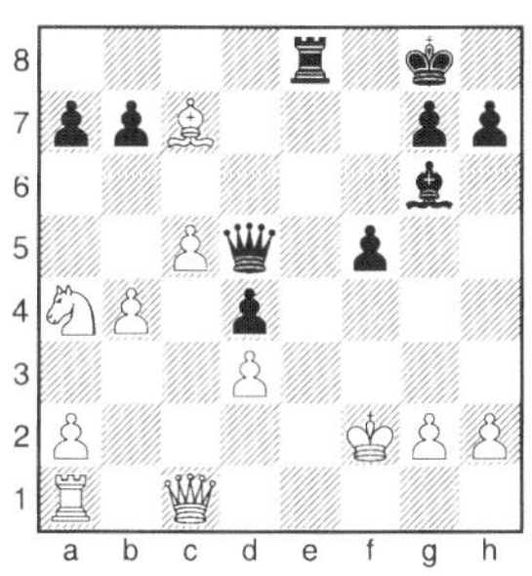

24.

1...♖e8–e2+ 2.♔f2xe2 ♕d5xg2+

Schiebt den König ins Matt. Gespielt von Paul Morphy 1858.

3.♔e2–e1 ♕g2–g1+
4.♔e1-d2 ♕g1-f2+
5.♔d2–d1 ♗g6–h5#

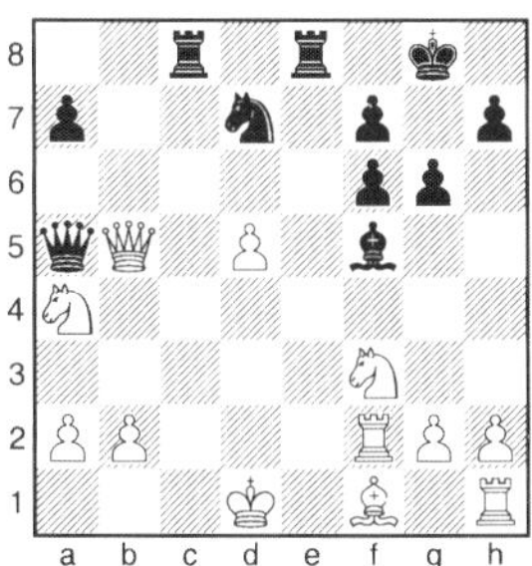

25.

1...♖c8–c1+ 2.♔d1xc1 ♖e8–e1+
3.♘f3xe1 ♕a5xe1#

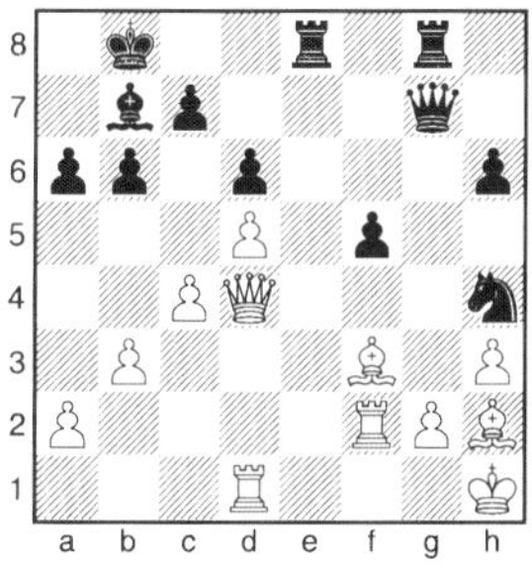

26.

1...♖e8–e1+ 2.♗h2–g1

Falls 2.♖d1xe1 ♕g7xd4; oder 2.♖f2–f1 ♖e1xf1+ 3.♖d1xf1 ♕g7xd4

2...♖e1xg1+ 3.♔h1xg1 ♘h4xf3+
4.♔g1-f1 ♘f3xd4

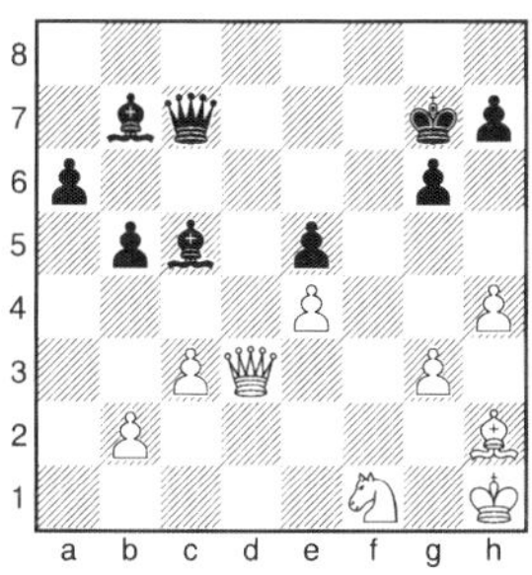

27.

1...♕c7–d6 2.♕d3–f3

2.♕d3xd6? und das Zwei–Läufer–Matt ♗b7xe4#

2...♕d6–d1 3.♔h1-g2 ♕d1-e1 4.–– ♗b7xe4

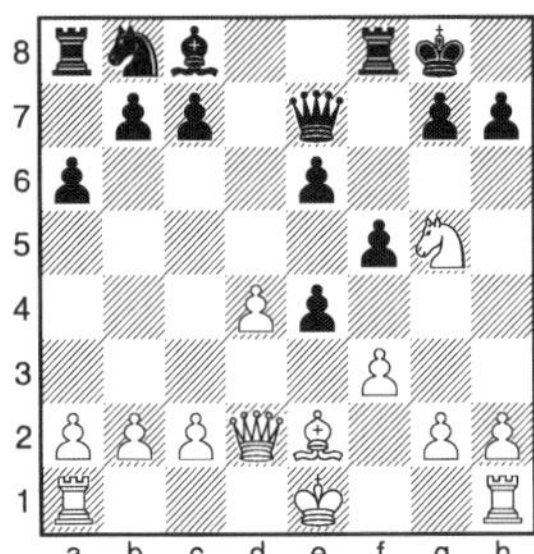

28.

1...e4–e3!

Der Beginn des Trennens der Verbindung von Dame und Springer.

2.♕d2xe3 f5–f4 3.♕e3–e5 ♖f8–f5

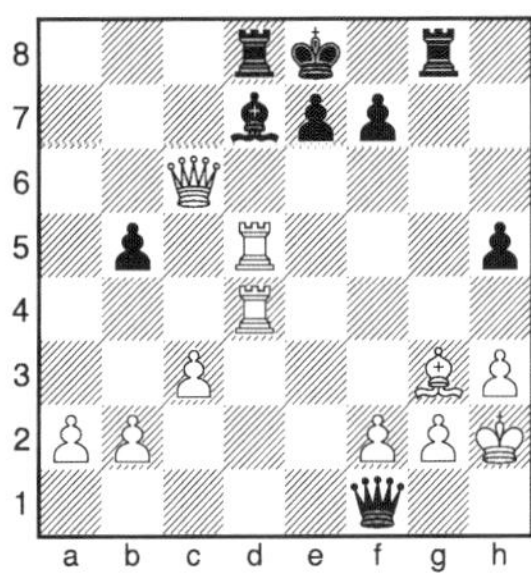

29.

Schwarz scheint am Ende zu sein. Aber durch ein Opfer zur Hinlenkung des Königs in eine folgende Fesselungsstellung wird der weiße Angriff völlig zerstört:

1...♕f1xg2+! 2.♔h2xg2 ♗d7xc6

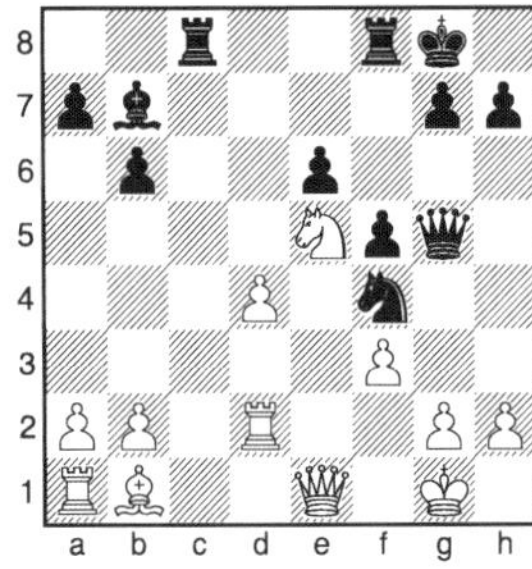

30.

1...♖c8–c1 2.♕e1xc1

Nun ist der Turm gegen die Dame gefesselt und das nutzt der Springer:

2...♘f4–e2+ 3.♖d2xe2 ♕g5xc1+ 4.♔g1-f2 ♕c1-f4

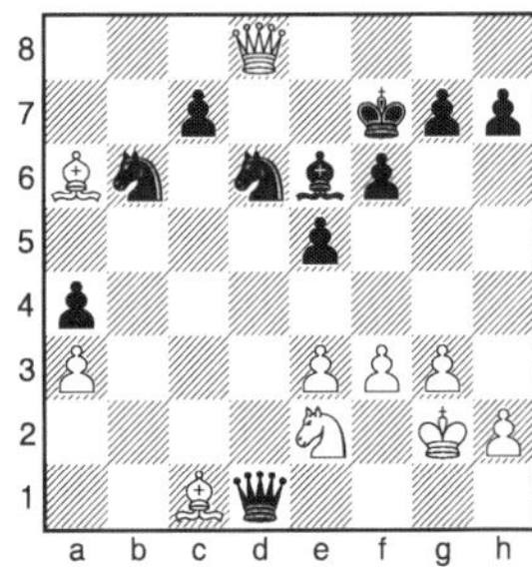

31.

1...♗e6–h3+ 2.♔g2xh3 ♕d1-f1+ 3.♔h3–h4

Oder 3.♔h3–g4 h7–h5+ 4.♔g4–h4 g7–g5+ 5.♔h4xh5 ♕f1-h3#

3...g7–g5+ 4.♔h4–h5 ♕f1-h3#

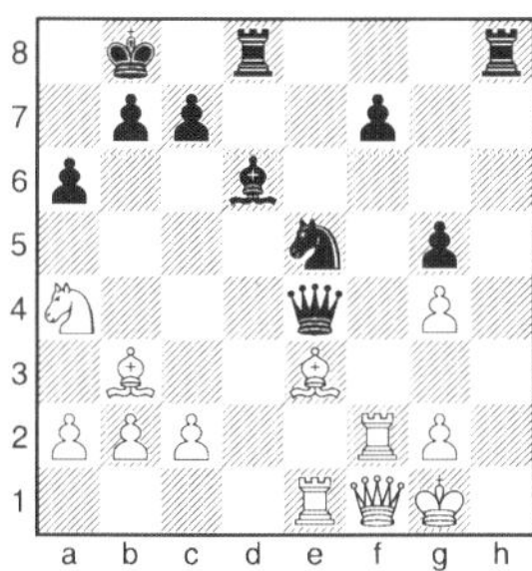

32.

1...♖h8-h1+ 2.♔g1xh1 ♕e4-h7+ 3.♔h1-g1 ♕h7-h2+! 4.♔g1xh2 ♘e5-f3+ 5.♔h2-h3/h1 ♖d8-h8#

Eine sehr nette Kombination, die aber schwer zu sehen ist. Viele Klubspieler würden sie nicht finden.

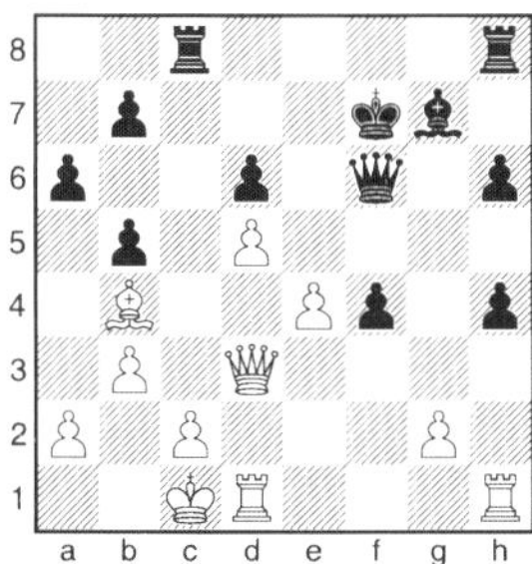

33.

1...♖c8xc2+ 2.♕d3xc2

Falls 2.♔c1xc2?? ♕f6-b2#

2...♖h8-c8 3.♔c1-d2

Nach 3.♕c2xc8?? folgt wieder ♕f6-b2#

3...♖c8xc2+ 4.♔d2xc2 ♕f6-b2+

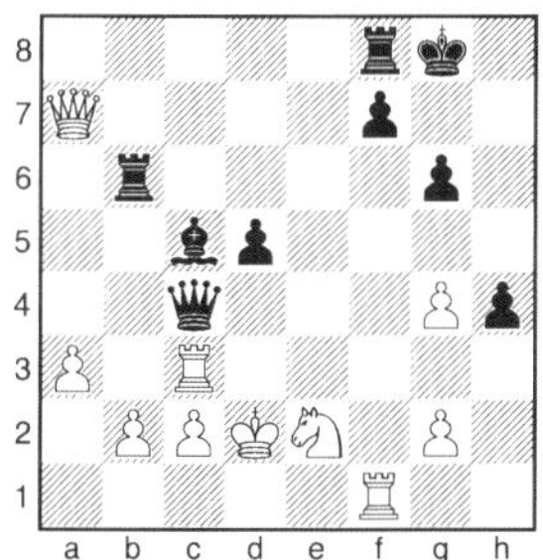

34.

1...♕c4xe2+

Zwingt den König in ein Abzugsschach.

2.♔d2xe2 ♖b6-e6+ 3.♔e2-d1 ♗c5xa7

Einige der Aufgaben waren wirklich sehr schwer. Sei nicht enttäuscht oder sogar ärgerlich, wenn du sie nicht alle lösen konntest!

Unser Ziel ist nicht, viele Aufgaben zu lösen, sondern dein schachliches Denken zu verbessern. Und das ist nur möglich, wenn die Aufgaben wirklich harte Nüsse zu knacken sind. Wir müssen lernen, hart zu denken und zu rechnen, um diese Verbesserung zu erreichen.

3. Figuren in der Falle

Eine Figur kann nicht nur durch einen Doppelangriff oder ein anderes Taktikmotiv verloren gehen, sondern kann auch gefangen werden. Das geschieht oft in beengten Stellungen, kann aber auch auf scheinbar offenem Brett passieren. Unser Auge zeigt uns bloß eine Ansammlung von Steinen, aber nicht deren unsichtbare Wirkungslinien.

Frühe Ausfälle von abenteuerlustigen Figuren können oft in eine Falle führen. Der Prototyp dieses Reinfalls ist der **"vergiftete Bauer"**, ein freiwillig hergegebener oder scheinbar eingestellter Bauer, der den Angreifer in eine Stellung lockt, aus der es keine Rückkehr für ihn gibt.

In einigen Fällen ist die Figur nicht wirklich gefangen und kann durchaus entkommen, aber der Preis dafür ist Materialverlust. Aber das ist keine Option, wenn dadurch eine wertvollere Figur verloren ginge oder gar nicht möglich, wenn es schlimmstenfalls sogar zu Matt führen könnte.

Schauen wir uns die verschiedenen Arten von Fallen einmal näher an. Wir beginnen mit unvorsichtigem Eröffnungsspiel – das soll dich auch gleich daran erinnern, die ersten Züge sorgfältig zu wählen und die Entwicklung immer im Auge zu behalten!

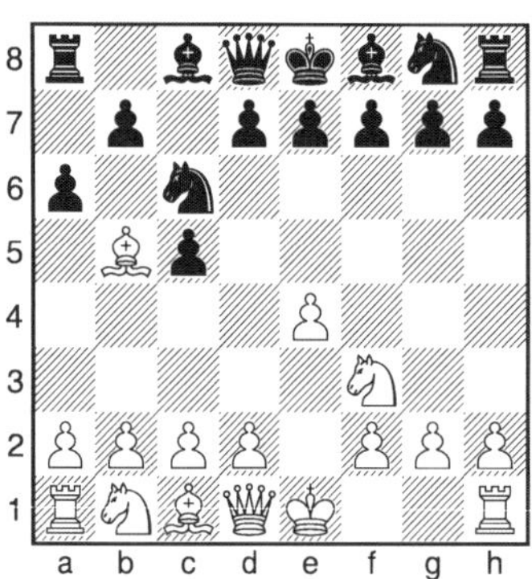

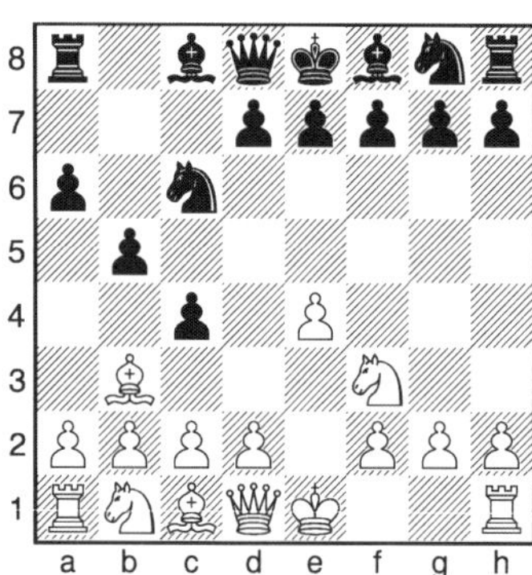

1.e2–e4 c7–c5 2.♘g1-f3 ♘b8–c6 3.♗f1-b5 a7–a6 *(D links)* **4.♗b5–a4?**

Nötig ist entweder 4.♗b5xc6 b7xc6 / d7xc6 oder der Rückzug 4.♗b5–e2. Beides ist spielbar. Der Doppelbauer ist übrigens kein Problem für Schwarz.

4...b7–b5 5.♗a4–b3 c5–c4 *(D rechts)* und der Läufer geht verloren.

Natürlich ist es nicht immer so offensichtlich. Viele solcher Fallen sind hinter einem Abtausch verborgen oder benötigen einen vorbereitenden Zug. Ein Beispiel dafür zeigt das *D unten links.*

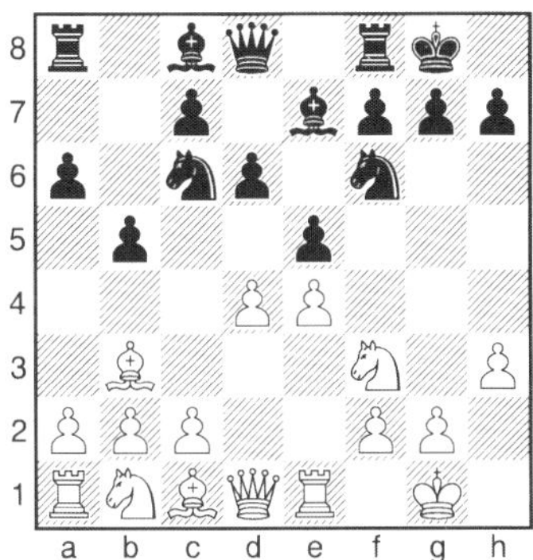

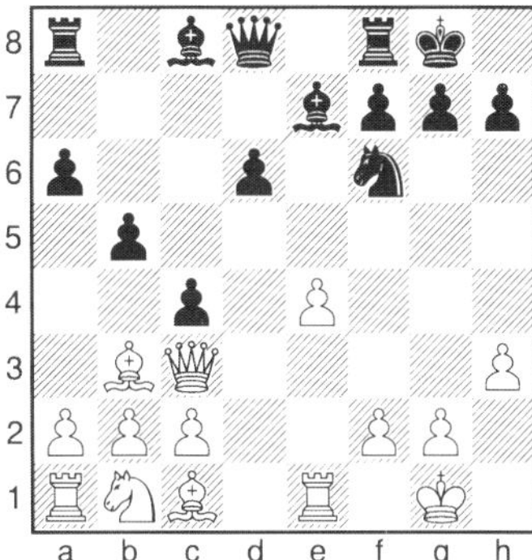

Der letzte Zug von Weiß 9.d2–d4 war kein Fehler, aber lud den Schwarzen ein, eine Falle zu stellen:

9...e5xd4 10.♘f3xd4?

Nötig ist 10.a2–a3 / a4, um ein Rückzugsfeld für den Läufer zu schaffen, oder

10.♗b3–d5 ♘f6xd5 11.e4xd5 ♘c6–b4 12.♘f3xd4 ♗c8–b7,

was beides zu einer ungefähr gleichen Stellung führt.

10...♘c6xd4

In der Partie in einem u11 Schulschach-Wettbewerb sah Schwarz die Falle nicht und setzte fort mit 10...♘c6–e5 11.c2–c3 ♗c8–b7

11.♕d1xd4 c7–c5

Der Angriff auf die Dame gewinnt das nötige Tempo, um eine ähnliche Situation wie im ersten Beispiel dieses Kapitels zu erreichen.

12.♕d4–c3 c5–c4 *(D rechts)* und der Läufer ist gefangen.

Diese Falle war gut verborgen. Beide Spieler entwickelten eigentlich gut genug. Oft aber ist ein Figurenfang die Strafe für ein zu frühes Herausbringen einer Figur ohne triftigen Grund. Denk immer daran:

In den meisten Fällen (ausgenommen dicke Fehler deines Gegners) kannst du erst angreifen, wenn deine Figuren entwickelt sind.

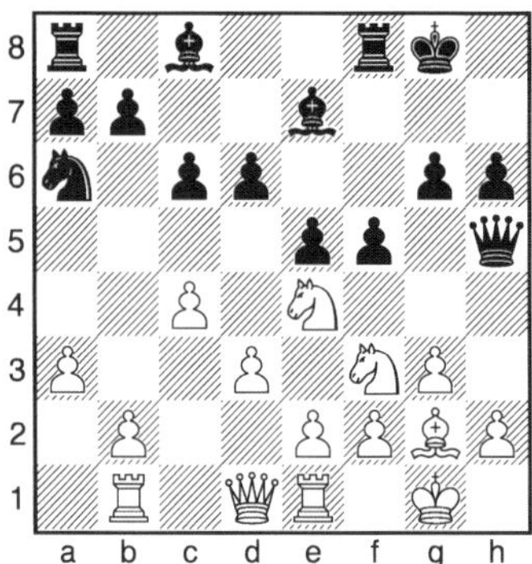

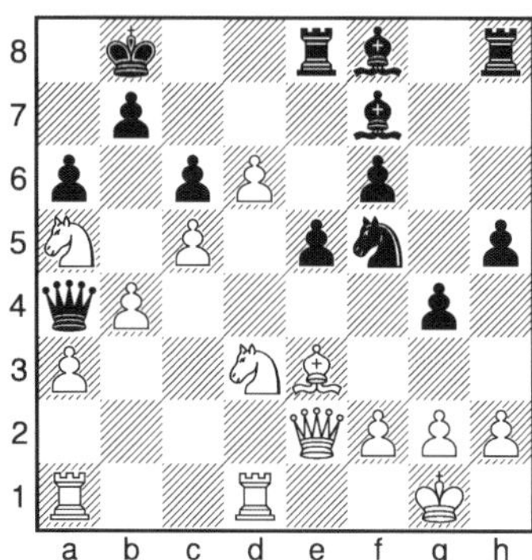

Unerfahrene Spieler lieben es, einen frühen Angriff mit ihrer Dame zu starten, wie wir in *D links* sehen. Das mag schwache Gegner einschüchtern, kann sich aber als falsch erweisen, wenn es übertrieben wird. Hier ist der Angriff überhaupt keine Drohung; Weiß kann mühelos seine Königsstellung verteidigen. Der letzte schwarze Zug ...f7–f5? verschloss den Rückweg für die vorgepreschte Dame:

1.g3–g4 f5xg4 2.♘e4–g3

Und die Dame ist gefangen;

2...g4xf3 3.♘g3xh5 f3xg2 4.♘h5–g3

Dame und Partie gingen verloren wegen eines unvernünftigen Angriffs, der nie auch nur die Spur einer Erfolgschance hatte. Wenn deine Dame in der Eröffnung oder im frühen Mittelspiel vor deinen Bauern steht (was nicht immer eine gute Idee ist, um es gelinde zu sagen!), vergewissere dich wenigstens vor jedem Zug, dass sie danach auch zurückgehen kann.

(D rechts)

Was macht die schwarze Dame am Damenflügel? Sie sollte besser den Angriff gegen den weißen König unterstützen. In der beengten Stellung geht sie nun schnell verloren:

1.♘d3–b2 ♕a4–b5 2.♕e2–e1

Und **2...-- 3.a3–a4** fängt die Dame.

Sei vorsichtig mit frühen Angriffen – oder oft ja eher Exkursionen – mit der Dame. Auf einem vollen Brett kann sie leicht in Gefahr geraten, auch wenn das nicht immer gleich zu sehen ist.

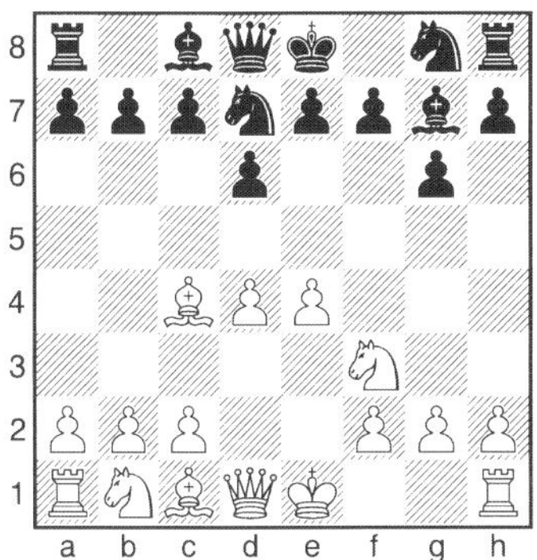

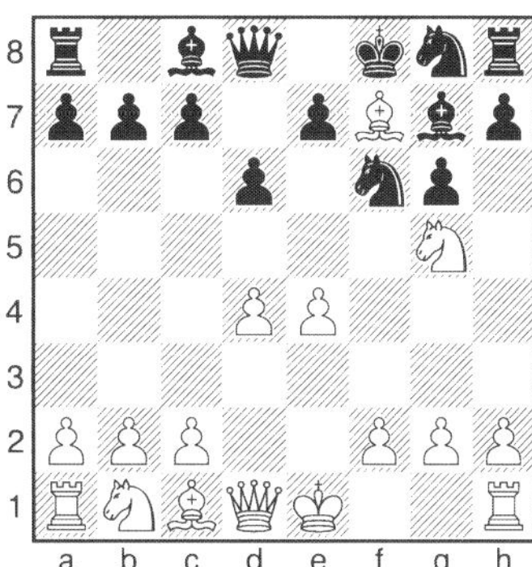

Nicht nur zu aggressives, sondern auch zu zurückhaltendes Spiel kann zu einem Figurenfang führen.

Der letzte schwarze Zug ...Sb8−d7? war ein Fehler und beengte die schwarze Stellung zu sehr:

(D links) **1.♗c4xf7+ ♔e8xf7??**

Das kleinere Übel ist ***1...♔e8−f8*** 2.♘f3−g5 ♘d7−f6 *(D rechts)* und nun entweder eine Fortsetzung mit normaler Entwicklung wie

3.♗f7−b3 ♘g8−h6 4.♘b1-c3 mit Gewinnstellung für Weiß;

Oder eine Fortsetzung mit mehr Druck auf die schwarze Stellung:

3.♘g5−e6+ ♗c8xe6 4.♗f7xe6 und Schwarz hat erhebliche Probleme mit seiner Entwicklung.

2.♘f3−g5+ und die Dame ist verloren; **2...♔f7−e8**

Falls 2...♔f7−f6? 3.♕d1-f3#

3.♘g5−e6 ♘g8−f6 4.♘e6xd8

Es gibt eine Menge von Varianten zu solchen Angriffen.

Eine davon wurde erfolgreich benutzt vom jungen **Bobby Fischer** in einer Partie gegen seinen Erzrivalen in den USA − und ebenfalls ein ehemaliges Wunderkind wie Bobby − Großmeister **Samuel Reshevsky**, einer der weltbesten Spieler dieser Zeit.

Manchmal kann die bedrohte Figur der Falle entkommen, aber dies nur auf Kosten einer anderen, weniger wertvollen Figur. Dies sehen wir im folgenden Beispiel:

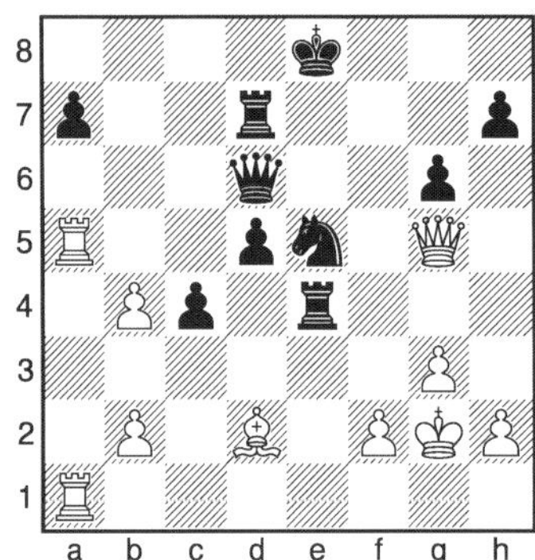

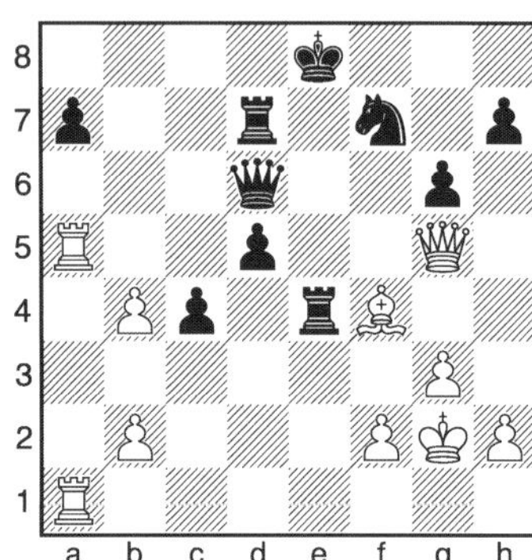

(D links)

1...♘e5–f7

Und die Dame ist gefangen, geht aber nicht verloren. Ein Gegenangriff sichert ihr Entkommen:

2.♗d2–f4 *(D rechts)*

Oder 2.♖a5–a6 ♕d6xa6

(2...♘f7xg5 3.♖a6xd6 ♖d7xd6 4.♗d2xg5)

3.♖a1xa6 ♘f7xg5 4.♗d2xg5 mit gewonnenem Endspiel für Schwarz.

2...♘f7xg5

Oder, falls Schwarz die Damen nicht tauschen will,

2...♕d6–e6 3.♕g5–h4 g6–g5 4.♕h4xh7 g5xf4

3.♗f4xd6 ♖d7xd6 4.♖a5xa7 ♖e4–e7 und Schwarz gewinnt.

Wenn eine deiner Figuren gefangen wird, resigniere nicht gleich, sondern überlege, ob es nicht doch eine Möglichkeit gibt, den Verlust zumindest in Grenzen zu halten.

Zu Beginn dieses Kapitels habe ich den sogenannten **"vergifteten Bauer"** erwähnt. Besonders der Bauer auf b2 (b7) kann in manchen Eröffnungen früh von der Dame erobert werden. Doch die Angreiferin mag nicht immer lange Freude an ihrem Erfolg haben, wie wir im folgenden Beispiel sehen:

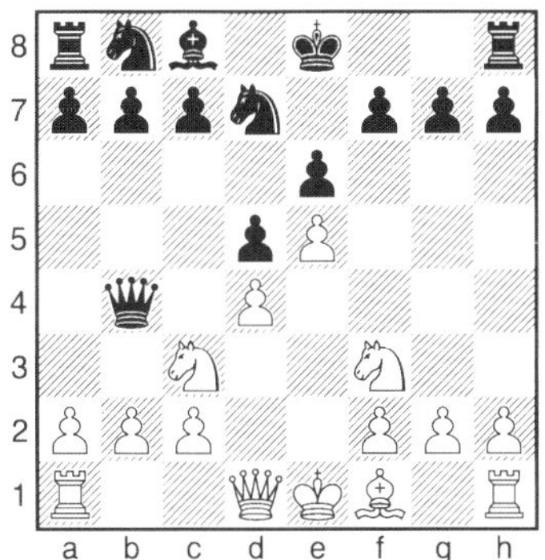

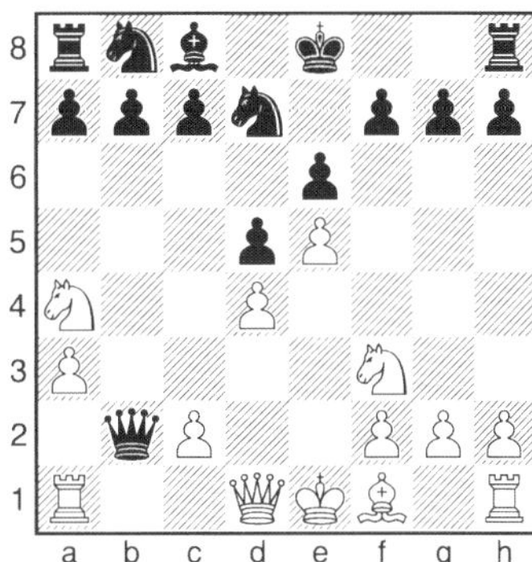

Wir finden ein gutes Beispiel in einer Variante der Französischen Verteidigung:

1.e2–e4 e7–e6 2.d2–d4 d7–d5 3.♘b1-c3 ♘g8–f6 4.♗c1-g5 ♗f8–e7 5.e4–e5 ♘f6–d7 6.♗g5xe7 ♕d8xe7 7.♘g1-f3 ♕e7–b4 *(D links)*

Ein sinnloser Zug und eine leere Drohung, da Weiß den Bauern leicht mit Ta1–b1 oder Dd1–c1 verteidigen kann. Aber noch viel besser ist:

8.a2–a3!

Die Dame muss zurückziehen nach e7 oder b6 (Kein besonders gutes Feld) oder rennt in eine katastrophale Falle, denn der Bauer ist hochgradig vergiftet:

8...♕b4xb2?? 9.♘c3–a4 *(D rechts)* Und die Dame ist verloren!

Wenn dein Gegner dir freiwillig den Bauern auf b2 (b7) anbietet, statt ihn zu verteidigen, ist es vermutlich eine Falle. Berechne sorgfältig die folgenden Züge und Varianten und versichere dich, dass deine Dame nach dem Schlagen auch zurückkehren kann.

Es gibt eine Unzahl von "Figuren in der Falle Situationen", viel mehr, als wir in diesem Buch zeigen können. Doch die folgenden Übungen werden dir einen guten Einblick vermitteln.

Wir beginnen im 1.Teil mit 16 typischen Fallen in weniger als drei Zügen.

Der 2.Teil zeigt dann kompliziertere Fälle mit mehr Zügen und Varianten. Die Abwicklung der Falle kann manchmal einige Züge länger dauern.

Ich wünsche dir viel Spaß beim Jagen und Fangen von Figuren!

Figuren in der Falle Teil 1

Finde und nutze Fallen in bis zu drei Zügen!

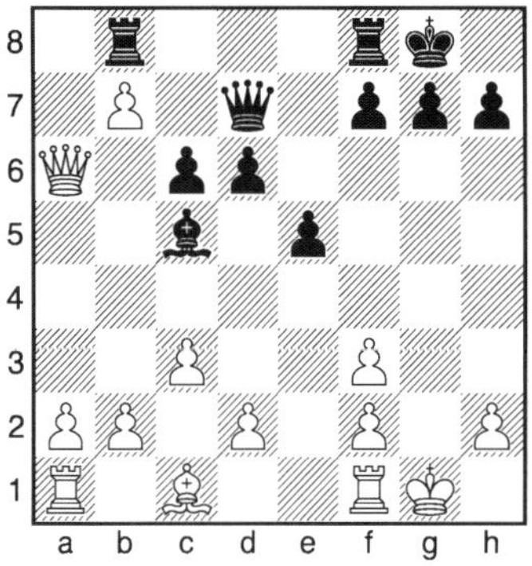

1

1. .... / ....

2. .... / ....

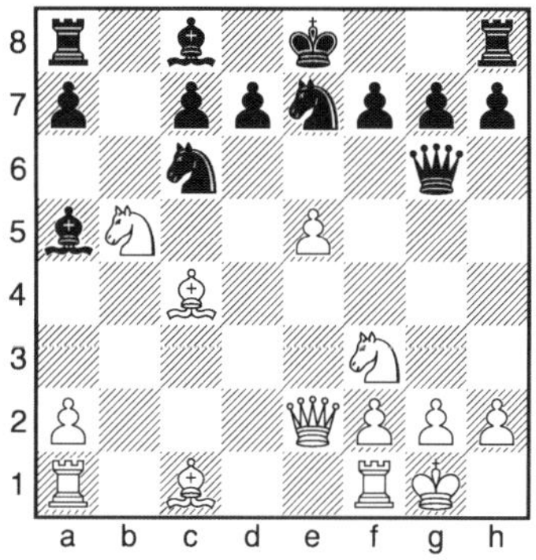

2

1. .... / ....

2. .... / ....

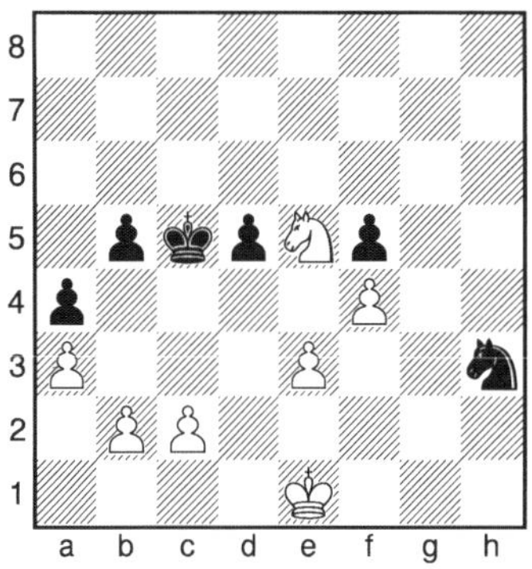

3

1. .... / ....

2. .... / ....

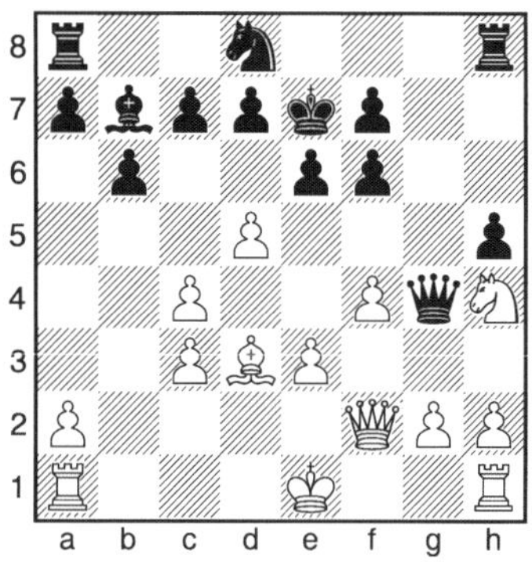

4

1. .... / ....

2. .... / ....

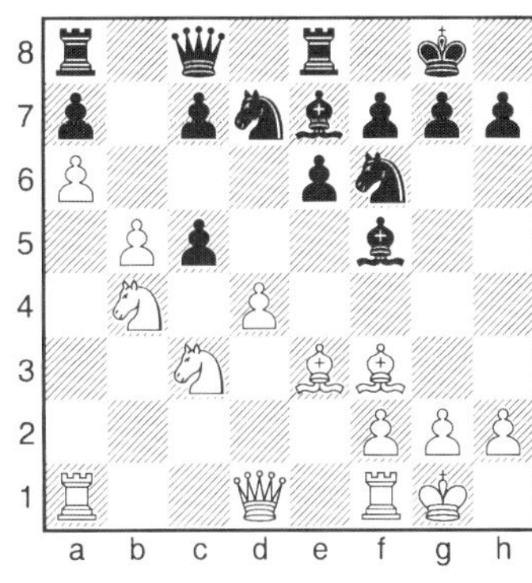

5

1. .... / ....

2. .... / ....

3. .... / ....

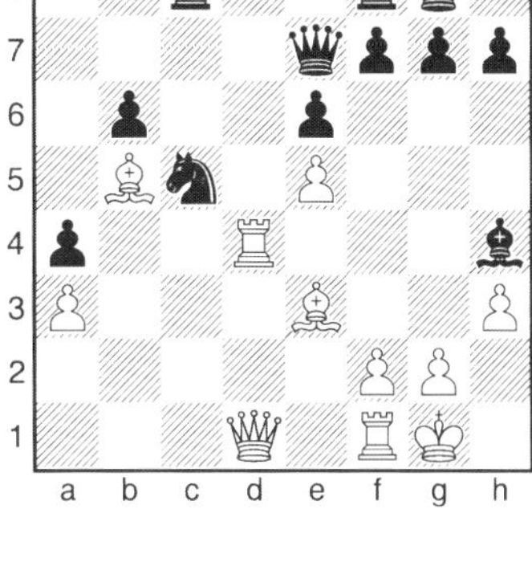

6

1. .... / ....

2. .... / ....

3. .... / ....

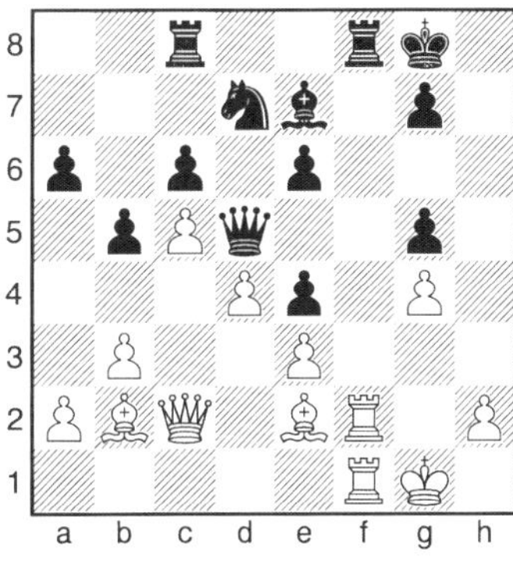

7

1. .... / ....

2. .... / ....

3. .... / ....

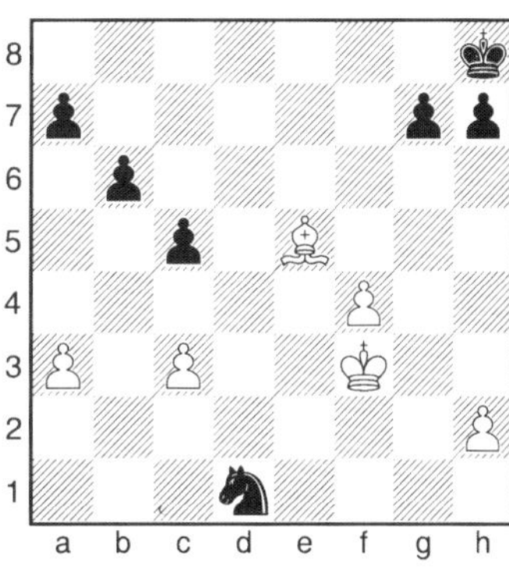

8

1. .... / ....

2. .... / ....

3. .... / ....

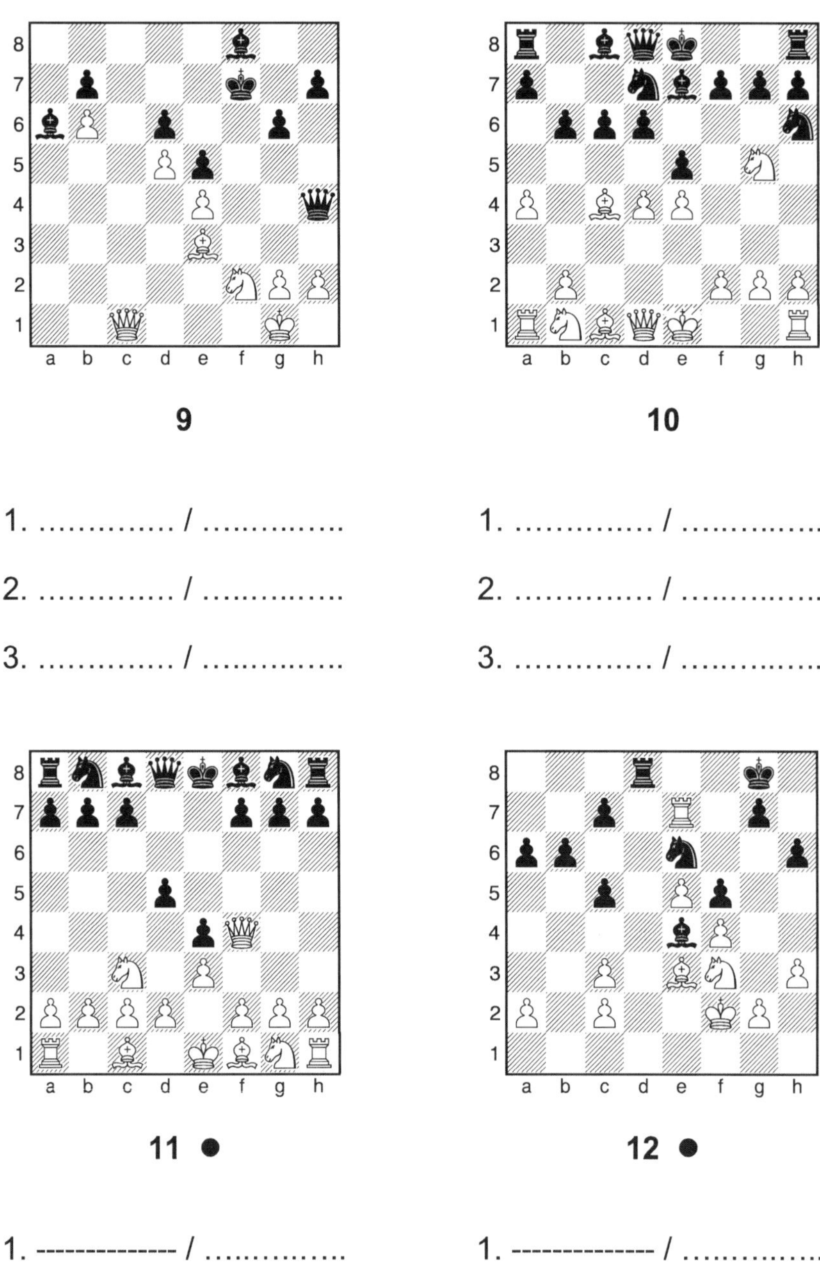

9

1. .... / ....

2. .... / ....

3. .... / ....

10

1. .... / ....

2. .... / ....

3. .... / ....

11 ●

1. -------------- / ....

2. .... / ....

3. .... / ....

12 ●

1. -------------- / ....

2. .... / ....

3. .... / ....

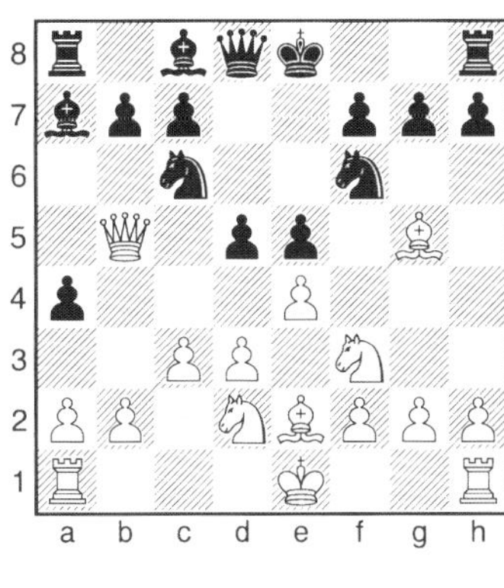

13 ●

1. -------------- / ....

2. .... / ....

3. .... / ....

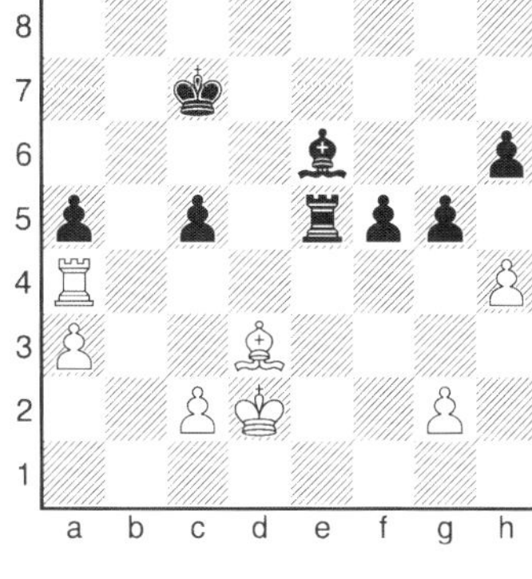

14 ●

1. -------------- / ....

2. .... / ....

3. .... / ....

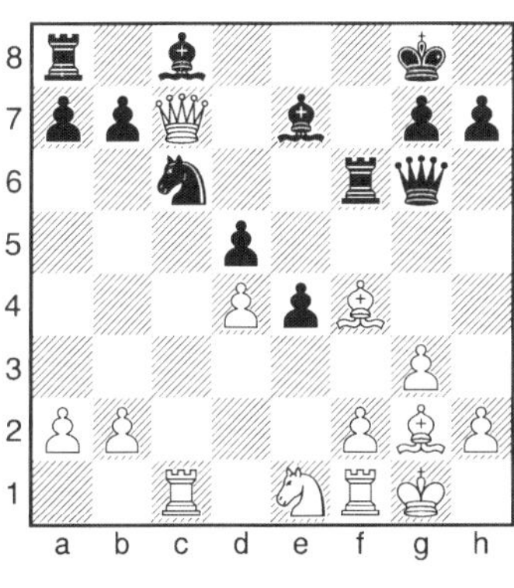

15 ●

1. -------------- / ....

2. .... / ....

3. .... / ....

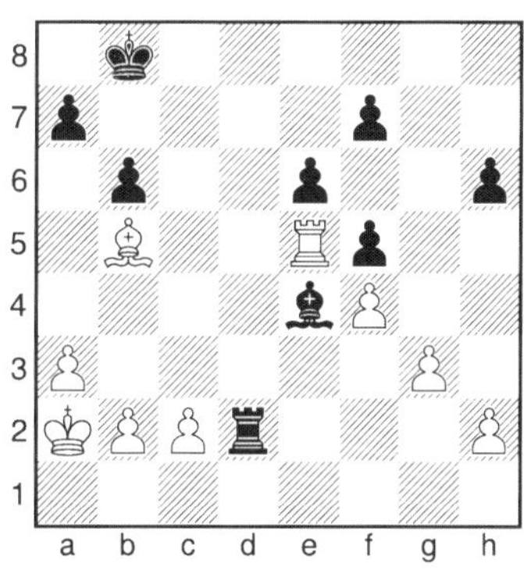

16 ●

1. -------------- / ....

2. .... / ....

3. .... / ....

Lösungen

Figuren in der Falle Teil 1

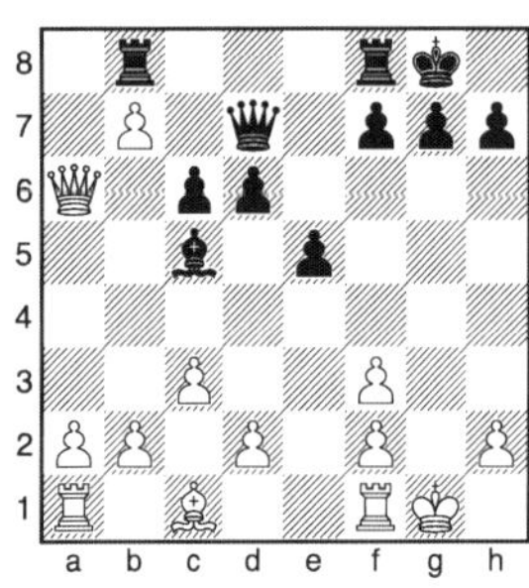

1.

1.b2–b4 ♗c5xb4 2.c3xb4

Oder 1...♕d7xb7 2.♕a6xb7 ♖b8xb7 3.b4xc5 d6xc5

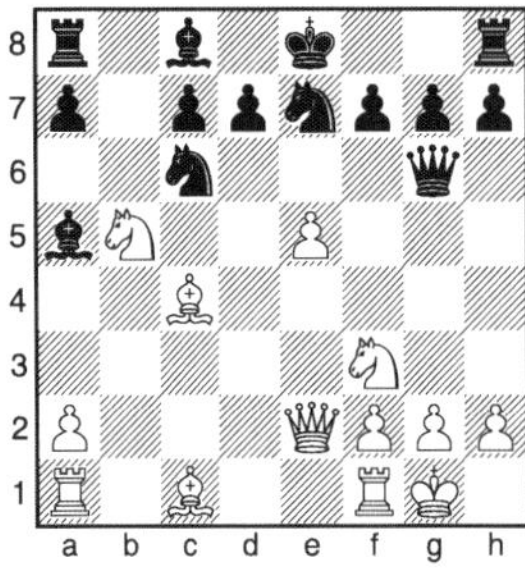

2.

1.♘f3–h4

Kaum zu glauben, aber die Dame hat kein Feld mehr. Um den Preis eines Springers kann sie jedoch entkommen:

1...♘c6–d4 2.♘b5xd4 ♕g6–b6

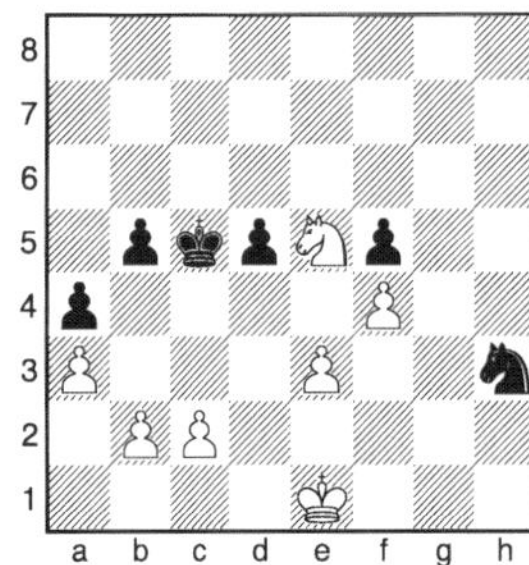

3.

Der letzte Zug ...Sg5–h3? war der entscheidende Fehler. Der Springer ist schwach am Rand, noch schwächer in oder nahe der Ecke und leichte Beute für den König:

1.♔e1-f1 -- 2.♔f1-g2 usw.

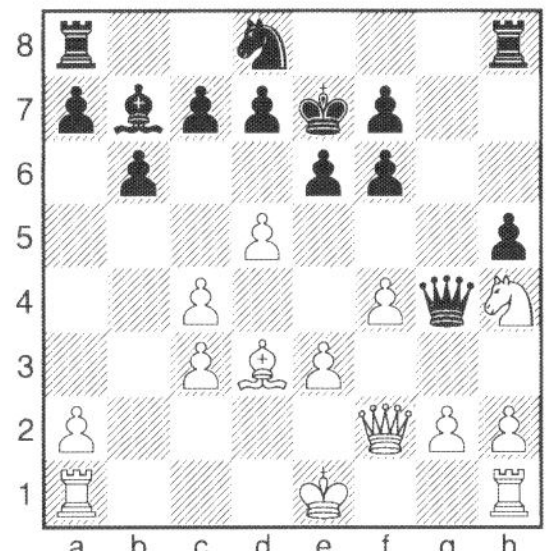

4.

1.♘h4–g6+

Bewirkt die Schließung der g–Linie und sperrt so die Dame aus.

1...♕g4xg6 2.♗d3xg6 f7xg6

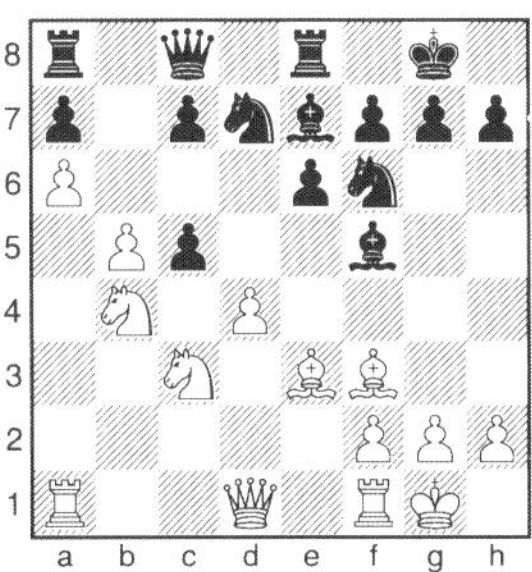

5.

Schlag nicht reflexartig den Turm, sondern sieh, wie beengt die schwarze Dame steht:

1.♗f3–b7 ♕c8–d8/b8 2.♘b4–c6

Und die Dame ist gefangen!

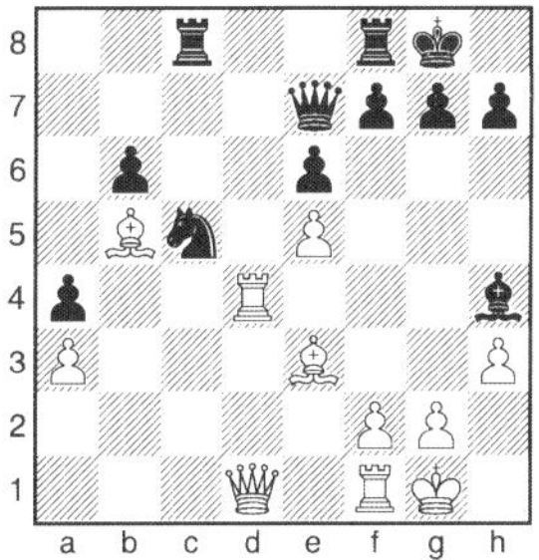

6.

1.♕d1–h5 g7–g5

Verteidigt gegen den ersten Angriff, doch nun kommt der Bauer zum Zug:

2.g2–g3 und der Läufer geht verloren.

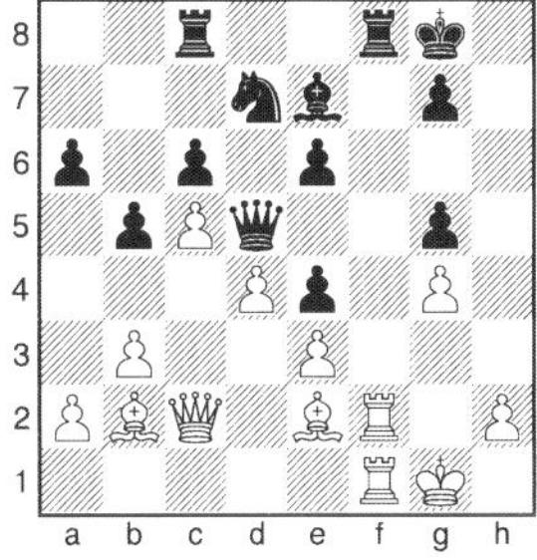

7.

1.♗e2–c4! b5xc4 2.b3xc4

Gewinnt die Dame. Sei sehr vorsichtig, wenn das Brett voll ist und eigene wie gegnerische Bauern den Weg deiner Figuren blockieren!

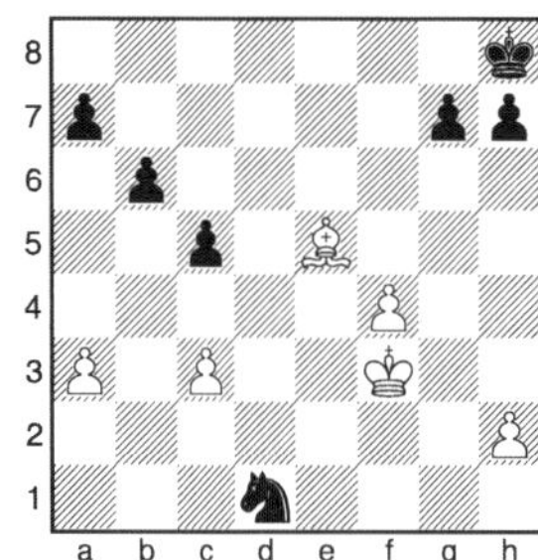

8.

1.c3–c4

Und plötzlich kontrolliert der Läufer das einzige Fluchtfeld b2 des Springers.

1...–– 2.♔f3–e2 –– 3.♔e2xd1

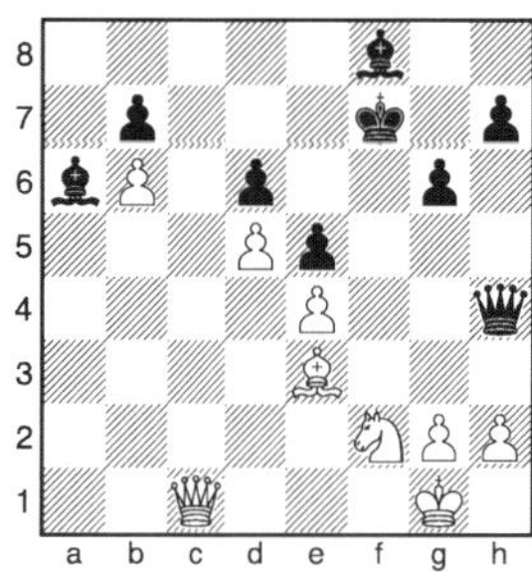

9.

1.♗e3–g5 ♕h4–h5 2.g2–g4

Die Gegenfesselung 1...♗f8–h6 hilft nicht wegen 2.♕c1-c7+

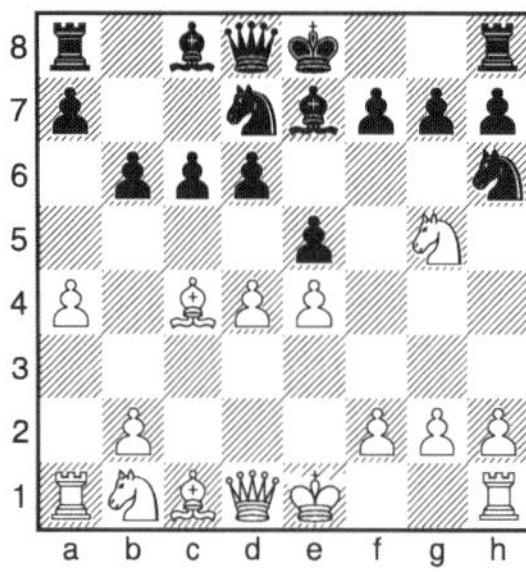

10.

Erinnerst du dich an Bobby Fischers Fall(e)? Hier ein ähnlicher Reinfall:

1.♗c4xf7+ ♘h6xf7 2.♘g5–e6

Oder ähnlich 1...♔e8–f8 2.♘g5–e6+ ♔f8xf7 3.♘e6xd8+; beides fängt die Dame.

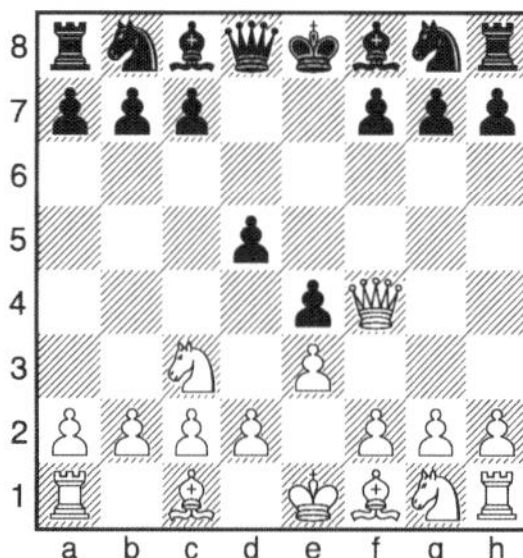

11.

1...♗f8–d6

Bestraft einen verfrühten und sinnlosen Ausflug der Dame, die auf scheinbar offenem Brett gefangen ist.

2.♘c3xd5 ♗d6xf4 3.♘d5xf4

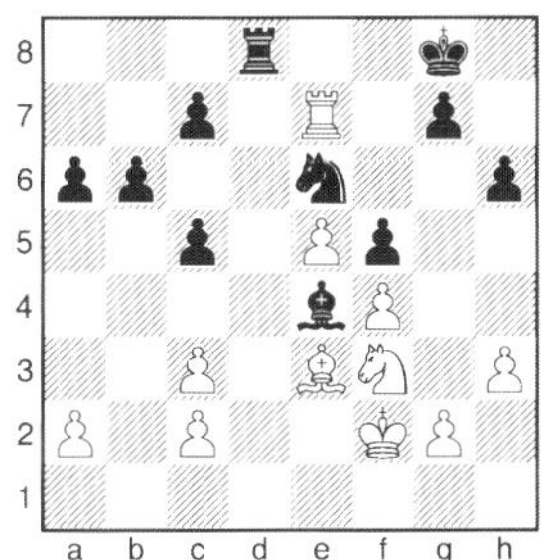

12.

Normalerweise ist ein Turm auf der 7.Reihe stark und gefährlich. Doch dieser hier hat zu viel riskiert und geht gegen den Springer verloren:

1...♔g8–f8 2.♖e7xe6 ♔f8–f7

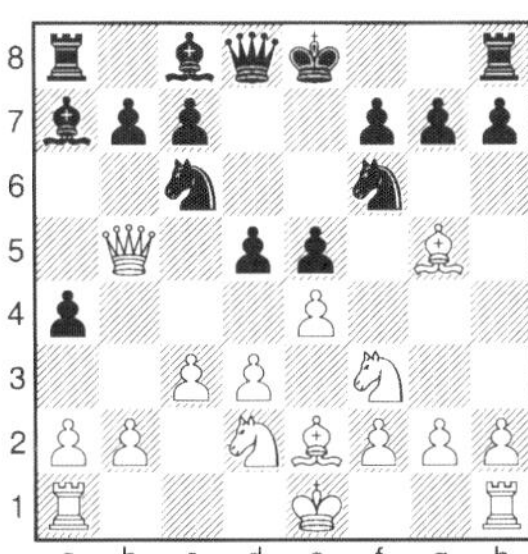

13.

1...♗a7xf2+

Ein scheinbar sinnloses Opfer. Doch es macht den Weg für den Turm frei. Was macht bloß die weiße Dame auf b5?

2.♔e1xf2 ♖a8–a5

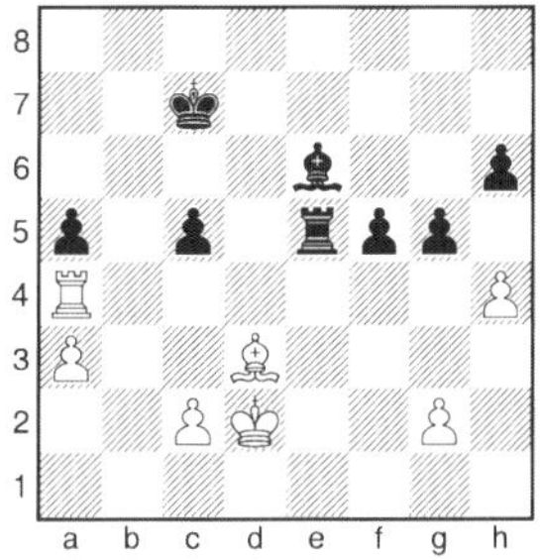

14.

1...c5–c4!

Sperrt den Turm ein!

2.♗d3xc4 ♗e6–d7

Oder 2.♗d3–e2 ♔c7–b6 3.–– ♔b6–b5

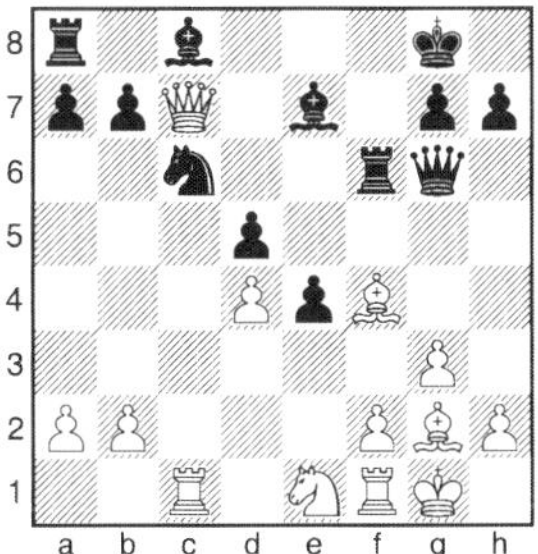

15.

1...♗e7–d8

Und die Dame ist gestrandet in Feindesland, von wo sie keinen Ausweg fand!

2.♖c1xc6 ♗d8xc7 3.♖c6xc7

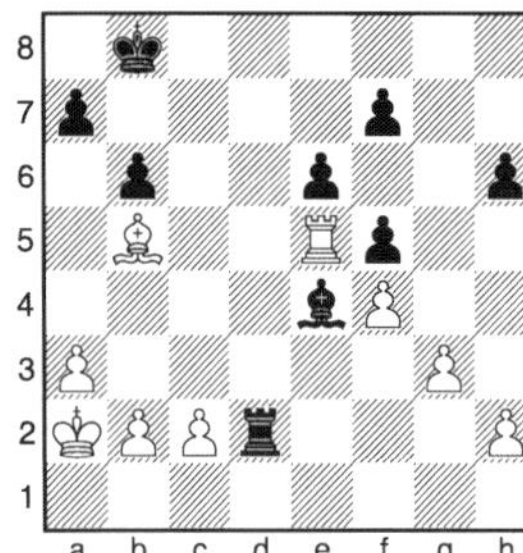

16.

1...f7–f6

Und der Turm ist verloren:

2.♖e5xe4 f5xe4

Oder viel schwächer
2.♖e5xe6 ♗e4–d5+ 3.c2–c4 ♗d5xe6;
Beide Fortsetzungen gewinnen für Schwarz.

Nun wird es schwerer, denn die folgenden 34 Übungen sind komplizierter. Aber du kennst nun schon genug von den typischen Mustern des Figurenfangs und wirst viele auch dann erkennen, wenn sie besser versteckt sind oder längerer Berechnung bedürfen.

Figuren in der Falle Teil 1

Finde Möglichkeiten zum Figurenfang in bis zu vier Zügen!

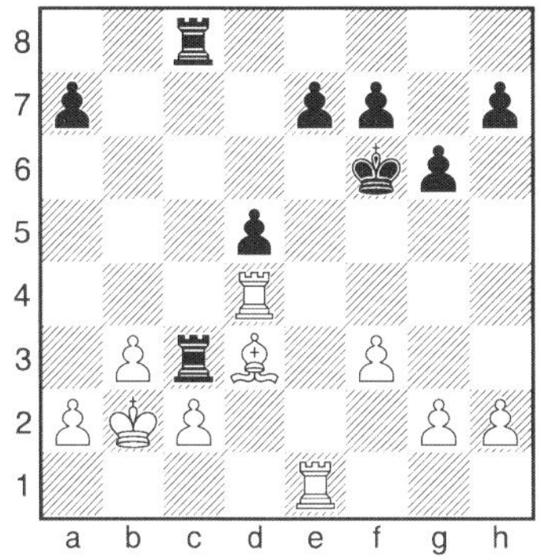

8 7 6 5 4 3 2 1
a b c d e f g h

1

1. .... / ....

2. .... / ....

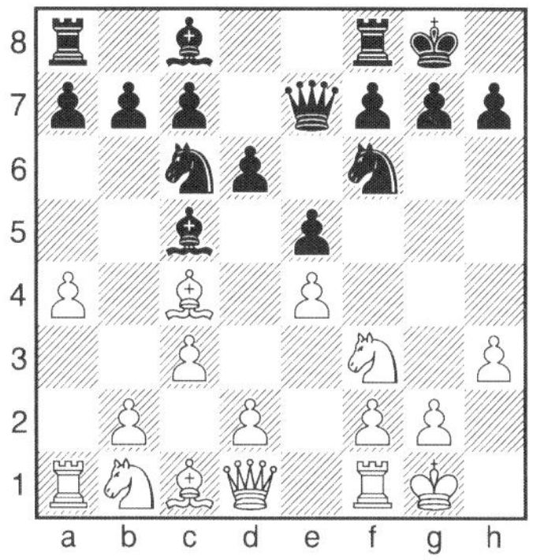

8 7 6 5 4 3 2 1
a b c d e f g h

2

1. .... / ....

2. .... / ....

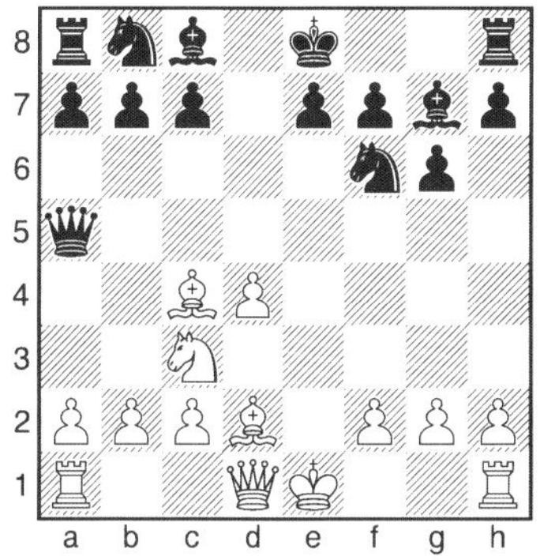

8 7 6 5 4 3 2 1
a b c d e f g h

3

1. .... / ....

2. .... / ....

8 7 6 5 4 3 2 1
a b c d e f g h

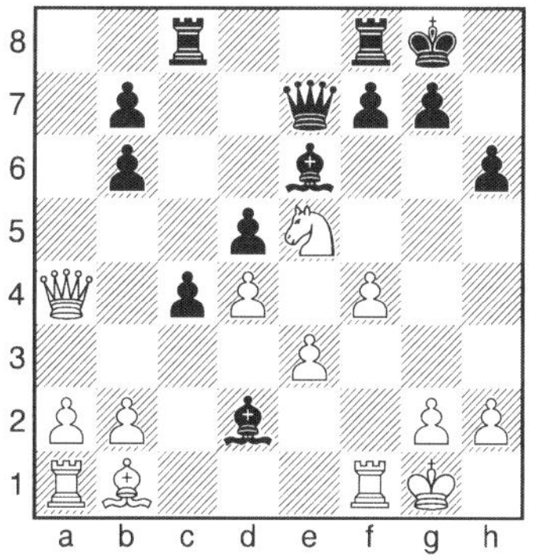

4

1. .... / ....

2. .... / ....

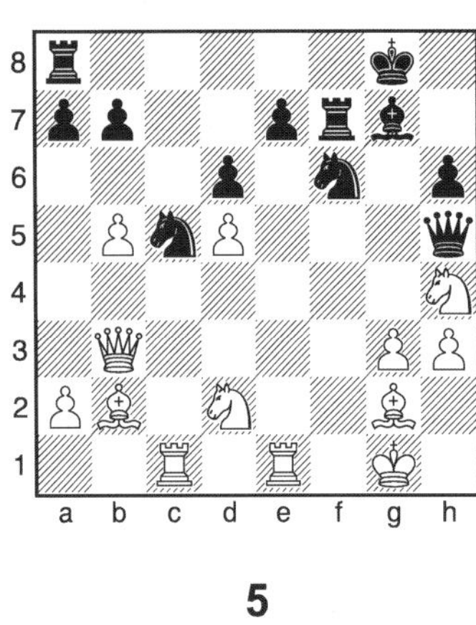

5

1. .... / ....

2. .... / ....

3. .... / ....

6

1. .... / ....

2. .... / ....

3. .... / ....

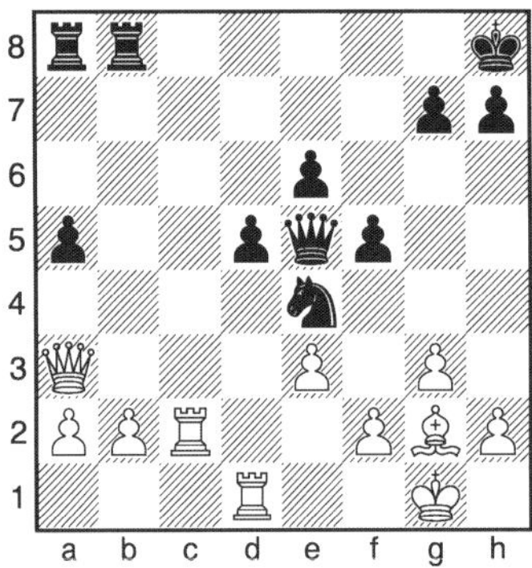

7

1. .... / ....

2. .... / ....

3. .... / ....

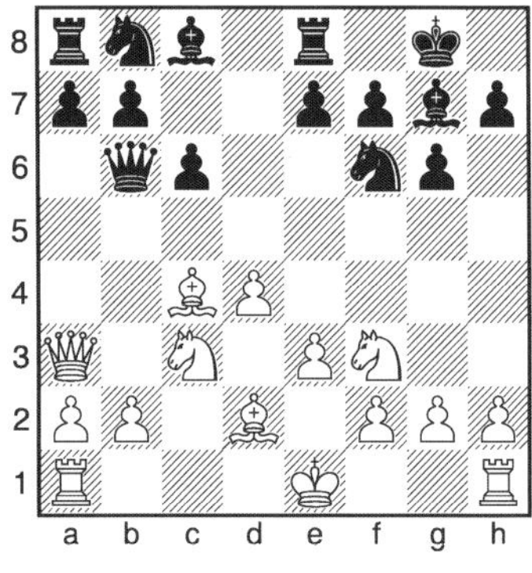

8

1. .... / ....

2. .... / ....

3. .... / ....

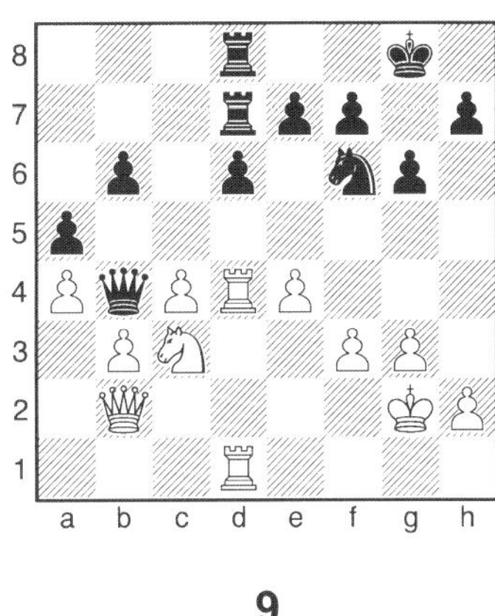

9

1. .... / ....

2. .... / ....

3. .... / ....

10

1. .... / ....

2. .... / ....

3. .... / ....

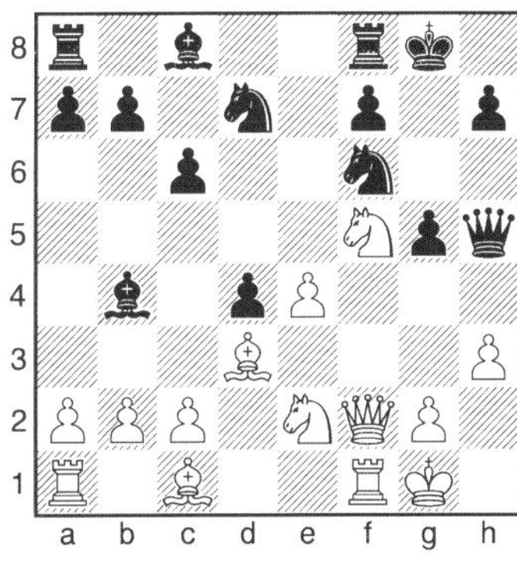

11

1. .... / ....

2. .... / ....

3. .... / ....

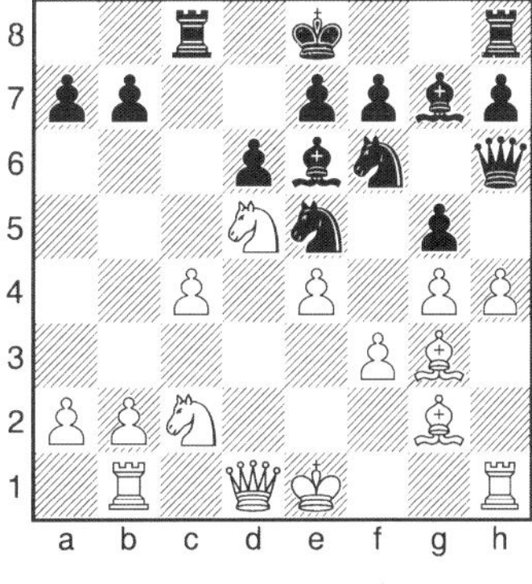

12

1. .... / ....

2. .... / ....

3. .... / ....

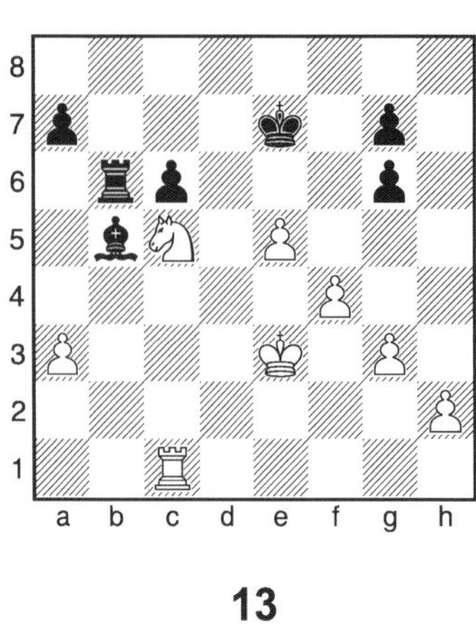

13

1. .... / ....

2. .... / ....

3. .... / ....

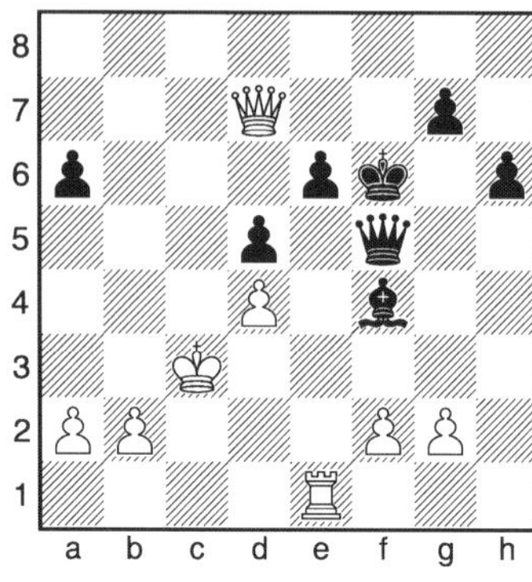

14

1. .... / ....

2. .... / ....

3. .... / ....

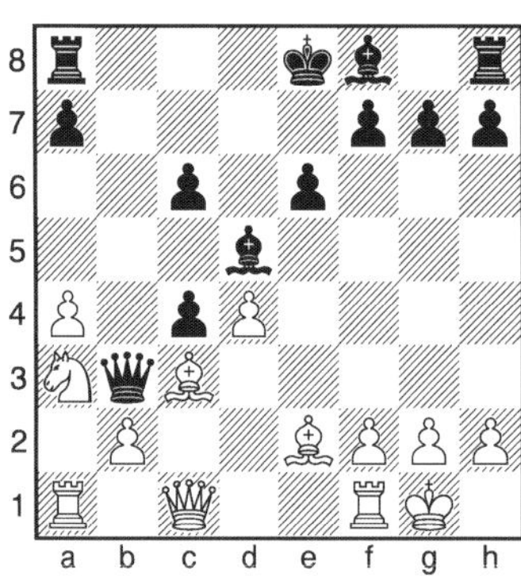

15

1. .... / ....

2. .... / ....

3. .... / ....

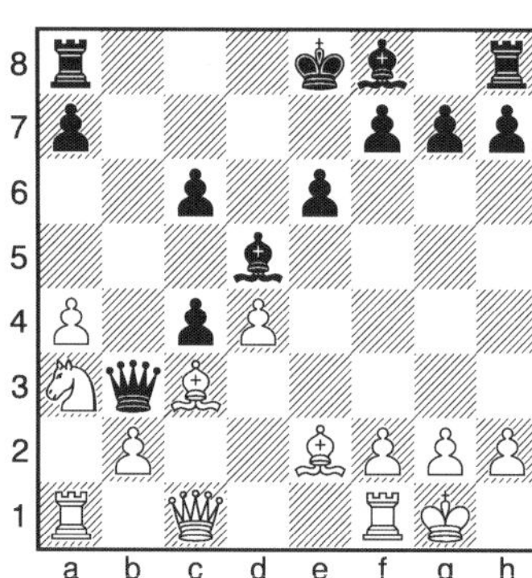

16

1. .... / ....

2. .... / ....

3. .... / ....

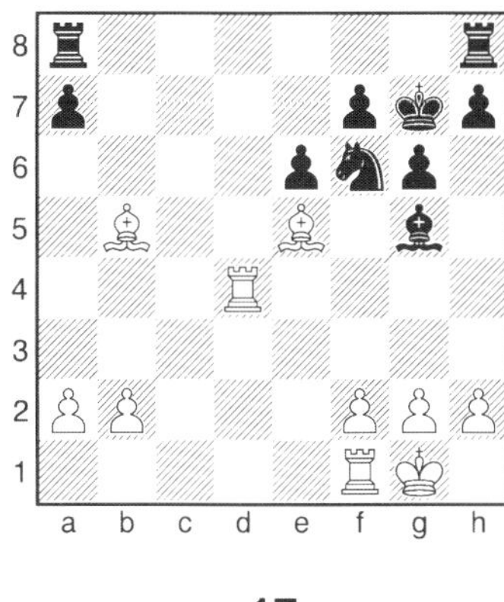

17

1. .... / ....

2. .... / ....

3. .... / ....

18

1. .... / ....

2. .... / ....

3. .... / ....

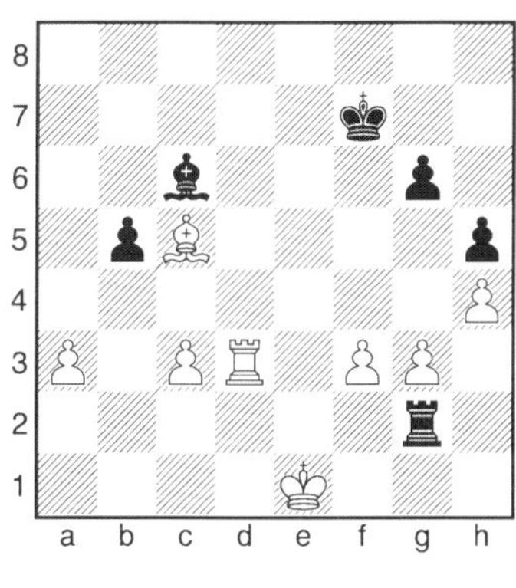

19

1. .... / ....

2. .... / ....

3. .... / ....

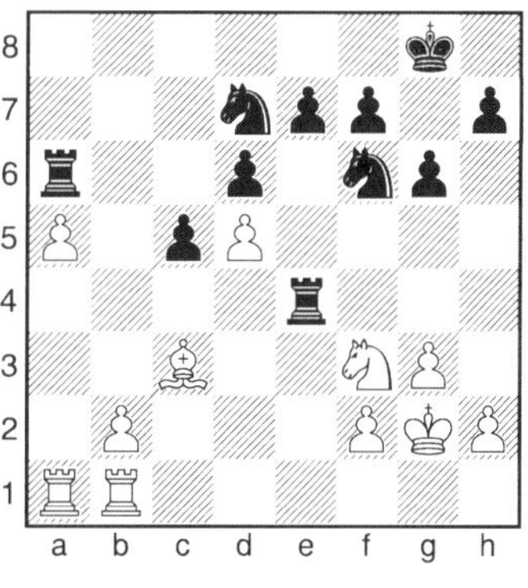

20

1. .... / ....

2. .... / ....

3. .... / ....

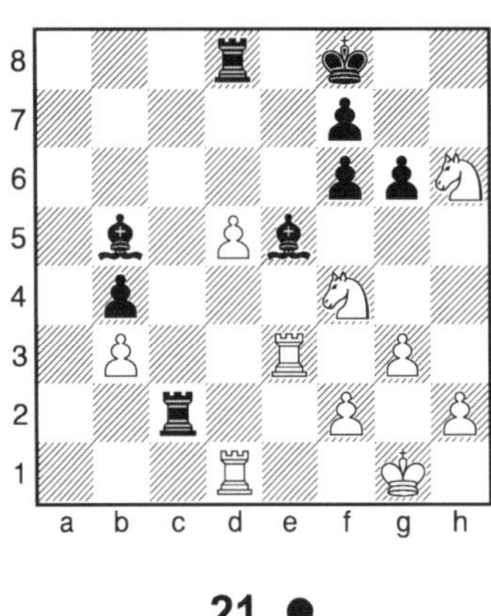

21 ●

1. -------------- / ....

2. .... / ....

3. .... / ....

22 ●

1. -------------- / ....

2. .... / ....

3. .... / ....

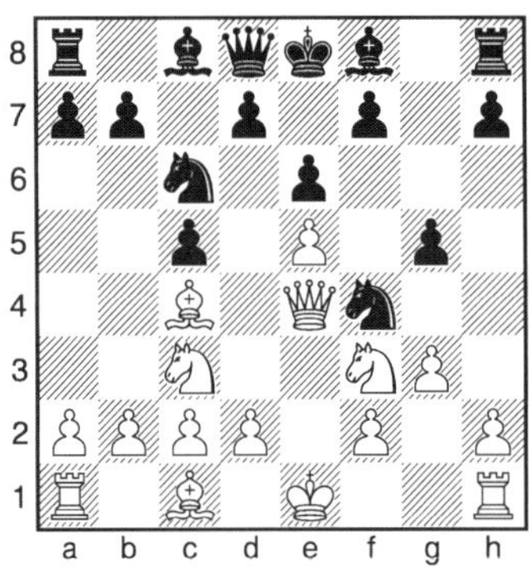

23 ●

1. -------------- / ....

2. .... / ....

3. .... / ....

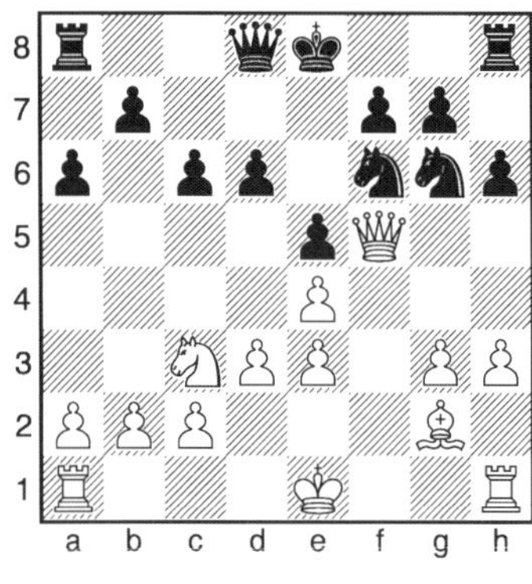

24 ●

1. -------------- / ....

2. .... / ....

3. .... / ....

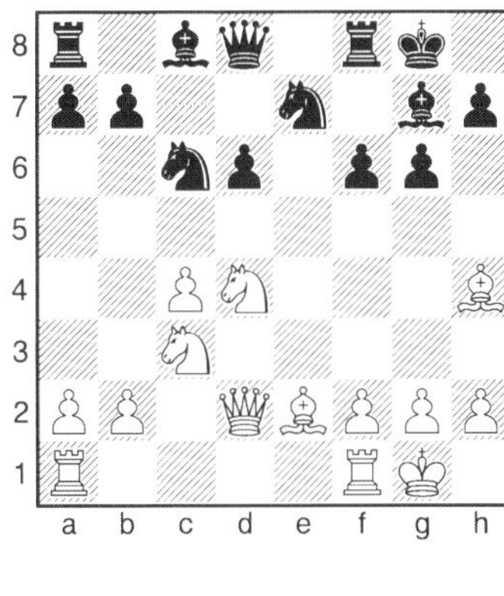

25 ●

1. -------------- / ....

2. .... / ....

3. .... / ....

26 ●

1. -------------- / ....

2. .... / ....

3. .... / ....

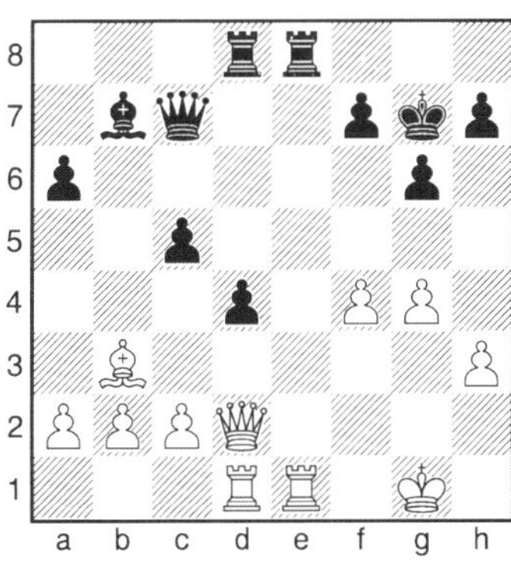

27 ●

1. -------------- / ....

2. .... / ....

3. .... / ....

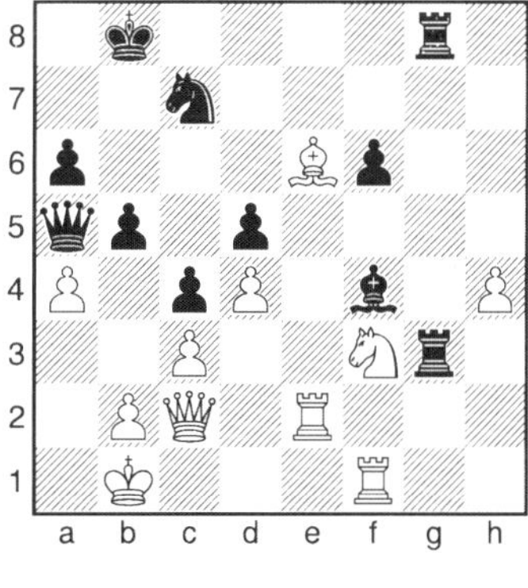

28 ●

1. -------------- / ....

2. .... / ....

3. .... / ....

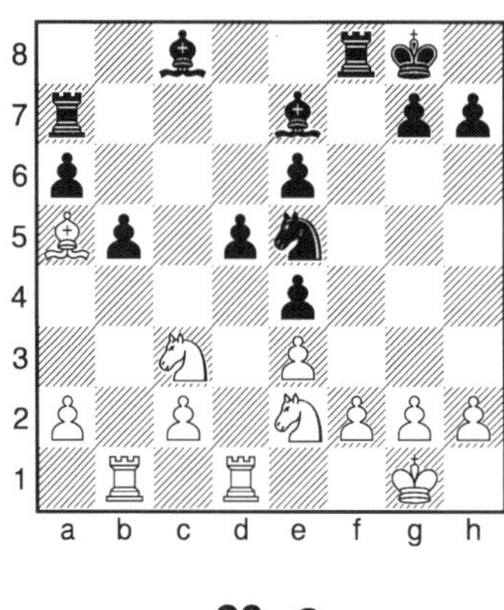

29 ●

1. -------------- / ....

2. .... / ....

3. .... / ....

30 ●

1. -------------- / ....

2. .... / ....

3. .... / ....

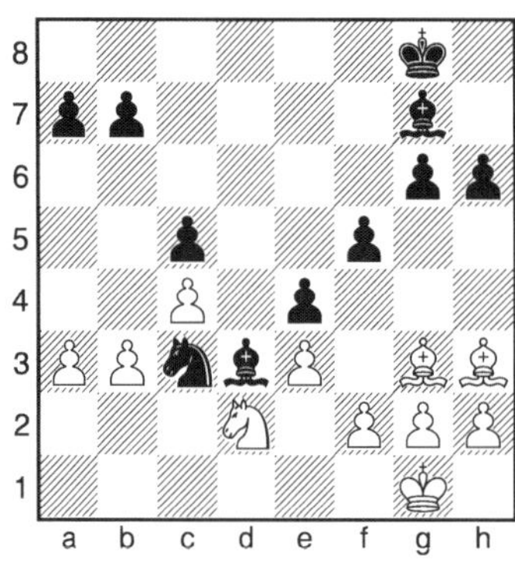

31 ●

1. -------------- / ....

2. .... / ....

3. .... / ....

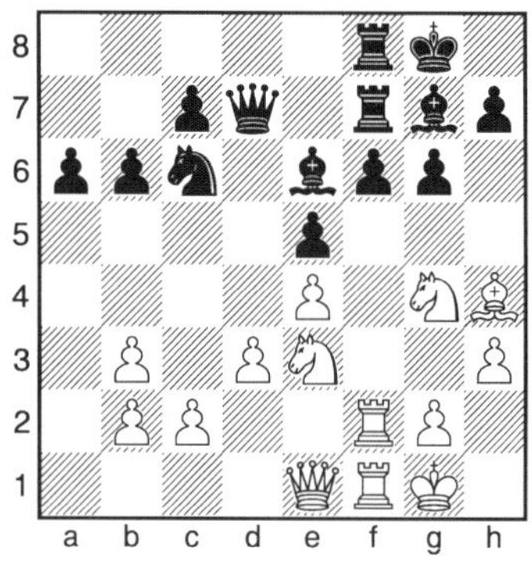

32 ●

1. -------------- / ....

2. .... / ....

3. .... / ....

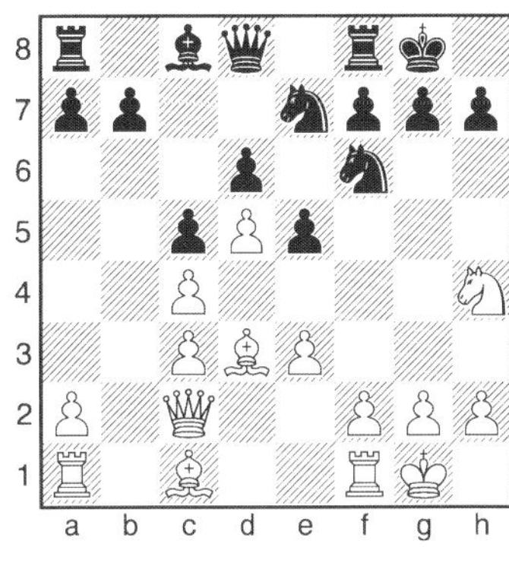

33 ●

1. -------------- / ....

2. .... / ....

3. .... / ....

34 ●

1. -------------- / ....

2. .... / ....

3. .... / ....

Lösungen

Figuren in der Falle

Teil 2

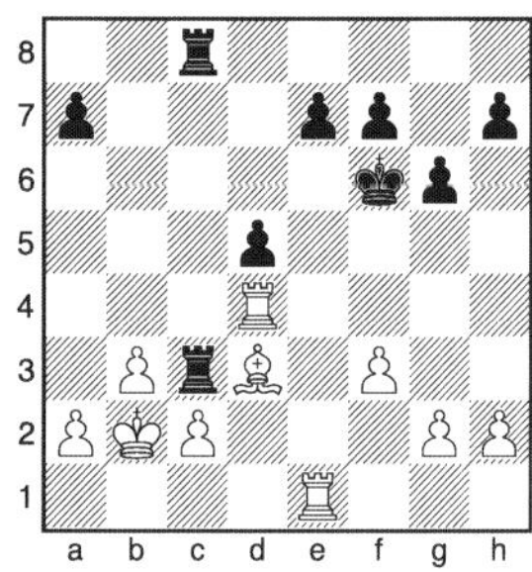

1.

1.♗d3–c4

Trennt die Verbindungslinie zwischen den Türmen und der Tc3 sitzt in der Klemme.

1...♖c3xc2+ 2.♔b2xc2

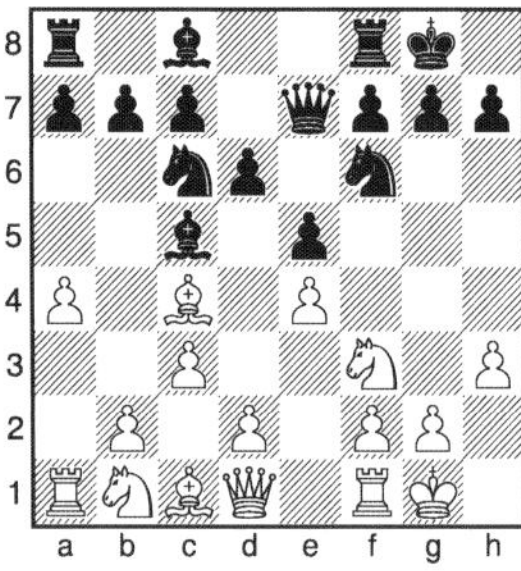

2.

1.b2–b4 ♗c5–b6 2.a4–a5 ♗b6xf2+ 3.♖f1xf2 ♘f6xe4 4.♖f2–f1 ♘e4–g3

Schwarz hatte erwartet, dass Weiß seinen angegriffenen e–Bauern verteidigen würde und sah nicht die Gefahr für seinen Läufer. Du musst das ganze Brett sehen, nicht nur einen Teil davon!

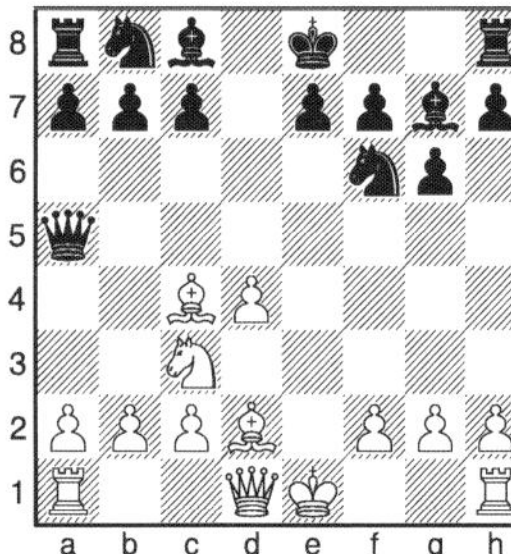

3.

1.♘c3–d5 ♕a5–a4
2.♗c4–b5+ ♕a4xb5 3.♘d5xc7+

Eine Eröffnungsfalle aus der "Skandinavischen Verteidigung" (1.e2–e4 d7–d5). Schwarz vergaß den Zug ...c7–c6, der den Springer abwehrt und der Dame Rückzugsmöglichkeit schafft.

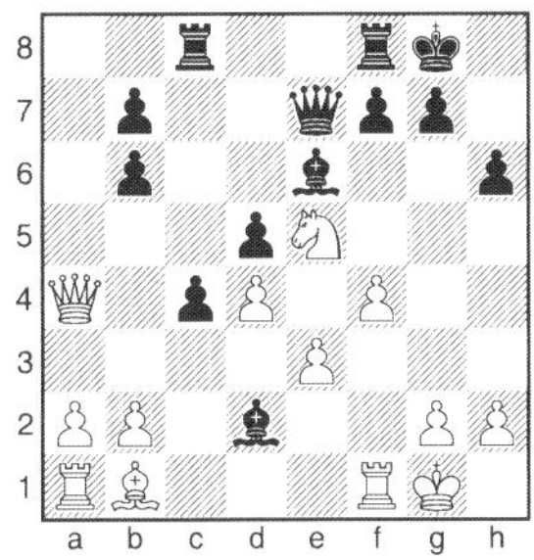

4.

1.♕a4–c2

Mit der Drohung 1...–– 2.♕c2–h7#

1...♗d2xe3+ 2.♔g1-h1 g7–g6 3.♕c2–c3
und der Läufer ist gefangen.

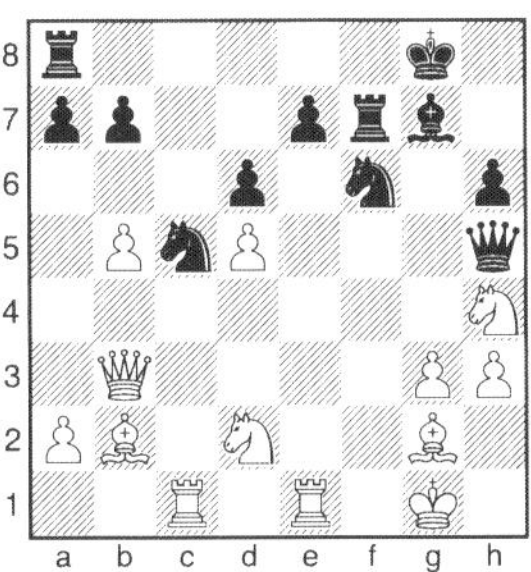

5.

1.♖c1xc5 d6xc5

Weglenkung des Verteidigers vom Feld e5. Mit 1...♘f6–d7 oder ♖f7–f8 kann Schwarz zwar seine Dame retten, doch das Spiel ist dann verloren.

2.♖e1-e5 ♕h5xe5 3.♗b2xe5

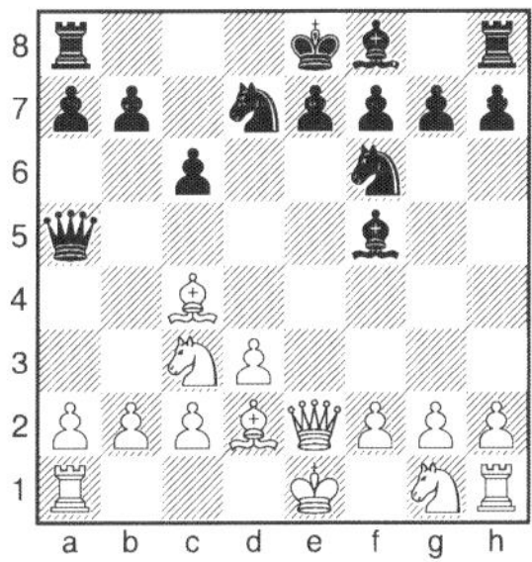

6.

1.♘c3–b5 ♕a5–d8 2.♘b5–d6#

1...♕a5–a4 verzögert das Ende nur:
2.b2–b3 ♕a4–a6 3.♘b5–d6+ ♔e8–d8
4.♘d6xf7+ ♔d8–e8 5.♗c4xa6

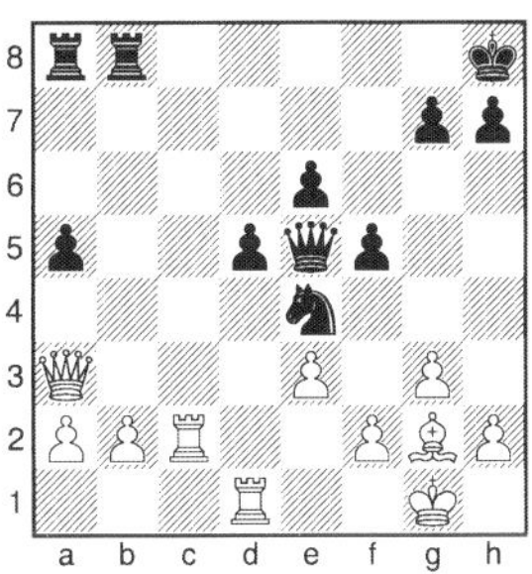

7.

1.f2–f3 ♘e4–f6?
2.f3–f4 ♖b8–b3
3.♕a3xb3 ♕e5–b8

1...♘e4–d6 begrenzt den Verlust:
2.f3–f4 ♘d6–b5 3.f4xe5 ♘b5xa3 4.b2xa3

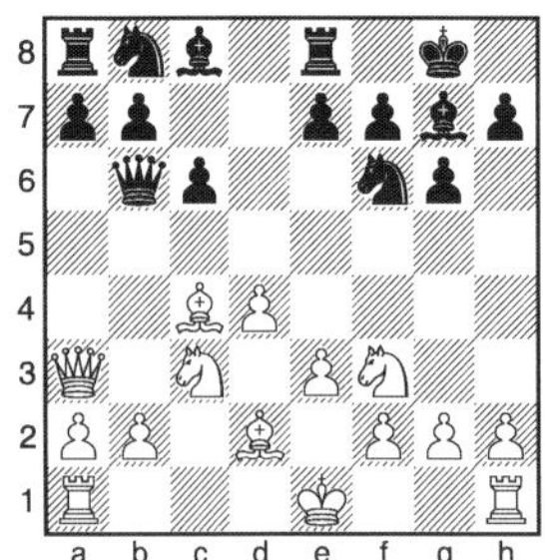

8.

1.♘c3–a4 ♕b6–d8 2.♘a4–b6!

Dieser trickreiche Zug gewinnt die Qualität; andernfalls verliert Schwarz noch mehr:

2...♕d8xb6? 3.♗d2–a5 ♕b6–a6 4.♗c4xa6 ♘b8xa6

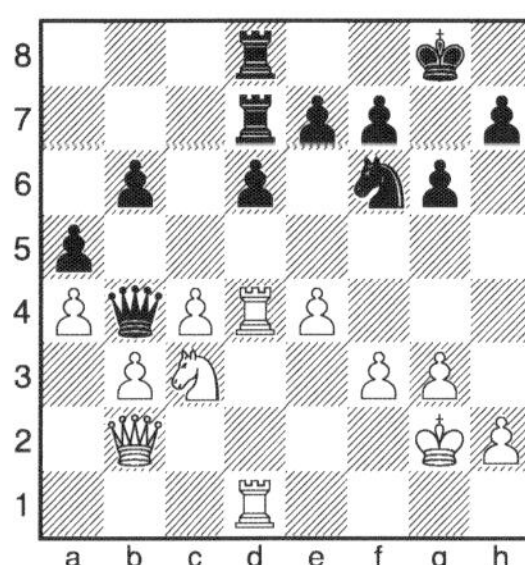

9.

1.♖d4–d5 ♘f6xd5 2.♖d1xd5 e7–e6 3.♖d5–b5 ♕b4–c5 4.♖b5xc5 d6xc5 5.♕b2–c1 ♖d7–d2+ 6.♔g2–h3

Und Weiß gewinnt. Eine Drohung ist nun die Linientrennung 6...-- 7.♘c3–d5, was den Turm fängt!

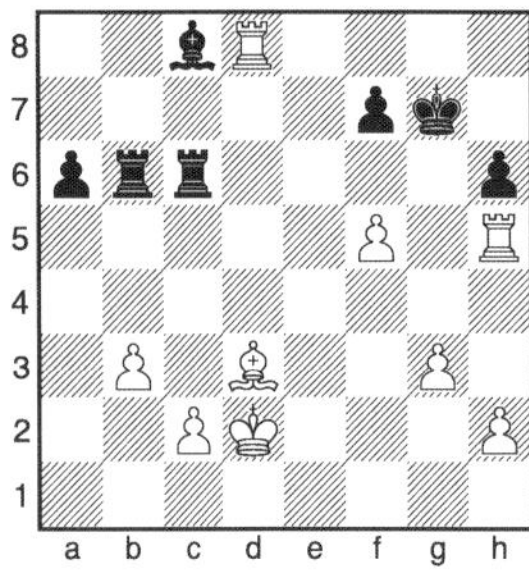

10.

1.f5–f6+! ♖c6xf6 2.♖d8xc8

Oder 1...♔g7xf6 2.♖d8xc8 ♖c6xc8 3.♖h5xh6+

Eine Partie zwischen den beiden stärksten Frauen der Welt: Hou Yifan (2605) – Judit Polgar (2710) Open Gibraltar 2012.

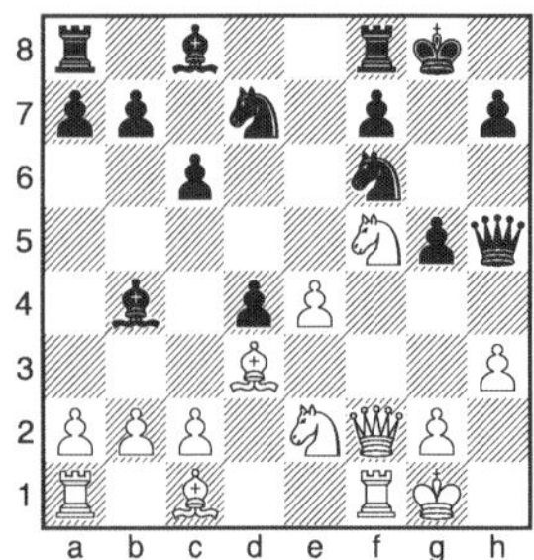

11.

1.♘e2–g3 ♕h5–g6 2.a2–a3 ♗b4–c5 3.b2–b4

Gewinnt den Läufer, der wegen der Hauptdrohung Sf5–e7 nicht flüchten kann.

3...♖f8–e8 4.b4xc5

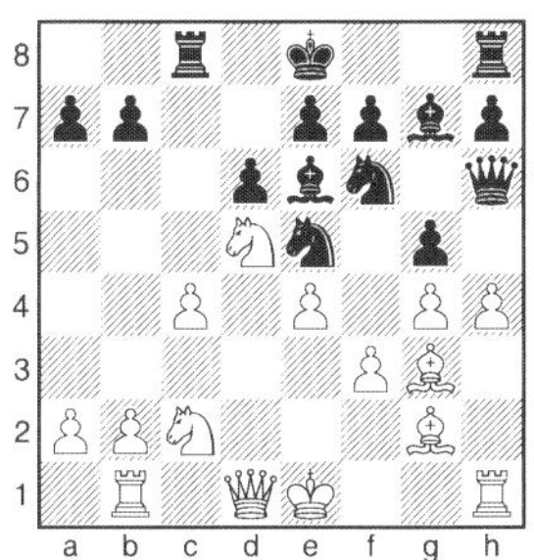

12.

1.h4xg5 ♕h6xg5 2.♗g3-h4 ♕g5-g6 3.♘d5-f4

Nicht besser ist 2...♕g5-h6 3.g4-g5 ♕h6-h5/g6 4.♘d5-f4; der einzige Ausweg ist 2...♘e5xf3+ 3.♗g2xf3 ♕g5-e5.

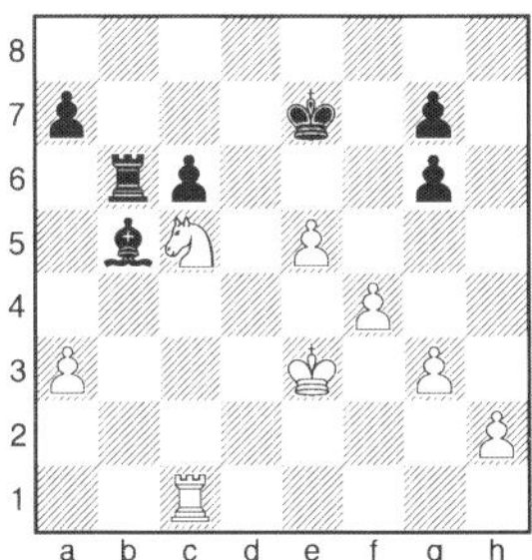

13.

Der a-Bauer gewinnt buchstäblich im Alleingang:

1.a3-a4 ♗b5-a6
2.a4-a5 ♖b6-b5
3.♘c5xa6

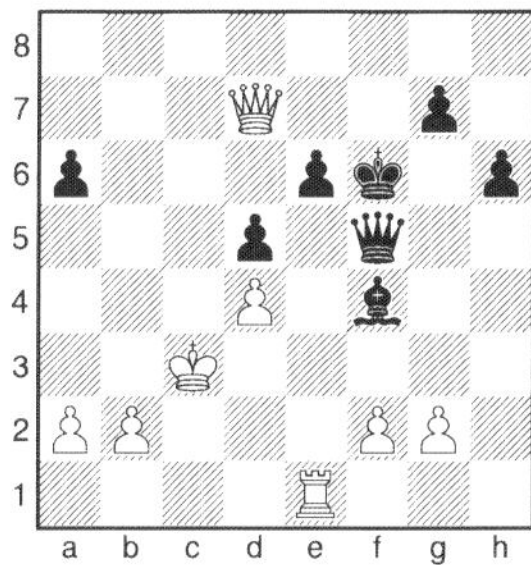

14.

1.g2-g3 ♗f4-b8 2.♕d7-d8+

Offensichtlich ist 1...♗f4-g5 2.f2-f4.
Die beste Verteidigung ist
1...♕f5-h3 2.♕d7-c8 ♗f4-d6 *(2...-- 3.♕c8-f8+)* 3.♕c8xa6, was den Verlust eingrenzt.

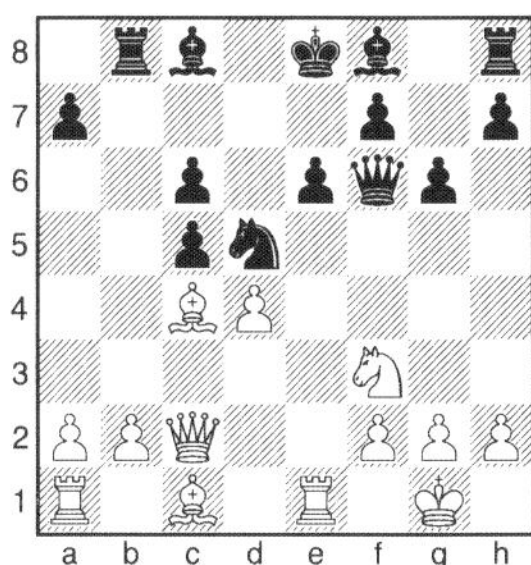

15.

1.♗c1-g5 ♕f6-f5

Oder 1...♕f6-g7 2.♗c4xd5 c6xd5 3.♕c2-a4+.

2.♗c4-d3 ♘d5-b4

Oder 2...♕f5-g4 3.♖e1-e4 ♘d5-b4 4.♖e4xg4.
3.♗d3xf5 ♘b4xc2 4.♗f5xc2

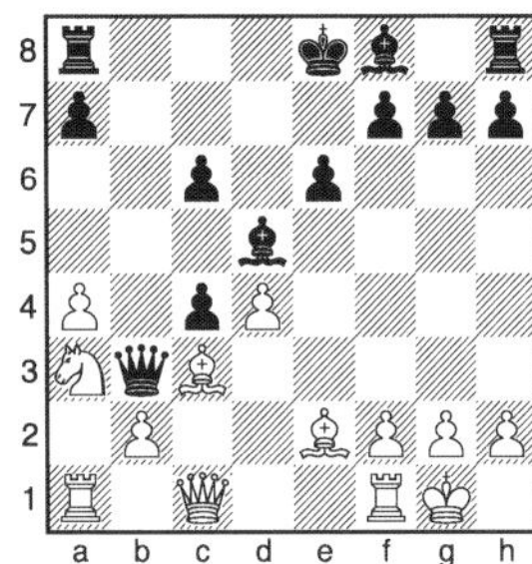

16.

1.♘a3-b5!

Schlägt der Dame die Tür hinter ihrem Rücken zu. Solche Züge können leicht übersehen werden!

1...c6xb5 2.♗e2-d1 ♕b3xd1 3.♖f1xd1

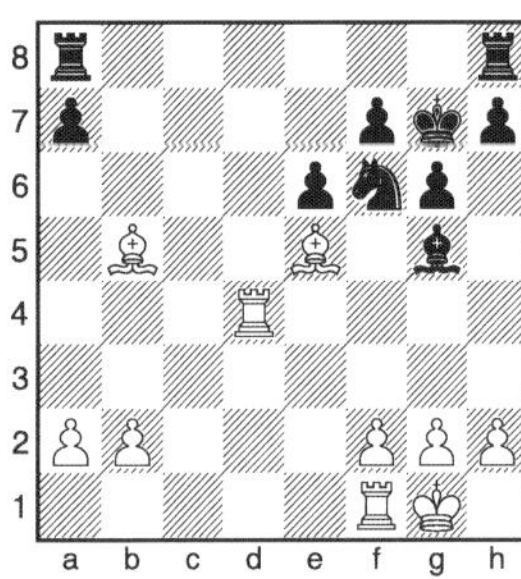

17.

Der schnelle Vormarsch der verbundenen Bauern gewinnt eine Figur:

1.h2-h4 / 1.f2-f4 **♗g5-h6**
2.g2-g4 g6-g5 3.f2-f4 g5xh4
4.g4-g5

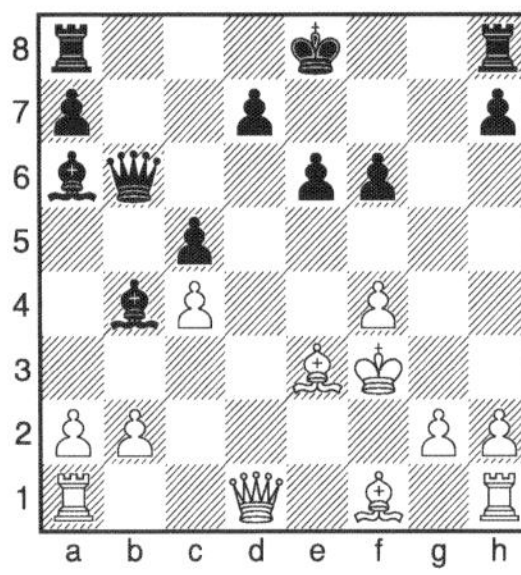

18.

1.a2-a3 ♗b4-a5
2.b2-b4 ♕b6-b7+
3.♔f3-f2 ♗a5-b6 4.b4-b5

3...♗a5-c7 rettet zwar den angegriffenen Läufer, aber nun geht der andere verloren.

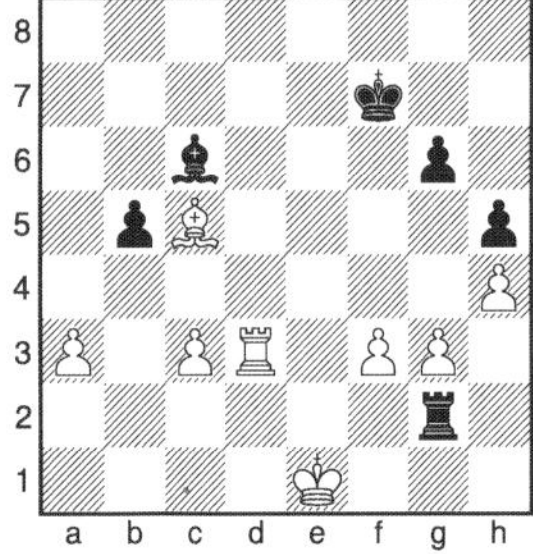

19.

1.♗c5-f2 ♖g2-h2 2.♔e1-f1 b5-b4

Nicht besser ist 2...♔f7-e7 3.♔f1-g1 ♖h2-h3 4.♔g1-g2 ♗c6-d7 5.♖d3xd7+.

3.♔f1-g1 b4xa3 4.♔g1xh2 a3-a2 5.♖d3-d1

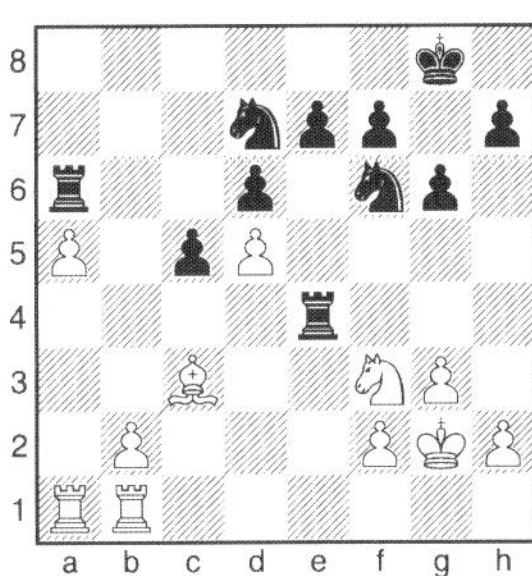

20.

1.♘f3–d2 ♖e4–g4

Oder 1...♖e4–e2 2.♔g2–f1/f3

2.f2–f4 g6–g5 3.h2–h3

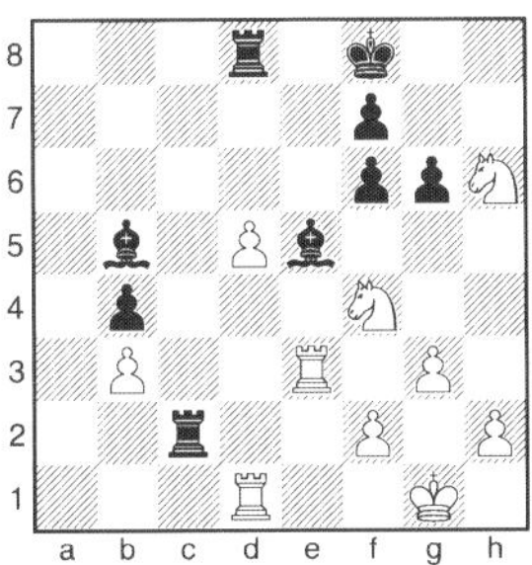

21.

1...♗e5xf4 2.g3xf4 f6–f5

Und der Springer sitzt in der Falle;

3.–– ♔f8–g7 4.♘h6xf5+ g6xf5

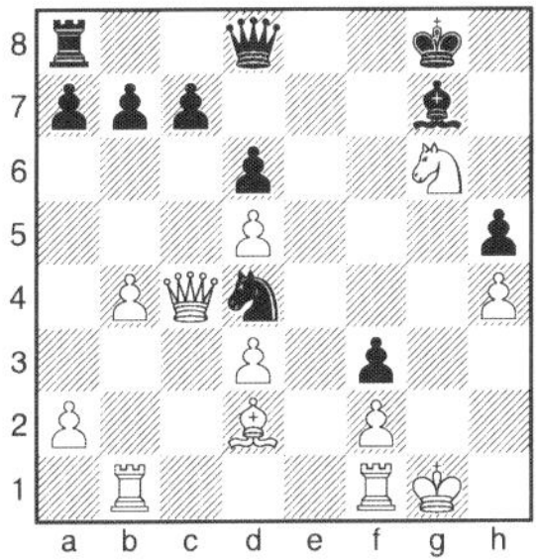

22.

1...b7–b5

Die Dame kann der Springergabel nicht entgehen, 2.♕c4–c1/c3 ♘d4–e2+

2.♗d2–g5 ♕d8–d7 3.♕c4xd4 ♗g7xd4

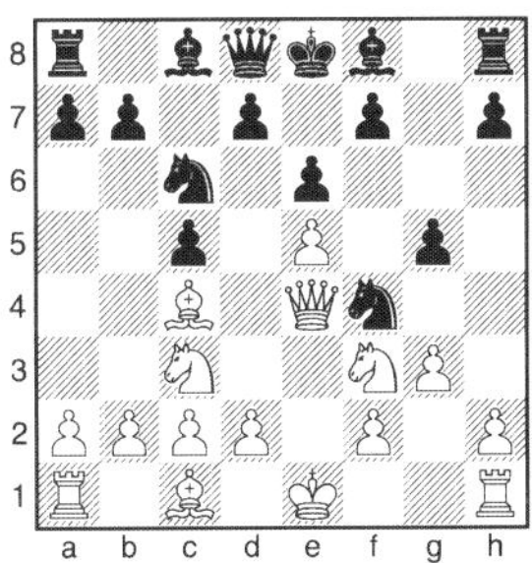

23.

1...d7–d5 2.e5xd6 e.p. **f7–f5 3.♕e4xc6+**

Falls 3.♕e4–e3? ♘f4–g2+

3...b7xc6 4.g3xf4

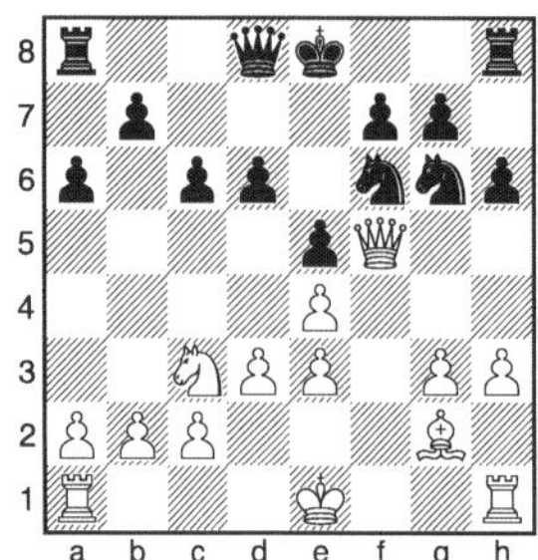

24.

1...♘g6–f4

Wieder wird eine Dame gefangen, die sich grundlos im Feindesland herumgetrieben hat!

2.e3xf4/g3xf4 g7–g6 3.♕f5xf6 ♕d8xf6

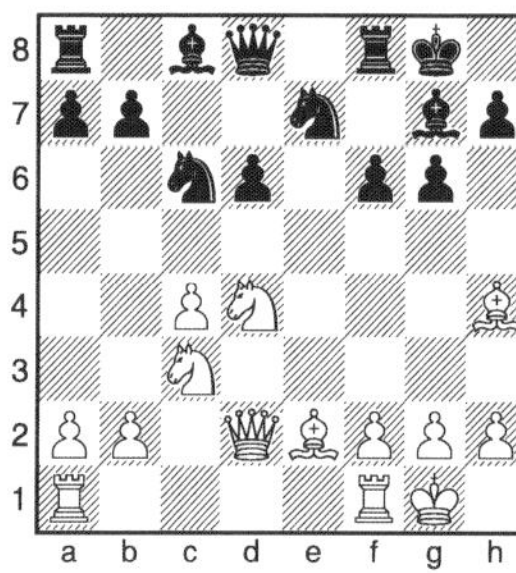

25.

1...♘c6xd4 2.♕d2xd4 g6–g5 3.♗h4–g3 f6–f5 4.♕d4xd6 f5–f4

WIr haben solche Arten von Reinfällen schon gesehen. Dieser aber war besonders gut versteckt und nicht leicht zu finden.

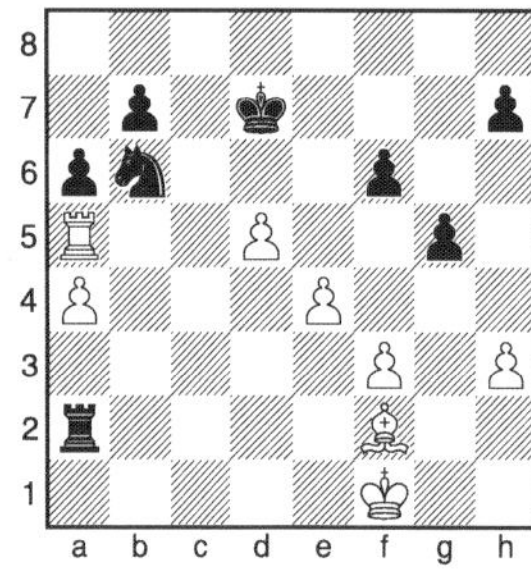

26.

1...♖a2xf2+

In der Partie der beiden Supergroßmeister folgte 1...♘b6–c4 2.♖a5–c5 und am Ende Remis.

2.♔f1xf2 ♔d7–d6 3.–– ♘b6–c4

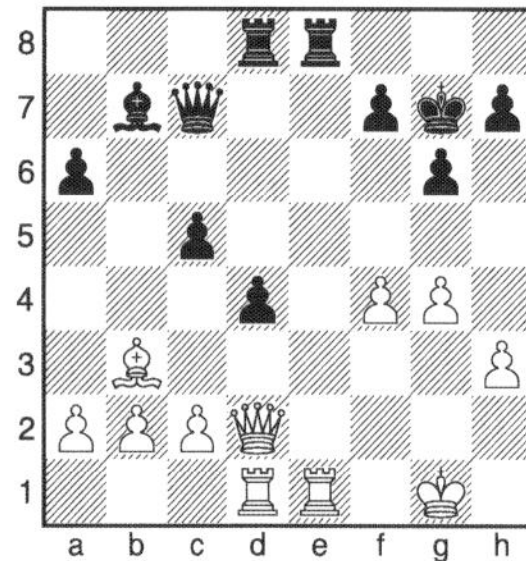

27.

1...♕c7–c6 2.♔g1-h2

Schwarz drohte 2.–– ♕c6–h1+ 3.♔g1-f2 ♕h1-g2# Doch es war ein Vorbereitungszug, um den Läufer zu fangen!

2...♖e8xe1 3.♖d1xe1 c5–c4

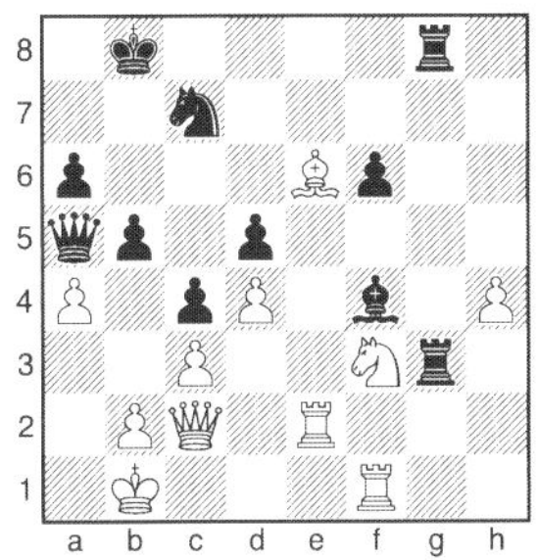

28.

1...♖g3xf3 2.♖f1xf3 ♖g8-g1+ 3.♔b1-a2 ♖g1-c1 4.♖f3xf4

Die Dame ist nicht wirklich gefangen, kann aber nicht flüchten wegen 4.♕c2-h7 ♕a5xa4#

4...♖c1xc2 5.♖e2xc2 ♘c7xe6

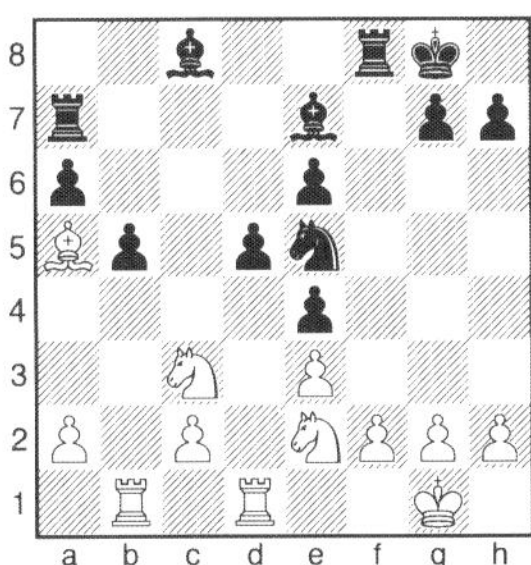

29.

1...♘e5-c6
2.♗a5-b6 ♖a7-b7
3.♗b6-d4 e6-e5
4.♘c3xd5 e5xd4

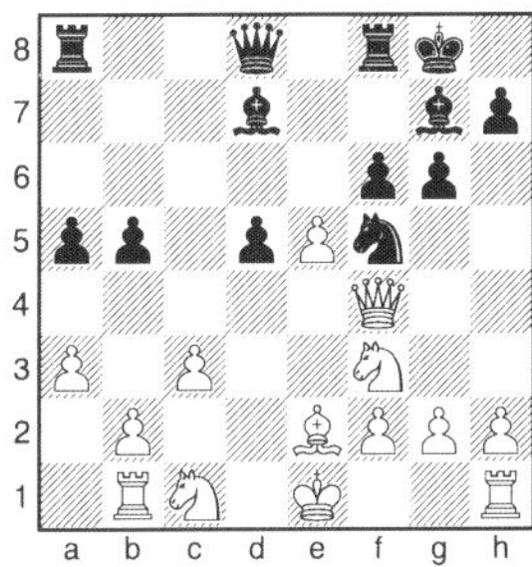

30.

Läuferpaar und Springer arbeiten perfekt zusammen, um die Dame zu fangen:

1...♗g7-h6 2.♕f4-g4 ♘f5-e3
3.♕g4-g3 ♗h6-f4
4.♕g3xf4/-h4 ♘e3xg2+

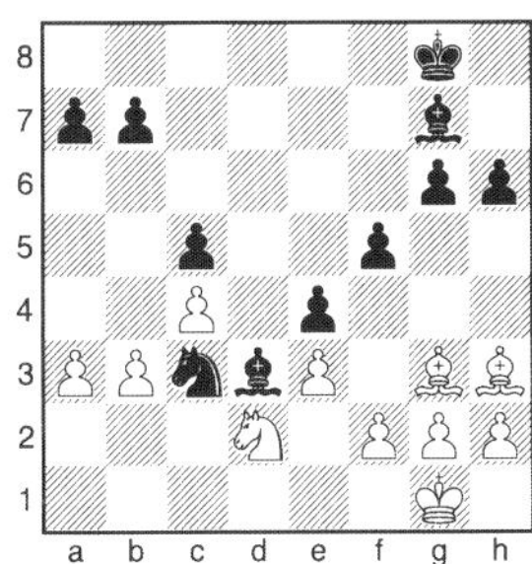

31.

1...♘c3-e2+ 2.♔g1-h1 ♘e2xg3+
3.h2xg3 ♗g7-c3

Und der Springer geht verloren. Das war schwer zu sehen und zeigt die Stärke des Läuferpaars.

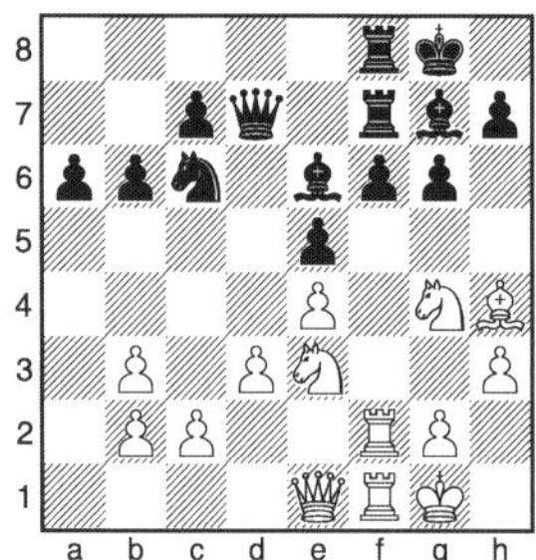

32.

Normalerweise bist du gut beraten, die Bauern in der Königsstellung nicht vorzuziehen. Aber für einen Figurengewinn machen wir mal eine Ausnahme:

1...g6–g5 2.♗h4–g3 h7–h5 3.♘g4–h2 h5–h4

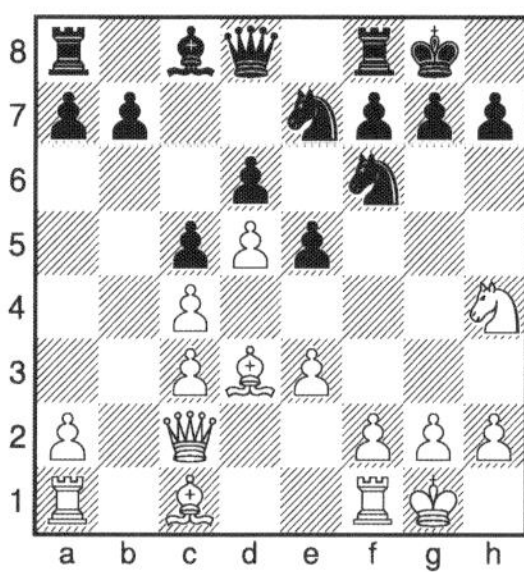

33.

1...e5–e4 2.♗d3xe4

Falls 2.♗d3–e2 folgt direkt g7–g5.

2...♘f6xe4 3.♕c2xe4 g7–g5 4.♘h4–f3?? ♗c8–f5

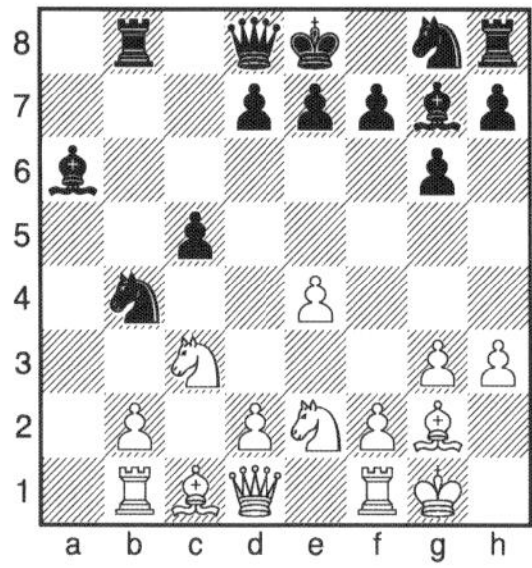

34.

Beengte Stellungen mit Löchern (schwache Felder) sind ein gefundenes Fressen für das Pferd:

1...♗a6–d3 2.♖b1-a1?

Das kleinere Übel ist, die Qualität zu geben:
2.-- ♗d3xb1 14.♘c3xb1

13...♗d3–c2 14.♕d1-e1 ♘b4–d3

4. Das dritte Resultat: Remis

Bislang ging es immer um Gewinnen oder Verlieren. Aber glücklicherweise haben wir im Schach ja auch die Möglichkeit, den Punkt zu teilen. Dazu gibt es - abgesehen von der Übereinkunft der Spieler - verschiedene Wege:

- Patt;
- Dauerschach / Zugwiederholung;
- 50-Züge-Regel;
- Spezielle Stellungen ohne die Möglichkeit zu gewinnen / zu verlieren.

Das ist zu viel für ein Kapitel und mancher Leser würde es vielleicht zu langweilig finden (was ein Missverständnis ist, denn es gibt viele interessante und erstaunliche Aspekte des Remis). Daher teile ich dieses Thema in zwei Kapitel auf. Heute starten wir mit dem Patt.

Die Bewertung des **Patts** war jahrhundertelang national unterschiedlich. In manchen Ländern war Patt gar nicht erst erlaubt. In Frankreich und Italien war es schon als unentschieden akzeptiert. In Spanien und Portugal war der Spieler der Patt setzte sogar der Verlierer der Partie!

Die international gültige Regel, die wir heute kennen, wurde erst 1807 vom London Chess Club formuliert.

Patt hat teilweise die Reputation von schwachem Spiel; z.B. Patt setzen in einem klar gewonnenen Endspiel wie König und Dame oder Turm gegen den blanken König. Doch das sehen wir nur bei noch völlig unerfahrenen Anfängern. Die meisten Patt Stellungen sind das Resultat von Standard Endspielen (sogenannte "technische Stellungen") wie z.B. König und Bauer gegen König, die zwingend entstehen und die selbst ein Großmeister hinnehmen muss, wie wir nachfolgend sehen:

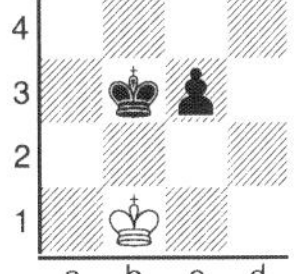

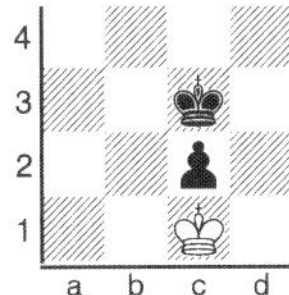

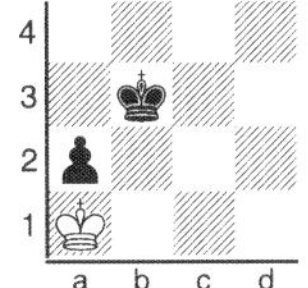

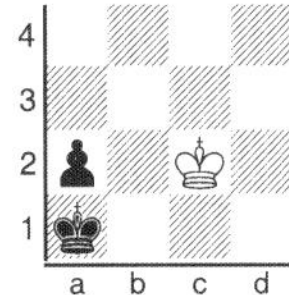

(D1) Weiß am Zug würde verlieren, Schwarz muss sich mit Remis begnügen Wegen Patt:

1...c3–c2+ 2.♔b1–c1 ♚b3–c3 *(D2)* Patt!

Der Bauer am Rand kann oft nicht gewinnen wegen Patt, wie wir in *D3* und *D4* sehen.

Nicht jede Patt Situation ist ein absolut zwingendes Patt. Manchmal gibt es eine Alternative wie etwa Zugwiederholung. Aber wir zählen solche Stellungen auch zu den Patts.

Wenn der König deines Gegners schon in einer Art von Patt Stellung steht, sollten bei dir alle Alarmglocken läuten! Er wird versuchen, seine letzten Steine loszuwerden auf jede mögliche und manchmal auch nahezu unmögliche Weise! Schauen wir auf die folgende Stellung *(D links)*:

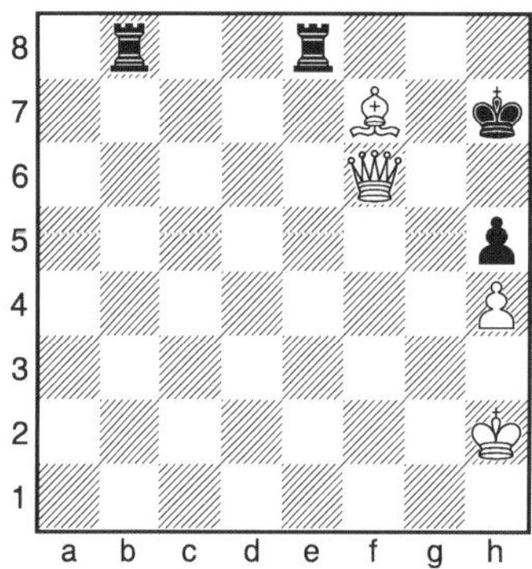

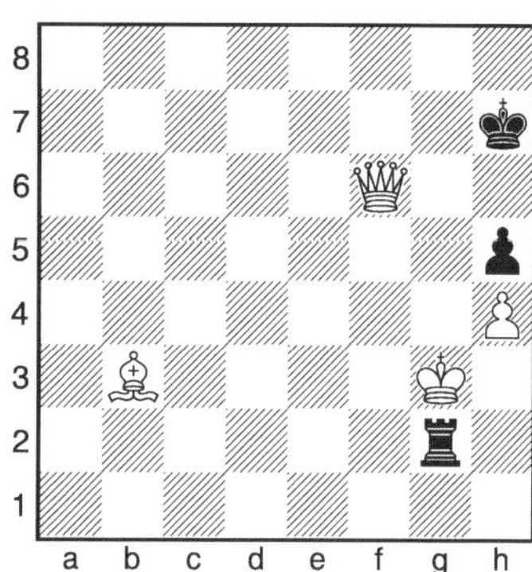

1...♖e8–e2+ 2.♔h2–g3 ♖b8–b3+ 3.♗f7xb3 ♖e2–g2+ *(D rechts)*

Und nun ***4.♔g3xg2*** Patt! Oder

4.♔g3–f4 ♖g2–f2+ 5.♔f4–g5 ♖f2xf6 6.♔g5xf6

Und trotz seiner klaren materiellen Überlegenheit kann Weiß nicht gewinnen, weil er den "falschen Läufer" hat. Da dieser das Umwandlungsfeld nicht kontrollieren kann, gibt es keine Möglichkeit, den schwarzen König von dort zu vertreiben. Wir sehen hier gleich eine der in der Aufzählung erwähnten "speziellen Stellungen", die "ungewinnbar" sind.

Falls der König nicht schlägt, endet die Partie durch Dauerschach:

4.♔g3–h3 ♖g2–h2+ 5.♔h3–g3 ♖h2–g2+ usw., Remis.

Um solche unangenehmen Überraschungen zu vermeiden, kannst du entweder deinen Griff um den gegnerischen König ein wenig lockern und ihm ein Fluchtfeld öffnet; oder immerzu Schach bieten.

Aber manchmal kannst du auch die Pattstellung des gegnerischen Königs zu deinem Vorteil nutzen, wie wir im folgenden Beispiel auf der nächsten Seite sehen:

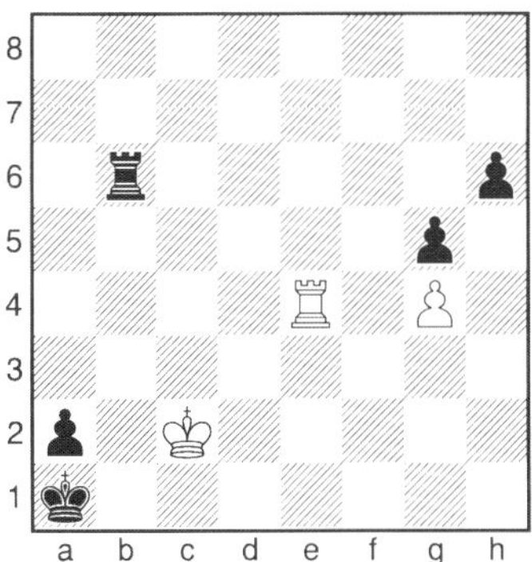

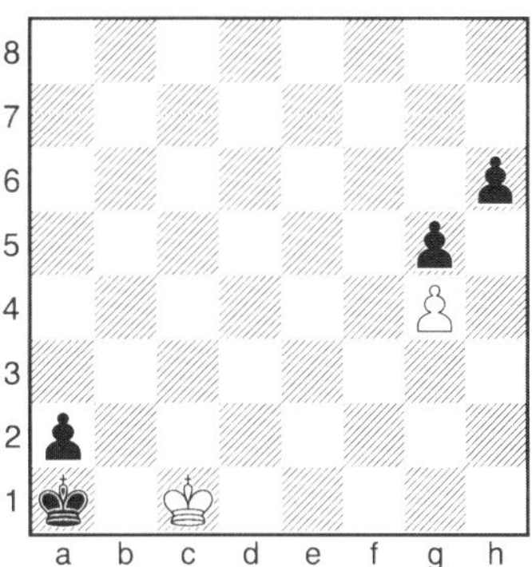

(D links) **1.♖e4–e1+ ♖b6–b1 2.♖e1-c1! ♖b1xc1+ 3.♔c2xc1**

(D rechts) **3...h6–h5** Zugzwang beschert dem Weißen einen Freibauer!

4.g4xh5 g5–g4 5.h5–h6 g4–g3 6.h6–h7 g3–g2 7.h7–h8♕#

Diese Stellung ist aus dem Buch von **Philipp Stamma** (1737), der eine Menge erstaunlicher Aufgaben komponierte. Wir werden später mehr davon im Buch sehen.

Wenn du deinen Freibauer umwandelst und der gegnerische König steht in der Nähe, wandele nicht automatisch ohne nachzudenken in eine Dame um.

In *D links* unten würde die Umwandlung in eine Dame sofort zum Patt führen *(D mitte)*.

Aus Band 1 kennst du ja bereits den Begriff der **"Unterverwandlung"**, was meint, statt der Dame in eine der anderen Figuren umzuwandeln.

In einem Fall wie diesem wähle also nicht die Dame, sondern eine weniger wertvolle Figur (hier einen Turm), um das Patt zu vermeiden. Das kann auch ein Wink mit dem Zaunpfahl sein, um deinem Gegner die Aufgabe nahezulegen. Der Turm reicht ohnehin völlig aus, um schnell zu gewinnen:

1...c2–c1♖ 2.♔a2–a3 ♖c1-a1#

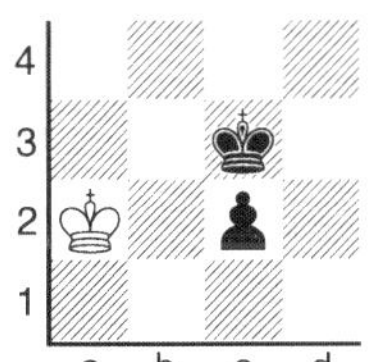

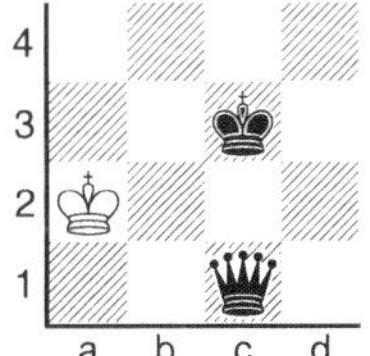

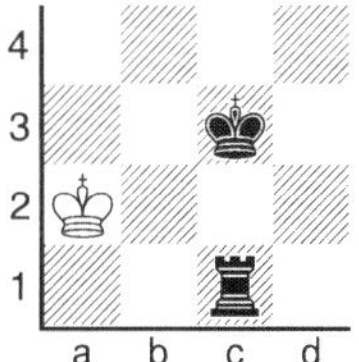

Ein Patt erscheint meistens erst im Endspiel oder zumindest im späten Mittelspiel. Aber es gibt einige seltene Fälle, wo es früher auftaucht. Im folgenden lustigen Beispiel sind sogar noch alle Steine auf dem Brett! Nach den Zügen:

1.d2–d4 d7–d6 2.♕d1–d2 e7–e5 3.a2–a4 e5–e4 4.h2–h3 f7–f5 5.♕d2–f4 ♗f8–e7 6.♕f4–h2 ♗c8–e6 7.♖a1–a3 c7–c5 8.♖a3–g3 ♕d8–a5+ 9.♘b1–d2 ♗e6–b3 10.d4–d5 ♗e7–h4 11.c2–c4 e4–e3 12.f2–f3 f5–f4 *(D)*

Und nun kann Weiß nicht mehr ziehen, Patt!

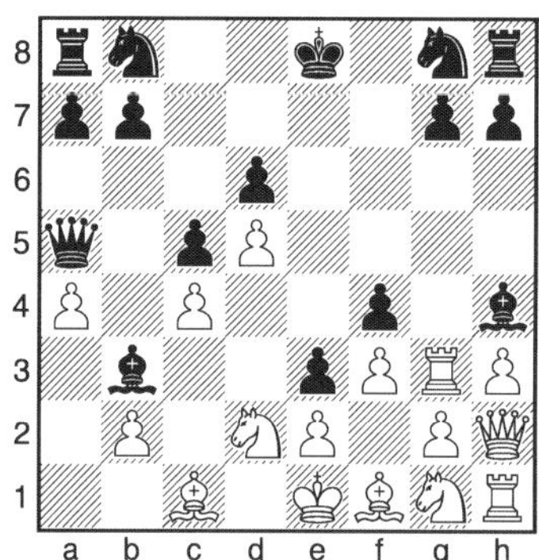

Tatsächlich wurde diese Unsinns–Partie in einem GM–Turnier in Berlin 2009 zwischen WGM Elisabeth Pähtz und GM Ray Tischbiereck genutzt, um die 30–Züge Remis Regel "auszutricksen". (Bei manchen Turnieren darf kein Remis vereinbart werden, bevor eine bestimmte Anzahl von Zügen, meist 30, gespielt wurde.) Das Remis benachteiligte niemanden und hatte keinerlei Einfluss auf die Turnierergebnisse, bewirkt aber gemischte Reaktionen. Manche Schachfreunde fanden es lustig, andere starteten einen Shitstorm im Internet. Wie immer: Schach bietet etwas für Jeden, ☺.

Mach es in deinen Partien besser nicht den Großmeistern nach. Der Schiedsrichter mag das nicht lustig finden und die Partie 0:0 werten, und einige Leute mögen unfreundlich reagieren. Es ist den Ärger nicht wert!

Es wäre noch viel zu sagen über die vielen Erscheinungsformen des Patts. Aber du möchtest vermutlich nicht, dass ich zu viel zu lang erkläre. Lass uns lieber einen Blick auf die praktischen Seiten des Patts in den folgenden Übungen werfen und davon lernen.

In Teil 1 brauchst du nur ein ganz einfaches Patt in einem Zug zu finden.

Teil 2 ist aber wieder viel komplizierter.

Patt Teil 1

Finde und nutze das Patt!

Ein schneller Blick sollte reichen, da wir mit ganz einfachen Stellungen beginnen.

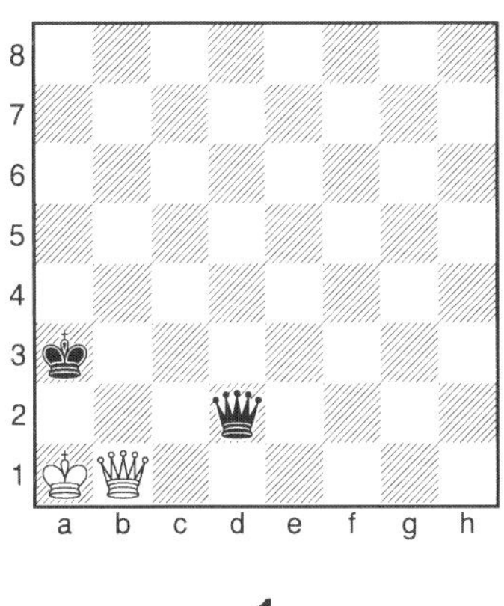

1

1. .... / ....

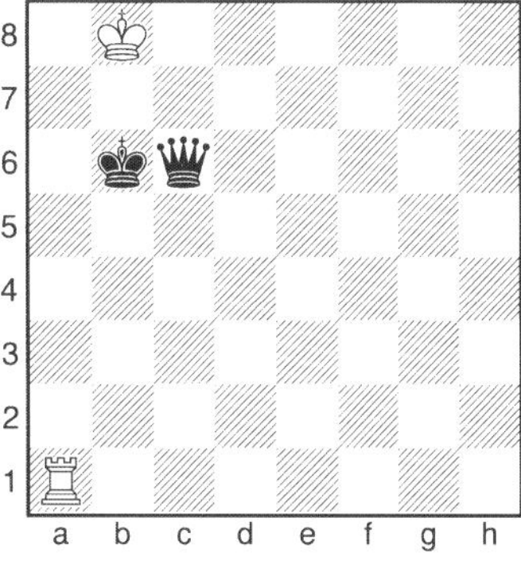

2

1. .... / ....

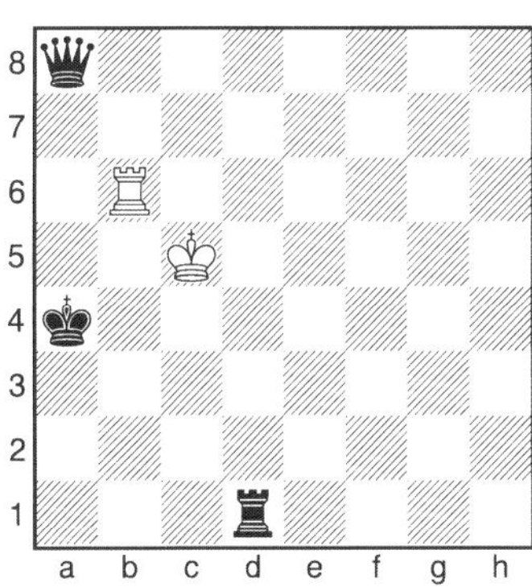

3

1. ....

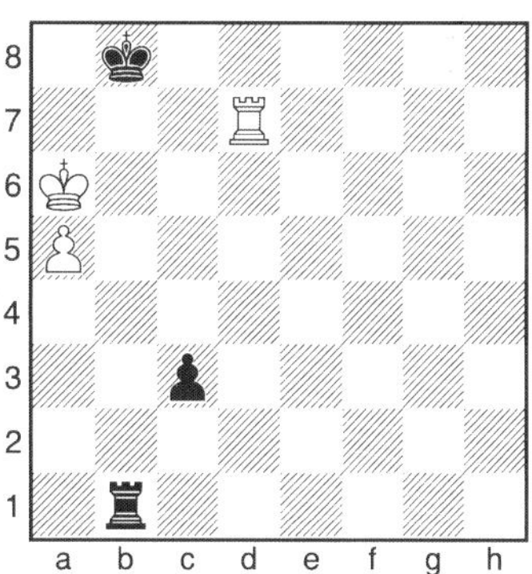

4

1. ....

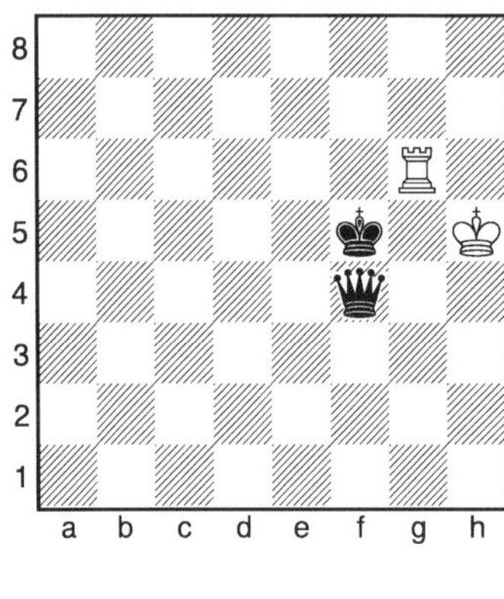

5

1. .... / ....

2. .... / ....

6

1. .... / ....

2. .... / ....

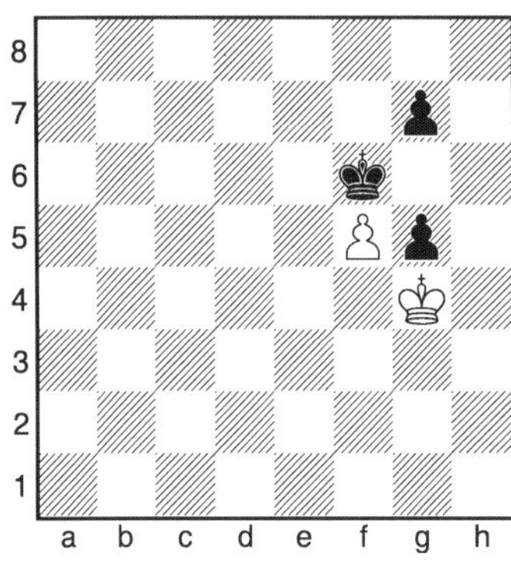

7

1. .... / ....

2. .... / ....

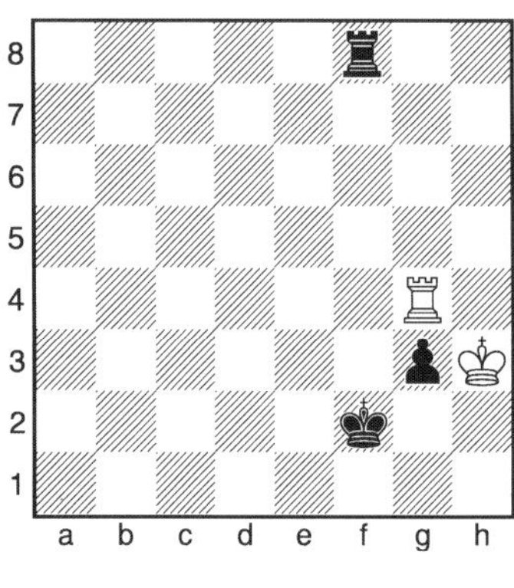

8

1. .... / ....

2. .... / ....

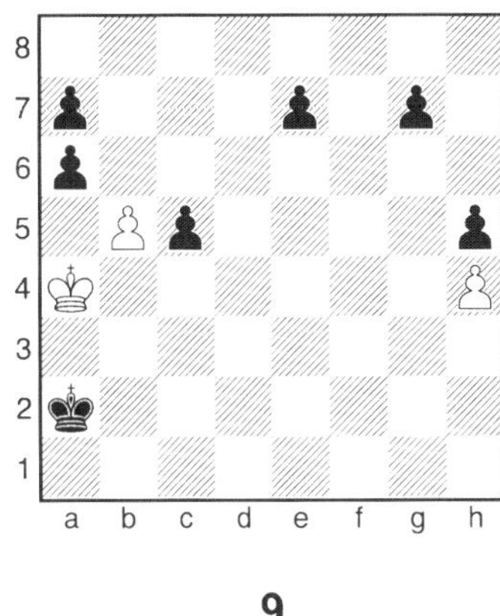

9

1. .... / ....

2. .... / ....

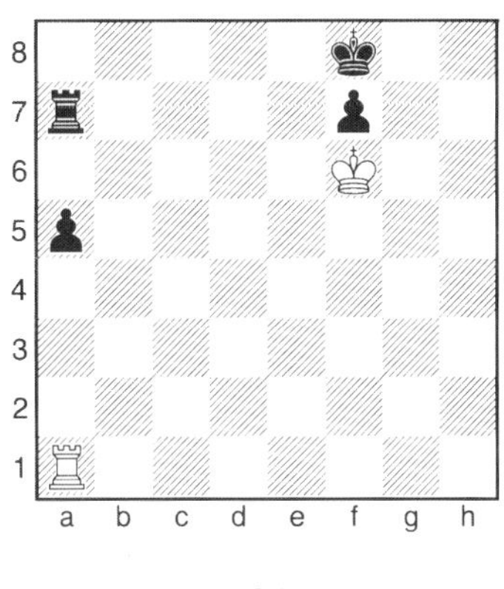

10

1. .... / ....

2. .... / ....

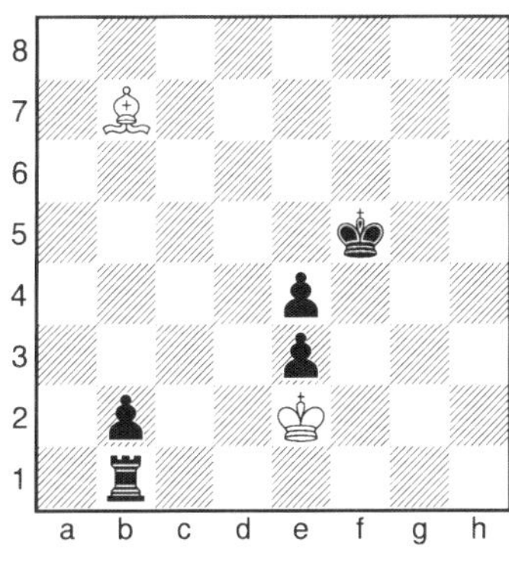

11

1. .... / ....

2. .... / ....

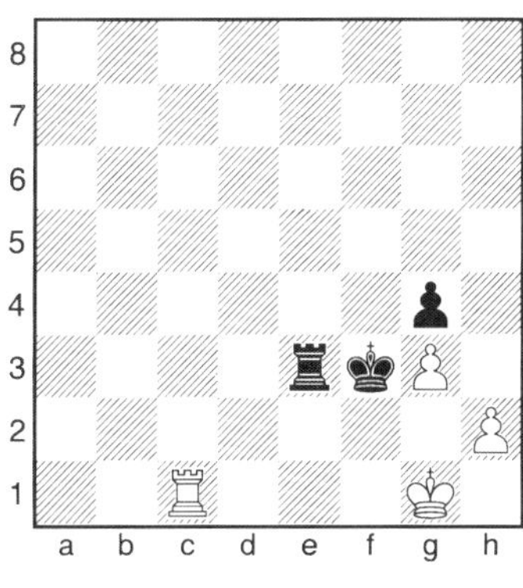

12 ●

1. -------------- / ....

2. .... / ....

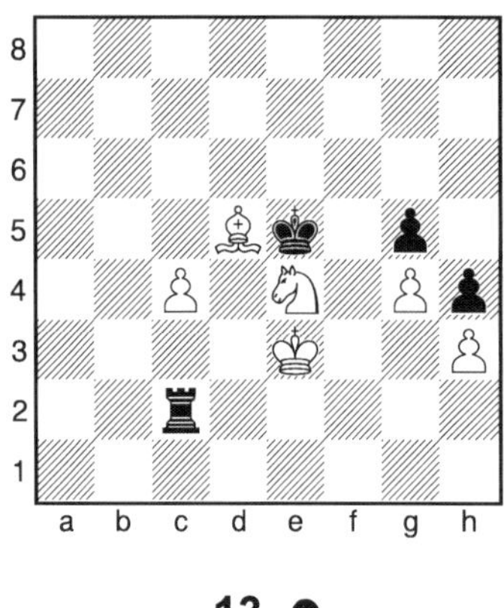

13 ●

1. ------------- / ....

2. .... / ....

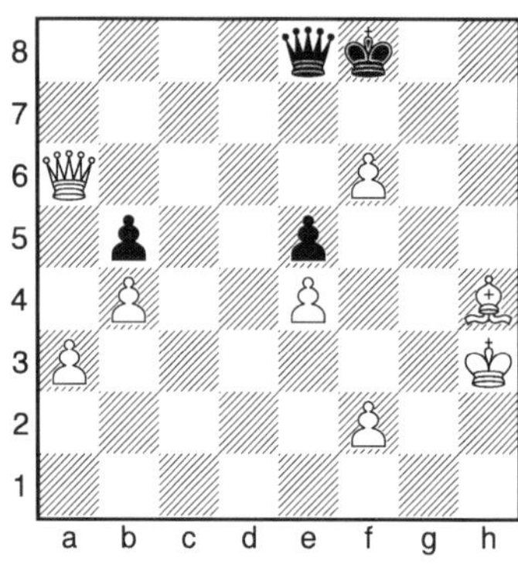

14 ●

1. ------------- / ....

2. .... / ....

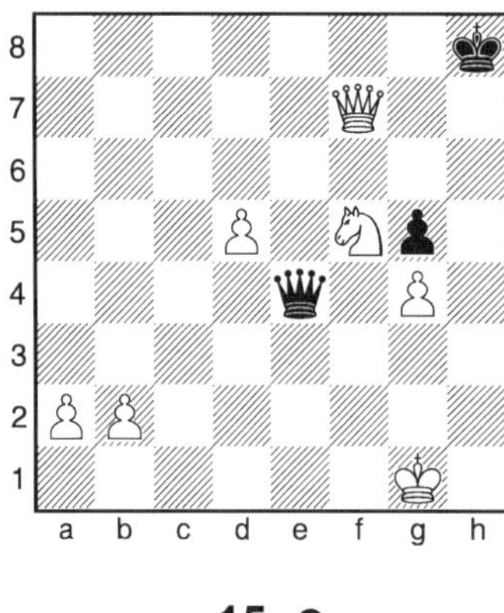

15 ●

1. ------------- / ....

2. .... / ....

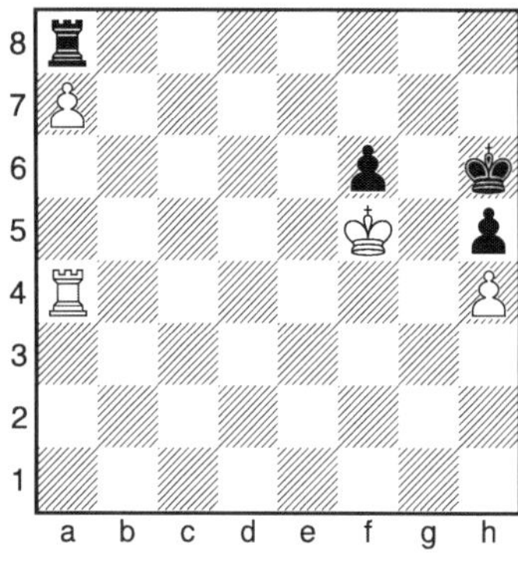

16 ●

1. ------------- / ....

2. .... / ....

Lösungen für Patt Teil 1

Diesmal sind es nur sehr kurze Lösungen mit ein oder zwei Zügen und daher brauchen wir kein Lösungsdiagramm. Du bist nun schon stark genug und kannst die Lösung im Kopf behalten und mit dem Aufgabendiagramm vergleichen.

1. **1.♕b1-d3+ ♕d2xd3**

2. **1.♖a1-a6+ ♔b6xa6**

3. **1.♖b6–a6+ ♕a8xa6**

4. **1.♖d7–b7+ ♖b1xb7**

5. **1.♖g6–f6+ ♔f5xf6**

6. **1.♖g3–g7+ ♗h6xg7**
   Oder 1...♔h7–h8 2.♖g7–g8+ =

7. **1.♔g4–h5 ♔f6xf5**
   Oder 1...♔f6–f7 2.♔h5xg5 führt zum Remis.

8. **1.♖g4–f4+ ♖f8xf4**

9. **1.b5–b6 a7xb6**

10. **1.♖a1xa5 ♖a7xa5**

11. **1.♗b7xe4+ ♔f5xe4**

12. **1...♖e3-e1+ 2.♖c1xe1**

13. **1...♖c2xc4 2.♗d5xc4**

Oder 2.♗d5-b7 ♖c4-b4 3.♗b7-c6 ♖b4-b6 usw., Zugwiederholung; oder 3...♖b4-b3+ 4.♔e3-e2 ♖b3xh3 mit remisträchtiger Stellung.

14. **1...♕e8-e6+ 2.♕a6xe6**

15. **1...♕e4-g2+ 2.♔g1xg2**

Ein Patt zwischen Supergroßmeistern in der Partie
Lenier Dominguez (2754) - Wesley So (2719)
Gespielt im Top-Turnier Wijk aan Zee 2014

16. **1...♖a8xa7 2.♖a4xa7**

Okay, das war einfach. Du hast typische Positionen gesehen, in denen Patt vorkommen kann.

Nun gehen wir einen Schritt weiter und schauen uns Stellungen an, in denen das Patt gut versteckt ist und eine schlaue Lösung erfordert.

Manche Lösungen sind länger als die drei oder vier Züge, die du am Diagramm verfolgen kannst. Bau diese Stellungen auf deinem Brett auf. Das ist etwas mehr Arbeit und Aufwand, ist es aber wert.

Schau nicht einfach nur oberflächlich über die Lösungen. Versuche, sie zu verstehen und folge auch den Nebenvarianten.

Patt Teil 2

Es gibt einen großen Unterschied zwischen Teil 1 und Teil 2. Für den ersteren war es genug, einen Patt-Zug zu finden. Für Teil 2 reicht das nicht. Du musst einen Plan finden, der zum Patt führt.
Generell für alle Endspiele gilt:

Schau nicht nur nach einem Zug, schau nach einem Plan, wie Weltmeister Capablanca schon vor nahezu hundert Jahren sagte!

Schau dir die Stellung aufmerksam an. Finde eine Idee, wie ein Patt herbeigeführt werden könnte und welche Probleme es auf dem Weg dahin geben mag.

Unser drei-Züge-Notationsfeld wird oft nicht für die Lösung ausreichen. Schreibe sie besser auf einem Notizblock auf.

Ärgere dich nicht, wenn du einige Lösungen nicht finden kannst. Einige Stellungen sind wirklich sehr schwer und wurden von sehr klugen und starken Spielern oder Komponisten geschaffen.

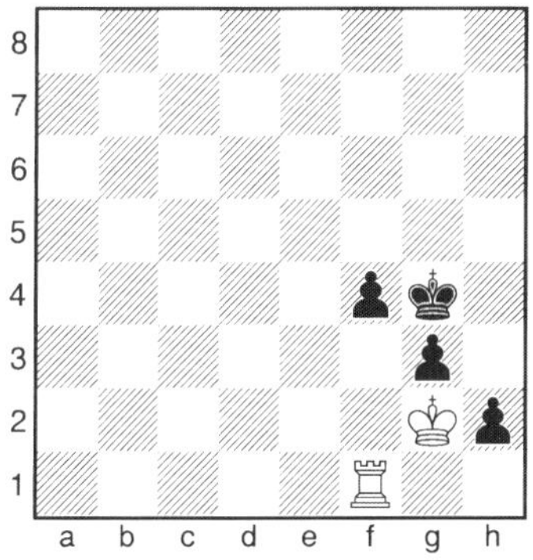

1

1. .... / ....
2. .... / ....
3. .... / ....

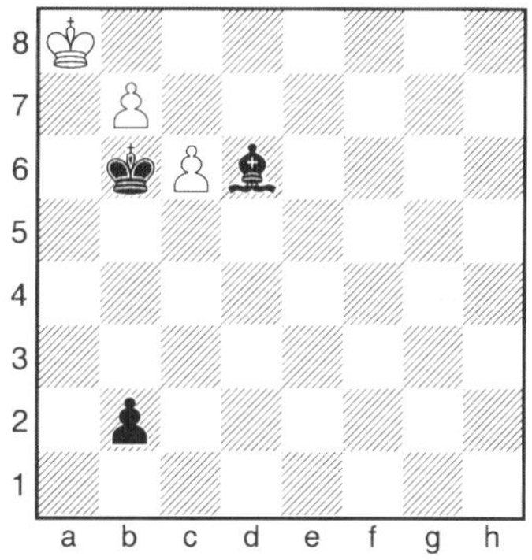

2

1. .... / ....
2. .... / ....
3. .... / ....

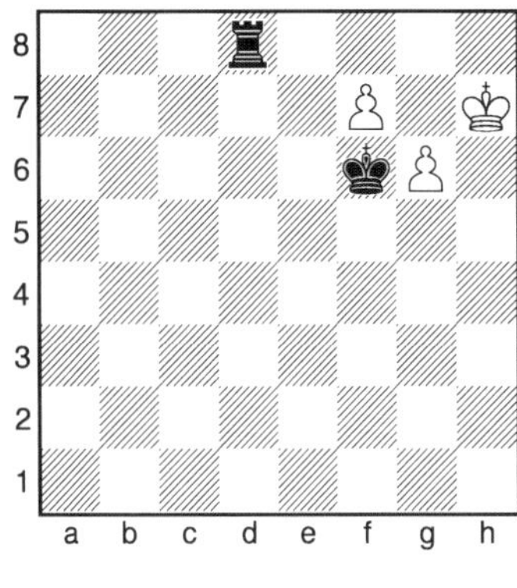

3

1. .... / ....

2. .... / ....

3. .... / ....

4

1. .... / ....

2. .... / ....

3. .... / ....

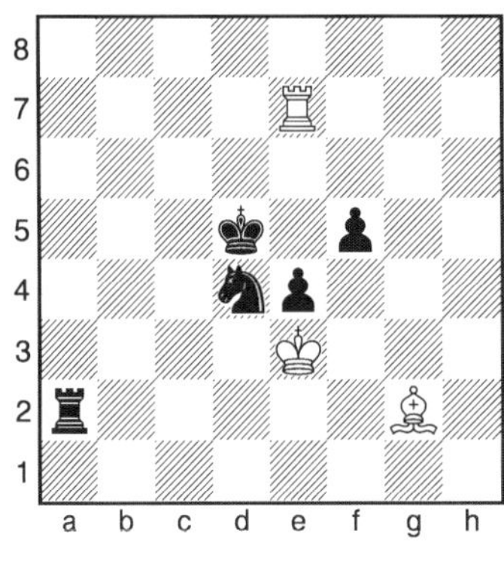

5

1. .... / ....

2. .... / ....

3. .... / ....

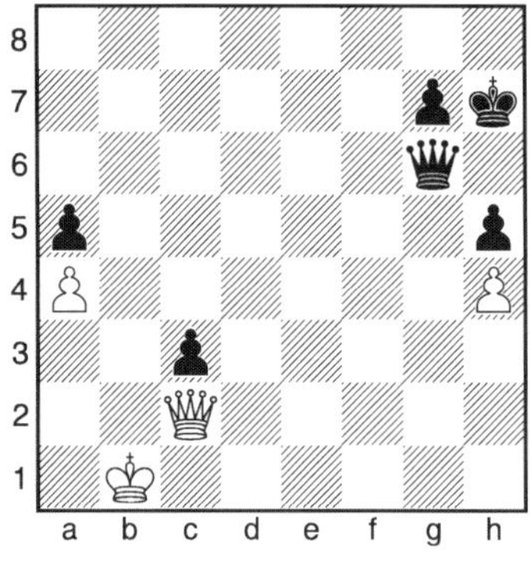

6

1. .... / ....

2. .... / ....

3. .... / ....

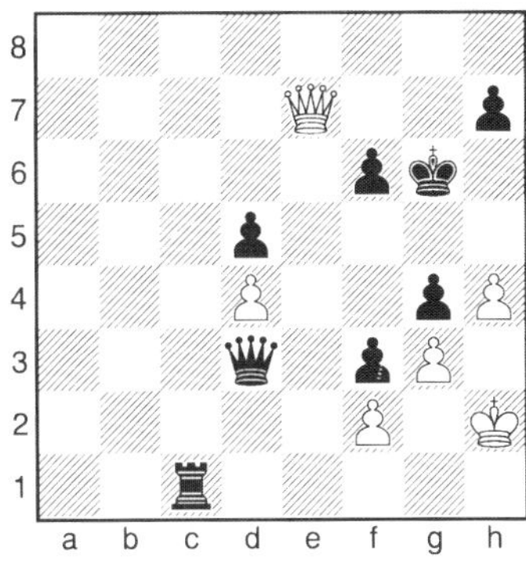

7

1. .... / ....

2. .... / ....

3. .... / ....

8

1. .... / ....

2. .... / ....

3. .... / ....

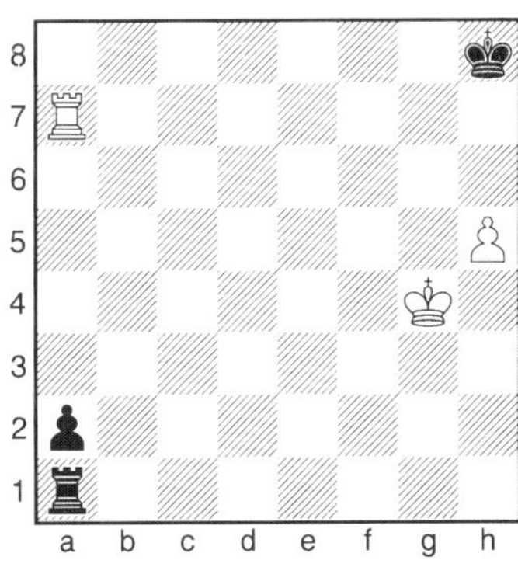

9

1. .... / ....

2. .... / ....

3. .... / ....

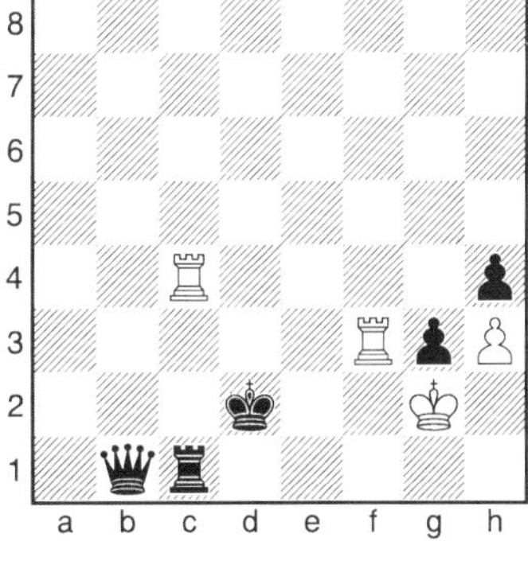

10

1. .... / ....

2. .... / ....

3. .... / ....

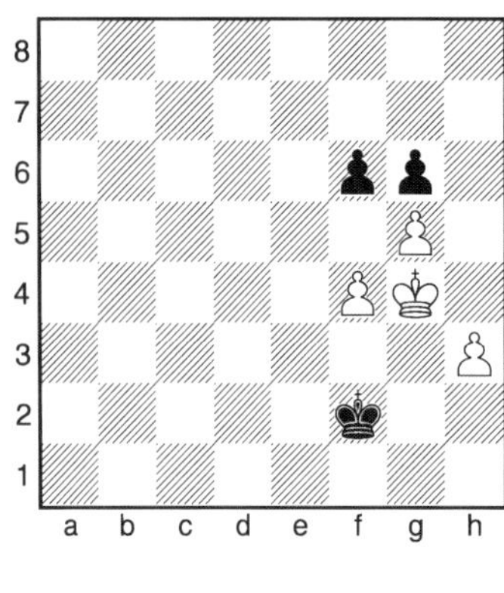

11 ●

1. ------------- / ....

2. .... / ....

3. .... / ....

12 ●

1. ------------- / ....

2. .... / ....

3. .... / ....

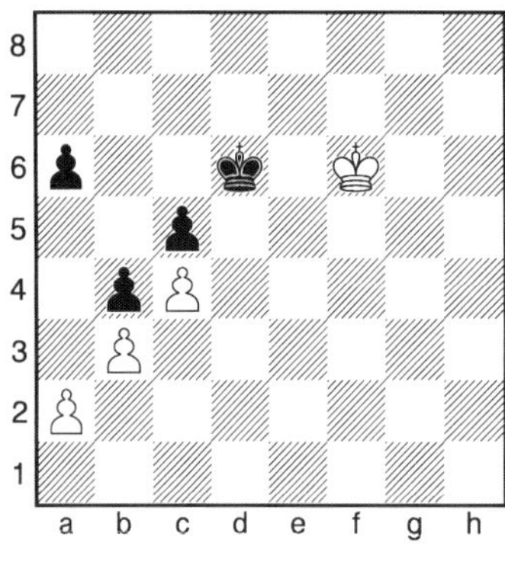

13 ●

1. ------------- / ....

2. .... / ....

3. .... / ....

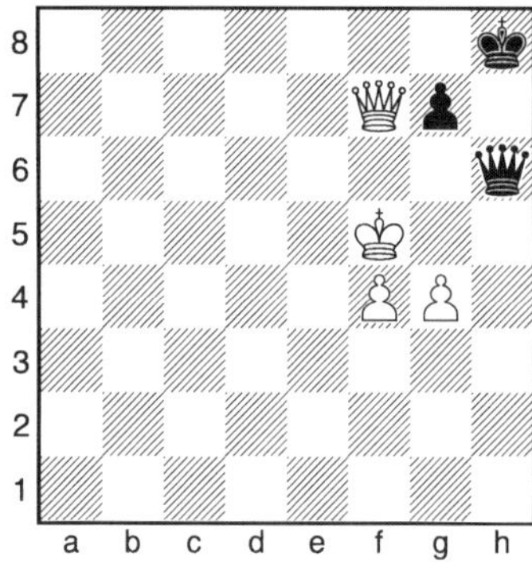

14 ●

1. ------------- / ....

2. .... / ....

3. .... / ....

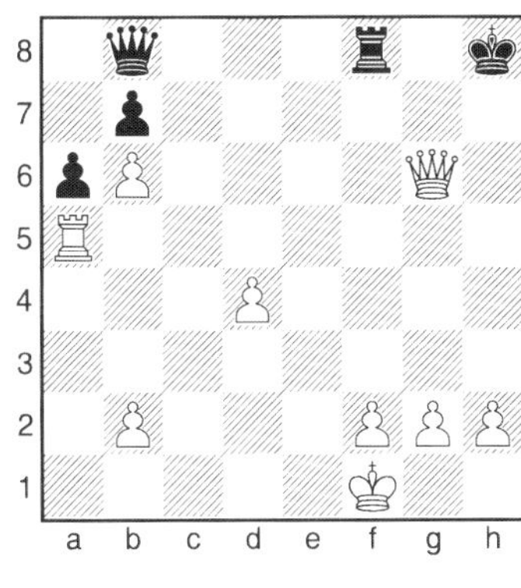

15 ●

1. -------------- / ....

2. .... / ....

3. .... / ....

16 ●

1. -------------- / ....

2. .... / ....

3. .... / ....

Lösungen

Patt Teil 2

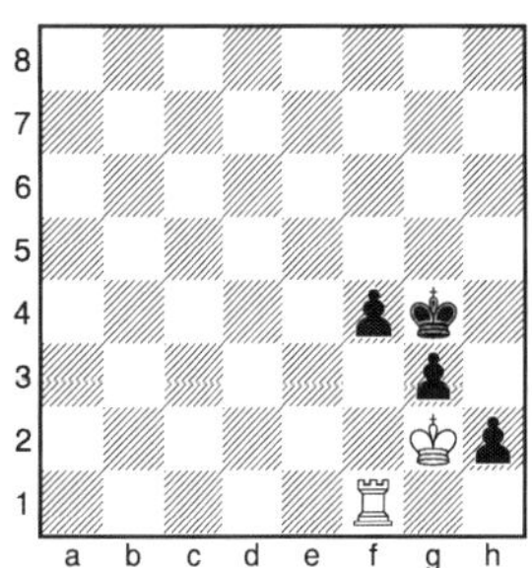

1.

Drei verbundene Freibauern sind durchaus passende Gegenspieler für den Turm. Salvio analysierte diese Stellung schon 1634.

1.♔g2–h1 ♔g4–h3 2.♖f1-f3

Falls 2.♖f1xf4?? g3–g2#

2...♔h3–g4 3.♖f3–f1 f4–f3
4.♖f1xf3! ♔g4xf3 Patt

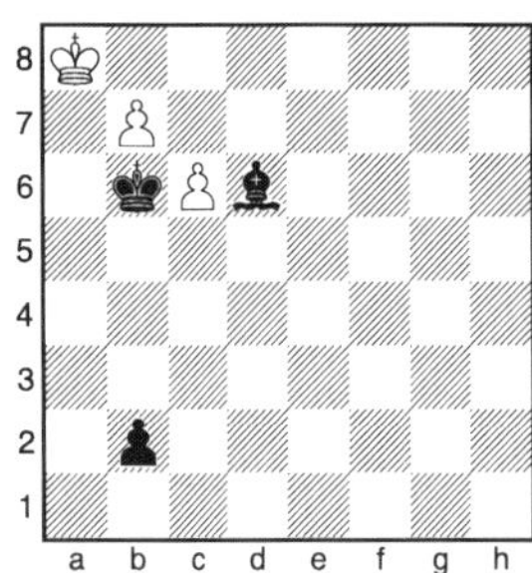

2.

1.b7–b8♕+ ♗d6xb8 2.c6–c7 ♔b6xc7 / ♗b8xc7 Patt

Keine gute Idee ist
2.♔a8xb8? b2–b1♕ 3.c6–c7 ♔b6–c6+
4.♔b8–c8 ♕b1-f5+ 5.♔c8–b8 ♕f5–b5+
6.♔b8–c8 ♕b5–b4 7.♔c8–d8 ♕b4–f8#

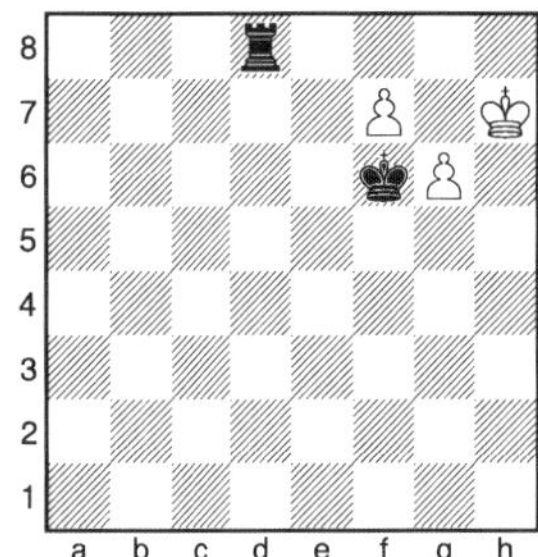

3.

Schwarz kann die Bauern stoppen, kommt aber nicht über Patt hinaus:

1.f7–f8♕+ ♖d8xf8 2.g6–g7 ♖f8–f7
3.♔h7–h8 ♖f7xg7 Patt

Oder 3...♔f6–e7 4.g7–g8♕ ♖f7–f8 =

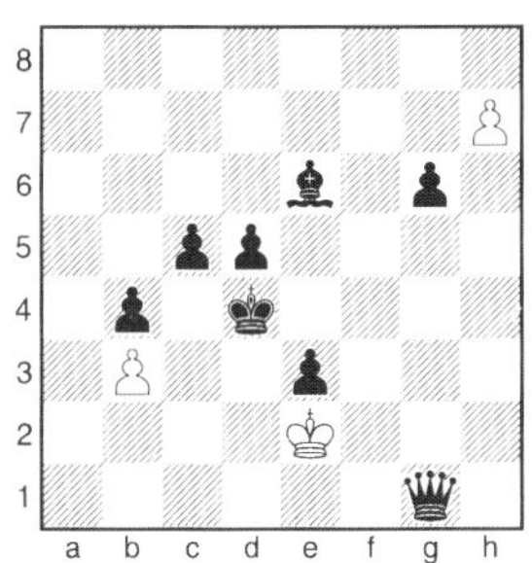

4.

1.h7–h8♕+

Selbst mit der Umwandlung scheint das Spiel verloren. Aber wenn Weiß das Fluchtfeld f3 loswerden könnte ...?

1...♔d4–e4 2.♕h8–h1+! ♕g1xh1 Patt

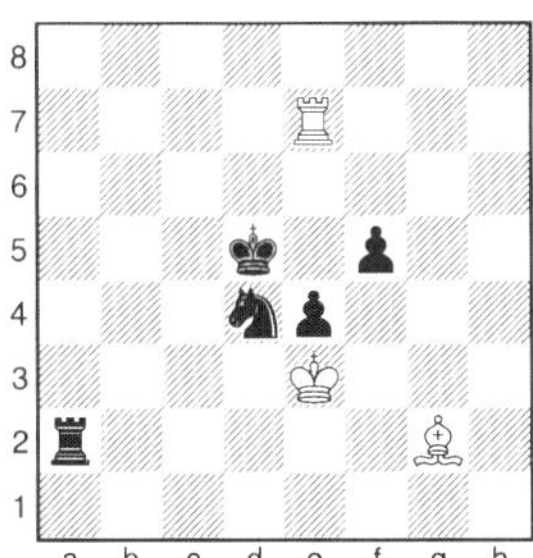

5.

1.♗g2xe4+ f5xe4
2.♖e7–e5+ ♔d5xe5 Patt

2...♔d5–c4 3.♖e5xe4 führt zum Endspiel Turm gegen Turm + Springer und sollte Remis enden.

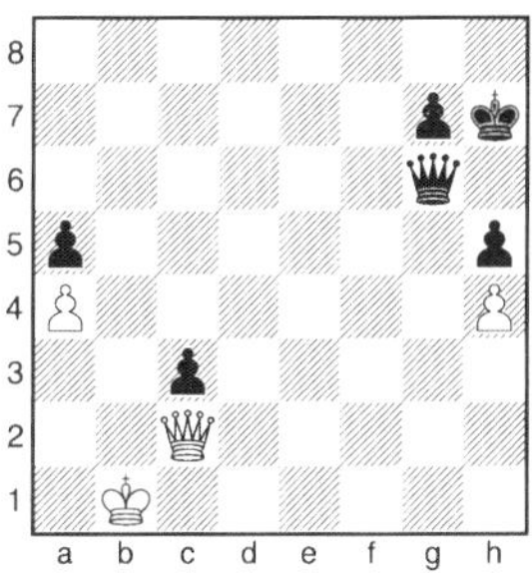

6.

Die Pattidee vom Endspiel Dame gegen c– oder f–Bauer ist der Schlüssel:

1.♔b1-a1 ♔h7–h6
2.♕c2–c1+ ♔h6–h7
3.♕c1-c2 ♕g6xc2 Patt; sonst Zugwiederholung.

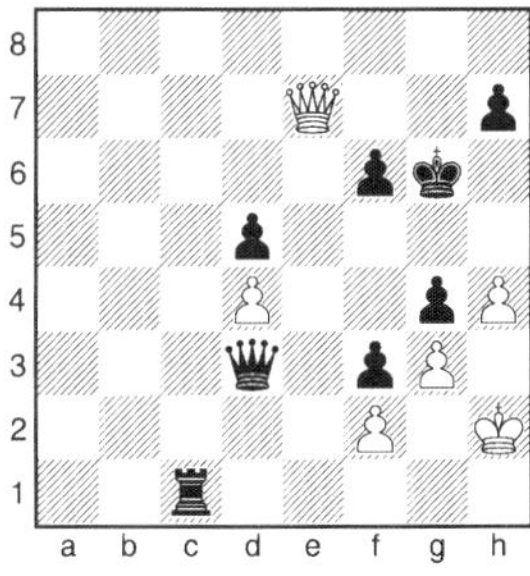

7.

1.h4–h5+ ♔g6–h6

Falls 1...♔g6xh5 2.♕e7xh7+ ♕d3xh7 =

2.♕e7–g7+ ♔h6xg7
3.h5–h6+ ♔g7xh6 Patt

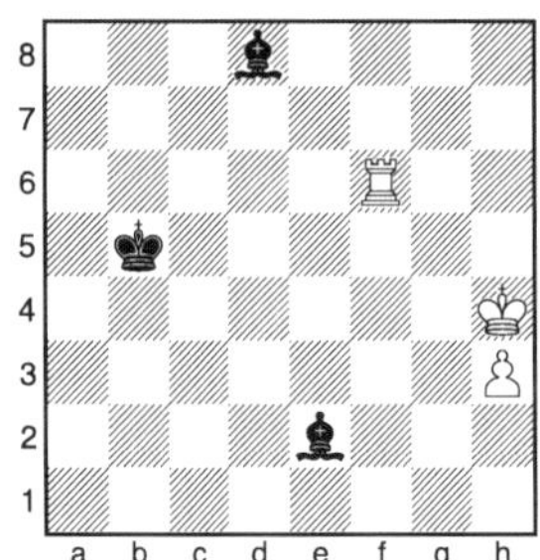

8.

1.♔h4–g5 ♝e2–d3 2.h3–h4 ♚b5–c5 3.h4–h5 ♚c5–d5 4.♔g5–h6! ♝d8xf6 Patt

4...♚d5–e5 5.♖f6–f3 oder andere Turmzüge würden auch zum Patt führen.

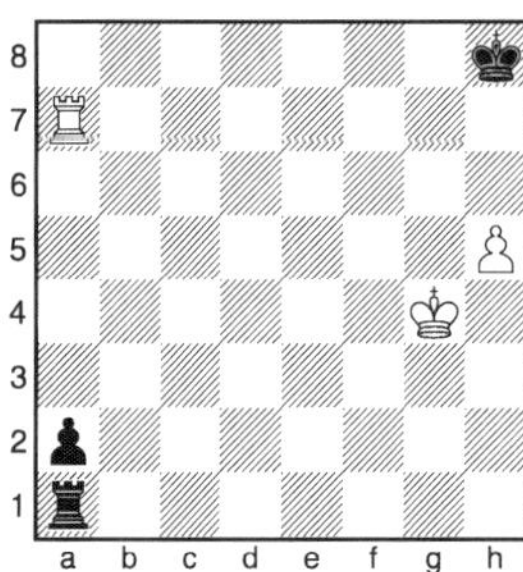

9.

Ein Patt aus alten Zeiten von Ponziani 1769:

1.♔g4–g5 ♜a1-g1+
2.♔g5–h6 a2–a1♛
3.♖a7–a8+ ♛a1xa8 Patt

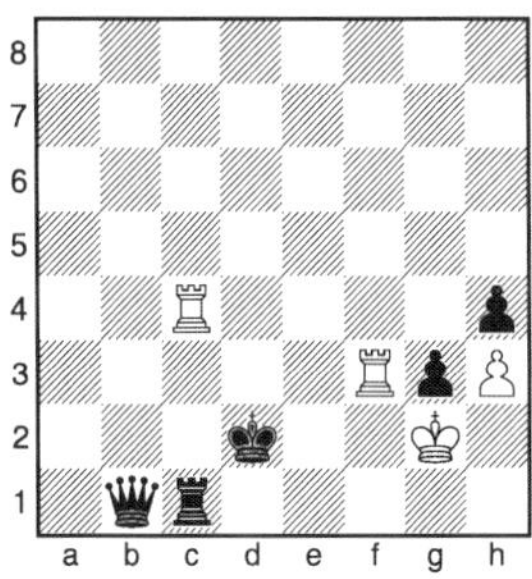

10.

1.♖c4–d4+ ♚d2–e2

Falls 1...♚d2–c2 2.♖d4–c4+ ♚c2–b2 3.♖c4–b4+ Dauerschach.

2.♖d4–e4+ ♛b1xe4 Patt

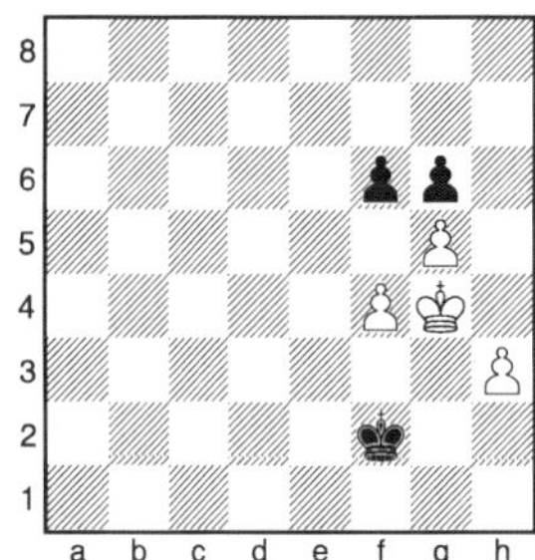

11.

1...f6–f5+ 2.♔g4–h4 ♚f2–f3/g2 Patt

Falls 2...♚f2–e3? 3.♔h4–g3 ♚e3–e4 4.h3–h4 und Weiß gewinnt.

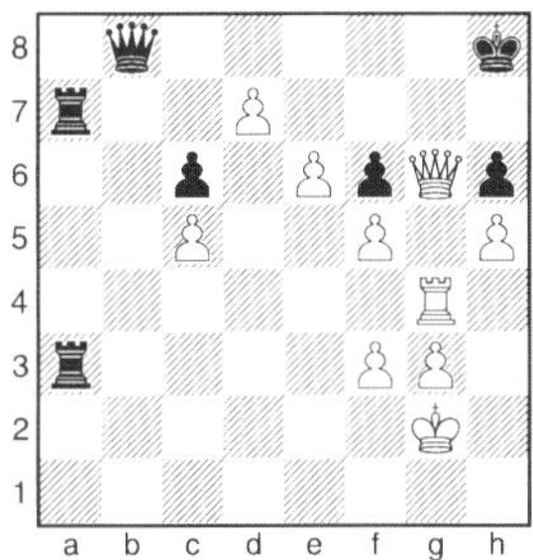

12.

Damianos Matt-Methode erweist sich hier als sehr nützlich, um alle Figuren loszuwerden:

1...♖a3-a2+
2.♔g2-h3 ♖a2-h2+
3.♔h3xh2 ♖a7-a2+
4.♔h2-h3 ♖a2-h2+
5.♔h3xh2 ♕b8-b2+

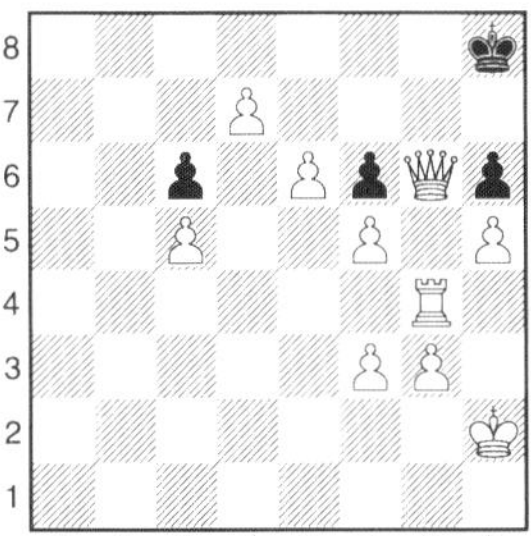

Oder ebenso

5...♕b8xg3+ 6.♖g4xg3 / ♔h2xg3 Patt

6.♔h2-h3 ♕b2-h2+ 7.♔h3xh2 *(D2)* Patt.

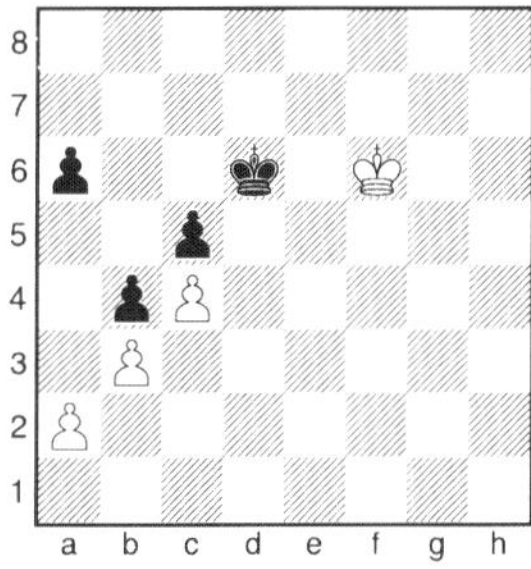

13.

Das Endspiel sieht verloren aus, da Schwarz seinen Bc5 nicht verteidigen kann. Den König an den Rand zu bringen ist die rettende Idee:

1...♔d6-c6 2.♔f6-e6 ♔c6-b6
3.♔e6-d6 ♔b6-a5 4.♔d6xc5 Patt

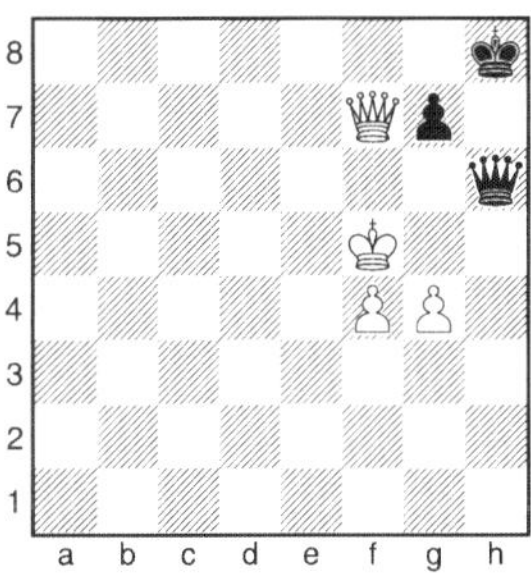

14.

1...g7-g6+ 2.♔f5-e4 ♕h6-h1+ führt nur zu Dauerschach. Mach besser gleich alles klar, wie es der frühere Weltmeister Kramnik tat mit:

1...♕h6xf4+ 2.♔f5xf4 g7-g5+ 3.♔f4xg5/f5 Patt

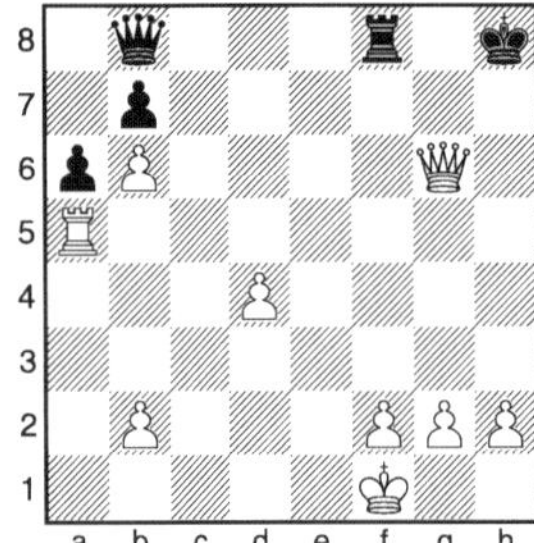

15.

Der letzte Zug Ta1-a5? zielte auf Matt, sicherte jedoch Schwarz das Überleben:

1...♖f8xf2+ 2.♔f1xf2

2.♔f1-g1 ♖f2–f1+ 3.♔g1xf1 =;

oder

2.♔f1-e1 ♖f2–f1+ 3.♔e1-d2 ♕b8–f4+ 4.♔d2–c2 ♕f4–c1+ 5.♔c2–b3 *(D2)* ♖f1-f3+! 6.g2xf3 ♕c1xb2+ 7.♔b3xb2 Patt

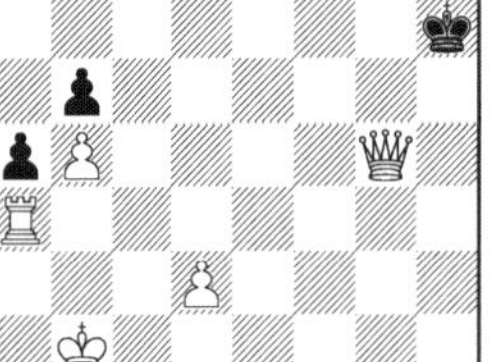

2...♕b8–f4+
3.♔f2–e2 ♕f4–e3+
4.♔e2–d1 ♕e3–d2+
5.♔d1xd2 Patt

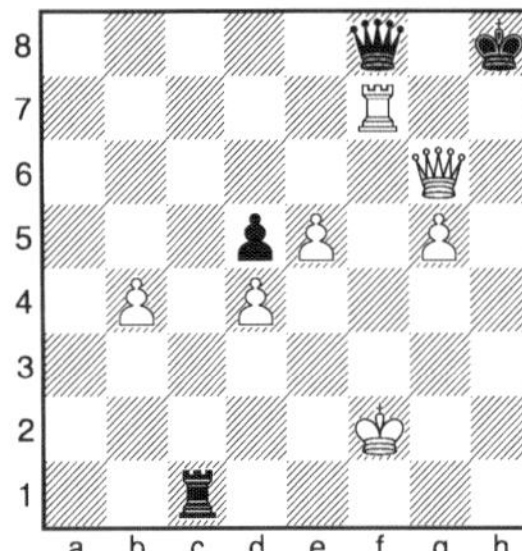

16.

Schwarz scheint dicht vor dem Matt zu stehen, doch das ist kein Grund zur Besorgnis:

1...♕f8xf7+
2.♕g6xf7 ♖c1-f1+
3.♔f2xf1 Patt.

Patt ist nur einer von mehreren Wegen, wie ein Remis erreicht werden kann. Wir sehen mehr dazu später im Buch.

Nun pausieren wir für eine Weile mit den taktischen Motiven und lernen etwas über einen anderen sehr wichtigen Bereich des Spiels, nämlich die **Strategie**.

5. Schachstrategie

Unter Schachstrategie verstehen wir die Planung einer Partie oder von Teilen einer solchen. Strategie ist, was wir tun möchten, Taktik ist, wie wir dies praktisch umsetzen. Unsere generelle Strategie beginnt oft schon vor dem ersten Zug. Je nachdem, was wir über unseren Gegner wissen oder annehmen, überlegen wir uns, wie wir die Partie anlegen wollen. Gegen einen starken Gegner planen wir vielleicht, vorsichtig und zurückhaltend zu spielen, ihn kommen zu lassen. Gegen einen schwachen Gegner planen wir vermutlich eher, bald anzugreifen, vielleicht auch ein Gambit zu wagen, oder aber auch, nichts zu riskieren und bloß auf seinen ersten Fehler zu warten. Die Wahl der Eröffnung / Eröffnungsvariante ist ein Teil der Strategie. Ein gutes Beispiel ist die Französische Verteidigung:

1.e2-e4 e7-e6 2.d2-d4 d7-d5 *(D)*

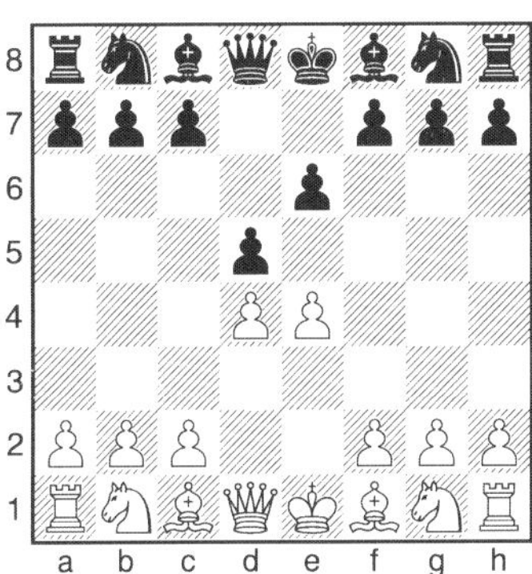

Schon nach zwei Zügen steht eine wichtige Weichenstellung an. Wenn der Gegner deutlich stärker ist als du, mag die **Abtausch Variante** eine gute Option sein:

3.e4xd5 e6xd5 4.♘g1-f3 usw.

Eröffnungen mit nur einer offenen Linie wie hier führen oft zum Abtausch der schweren Figuren und zu einem langen Endspiel. Gelingt es dem stärkeren Spieler nicht, einen Vorteil herauszuarbeiten, muss er sich schließlich mit einem Remis zufriedengeben. Ist der Gegner dagegen schwach, mag die **Vorstoß Variante** eine gute Wahl sein:

3.e4–e5 c7–c5 4.c2–c3

Und die beengte Stellung mag ihm Probleme bereiten, während dein Raumvorteil deine Angriffschancen erhöht.

Im weiteren Verlauf der Partie wird die Strategie spezifischer. Mit den Bauern vorpreschen oder abwarten, eine Figur zurückziehen oder abtauschen usw. Jahrhundertelang wurden solche Entscheidungen mehr oder weniger aus dem Bauch heraus getroffen, ohne auf Regeln oder Empfehlungen zu beruhen. Erst 1889 formulierte **Wilhelm Steinitz**, der erste offizielle Schachweltmeister, Regeln für das Positionsspiel, die in den folgenden Jahren von Lasker und Dr. Tarrasch publiziert und der Masse der Spieler nahegebracht wurden. Diese veränderten das Schachspiel für immer und sind die Grundlage für die heutige Spielweise. Eine seiner Erkenntnisse ist einfach zu erklären und nützlich für unerfahrene Spieler:

Du kannst nur angreifen, wenn die gegnerische Stellung eine Schwäche hat! Aber wenn es eine Schwäche gibt, *musst* du angreifen!

Unerfahrene Spieler und selbst solche auf unterer Klubebene tendieren zu frühzeitigen Attacken. Es mag gegen sehr schwache Gegner sogar erfolgreich sein, führt aber zu frühen Nachteilen (z.B. mangelhafte Entwicklung, geschwächte Bauernstellung) gegen jeden Gegner, der über z.B. auch nur mittlere Klubstärke verfügt. Falls die gegnerische Stellung keine klare Schwäche aufweist, muss man abwarten. Du kannst es nicht erzwingen.

Wenn beide Spieler keinen Fehler machen, wird die Partie Remis enden.

Anstatt wild anzugreifen, ohne einen Gedanken an Verteidigung oder Endspiel zu verschwenden, wie es vor Steinitz üblich war, ist heute ein kontrolliertes Spiel entsprechend der Brettstellung der Standard. Viele von Steinitz Erkenntnissen sind heute allgemein bekannt wie die **Zentrumskontrolle** und die **Figurenentwicklung** in der Eröffnungsphase. Aber es gibt viele mehr, Schach Strategie ist ein weites Feld. Starke und schwache Felder, offene Linien oder Kontrolle der 7. (2.) Reihe oder recht spezielle wie Bauernstrukturen und ihre Behandlung.

Eine Menge dieser Bereiche erfordern vieles an Wissen und Erfahrung und sie sind ein Teil des Unterschieds zwischen Meister und Amateur. Aber wie das chinesische Sprichwort sagt: *"Die längste Reise beginnt mit dem ersten Schritt"* starten wir mit einigen Elementen, die selbst für Anfänger verständlich sind, und, nachdem du nach der bisherigen Lektüre schon eine höhere Ebene als zuvor erreicht hast, solltest du kaum Probleme haben, alles zu verstehen.

Bitte schau dir die folgenden Seiten aufmerksam an, auch wenn du bereits über die ein oder andere Sache etwas weißt. Es ist es wirklich wert, hier einige Zeit und Anstrengung zu investieren!

Schwache Felder

Schwache Felder sind Löcher in der Stellung, die nicht von Bauern verteidigt werden. Auf solche Felder kann der Gegner eventuell einen Bauern oder eine Figur platzieren, der / die nicht oder zumindest nicht leicht vertrieben werden kann. Hier einige typische Beispiel:

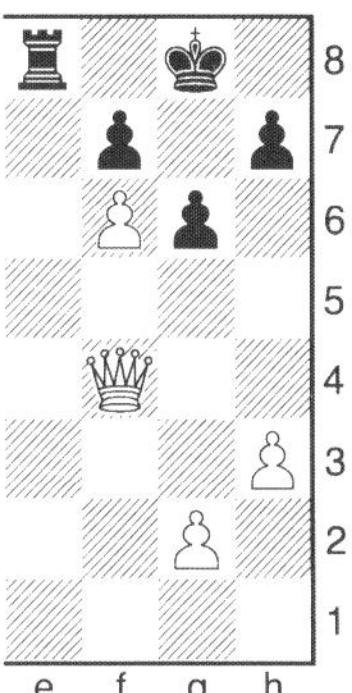
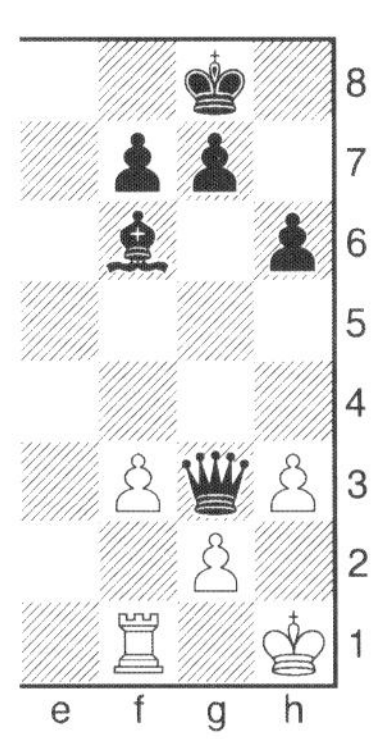
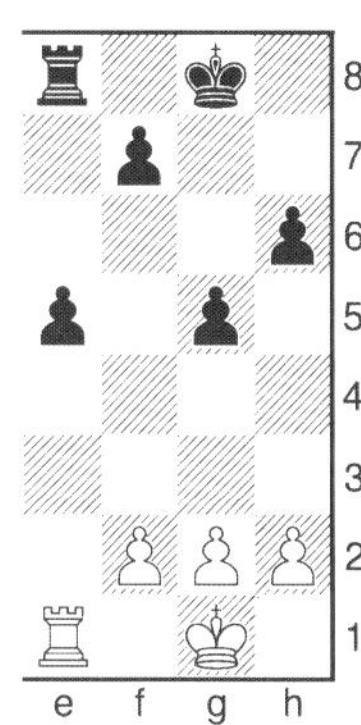

D links. Das Feld **h6** ist schwach. Weiß kann eine Figur darauf platzieren, was Schwarz weder verhindern noch diese Figur vertreiben kann. Mit einer Dame wie hier zu sehen folgt Matt unmittelbar. Das andere schwache Feld war / ist **f6**, was Weiß bereits mit dem Bauern besetzt hat, der allein schon mehr als lästig ist, weil er die Mobilität von Schwarz hemmt und den König in eine potentielle Mattposition bringt. Solche Löcher entstehen oft durch ein **Fianchetto**, das nicht komplett zustande kam (z.B. anstatt den Läufer nach g7 zu ziehen, ihn abzutauschen oder anderswohin zu ziehen).

D mitte. Das weiße Feld **g3** ist schwach und bereits von der schwarzen Dame besetzt. Mit ...Lf6–e5 droht bereits Matt oder zumindest wird der König aus seiner Stellung ins Freie getrieben, wo er sehr gefährdet ist.

D rechts. Die luftige schwarze Königsstellung weist die Löcher **f5, f6** und **h5** auf. Weiß sollte Möglichkeiten finden, eines dieser Felder mit einer Figur zu besetzen. Zudem sind die vorgerückten schwarzen Bauern verletzlich und kein zuverlässiger Schutz mehr. Mit h2–h4 kann Weiß gleich Abtausch versuchen und die Königsstellung noch weiter öffnen und schwächen. Wir sehen selbst im unteren Klubbereich solche löchrigen Stellungen oft. Daher ein wichtiger Ratschlag, den du unbedingt beherzigen solltest:

Vermeide unnötige Bauernzüge in deiner Königsstellung und ganz besonders solche, die ein schwaches Feld schaffen.

Schwache Felder in der Königsstellung sind die offensichtlichsten und gefährlichsten, aber keineswegs die einzigen. Schwache Felder können auf nahezu jeder Stelle des Brettes auftauchen. Gedankenlose Bauernzüge führen oft zu schwachen Feldern, die den Ausgang der Partie entscheiden können:

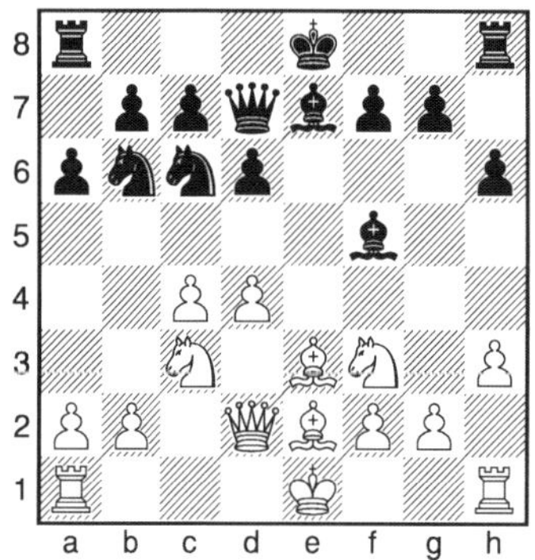

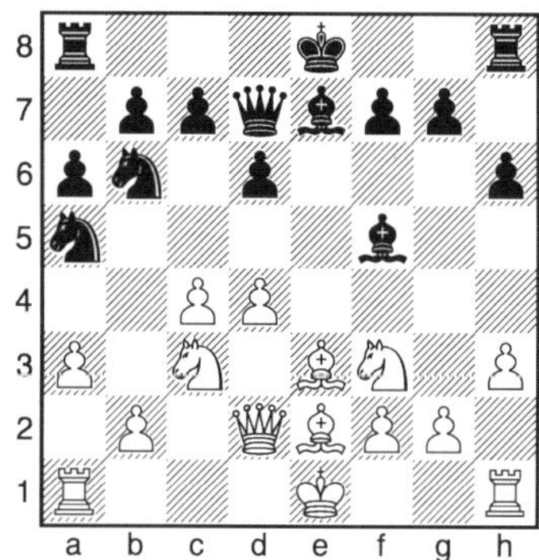

D links: In dieser ausgeglichenen Stellung sollte Weiß mit ***1.0-0*** seine Entwicklung abschließen. Vermutlich tat Weiß dies aber nicht, weil er sich fürchtete vor 1...♘c6–b4. Doch das ist keine wirkliche Drohung und leicht mit 2.♖a1-c1 zu verteidigen.

Oder 2.a2–a3 ♘b4–c2 3.♖a1-c1 ♘c2xe3 4.f2xe3 Ein wenig schwächer, weil es Schwarz das Läuferpaar gibt, aber kein Problem.

Und 1...♘c6–a5 ist einfach nur nutzlos wegen 2.b2–b3.

Es gab also keinen Grund für einen Bauernzug. Ein unnötiger Zug, selbst wenn er keine Probleme verursacht, gibt jedoch stets einen Zug ab, der vielleicht später schmerzlich vermisst wird. Hier aber folgte die Strafe sogar direkt auf den schwachen Zug:

1.a2–a3? ♘c6–a5 *(D rechts)*

Greift den Bc4 an, der verloren geht, und droht zudem die Gabel Sb3. Solch ein gedankenloser Fehler kann die Partie kosten.

Wenn du die Absicht hast, einen Bauer zu ziehen, stell dir die Stellung vor, die nach dem Zug sowie zwei bis drei Züge später entstehen wird / kann und was das für deine Stellung bedeuten kann.

Selbst wenn anders als hier ein schwaches Feld / eine Schwächung der Stellung keine direkten Konsequenzen hat, kann es später zu einem Problem werden, vielleicht sogar erst im Endspiel.

Eine gegnerische Figur, die ein schwaches Feld besetzt hat, kann große Wirkung auf wichtige Teile des Brettes ausüben. Das gilt besonders dann, wenn dies ein Feld in der gegnerischen Hälfte ist. Im nächsten Beispiel kann der weiße Springer nicht vertrieben werden. Momentan ist die schwarze Stellung stabil, aber jeder Bauernzug gibt dem Springer neue Möglichkeiten. Vorgerückte Bauern sind leichter anzugreifen als solche in der Ausgangsstellung und das Vorrücken schafft oft neue schwache Felder, die ein Springer zum Manövrieren nutzen kann.

Das Gegenstück des Felds e5 könnte auch von einem Springer besetzt werden. Der kann mit f2–f3 umgehend wieder von e4 vertrieben werden. Daher ist e4 kein schwaches Feld, f2–f4? aber würde es dazu machen.

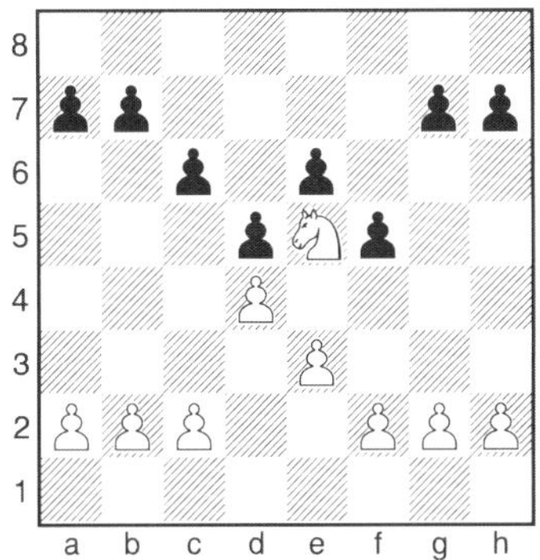

Im *D unten* blockiert der Springer nicht nur den Bd6, sondern kontrolliert auch vier Felder in der gegnerischen Stellung. Das schränkt die Möglichkeiten des Schwarzen ein und ist eine latente Gefahr, dass taktische Motive zur Anwendung kommen. In materiell gleicher Stellung kann das den Unterschied bewirken und Weiß den Vorteil bringen. Der Bd6 ist hier eine dauerhafte Schwäche und Angriffsmarke. Man nennt das einen **"rückständigen Bauer"**. Mehr dazu später.

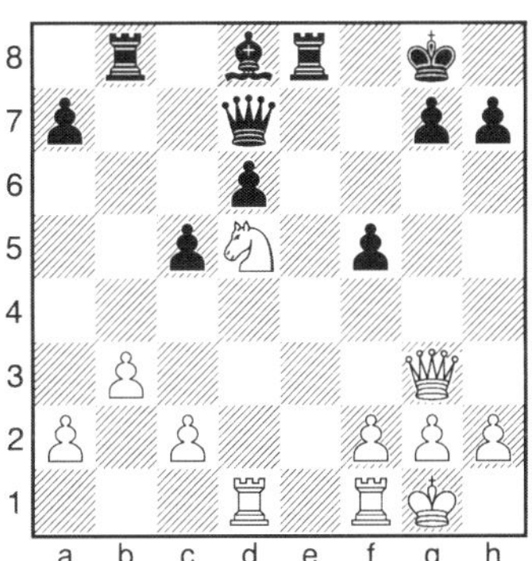

Nicht alle schwachen Felder sind ein wirkliches Problem. Im nächsten Beispiel, eine Stellung aus der Sizilianischen Verteidigung (1.e2–e4 c7–c5), hat Schwarz drei schwache Felder:

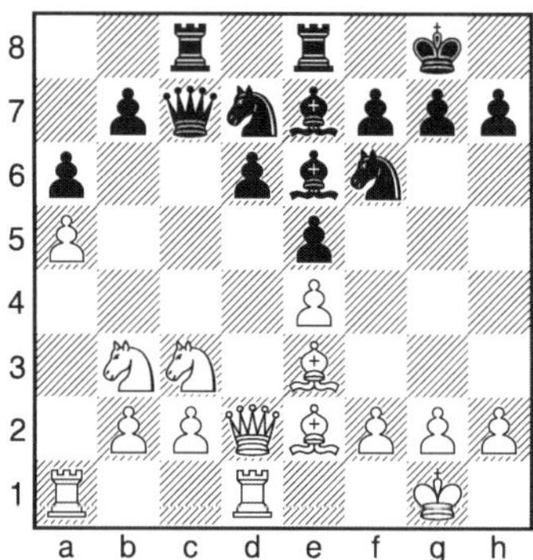

Offensichtlich sind b6, d5 und f5 schwache Felder. Aber Weiß kann f5 nicht in absehbarer Zeit besetzen und die beiden anderen Felder sind gut verteidigt: b6 durch Dame und Springer und d5 durch Läufer und Springer.

Selbst wenn **1.♘c3–d5** möglich wäre (es ist derzeit nicht wegen Dc7xc2) wäre es ein Fehler, denn nach **2...♗e6xd5 2.e4xd5** wäre das schwache Feld verschwunden. Zusätzlich schützt nun der weiße Be5 den rückständigen Bd6 gegen frontale Angriffe, während er selbst verteidigt werden muss.

Diese Stellung ist ausgeglichen, die schwachen Felder brauchen uns nicht zu kümmern.

Im Endspiel können schwache Felder spielentscheidend sein. Das folgende Beispiel (Diagramme auf der nächsten Seite) zeigt dir, warum das so sein kann:

In *D links* kann der König die Bauern nicht frontal angreifen, da sie sich wie mit einem Schutzschild gegenseitig verteidigen (siehe ★). Der König muss daher einen Bogen schlagen:

1...♔c5–d4 2.–– ♔d4–e3 3.–– ♔e3–d2 *(D mitte)*

Und das reicht nicht einmal, denn die Bauern können ja flüchten::

4.c2–c4 ♔d2–c2 5.b2–b4 ♔c2–b2 *(D rechts)* **6.a2–a4**

Oder Weiß opfert gleich einen Bauern und marschiert mit den anderen voran in Richtung Umwandlungsfeld: 6.c4–c5 ♔b2xa2 7.c5–c6 usw.

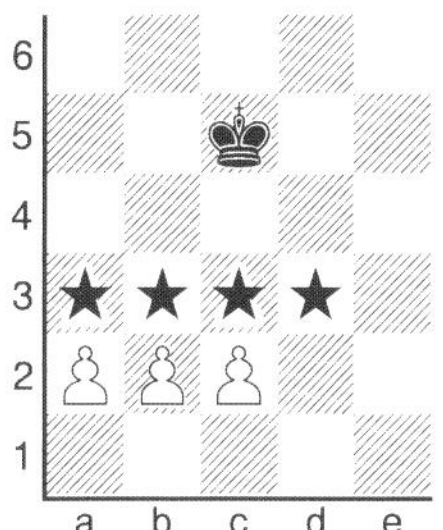
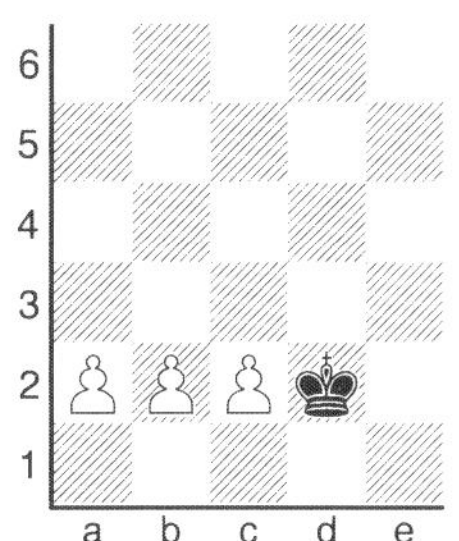
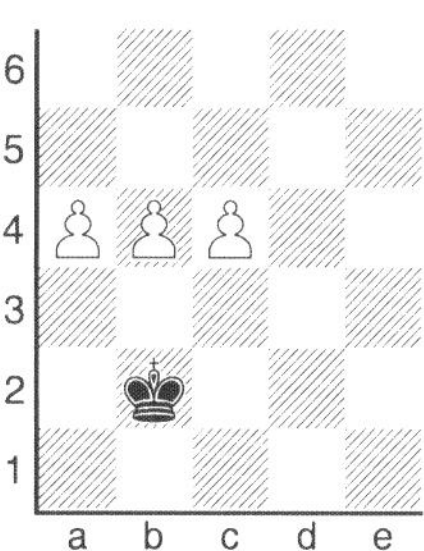

Der König braucht 8 Züge, um nur einen der Bauern zu schlagen!

Vergleichen wir das mit dieser Stellung mit vorgerückten Bauern:

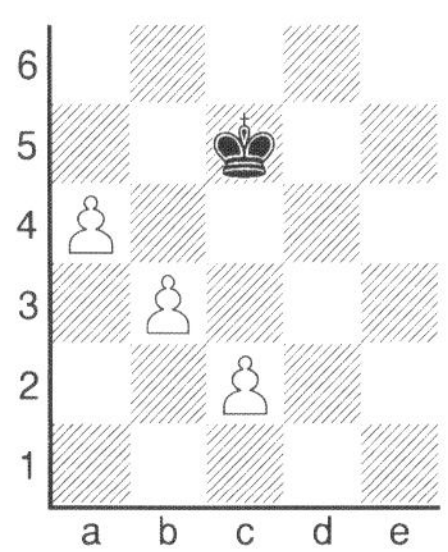
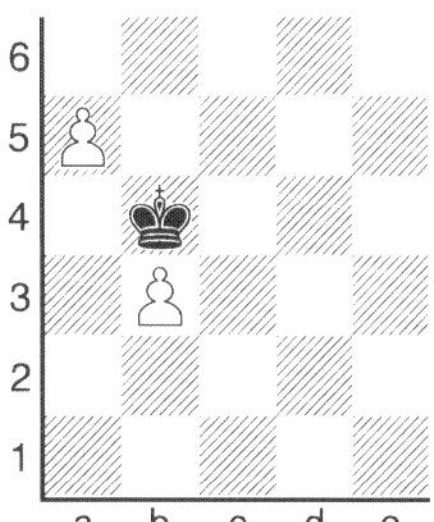

1...♔c5–b4

Der erste Zug immobilisiert bereits alle drei Bauern! Und Weiß muss gleich zwei Bauern geben, damit einer entkommen kann:

2.c2–c3+ ♔b4xc3 3.a4–a5 ♔c3–b4 *(D rechts)*
Oder 2...♔b4xb3 2.a4–a5 ♔b3xc3

Du siehst, die geschwächte Bauernstellung macht es dem angreifenden König leichter. Wenn z.B. Schwarz einen Bauern auf a7 hat, würden den die weißen Bauern in der Stellung mit den Bauern auf dem Ausgangsfeld leicht überwältigen und zur Umwandlung kommen. Im zweiten Beispiel gingen aber alle weißen Bauern verloren und Schwarz hätte einen Freibauer.
Im Endspiel, wo jeder Zug zählt und den Unterschied zwischen Gewinnen und Verlieren ausmachen kann, sollte man es dem Gegner nicht unnötig leicht machen. Wenn du einmal nicht weißt, was du ziehen sollst, mach nicht einfach einen unnötigen Bauernzug. Der könnte sich später rächen! Diese Beispiel zeigen uns etwas über Bauernformationen:

Bauern sind am stärksten, wenn sie Seite bei Seite stehen.

Jeder Bauernzug in einer solchen Stellung schafft ein schwaches Feld und macht damit die Bauern verwundbarer.

Dies gilt nicht nur im Endspiel, sondern in der ganzen Partie von Anfang an.

Im *D unten links* hat Weiß ein starkes Zentrum mit dem Bauernpaar d4 / e4. Unerfahrene Spieler ziehen gerne einen dieser Zentrumsbauern vor. Aber das ist keine gute Idee.

Im *D unten rechts* ist das Zentrum nun schwächer als zuvor. Die weißen Bauern haben weniger Kontrolle über gegnerische Felder, sind viel verwundbarer und können einem Angriff nicht mehr durch vorziehen entkommen. Zusätzlich gibt d4–d5 Schwarz die Felder c5 und e5, die Weiß zuvor nicht zugänglich waren.

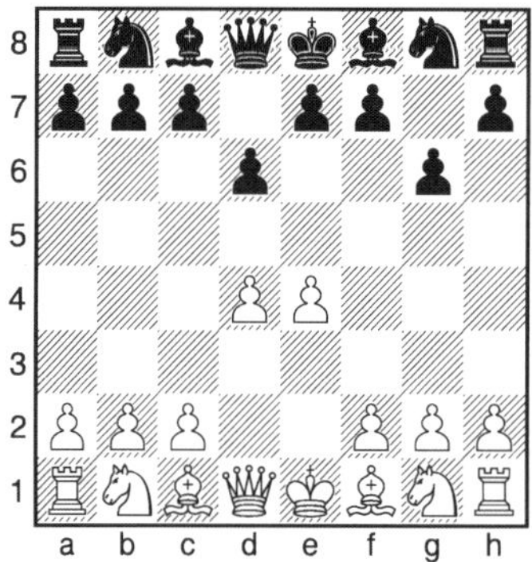

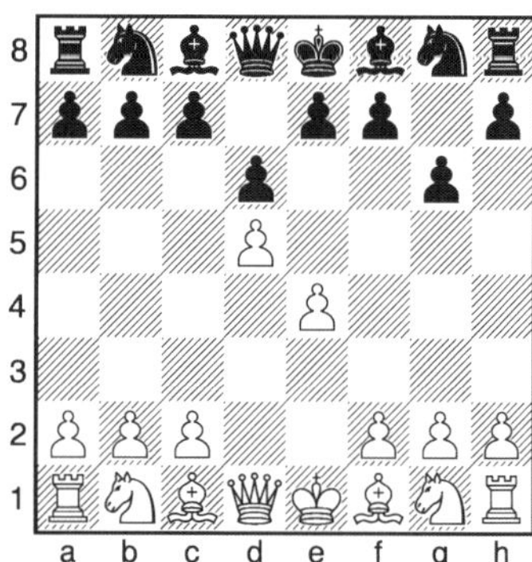

Wenn du Bauern hast, die Seite an Seite stehen, ziehe einen davon nur vor, wenn du einen guten Grund dafür hast!

Wenn dein Gegner Bauern hat, die nebeneinander auf einer Reihe stehen, ist es oft ein guter Plan, einen davon zum Vorziehen zu nötigen. Das schafft ein schwaches Feld, das du später nutzen kannst.

Das war eine sehr lange und anstrengende Lektion; bist du jetzt müde?

Falls du nicht sicher bist, alles richtig verstanden zu haben, nimm dir diesen Text in den nächsten Tagen noch einmal vor.

Es ist noch viel mehr über Strategie zu lernen, aber wir machen erst einmal eine Pause und dann kannst du dich mit Mattaufgaben in vier Zügen mal wieder richtig taktisch austoben!

Und danach wartet ein neues Kapitel über Strategie auf dich.

6.

40 Kombinationen

Matt in 4 Zügen!

Wir beginnen mit 16 Kombinationen aus der guten alten Zeit bis 1915. Mach dir keine großen Hoffnungen, diese mühelos lösen zu können. Unter ihnen sind einige der härtesten Nüsse zu knacken; du wirst es sehen! Ich habe Stellungen ausgesucht mit typischen Methoden, wie man den Gewinn herbeiführt. In den meisten Fällen kannst du hier den Gewinn durch logisches Denken und Berechnen finden. Andere Stellungen dagegen erfordern eine gute Portion an Vorstellungskraft und die Fähigkeit, auch das "Undenkbare" zu berechnen, z.B. einen scheinbar sinnlosen / schlechten Zug, der aber den Gewinn einleitet.

Normalerweise würdest du an dieser Stelle noch mit leichteren Aufgaben konfrontiert. Aber ich möchte, dass du dir den Kopf so hart wie möglich zerbrichst. Das ist der Weg stärker zu werden. Sei nicht enttäuscht, wenn du nicht alles lösen kannst. Das ist völlig normal und kein Grund, an dir zu zweifeln.

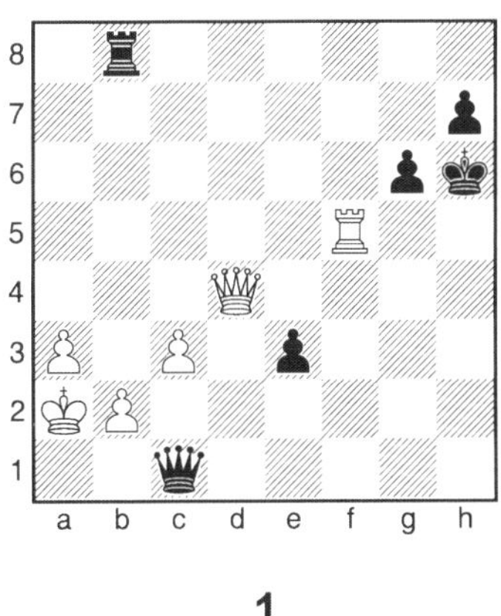

1

Lola –

Ende einer Studie 1763

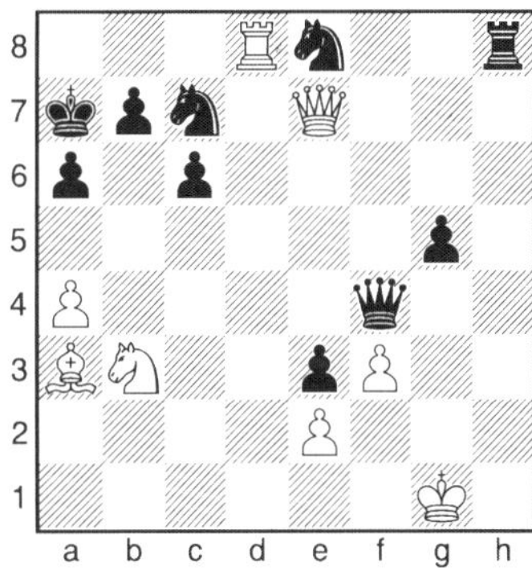

2

Stamma –

Aus seinem Buch von 1737

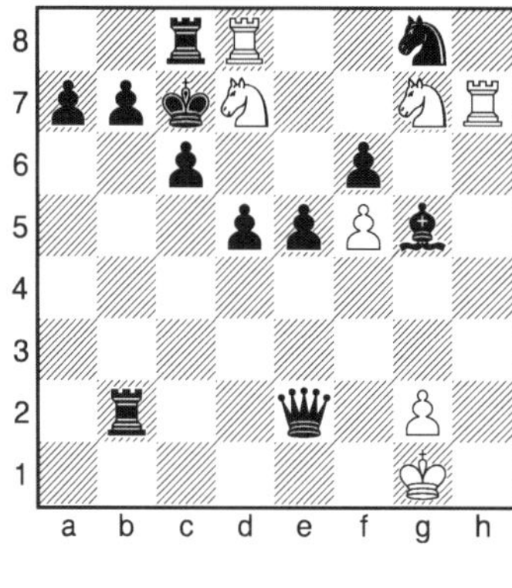

3

Mendheim –

Taschenbuch 1814

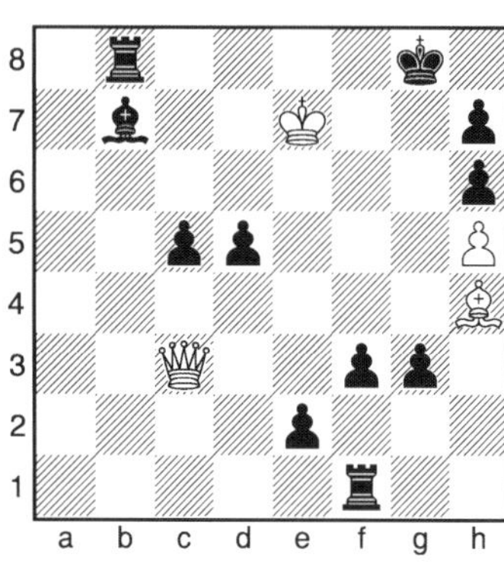

4

Deschapelles –
De la Bourdonnais

Paris in den 1820ern

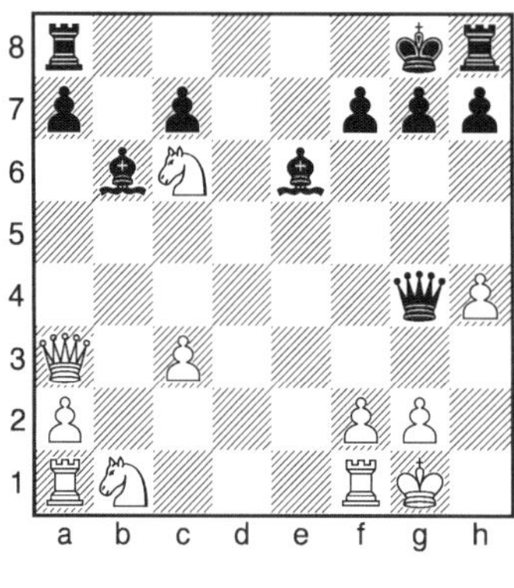

5

Morphy – Bryan

New York 1859

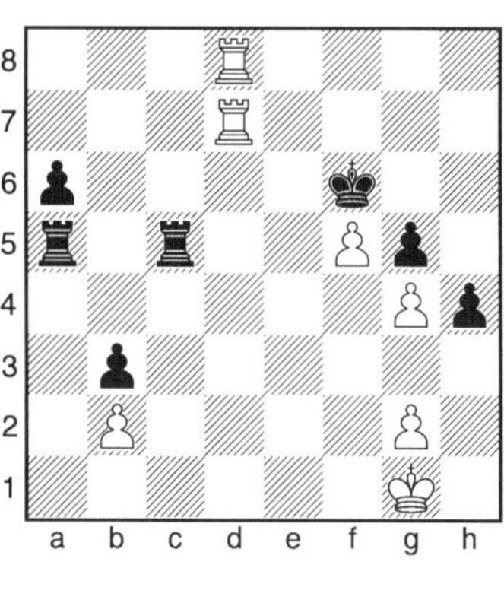

6

Lasker – Meyer

Simultan Prag 1900

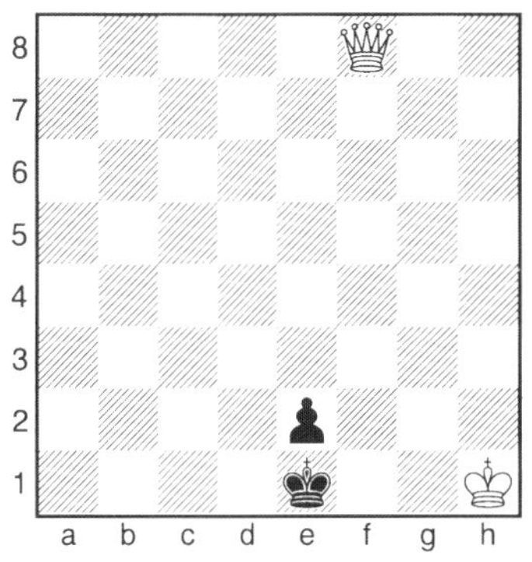

7

Samuel Loyd

Studie 1860

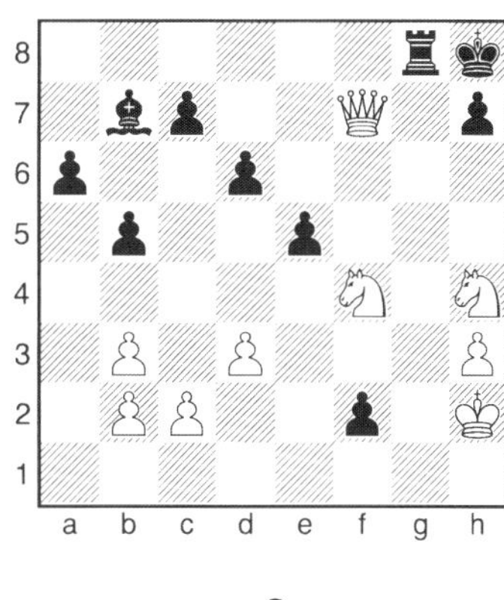

8

Uedeman – Janice

St. Louis 1902

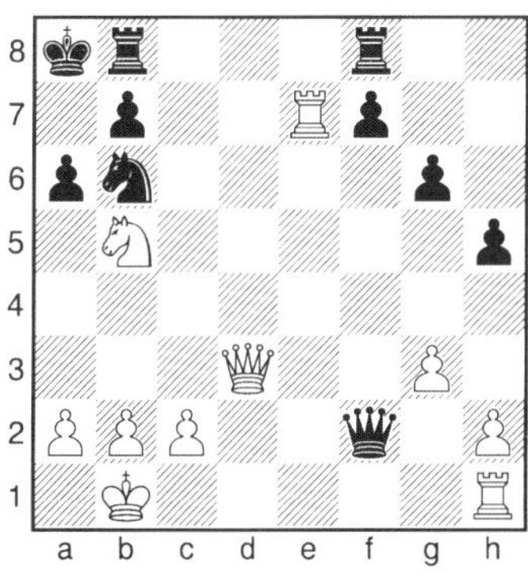

9

Munk – N.N.

Kassel 1914

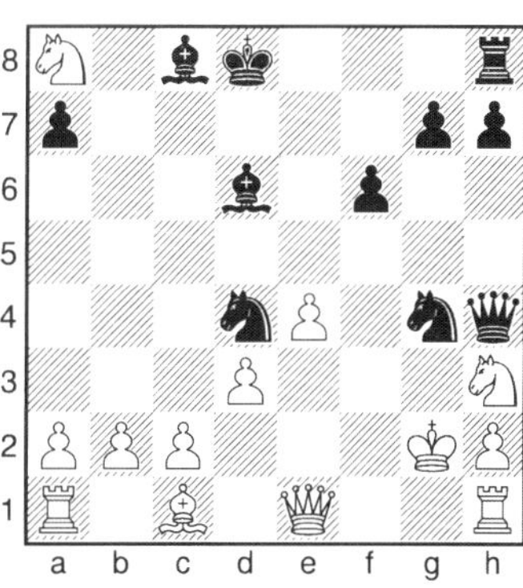

10 ●

Schulten – Kieseritzky

Paris 1844

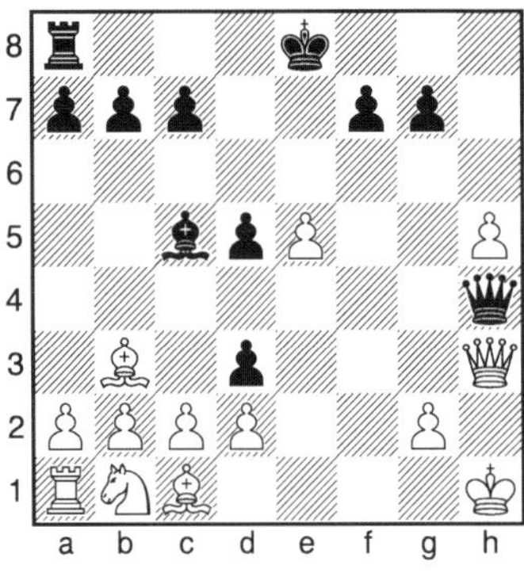

11 ●

Anderssen – Max Lange

Breslau 1859

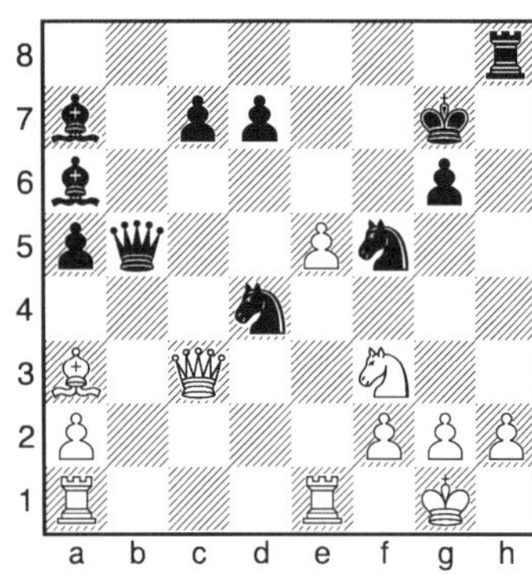

12 ●

N. N. – Zukertort

Berlin 1868

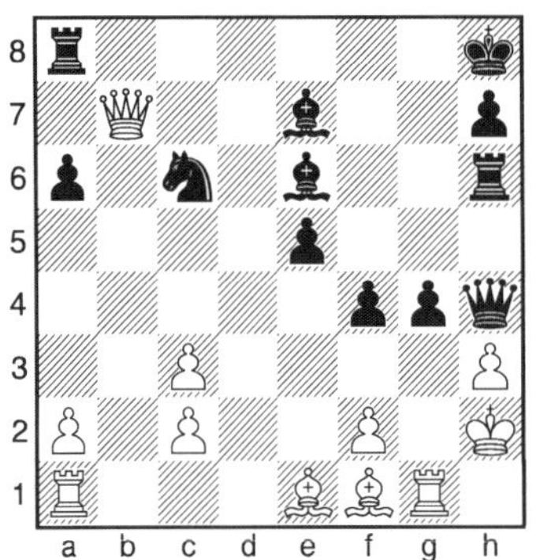

13 ●

Eckardt – Tarrasch

Nürnberg 1890

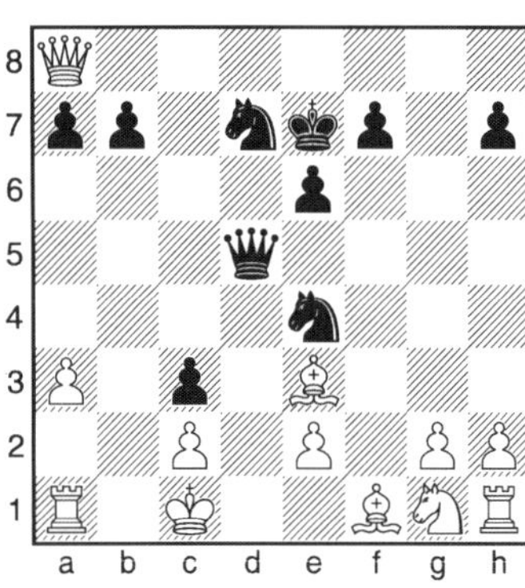

14 ●

Fleissig – Schlechter

1899

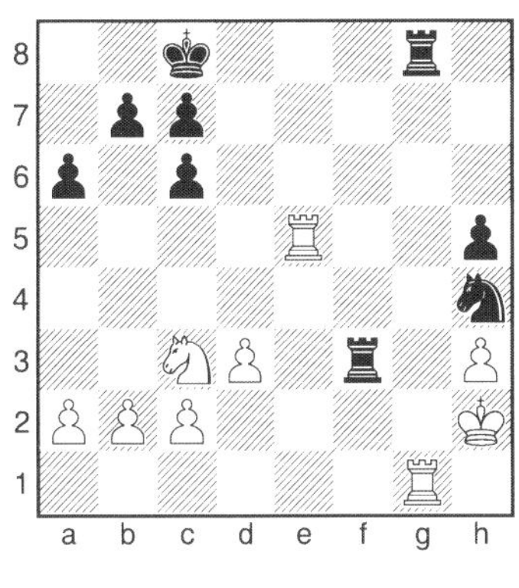

15 ●

Tartakower – Schlechter

Wien 1908

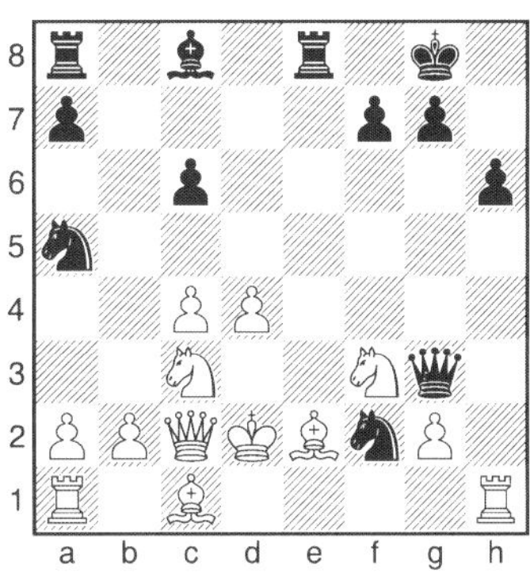

16 ●

M.Schroeder – Capablanca (Variante)

New York 1916

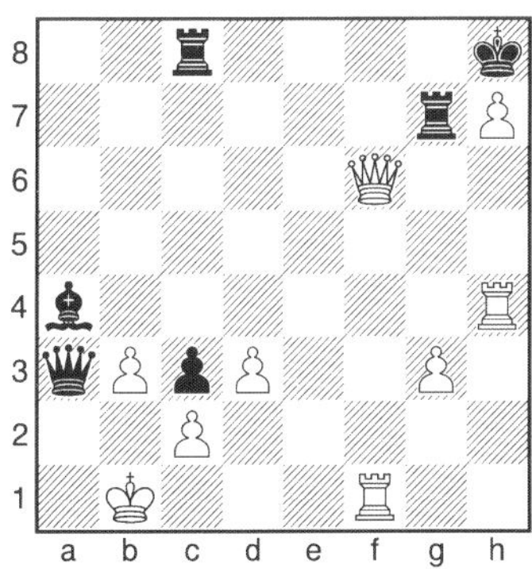

17

N.Zhuravlev – V.Zhuravlev

Liepaja 1961

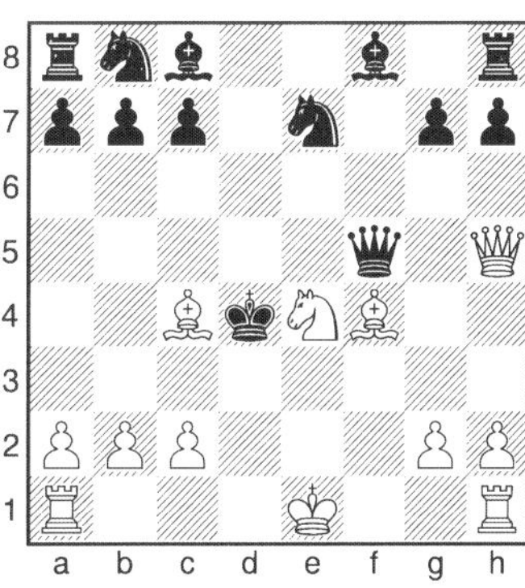

18

Bobby Fischer – Michalopoulos

Simultan Houston 1964

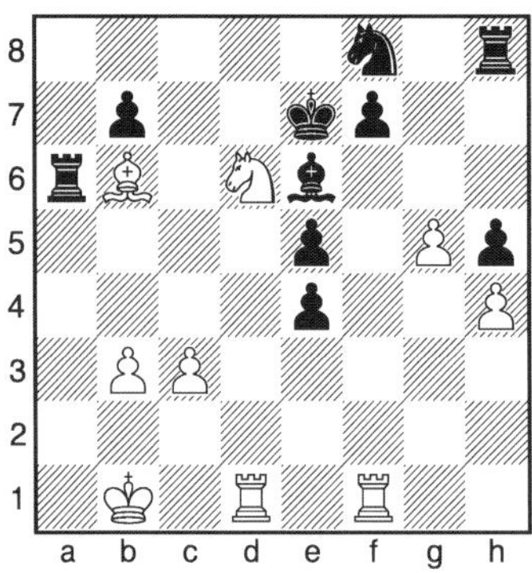

19

Hever – Siklaj

Ungarn 1975

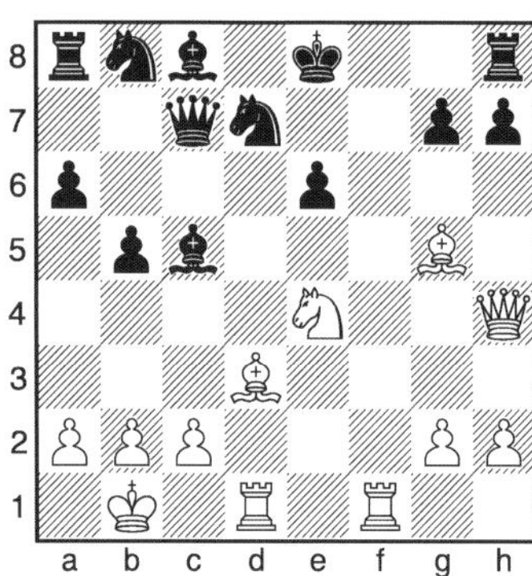

20

Savchenko – Altman

UdSSR 1979

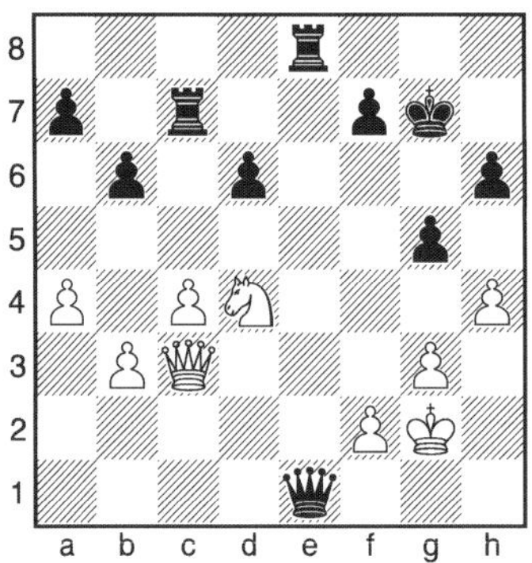

21

Schebler (2500) – Lange (2216)

Meisterschaft von NRW 2002

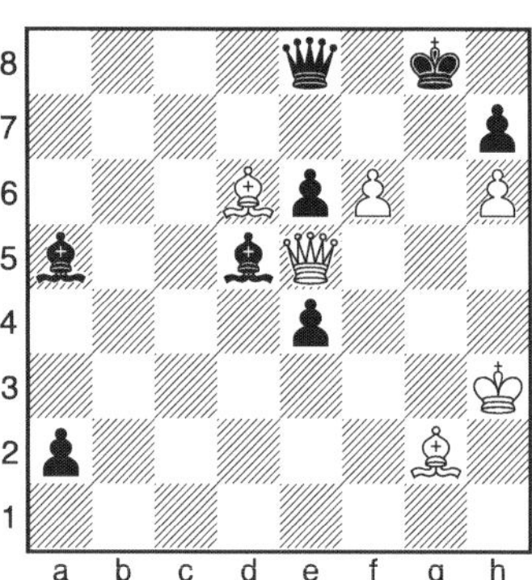

22

Guerra Tulcan (2352) – Tuamsang Sawapop (1984)

Olympiade 2010

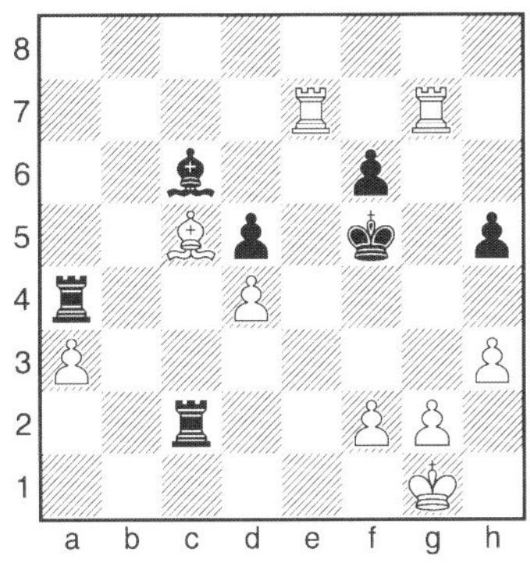

23

Akobian (2637) – Holt,C (2559)

US Chess League 2014

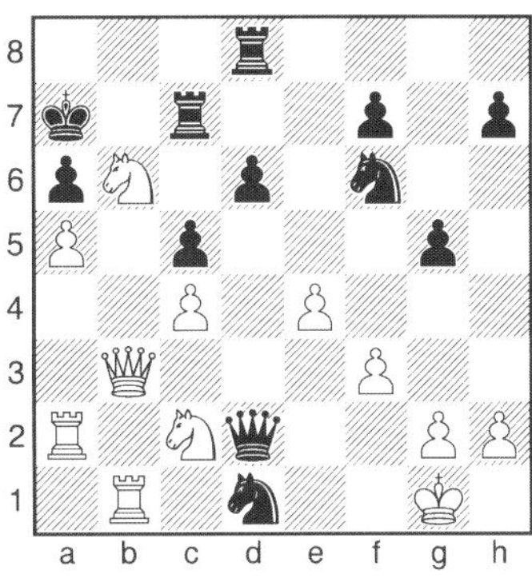

24

Cantero,A (2153) – Pastoder Pons,P (2077)

Spanische Seniorenmst. +50
Altea ESP 2017

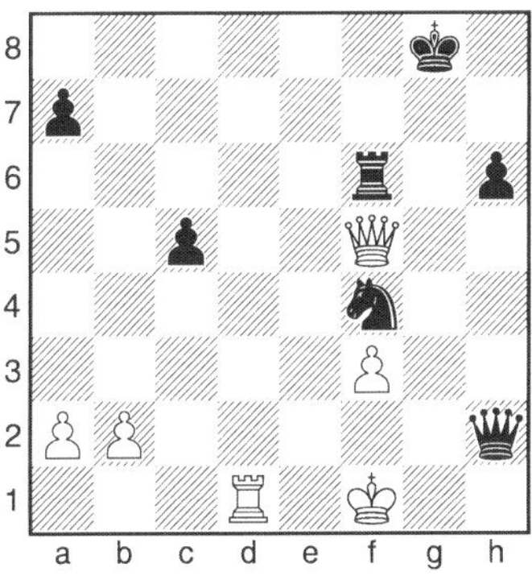

25

Zhao Xue (2518) – Rajlich (2404)

Olympiade Frauen
Dresden 2008

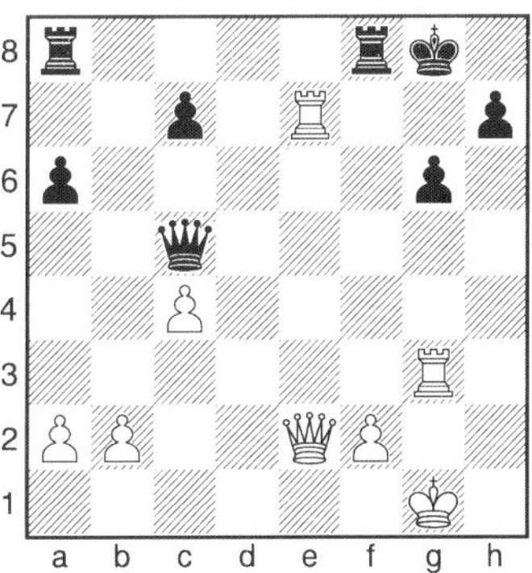

26

Pajeken,J (2145) – Niedbal,P (1825)

Gniota Open 2017

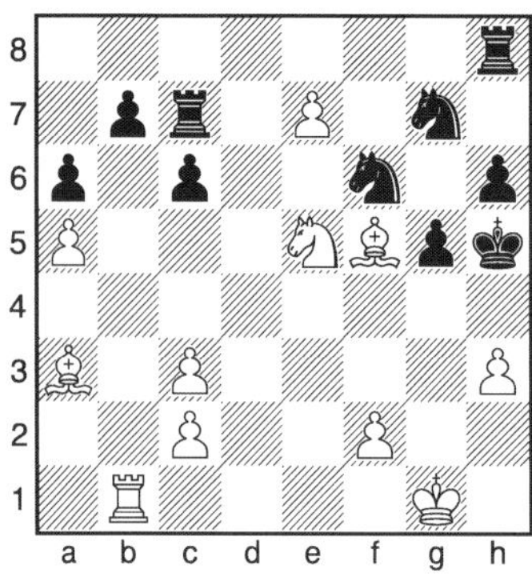

27

Wieczorek,O (2463) – Pyclik,B (1529)

Europa Rapid ch
Katowice 2017

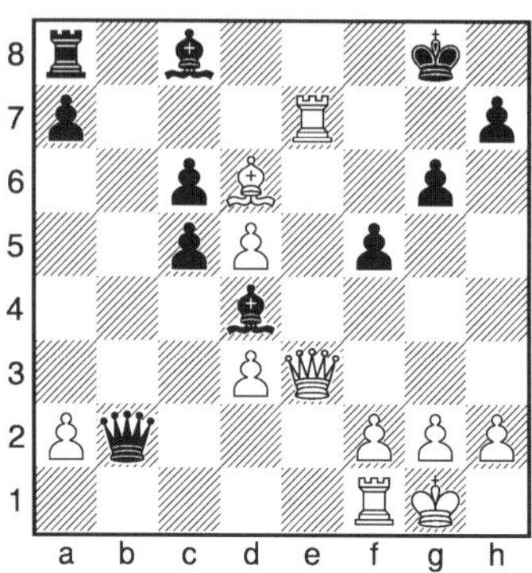

28

Peng Shunkai (2297) – Pulido, E

National Junior High K8
2019

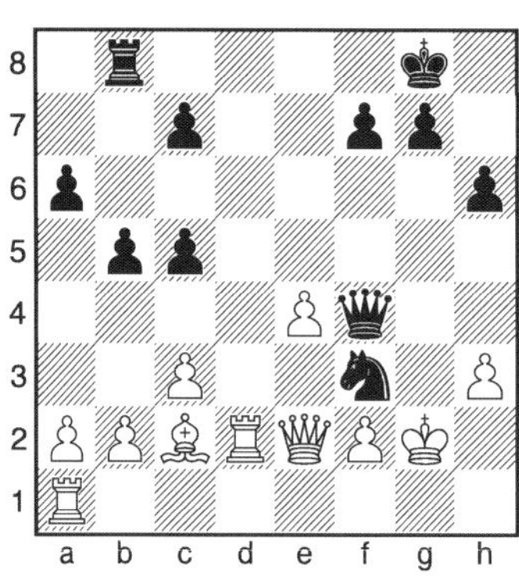

29 ●

Fendereski (2404) – Nezad (2268)

Abu Dhabi Open 2015

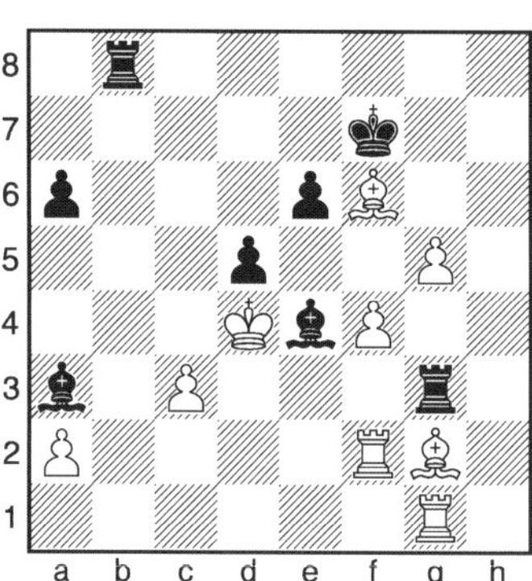

30 ●

Haast,A (2391) – Van Foreest,J (2541)

Wijk aan Zee (NED)
Challenger 2016

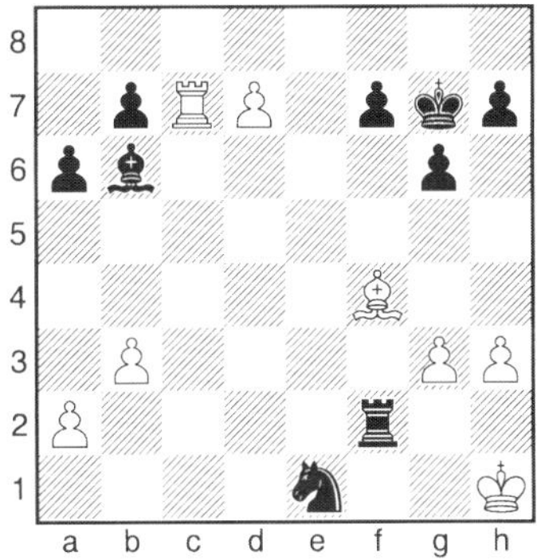

31 ●

Rudolph – Priebke

Fernpartie 1988

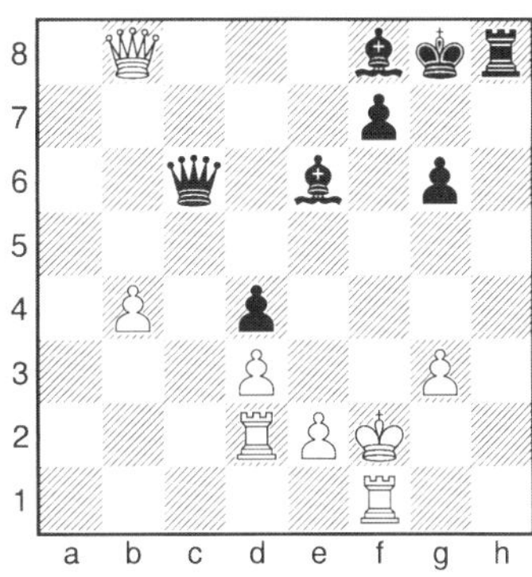

32 ●

Langer,C (2142) – Hickl,J (2572)

Handicap Bali 2009

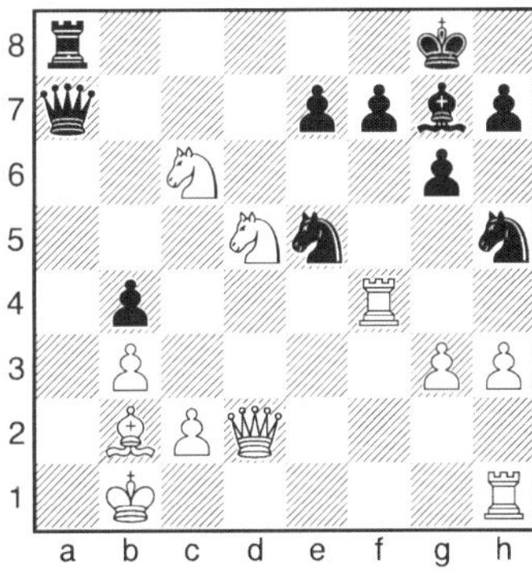

33 ●

Svidler,P (2739) – Chismatullin,D (2642)

Finale Russische Ch 2015

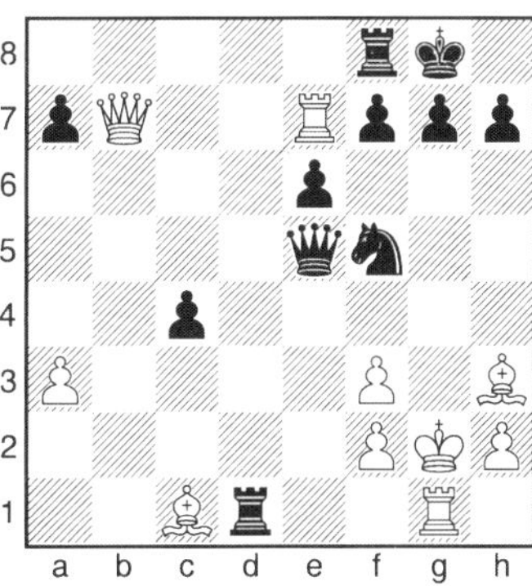

34 ●

Baules,J (2358) – Nakamura,Hi (2763)

Olympiade Batumi (GEO) 2018

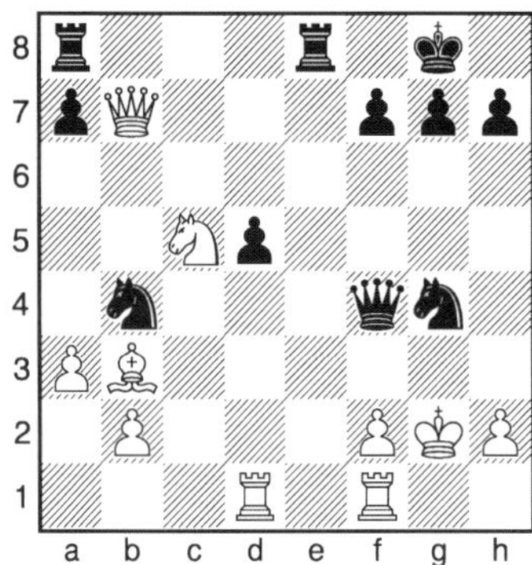

35 ●

Clifford,J – Venkat,R (1968)

National Junior High K8
Grapevine (USA) 2019

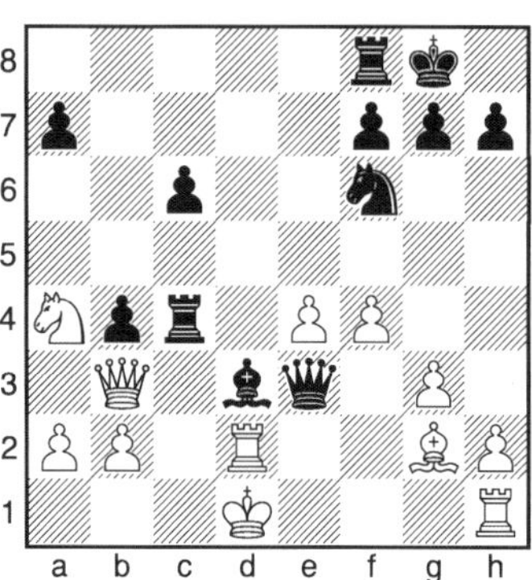

36 ●

Shoshin,K (1919) – Shapiro,D (2328)

Moskau Open A
2018

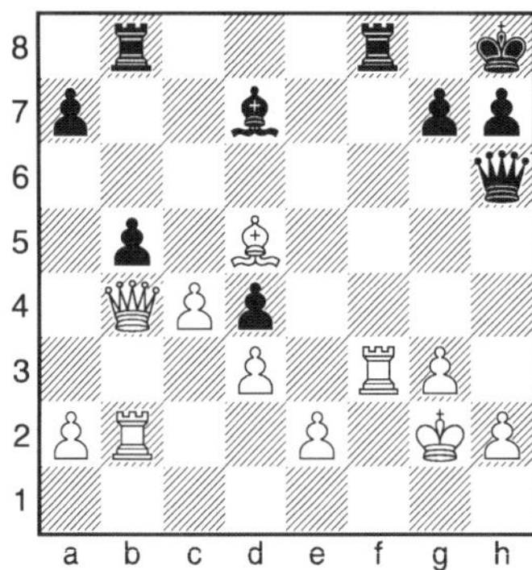

37 ●

Lisenko,A (2372) – Simson,U

Puhajarve Rapid
(EST) 2017

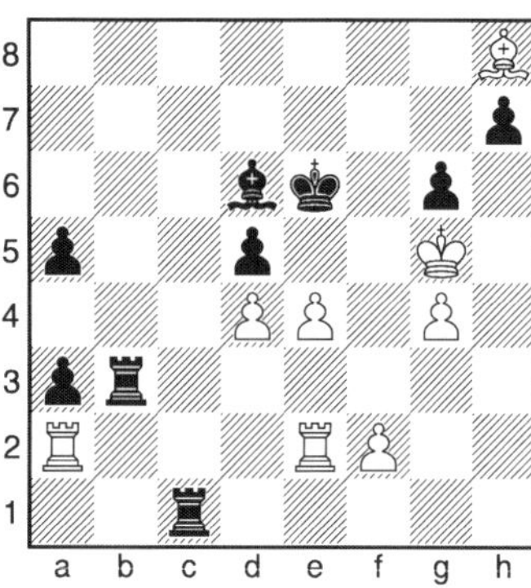

38 ●

Garanin,A (2192) – Shirov,A (2658)

Ilmar Raud Olympic
Viljandi (EST) 2019

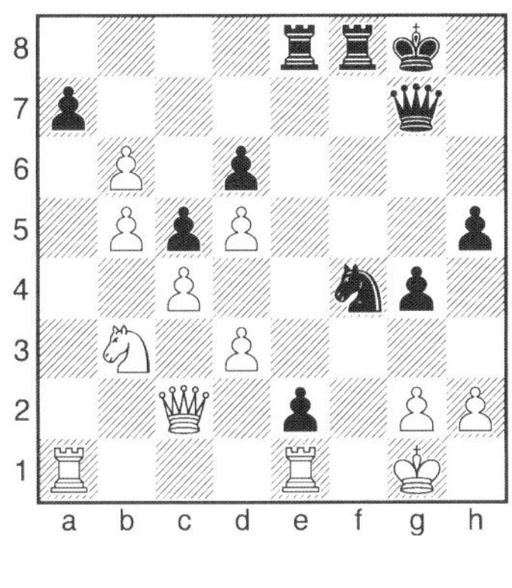

39 ●

Csiki,E (2251) –
Santos Latasa,J (2582)

Europameisterschaft
Skopje (MKD) 2019

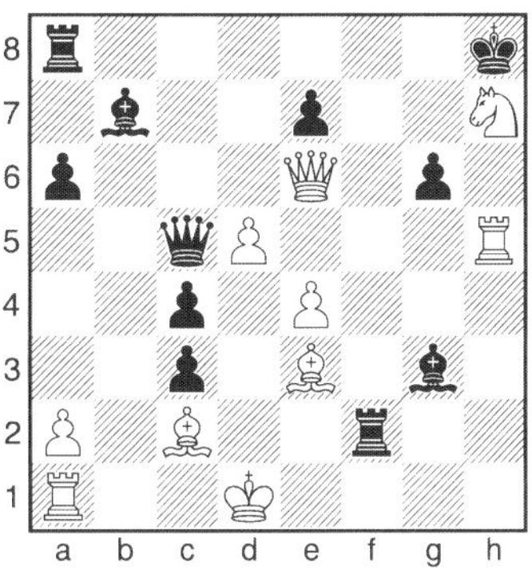

40 ● / ❍

Nigalidze,G (2440) –
Priborsky,J (2359)

Junioren WM
Yerevan 2007

Lösungen

Matt in vier Zügen

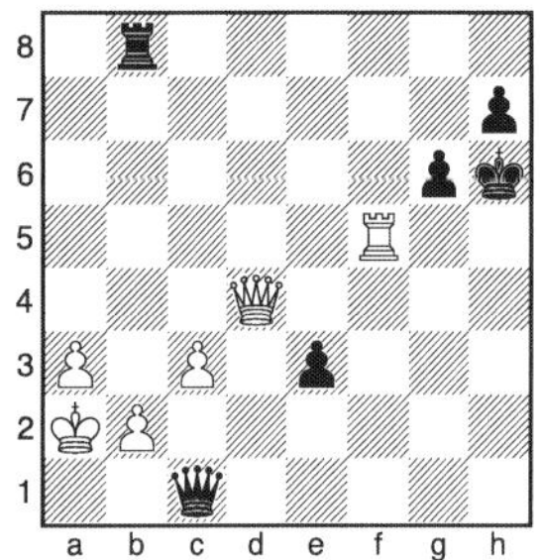

1. Lola – Ende einer Studie 1763

Der Weiße ist unter Druck; Mattdrohung auf b2 und ein schon weit vorgerückter schwarzer Freibauer. Er könnte sich aber mit Dh5+ ins Dauerschach retten. Oder besser noch:

1.♕d4–f4+ ♔h6–g7
2.♕f4–e5+ ♔g7–h6
3.♖f5–h5+! *(D2)*

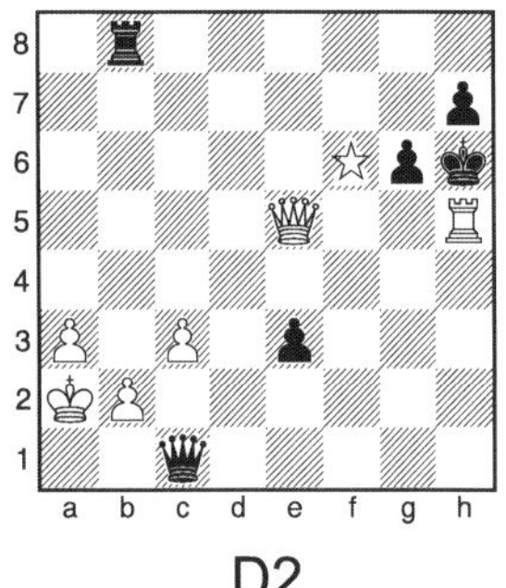

D2

Diese Stellung ist ein zweites Diagramm wert. Es zeigt eine typische Mattposition der Dame gegen den von seinen eigenen Bauern eingeklemmten König:

3...g6xh5 4.♕e5–f6#

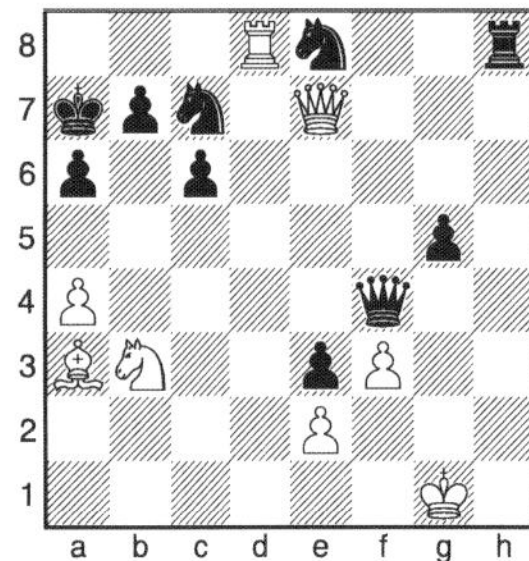

2. Stamma – 1737

Philipp Stamma ist berühmt für seine verblüffenden Matts, die er schon 1737 in Paris veröffentlichte. Dies ist ein verkürztes:

1.♕e7–c5+ b7–b6 2.♕c5xb6+ ♔a7xb6
3.♗a3–c5+ ♔b6–b7 4.♘b3–a5#

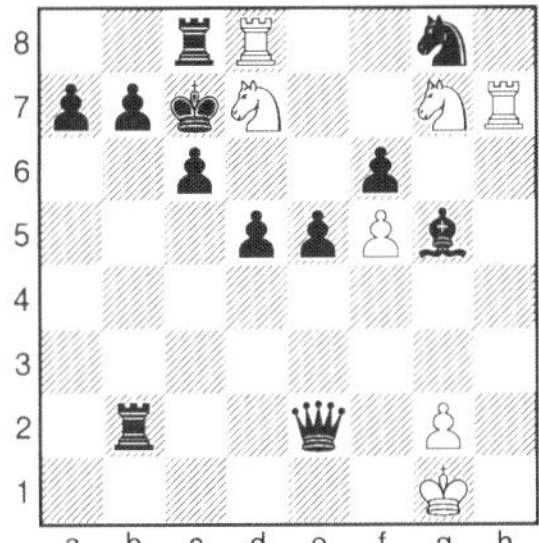

3. Mendheim - Taschenbuch 1814

Der hart bedrängte Weiße scheint absolut verloren. Der Computer zeigt sechs Matts in drei bis sechs Zügen; es scheint fast unmöglich, nicht zu gewinnen. Aber wie in den Schlachten in diesen alten Zeiten ist die Kavalerie das entscheidende Element und rettet den Tag:

1.♘g7–e6+ ♔c7–d6
2.♘d7–b6+ *(D2)* **♖c8xd8**
3.♖h7–d7+ ♖d8xd7
4.♘b6–c8#

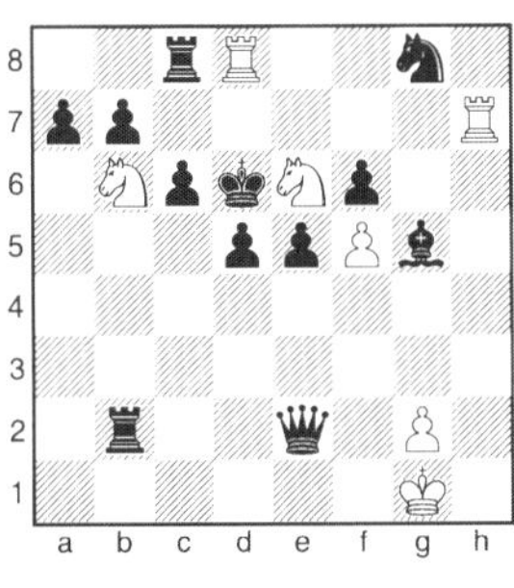

D2

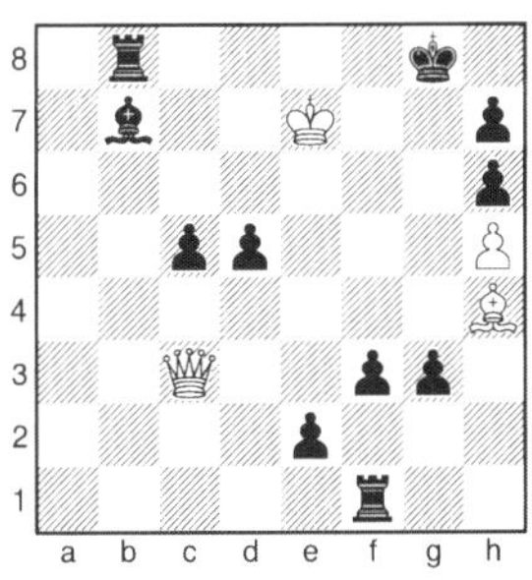

4. Deschapelles – De la Bourdonnais

1.♕c3–h8+ ♔g8xh8
2.♔e7–f7! ♖b8–g8

2...♖b8–f8+ 3.♔f7xf8 oder
2...e2–e1♕ ändert nichts.

3.♗h4–f6+ ♖g8–g7+ 4.♗f6xg7#

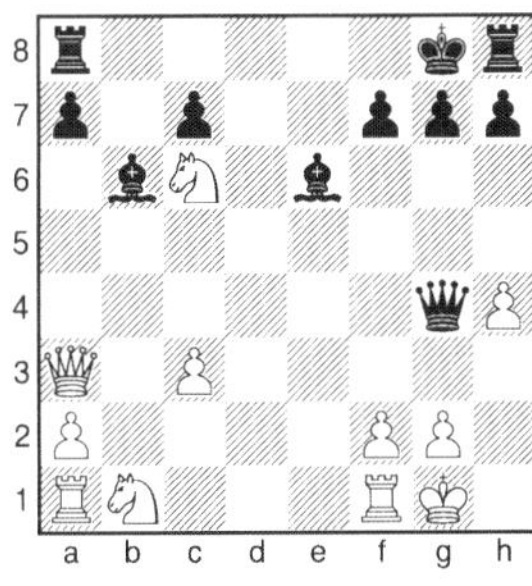

5. Morphy - Bryan

Das erstickte Matt solltest du stets erkennen:

1.♘c6–e7+ ♔g8–f8
2.♘e7–g6+ ♔f8–g8
3.♕a3–f8+ ♖a8xf8
4.♘g6–e7#

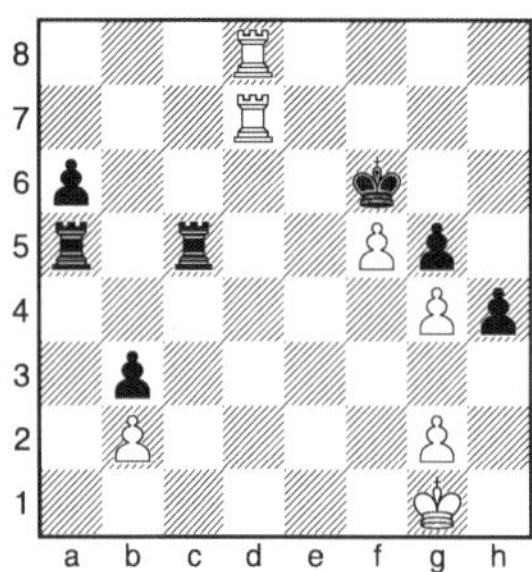

6. Lasker – Meyer

1.♖d8–f8+ ♔f6–e5 2.♖f8–e8+ ♔e5–f4

Falls 2...♔e5–f6 3.♖e8–e6#

3.♖d7–d4+ ♔f4–g3 4.♖e8–e3#

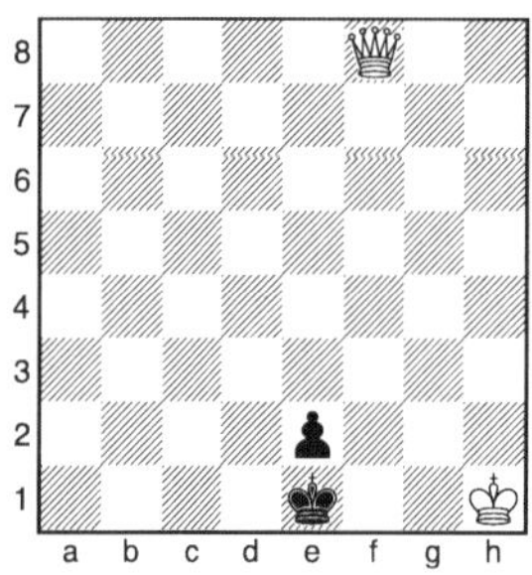

7. Samuel Loyd

Eine technische Lösung von einem der größten Studienkomponisten:

1.♕f8–d6 ♔e1-f1/f2 2.♕d6–f4+ ♔f1-e1 3.♕f4–d4 ♔e1-f1 4.♕d4–g1#

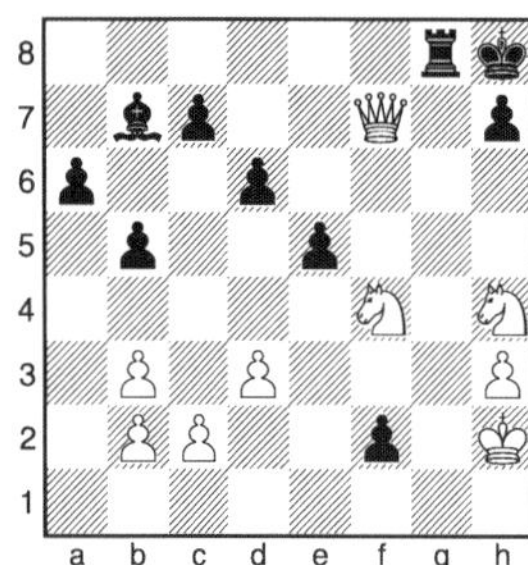

8. Uedeman – Janice

Die schwarze Drohung 1...f2–f1♘# ist leicht abzuwehren, aber Weiß kann stattdessen gleich zur Sache gehen.

1.♕f7–f6+ ♖g8–g7 2.♕f6–f8+ ♖g7–g8 3.♘f4/h4–g6+ h7xg6 4.♕f8–h6#

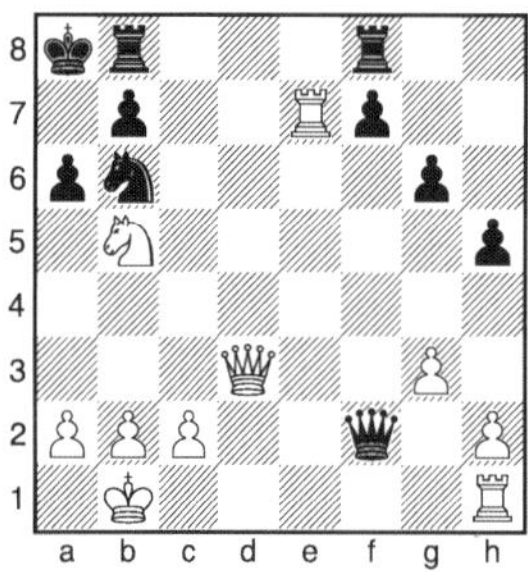

9. Munk – N.N.

Diese Kombination ist ein echter Klassiker und verblüfft auch noch ein Jahrhundert später:

1.♘b5–c7+ ♔a8–a7 2.♕d3xa6+! b7xa6 3.♘c7–b5+ ♔a7–a8 4.♖e7–a7#

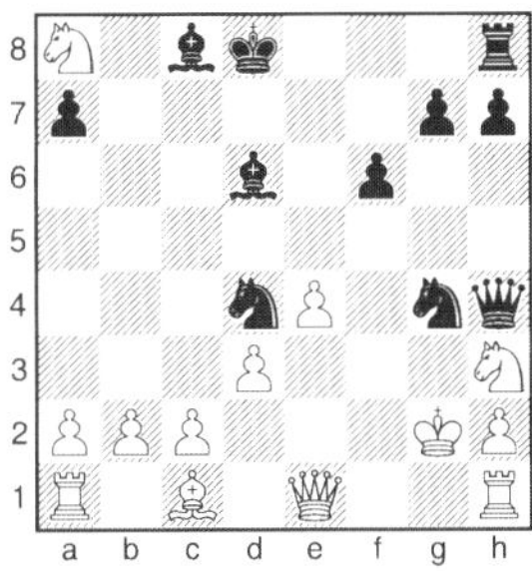

10. Schulten - Kieseritzky

1...♕h4xh3+ 2.♔g2xh3 ♘g4-e3+ 3.♔h3-h4 ♘d4-f3+ 4.♔h4-h5 ♗c8-g4#

Oder ein bisschen länger 4...g7-g6+ 5.♔h5-h6 ♗d6-f8#

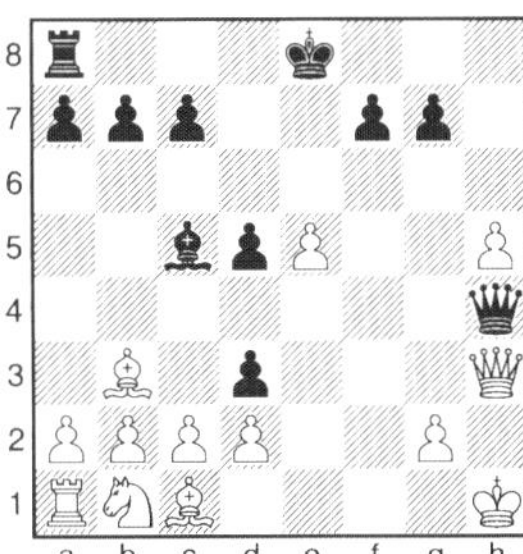

11. Anderssen - Max Lange

1...♕h4-e1+ 2.♔h1-h2 ♗c5-g1+ 3.♔h2-h1 ♗g1-f2+ 4.♔h1-h2 ♕e1-g1#

Eine typische Methode des Matts mit Dame und Läufer.

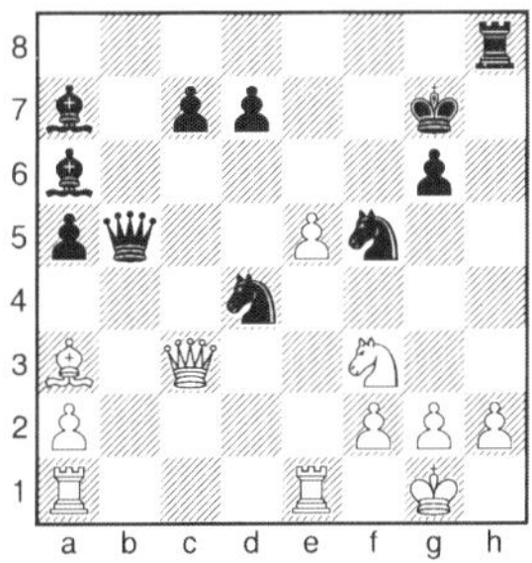

12. N. N. - Zukertort

Zukertort war der Rivale und Gegner von Steinitz im Match um die 1.Weltmeisterschaft und ein brillanter Spieler:

1...♕b5-f1+ 2.♖e1xf1 ♘d4-e2+ 3.♔g1-h1 ♘f5-g3+ 4.f2xg3 ♘e2xg3#

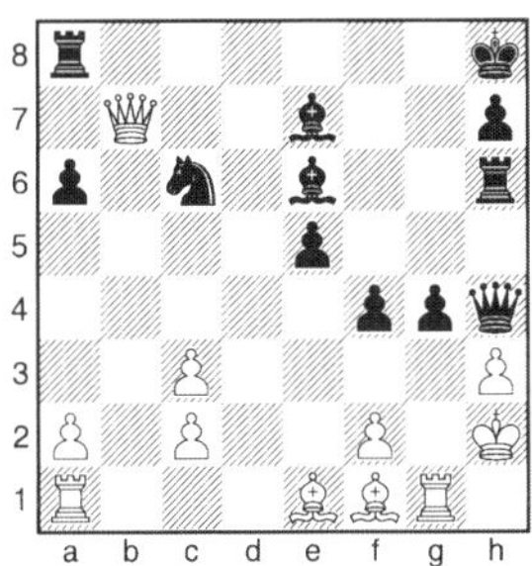

13. Eckardt - Tarrasch

Oft ist es ein Damenopfer wert, die h-Linie für den Mattangriff zu opfern und das gewinnt auch hier:

1...♕h4xh3+ 2.♗f1xh3 ♖h6xh3+ 3.♔h2-g2 f4-f3+ 4.♔g2-f1 ♗e6-c4#

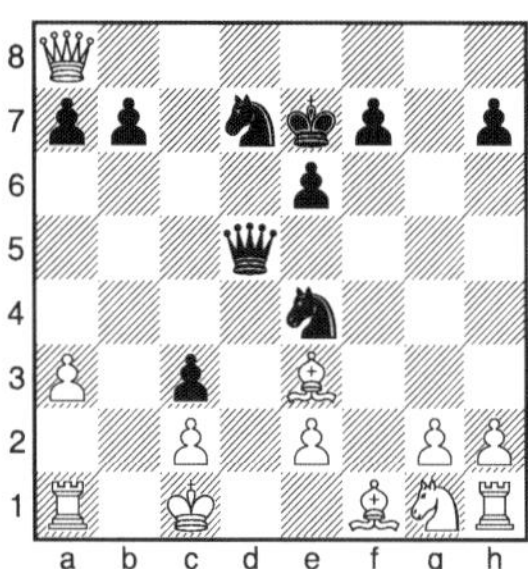

14. Fleissig – Schlechter

1...♘e4–f2 2.♗e3xf2

Andernfalls 2.-- ♕d5–d1#

2...♕d5–d2+ 3.♔c1-b1 ♕d2–d1+
4.♔b1-a2 ♕d1xc2#

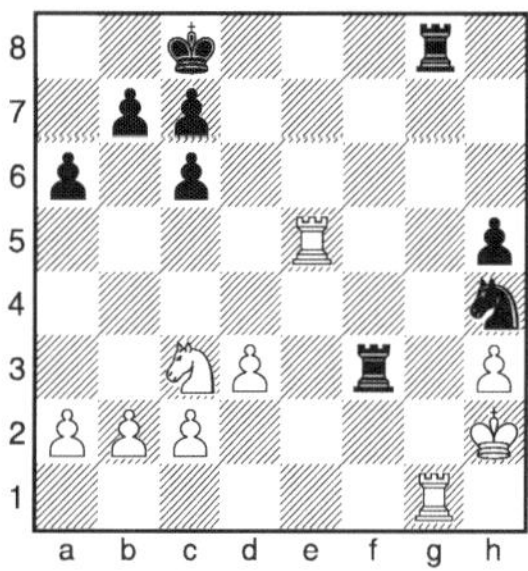

15. Tartakower – Schlechter

Schwarz nutzt das uralte **"Arabische Matt"**:

1...♖f3–f2+ 2.♔h2–h1 ♖f2–h2+
3.♔h1xh2 ♘h4–f3+ 4.♔h2–h1 ♖g8xg1#

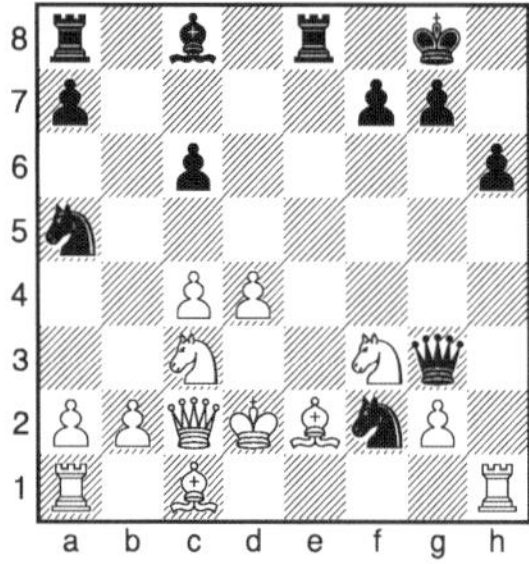

16. M.Schroeder – Capablanca

1...♘a5xc4+ 2.♔d2–e1

Falls 2.♗e2xc4 ♕g3–f4#

2...♘f2–d3+ 3.♔e1-d1 ♕g3–e1+
4.♘f3/♖h1xe1 ♘d3–f2#

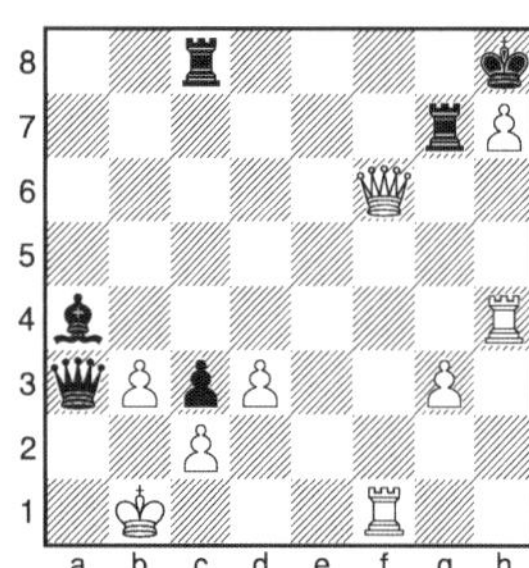

17. N.Zhuravlev – V.Zhuravlev

Weiß scheint verloren, aber seine Schwerfiguren wenden das Blatt:

1.♕f6xg7+ ♔h8xg7 2.h7–h8♕+ ♖c8xh8
3.♖h4–g4+ ♔g7–h7/h6 4.♖f1-h1#

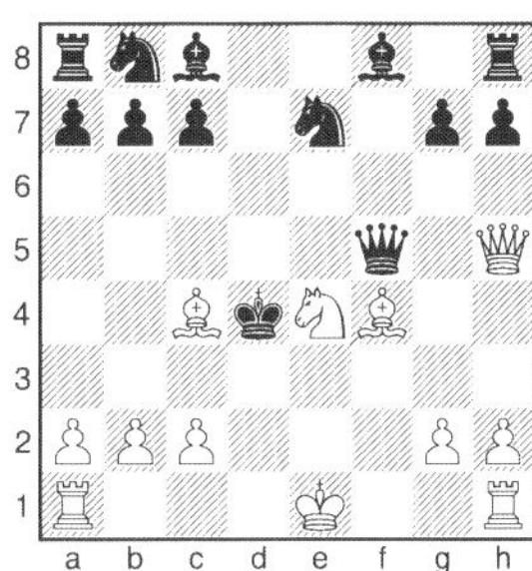

18. Bobby Fischer – Michalopoulos

1.0-0-0+ / ♖a1–d1+ ♔d4xc4

Falls 1...♔d4xe4 2.♕h5–f3#

2.♕h5–e2+ ♔c4–b4 3.♗f4–d2+ ♔b4–a4 4.♕e2–c4#

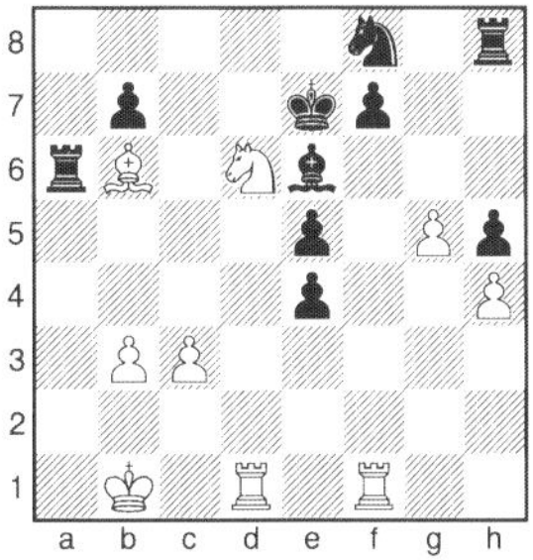

19. Hever – Siklaj

Die schwarzen Steine sind über das Brett verstreut und ohne Wirkung:

1.♖f1xf7+ ♗e6xf7 2.♘d6–f5+ ♔e7–e6 3.♘f5–g7+ ♔e6–e7 4.♗b6–d8#

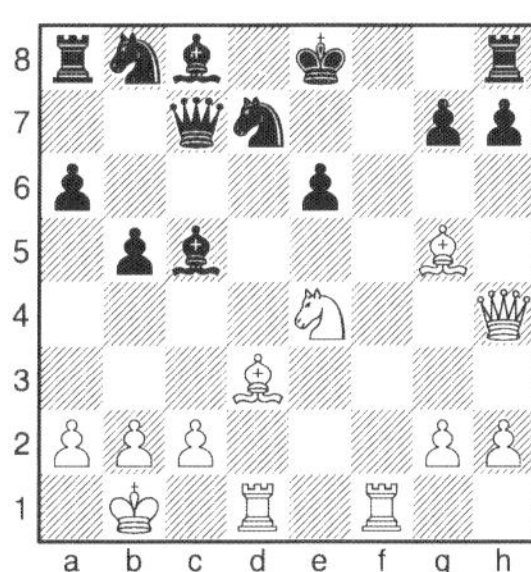

20. Savchenko - Altman

1.♕h4–h5+

Oder 1.♘e4–d6+ ♗c5xd6 2.♕h4–h5+

1...g7–g6 2.♘e4–d6+ ♗c5xd6 3.♕h5 / ♗d3xg6+ h7xg6 4.♗d3xg6#

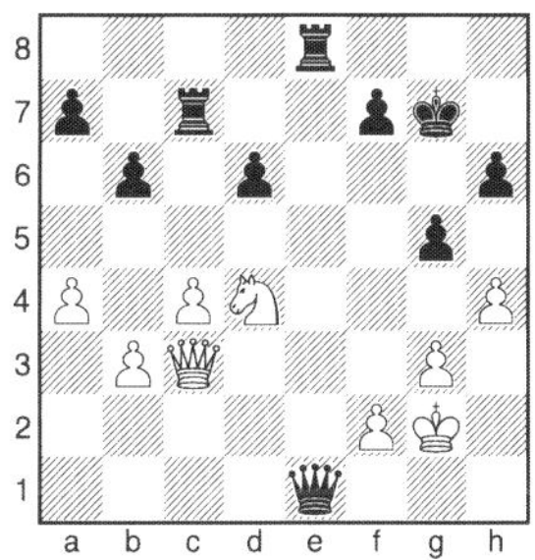

21. Schebler – Lange

1.♘d4–e6+ ♔g7–g6 2.h4–h5+ ♔g6–f5

Falls 2...♔g6xh5 3.g3–g4+ ♔h5xg4/h4 4.♕c3–h3#

3.♘e6–g7+ ♔f5–g4 4.f2/♕c3–f3#

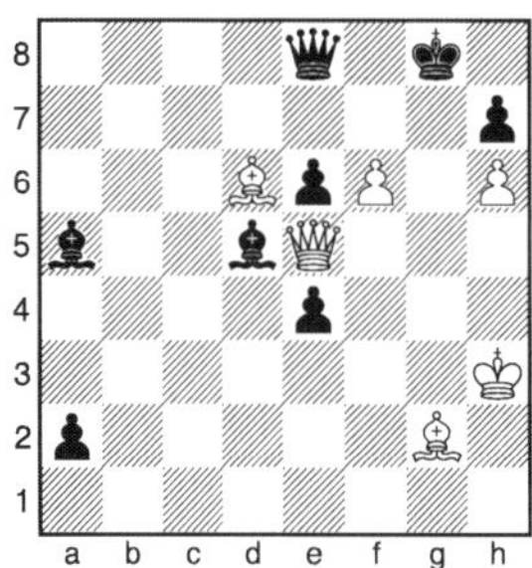

22. Guerra Tulcan – Tuamsang Sawapop

Die weiße Dame manövriert Schwarz aus:

1.♕e5–g5+ ♕e8–g6 2.f6–f7+ ♔g8xf7 3.♕g5–e7+ ♔f7–g8 4.♕e7–f8#

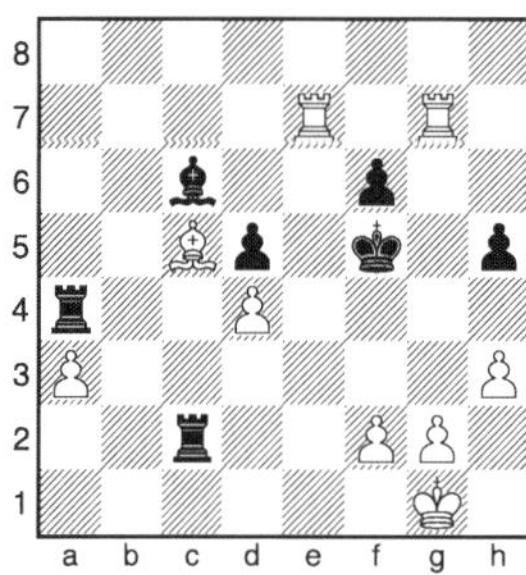

23. Akobian – C.Holt

Ist der König aus seiner Festung herausgetrieben, kommt sein Ende meistens schnell:

1.g2–g4+ h5xg4 2.h3xg4+ ♔f5–f4 3.♗c5–d6+ ♔f4–f3 4.♖e7–e3#

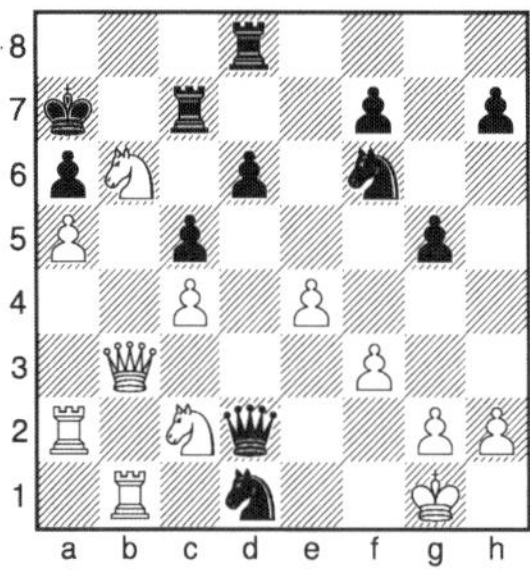

24. Cantero – Pastor Pons

Ein Springeropfer macht der Dame den Weg frei (Räumungsopfer), die dann ein typisches Manöver gegen verteidigende Türme ausführt:

1.♘b6–c8+ ♖d8xc8 2.♕b3–b6+ ♔a7–a8 3.♕b6xa6+ ♖c7–a7 4.♕a6xc8#

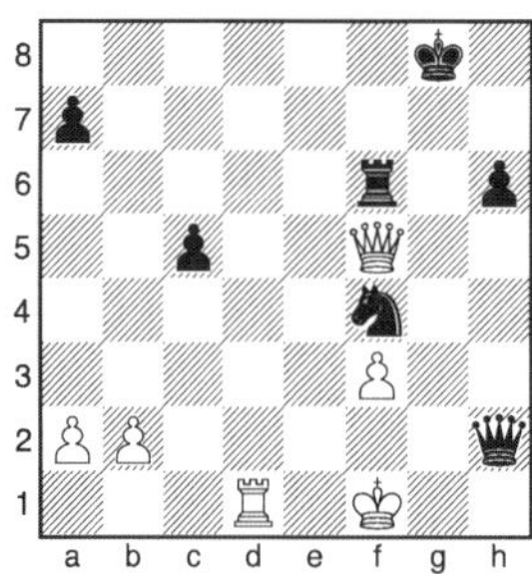

25. Zhao Xue – Rajlich

In Stellungen mit Schwerfiguren sind oft Beweglichkeit und Initiative wichtiger als Material:

1.♖d1–d8+ ♔g8–f7/g7 2.♕f5–d7+ ♔f7–g6 3.♖d8–g8+ ♔g6–h5 4.♕d7–g4#

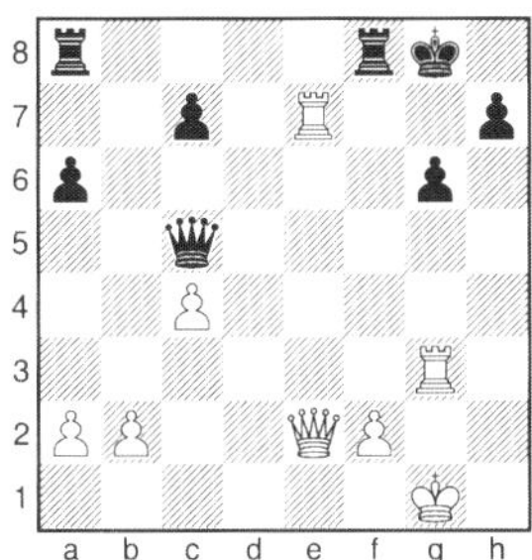

26. Pajeken – Niedbal

1.♕e2–e6+ ♔g8–h8 2.♖e7xh7+ ♔h8xh7 3.♕e6xg6+ ♔h7–h8 4.♕g6–g7#/h6#

In der Partie sah Weiß weder das Matt noch den Gewinn mit 1.♖g3xg6+ und sie endete Remis.

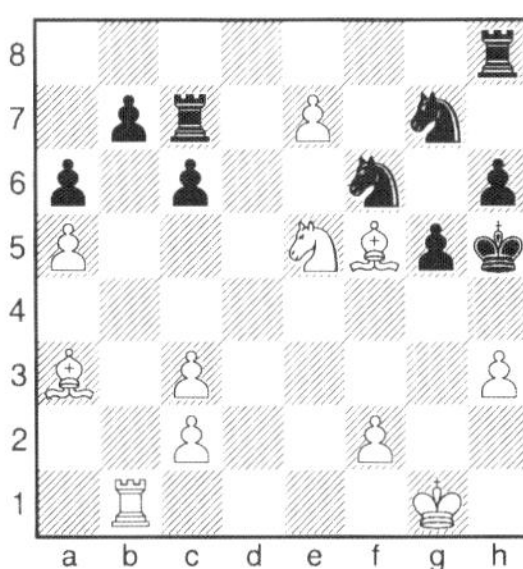

27. Wieczorek – Pyclik

1.♗f5–g4+ ♘f6xg4 2.h3xg4+ ♔h5–h4 3.♔g1–g2! ♖c7xe7 4.♖b1–h1#

Zu einem längeren Matt führt 1.♗f5–g6+ ♔h5–h4 2.♖b1-b4+ usw.

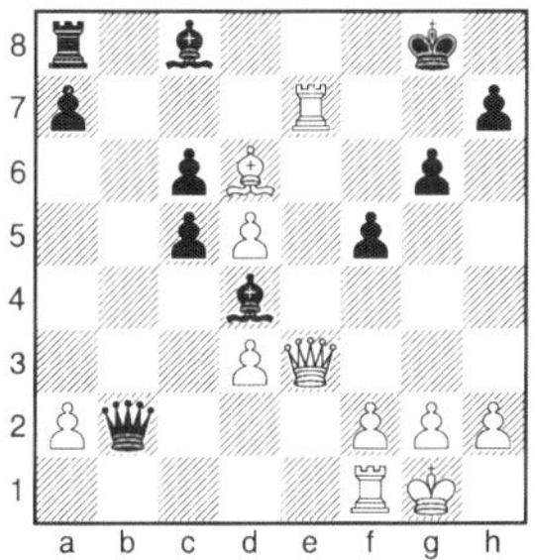

28. Peng - Pulido

1.♖e7–e8+ ♔g8–g7 *(D2)*

Und nun haben wir drei Fortsetzungen:

2.♕e3–e7+ ♔g7–h6 3.♗d6–f4+ ♔h6–h5 4.♕e7–g5#; oder

2.♗d6–f8+ **♔g7–f7 3.♕e3–e7+ ♔f7–g8 4.♗f8–h6#;** oder

ein Matt für die Galerie mit einem unnötigen Opfer:

2.♖e8–g8+ **♔g7xg8 3.♕e3–e8+ ♔g8–g7 4.♕e8–f8#**

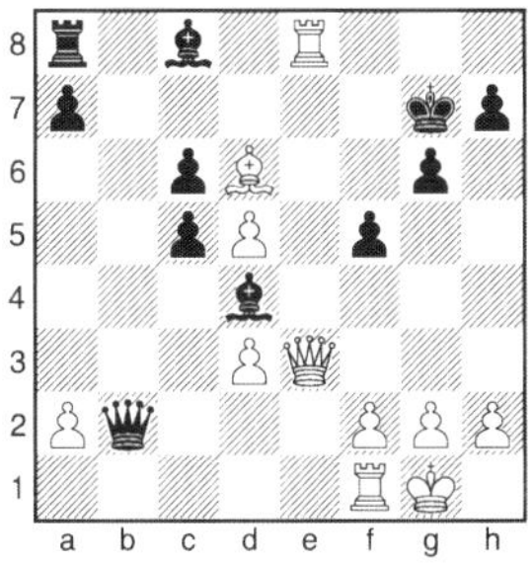

D2

In der Partie folgte 2.♗d6–f8+ ♔g7–g8 3.♗f8xc5+ ♔g8–g7 4.♗c5xd4+

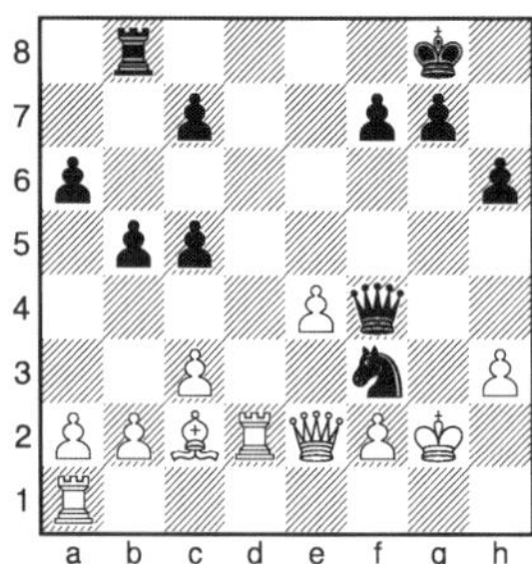

29. Fendereski - Nezad

Schwarz kann seinen Springer opfern, um den König aus seiner Stellung zu treiben:

1...Qf4-h2+ 2.Kg2xf3 Qh2xh3+ 3.Kf3-f4 g7-g5+ 4.Kf4-e5 Qh3-e6#

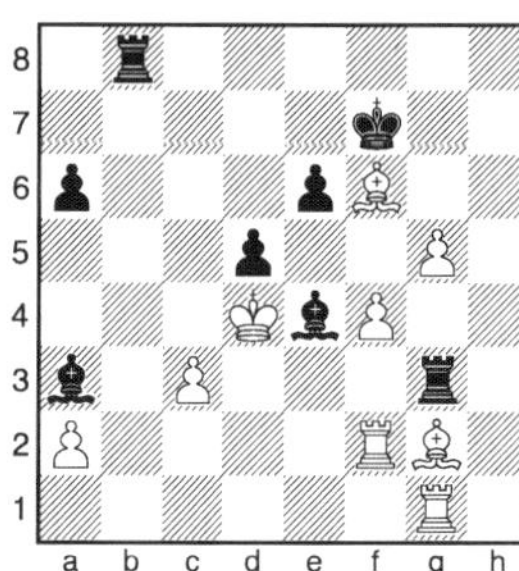

30. Haast - Van Foreest

1...e6-e5+ 2.Kd4xe5 Rb8-e8+ 3.Bf6-e7 Re8xe7+ 4.Ke5-d4 Rg3-d3#

In der Partie folgte 1...Rg3-d3+ 0:1, 2.Kd4-e5 Rb8-b6 3.g5-g6+ Be4xg6 4.-- Ba3-d6#

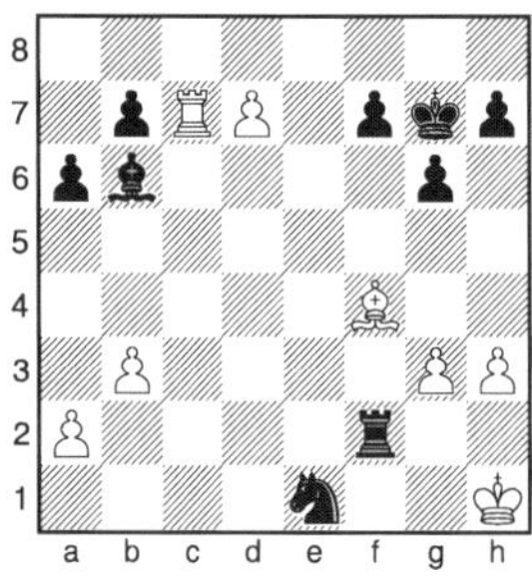

31. Rudolph - Priebke

Ein einsamer König in der Ecke ist ganz besonders gefährdet:

1...Rf2-f1+ 2.Kh1-h2 Ne1-f3+ 3.Kh2-g2 Rf1-f2+ 4.Kg2-h1 Rf2-h2#

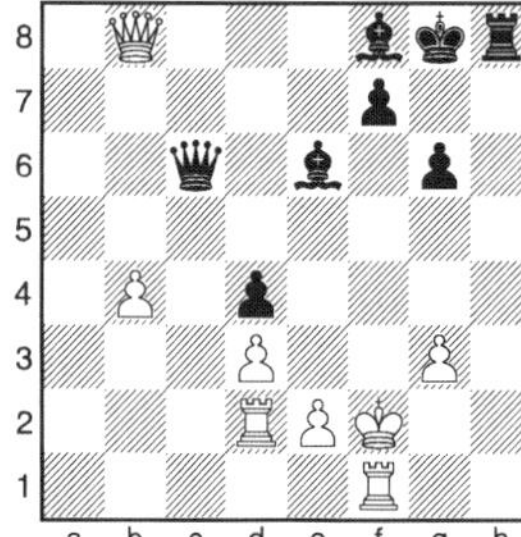

32. Langer - Hickl

1...Rh8-h2+ 2.Kf2-e1 Qc6-c1+ 3.Rd2-d1 Rh2xe2+ 4.Ke1xe2 Qc1-e3#

Eine alte, sehr seltene klassische Mattposition, **"Epauletten-Matt"** genannt, weil die Türme an die herunterhängeden Schulterstücke (Epauletten) einer Uniform erinnern.

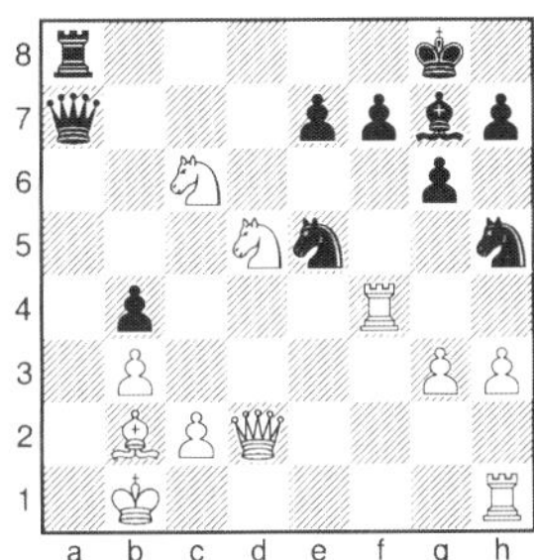

33. Svidler – Chismatullin

1...♕a7–a2+ 2.♔b1-c1 ♕a2–a1+ 3.♗b2xa1 ♖a8xa1+ 4.♔c1-b2 ♘e5–c4#/d3#

Das Doppelschach, das zugleich den Turm deckt, macht den entscheidenden Unterschied!

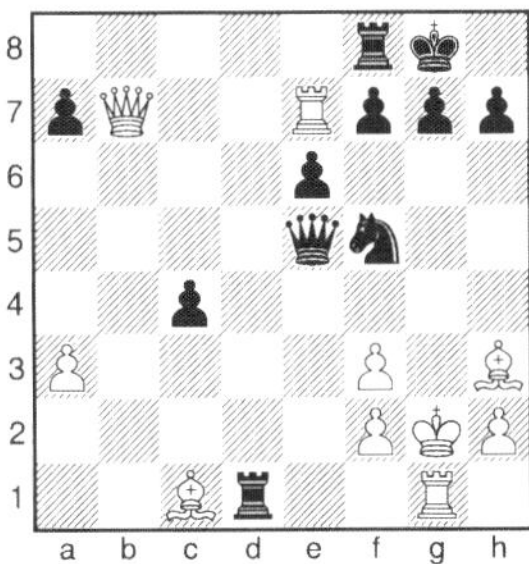

34. Baules – Nakamura

Turmtausch und De1+ gewinnt einen Läufer. Aber ein Supergroßmeister sieht mehr:

1...♘f5–h4+ 2.♔g2–h1 ♕e5–e1! 3.♗h3–f1 ♕e1xf1 4.♖g1xf1 ♖d1xf1#

Andernfalls 4.-- ♕f1-g2#

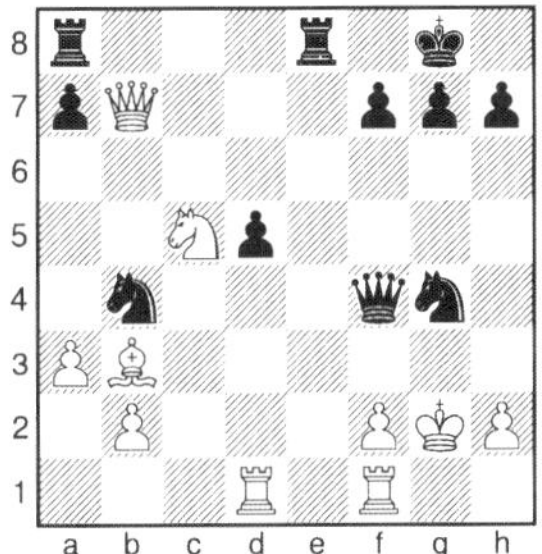

35. Clifford – Venkat

1...♕f4xh2+ 2.♔g2–f3 ♖e8–e3+! *(D2)*

In der Partie geschah 2...♘g4–e5+ 3.♔f3–e2 ♘e5–c4+ und Matt einige Züge später.

Das ist in Ordnung. Wenn du in deiner Turnierpartie ein klares Matt siehst, wende es an. Es spielt keine Rolle, ob es ein schnelleres Matt gibt. Im Training aber gehen wir für das schnellste Matt.

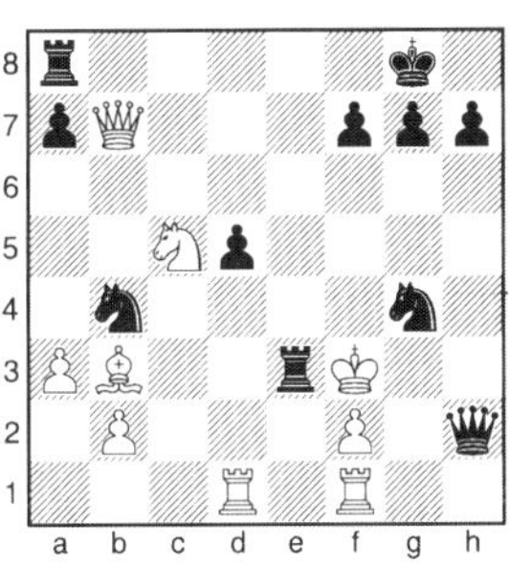

D2

3.♔f3xg4

Falls 3.f2xe3 ♘g4–e5#

3...h7–h5+ 4.♔g4–g5 ♖e3–e5#

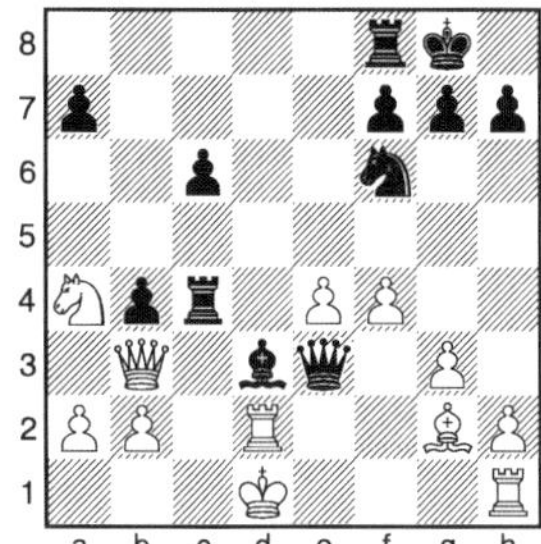

36. Shoshin – Shapiro

Kleine Mattdrohungen überwältigen die weiße Stellung:

1...♗d3-e2+ 2.♔d1-e1

Falls 2.♖d2xe2 ♖c4-c1#

2...♖c4-c1+ 3.♕b3-d1 *(D2)*

Falls 3.♖d2-d1 ♗e2-d3#

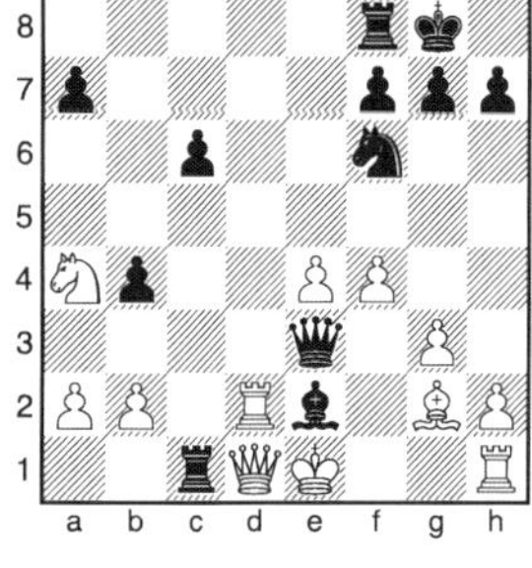

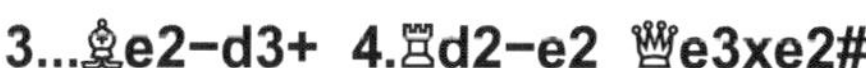

3...♗e2-d3+ 4.♖d2-e2 ♕e3xe2#

Oder 3...♖c1xd1+ 4.♖d2xd1 ♗e2-d3#

37. Lisenko – Simson

1...♗d7-h3+ 2.♔g2-f2 ♕h6-e3+

Nutzt die Fesselung, um den König zurückzutreiben.

3.♔f2-e1 ♕e3-c1+ 4.♔e1-f2 ♕c1-f1#

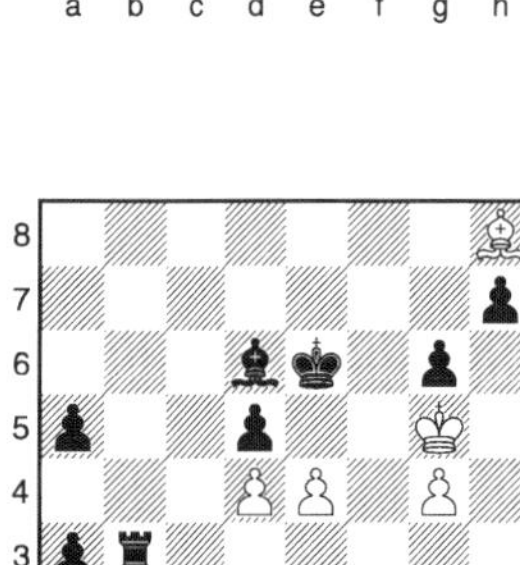

38. Garanin – Shirov

1...♗d6-e7+ 2.♔g5-h6

In der Partie geschah 2.♔g5-f4 g6-g5#

2...♖c1-h1+ 3.♔h6-g7 ♗e7-f6+ 4.♔g7-g8 ♖b3-b8#

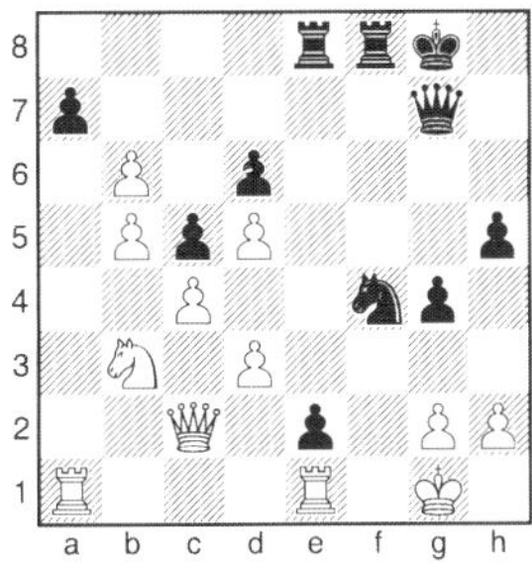

39. Csiki – Santos Latasa

1...♘f4–h3+ 2.♔g1-h1

Falls 2.g2xh3 g4xh3+ 3.♔g1-h1 ♕g7–g2#

2...♕g7xa1 3.♘b3xa1 ♖f8–f1+ 4.♖e1xf1 e2xf1♕#

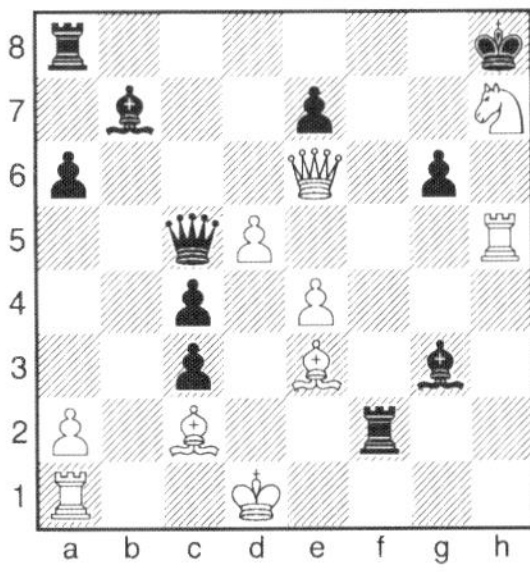

40. Nigalidze – Priborsky

Zum Schluß eine äußerst rare Stellung. ***Beide Spieler*** können Matt in 4 Zügen setzen!

● **1...♖f2–d2+ 2.♗e3xd2**

Falls 2.♔d1-c1 ♕c5–a3+ 3.♔c1-b1 ♕a3–b2#

2...♕c5–g1+ 3.♔d1-e2 ♕g1-f2+ 4.♔e2–d1 ♕f2xd2#

❍ **1.♘h7–f8+ g6xh5 2.♕e6–h6+ ♔h8–g8 3.♕h6–g6+ ♔g8xf8 4.♗e3–h6#**

Eine ganze Reihe dieser Matts waren sehr schwer.

Sei nicht traurig falls du weniger davon lösen konntest, als du angenommen hast!

Ich bin sicher, du hast bei dieser Übung eine Menge gelernt. Die technischen Positionen werden dir helfen, in ähnlichen Situationen schnell die Lösung zu finden. Und die Stellungen mit ungewöhnlichen Lösungen schulen deine Kreativität.

7. Eindringen in des Gegners Stellung:

Offene Linien & 7.Reihe

Ein Freund, der wusste, dass ich gerade an diesem Kapitel arbeitete, zeigte mir zwei Stellungen, die er gerade an einem Schachplatz fotografiert hatte. Die Partien wurden gespielt von Hobbyspielern oder schwachen Klubspielern. *"Schau"*, sagte er lächelnd, *"deine Lektion ist nicht für jeden interessant. Einige Spieler kommen gut ohne offene Linien aus. Einer der Spieler am Schachplatz ist dafür bekannt, dass er nie eine Linie öffnet, wenn er es irgendwie vermeiden kann."*

Die beiden Diagramme unten zeigen, dass mein Freund Recht hatte. Nach was aussieht wie zumindest zwanzig Zügen und einigem Abtausch sind noch alle Bauern auf dem Brett. In *D unten links* ist der weiße Bauer auf e5 eine Schwäche und muss stets verteidigt werden. Aber wie kann Schwarz das nutzen?

In diesem Fall stehen die Bauern in einiger Distanz zu ihren Gegenspielern. In *D unten rechts* blockieren dagegen die meisten Bauern sich gegenseitig. Dadurch ist die Beweglichkeit viel geringer, teilweise gar nicht gegeben. Alle Figuren sind in ihrer eigenen Hälfte gefangen, Läufer und Springer können nahezu nichts tun. Beide Seiten können versuchen, die h-Linie zu öffnen, was aber wahrscheinlich nicht ausreicht, um einen Vorteil zu erringen. Schwarz kann einen Durchbruch auf d5 erzwingen, was aber den Springer befreien würde und daher nicht ratsam erscheint.

Unsere erste Einsicht, die wir von diesen Stellungen mitnehmen können, ist: Wir können nicht gewinnen, wenn die Stellung geschlossen bleibt. Ohne aus unserer Hälfte hinauszugehen und ins gegnerische Territorium einzudringen, ist jeder Gewinnversuch ein hoffnungsloses Unterfangen.

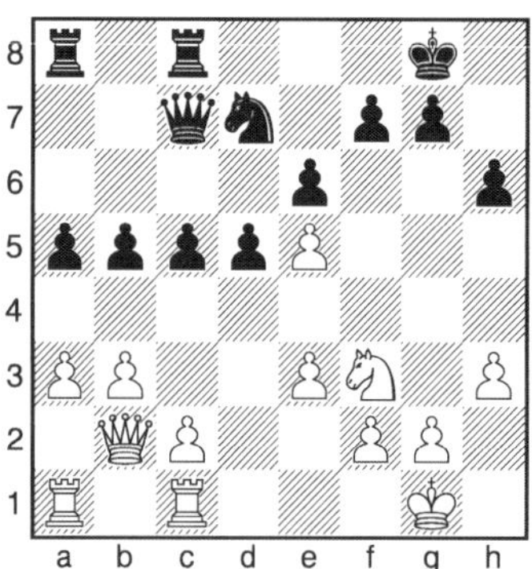

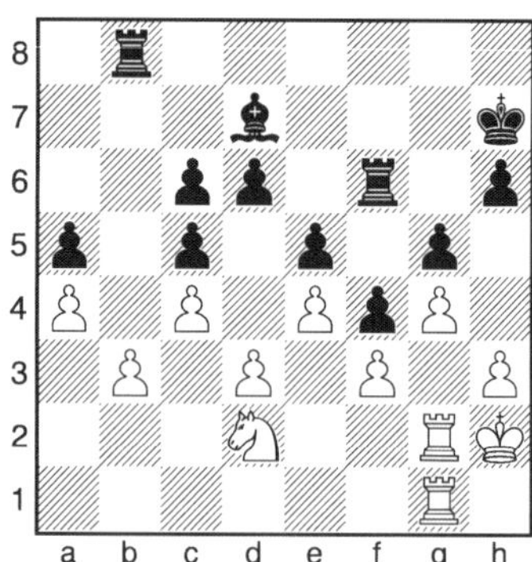

Es sollte klar sein, dass wir zumindest eine offene Linie brauchen, um den Gegner anzugreifen. Zuerst wollen wir aber klären, was der Begriff "offene Linie" genau meint, denn es gibt verschiedene Formen davon.

Wenn auf einer Linie ***kein*** Bauer steht, weder ein eigener noch ein gegnerischer, ist dies eine **offene Linie** *(s. in D unten links die a-Linie)*. Wenn der Verteidiger keinen eigenen Turm auf die a-Linie bringen oder das Eindringen auf a7/a8 nicht verhindern kann (z.B. durch eine verteidigende Figur, hier z.B. ein Sc6), kann der Angreifer in die Stellung eindringen.

Wenn unser Bauer auf einer Linie verschwindet, sein Gegenspieler aber bleibt, ist das eine **halboffene Linie** *(s. D mitte, e-Linie, Be5).* Der Bauer auf der halboffenen Linie kann zum Angriffsziel werden.

Auf der *rechten Seite des Diagramms* sehen wir einen besonderen Fall. **Der Turm steht vor seinem Bauern**. Das entspricht (ab dem Feld h3) einer halboffenen Linie bzw., wenn wir den Bh6 wegnehmen, einer offenen Linie.

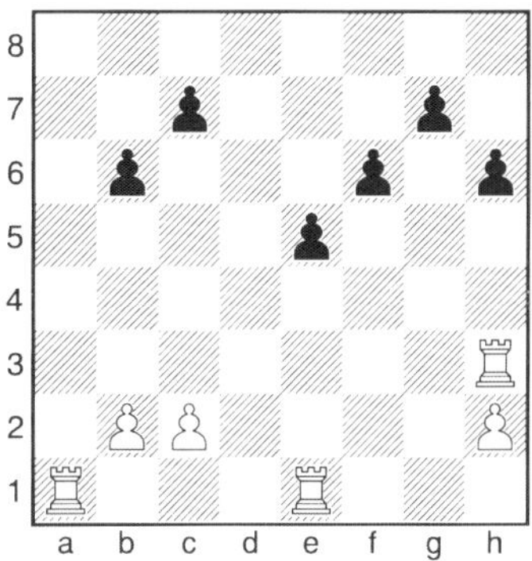

In den meisten Eröffnungen entsteht früher oder später durch Abtausch von Bauern zumindest eine offene Linie. In den offenen Eröffnungen (1.e2-e4 e7-e5) und halboffenen (1.e2-e4 und z.B. c7-c5 oder e7-e6) meistens schnell, in Eröffnungen mit dem Damenbauer oder geschlossenen Eröffnungen oft erst viel später.

In einigen Eröffnungen der Abtauschvariante der Französischen Verteidigung und der Russischen Verteidigung (entsteht nach 1.e2-e4 e7-e5 2.Sg1-f3 Sg8-f6) wird oft nur eine einzige Linie geöffnet (die e-Linie), auf der die Schwerfiguren abgetauscht werden und die Stellung stark zum Remis tendiert. In anderen Eröffnungen werden unterschiedliche Linien geöffnet, was zu schärferem Spiel führen kann. Die Wahl der Eröffnung(svariante) ist ein Bestandteil der generellen Strategie.

Oft sind die Linien, die in der Eröffnungsphase entstehen, nicht ausreichend für einen Angriff. Wir müssen dann weitere Linien öffnen.

In *D unten links* können die weißen Bauern die gegnerische Bauernformation aufbrechen und so eine Linie für den Turm öffnen:

1.b4–b5 c6xb5 2.a4xb5 -- 3.♖c1-c7/c5; oder

1...-- 2.b5xc6 b7xc6

Hab keine Angst deine Bauernstruktur zu zersplittern. Selbst wenn du bei einem solchen Manöver einen Bauern verlierst, kann es das wert sein. Entweder du gewinnst ihn zurück, da nun der Gegner eine geschwächte, schwer zu verteidigende Bauernstellung hat. Oder die strategischen Vorteile wie vor allem das Eindringen in die gegnerische Stellung sollten den kleinen materiellen Nachteil kompensieren.

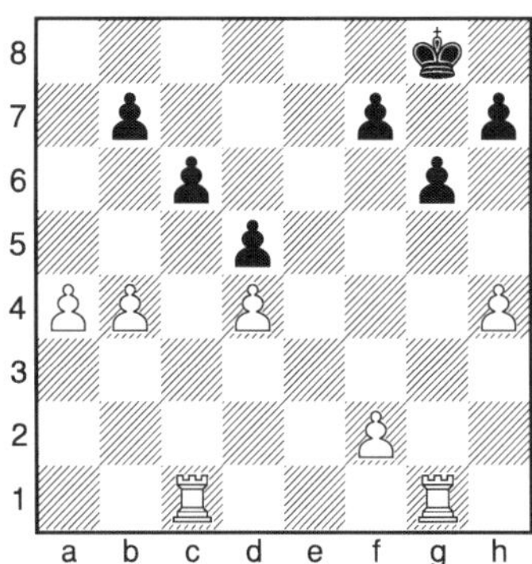

In *D rechts* siehst du einen typischen Angriff des Turms auf der halboffenen g–Linie gegen die Rochadestellung. Der Plan ist, mit dem f– und/oder h–Bauer vorzugehen und einen Abtausch zu erzwingen, der Linien öffnet.

1.h4–h5 -- 2.h5xg6 f7xg6

Mit zwei halboffenen Linien; oder ***2...h7xg6*** mit einer halboffenen und der offenen h–Linie.

Schwarz kann **1.f2–f4** mit **1...f7–f5** blockieren, aber nun geht der andere Bauer vor:

2.h4–h5 ♔g8–g7 3.h5xg6 h7xg6

Der Bg6 auf der halboffenen g–Linie ist jetzt eine Angriffsmarke und die h–Linie ist offen.

Eine Linie zu öffnen allein ist nicht genug. Um sie optimal zu nutzen, muss man sie mit Schwerfiguren besetzen und drohen, in die gegnerische Stellung einzudringen. Das wird natürlich dem Gegner nicht gefallen und er wird versuchen, mit seinen Schwerfiguren dagegenzuhalten. Wenn er dies unterlässt oder es nicht möglich ist, gerät er bestenfalls in eine defensive Position, schlimmstenfalls in entscheidenden Nachteil. Im Diagramm sehen wir einen solchen Fall:

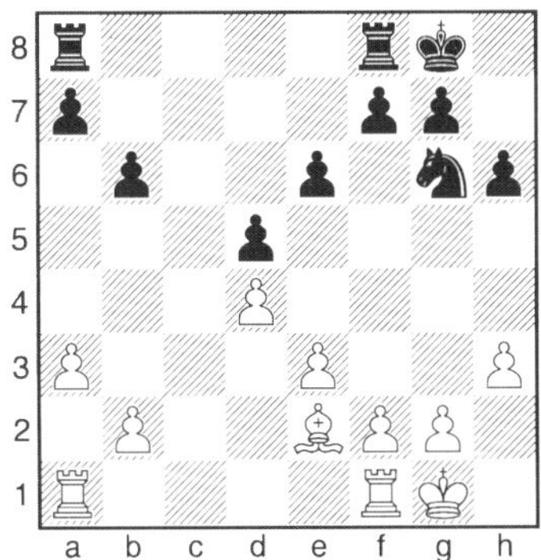

Schwarz hat sein schwaches Feld a6 ignoriert. Er hätte es mit a7–a6 und eventuell folgendem b6–b5 eliminieren sollen. Nun kann der Läufer es besetzen und damit die Kontrolle über die offene Linie sichern:

1.♗e2–a6 ♖f8–e8 2.♖a1-c1 ♔g8–f8 3.♖c1-c7 ♖e8–e7

Diese Manöver ist gut genug gegen einen Turm, aber nicht gegen zwei. Nach Abtausch nimmt der zweite Turm den Platz des ersten auf der 7.Reihe ein und lähmt so Schwarz.

4.♖f1-c1 ♖e7xc7 5.♖c1xc7

Nun kann der weiße König vormarschieren und seinen Turm unterstützen. Weiß muss bloß einen Bauern erobern und kann danach schon auf einen Endspielgewinn hoffen. In solchen symmetrischen Stellungen mit nur einer offenen Linie, die normalerweise zum Remis tendiert, kann ein Mehrbauer schon der entscheidende Unterschied sein. Merk dir gut:

Besetze offene Linien so früh wie möglich.

Versuche stets, die Kontrolle über offene Linien zu behalten.

Lass den Gegner nicht in deine Stellung eindringen.

Wir wollen uns einmal ansehen, was passieren kann, wenn eine Seite es schafft, auf die 7.Reihe vorzudringen:

In der Stellung von *D unten links* ist entscheidend, wer am Zug ist.

Weiß am Zug erreicht entscheidenden Vorteil:

1.♖d1-d7

Spiel nicht unachtsam! ***1.♖d1-d5*** mag ähnlich aussehen, ist es aber nicht: 1...b7–b6 2.♖d5–d7 ♖e8–a8 Und du hast nicht viel.

1.♖e8–b8 2.♖d7–c7 b7–b6 3.♖c7xa7

Mit klar besserem Endspiel, besonders da der Turm auf der 7.Reihe ein Problem für Schwarz bleibt.

Die beste Strategie im Falle eines unvermeidlichen Bauernverlustes ist, nicht am Bauern zu kleben, sondern nach Gegenspiel Ausschau zu halten. Hier ist das möglich mit **3.-- ♖b8–d8** *(D unten rechts).* Versuch so viele gegnerische Bauern zu schlagen wie möglich. Viele Turmendspiele mit einem Mehrbauern sind nur Remis. Auf unterer Ebene kann sogar ein gewinnbares Endspiel mangels Kenntnis der nötigen Methode Remis enden. Das Gegenspiel gibt dir zumindest eine Chance, während die fruchtlose Verteidigung einfach nur den Verlust besiegelt.

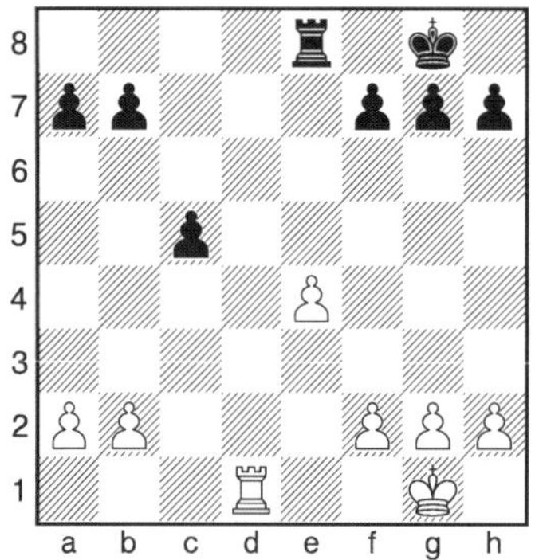

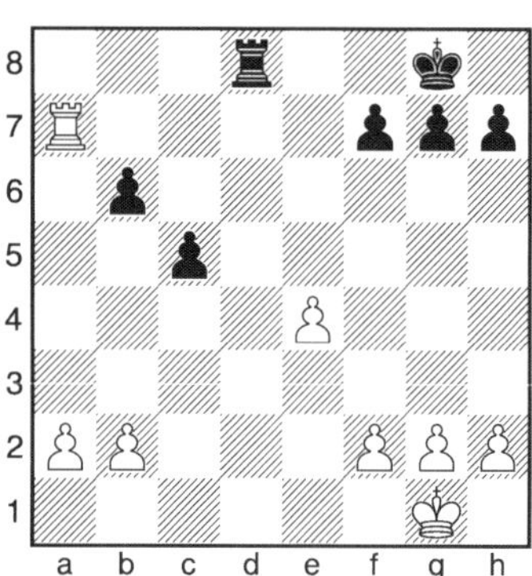

(D links) ***Schwarz*** am Zug hat nichts zu befürchten:

1.-- ♔g8–f8 2.♖d1-d7 ♖e8–e7 3.♖d7–d8+ ♖e7–e8 4.♖d8–d7 usw., Remis.

Merk dir diesen "Trick" zur Verteidigung gut!

Die Türme auf der offenen Linie zu verdoppeln ist gut (und sichert meist die Kontrolle der offenen Linie), aber nicht immer gut genug. Kleine Unterschiede können für das Resultat entscheidend sein, wie wir gleich sehen werden.

In *D links* wirkt unser Verteidigungs-"Trick" gut:

1.♖d1-d3 ♔g8–f8 2.♖d3–c3 ♖e8–e7 und Abtausch oder der weiße Td7 muss zurückziehen, die Stellung bleibt ausgeglichen.

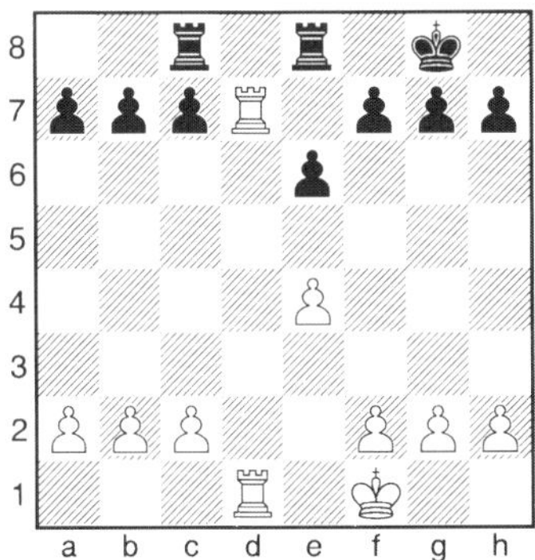

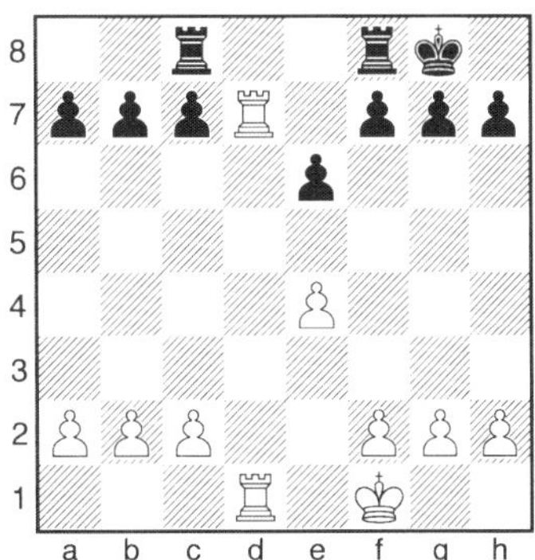

In *D rechts* ist der einzige Unterschied, dass der Turm auf f8 statt auf e8 steht. Das verursacht ein Problem für Schwarz, da ihm nun im Vergleich von zuvor ein Zug fehlt:

1.♖d1-d3

Nichts bringt ***1.♖d7–e7*** ♖f8–e8 2.♖d1-d7 ♖e8xe7 3.♖d7xe7 ♔g8–f8 4.♖e7–d7 ♔f8–e8 =

1...f7–f6

Unser Verteidigungsmanöver kommt zu spät: 1...♖f8–e8 2.♖d3–c3.

2.♖d7–e7

2.♖d3-b3 Lockert die Bauernstruktur und schafft so schwache Felder, die der weiße König später nutzen kann.

2...b7–b6 3.♖b3–a3 a7–a5 4.♖a3–d3 ♖f8–f7 5.♔f1–e2 ♖f7xd7 (Mehr Widerstand bietet *5...♖c8–f8)*

6.♖d3xd7 e6–e5 7.♔e2–d3 ♔g8–f8 8.♔d3–c4±

2...♖f8–d8 3.♖d3xd8+ ♖c8xd8 4.♖e7xc7 +–

In den Stellungen, die wir bisher gesehen haben, war die Einbruchstelle schmal und konnte daher verteidigt werden. Hat der Angreifer aber mehr Raum auf der Linie oder kann solchen schaffen, kommt er schnell zu einer überlegenen Stellung. Einen solchen Fall sehen wir in *D unten links*. Bau diese Stellung bitte auf deinem Brett auf. Es ist zu schwer, der Analyse nur vom Diagramm zu folgen.

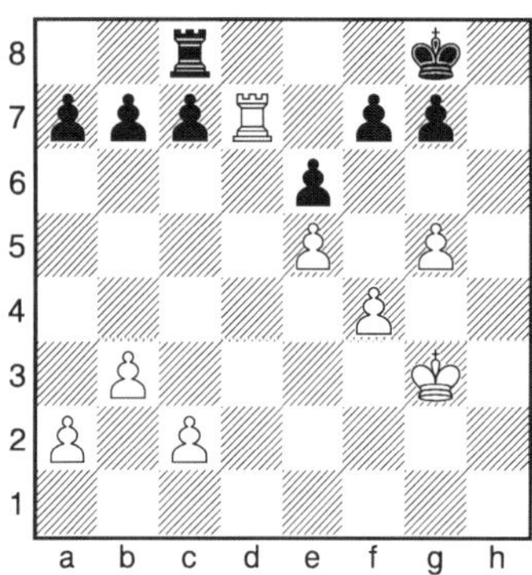

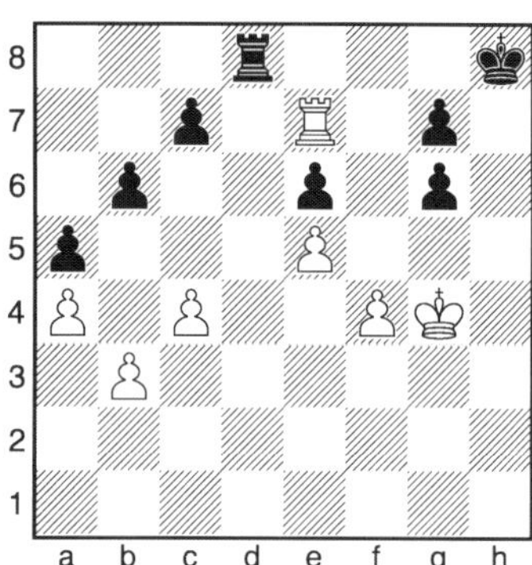

1.g5–g6! f7xg6 2.♔g3–g4

Zu gierig ist nun 2.♖d7–e7 ♔g8–f8 3.♖e7xe6?? ♔f8–f7 und der Turm ist gefangen und geht verloren!

2...a7–a6 3.a2–a4

Besser als das offensichtliche 3.♔g4–g5 ♔g8–h7 4.♖d7–e7 ♖c8–d8 5.♖e7xc7±

Wir lassen den Gegner Bauernzüge machen, sich so Schwächen schaffen und vielleicht früher oder später in Zugzwang kommen. Sei geduldig! Es gibt keinen Grund zu versuchen, den Vorteil schnell auszunutzen. Den Gegner sich derart schwächen zu lassen, bevor man zum "Finale" kommt, unterscheidet den erfahrenen Spieler vom Anfänger, der glaubt, stets sofort etwas unternehmen zu müssen.

3...a6–a5 4.c2–c3 b7–b6 5.c3–c4 ♔g8–h8
6.♖d7–e7 ♖c8–d8 *(D rechts)* **7.♖e7xe6**

Oder 7.♖e7xc7 ♖d8–d3 8.♖c7–b7 ♖d3xb3 9.c4–c5 usw.

7...♖d8–d3 8.♖e6–c6 ♖d3xb3 9.♖c6xc7 Und Weiß sollte gewinnen.

Wieder gilt: Sei geduldig! Gleich mit dem Bauern vorzupreschen würde den Vorteil großenteils wegwerfen.

9.e5–e6 ♖d3–e3 reicht nicht zum Gewinn.

Eine weitere Einbruchsstellung kann es möglich machen, die verdoppelten Türme von einer vertikalen in eine horizontale Ausrichtung auf der 7. (2.) Reihe zu bringen. Nun drohen sie, Material zu gewinnen oder sogar Matt zu setzen und der Verteidiger gerät meist stark unter Druck.

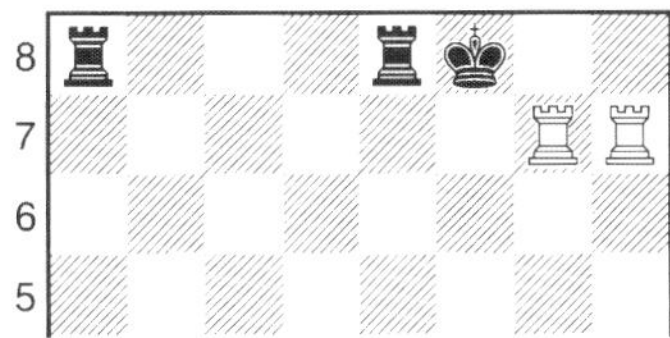

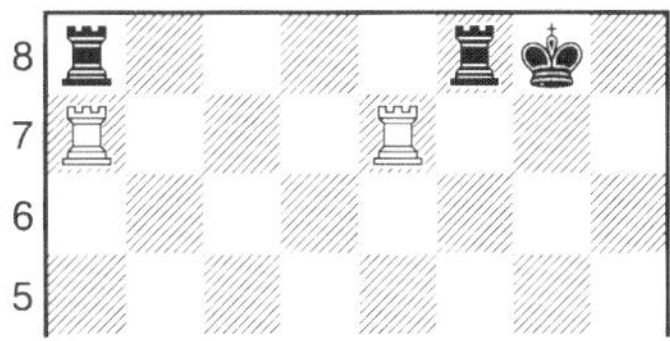

In *D links* kann Weiß ein Remis durch Dauerschach erzwingen:

1.♖e7-g7+ ♔g8-h8 2.♖g7-h7+ ♔h8-g8 3.♖d7-g7+ ♔g8-f8 usw., Remis. Das ist noch das Harmloseste, was passieren kann.

In *D rechts* gewinnt Weiß schnell:

1.♖e7-g7+ ♔g8-h8 2.♖g7-h7+ ♔h8-g8 2.♖a7-g7#

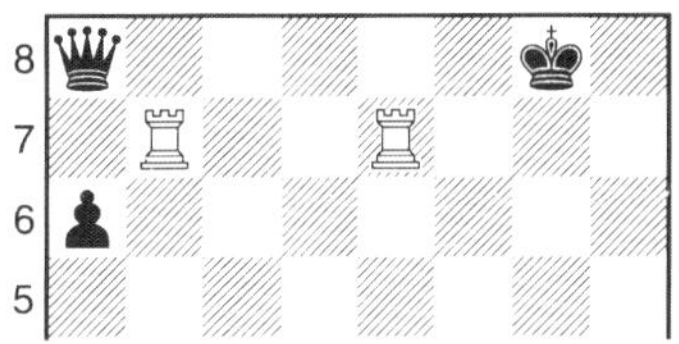

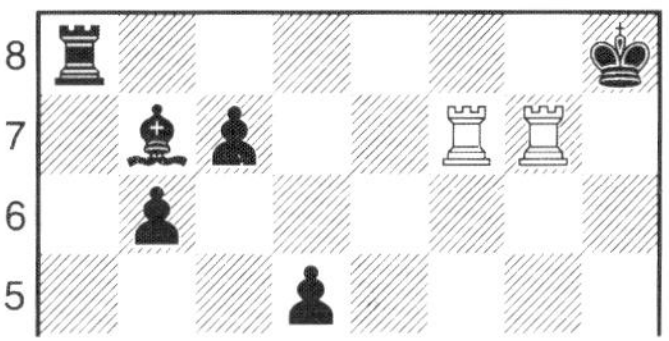

D links: Weiß kann nicht nur Remis erzwingen, sondern einen Spieß anwenden, der die Dame gegen den Turm gewinnt:

1.♖e7-g7+ ♔g8-f8 2.♖b7-f7+ ♔f8-e8 3.♖g7-g8+ ♔e8xf7 4.♖g8xa8

D rechts: Erinnerst du dich an die **"Zwickmühle"** aus dem Kapitel über Abzugsschach in Band 1? Die beiden Türme auf der 7.Reihe sind ausgezeichnete "Zwickmüller" und zermahlen alles auf der 7.(2.) Reihe:

1.♖g7-h7+ ♔h8-g8 2.♖f7-g7+ ♔g8-f8 3.♖g7xc7 ♔f8-g8 4.♖c7-g7+ ♔g8-f8 5.♖g7xb7 ♔f8-g8 6.♖b7-g7+ ♔g8-f8 7.♖h7-h8+ ♔f8xg7 8.♖h8xa8 usw.

Die Gefahr, die von zwei Türmen auf der 7.Reihe ausgeht, ist offensichtlich. Aber ein Turm kann zusammen mit einer anderen Figur noch weitere und sogar schwerwiegendere Drohungen aufstellen.

Wenn anstatt des zweiten Turmes die Dame ins Spiel kommt, gibt das dem Angreifer noch weitere Möglichkeiten. Die Dame verstärkt ja durch ihre zusätzliche Läufereigenschaft den Angriff, da sie den Angriffswinkel ändern kann. Hier ein Beispiel aus Aaron Nimzowitschs berühmtem Buch *"Mein System"*:

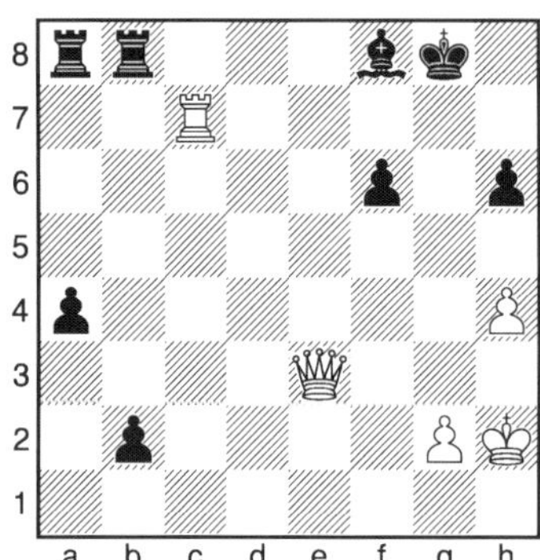

Gegen zwei Türme könnte sich Schwarz leicht verteidigen. Sein Läufer verhindert sowohl das Dauerschach als auch die typische Mattposition. Aber:

1.♕e3–e6+ ♔g8–h8 2.♕e6xf6+ ♔h8–g8

3.♕f6–f7+/g6+ ♔g8–h8 4.♕f7–h7#

Es gibt viele Möglichkeiten, wie ein einzelner Turm auf der 7.Reihe, lediglich unterstützt von einer Leichtfigur, einen siegreichen Angriff führen kann. Aber das ist zu viel, um es hier zu zeigen und du bist sicher auch müde von der langen Lektion.

Ruh dich erst einmal aus und schau dir dann frisch und ausgeruht in den Übungen an, wie der Kampf um die und auf der 7. (2.) Reihe in der Praxis aussieht.

Da es außer den prinzipiellen Beispielen wie hier gesehen keine simplen Fälle gibt, habe ich alle Übungen in einem Teil zusammengefasst. Da wir auch einige gemischte Angriffe unter Einbeziehung der 8.Reihe im Kapitel "Angriff auf die Grundreihe" sehen, gibt es diesmal nur 24 Aufgaben.

Da viele Lösungen zu lang sind, um sie unter das Diagramm zu schreiben, solltest du am besten wieder alle Lösungen auf ein Blatt schreiben.

Turm / Türme auf der 7. (2.) Reihe

Und wie man sie nutzt

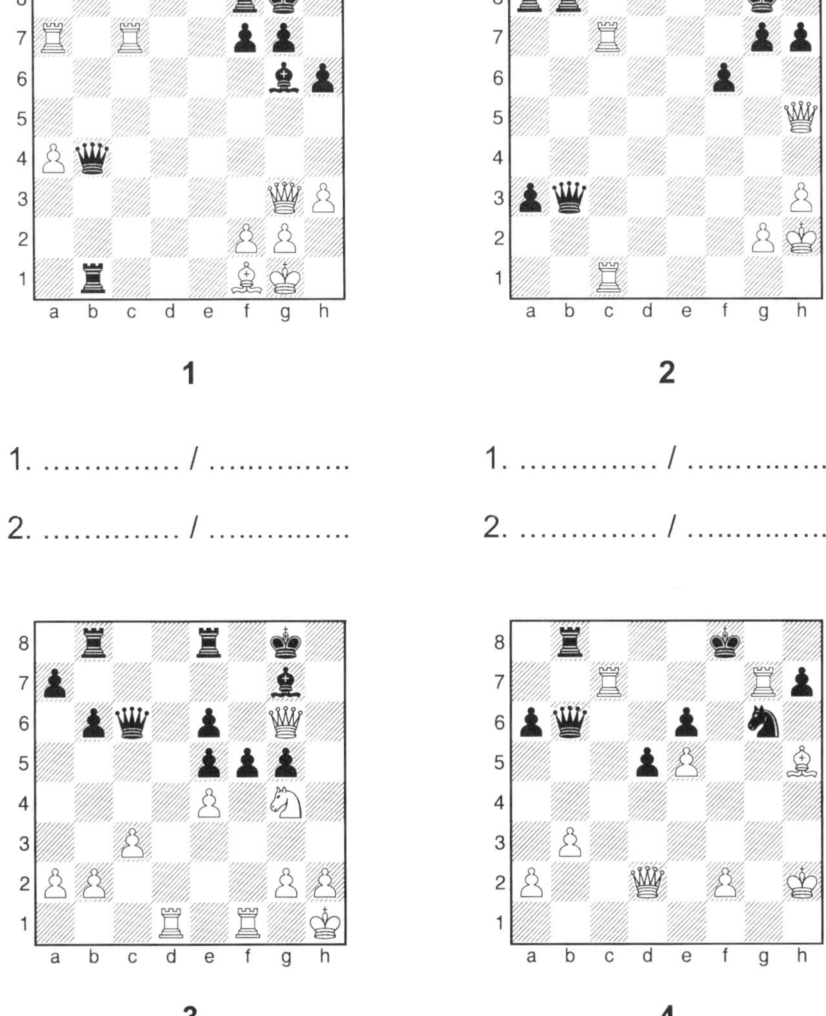

1

1. .... / ....

2. .... / ....

2

1. .... / ....

2. .... / ....

3

1. .... / ....

2. .... / ....

4

1. .... / ....

2. .... / ....

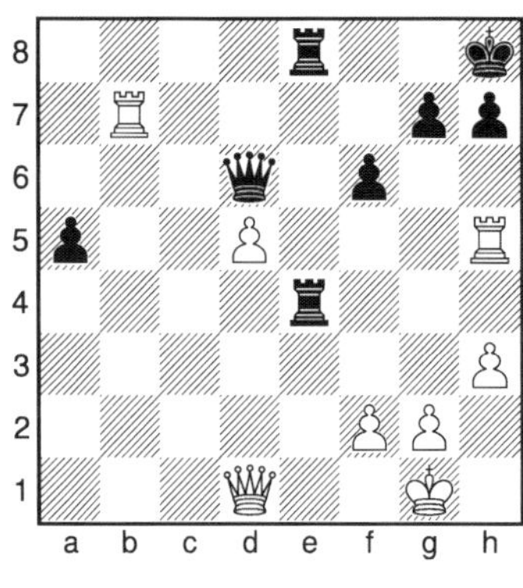

5

1. .... / ....

2. .... / ....

3. .... / ....

6

1. .... / ....

2. .... / ....

3. .... / ....

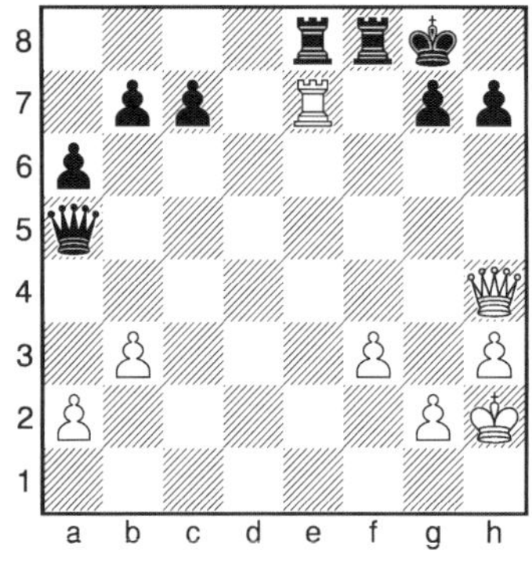

7

1. .... / ....

2. .... / ....

3. .... / ....

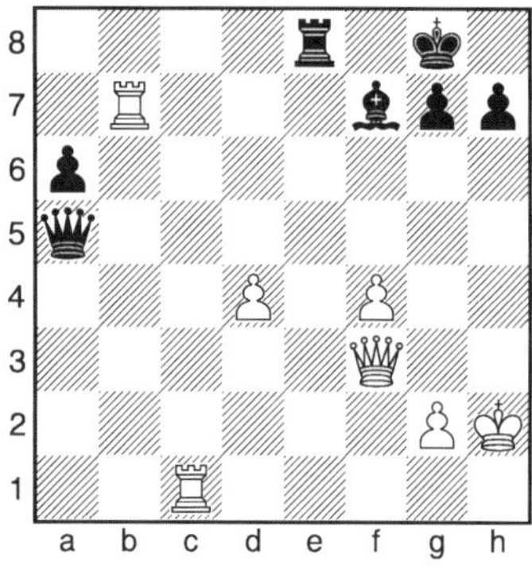

8

1. .... / ....

2. .... / ....

3. .... / ....

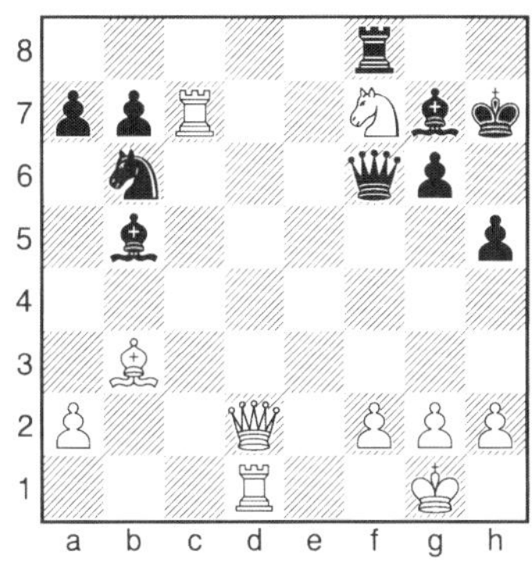

9

1. .... / ....

2. .... / ....

3. .... / ....

10

1. .... / ....

2. .... / ....

3. .... / ....

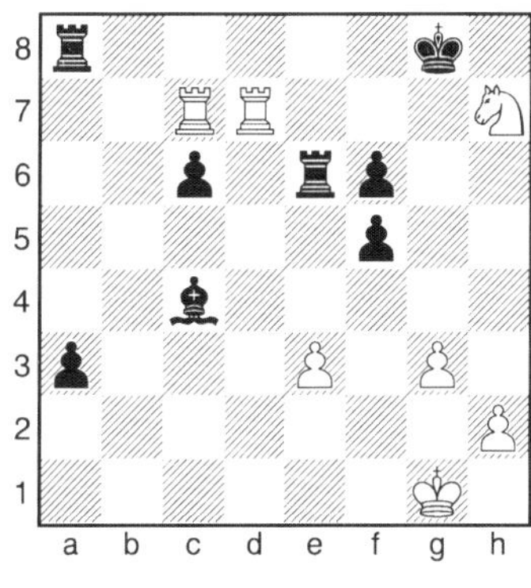

11

1. .... / ....

2. .... / ....

3. .... / ....

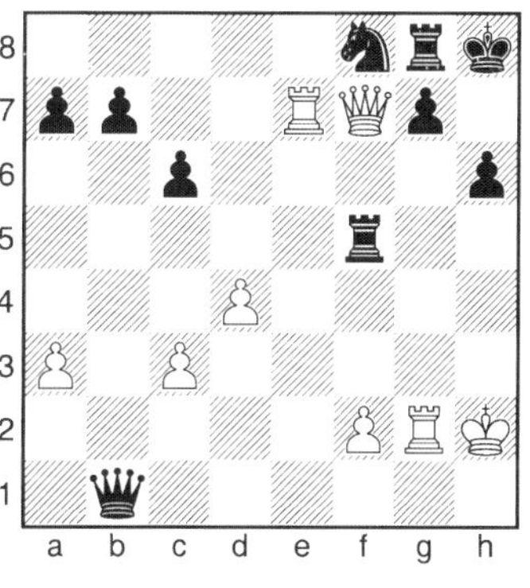

12

1. .... / ....

2. .... / ....

3. .... / ....

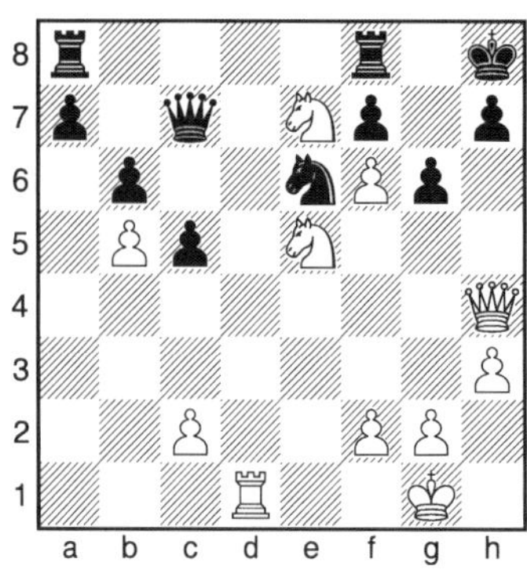

13

1. .... / ....

2. .... / ....

3. .... / ....

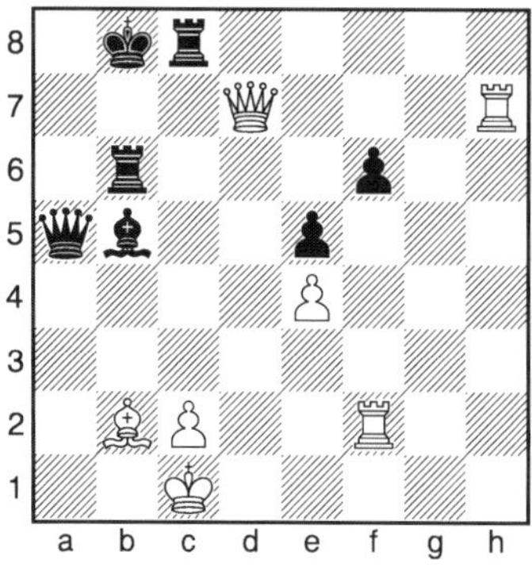

14

1. .... / ....

2. .... / ....

3. .... / ....

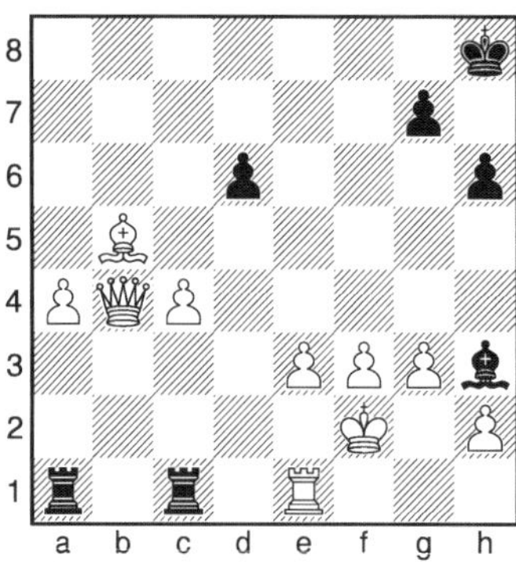

15 ●

1. .... / ....

2. .... / ....

3. .... / ....

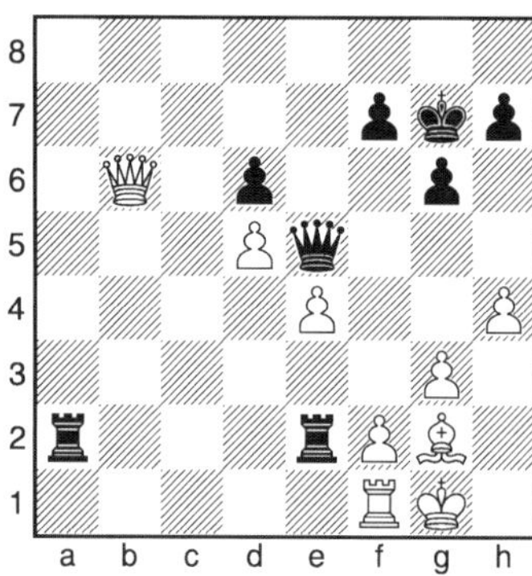

16 ●

1. .... / ....

2. .... / ....

3. .... / ....

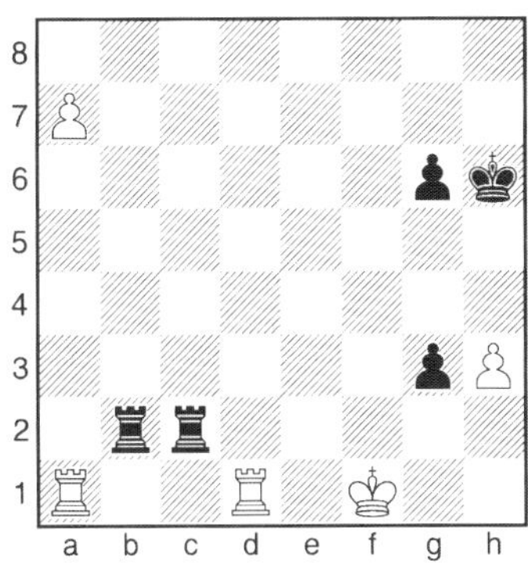

17 ●

1. .... / ....

2. .... / ....

3. .... / ....

18 ●

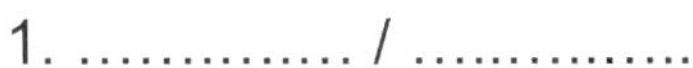

1. .... / ....

2. .... / ....

3. .... / ....

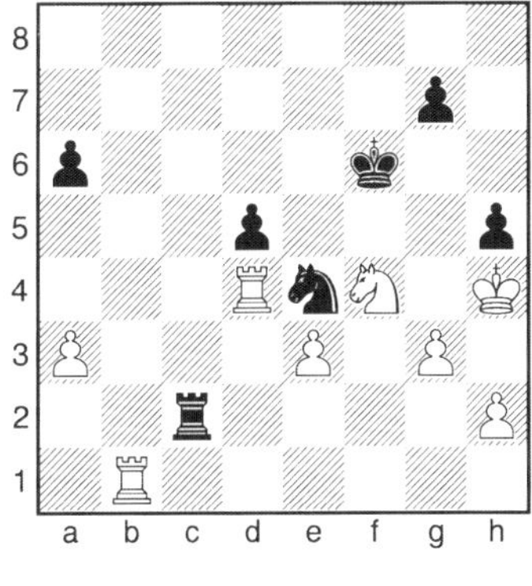

19 ●

1. .... / ....

2. .... / ....

3. .... / ....

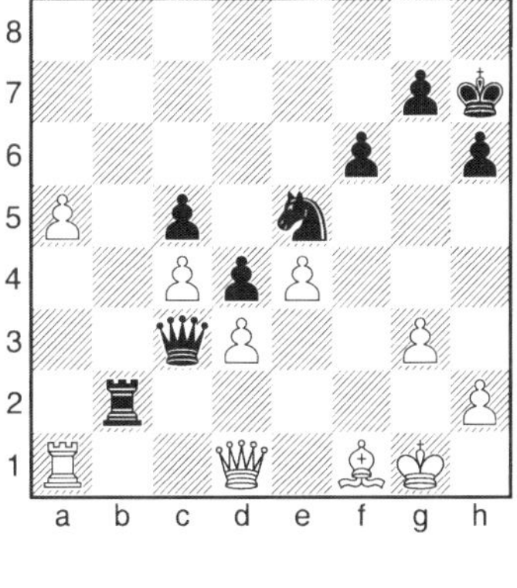

20 ●

1. .... / ....

2. .... / ....

3. .... / ....

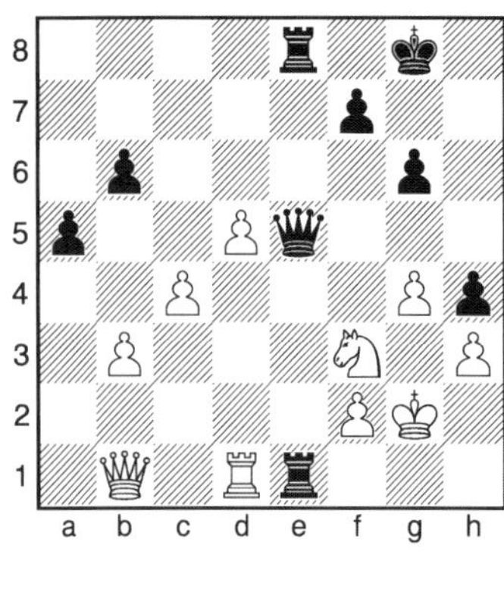

21 ●

1. .... / ....

2. .... / ....

3. .... / ....

22 ●

1. .... / ....

2. .... / ....

3. .... / ....

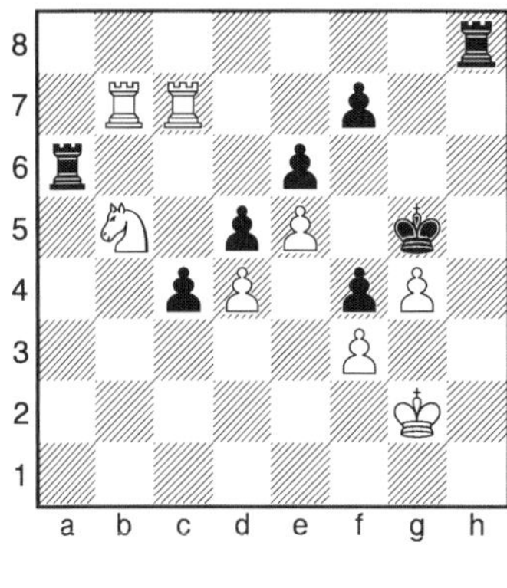

23 ●

1. .... / ....

2. .... / ....

3. .... / ....

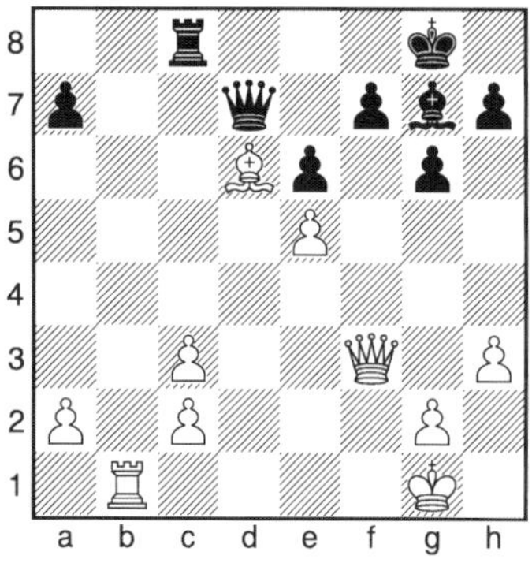

24

1. .... / ....

2. .... / ....

3. .... / ....

Lösungen

Turm / Türme auf der 7. (2.) Reihe

Und wie man sie nutzt

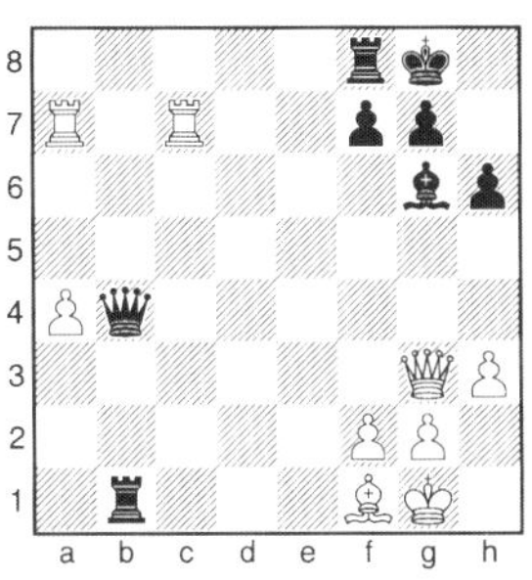

1.

1.♕g3xg6

Gewinnt den Läufer, denn Schwarz darf nicht schlagen:

1...f7xg6?? 2.♖c7xg7+ ♔g8–h8 3.♖g7–h7+ ♔h8–g8 4.♖a7–g7#

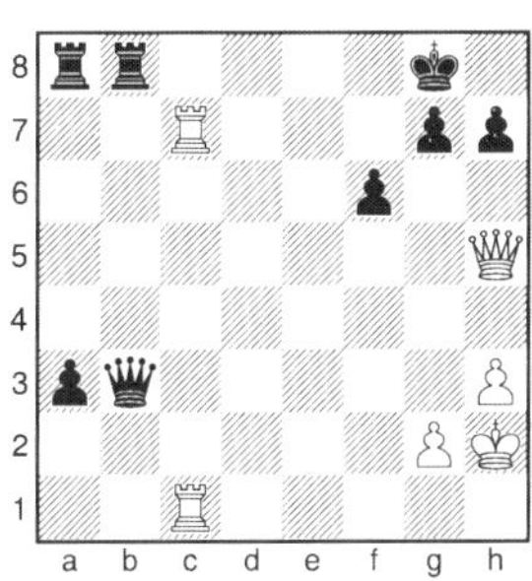

2.

1.♕h5–g4 g7–g6 2.♕g4–d7

Und Matt folgt. Eine längere Lösung ist 1.♖c7xg7+ ♔g8xg7 2.♖c1-c7+ ♔g7–f8 3.♕h5xh7 usw.

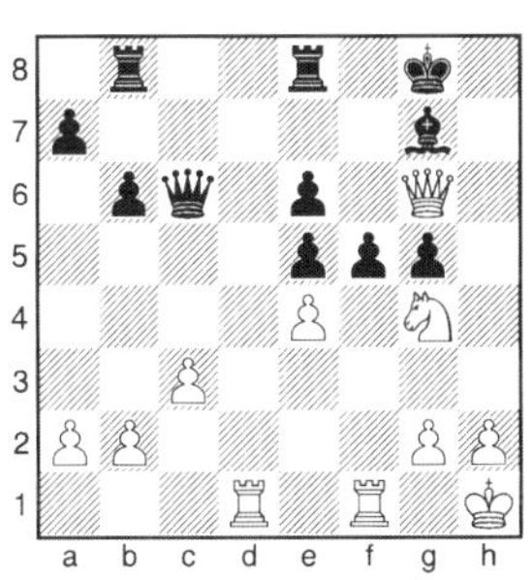

3.

1.♖d1-d7

Matt oder Damengewinn! Nur Zugumstellung ist 1.♘g4–f6+ ♔g8–f8 2.♖d1-d7

1...♕c6xd7 2.♘g4–f6+ ♔g8–f8 3.♘f6xd7+

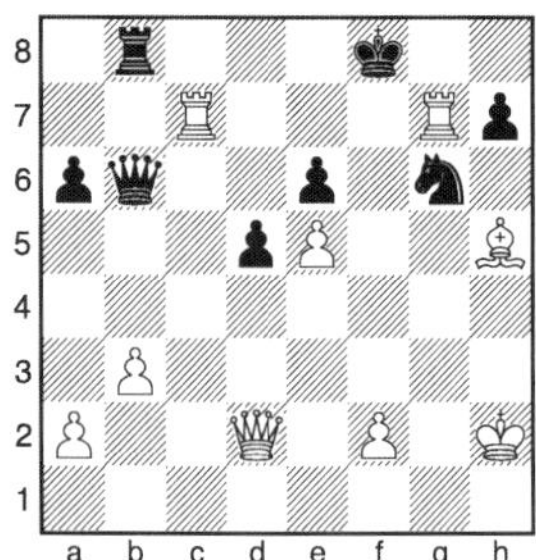

4.

1.♕d2–f4+ ♘g6xf4

Weglenkung des Verteidigers.
Falls 1...♔f8–e8 2.♖g7–g8#

2.♖c7–f7+ ♔f8–e8 3.♖g7–g8#

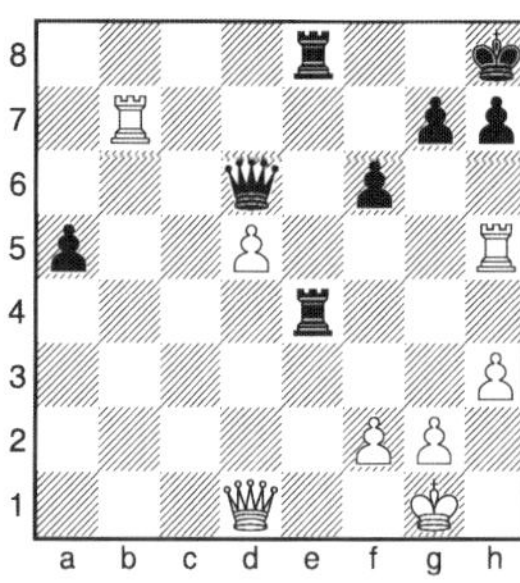

5.

1.♖h5xh7+ ♔h8xh7
2.♕d1-h5+ ♔h7–g8
3.♕h5–f7+ ♔g8–h8
4.♕f7xg7#

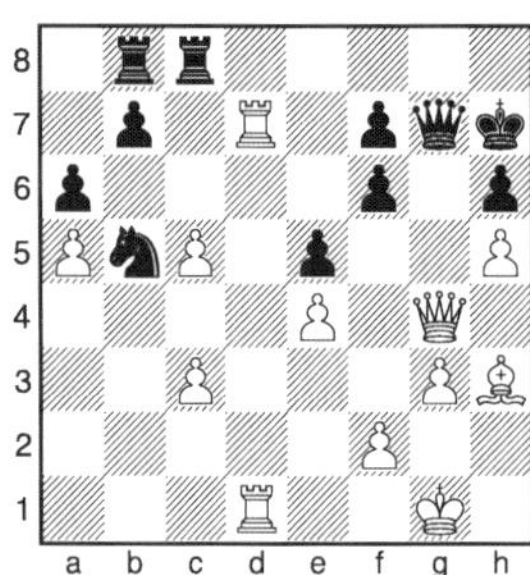

6.

Mit dem **"Nachlademotiv"** (eine Figur kann geschlagen werden, aber die andere tritt an ihre Stelle) spießt Weiß die Dame auf:

1.♖d7xf7 ♕g7xf7 2.♖d1-d7 ♕f7xd7 3.♕g4xd7+

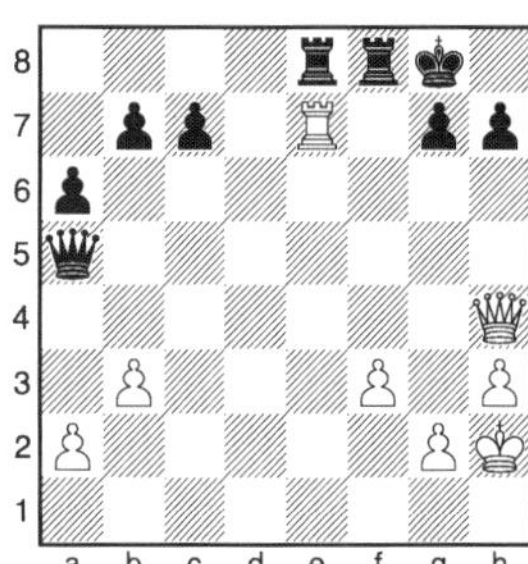

7.

1.♕h4–c4+ ♔g8–h8 2.♕c4–f7 ♕a5–e5+ 3.♖e7xe5

Nicht besser ist 2...♖f8xf7 3.♖e7xe8+ ♖f7–f8 4.♖e8xf8#; oder
2...♕a5–g5 3.♖e7xe8 ♕g5–f4+ 4.♕f7xf4

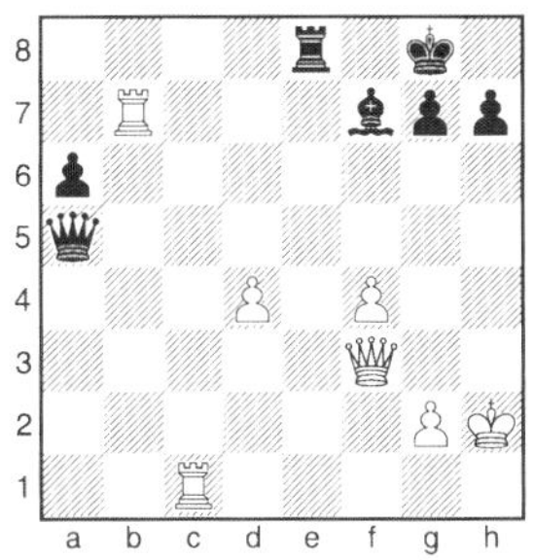

8.

1.♖c1-c7 ♖e8–f8

1...♕a5–d5 2.♖c7xf7 ♕d5xf7 3.♖b7xf7 Vermeidet Matt, ist aber hoffnungslos.

2.♖c7xf7 ♖f8xf7 3.♖b7–b8+ ♖f7–f8 4.♕f3–b3+ ♔g8–h8 5.♖b8xf8#

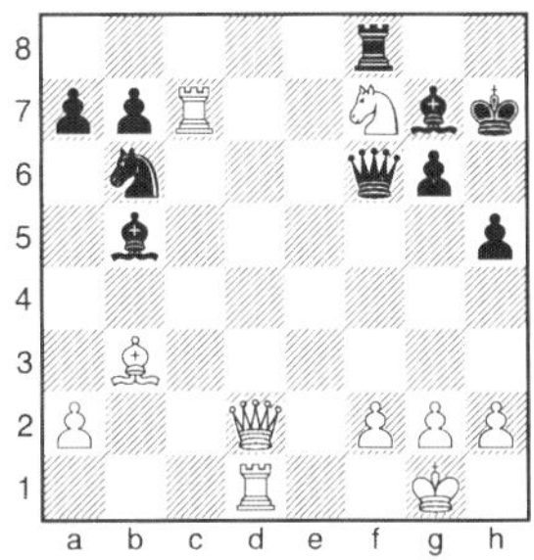

9.

1.♕d2–h6+ ♗g7xh6

Oder 1...♔h7–g8 2.♕h6–h8+ ♗g7xh8 3.♘f7–h6#

2.♘f7–g5+ ♔h7–h8 3.♖c7–h7#

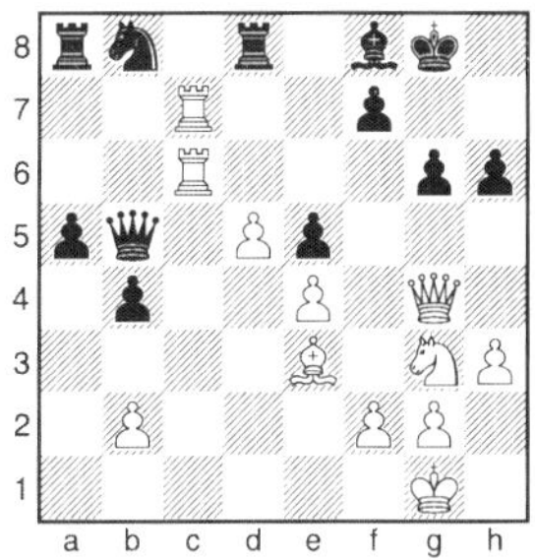

10.

1.♖c6xg6+ ♔g8–h8

Falls 1...f7xg6 2.♕g4xg6+ ♔g8–h8 3.♕g6–h7#

2.♖g6–g8+ ♔h8–h7 3.♕g4–g6#

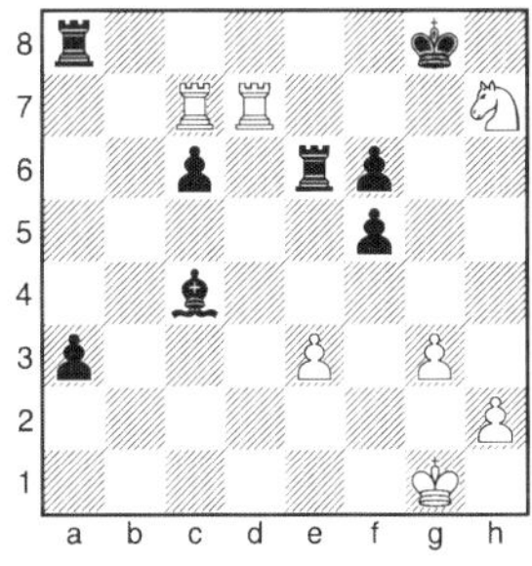

11.

1.♖d7–g7+ ♔g8–h8 2.♘h7–f8 ♖a8xf8

Andernfalls 2...-- 3.♘f8–g6#

3.♖g7–h7+ ♔h8–g8 4.♖c7–g7#

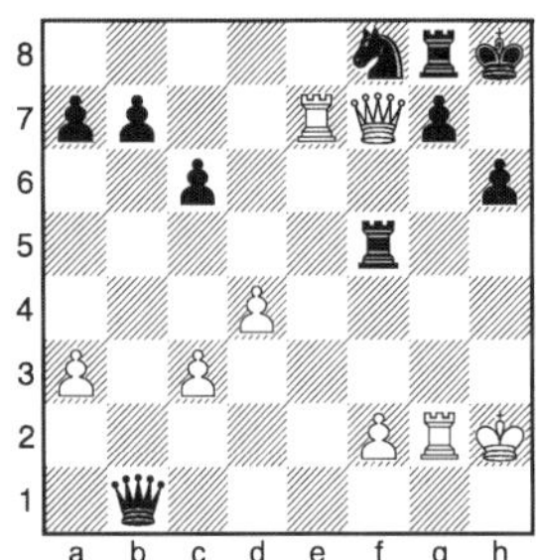

12.

Auf der 7.Reihe kommt Weiß zwar nicht zum Zug, aber dafür auf der g-Linie:

1.♕f7xg8+ ♔h8xg8 2.♖e7xg7+ ♔g8-h8 3.♖g7-g8+ ♔h8-h7 4.♖g2-g7#

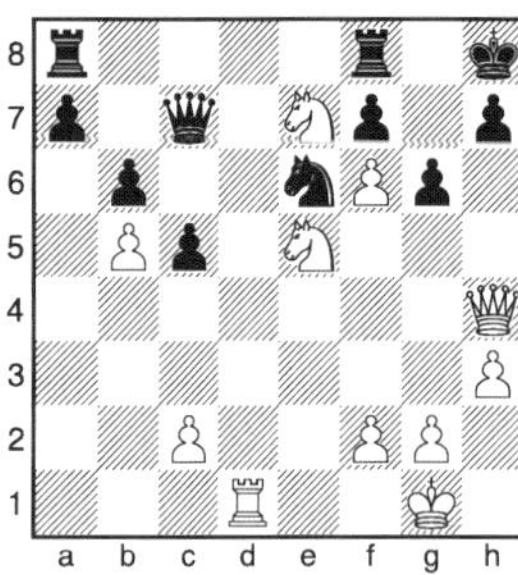

13.

1.♖d1-d7 ♕c7xe5 2.♘e7xg6+ f7xg6 3.♕h4xh7#

Schwächer, aber immer noch gut genug ist

1.♘e7xg6+ f7xg6 2.♖d1-d7 ♕c7xd7 3.♘e5xd7

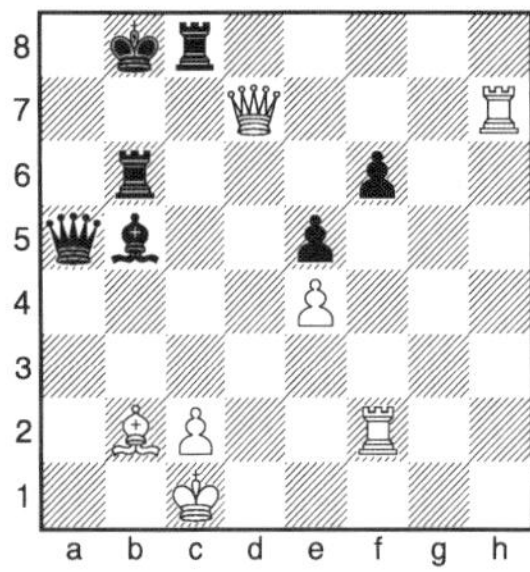

14.

Ein Opfer zur Linienöffnung bringt den zweiten Turm ins Spiel:

1.♗b2xe5+ f6xe5 2.♕d7xc8+ ♔b8xc8 3.♖f2-f8+ ♗b5-e8 4.♖f8xe8#

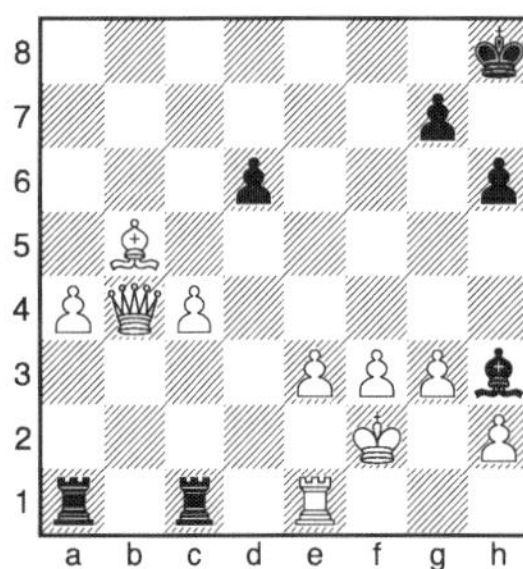

15.

1...♖c1-c2+ 2.♔f2-g1

Falls 2.♖e1-e2 ♖a1-f1#

2...♖a1-a2 3.-- ♖c2-g2 4.♔g1-h1 ♖g2xh2+ 5.♔h1-g1 ♖a2-g2+ 6.♔g1-f1 ♖h2-h1#

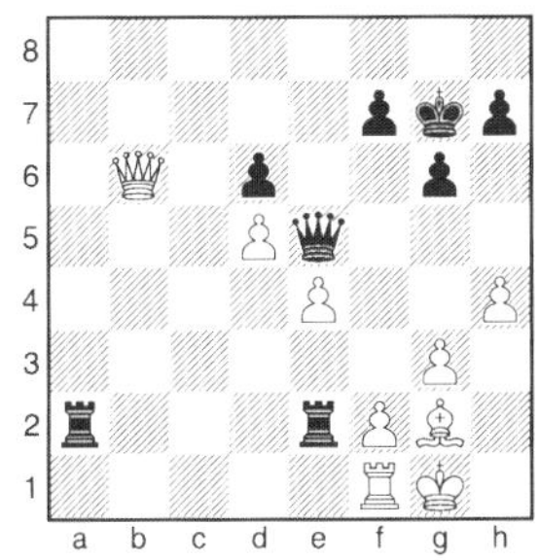

16.

Der Bf2 ist gegen das Mattfeld gefesselt:

1...♕e5xg3 2.f2xg3 ♖e2xg2+
3.♔g1-h1 ♖g2-h2+
4.♔h1-g1 ♖a2-g2#

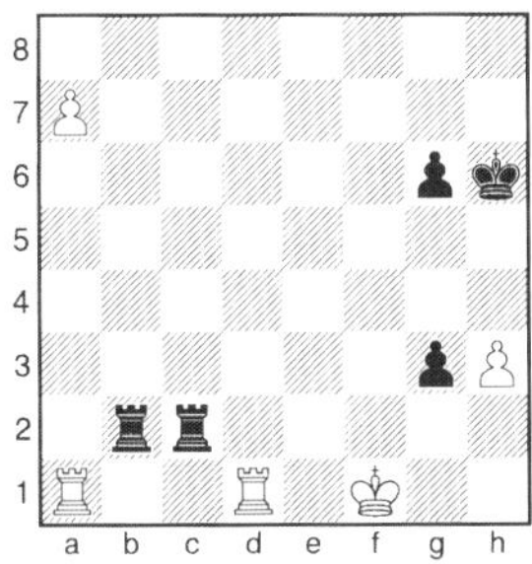

17.

1...♖c2–g2

Zieh nicht ohne zu berechnen: 1...♖c2–h2? 2.♔f1-g1 ♖b2–g2+ 3.♔g1-f1 ♖g2–f2+ 4.♔f1-g1 ist nur Remis!

2.–– ♖b2–f2+ 3.♔f1-e1 ♖g2–g1#

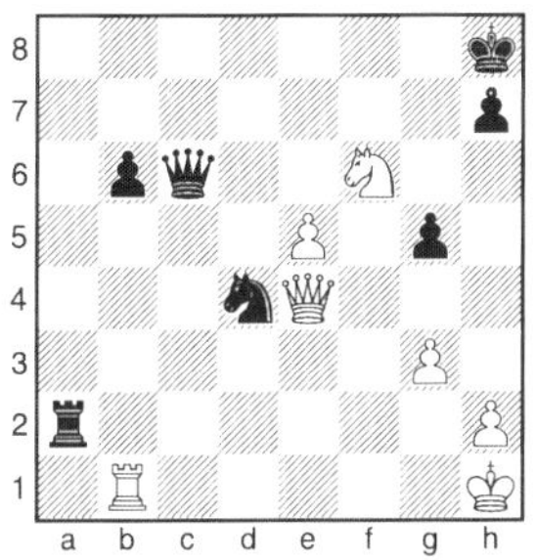

18.

In dieser scheinbar unauffälligen Stellung lauert nach Damentausch das arabische Matt:

1...♕c6xe4+ 2.♘f6xe4 ♘d4–f3
3.–– ♖a2xh2#

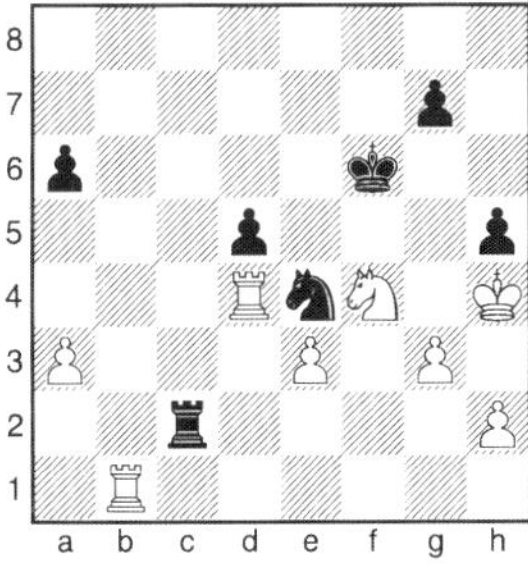

19.

Der vorgerückte König übersteht den Angriff von hinten nicht:

1...♖c2xh2+ 2.♘f4–h3 g7–g5+
3.♔h4xh5 ♖h2xh3+ 4.♔h5–g4 ♖h3xg3+
5.♔g4–h5 ♖g3–h3+ 6.♔h5–g4 ♘e4–f2#

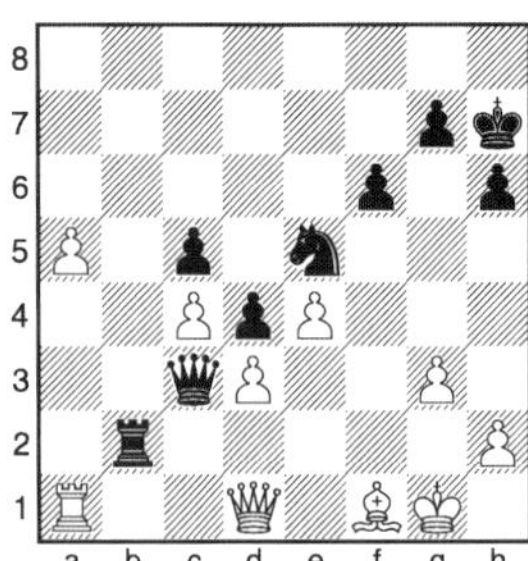

20.

1...♖b2-d2

Mit Materialgewinn; oder Weiß wählt das schnelle Ende:

2.♕d1-c1 ♘e5-f3+ 3.♔g1-h1 ♖d2xh2#

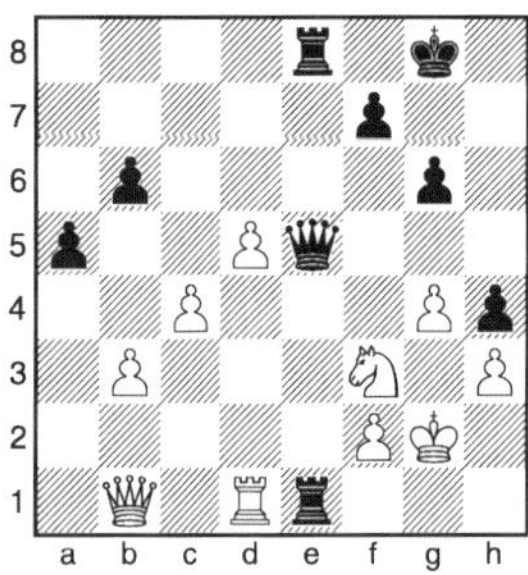

21.

1...♕e5-g3+

Erzwingt die Öffnung der 2.Reihe:

2.f2xg3 ♖e8-e2#

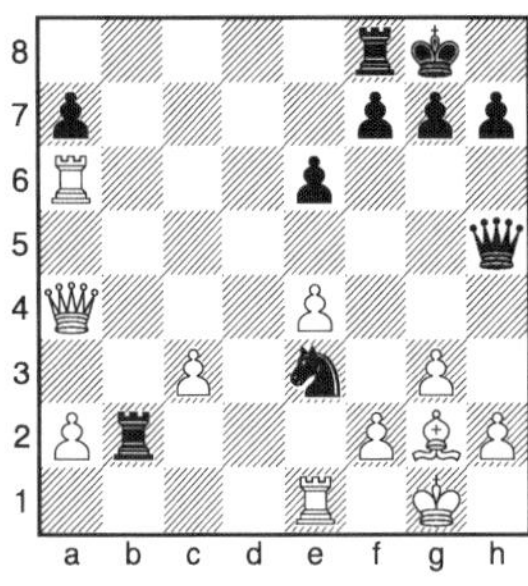

22. Bacrot (2653) – Anand (2770)
Corsica masters (rapid) 2001

1...♕h5-e2!

Weiß gab auf, da Matt folgt:

2.♖e1xe2 ♖b2-b1+ 3.♗g2-f1 ♖b1xf1#

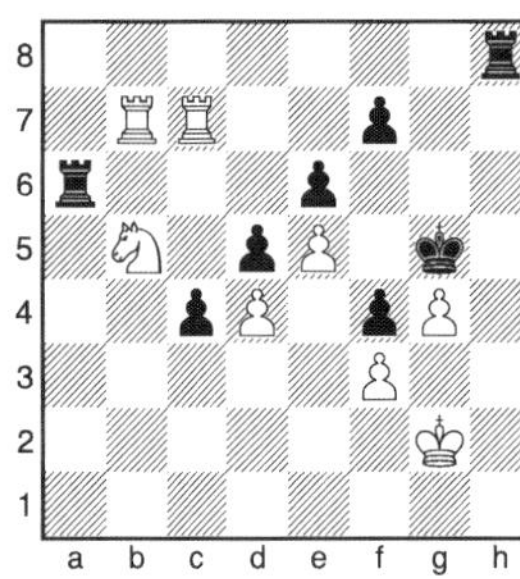

23.

Die schwarzen Türme stehen weit auseinander und hinten, vereinigen sich aber schnell zum Matt-angriff:

1...♖a6-a2+ 2.♔g2-g1 ♖a2-a1+ 3.♔g1-g2 ♖a1-h1 4.♖c7xf7 ♖h8-h2#

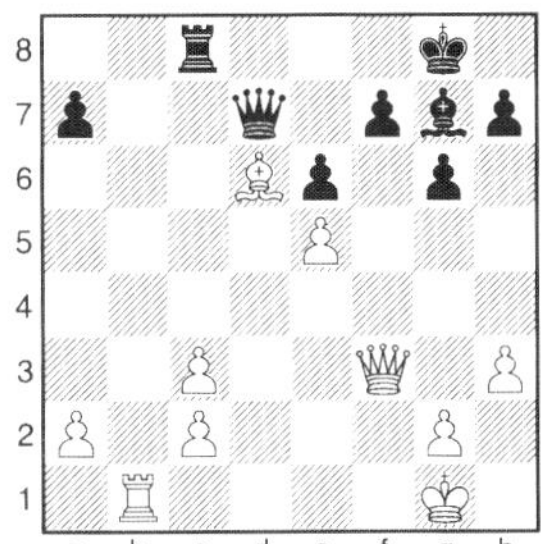

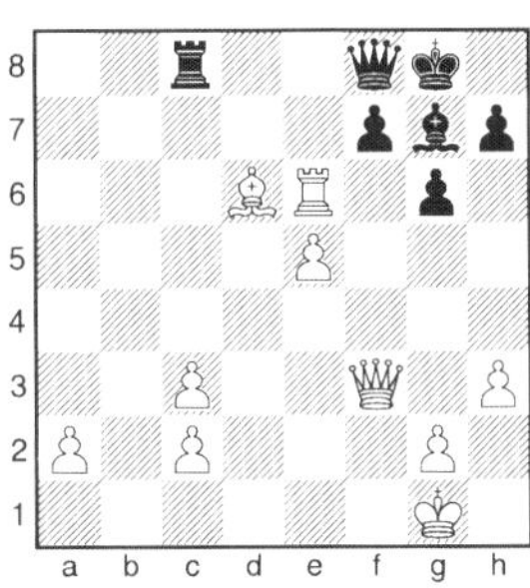

24.

Zum Abschluss unserer Übungen eine nette Zwickmühle:

1.♖b1-b7 ♕d7–e8
2.♖b7–e7 ♕e8–f8
3.♖e7xa7 ♕f8–e8
4.♖a7–e7 ♕e8–f8
5.♖e7xe6 *(D2)* **♕f8–d8**
6.♖e6–e7 ♕d8–f8
7.♖e7–c7 ♕f8–e8
8.♕f3xf7+ ♕e8xf7
9.♖c7xc8+ ♗g7–f8
10.♖c8xf8+ ♕f7xf8
11.♗d6xf8

Und das Bauerendspiel ist leicht gewonnen.

8. Angriff auf die Grundreihe

Eng verwandt mit dem Angriff auf die 7.Reihe ist der Angriff auf die Grundreihe des Gegners. In unseren Aufgaben zur 7.Reihe haben wir schon einige Stellungen gesehen, bei denen die Grundreihe involviert war.

Da du gewiss schon einige praktische Erfahrung mit der Grundreihe hast (hoffentlich nicht nur schlechte, ☺) können wir diese Lektion kurz halten. Zu Beginn schauen wir uns einige typische Drohungen und Fehler im Zusammenhang mit der Grundreihe an.

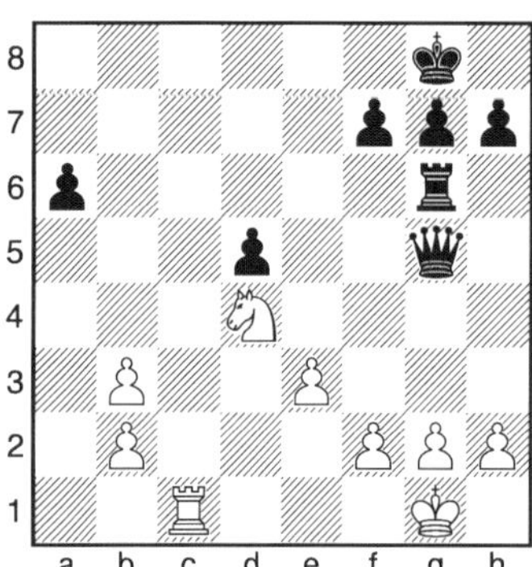

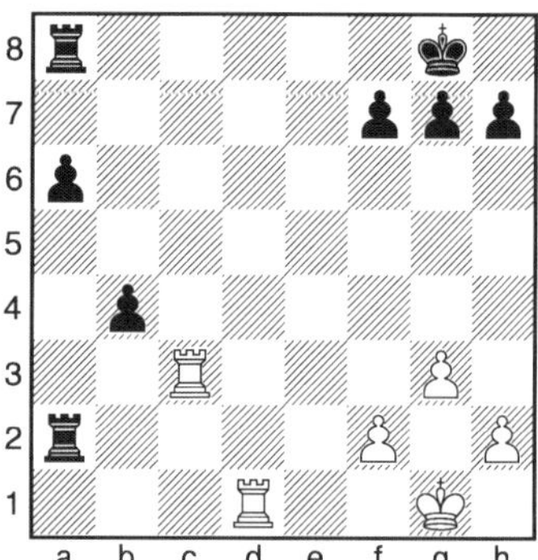

In *D links* sehen wir den typischsten aller Reinfälle an, den fast jeder Anfänger aus leidvoller Erfahrung kennt. Schwarz war zu sehr mit seinem eigenen Mattangriff beschäftigt (Drohung Dxg2#) oder hatte im Geiste schon gewonnen und hatte kein Auge für die Gefahr:

1.♖c1-c8+ ♛g5-d8 2.♖c8xd8#

In *D rechts* scheint die Situation unter Kontrolle zu sein. Der schwarze Turm verteidigt ja die Grundreihe. Aber Schwarz erkannte nicht die Veränderung nach:

1.♖c3-d3 a6-a5??

Ignoriert alle Züge, die Matt verhindern könnten, so

1...♔g8-f8; 1...g7-g6; 1...h7-h6/h5; oder 1...♖a8-e8;

Jeder einzelne davon ist absolut ausreichend. Nun aber

2.♖d3-d8+ ♖a8xd8 3.♖d1xd8#

Bald ist der Anfänger in der Lage, solche Reinfälle fast immer zu vermeiden. Aber bessere, oft getarnte Angriffe warten auf ihn.

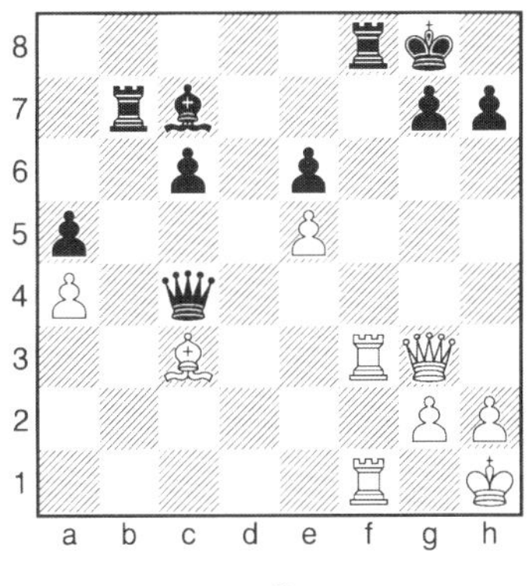

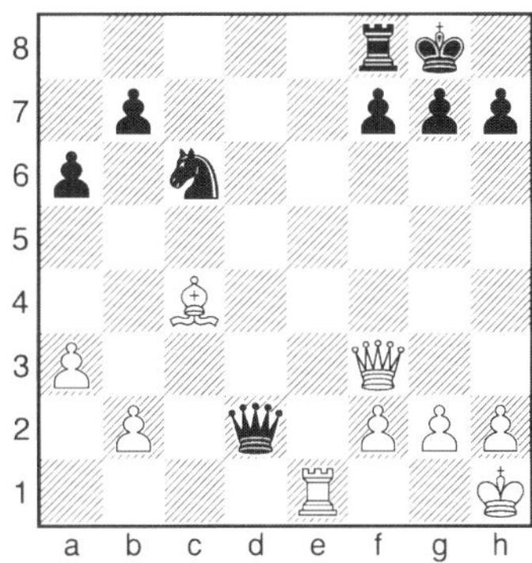

In *D links* hat Weiß gerade seinen Turm nach f1 gezogen mit der primitiven Mattdrohung auf f8 und nach Turmtausch Einmarsch mit der Dame auf die 7. oder 8.Reihe. Doch er übersah die Schwäche seiner eigenen Grundreihe, die Schwarz mit dem sogenannten **"Röntgen–Angriff"** nutzt:

1...♕c4xf1+ 2.♖f3xf1 ♖f8xf1#

Die schwarze Dame ist über den Tf3 hinweg gedeckt durch ihren Tf8. Wir sehen mehr über dieses Motiv später im Buch.

In *D rechts* sehen wir ein anderes typisches Motiv, das Weglenkung und Fesselung nutzt:

1.♕f3xf7+ ♖f8xf7 2.♖e1-e8#

Um solche Reinfälle zu vermeiden, ziehen viele Schachfreunde schon frühzeitig h2–h3 (h7–h6). Oft zu früh, da dafür während der Eröffnungsphase und dem frühen Mittelspiel selten eine Notwendigkeit besteht. Es ist besser, mit dem "Luftloch" abzuwarten und den Zug für die Entwicklung zu nutzen. Und solche Geduld hat einen zusätzlichen Nutzen. Wir können dann entscheiden, welcher Zug am besten für die Fortsetzung der Partie geeignet ist.

Die Frage ist nämlich, ob der Routinezug h3/h6 tatsächlich immer die beste Wahl ist. Bei einem Schach auf der Grundreihe entkommt der König nach h2/h7 und ist sicher. Doch dieser Zug treibt ihn auch näher an den Brettrand und macht den Weg in die Brettmitte länger, wo der König für das Endspiel am besten positioniert ist. Da im Endspiel jeder Zug zählt und entscheidend sein kann, ist das ungünstig.

Werfen wir einen Blick auf die Alternativen und vergleichen ihre verschiedenen Möglichkeiten.

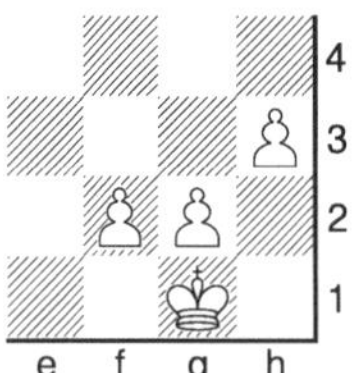
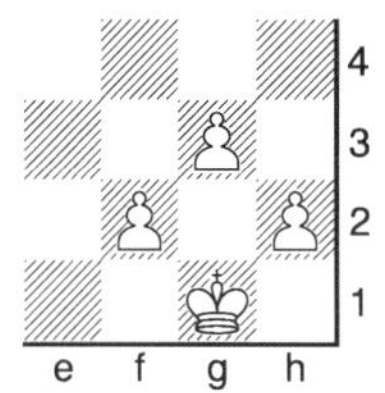
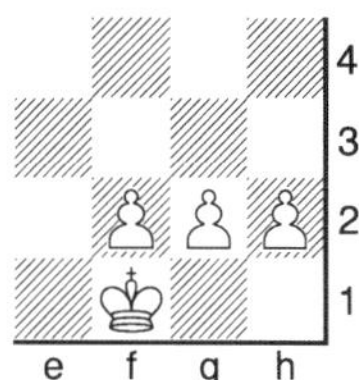

In *D links* sehen wir die Standard Stellung mit **h2–h3**.

In *D mitte* hat Weiß **g2–g3** gewählt. Dieser Zug gibt dem König mehr Flexibilität. Er kann über g2 sowohl nach h3 als auch nach f3 ziehen, was einen Zug kürzer ist als der Weg über h2 – g3 beim "normalen Luftloch". Vielleicht denkst du, dass sei kein großer Unterschied. Aber im Endspiel kann ein Zug oft entscheidend sein.

In *D rechts* hat Weiß gar keinen Bauernzug gemacht, sondern stattdessen **Kg1–f1** gezogen. Das hält den König in der Mitte, von wo aus er schnell in die Brettmitte und zum Damenflügel gelangen kann und in manchen Fällen zudem das Eindringen eines gegnerischen Turms auf die 2.Reihe verhindert. Denk daran:

Wenn sich das Endspiel nähert, zentralisiere deinen König!

Solange die gegnerische Dame noch auf dem Brett ist, kann g2–g3 gefährlich sein, da es schwache Felder schafft. Wir haben schon Mattangriffe gegen solche Schwächen gesehen. Auch Kg1–f1 ist meist nicht ratsam, solange noch viele Figuren auf dem Brett sind. Das ist der Grund, warum du mit dem Luftloch noch warten solltest, bis die Lage sich geklärt hat und du den Zug wählen kannst, der für die Stellung und das zu erwartende Endspiel am besten geeignet ist.

Sind viele Figuren abgetauscht, kannst du auch h2–h4 statt h2–h3 ziehen. Mit folgendem g2–g3 hast du dann z.B. die beste Ausgangsstellung für das Endspiel Turm + 3 Bauern gegen Turm + 4 Bauern an der Königsseite. Die Bauernstruktur **f2 - g3 - h4** ist notwendig, um die gegnerischen Bauern auf Distanz zu halten oder zum Abtausch zu zwingen, was oft zum Remis führt. Aber auch für andere Turmendspiele ist diese Struktur gut. Also denk daran:

Wenn es keine dringende Notwendigkeit gibt, ein Fluchtfeld zu schaffen, warte damit bis du weißt, welcher Weg der beste für deine Stellung ist.

Nach diesem kleinen Ausflug ins Endspiel zurück zum Geschehen auf der Grundreihe.

Der direkte Angriff auf die Grundreihe ist leicht zu erkennen und in den meisten Fällen auch zu verteidigen. Doch es wird komplizierter, wenn der Angreifer zusätzlich andere Schwächen nutzen kann.

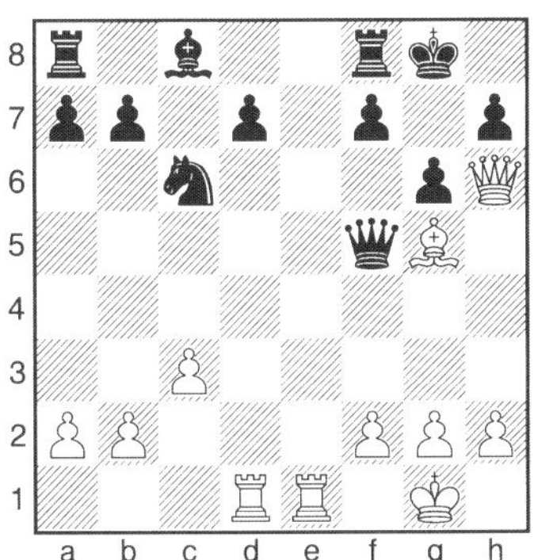

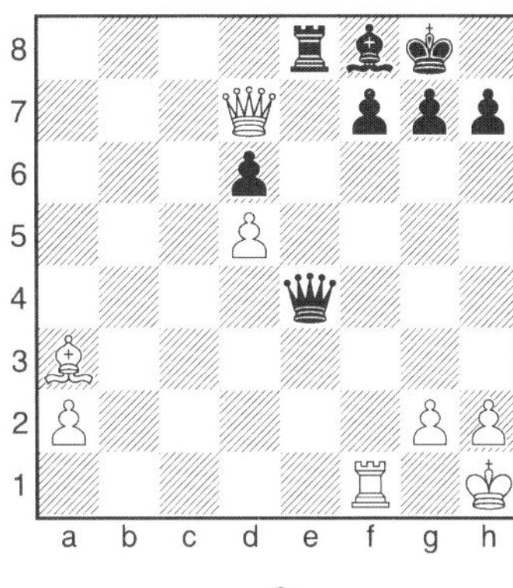

D links: Die geschwächte Bauernstruktur und Hin- und Weglenkung ermöglichen einen schnellen weißen Gewinn:

1.♕h6xf8+ ♔g8xf8 2.♗g5-h6+ ♔f8-g8 3.♖e1-e8#

Ein weiterer Grund für dieses Desaster war die unvollständige Entwicklung von Schwarz (eingesperrter Lc8). Du siehst wie wichtig es ist, die Grundreihe zu räumen und damit beide Türme ins Spiel zu bringen!

D rechts: Hin- und Weglenkung ist die schärfste Waffe im Kampf um die Grundreihe. Ein nettes Beispiel zeigt uns **Bobby Fischer** in einer Partie gegen seinen Erzrivalen **GM Samuel Reshevsky** beim Interzonenturnier (Qualifikationsturnier für das Kandidatenturnier zur Weltmeisterschaft) **Palma de Mallorca 1970**:

28...♕e4-f4 29.♔h1-g1??

Nötig war 29.♕d7-b5 ♕f4-e3 30.♗a3-b4 =

29...♕f4-d4+ 30.♔g1-h1 ♕d4-f2

Und Weiß gab auf angesichts von

31.♖f1-g1 ♖e8-e1 gefolgt von Matt.

Okay, ich denke, du hast die grundlegenden Ideen verstanden. Also auf zu unseren Übungen und "Move it like Bobby!"

Angriff auf die Grundreihe!

Teil 1

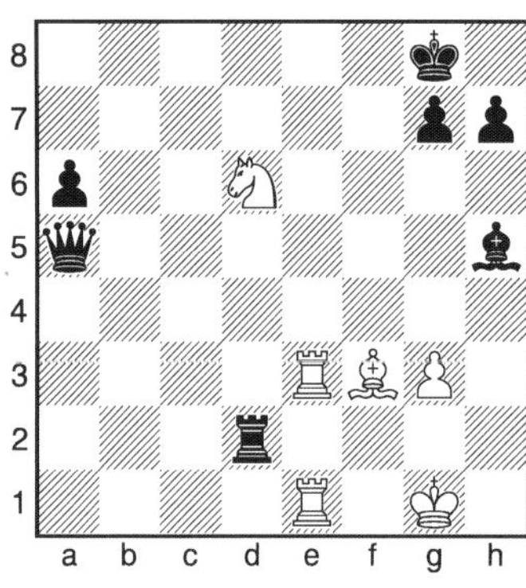

1

1. .... / ....

2. .... / ....

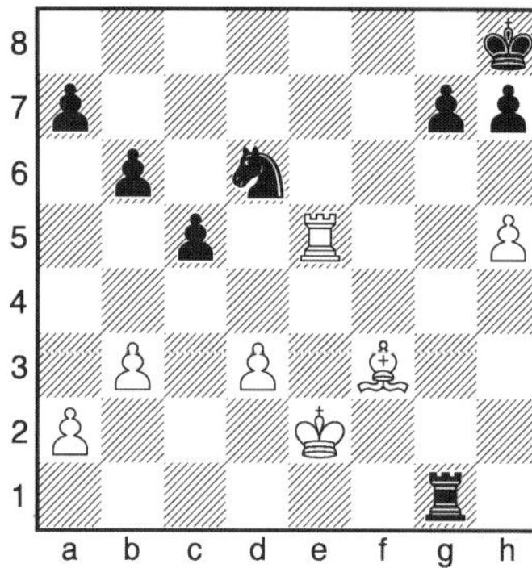

2

1. .... / ....

2. .... / ....

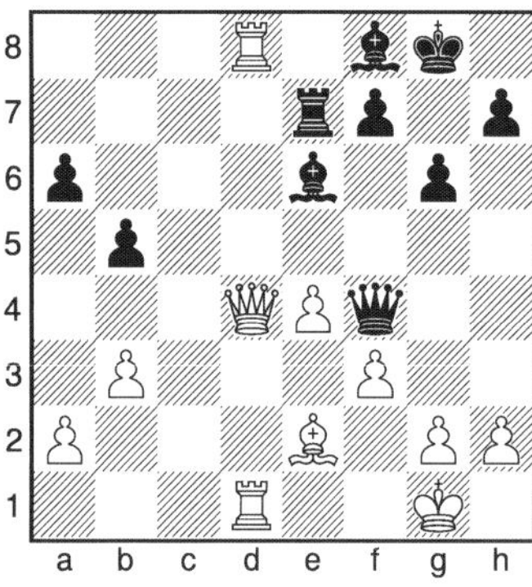

3

1. .... / ....

2. .... / ....

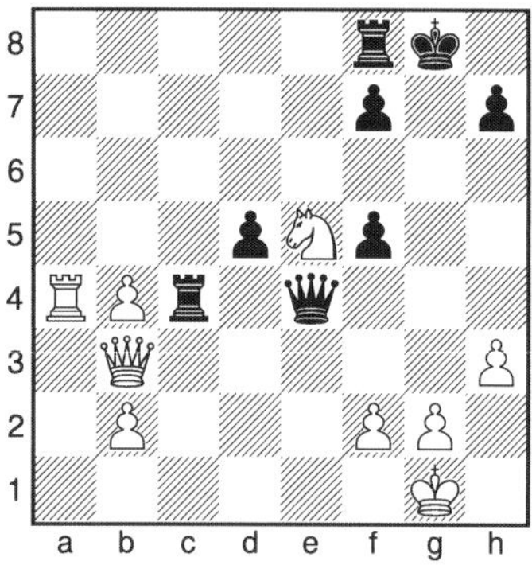

4

1. .... / ....

2. .... / ....

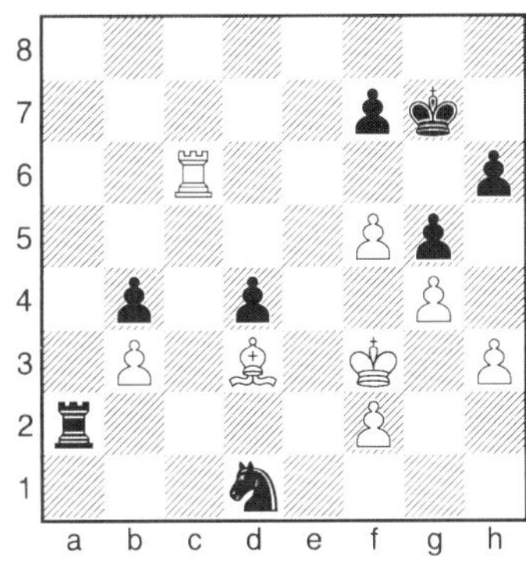

5

1. .... / ....

2. .... / ....

3. .... / ....

6

1. .... / ....

2. .... / ....

3. .... / ....

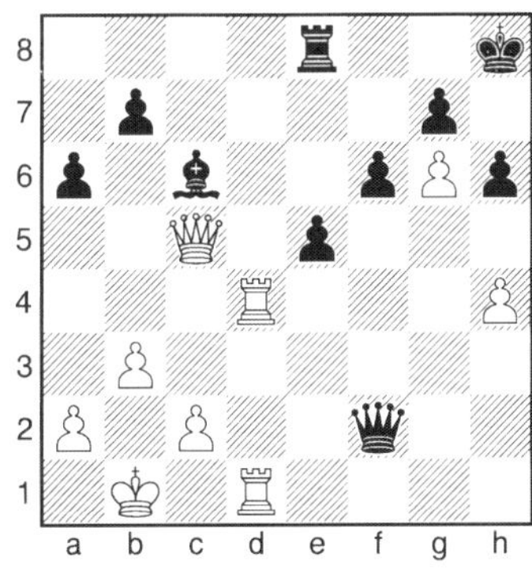

7

1. .... / ....

2. .... / ....

3. .... / ....

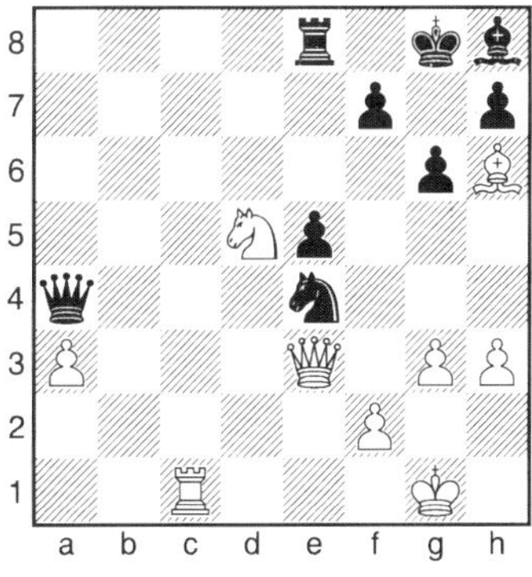

8

1. .... / ....

2. .... / ....

3. .... / ....

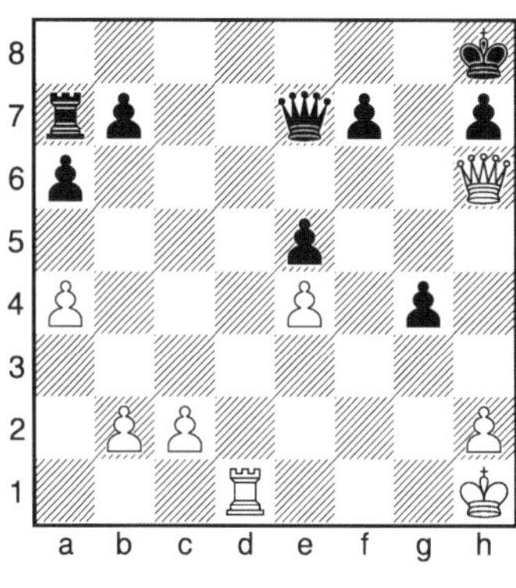

9

1. .... / ....

2. .... / ....

3. .... / ....

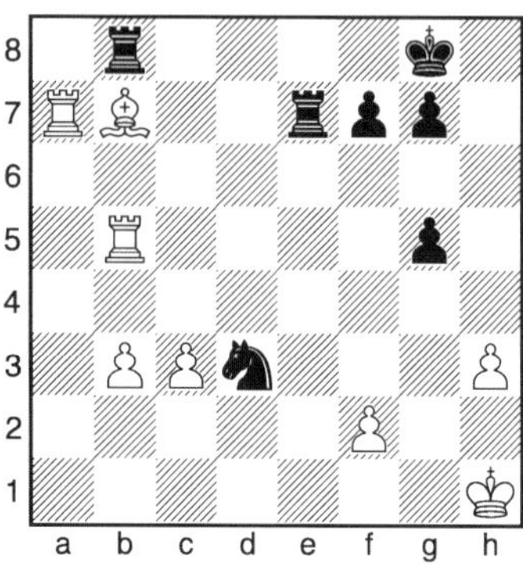

10

1. .... / ....

2. .... / ....

3. .... / ....

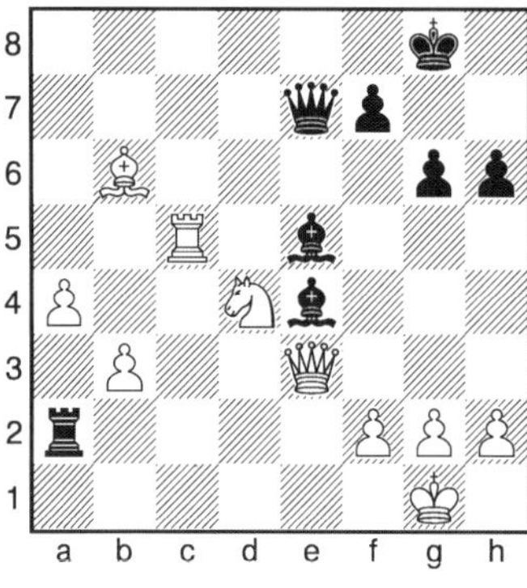

11 ●

1. .... / ....

2. .... / ....

3. .... / ....

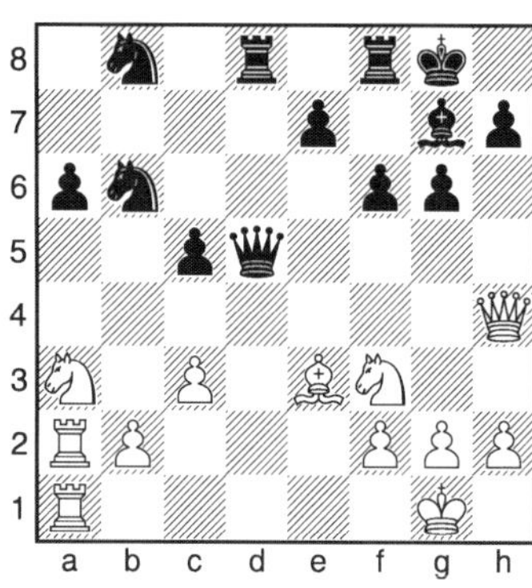

12 ●

1. .... / ....

2. .... / ....

3. .... / ....

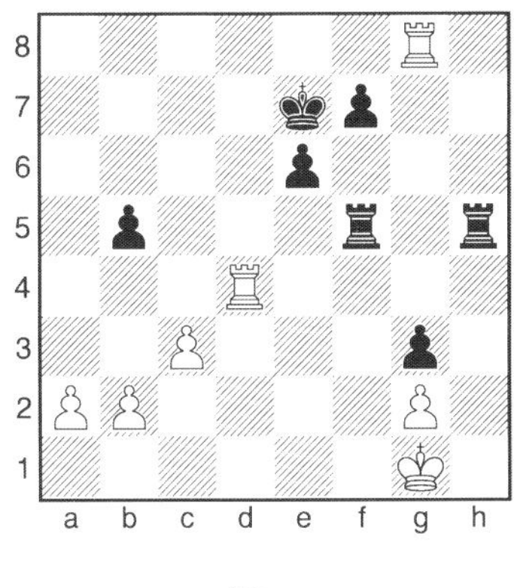

13 ●

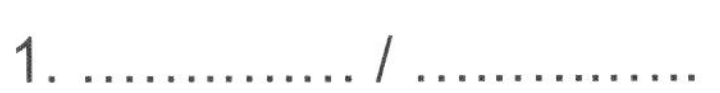

1. .... / ....

2. .... / ....

3. .... / ....

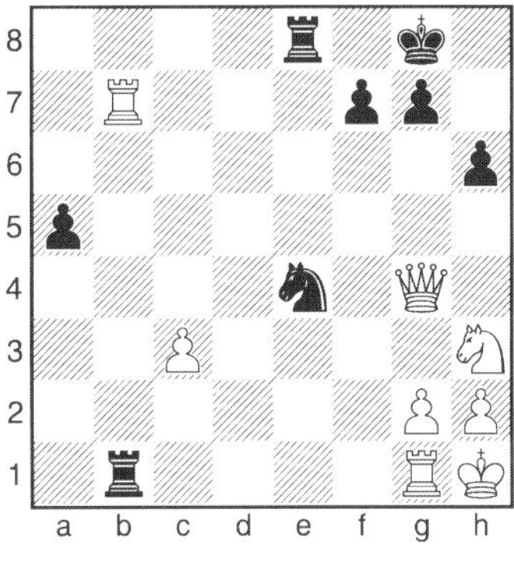

14 ●

1. .... / ....

2. .... / ....

3. .... / ....

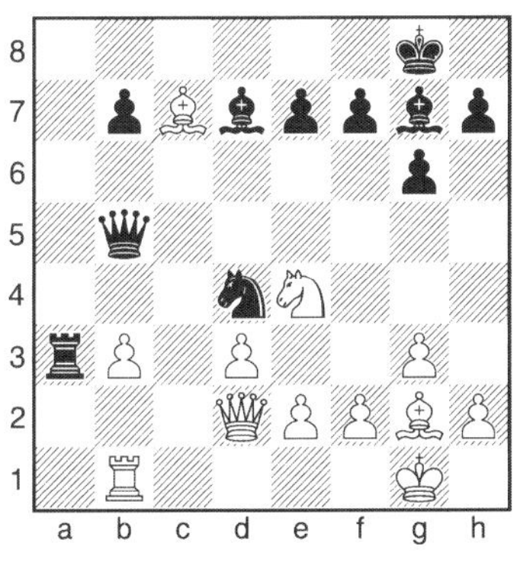

15 ●

1. .... / ....

2. .... / ....

3. .... / ....

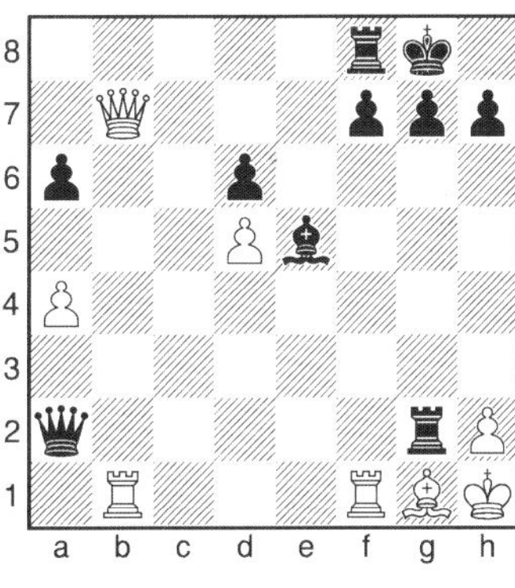

16 ○ / ●

1. .... / ....

2. .... / ....

3. .... / ....

Lösungen

Angriff auf die Grundreihe!

Teil 1

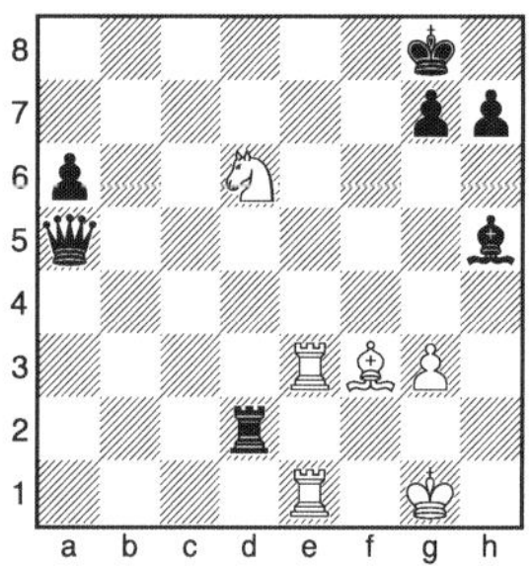

1.

Schwarz übersah, dass der Springer das einzige Fluchtfeld kontrolliert. Der Läufer wird mit dem Nachlademotiv überwältigt:

1.♖e3−e8+ ♗h5xe8 2.♖e1xe8#

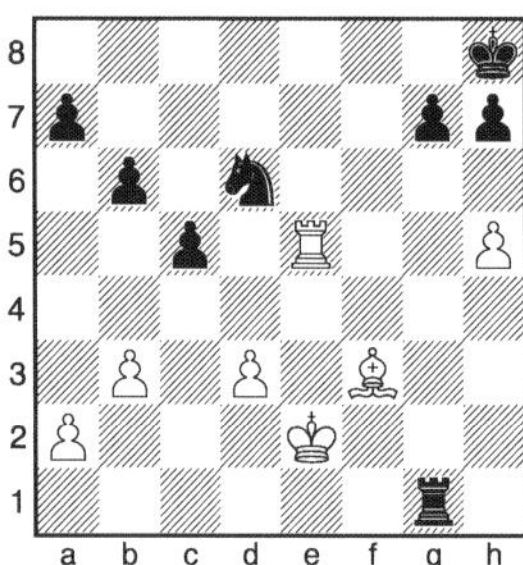

2.

1.♖e5−e6

Gewinnt den Springer. Umständlich gewinnt

1.♖e5−d5 ♘d6−f7 2.♖d5−d7 ♔h8−g8 3.♗f3−d5 mit der Drohung 3...-- 4.♖d7−d8#

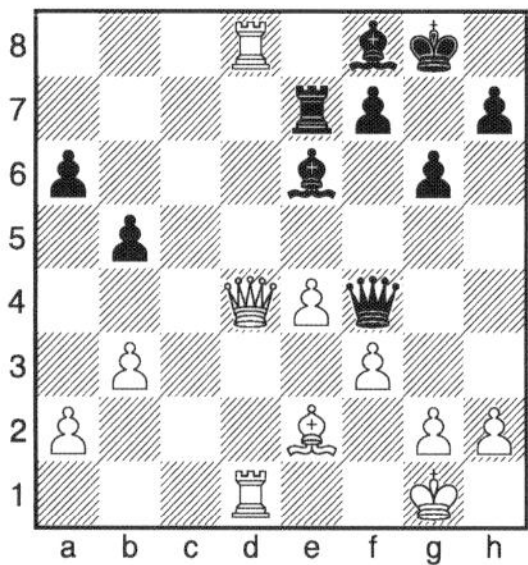

3.

Eine Dame auf der langen Diagonale kann Teil eines Angriffs auf der / die 8.Reihe sein:

1.♖d8xf8+ ♔g8xf8 2.♕d4−h8#

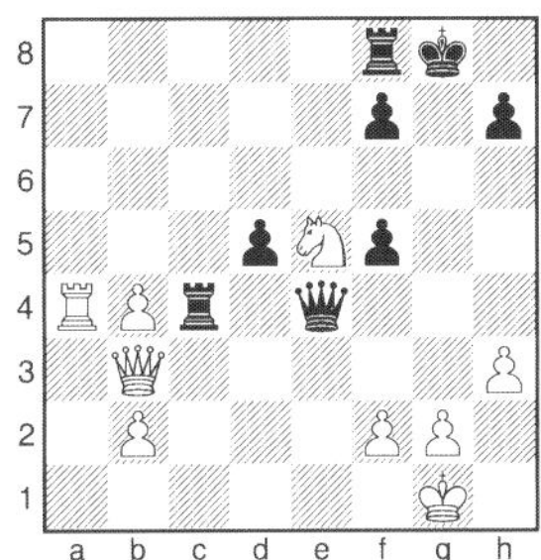

4.

Weiß nutzt ein Mattmotiv um ein anderes zum Einsatz zu bringen:

1.♕b3–g3+ ♔g8–h8
2.♘e5xf7+ ♖f8xf7
3.♖a4–a8+ ♖f7–f8 4.♖a8xf8#

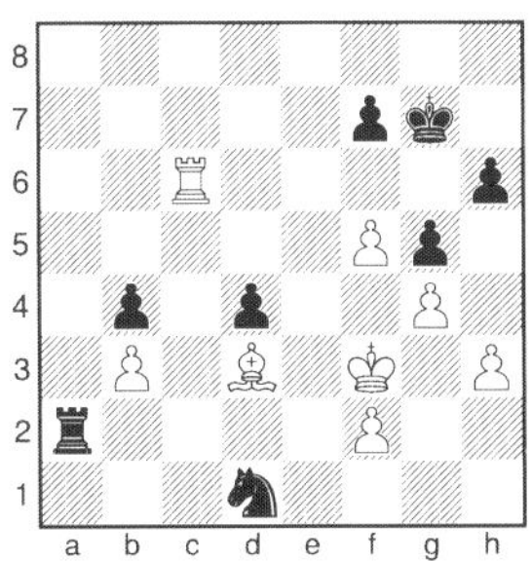

5.

1.f5–f6+

Treibt den König zurück auf die 8.Reihe und öffnet die Diagonale für den Läufer, der nun das Fluchtfeld kontrolliert.

1...♔g7–f8/g8 2.♖c6–c8#

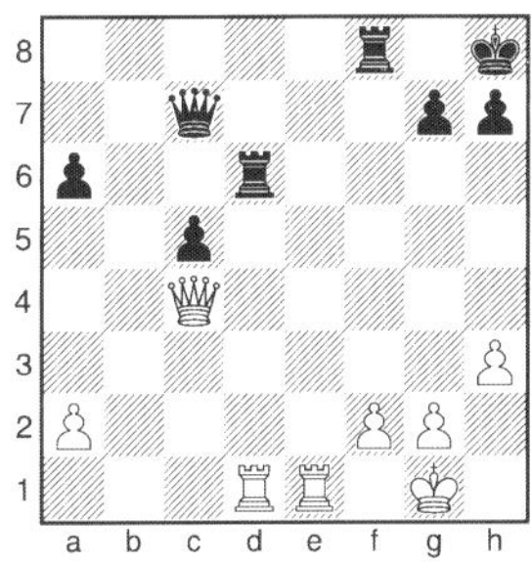

6.

1.♕c4–f4! ♖f8–d8

1...♕c7–d8 2.♕f4xd6; 1...♖d6xd1 2.♕f4xf8#; 1...♖f8–f6 2.♖e1-e8+ usw.

2.♕f4xd6 ♕c7xd6 3.♖d1xd6 ♖d8xd6? 4.♖e1-e8#

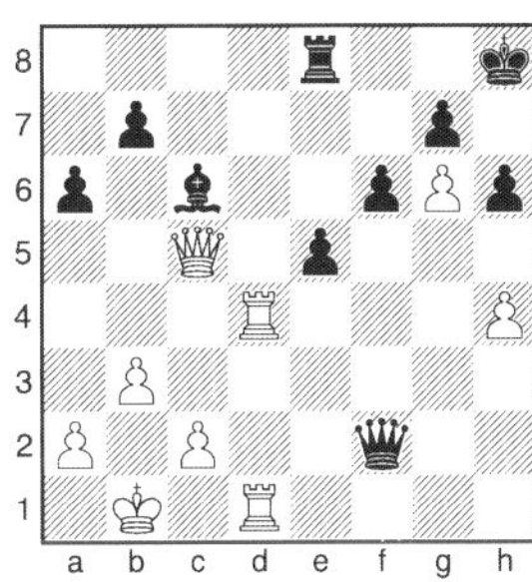

7.

1.♕c5xc6 b7xc6

Falls 1...♖e8–g8 2.♖d4–d8 und Matt folgt.

2.♖d4–d8 –– 3.♖d8xe8#

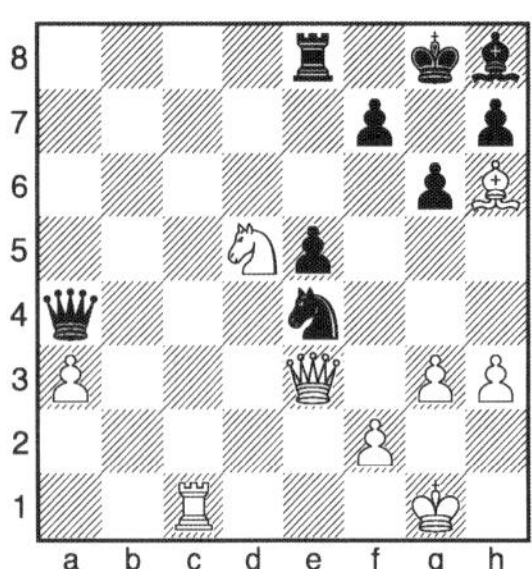

8.

Hier droht nicht nur (nach Weglenkung) ein Matt auf der 8.Reihe, sondern auch eines mit Läufer und Springer, was der Schlüssel ist:

1.♕e3xe4 ♛a4xe4 2.♘d5–e7+ ♖e8xe7 3.♖c1-c8+ ♖e7–e8 4.♖c8xe8#

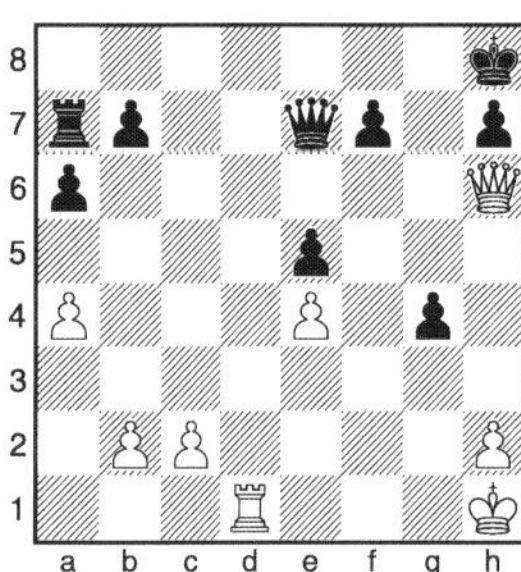

9.

1.♖d1-d7 ♕e7–e8

Falls 1...♕e7xd7?? 2.♕h6–f8#

2.♕h6–f6+ ♔h8–g8 3.♖d7–d8

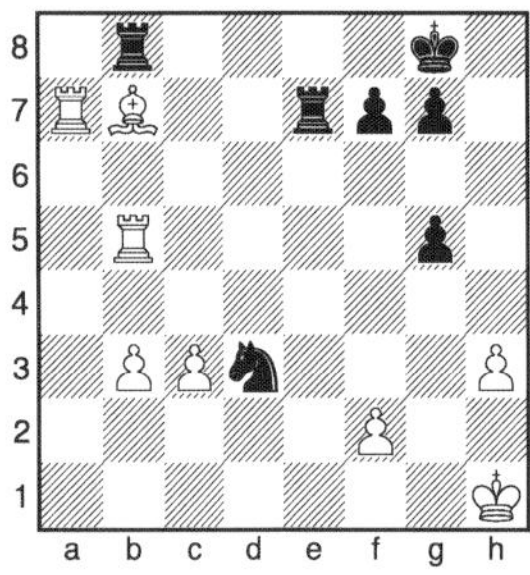

10.

1.♗b7–e4 ♖b8xb5 2.♖a7–a8+ und Matt folgt.

Mehr Widerstand bietet

1...♘d3xf2+ 2.♔h1-g2 ♖e7–e8

3.♖b5xb8 ♖e8xb8 4.♔g2xf2.

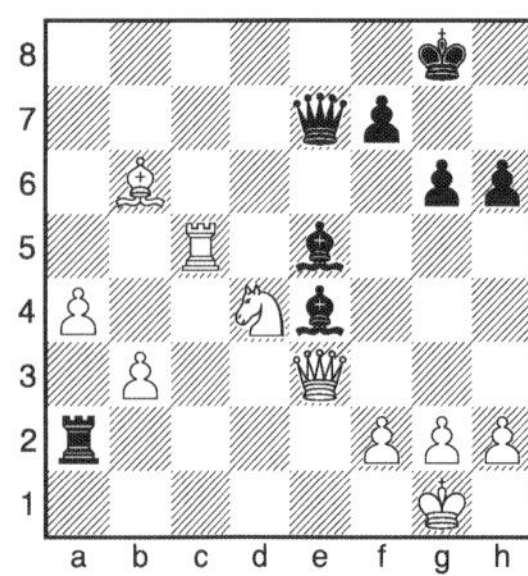

11. GM Tukmakov - Kasparow, Frunse 1981

Der junge Kasparow opferte seine Dame, um einen Verteidiger der Grundreihe zu elimieren:

1...♕e7xc5 2.♗b6xc5 ♖a2–a1+ und Matt folgt.

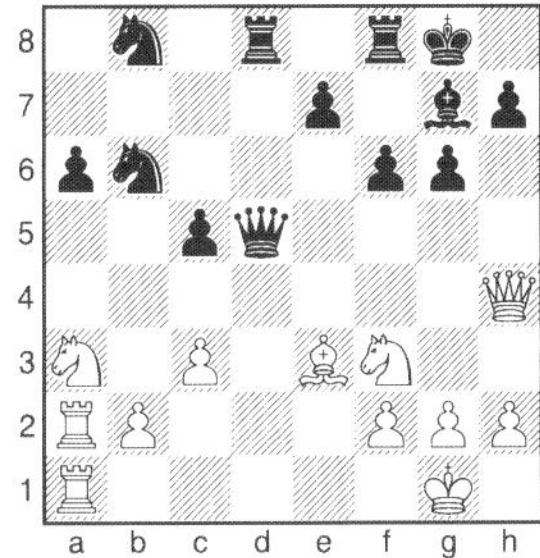

12.

1...♕d5xa2

Gewinnt einfach einen Turm, denn Weiß darf nicht schlagen!

2.♖a1xa2?? ♖d8-d1+ 3.♘f3-e1 ♖d1xe1#

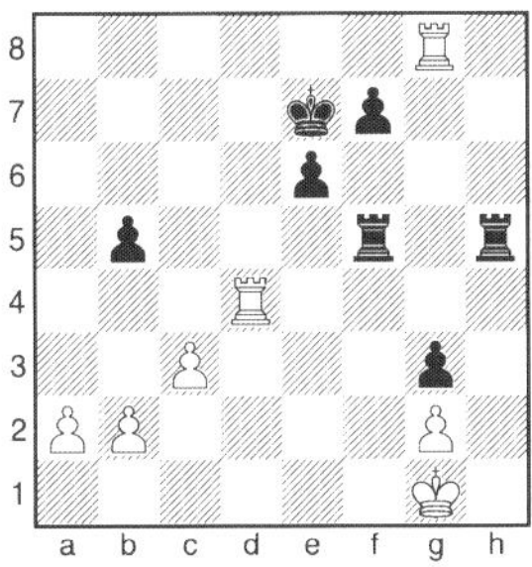

13.

Der einengende Vorpostenbauer auf g3 macht es möglich: Ein Turm zieht mittels Weglenkungsopfer den König in die Mattstellung, der andere setzt Matt:

1...♖h5-h1+ 2.♔g1xh1 ♖f5-f1#

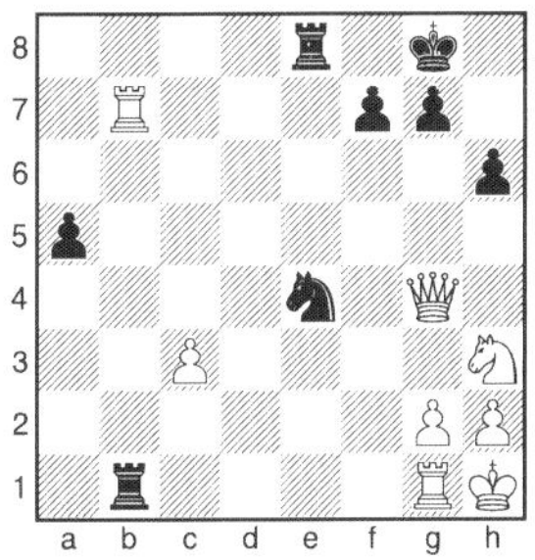

14. Heydebreck – Lasker,Em. 1889

Der König ist von seinen Steinen eng umgeben. Zu eng, wie der junge Emanuel Lasker, drei Jahre später der 2.Weltmeister, hier bewies:

1...♘e4-f2+ 2.♘h3xf2 ♖b1xg1+ 3.♔h1xg1 ♖e8-e1#

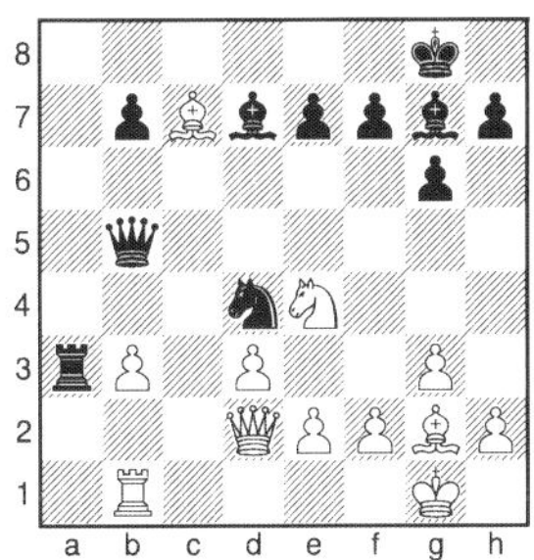

15.

1...♕b5xb3 2.♕d2-e1

Weiß kann nicht schlagen wegen eines Motivs, das du bereits kennst:

2.♖b1xb3? ♖a3-a1+ 21.♗g2-f1 ♗d7-h3 und Matt folgt.

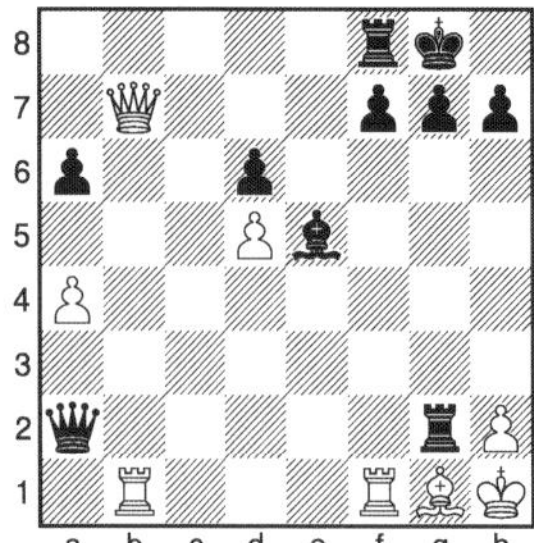

Aus der Partie
Barua (2520) –
Maherramzade (2430)
Ubeda 1998

16.

Die 7. und 8.Reihe sind beide im Spiel bei diesen Mattattacken. Hier eine seltene Stellung, wo beide Seiten Matt setzen können:

Weiß am Zug gewinnt mit dem typischen Motiv

1.♕b7xf7+ ♖f8xf7 2.♖b1-b8+ ♖f7–f8
3.♖f1xf8# / ♖b8xf8#

Schwarz am Zug kann zwischen zwei einfachen Motiven wählen:

1.-- ♖g2xg1+ 2.♔h1xg1 ♕a2xh2#
oder
1...♖g2xh2+ 2.♗g1xh2 ♕a2xh2#

Nun mach dich auf kompliziertere Attacken auf die Grundreihe gefasst, auf besser versteckte Drohungen und längere Varianten!

Da du aber schon einige Beispiele im Kapitel über Hin- und Weglenkung gesehen hast, solltest du nicht zu viele Probleme mit den Aufgaben in Teil 2 haben. Hin- und Weglenkung, Eliminieren des Verteidigers und Überlastung sind dir ja nun schon gut vertraut.

Manchmal sind nur Turm oder Türme, sondern die Dame der Angreifer oder Teil des Angriffs. Das macht diesen noch stärker, da die Dame ja zusätzliche Drohungen einbringt.

Denk daran, dass der Angriff nicht immer auf der Grundreihe zum Zug kommen muss. Der Verteidiger mag einen Materialverlust hinnehmen, um dies zu verhindern. Und der Angriff muss nicht auf der Grundreihe enden, denn auch die 7.Reihe oder ein anderes Motiv kann involviert werden.

Angriff auf der / die Grundreihe!

Teil 2

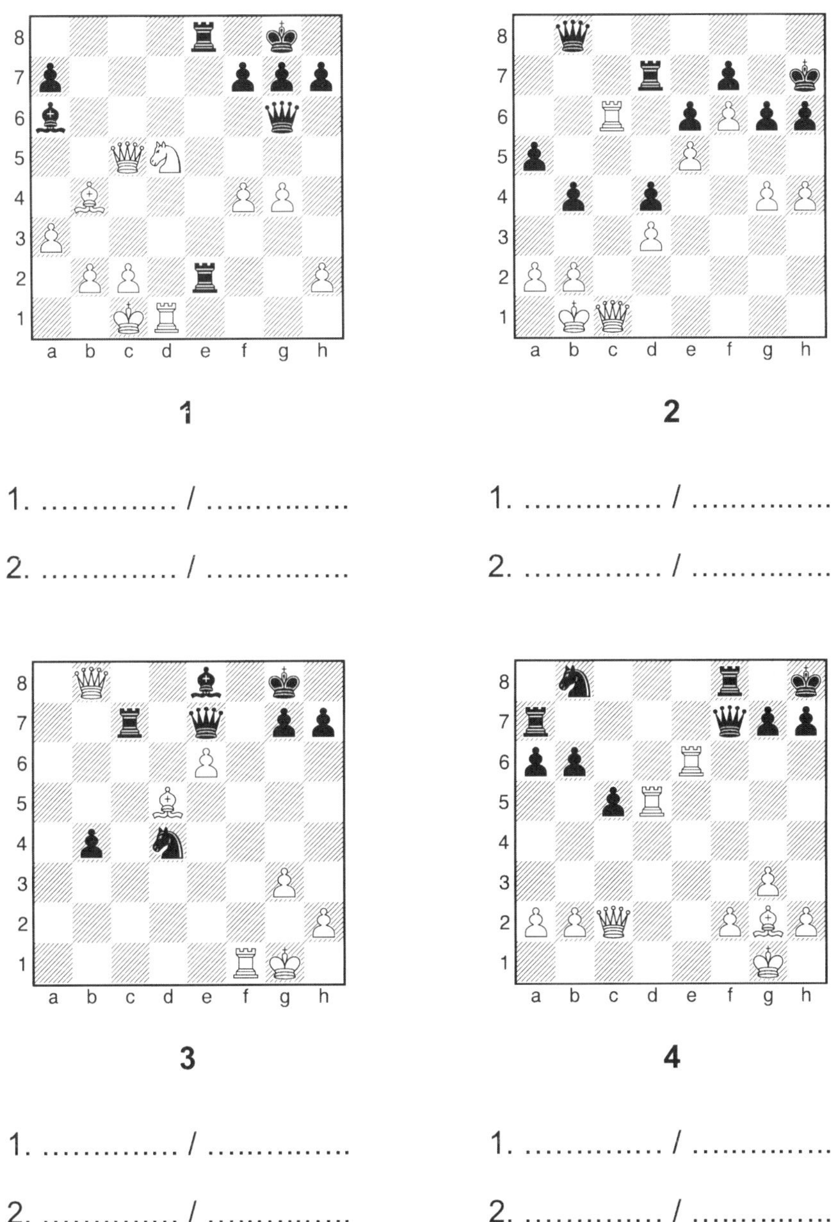

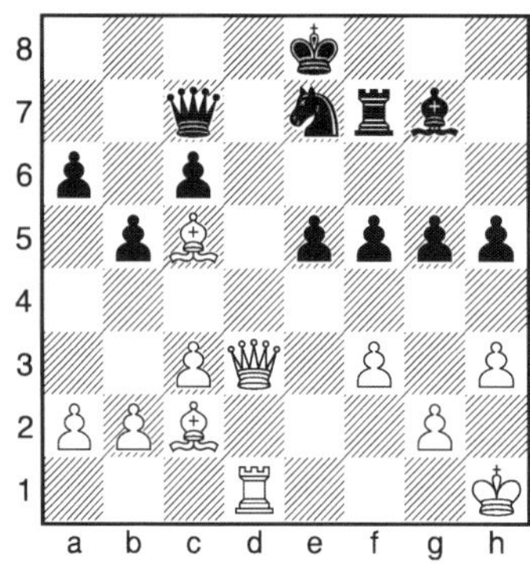

5

1. .... / ....

2. .... / ....

3. .... / ....

6

1. .... / ....

2. .... / ....

3. .... / ....

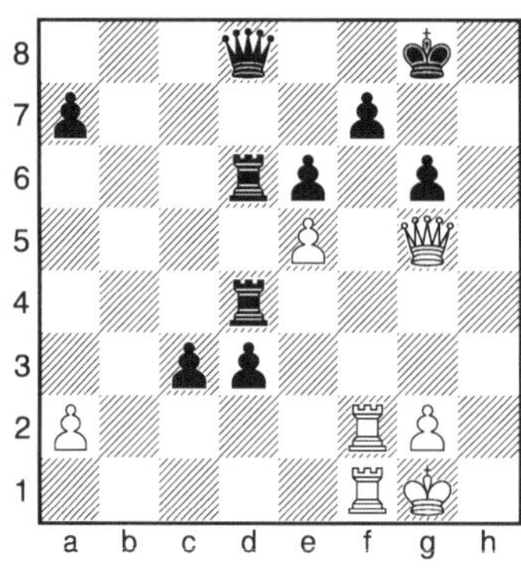

7

1. .... / ....

2. .... / ....

3. .... / ....

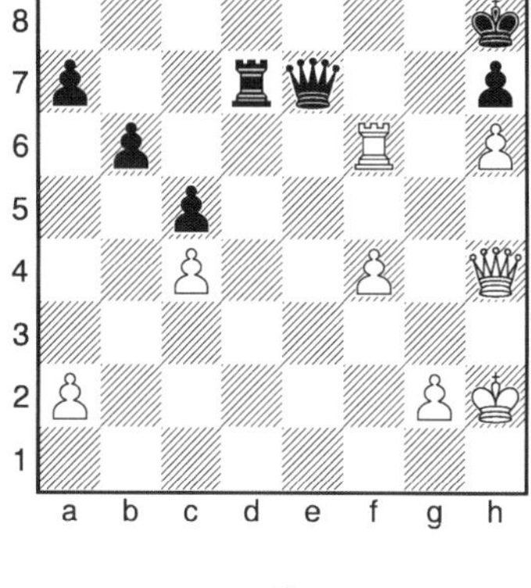

8

1. .... / ....

2. .... / ....

3. .... / ....

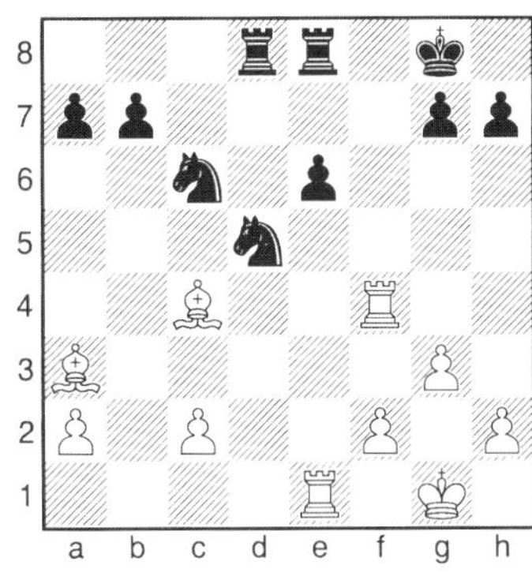

9

1. .... / ....

2. .... / ....

3. .... / ....

10

1. .... / ....

2. .... / ....

3. .... / ....

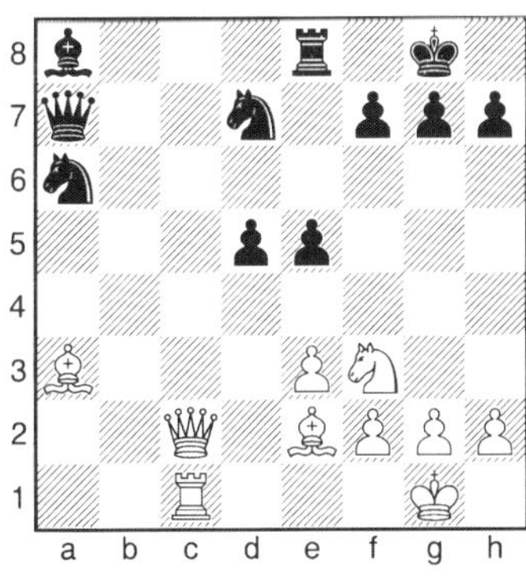

11

1. .... / ....

2. .... / ....

3. .... / ....

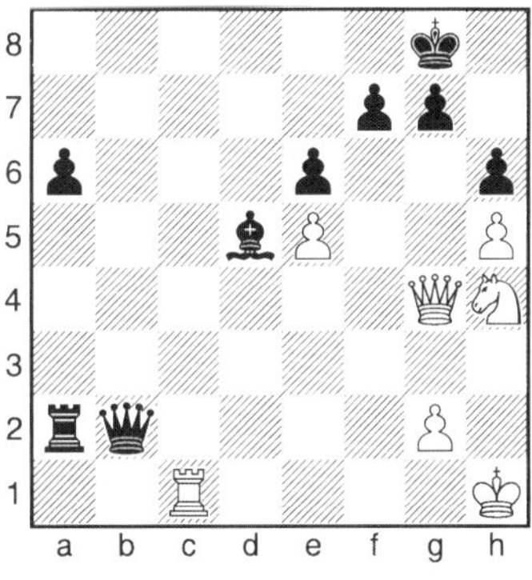

12

1. .... / ....

2. .... / ....

3. .... / ....

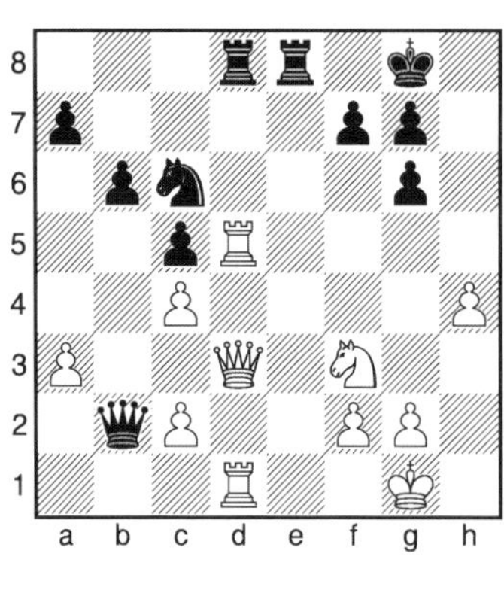

13

1. .... / ....

2. .... / ....

3. .... / ....

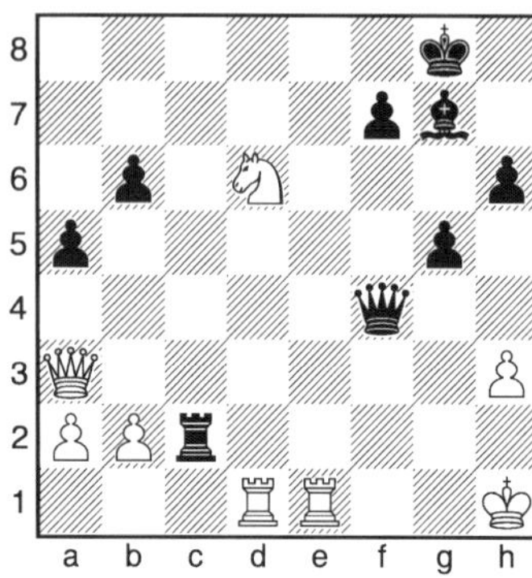

14

1. .... / ....

2. .... / ....

3. .... / ....

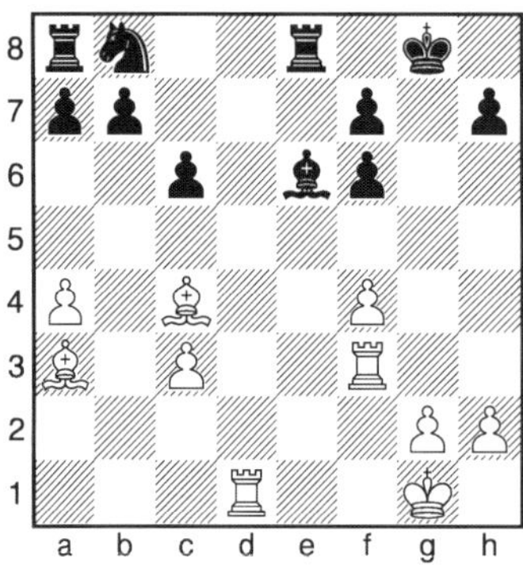

15

1. .... / ....

2. .... / ....

3. .... / ....

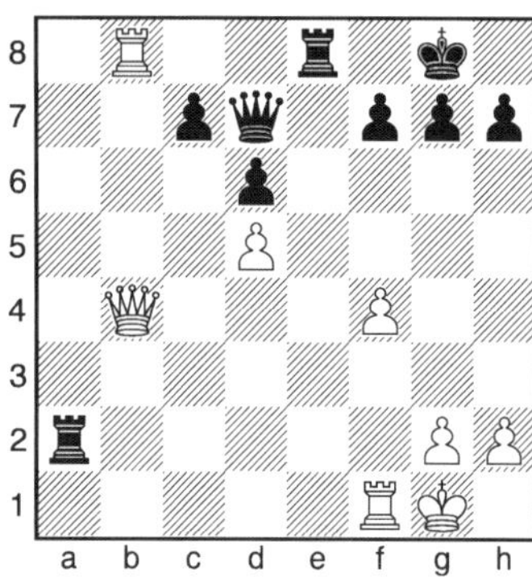

16

1. .... / ....

2. .... / ....

3. .... / ....

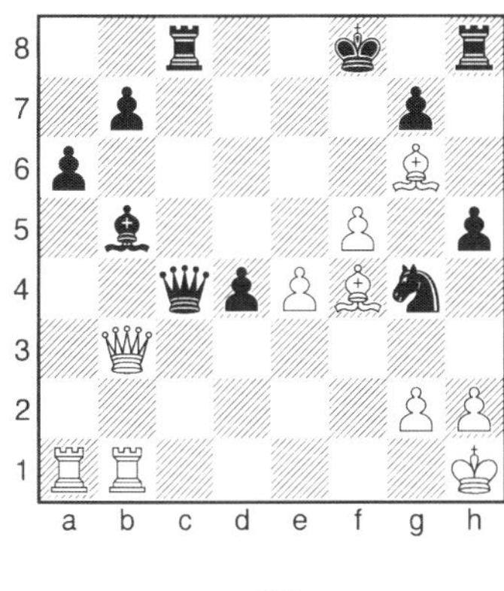

17

1. .... / ....

2. .... / ....

3. .... / ....

18

1. .... / ....

2. .... / ....

3. .... / ....

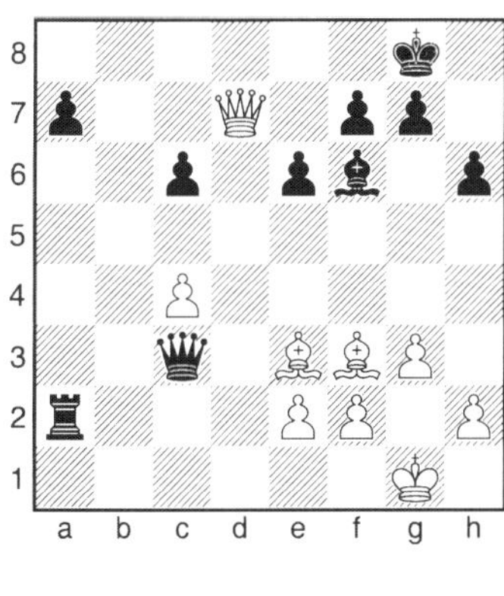

19

1. .... / ....

2. .... / ....

3. .... / ....

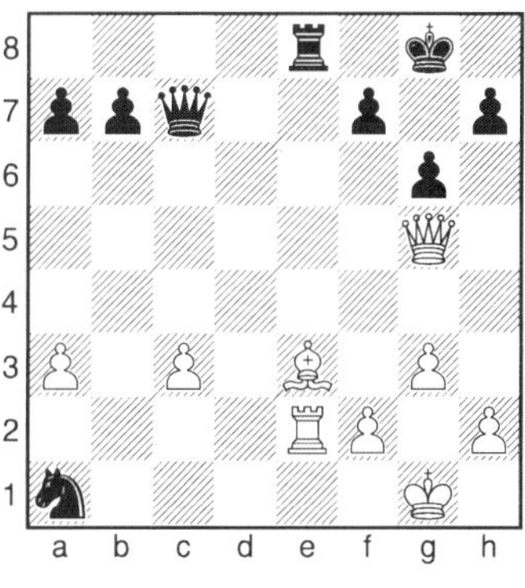

20

1. .... / ....

2. .... / ....

3. .... / ....

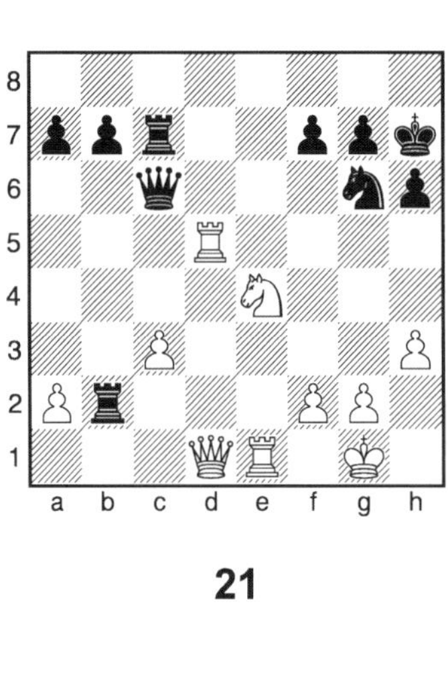

21

1. .... / ....

2. .... / ....

3. .... / ....

22

1. .... / ....

2. .... / ....

3. .... / ....

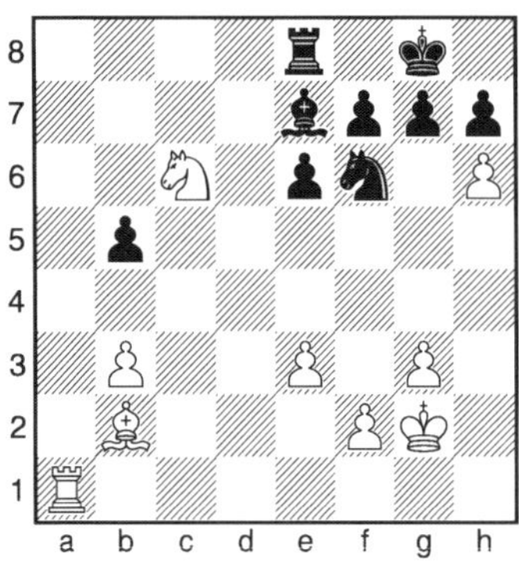

23

1. .... / ....

2. .... / ....

3. .... / ....

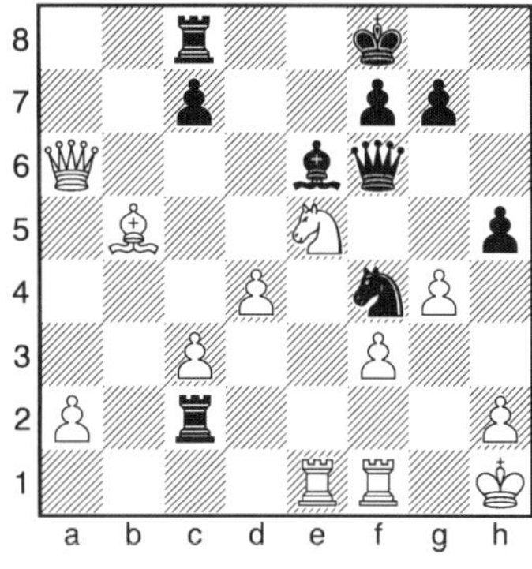

24 ●

1. .... / ....

2. .... / ....

3. .... / ....

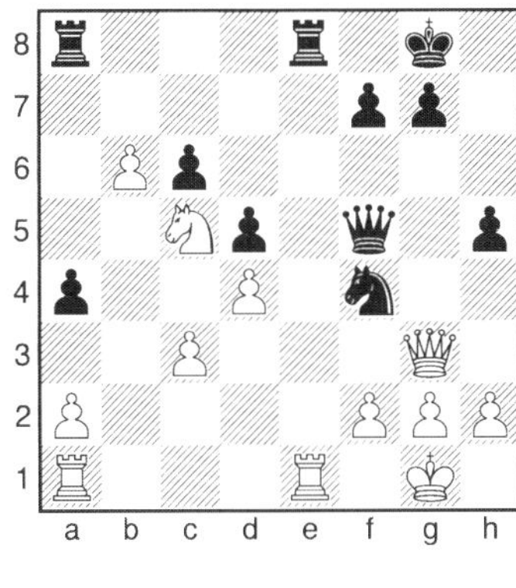

25 ●

1. .... / ....

2. .... / ....

3. .... / ....

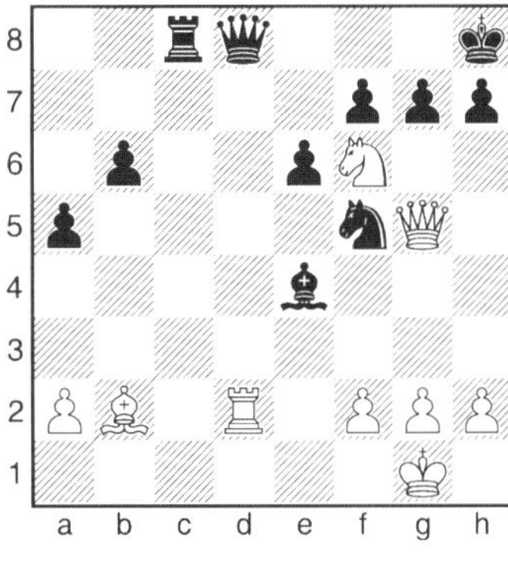

26 ●

1. .... / ....

2. .... / ....

3. .... / ....

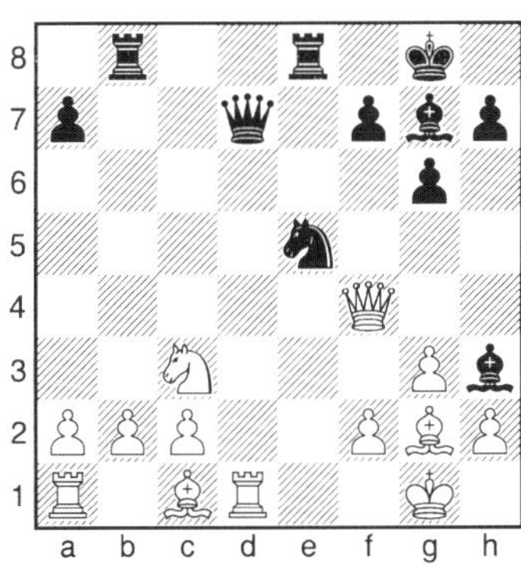

27 ●

1. .... / ....

2. .... / ....

3. .... / ....

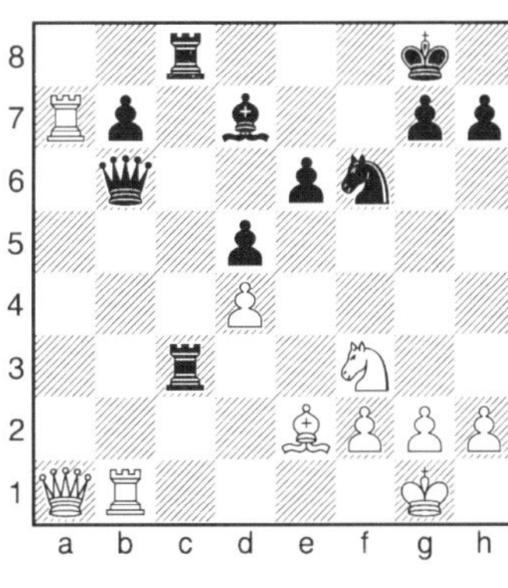

28 ●

1. .... / ....

2. .... / ....

3. .... / ....

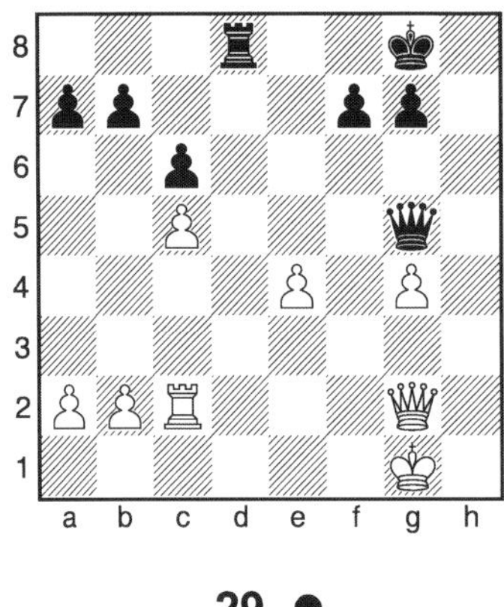

29 ●

1. .... / ....

2. .... / ....

3. .... / ....

30 ●

1. .... / ....

2. .... / ....

3. .... / ....

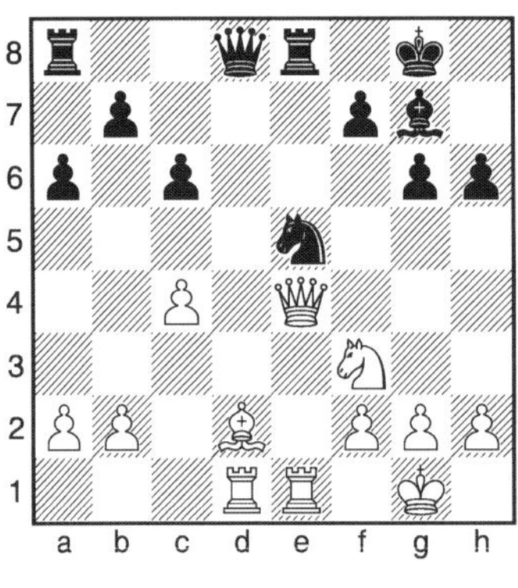

31 ●

1. .... / ....

2. .... / ....

3. .... / ....

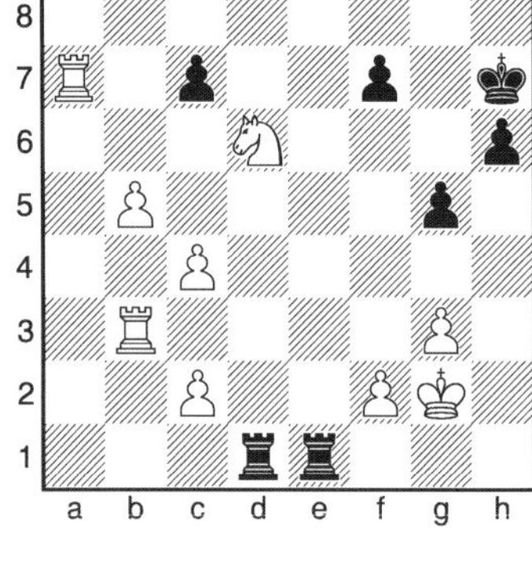

32 ●

1. .... / ....

2. .... / ....

3. .... / ....

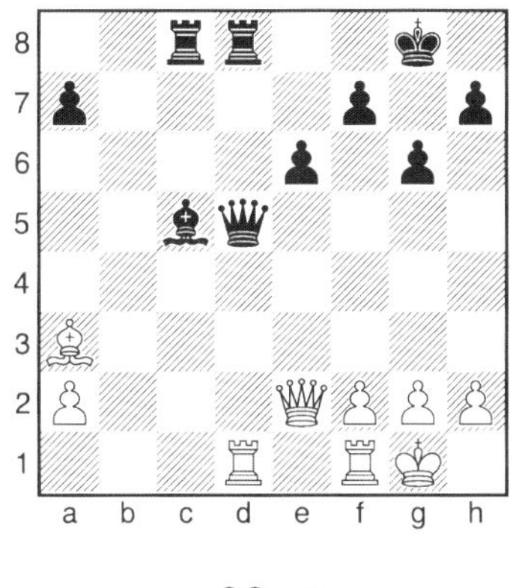

33 ●

1. .... / ....

2. .... / ....

3. .... / ....

34 ●

1. .... / ....

2. .... / ....

3. .... / ....

Lösungen

Angriff auf der / die Grundreihe!

Teil 2

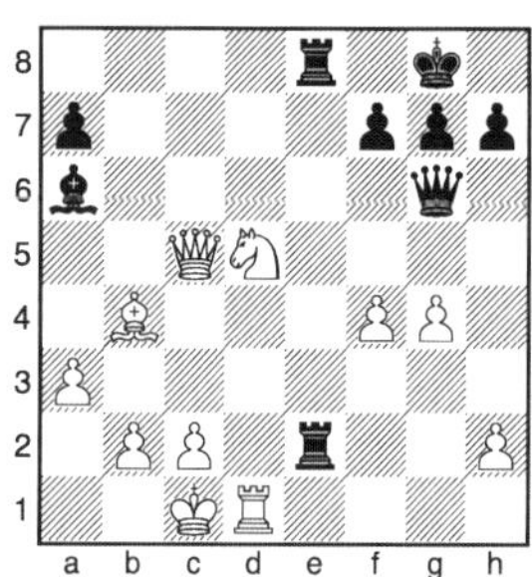

1. Tschigorin – Snosko–Borovski, 1903

1.♘d5–e7+ ♖e8xe7

Falls 1...♖e2xe7 2.♕c5xe7 ♖e8xe7?? 3.♖d1-d8+ ♖e7–e8 4.♖d8xe8#

2.♖d1-d8+ ♖e7–e8 3.♕c5–f8+ ♖e8xf8 4.♖d8xf8#

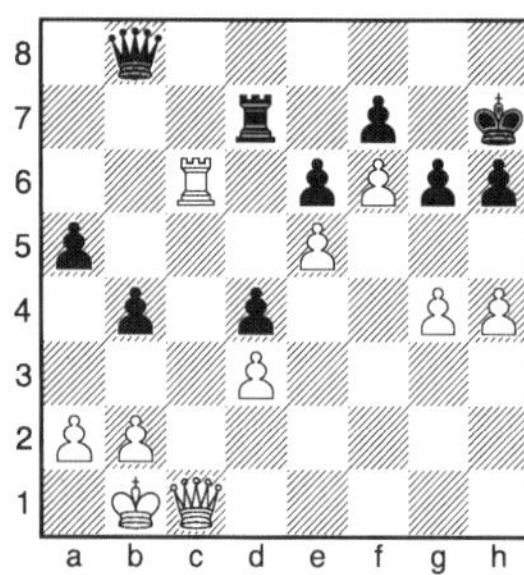

2. Luther,T (2405) – Meier,V (2240)
Berliner Sommer 1990

1.♖c6–c8 ♕b8xe5 2.♕c1xh6+

Oder 2.♖c8–h8+ ♔h7xh8 3.♕c1xh6+ ♔h8–g8 4.♕h6–g7#

2...♔h7xh6 3.♖c8–h8#

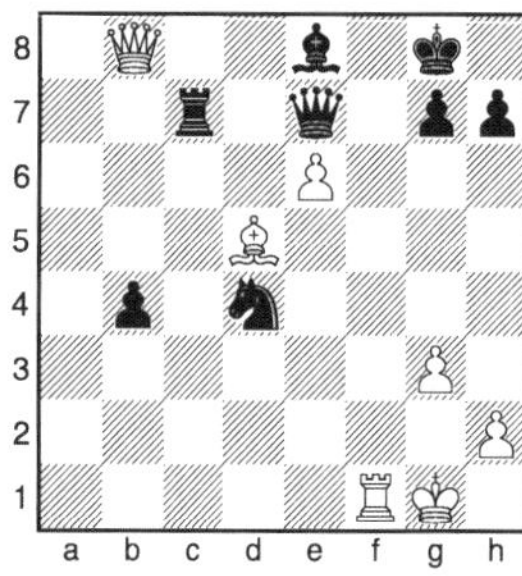

3.

1.♕b8xe8+ ♕e7xe8 2.e6–e7+ ♔g8–h8

Falls 2...♕e8–f7 e7–e8♕#

3.♖f1-f8+ ♕e8xf8 4.e7xf8♕#

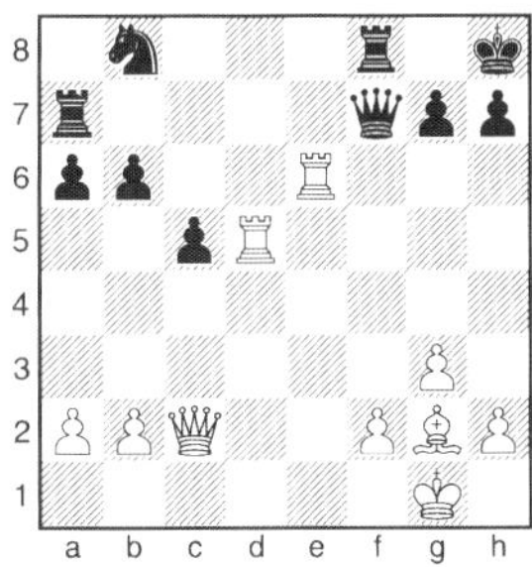

4.

1.♖d5–f5 ♕f7–g8

Falls 1...♕f7xf5 2.♕c2xf5 ♖f8xf5 3.♖e6–e8+ und Matt folgt.

2.♖f5xf8 ♕g8xf8 3.♕c2–e4 -- 4.♖e6–e8

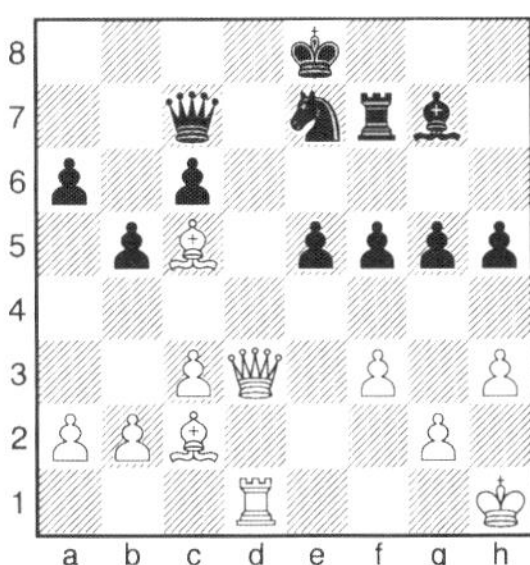

5.

1.♗c5–b6 ♕c7xb6 2.♕d3–d7+ ♔e8–f8 3.♕d7–d8+ ♕b6xd8 4.♖d1xd8#

Nicht besser ***1...♕c7–c8*** 2.♕d3–d8+ ♕c8xd8 3.♖d1xd8#; oder ***1...♘e7–d5*** 2.♗b6xc7 ♖f7xc7, was Matt vermeidet, aber hoffnungslos ist.

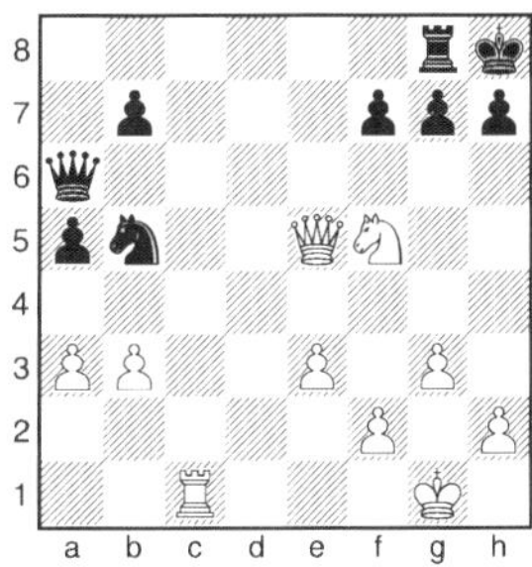

6.

1.♖c1-c8 ♕a6–f6
2.♖c8xg8+ ♔h8xg8 3.♕e5–e8#

Falls 1...♖g8xc8? 2.♕e5xg7#; oder
1...f7–f6 2.♖c8xg8+ ♔h8xg8 3.♕e5–e8#

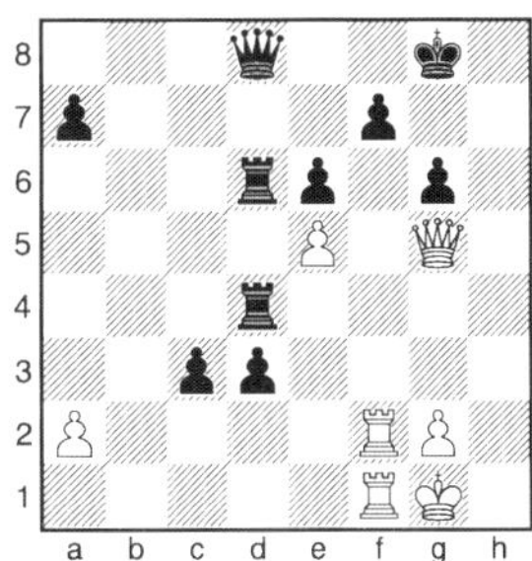

7.

Die weiße Stellung schaut absolut hoffnungslos aus. Aber Schwarz hat die Rechnung ohne die Türme gemacht:

1.♖f2xf7! ♕d8xg5 2.♖f7–f8+ ♔g8–g7 3.♖f1-f7+ ♔g7–h6 4.♖f8–h8#

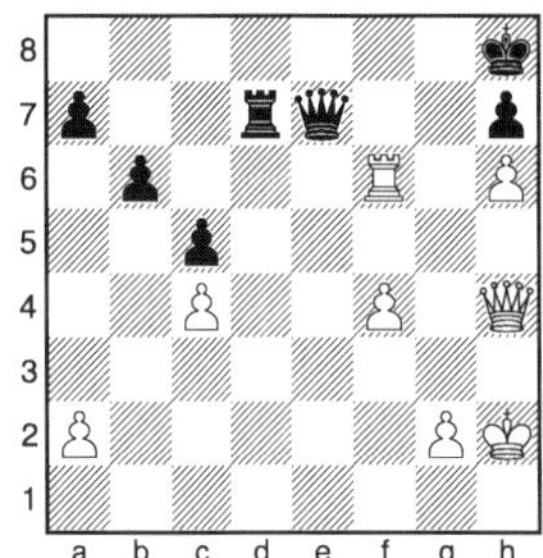

8.

Der König in der Ecke steht schon in Mattposition. Aber einfache Weglenkung wirkt nicht; Schwarz muss ausmanövriert werden:

1.♕h4–e1 ♕e7–d8

Falls 1...♕e7xe1?? 2.♖f6–f8#

2.♖f6–e6 ♕d8–f8 3.♖e6–e8 *(D2)*

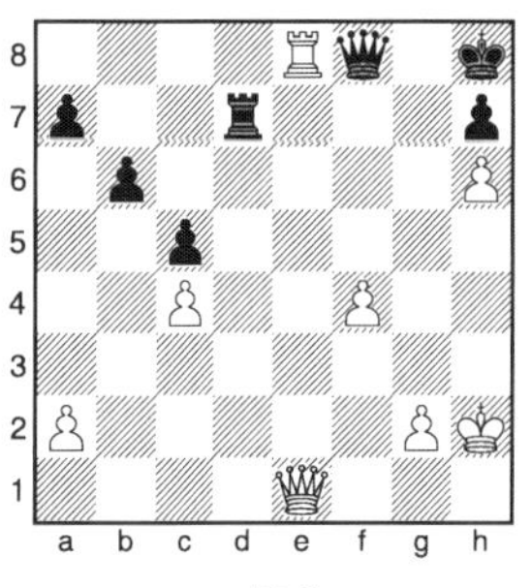

D2

Die Dame zu gewinnen reicht schon, aber Weiß kann nun sogar Matt in vier Zügen setzen:

3...♔h8–g8 4.♕e1-e6+ ♖d7–f7 5.♕e6–g4+ ♔g8–h8 6.♖e8xf8+ ♖f7xf8 7.♕g4–g7#

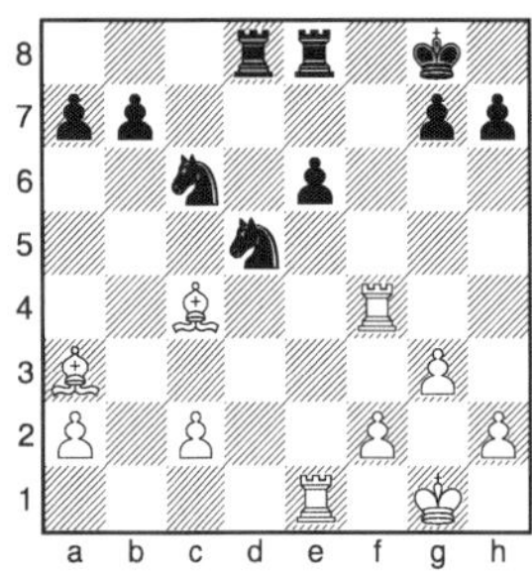

9.

1.♖e1xe6 ♖e8xe6
2.♗c4xd5 ♖d8–e8? 3.♗d5xe6+

2...♖d8xd5?? 3.♖f4–f8#; oder
2...♘c6–d4 3.♖f4xd4 ♔g8–h8
4.♖d4–c4 / c2–c3

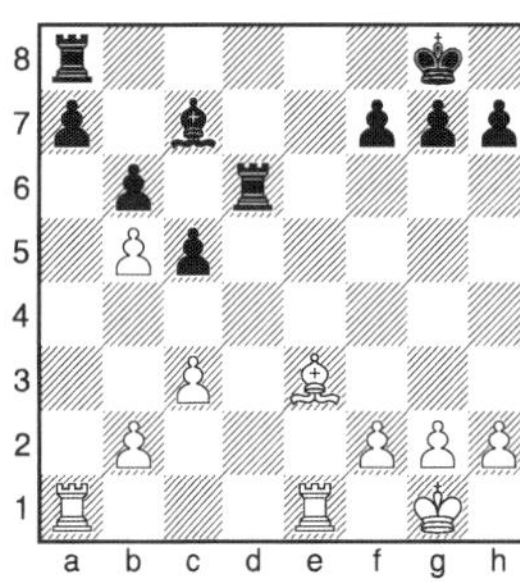

10.

1.♗e3–f4 ♖d6–d7 2.♖a1xa7! ♖a8–c8

2...♖a8xa7?? 3.♖e1-e8#

3.♖a7xc7 ♖d7xc7 4.♗f4xc7

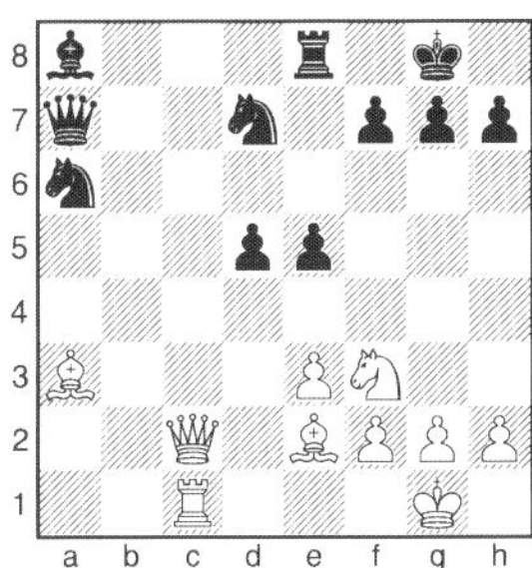

11. Nyback (2615) – Jobava (2696)
European Team ch 2009

1.♕c2–c8! ♖e8xc8??

Schwarz verliert sonst eine Figur: 1...♕a7–b8 2.♕c8xd7; oder 1...♘d7–f6 2.♕c8xa6

2.♖c1xc8+ ♘d7–f8 3.♖c8xf8#

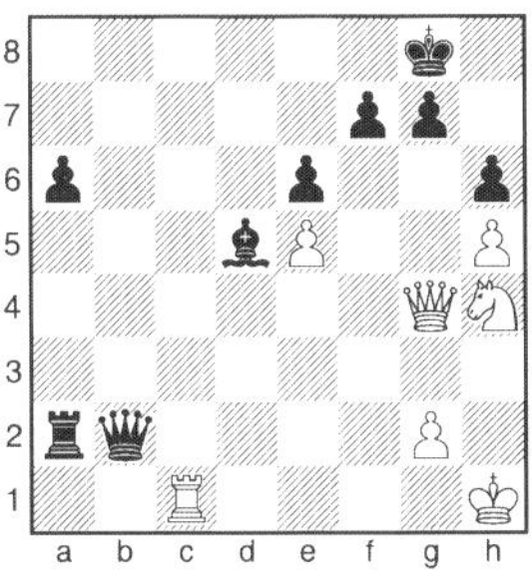

12.

Ein Damenopfer stoppt die Flucht des schwarzen Königs, der auf sein Luftloch h7 vertraut hat:

1.♖c1-c8+ ♔g8–h7
2.♕g4–g6+ f7xg6 3.h5xg6#

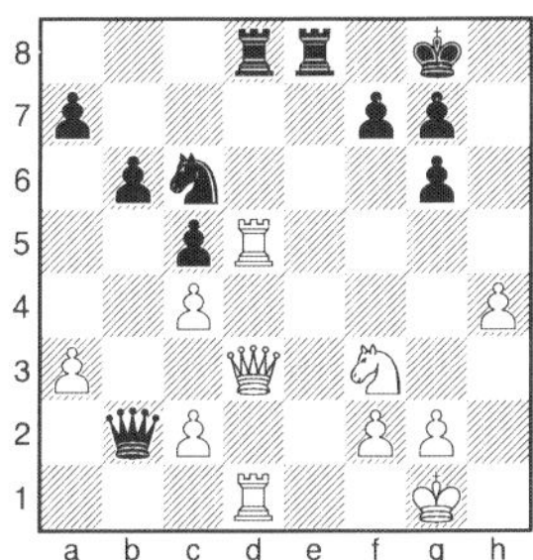

13.

Der Doppelbauer, der sonst die Königsstellung stabiler macht, steht hier seinem König im Weg:

1.♖d5xd8 ♖e8xd8 2.♕d3xd8+ ♘c6xd8 3.♖d1xd8+ ♔g8–h7 4.♘f3–g5+ ♔h7–h6 5.♖d8–h8#

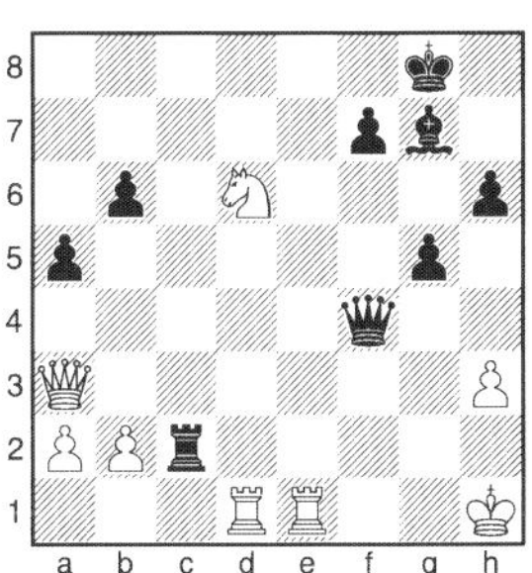

14.

1.♖e1-e8+ ♗g7–f8

Falls 1...♔g8–h7 2.♕a3–d3+

2.♖e8xf8+ ♔g8xf8 3.♘d6–f5+ ♔f8–g8 4.♕a3–f8+ ♔g8xf8 5.♖d1-d8#

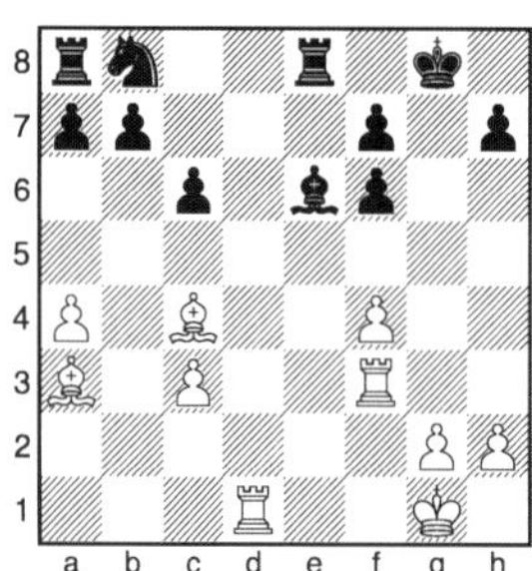

15. Tschigorin - Lebedev, Moskau 1900

1.♖f3–g3+ ♔g8–h8
2.♗a3–e7! *(D2)* **♖e8xe7**

2...h7–h5 führt zu einem netten Matt der Läufer:
3.♗e7xf6+ ♔h8–h7 4.♗c4–d3+ ♔h7–h6
5.♗f6–g7#

Matt zu vermeiden kostet Material:

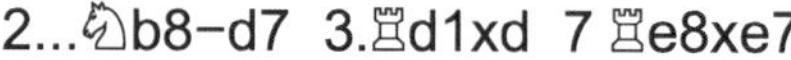

2...♘b8–d7 3.♖d1xd 7 ♖e8xe7
4.♖d7xe7 ♗e6xc4 5.♖e7xb7
Und Schwarz kann sich wegen der Mattdrohung kaum rühren.

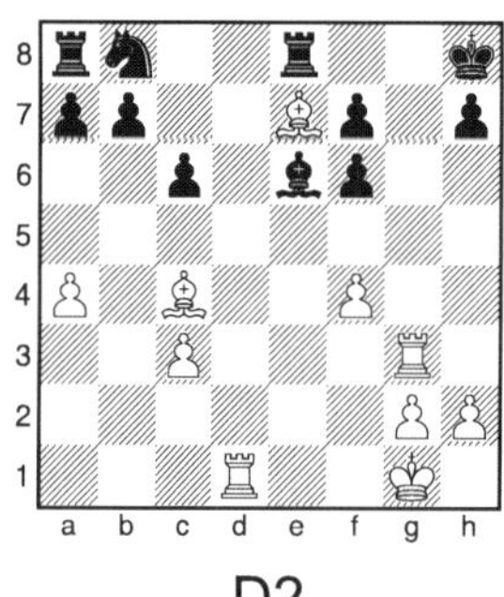

D2

3.♖d1-d8+ ♖e7–e8 4.♖d8xe8#

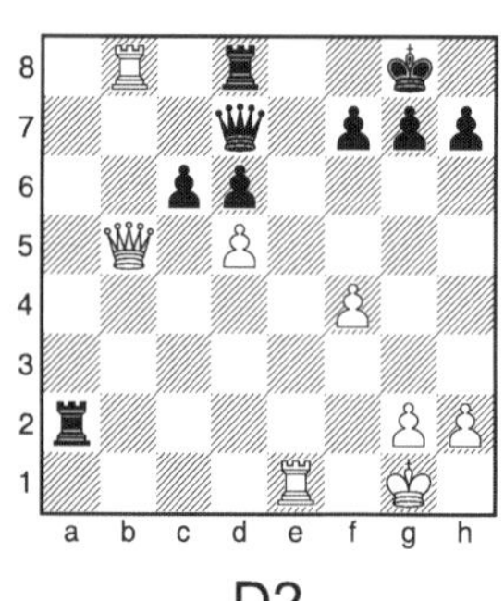

16.

Wir greifen erst den gefesselten Turm an und lenken dann die Dame weg:

1.♖f1-e1 ♖e8–d8
2.♕b4–b5 c7–c6 *(D2)*
3.♕b5–b7

Oder
3.♕b5–b6 ♖a2–a8 4.d5xc6 ♖a8xb8 5.c6xd7

D2

3...♖a2–a7
4.♕b7xd7 ♖a7xd7
5.♖e1-e8+ ♖d8xe8
6.♖b8xe8#

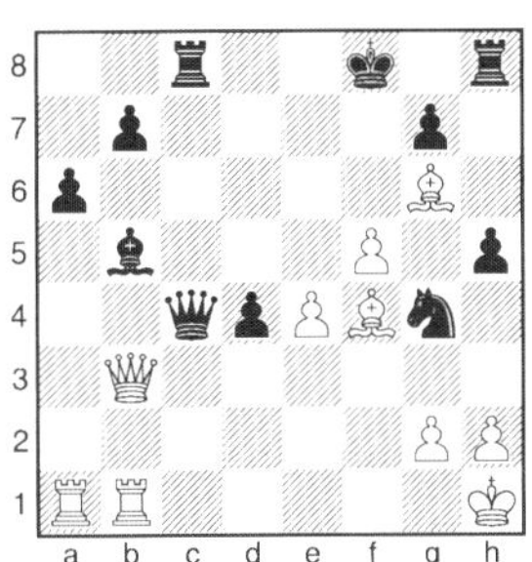

17.

1.♖b1-c1 ♕c4xb3 2.♗f4–d6+!

Das zwingt den König in die Mattstellung!

2...♔f8–g8 3.♖c1xc8+ ♗b5–e8 4.♖c8xe8#

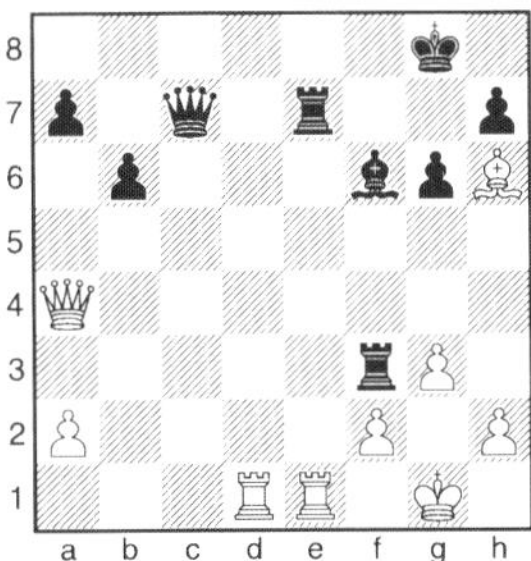

18.

1.♕a4–c4+ ♕c7xc4

Nicht besser ist 1...♔g8–h8 2.♕c4xc7 ♖e7xc7 3.♖e1-e8#; oder 1...♖e7–f7 2.♖e1-e8#

2.♖d1-d8+ ♔g8–f7 3.♖d8–f8#

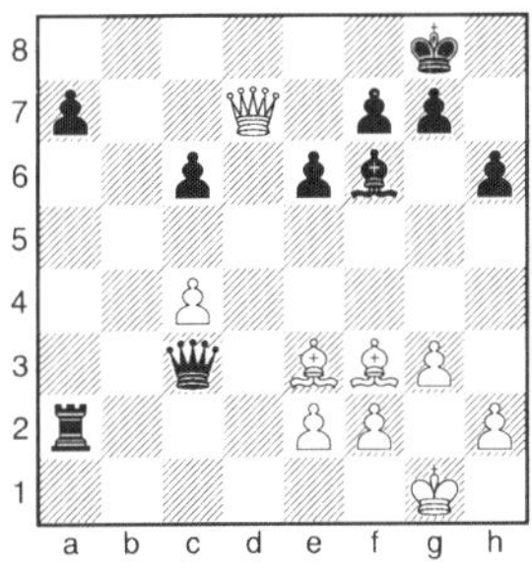

19.

Das schwarze Luftloch reicht diesmal nicht aus:

1.♕d7–e8+ ♔g8–h7 2.♗f3–e4+ g7–g6 3.♕e8xf7+ ♗f6–g7 4.♗e4xg6+ ♔h7–h8 5.♕f7–e8+ ♗g7–f8 6.♕e8xf8#

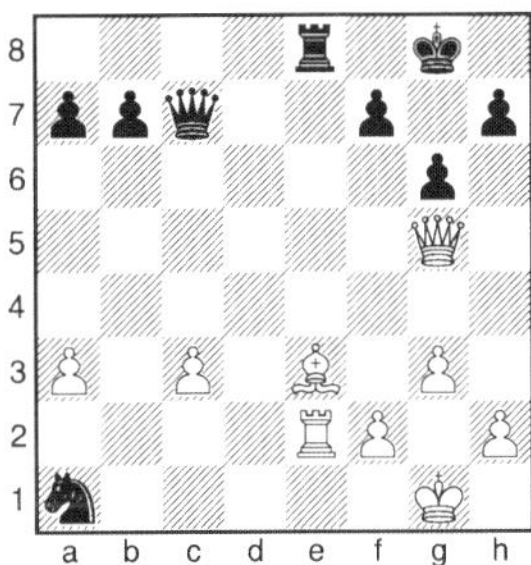

20.

1.♕g5–f6 ♕c7–d8

1...♕c7–e5 2.♗e3–h6 ♕e5xf6 3.♖e2xe8#; *(2...♕e5xe2 3.♕f6–g7#)*

2.♗e3–d4 ♕d8xf6 3.♖e2xe8+ ♔g8–g7 4.♗d4xf6+

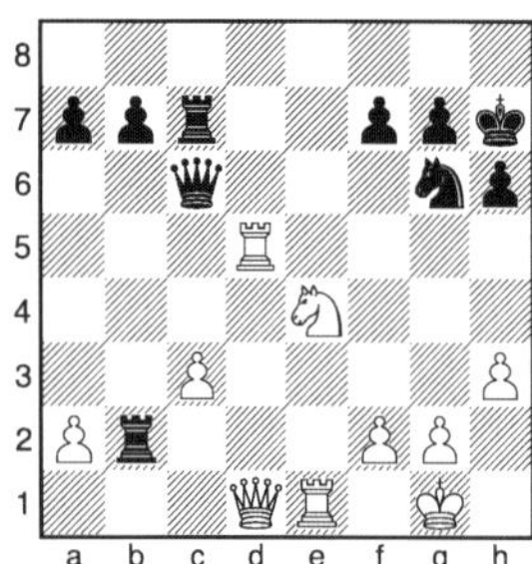

21.

Eine weitere Linie zu öffnen ist der richtige Plan:

1.♘e4–g5+ h6xg5 2.♕d1-h5+ ♔h7–g8 3.♖d5–d8+ ♘g6–f8 4.♖d8xf8+ ♔g8xf8 5.♕h5–h8#

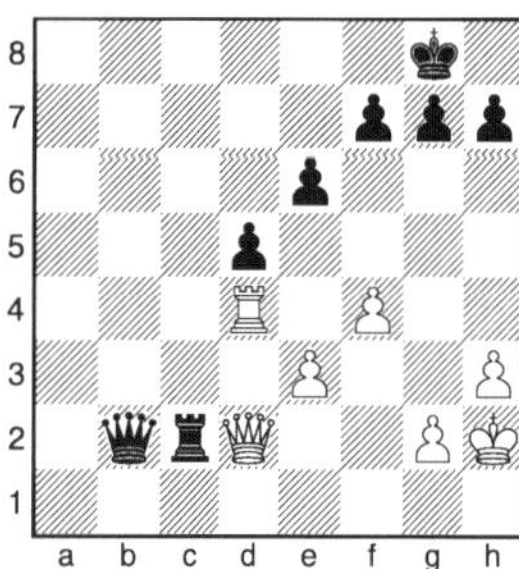

22.

1.♖d4–c4!

Attackiert den gefesselten Turm und die Grundreihe gleichzeitig, also Turmgewinn oder

1...d5xc4? 2.♕d2–d8#

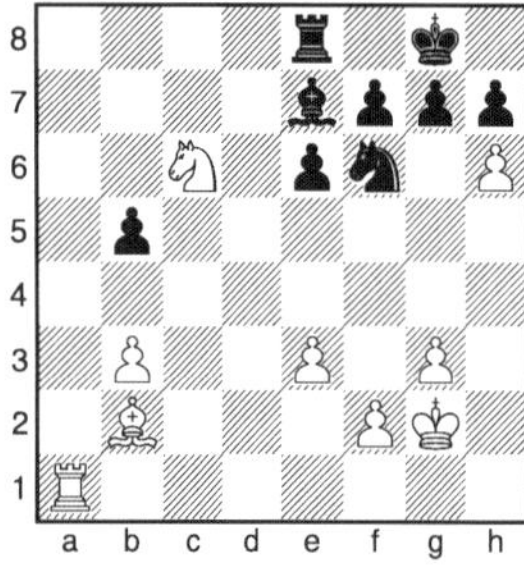

23.

Ein doppelter Abtausch schwächt die Grundreihe:

1.♘c6xe7+ ♖e8xe7
2.♗b2xf6 g7xf6?
3.♖a1-a8+ ♖e7–e8
4.♖a8xe8#

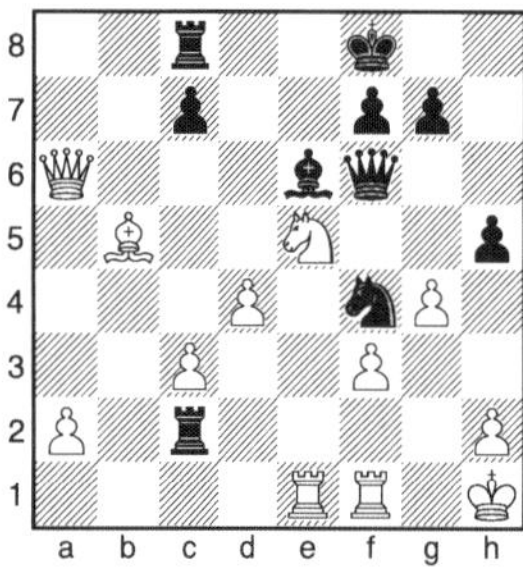

24.

1.♘e5–d7+

Damengewinn oder Matt:

1...♗e6xd7 2.♕a6xc8+ ♗d7xc8 3.♖e1-e8#

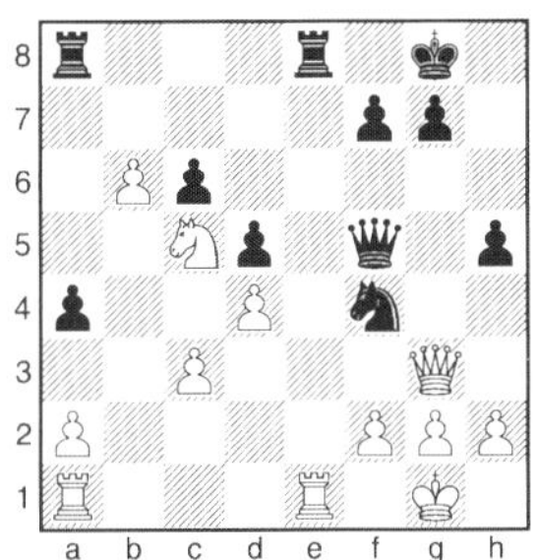

25.

1...♖e8xe1+
2.♖a1xe1 ♘f4–e2+ 3.♔g1-h1

Falls 3.♖e1xe2? ♕f5–b1+ 4.♖e2–e1 ♕b1xe1#

3...♘e2xg3+ 4.h2xg3

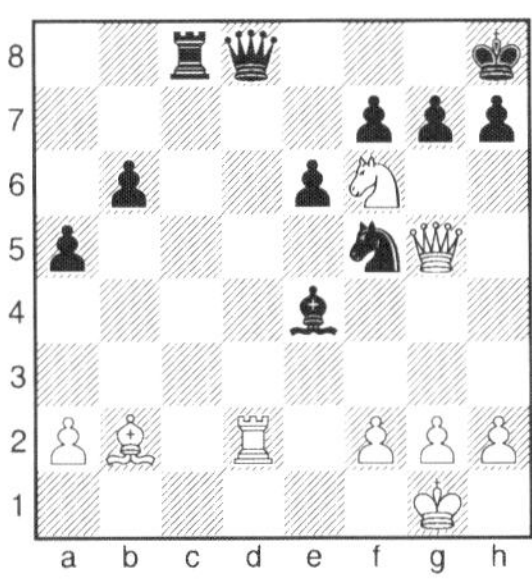

26.

1...♕d8xf6 2.♗b2xf6?

Falls 2.♕g5xf6 g7xf6 3.♗b2xf6+ ♔h8–g8 und Schwarz gewinnt das Endspiel.

2...♖c8–c1+ 3.♖d2–d1 ♖c1xd1#

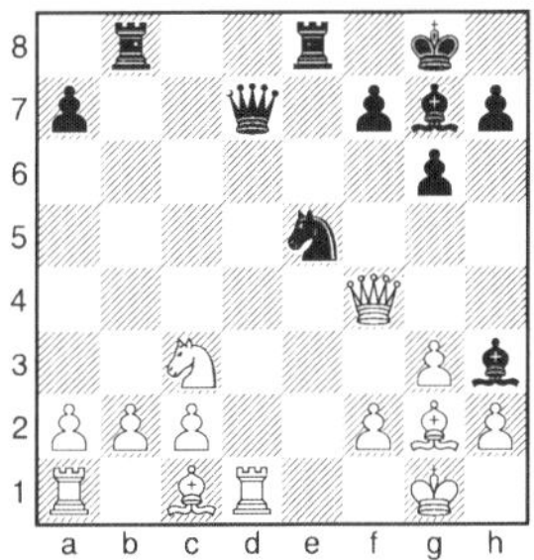

27.

1...♕d7xd1+ 2.♘c3xd1 ♘e5–f3+ 3.♕f4xf3

Falls 3.♔g1-f1 ♖e8–e1#

3...♖e8–e1+ 4.♗g2–f1 ♖e1xf1#

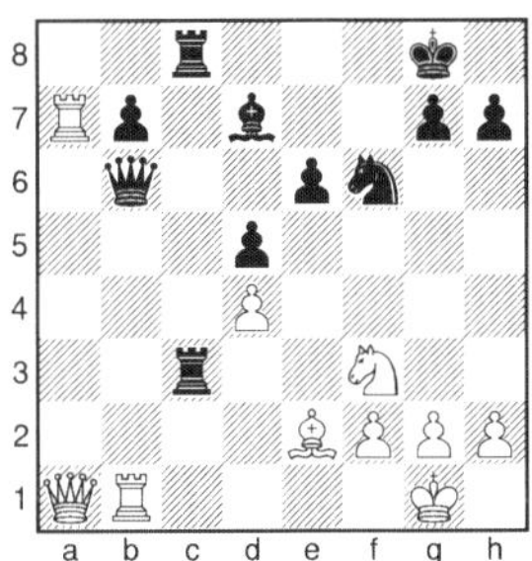

28.

Weiß hat die Stärke seiner Verteidigung überschätzt:

1...♕b6xb1+ 2.♕a1xb1 ♖c3–c1+
3.♕b1xc1 ♖c8xc1+ 4.♗e2–f1 ♗d7–b5
5.♘f3–d2 *(D2 nächste Seite)*

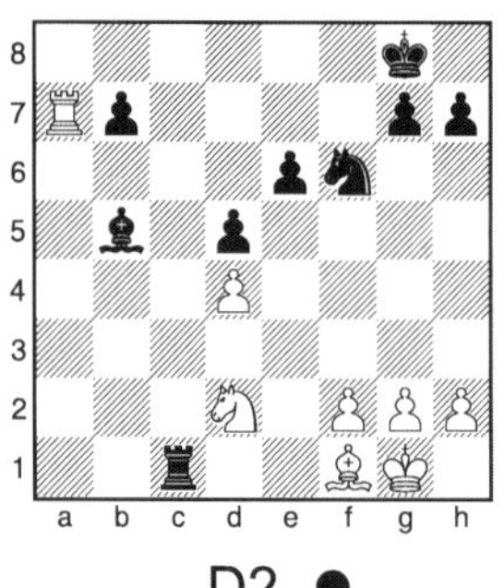

D2 ●

Falls 5.h2–h4 ♖c1xf1+ 6.♔g1-h2 ♗b5–c6-+

5...♘f6–e4

Umständlicher gewinnt auch 5...♖c1-d1 6.♖a7xb7 ♗b5–e2 7.♖b7–b2 ♘f6–e4-+

6.♖a7xb7 ♘e4xd2 7.h2–h3 ♖c1xf1+

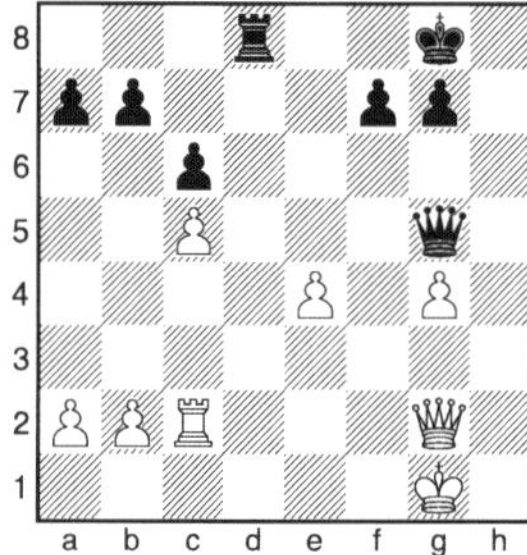

29.

1...♖d8–d1+ 2.♔g1-f2

Nach 2.♔g1-h2? ♕g5–h4+ 3.♕g2–h3 ♖d1-h1+ geht die Dame verloren.

2...♕g5–f4+ 3.♔f2–e2 ♖d1-d4 4.–– ♖d4xe4+

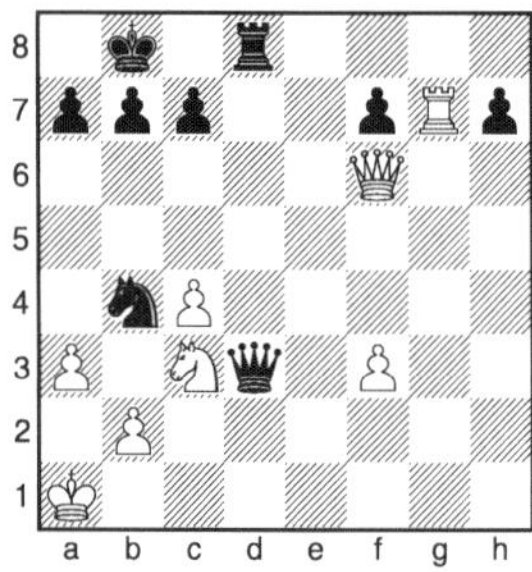

30.

Weiß zog zuletzt a2–a3, um den Springer zu vertreiben, aber das war schon zu spät:

1...♕d3–f1+/d1+

2.♘c3–b1 ♕f1xb1+

3.♔a1xb1 ♖d8–d1#

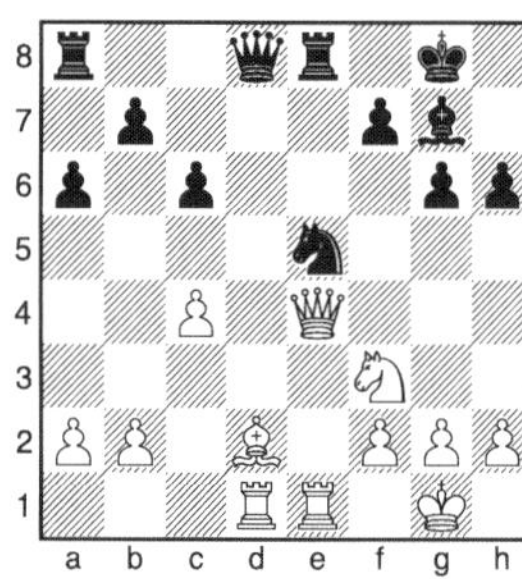

31.

1...♘e5xf3+ 2.♕e4xf3 ♕d8xd2 3.♖d1xd2

Oder ebenso 3.♖e1xe8+ ♖a8xe8

3...♖e8xe1#

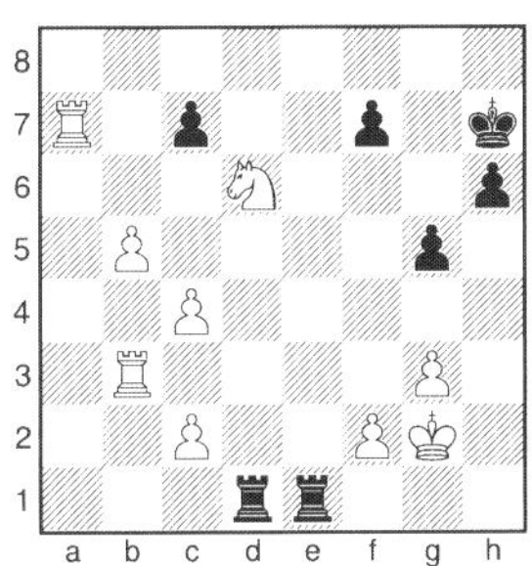

32.

1...g5-g4

Diese Einengung gewinnt sofort. Entweder

2.f2-f4 ♖e1-e2# / 2...♖d1-d2# oder

2.-- ♖e1-g1+ 3.♔g2-h2 ♖g1-h1+

4.♔h2-g2 ♖d1-g1#

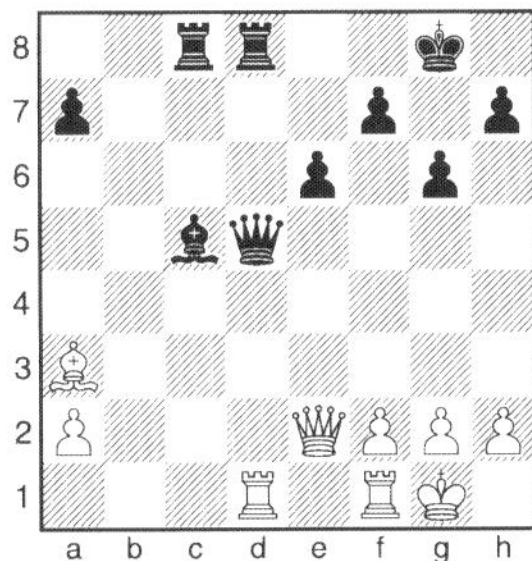

33.

1...♕d5xd1 2.♖f1xd1 ♖d8xd1+

3.♕e2xd1 ♗c5xa3

Und nichts hilft gegen den Spieß

4.-- ♖c8-c1

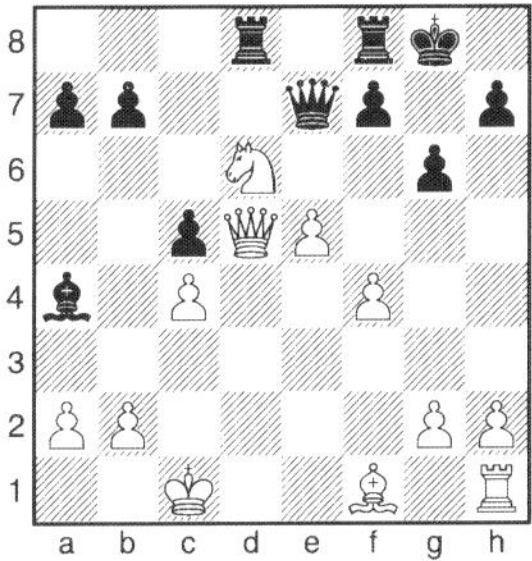

34.

1...♖d8xd6 2.♕d5xd6

Schneller verliert

2.e5xd6 ♕e7-e1+ 3.♕d5-d1 ♕e1xd1#

2...♖f8-d8

Und die Dame ist gegen das Mattfeld d1 gefesselt und geht verloren.

9. Wie du deine Partien analysierst

Die beiden Säulen für mein Training mit Spielern von Klubstärke sind Taktik und Analyse der Partien der Schüler. Du hast nun eine Menge über Taktik gelernt und es ist Zeit zu besprechen, wie du am besten analysieren kannst.

Du fragst dich vielleicht, warum ich so lange damit gewartet habe? Die Antwort ist einfach. Um eine Partie zu analysieren, brauchst du einiges an Kenntnissen und Erfahrung, was ein Anfänger oder Spieler der unteren Klassen noch nicht im nötigen Maß haben kann.

In Partien schwacher Spieler ist die Analyse oft schnell erledigt. Eine eingestellte Figur, ein übersehenes Matt, ein dicker Fehler in der Eröffnung - oft nur ein Zug und es ist schon Game over. Mit der Entwicklung von Spielstärke und Wissen verschwinden die meisten dieser groben Fehler. Nun müssen wir nach Ideen und Plänen Ausschau halten, was auch meint, längere Varianten mit mehr Verzweigungen durchzurechnen.

Die Vorbereitung der Analyse kann schon während der Partie beginnen. Wenn du z.B. in enger Stellung nicht sicher bist, ob die von dir gewählte Fortsetzung richtig ist oder etwa ein Opfer möglich wäre, markiere den Zug auf deinem Partieformular mit einem Kreuz oder durch unterstreichen. Einen alternativen Zug oder eine Variante darfst du allerdings nicht aufschreiben, das wäre gegen die Regeln und dein Gegner könnte es reklamieren.

Wenn möglich analysiere jede Partie zusammen mit deinem Gegner.

Es ist sehr interessant, die Ideen und Befürchtungen, die beide Spieler während der Partie hatten, zu vergleichen. Nehmen wir z.B. an, du hattest Angst, der Gegner könne ein bestimmtes Opfer bringen, aber er hatte gesehen, dass diese Kombination ein Loch hat und die Idee gleich verworfen. Es ist oft erstaunlich, was man unter dem Stress einer Turnierpartie so alles denkt.

Sei nicht zu schüchtern, deinem Gegner Fragen zu stellen, vor allem, wenn er ein starker Spieler ist. Hab keine Angst, deine Frage könnte albern klingen oder würde dich als schwachen Spieler bloßstellen. Sei nicht beschämt durch Fehler, die du während der Partie gemacht hast.

Suche nicht nach Ausreden. Was geschehen ist, ist geschehen und man sollte daraus lernen. Akzeptiere die Wahrheit, auch wenn sie schmerzlich ist. Argumentiere nicht gegen besseres Wissen.

Lass dich nicht davon beeinflussen, wenn du den Gegner nicht magst oder sein Verhalten nicht gut findest.

Die Analyse sollte so unparteilisch wie möglich sein. Du sollst versuchen, die Wahrheit zu finden und dein Spiel zu verbessern. Weder persönliche noch Image Probleme sollten dem im Weg stehen.

Ich weiß, dass das manchmal wirklich eine Herausforderung sein kann. Aber es hilft dir, ein besserer Spieler zu werden und es ist eine gute Schule für andere Bereiche. Eine unangenehme Situation ertragen zu können ist eine gute und hilfreiche Lektion fürs Leben, auch für das außerhalb des Schachbretts.

Oft schauen Spieler nur nach taktischen Situationen. War das Opfer korrekt, konnte es vielleicht doch verteidigt werden? Das ist nicht genug. Du musst tiefer schauen. Warum war das Opfer überhaupt erst möglich? War da eine Schwäche in der gewählten Eröffnungsvariante oder ein positioneller Fehler, der zu dieser Schwäche führte, oder was sonst? Die Ursache zu finden heißt ja auch, diesen und ähnliche Fehler in Zukunft zu vermeiden und mit der Stellung besser vertraut zu werden.

Schau bei der Analyse nicht nur nach einzelnen Zügen, Varianten oder taktischen Stellungen. Finde heraus, wie kritische Situationen entstanden sind, finde mehr über die Stellung heraus und wie du sie beim n ächsten Mal besser behandeln kannst.

Oft ist leider keine Zeit, um die Partie gleich anschließend analysieren zu können, vor allem nicht bei Turnieren mit zwei Runden am Tag. In diesem Fall notiere kurz einige Ideen und Fragen, die dich während der Partie beschäftigt haben. Falls du das nicht tust sind die vielleicht, wenn du die Partie erst Tage später analysiert, aus deinem Gedächtnis verschwunden.

Viele Spieler analysieren ihre Partien gleich mit dem Computer. Das ist verständlich, aber nicht gut. Um deine Fähigkeit zur Analyse zu entwickeln und zu erhalten ist absolut notwendig, zuerst selbst ohne Computerhilfe zu analysieren. Eine feste Regel sollte sein:

Analysiere deine Partien zuerst ohne die Hilfe des Computers.

Markiere interessante Stellungen in der Partie. Schreibe Varianten auf, die du berechnet hast. Tu dies sorgfältig und lass dir Zeit. Erst dann benutzt du den Computer. Er ist ein gutes Werkzeug, um deine Einschätzung und deine Varianten zu überprüfen und dir zusätzliche taktische Möglichkeiten zu zeigen. So kannst du auch feststellen, wie gut deine Berechnung und deine analytischen Fähigkeiten sind.

Der Unterschied zwischen einem Computer und einem Trainer ist, dass der Computer nur Züge zeigen und bewerten kann, aber nichts erklärt. Ein Trainer kann dir etwas über Methoden, Ideen, Pläne erklären, was oft wichtiger ist als ein Zug oder eine Variante.

Erinnerst du dich an das Zukertort Opfer, das du in Band 1 gesehen hast?

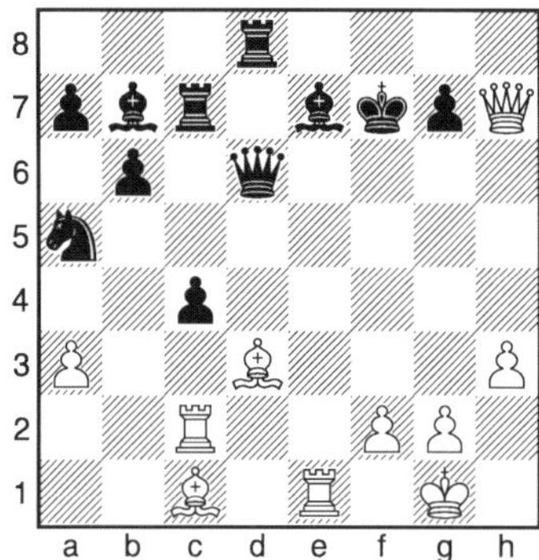

Die Stellung ist besser für Weiß, obwohl er eine Figur weniger hat. Die offene schwarze Königsstellung kompensiert das. Der Computer braucht sehr lange, um zu dieser Bewertung zu kommen, während ein Großmeister dies aufgrund seiner Erfahrung schnell erkennt. Das ist der Unterschied zwischen "brute force" Berechnung und dem menschlichen heuristischen Denken.

Hier ist ein weiteres Beispiel aus einer meiner Partien:

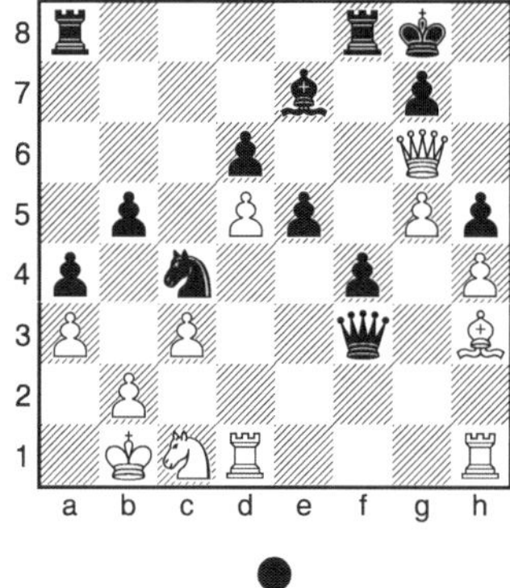

●

GM Thomas Luther – GM Arshak Petrosian (Variante)
GM Turnier Schwerin 1999

Ich gewann die Partie, fand aber nicht den besten Zug. Die Stellung wurde später veröffentlicht in einem Buch, geschrieben von einem Fide Meister, der sich offensichtlich auf eine Computer Analyse verließ. Der Computer zeigte 0.00 und der Autor schrieb:

1...♖f8–f7 *"would have defended neatly to a draw".*

Doch nach **2.♗h3–e6** **♖a8–f8** *(D)*

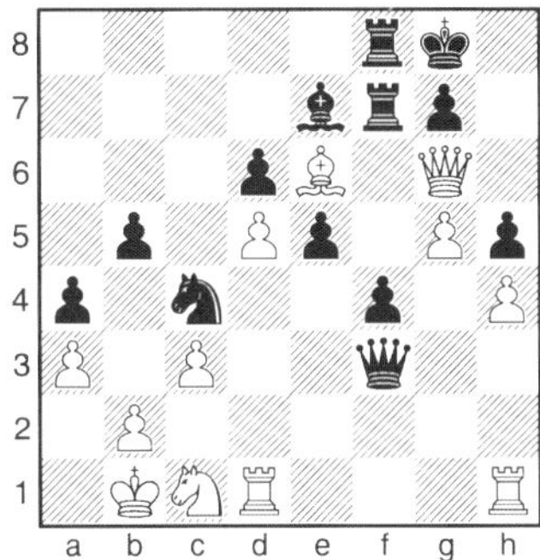

Ist Schwarz nahezu paralysiert. Seine Türme können nicht ziehen, seine Dame muss den Bh5 verteidigen, Matt ist stets eine Drohung. Mein Springer kann über d3 – b4 in die schwarze Stellung eindringen. Was wird dann aus dem Le7, den seine Türme nicht verteidigen können? Sicherlich bietet diese Fortsetzung mehr Widerstand als in der Partie, aber Schwarz kann nicht einmal auf ein *"hard fought draw"* hoffen; geschweige denn auf *"neatly a draw"*, die Stellung ist einfach nur verloren. Schau selber!

Der Computer braucht sehr lange, um die schwarzen Probleme zu "verstehen", während selbst ein Klubspieler die Stellung schon nach einem kurzen Blick besser eingeschätzt hätte. Du siehst, die Computer Analyse ist nicht immer zuverlässig und du solltest ihr nicht blind vertrauen, wie es hier offenbar der FM und Autor getan hat. Nutze den Computer, um dein Urteil zu bestätigen oder zu widerlegen. Du glaubst mir nicht? Dann lies, was einer der größten Schachspieler aller Zeiten dazu sagt:

"One of the reasons why Magnus Carlsen was so successful and still is a dominant force — and I remember this from working with him in 2009 and 2010 — is that he never looked at the machine as an ultimate source of wisdom. For him it was more like a calculator to verify his own understanding and evaluation of the position."

ChessBase News: Kasparov on Deep Learning in Chess, by Frederic Friedel 12/13/2017

Ein anderes Problem sind die sogenannten "Computer Varianten". Manchmal zeigt der Computer Züge oder Varianten als beste, die für den Betrachter unverständlich sind. Sie mögen tatsächlich die besten über einen längeren Zeitraum sein, aber wenn du ihren Sinn nicht verstehst, spiele sie auch nicht. Im Zweifelsfall wähle die Variante, die du verstehst, auch wenn sie geringer bewertet wird. Trainer sollten von ihren Schülern nicht erwarten, solche "unnatürlichen" Varianten zu finden oder zu spielen.

Berechne bei der Analyse immer zuerst im Kopf. Erst wenn du das abgeschlossen hast setzt du die Züge auf dem Brett. Es ist ein gutes Training und in der Partie musst du ja auch alles im Kopf berechnen.

Wenn du beim Training von Eröffnungen analysierst, tue dies auf einem richtigen Brett, nicht gleich am Computer. Für weniger erfahrene Spieler ist es besser, die Stellung auf einem dreidimensionalen Brett zu sehen, buchstäblich "zu erfassen" als dies am Monitor zu tun, auch wenn das mehr Arbeit macht. Wissenschaftliche Untersuchungen haben dies bestätigt und es wurde auch dringend angeraten von der russischen Trainer-Legende **Mark Dworetzki** (von ihm sogar für Spieler von erheblicher Stärke). An einem richtigen Brett zu sitzen und angestrengt nachzudenken ist nicht das gleiche, als mit einem Computer zu arbeiten. In jedem Fall ist bei diesem die Versuchung viel größer, Züge zu machen, anstatt sie sich nur vorzustellen – am Computer ist der nächste Zug ja nur einen Mausklick entfernt! Zudem siehst du mit jedem Zug am Computer ein Bild der Stellung, was absolut nicht der Realität im Turnierschach entspricht, wo deine Vorstellungskraft ausreichen muss. Denke daran:

Analysiere komplizierte Stellungen auf einem richtigen Brett.

Schau nach Ideen und Plänen, nicht nur nach Zügen oder Varianten! Versuche, die Stellung zu verstehen.

Schätze die Stellung zuerst selbst ein; erst dann untersuche sie mit dem Computer!

Eine schlechte Angewohnheit ist, das Ergebnis der Analyse nur zum Angeben zu nutzen. Viele Spieler laufen herum, zeigen stolz jedem, der nicht schnell genug entkommen kann, ihre "super Kombination" aus ihrer letzten Partie. Generell ist dagegen nichts (oder zumindest nicht allzu viel) einzuwenden. Wir alle sind stolz und freuen uns, wenn uns etwas Gutes gelungen ist, geben von Zeit zu Zeit auch mal ein bisschen an. Das ist nur zu menschlich. Aber die Freude über eine nette Kombination sollte nicht unser Urteilsvermögen trüben.

In den meisten Fällen war die tolle Kombination nur möglich, weil der Gegner zuvor einen Fehler gemacht hat. Was wäre geschehen, wenn er besser gespielt hätte? Und hat er sich optimal verteidigt oder hattest du nur Glück? Diese Fragen musst du dir stellen und für dich beantworten, um die Lage und die Leistung korrekt zu bewerten.

Schau auf die ganze Partie und deine Gesamtleistung, nicht nur auf das Resultat oder ein taktisches Schnipsel!

Was ich wirklich nicht leiden kann sind Spieler mit schwächlichen Ausreden:

"Wenn ich diesen Zug nicht gemacht hätte, dann ..."

Was ist mit den schwachen Zügen des Gegners, mit seinen "Wenn's"? Zeig mir deine Partie und ich werde wahrscheinlich schnell einige Stellungen finden, in denen er besser fortsetzen konnte. Das erinnert mich an ein Zitat aus einem Buch des sowjetischen Großmeisters Suetin:

"Eine Partie ist ein Märchen aus tausend und einem Fehler."

Dies mag ein bisschen übertrieben sein, aber der Fehler, den du gemacht hast, ist selten der einzige in der Partie. Und selbst wenn, es zeigt eine Schwäche von dir. Hast du gegen Ende nachgelassen, lag es an deiner mangelnden Konzentration oder, schlimmer noch, warst du arrogant? Ein guter Spieler kann sich das nicht leisten und sollte alles tun, um seine Schwächen und Fehler auszumerzen.

Sei ehrlich zu dir selbst!
Akzeptiere deine Fehler, lerne aus ihnen und versuche, sie in Zukunft zu vermeiden.

Akzeptiere es, wenn dein Gegner / Konkurrent besser ist. Es ist bloß Selbsttäuschung, die Fakten beschönigen zu wollen. Was ich absolut nicht hören möchte, sind Äußerungen wie:

"Ich könnte so gut sein wie er, wenn ..."

Wenn du das wirklich denkst, beweise es. Weltmeister Botwinnik sagte: *"Der Beweis für die Leistung ist der Erfolg"*. Wenn du es nicht beweisen kannst - am besten durch Leistung - dann schweige. Wenn du etwas nicht beweisen kannst, hast du vermutlich Unrecht. Es ist, wie es ist, vergiss all die "Wenns".

Schach ist ein ehrliches Spiel und sollte gespielt werden von ehrlichen, realistischen und für die, die besser werden wollen, hart arbeitenden Spieler.

9. Remis Teil II

Dauerschach, Zugwiederholung und andere Arten von Remis

In Teil sahen wir das Patt als einen Weg, die Partie Remis zu beenden. Heute schauen wir uns die anderen Möglichkeiten an, dies zu tun.

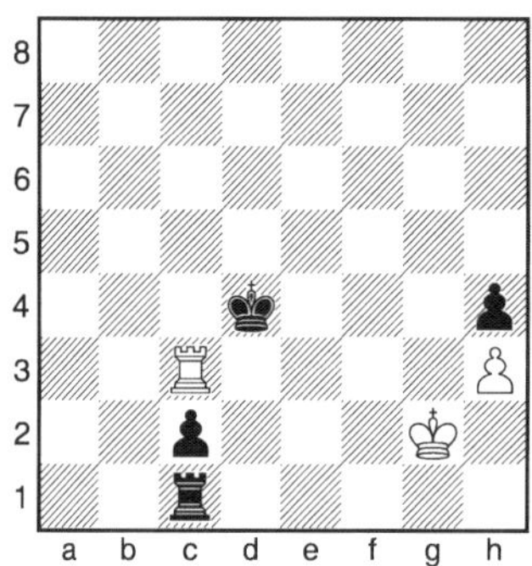

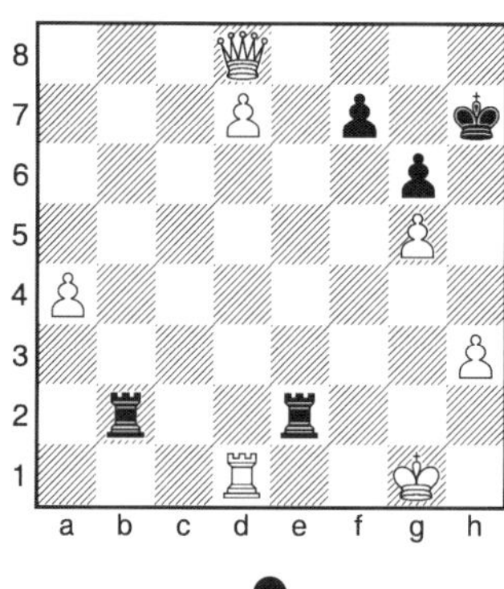

D links: In Turm Endspielen ist eine wichtige Methode, Schachs von hinten zu geben:

1.♖c3–c8 ♔d4–d3 2.♖c8–d8+ ♔d3–c3 3.♖d8–c8+ ♔c3–b2 4.♖c8–b8+

Und was immer auch Schwarz tun mag, sein König kann dem Dauerschach nicht entfliehen. Dies ist ein Grund, warum Türme im Endspiel am besten hinter Freibauern gestellt werden sollten, den eigenen wie auch den gegnerischen. Eine Regel, die Dr. Tarrasch formulierte.

D rechts zeigt eine vertraute Situation. Weiß hat eine überlegene Stellung und könnte mit fast jedem Zug gewinnen, u. a. mit 1.♕d8–f6 (verhindert das Dauerschach durch die beiden Türme und droht den Bf7 zu schlagen) oder auch Umwandlung mit dem Hinlenkungsopfer 1.♕d8–h8+ ♔h7xh8 2.d7–d8♕+.

Aber Schwarz entkommt durch das Dauerschach:

1.–– ♖e2–g2+ 2.♔g1-f1 ♖b2–f2+ usw.

Wir kennen dieses Motiv ja schon gut vom Kapitel über Türme auf der 7.Reihe.

Wir finden Dauerschachs nicht nur im späten Mittelspiel, sondern auch viel früher. Es kann eine letzte Verteidigung in einer anscheinend verlorenen Partie sein. Hier ein solches Beispiel:

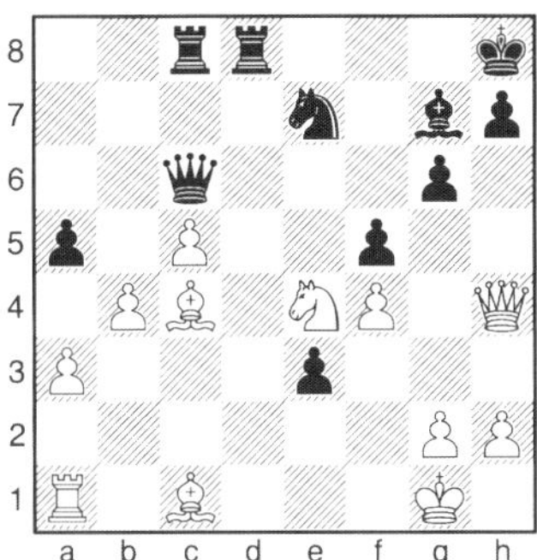

Schwarz schaut aus wie der sichere Gewinner. Es droht ja Td8–d1# sowohl als auch Lg7xa1. Er war sehr geschockt von:

1.♕h4xh7+ ♔h8xh7 2.♘e4–g5+ ♔h7–h6 3.♘g5–f7+ ♔h6–h7 *(D)*
Und Dauerschach.

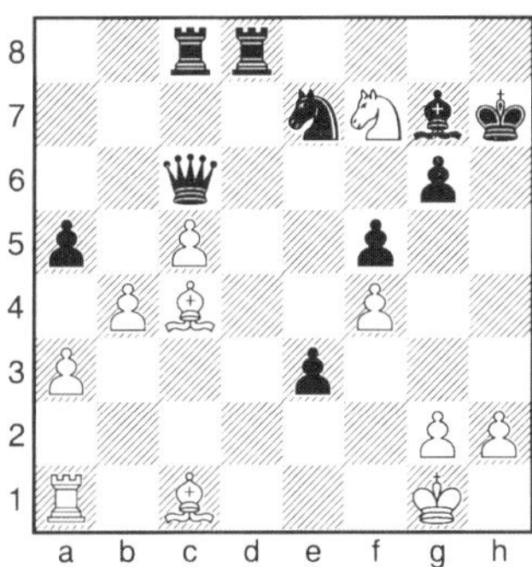

Es gibt kein Entkommen, da

3...♔h6–h5? zu Matt führen würde:

4.♗c4–e2+ ♔h5–h4 5.g2–g3+ ♔h4–h3 6.♘f7–g5#

Brunthaler - Kaufmann, Lugano 1978

In anderen Fällen spielt der nominell schwächere Spieler nicht auf Gewinn, sondern ist völlig zufrieden, mit einem Dauerschach den halben Punkt zu sichern und dem stärkeren Spieler einige Elopunkte wegzuschnappen.

Hier ein Beispiel aus einer meiner eigenen Partien:

Geske (2337) – Luther (2501) Open Wiesbaden 2011:

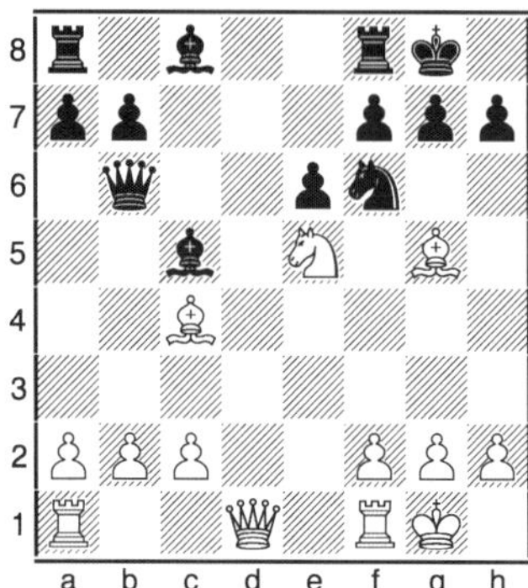

Weiß hat die bessere Stellung nach **13.♗g5xf6 g7xf6** *(D)*

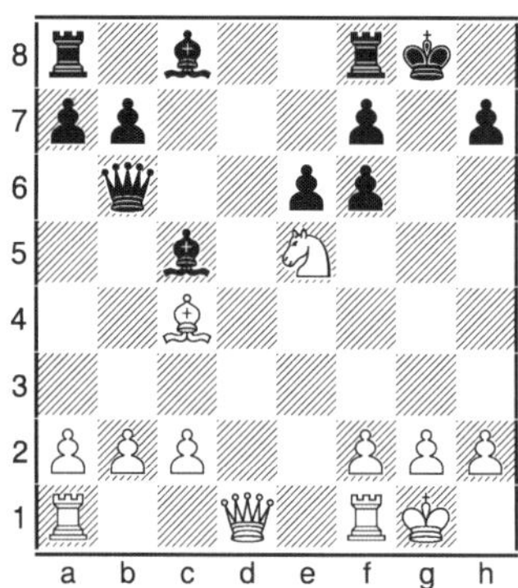

Und könnte nun versuchen, dies mit 14.♘e5–d3 zu nutzen. Doch stattdessen wählte Weiß einen von zwei Wegen zum schnellen Remis:

14.♕d1-h5 f6xe5 15.♕h5–g5+ =

Oder ***14.♗c4–d3*** f6xe5 15.♗d3xh7+ ♔g8xh7 16.♕d1-h5+=

Das ist okay und ein normales Risiko für einen Titelträger in einem Open Turnier - und ich hätte ganz einfach die Eröffnung sorgfältiger spielen sollen. Doch junge Spieler sollten auf Gewinn spielen und das Risiko nicht scheuen. Ein guter Rat:

**Lass dich nicht vom Rating deines Gegners einschüchtern.
Vertraue auf deine Fähigkeiten und kämpfe; hab keine Angst, ein paar Ratingpunkte zu verlieren.**

Jede Figur kann Dauerschach geben, sogar der Springer. Unerfahrene Spieler können kaum glauben, dass der Springer die Umwandlung verhindern kann, wie wir im folgenden Beispiel sehen:

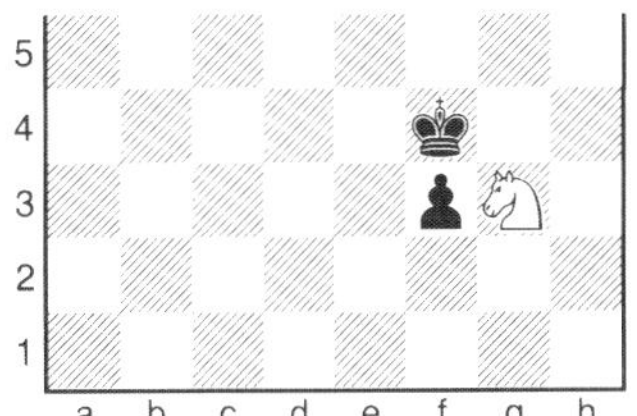

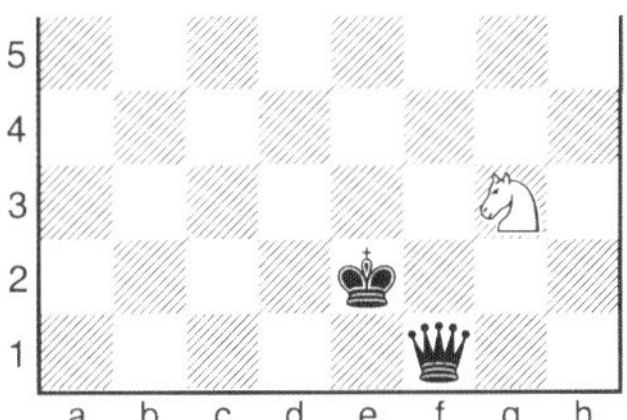

D links: **1.♘g3–h1 ♔f4–e3 2.♘h1-g3 f3–f2 3.♘g3–f1+ ♔e3–f3 4.♘f1-d2+ ♔f3–e2 5.♘d2–e4 f2–f1♕ 6.♘e4–g3+** *(D rechts)*

Mit dieser Gabel eliminiert der Springer die neue Dame. Andernfalls kann Weiß nie weiterkommen wegen des Dauerschachs. Zum gleichen Ergebnis führt:

1.♘g3–f1 f3–f2 2.♘f1-d2 ♔f4–e3 3.♘d2–f1+ ♔e3–e2 4.♘f1-h2 ♔e2–e1 5.♘h2–f3+ ♔e1-e2 6.♘f3–h2 =

Der wahre Meister des Dauerschachs ist aber die Dame. Wenn du eine schlechtere Stellung im Endspiel oder dem späten Mittelspiel hast, tausche nicht die Dame ab. Sie kann öfter als jede andere Figur ein Remis durch Dauerschach retten.

Eine **Zugwiederholung** ist ganz ähnlich dem Dauerschach, kann aber früher und sogar schon in der Eröffnung vorkommen. Hier ein Beispiel:

Nach **1.e2–e4 c7–c5 2.♘g1-f3 e7–e6 3.d2–d4 c5xd4 4.♘f3xd4 ♕d8–b6 5.♘b1-c3 ♗f8–c5 6.♘c3–a4 ♕b6–a5+** *(D)*

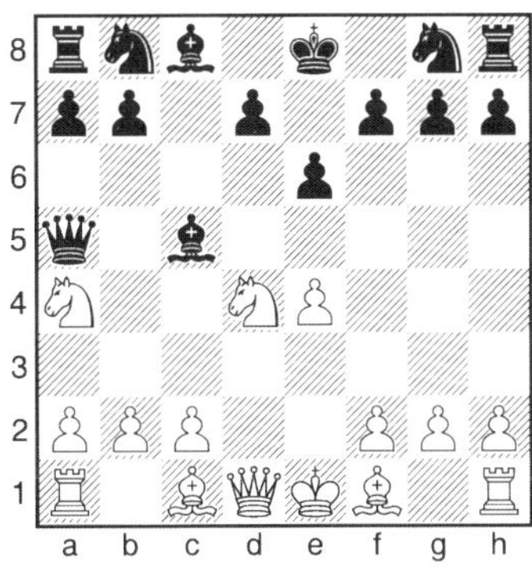

7.♘a4–c3

Mit 7.c2–c3 kann Weiß die Zugwiederholung verhindern.

7...♕a5–b6 8.♘c3–a4 usw., Remis.

Solche Eröffnungsvarianten werden in Turnieren benutzt, wo ein Remisschluss erst nach einer bestimmten Anzahl von Zügen, meistens 30, erlaubt ist, die Spieler aber ein schnelles Remis wollen. Der Schiedsrichter muss nun ein solches Remis akzeptieren.

Nachfolgend ein nettes Beispiel für Zugwiederholung. **Schwarz am Zug.** Versuche es herauszufinden. Auflösung auf der nächsten Seite.

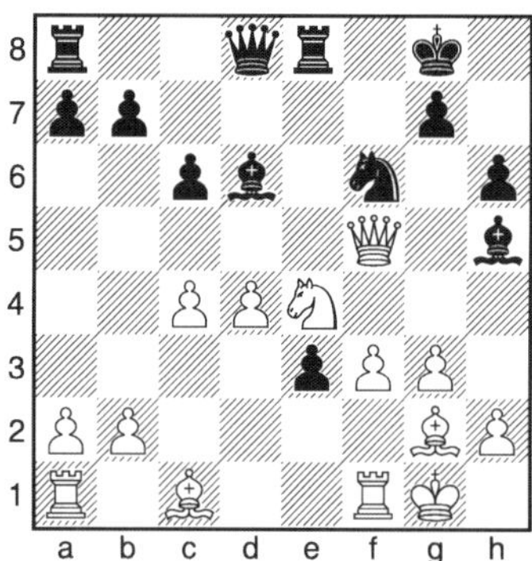

Manchmal sind Endspielstellungen so verblockt oder beengt, dass kein Durchkommen möglich ist, wie wir hier sehen:

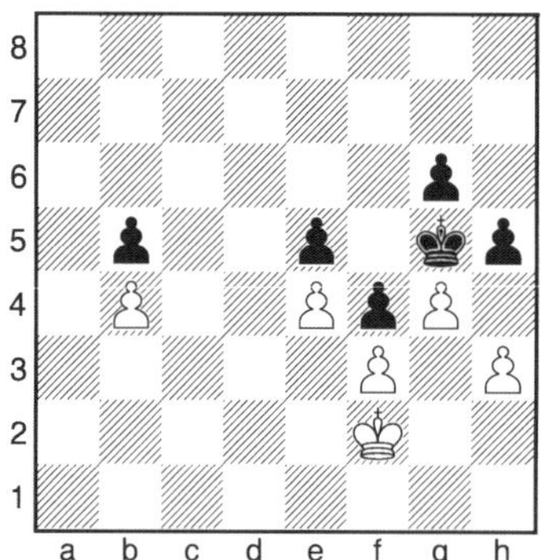

1...h5–h4 schließt die Stellung endgültig.

Schwarz kann **1...♔g5–h4** versuchen. Aber es kommt auf das Gleiche heraus; kein Fortschritt ist möglich, gleich wer am Zug ist.

Die Bauernpaare b4/b5 und e4/e5 halten die Könige fern, ein drittes Paar auf h4/h5 würde das ganze Brett abschließen.

In solchen Fällen ist es vernünftig, sich auf Remis zu einigen, aber manche Spieler hoffen auf einen Fehler des Gegners und spielen weiter und weiter.

Wenn du in solch einer Situation bist, bleib ruhig. Der Gegner hofft ja darauf, dass du ärgerlich wirst, schnell ziehst ohne lange nachzudenken und ihm durch einen dummen Fehler auf Dauer doch noch den Gewinn ermöglichst. Wenn du dich an folgende Ratschläge hältst, kannst du das hoffentlich vermeiden:

Beantworte gegnerische Züge nicht reflexartig.

Warte stets einen Moment, schau genau aufs Brett, ob sich etwas verändert hat, und mach dann erst deinen Zug.

Wenn du einen sicheren Zug oder eine Zugfolge hast, die Remis sichern, bleib dabei und mach keine Experimente. Unerfahrene Spieler weichen oft grundlos von der klaren Remisfortsetzung ab und können dadurch in Schwierigkeiten kommen oder sogar verlieren.

Okay, das reicht für heute. Du wirst mehr Fälle in den Übungen sehen. Einige sind wirklich erstaunlich.

Lösung der Stellung von der vorherigen Seite:

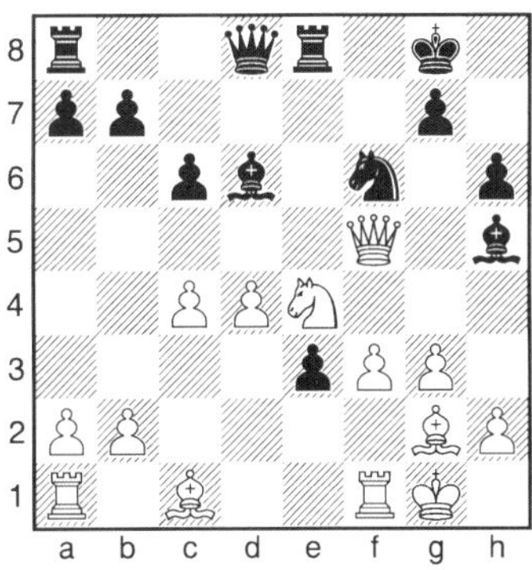

1...♖e8xe4 2.f3xe4 ♗h5–g4 3.♕f5–g6 ♗g4–h5 4.♕g6–f5 ♗h5–g4

Die Dame kann den frechen Läufer nicht abschütteln!

Dauerschach, Zugwiederholung und andere Arten von Remis

Teil 1

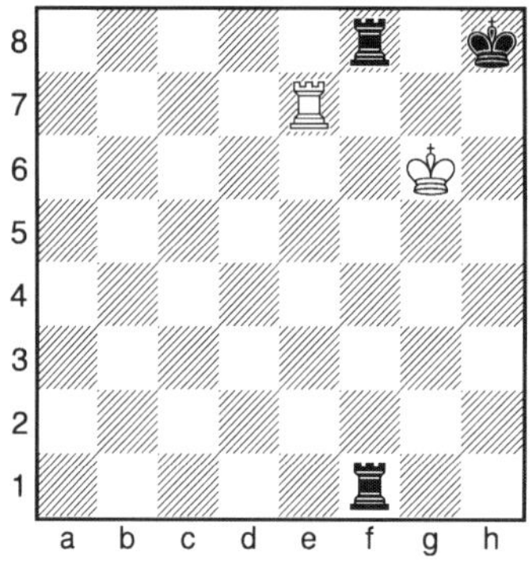

a b c d e f g h

1

1. .... / ....

2. .... / ....

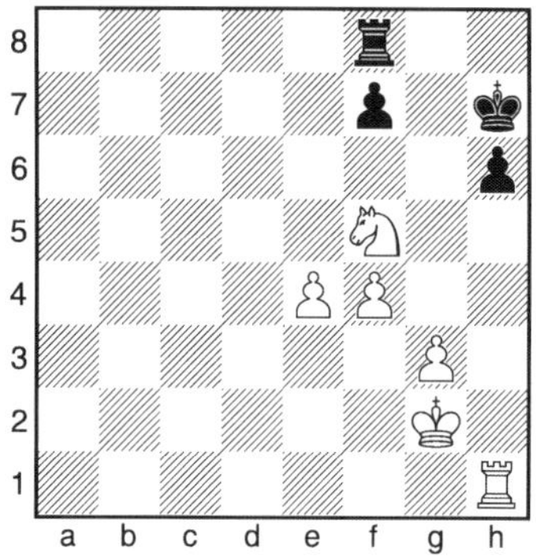

a b c d e f g h

2

1. .... / ....

2. .... / ....

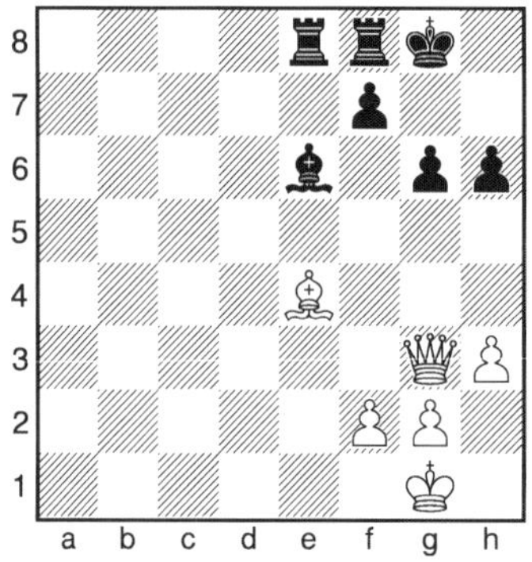

a b c d e f g h

3

1. .... / ....

2. .... / ....

a b c d e f g h

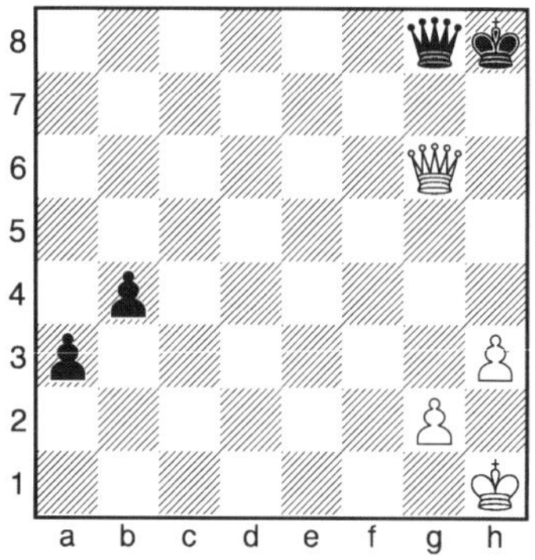

4

1. .... / ....

2. .... / ....

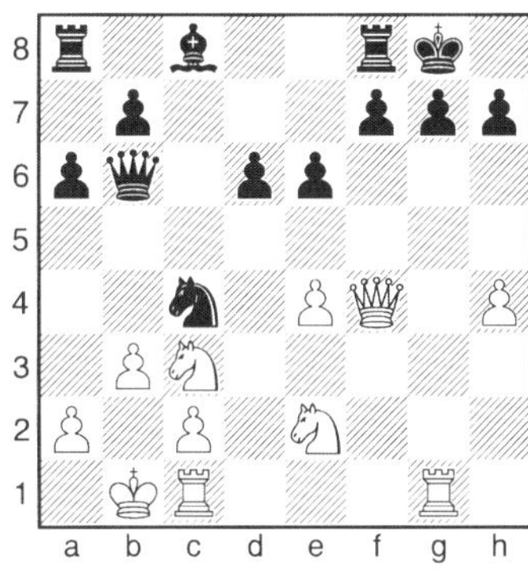

5

1. .... / ....

2. .... / ....

3. .... / ....

6

1. .... / ....

2. .... / ....

3. .... / ....

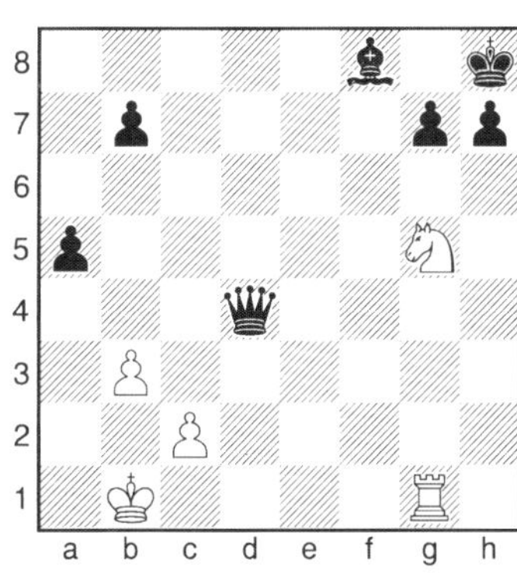

7

1. .... / ....

2. .... / ....

3. .... / ....

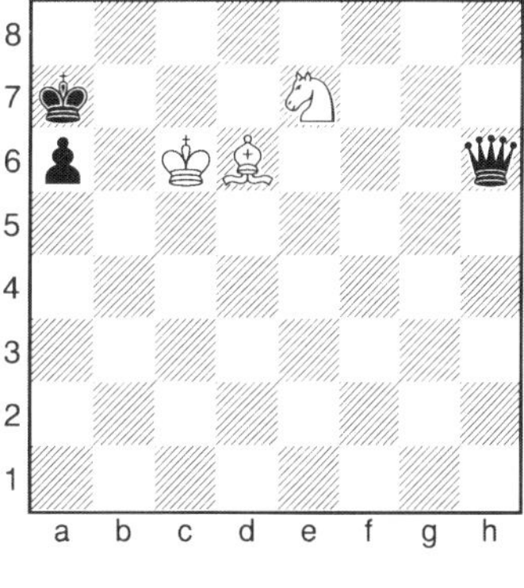

8

1. .... / ....

2. .... / ....

3. .... / ....

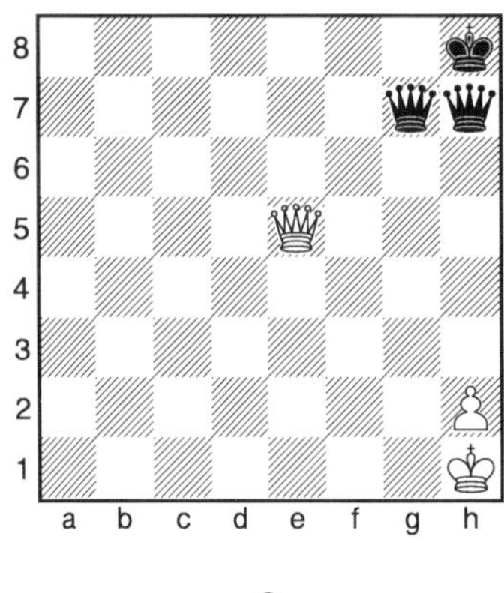

9

1. .... / ....

2. .... / ....

3. .... / ....

10

1. .... / ....

2. .... / ....

3. .... / ....

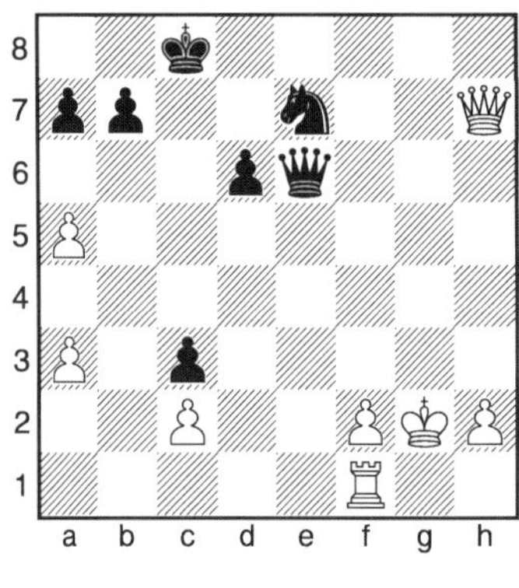

11 ●

1. .... / ....

2. .... / ....

3. .... / ....

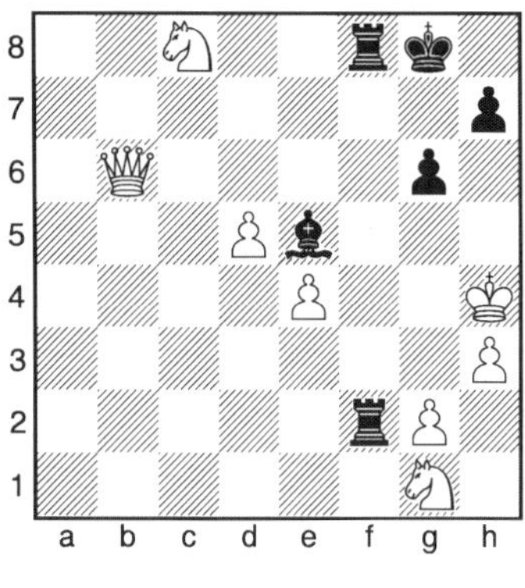

12 ●

1. .... / ....

2. .... / ....

3. .... / ....

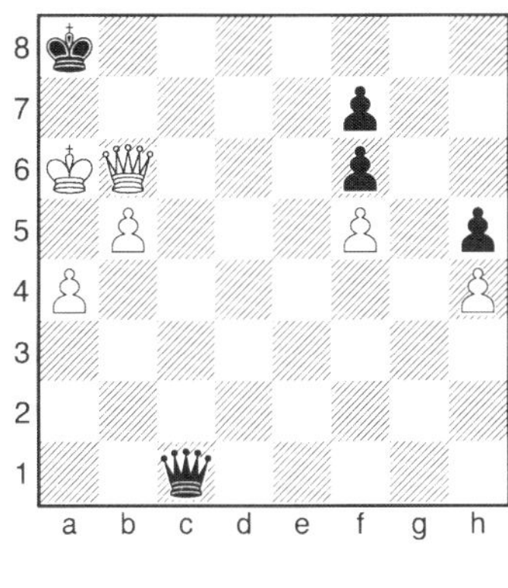

13 ●

1. .... / ....

2. .... / ....

3. .... / ....

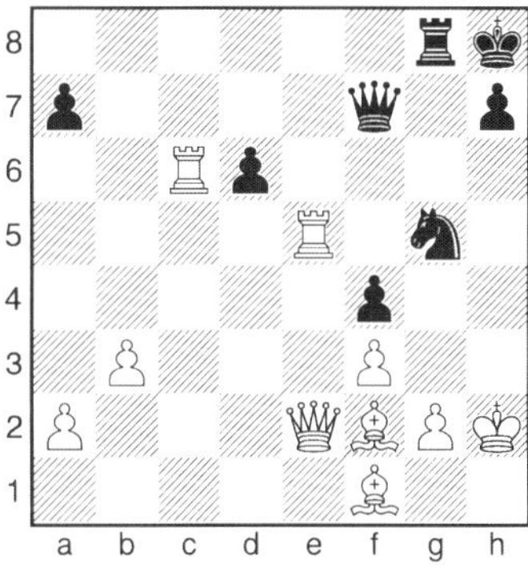

14 ●

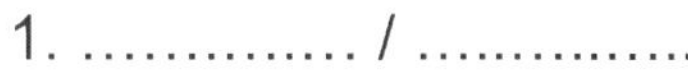

1. .... / ....

2. .... / ....

3. .... / ....

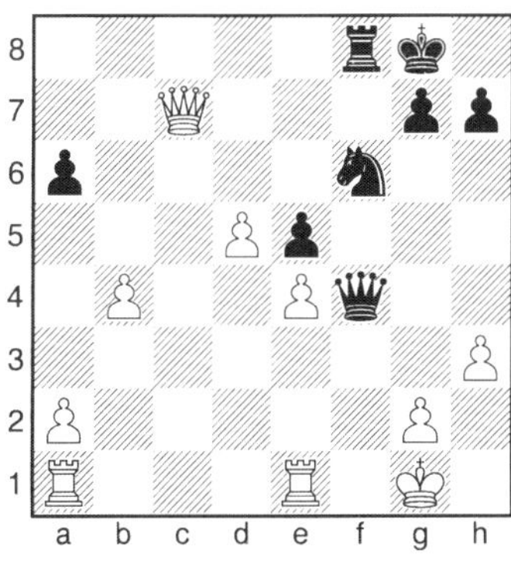

15 ●

1. .... / ....

2. .... / ....

3. .... / ....

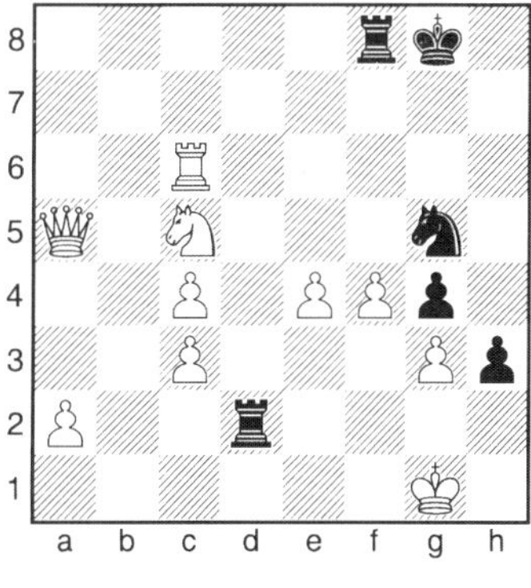

16 ●

1. .... / ....

2. .... / ....

3. .... / ....

Lösungen

Dauerschach, Zugwiederholung und andere Arten von Remis

Teil 1

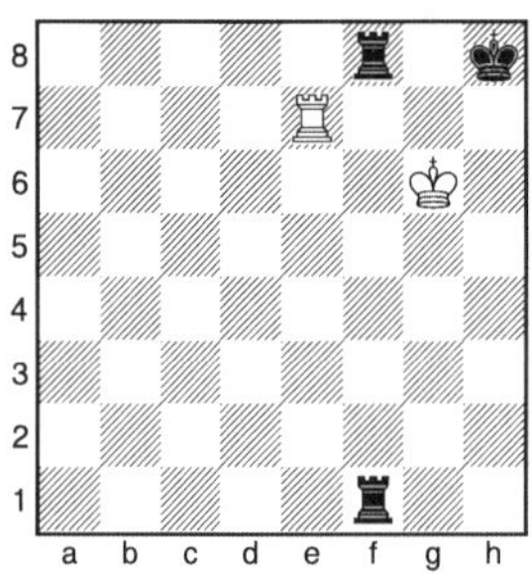

1.

Weiß verhindert Matt in 2 Zügen durch ein Dauerschach mit dem Turm:

1.♖e7–h7+ ♔h8–g8 2.♖h7–g7+

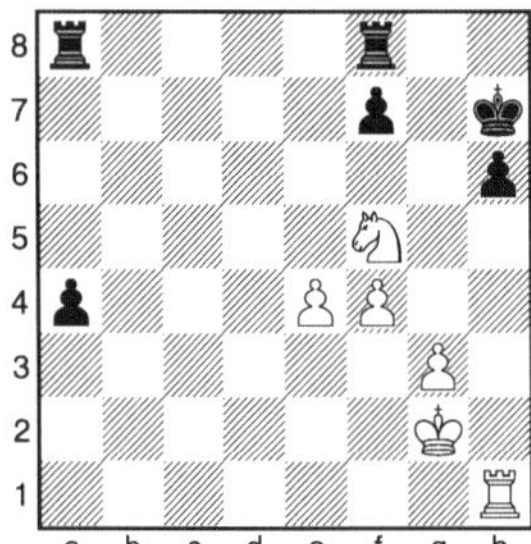

2.

Turm und Springer wirken zusammen und sichern so den halben Punkt:

1.♖h1xh6+ ♔h7–g8
2.♘f5–e7+ ♔g8–g7
3.♘e7–f5+

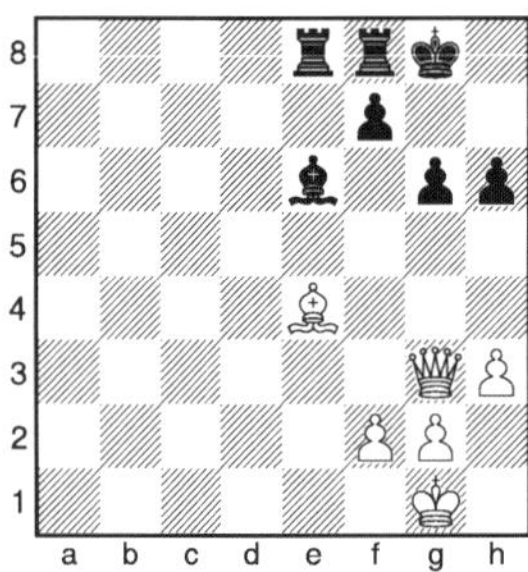

3.

Ein typisches Opfer öffnet die schwarze Stellung für ein Dauerschach der Dame:

1.♗e4xg6 f7xg6
2.♕g3xg6+ ♔g8–h8
3.♕g6xh6+

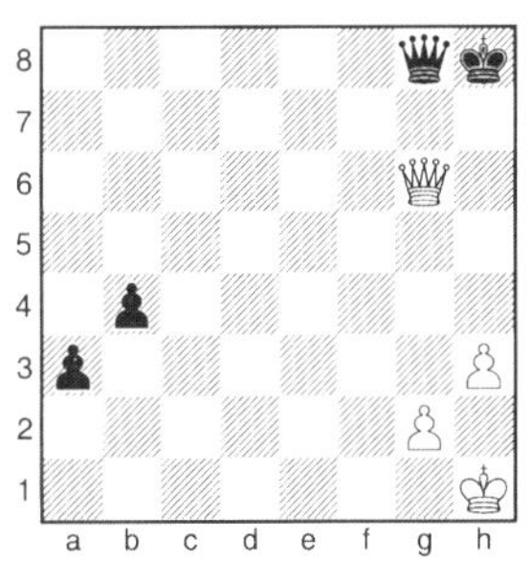

4.

1.♕g6–h6+ ♕g8–h7 2.♕h6–f8+ =

Vermutlich auch Remis, aber etwas riskanter ist 1.♕g6–h5+ ♕g8–h7 2.♕h5–e8+ ♔h8–g7 3.♕e8–e7+

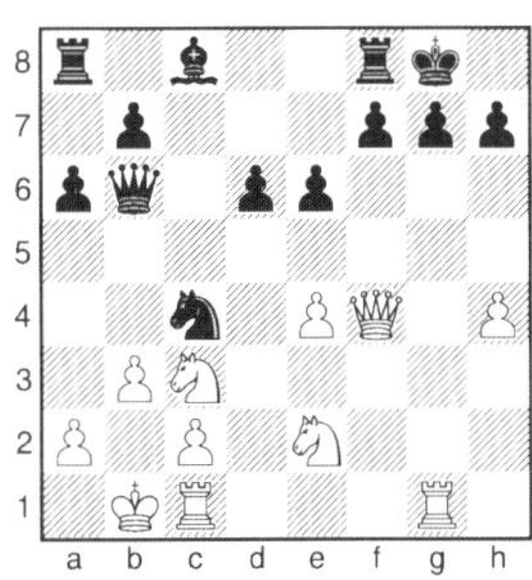

5.

Ein weiteres typisches Opfer zum Remis durch Dauerschach:

1.♖g1xg7+ ♔g8xg7 2.♕f4–g5+ ♔g7–h8 3.♕g5–f6+ ♔h8–g8 4.♕f6–g5+

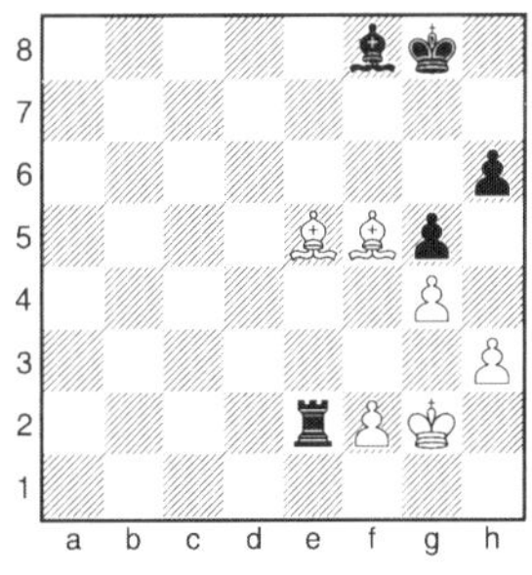

6.

Hier erzwingt das Läuferpaar ein Remis durch Dauerschach:

1.♗f5–e6+ ♔g8–h7
2.♗e6–f5+ ♔h7–g8
3.♗f5–e6+

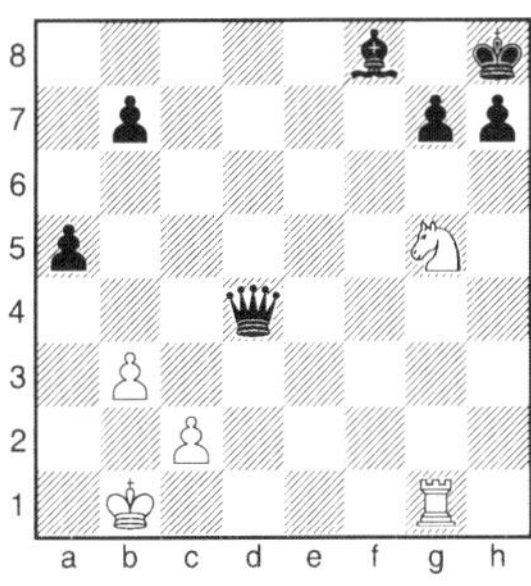

7.

Der Turm ist angegriffen, kann aber das Dauerschach unterstützen, indem er den Bg7 fesselt:

1.♘g5–f7+ ♔h8–g8
2.♘f7–h6+ ♔g8–h8
3.♘h6–f7+

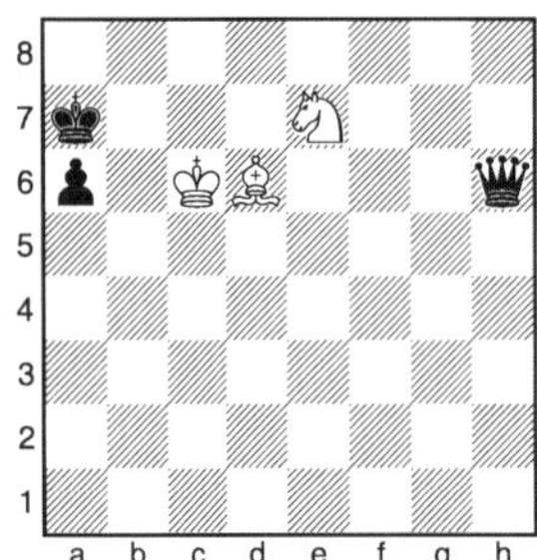

8.

Der König ist in der Ecke gefangen und kann den Springerschachs nicht entkommen:

1.♘e7–c8+ ♔a7–a8
2.♘c8–b6+ ♔a8–a7
3.♘b6–c8+

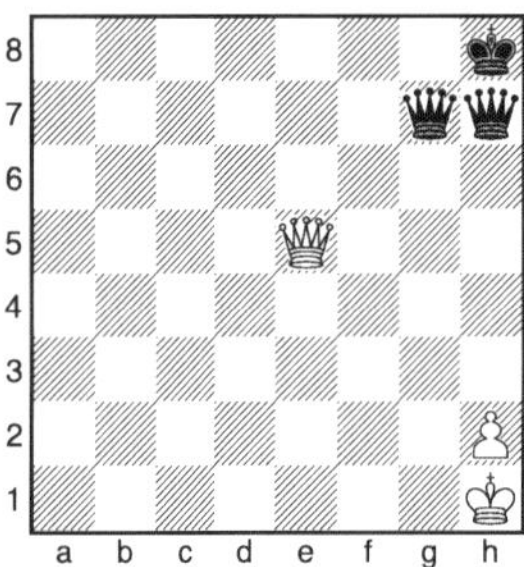

9.

Kaum zu glauben, aber zwei Damen sind tatsächlich nicht genug, um dem Dauerschach zu entkommen:

1.♕e5–e8+ ♕h7–g8 2.♕e8–h5+ ♕g7–h7 3.♕h5–e5+

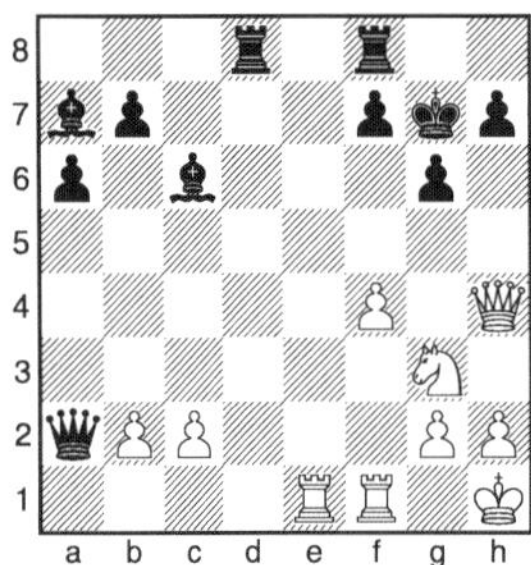

10.

1.♘g3–f5+ g6xf5 2.♕h4–g5+ ♔g7–h8 3.♕g5–f6+ ♔h8–g8 4.♕f6–g5+

Oder 1...♔g7–g8 2.♘f5–e7+ ♔g8–g7 3.♘e7–f5+ ist auch Remis; aber natürlich nicht 3...♔g7–h8?? 4.♕h4–f6+ und Matt folgt.

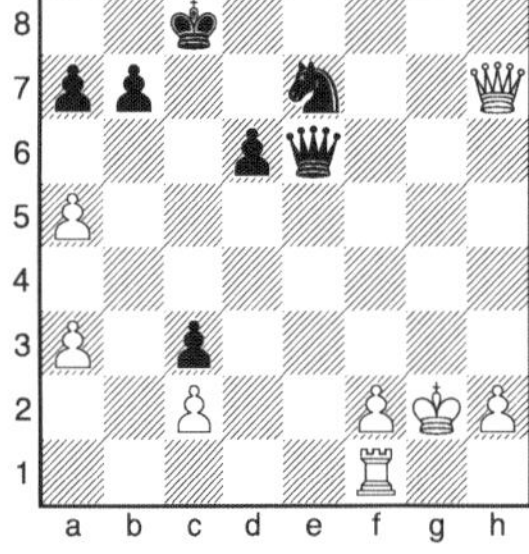

11. Tal - Fischer, Olympiade 1960

Der frühere Weltmeister Mikhail Tal war ein Schachwunderkind und –genie wie später Bobby Fischer, aber lebenslang durch gesundheitliche Probleme gehandicapt. Ihre Partie in Leipzig 1960 endete Remis:

1...♕e6–g4+ 2.♔g2–h1 ♕g4–f3+

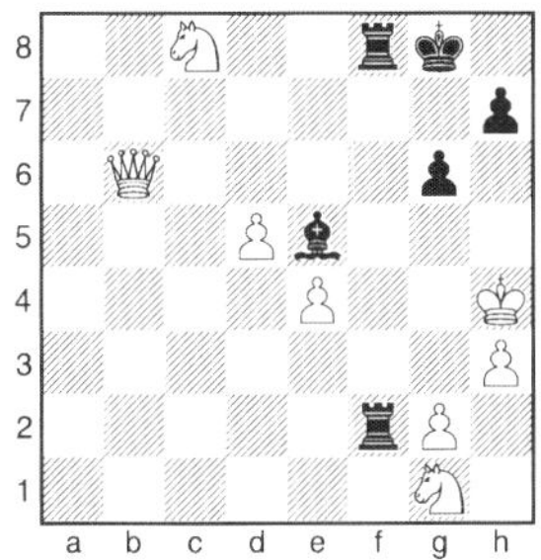

12.

Außerhalb seiner Burg ist der König fast immer verloren. Hier jedoch kann Schwarz nur Dauerschach geben:

1...♗e5-f6+ 2.♔h4-g3 ♗f6-e5+

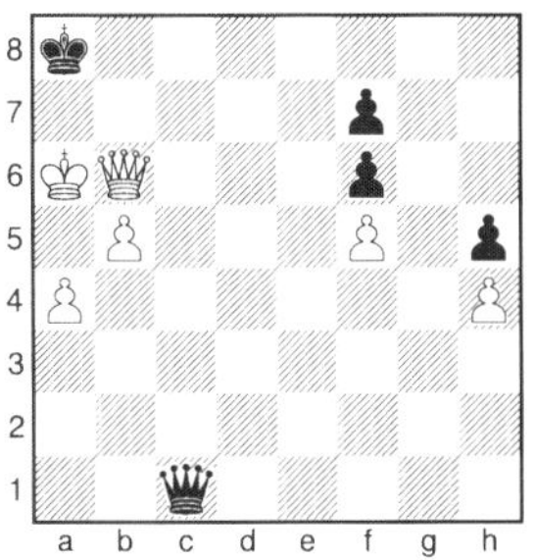

13.

Weiß hat zwar drei Mattdrohungen, aber auch das Problem, dass sein König sich nicht vor dem Dauerschach verstecken kann:

1...♕c1-c8+ 2.♔a6-a5 ♕c8-c3+

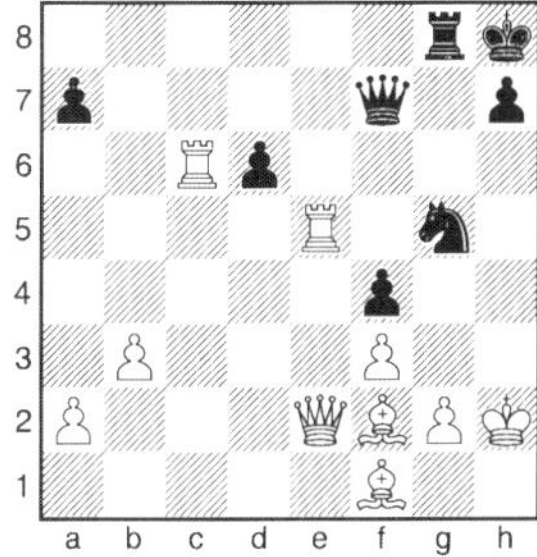

14.

1...♕f7-h5+ 2.♔h2-g1 ♘g5-h3+ 3.♔g1-h2 ♘h3-g5+

Mit dem Abzugsschach kann Schwarz kein Material gewinnen, weil der Springer stets wieder die 5.Reihe schließen muss, um seine Dame zu schützen.

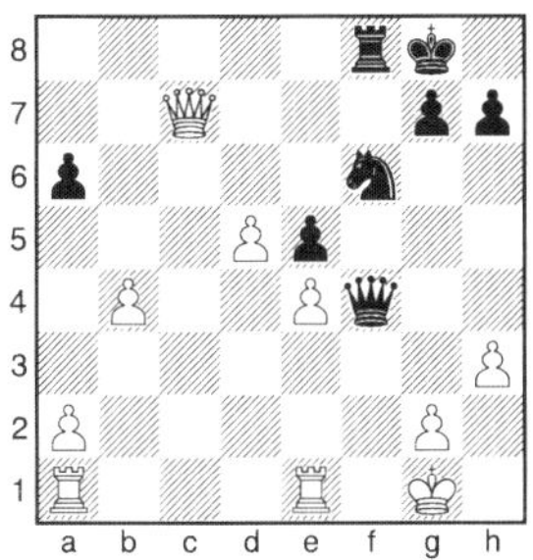

15.

Das Springeropfer öffnet die h-Linie und führt so ein typisches Dauerschach Motiv herbei:

1...♘f6-g4 2.h3xg4 ♕f4-f2+ 3.♔g1-h2 ♕f2-h4+

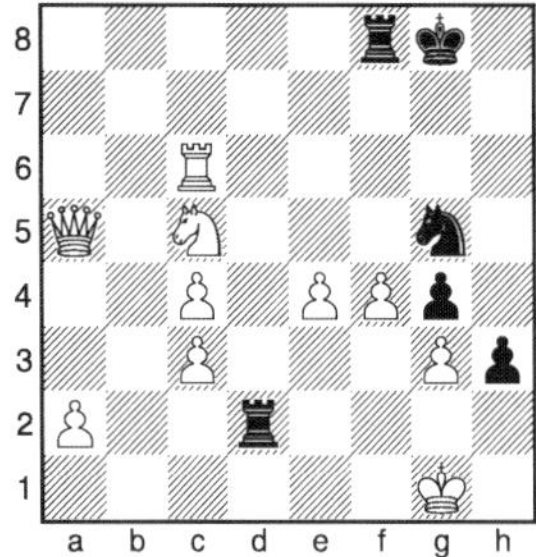

16.

Hier kommt das Dauerschach–Motiv von Springer und Turm zum Einsatz:

1...♘g5–f3+ 2.♔g1-f1

Natürlich nicht 2.♔g1-h1?? ♖d2–h2# / ♖d2–d1#

2...♘f3–h2+

2...h3–h2?? verliert sofort wegen 3.♖c6–h6

3.♔f1-e1/g1 ♘h2–f3+

Der 2.Teil ist viel schwerer und es ist ratsam, falls du nicht schnell die Lösung findest, die Stellung auf dem Brett aufzubauen und sie sich genauer anzuschauen.

Die Lösungen sind nun länger und komplizierter und manchmal ist ein ungewöhnlicher Zug nötig.

Dauerschach, Zugwiederholung und andere Arten von Remis

Teil 2

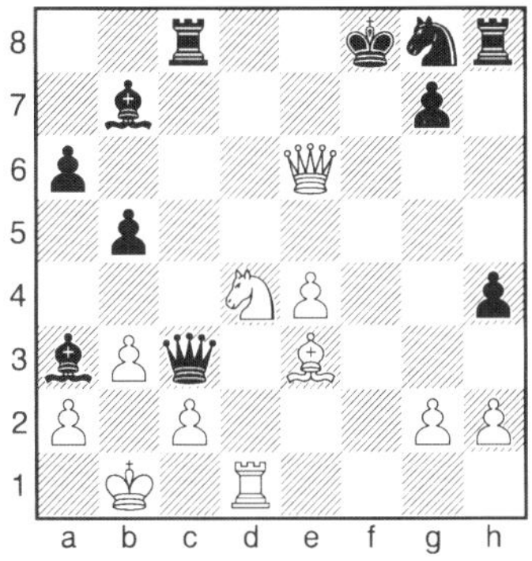

1

1. .... / ....

2. .... / ....

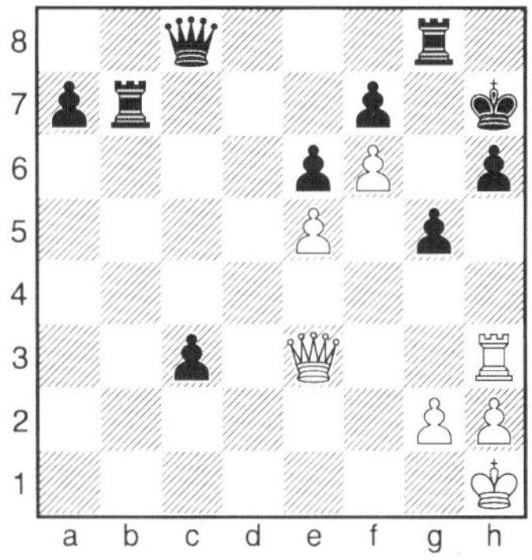

2

1. .... / ....

2. .... / ....

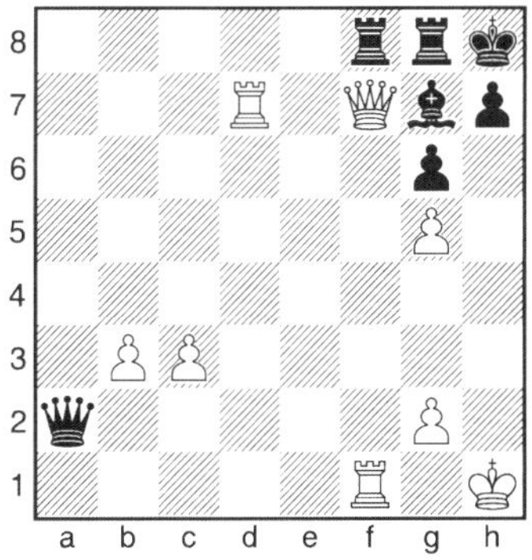

3

1. .... / ....

2. .... / ....

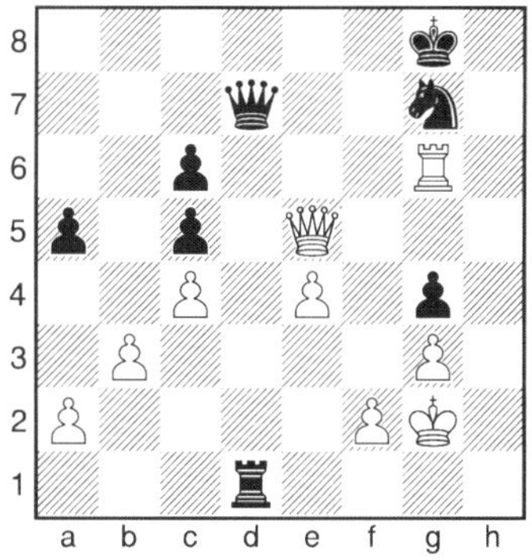

4

1. .... / ....

2. .... / ....

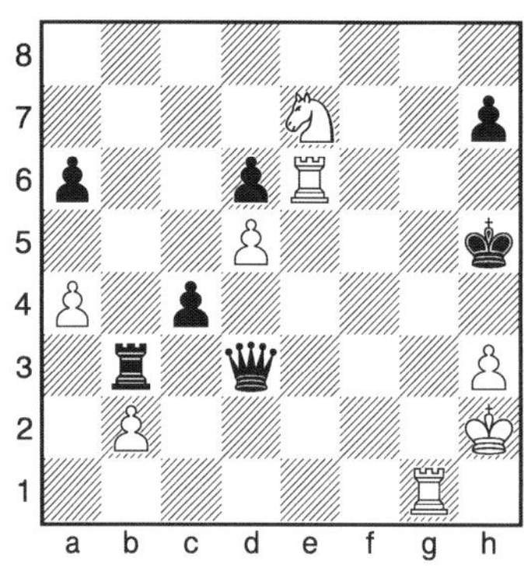

5

1. .... / ....

2. .... / ....

3. .... / ....

6

1. .... / ....

2. .... / ....

3. .... / ....

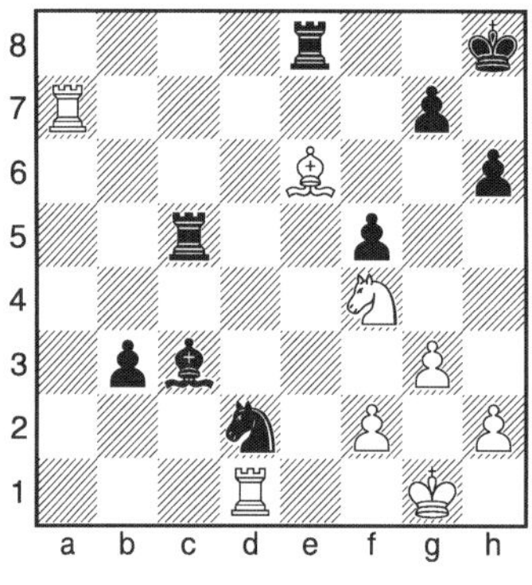

7

1. .... / ....

2. .... / ....

3. .... / ....

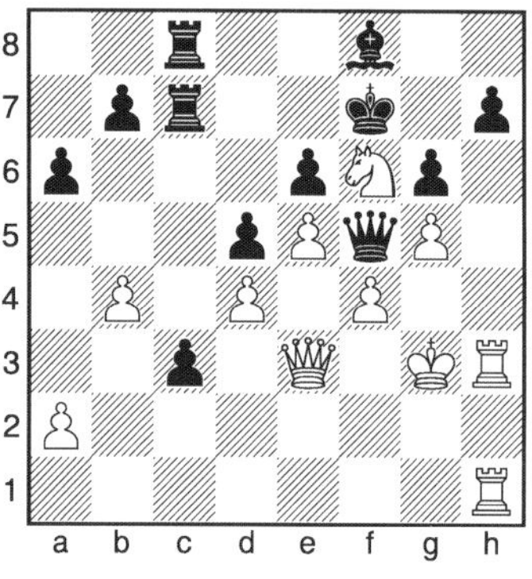

8

1. .... / ....

2. .... / ....

3. .... / ....

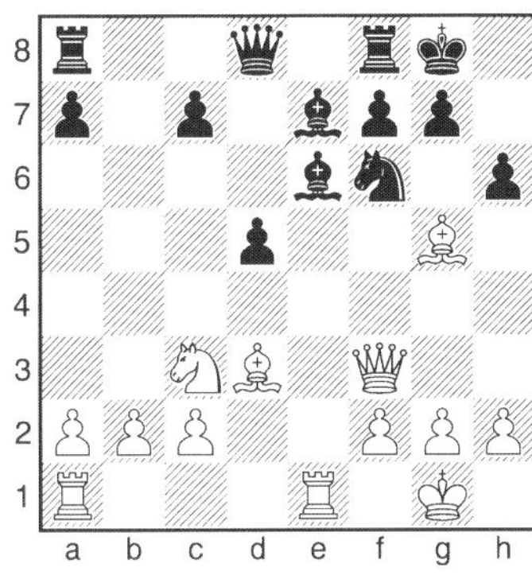

9

1. .... / ....

2. .... / ....

3. .... / ....

10

1. .... / ....

2. .... / ....

3. .... / ....

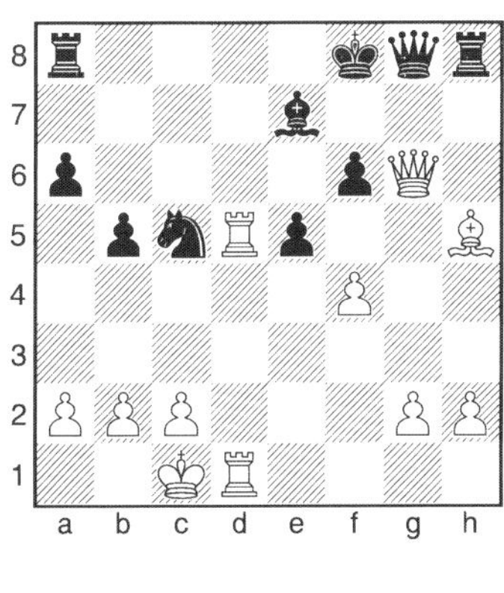

11

1. .... / ....

2. .... / ....

3. .... / ....

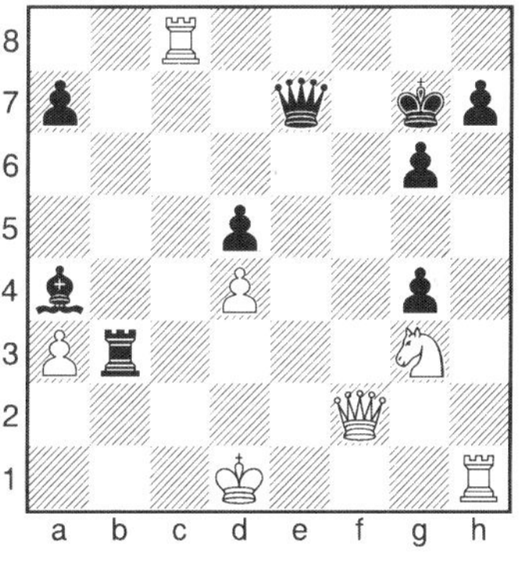

12

1. .... / ....

2. .... / ....

3. .... / ....

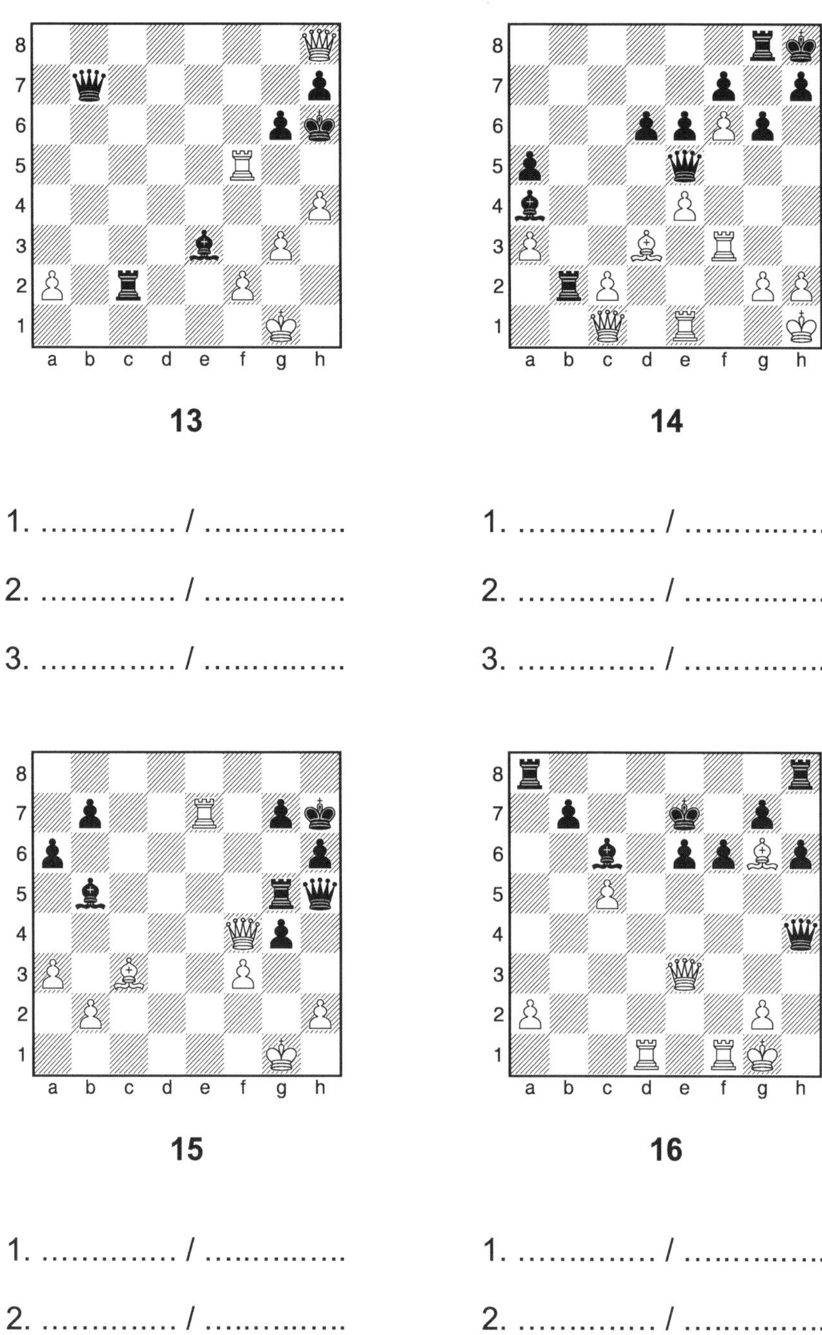

13

1. .... / ....

2. .... / ....

3. .... / ....

14

1. .... / ....

2. .... / ....

3. .... / ....

15

1. .... / ....

2. .... / ....

3. .... / ....

16

1. .... / ....

2. .... / ....

3. .... / ....

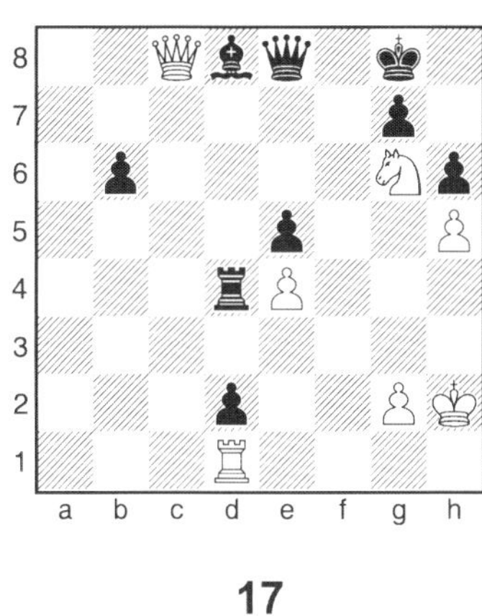

17

1. .... / ....

2. .... / ....

3. .... / ....

18

1. .... / ....

2. .... / ....

3. .... / ....

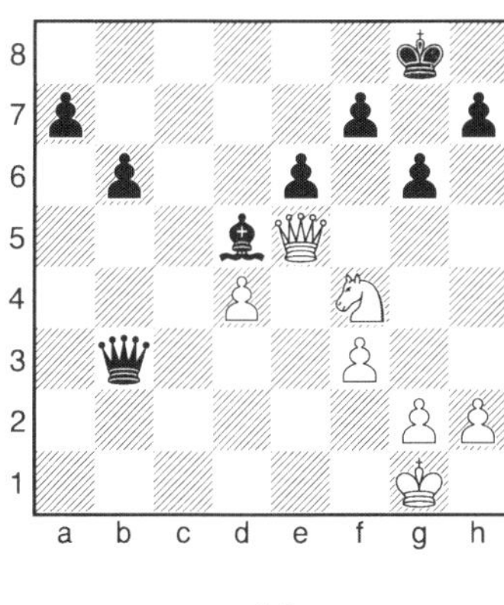

19

1. .... / ....

2. .... / ....

3. .... / ....

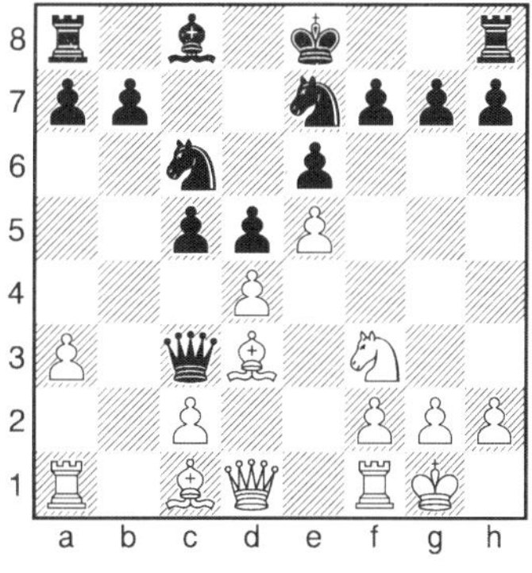

20

1. .... / ....

2. .... / ....

3. .... / ....

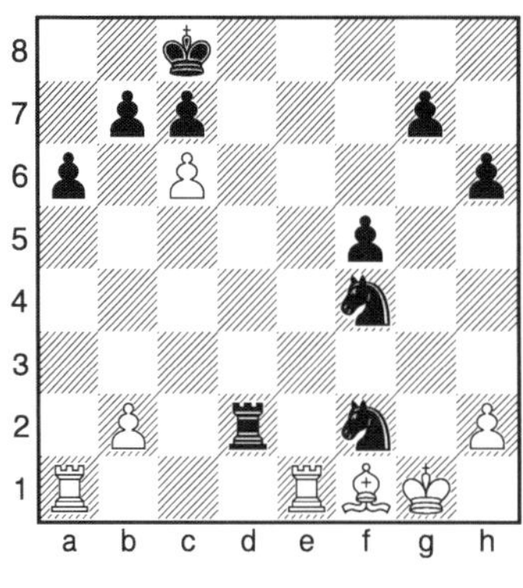

21 ●

1. .... / ....

2. .... / ....

3. .... / ....

22 ●

1. .... / ....

2. .... / ....

3. .... / ....

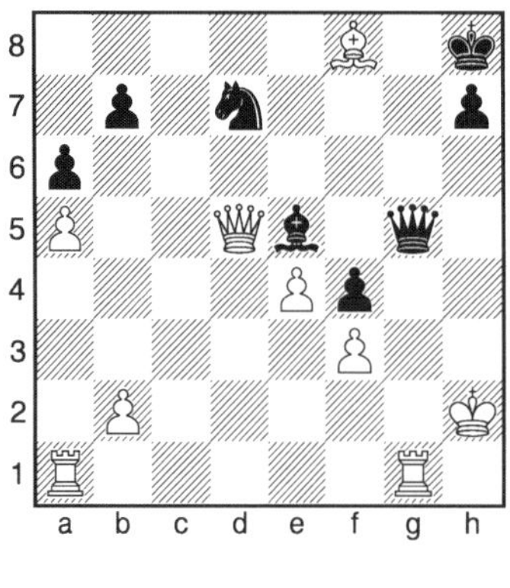

23 ●

1. .... / ....

2. .... / ....

3. .... / ....

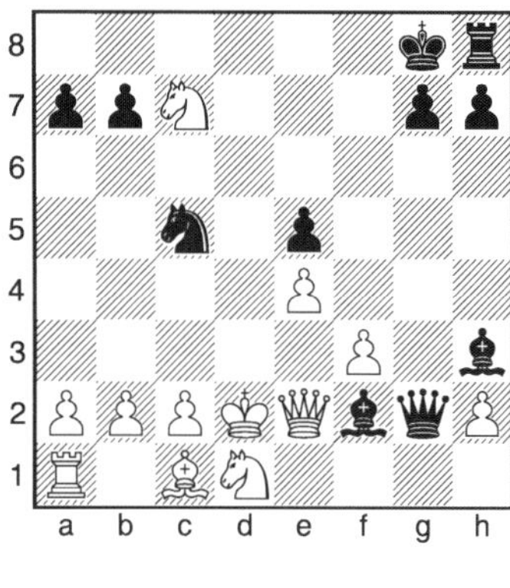

24 ●

1. .... / ....

2. .... / ....

3. .... / ....

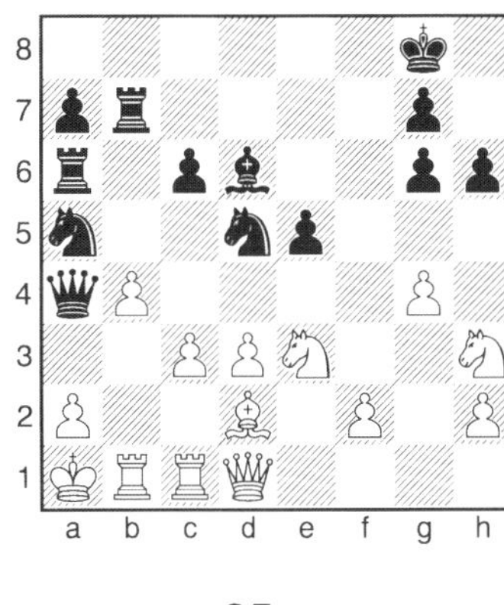

25 ●

1. .... / ....

2. .... / ....

3. .... / ....

26 ●

1. .... / ....

2. .... / ....

3. .... / ....

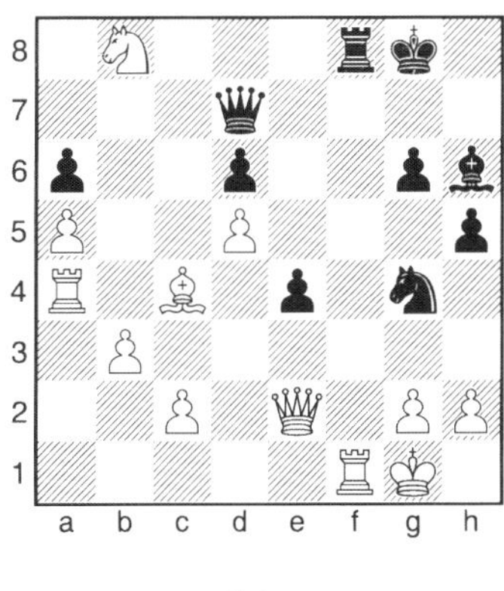

27 ●

1. .... / ....

2. .... / ....

3. .... / ....

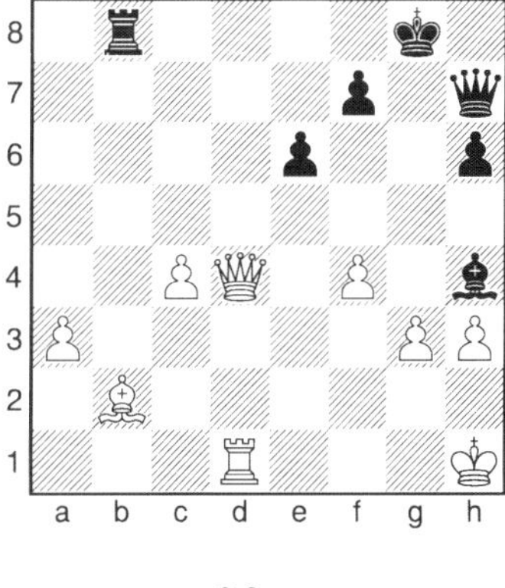

28 ●

1. .... / ....

2. .... / ....

3. .... / ....

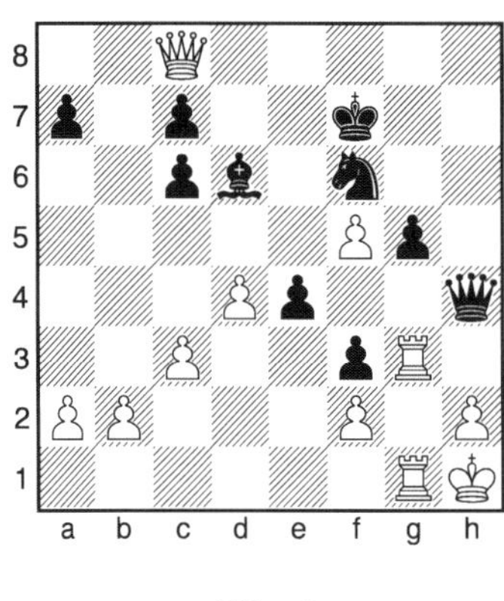

29 ●

1. .... / ....

2. .... / ....

3. .... / ....

30 ●

1. .... / ....

2. .... / ....

3. .... / ....

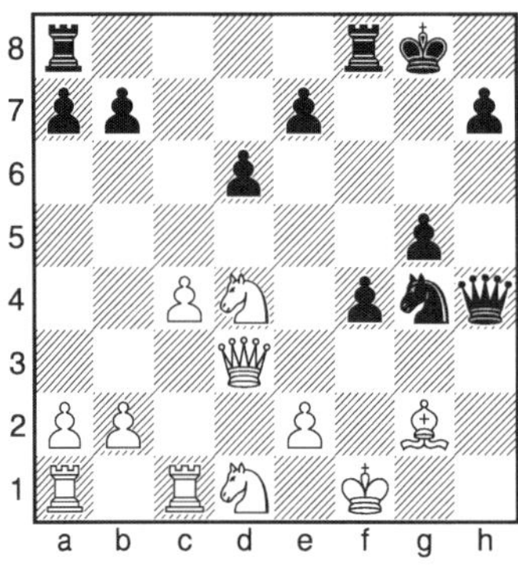

31 ●

1. .... / ....

2. .... / ....

3. .... / ....

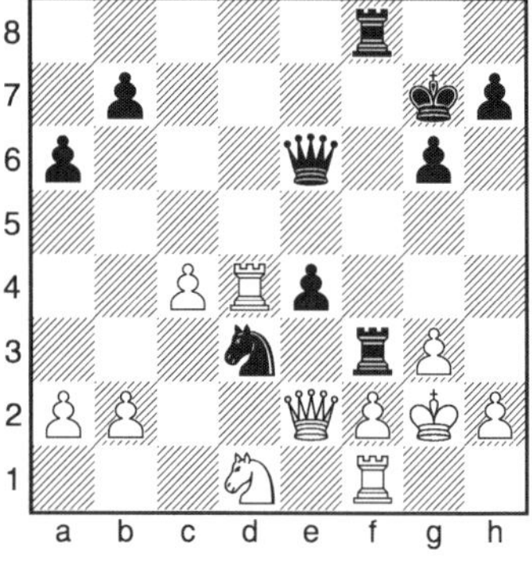

32 ●

1. .... / ....

2. .... / ....

3. .... / ....

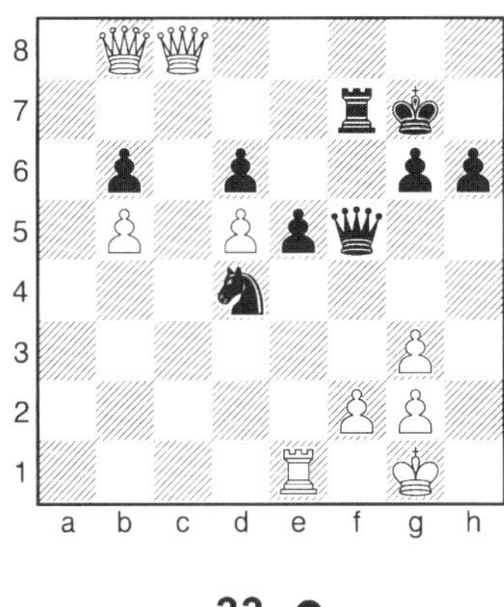

33 ●

1. .... / ....

2. .... / ....

3. .... / ....

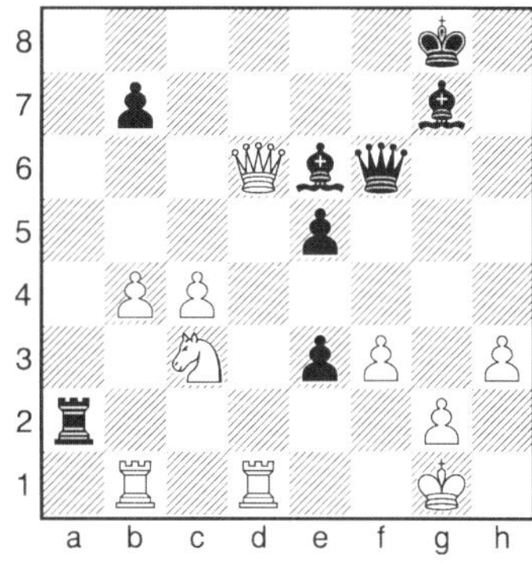

34 ●

1. .... / ....

2. .... / ....

3. .... / ....

Lösungen

Dauerschach, Zugwiederholung und andere Arten von Remis

Teil 2

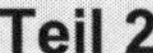

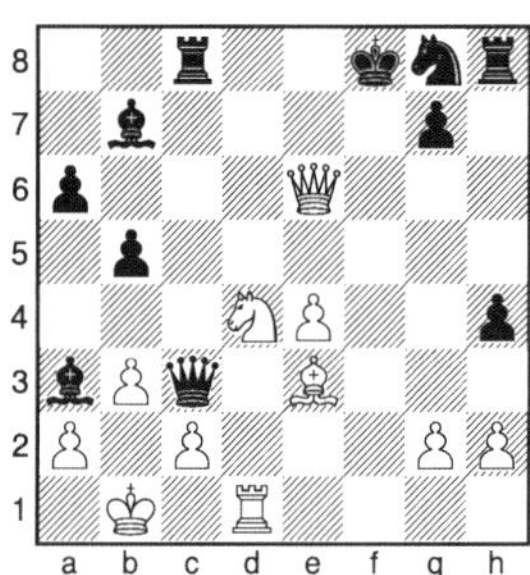

1. Radjabov (2734) – Giri (2784)
Wijk aan Zee 2015

Wir starten mit einem Dauerschach auf Super–Großmeister Level:

1.♖d1-f1+ ♘g8–f6 2.♖f1xf6+ g7xf6 3.♕e6xf6+ ♔f8–g8 4.♕f6–g6+ =

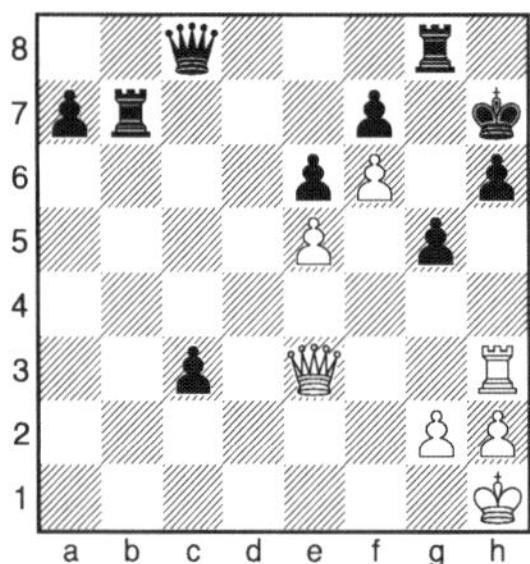

2.

Um ein Dauerschach zu erreichen muss Weiß eine Linie öffnen:

1.♖h3xh6+ ♔h7xh6 2.♕e3–h3+ ♔h6–g6 3.♕h3–d3+ ♔g6–h5/h6 4.♕d3–h3+ =

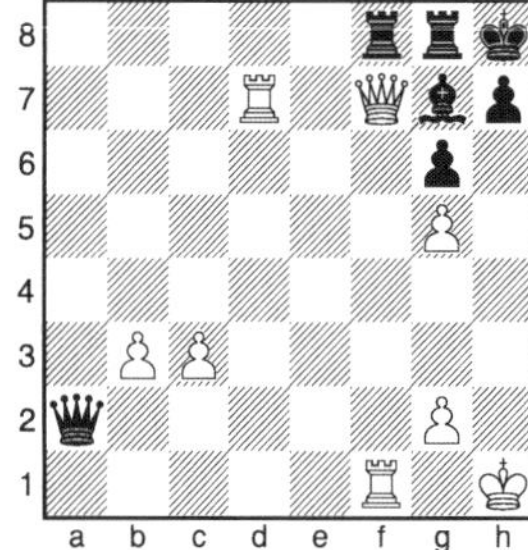

3.

Schwarz hat Dame und Turm aufgespießt, was aber nur zum Dauerschach reicht:

1.♕f7xg7+ ♖g8xg7 2.♖f1xf8+ ♖g7–g8 3.♖f8–f7 ♖g8–e8 4.♖f7xh7+ ♔h8–g8 5.♖d7–g7+

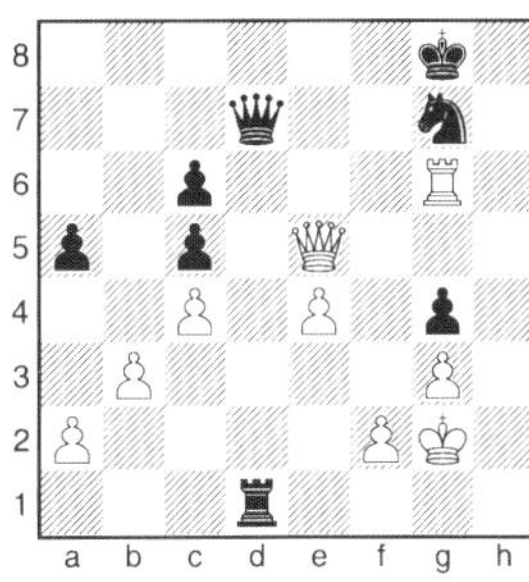

4. Portisch – Bobby Fischer

GM Portisch erreichte im Interzonen Turnier Sousse 1967 ein Remis gegen den legendären Bobby Fischer.

1.♖g6xg7+ ♕d7xg7 2.♕e5–e8+ ♔g8–h7 3.♕e8–h5+ ♕g7–h6 4.♕h5–f7+ =

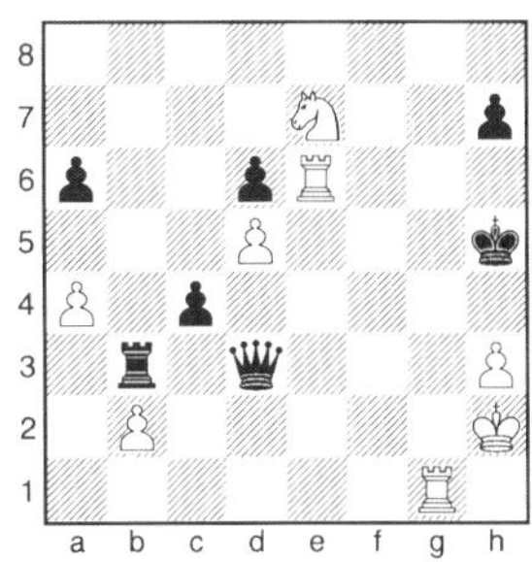

5.

1.♖e6–h6+ ♔h5xh6
2.♘e7–g8+ ♔h6–h5
3.♘g8–f6+ ♔h5–h6
4.♘f6–g8+ =

Und bloß nicht 3...♔h5–h4?? 4.♖g1-g4#

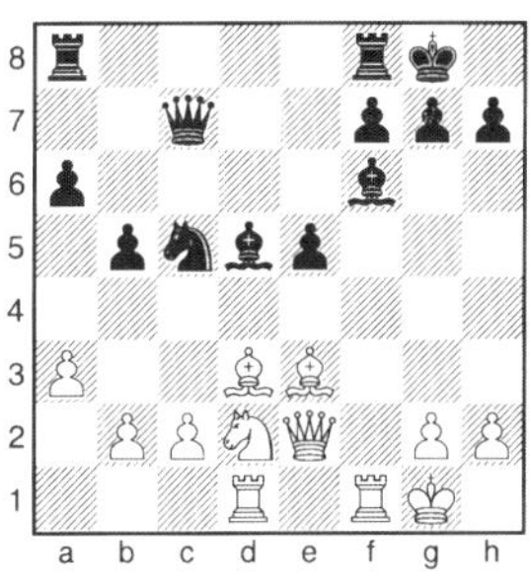

6.

Öffne die g–Linie und bring die Dame ins Spiel:

1.♖f1xf6 g7xf6 2.♕e2–g4+ ♔g8–h8 3.♕g4–f5 ♘c5xd3 4.♕f5xf6+ ♔h8–g8 5.♕f6–g5+ ♔g8–h8 6.♕g5–f6+ =

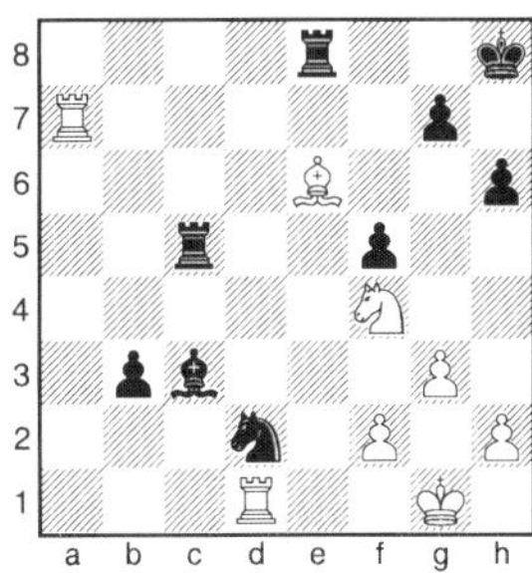

7.

1.♖a7–e7 ♖e8xe7

Oder 1...♖e8–a8 2.♖e7–a7 mit Zugwiederholung

2.♘f4–g6+ ♔h8–h7 3.♘g6–f8+ ♔h7–h8 4.♘f8–g6+ =

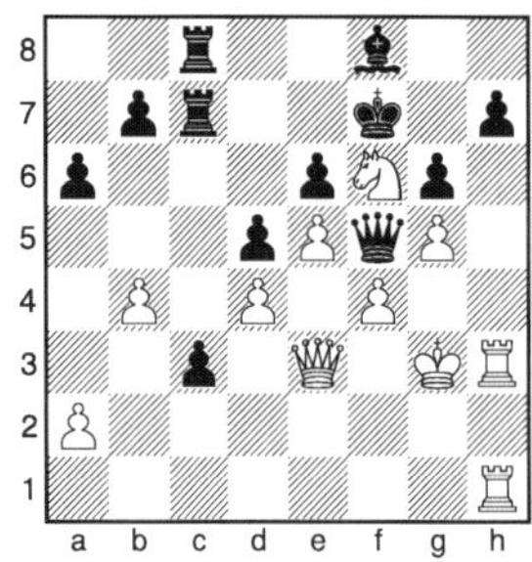

8.

1.♖h3xh7+ ♗f8–g7 2.♖h7xg7+ ♔f7xg7 3.♖h1–h7+ ♔g7–f8 4.♖h7–h8+ ♔f8–e7 5.♖h8–h7+

Und der König kann dem Dauerschach nicht entkommen.

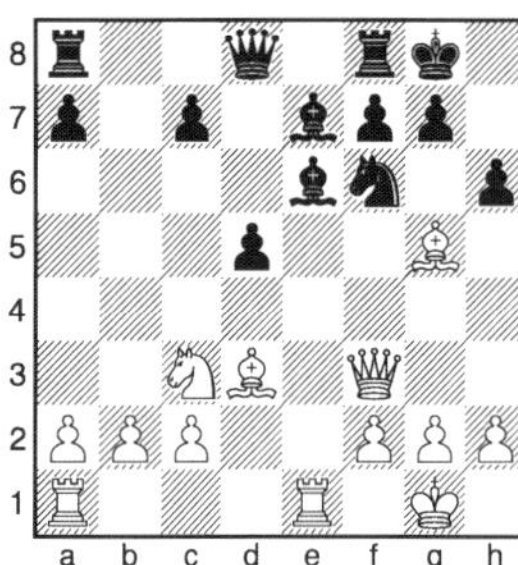

9. Aljechin – Lasker Moskau 1914

1.♗g5xh6 g7xh6

Nun lenke den nächsten Bauern weg!

2.♖e1xe6 f7xe6 3.♕f3–g3+ ♔g8–h8 4.♕g3–g6 ♕d8–e8 5.♕g6xh6+ ♔h8–g8 6.♕h6–g5+ =

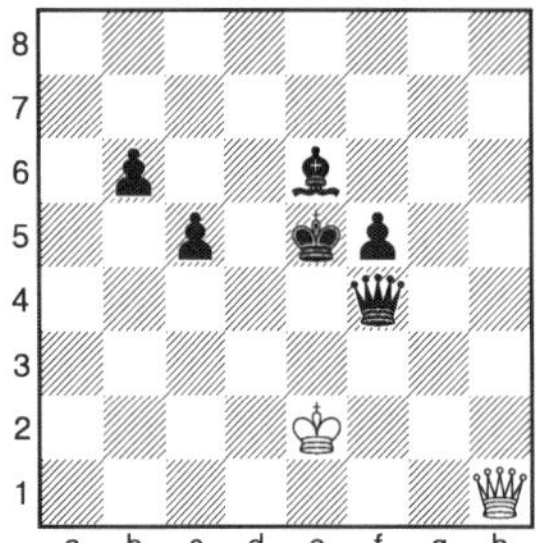

10. H.Rink – Studie 1917

Trotz Dame, Läufer und drei Bauern zu seiner Verfügung kann der König der unveschämten weißen Dame nicht entkommen, die von einer Brettseite zur anderen zieht:

1.♕h1–h8+ ♔e5–d5

Oder 1...♔e5–e4 2.♕h8–h1+ ♔e4–d4 3.♕h1–a1+ ♔d4–d5 4.♕a1–a8+ ♔d5–e5 5.♕a8–h8+ =

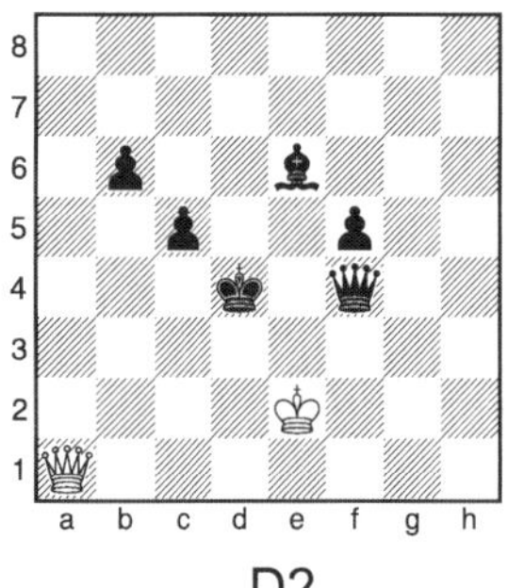

D2

2.♕h8–a8+ ♔d5–d4
3.♕a8–a1+ *(D2)* **♔d4–e4**
4.♕a1–h1+ ♔e4–e5
5.♕h1–h8+ =

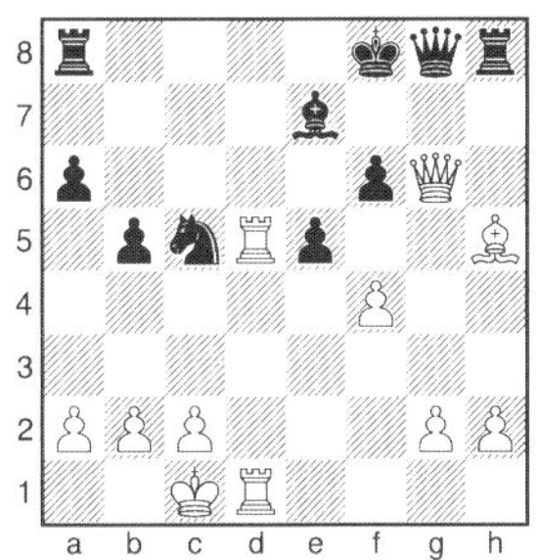

11. van der Wiel – Kasparow Amsterdam 1991

Ein Remis gegen den Weltmeister ist immer ein gutes Ergebnis:

1.♖d5–d8+ ♖a8xd8 2.♖d1xd8+ ♗e7xd8 3.♕g6–e8+ ♔f8–g7 4.♕e8–g6+ =

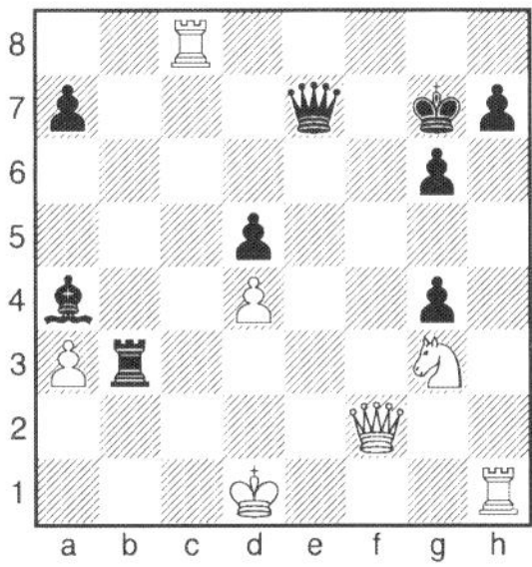

12.

1.♘g3–f5+ g6xf5 2.♖h1xh7+ ♔g7xh7 3.♕f2xf5+ ♔h7–g7 4.♕f5xg4+ ♔g7–f6 5.♕g4–f4+ ♔f6–g7 6.♕f4–g4+

Falls 5...♔f6–e6 6.♕f4–e5+

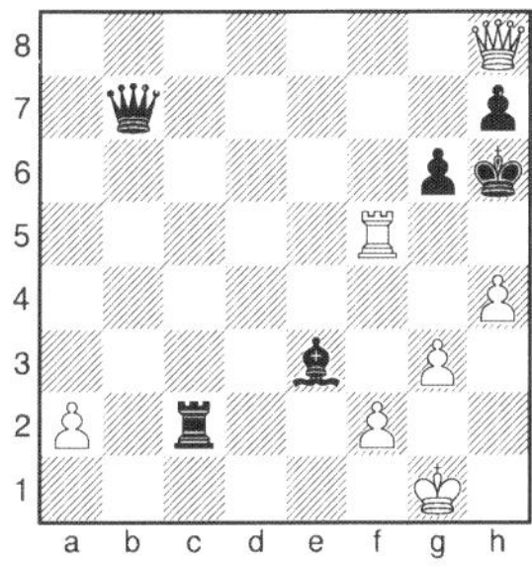

13.

Schwarz hat eine überlegene Stellung, aber sein König am Rand ist ein Problem:

1.♕h8–f8+ ♕b7–g7 2.♖f5–h5+! g6xh5 3.♕f8–d6+ ♕g7–g6 4.♕d6–f8+ ♕g6–g7 5.♕f8–d6+ =

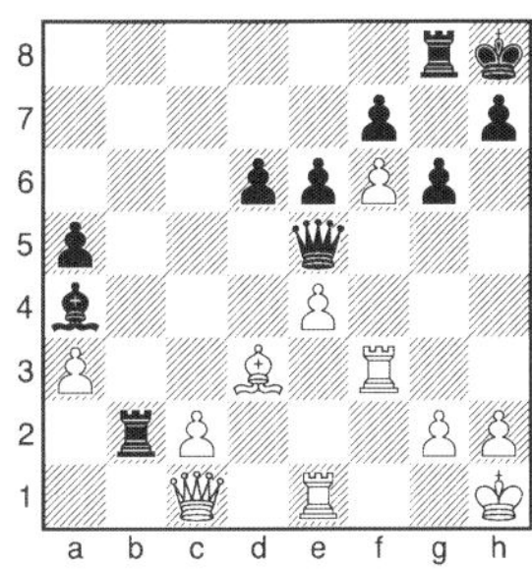

14.

1.♕c1-h6

Die Drohung Th3 erzwingt nun Zugwiederholung.

1...♕e5–h5 2.♕h6–c1 ♕h5–e5 3.♕c1-h6 =

Falls 2...♖b2–b7?? 3.♖f3–h3 und gewinnt

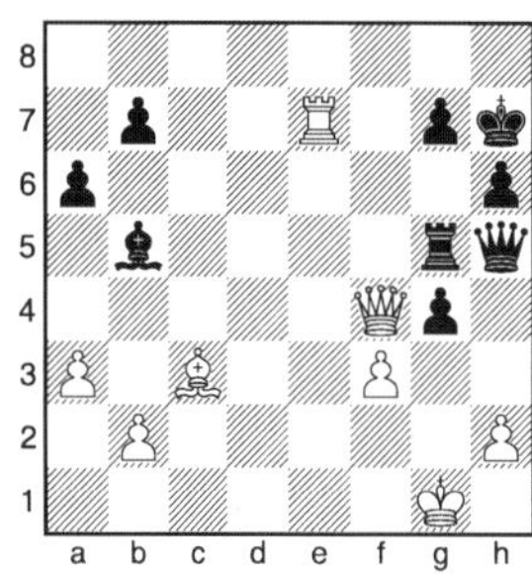

15.

1.♕f4–f5+! ♖g5xf5

1...♔h7–h8?? 2.♕f5–f8+ ♔h8–h7 3.♖e7xg7+ ♖g5xg7 4.♕f8xg7#

2.♖e7xg7+ ♔h7–h8 3.♖g7–g5+ ♔h8–h7 4.♖g5–g7+ =

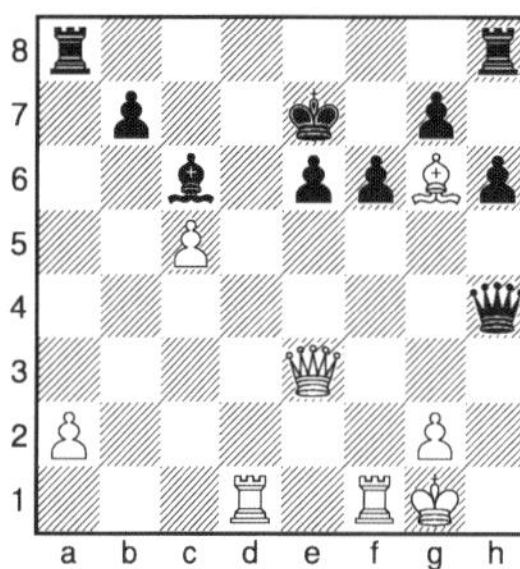

16.

1.♕e3–e5! f6xe5

1...♖h8–d8? 2.♕e5–c7+ ♖d8–d7 3.♖d1xd7+ ♗c6xd7 4.♕c7–d6+

2.♖f1-f7+ ♔e7–e8 3.♖f7–f4+ ♔e8–e7 4.♖f4–f7+

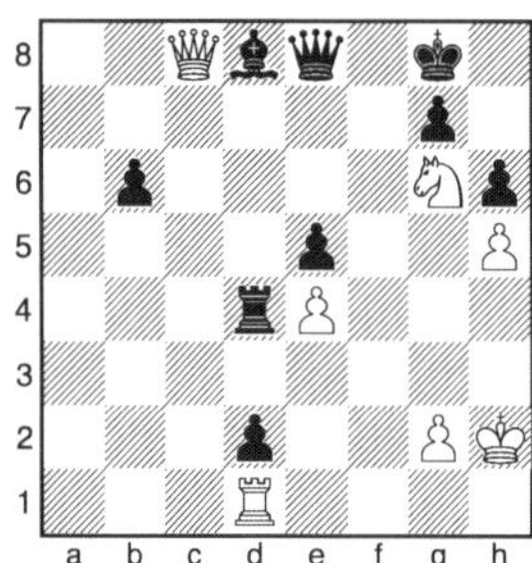

17. Rjumin – Verlinski UdSSR 1933

Weiß gestattet seinem Gegner die Umwandlung. Der Grund für diese ungewöhnliche Großzügigkeit ist gut versteckt und selbst für einen starken Spieler schwer zu sehen:

1.♖d1-f1! d2–d1♕
2.♕c8–e6+ ♔g8–h7

2...♕e8xe6?? führt zum arabischen Matt: 3.♖f1-f8+ ♔g8–h7 4.♖f8–h8#

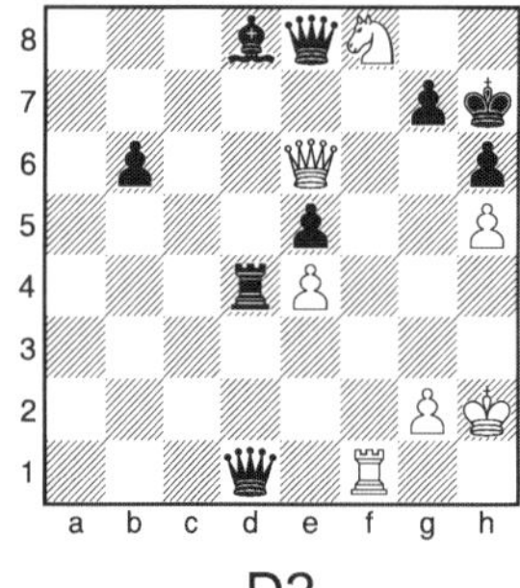

D2

3.♘g6–f8+ *(D)* **♔h7–h8**

Das gleiche ist 3...♕e8xf8 4.♕e6–g6+ ♔h7–g8 5.♕g6–e6+ ♔g8–h7 =

4.♘f8–g6+ ♔h8–h7 =

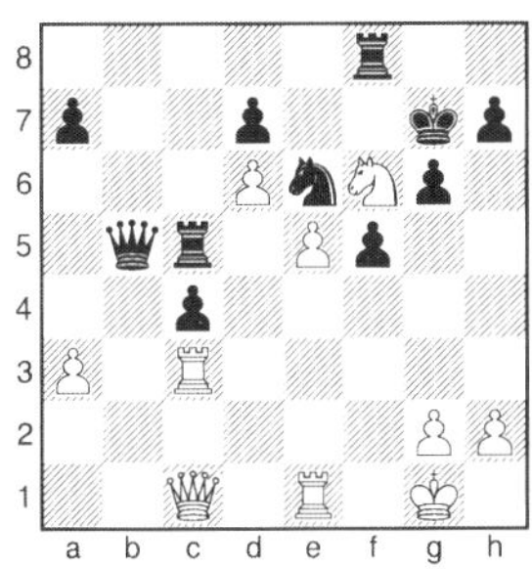

18. Walbrodt – Mieses Berlin 1894

1.♕c1-h6+! ♔g7xh6 2.♖c3–h3+ ♔h6–g5 3.♘f6xh7+ ♔g5–g4 4.♖h3–g3+ ♔g4–f4 5.♖g3–f3+ =

Oder 4...♔g4–h4 5.♖g3–h3+ =

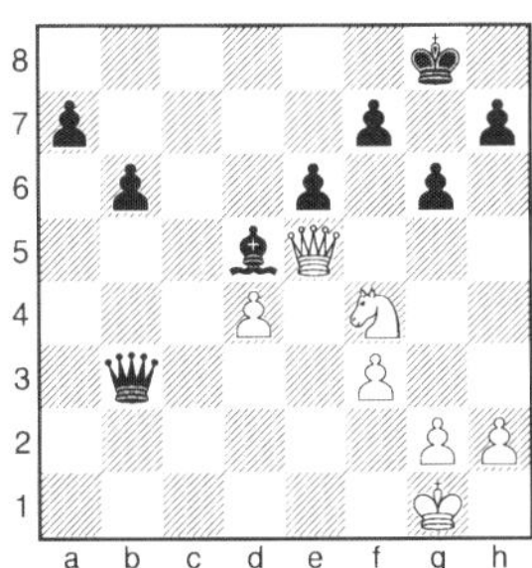

19.

1.♕e5–b8+ ♔g8–g7
2.♘f4–h5+ g6xh5

2...♔g7–h6?? 3.♕b8–f4+ ♔h6xh5 4.g2–g4+ ♔h5–h4 5.♕f4–h6#

3.♕b8–g3+ ♔g7–f8 4.♕g3–b8+ =

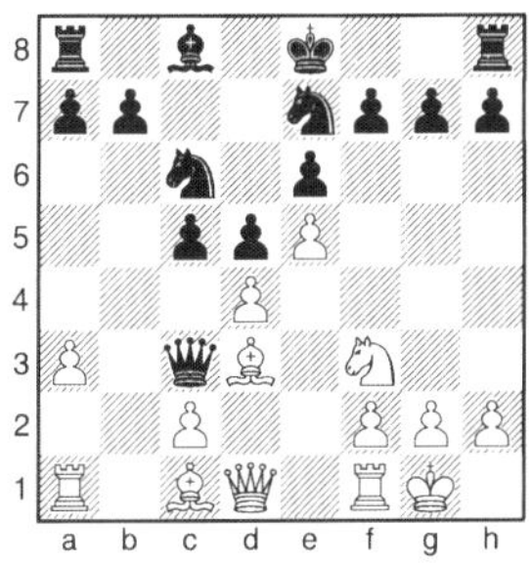

20.

Die schwarze Dame hat sich einen Bauern geschnappt, aber kann nun Zugwiederholung nicht entkommen:

1.♗c1-d2 ♕c3–b2 2.♖a1-b1 ♕b2xa3 3.♖b1-a1 ♕a3–b2 4.♖a1-b1 =

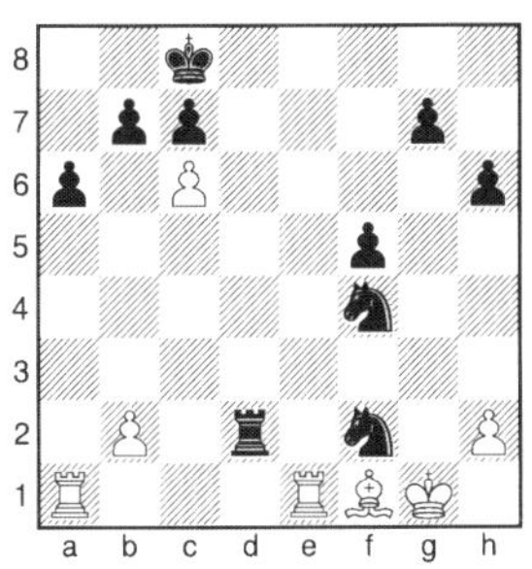

21.

Hier eine Variante des Remis mit Turm und Springer:

1...♘f2–h3+ 2.♗f1xh3 ♘f4xh3+ 3.♔g1-h1 ♘h3–f2+ 4.♔h1-g1 ♘f2–h3+ =

Zu Entkommen wäre teuer: 4.♔h1-g2?? ♘f2–d3+

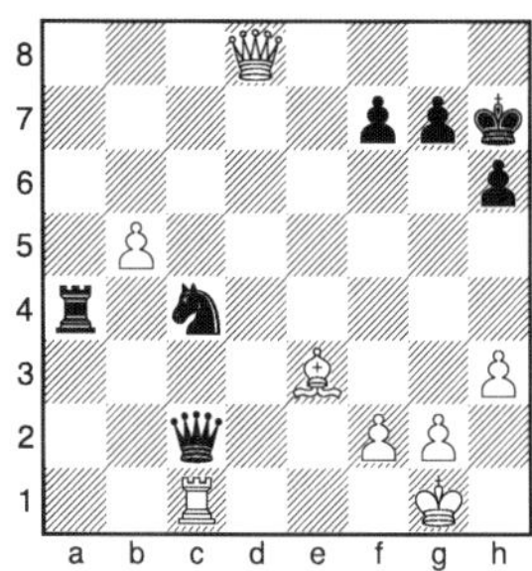

22.

Eine andere erstaunliche Remisabwicklung mit Turm (oder Dame) und Springer:

1...♘c4xe3! 2.♖c1xc2 ♖a4–a1+ 3.♔g1-h2 ♘e3–f1+ 4.♔h2–g1 ♘f1-e3+ 5.♔g1-h2 ♘e3–f1+ =

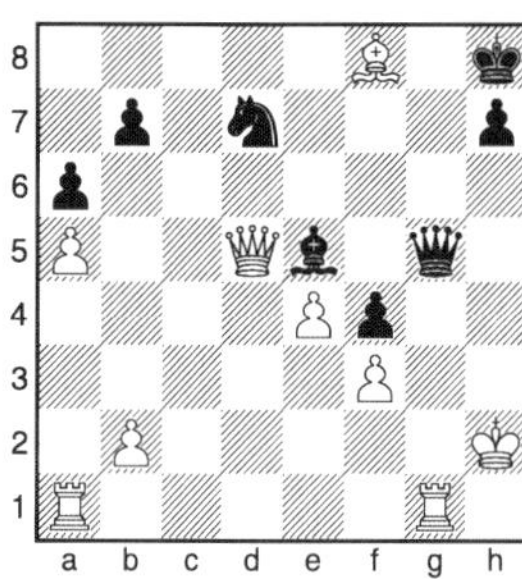

23.

1...♕g5–h4+ 2.♔h2–g2 ♕h4–g3+ 3.♔g2–f1

3.♔g2–h1?? ♕g3–h3#

3...♕g3xf3+ 4.♔f1-e1 ♕f3–e3+ 5.♔e1-f1 ♕e3–f3+ =

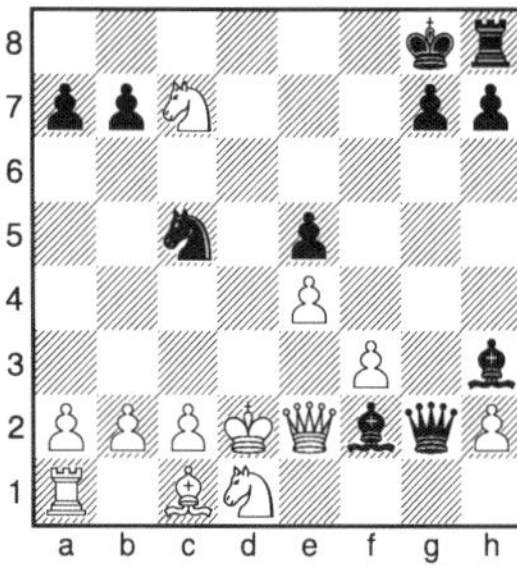

24.

1...♗f2–e1+ 2.♔d2xe1

2.♔d2–e3?? ♕g2–g5+ 3.f3–f4 ♕g5xf4#

2...♕g2–g1+ 3.♔e1-d2 ♕g1-d4+ =

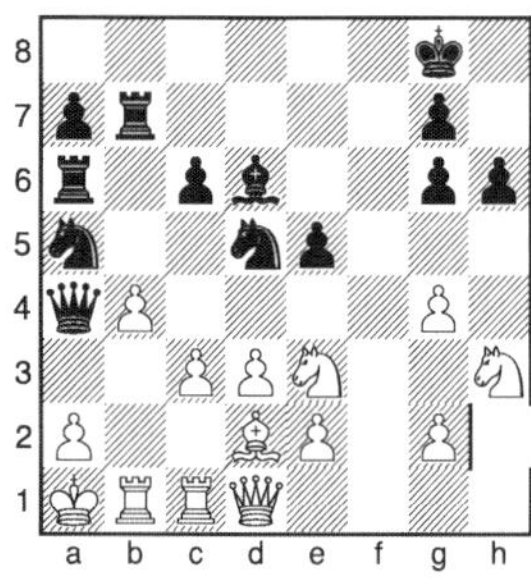

25. Tschigorin – Steinitz
WM Match Havanna 1892

1...♕a4xa2+ 2.♔a1xa2 ♘a5–c4+ 3.♔a2–b3 ♖a6–a3+ 4.♔b3–c2 ♖a3–a2+ =

Falls 4.♔b3xc4?? ♘d5–b6#

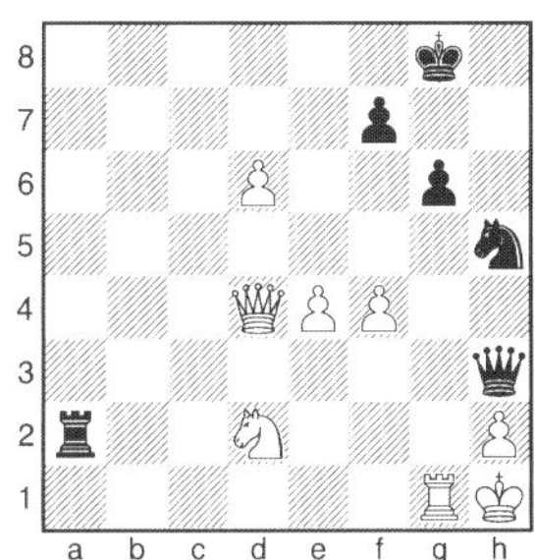

26. Portisch – Kasparow Moskau 1981

Der 18–jährige Kasparow rettete sich ins Remis gegen den starken GM Portisch:

1...♖a2xd2 2.♕d4xd2 ♕h3–f3+ 3.♕d2–g2 ♘h5–g3+ 4.h2xg3 ♕f3–h5+ 5.♕g2–h2 ♕h5–f3+ 6.♖g1-g2 ♕f3–d1+ 7.♕h2–g1 ♕d1-h5+ =

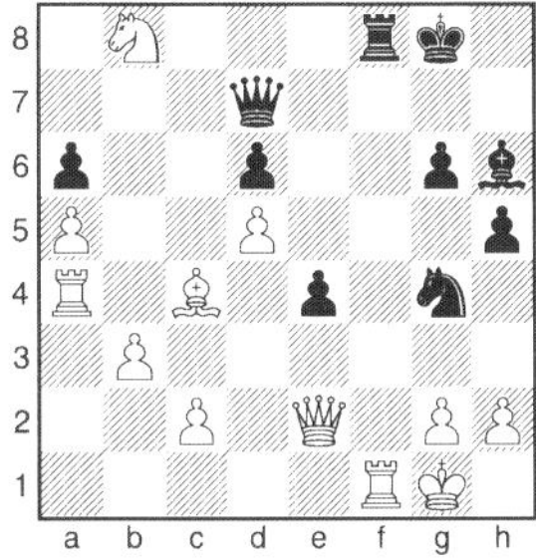

27. Anand (2766) – Topalov (2735)
Corsica Masters Bastia rapid 2003

Es reicht nicht zum wohlbekannten erstickten Matt, aber immerhin zum Remis durch Dauerschach:

1...♕d7–a7+ 2.♔g1-h1 ♖f8xf1+ 3.♕e2xf1 ♘g4–f2+ 4.♔h1-g1 ♘f2–h3+ 5.♔g1-h1 ♘h3–f2+ =

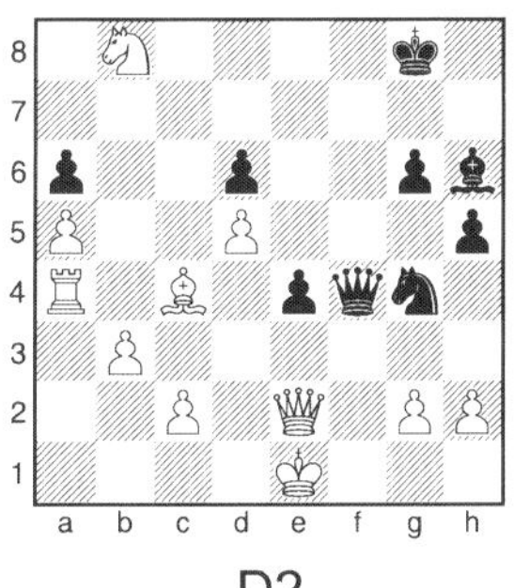

D2

Viel schwerer zu sehen ist der andere Weg zum Remis:

1...♖f8xf1+ 2.♔g1xf1 ♕d7–f7+ 3.♔f1-e1 ♕f7–f4 *(D2)* 4.♘b8–c6 ♕f4–c1+ 5.♕e2–d1 ♕c1-e3+ 6.♕d1-e2 ♕e3–g1+ 7.♕e2–f1 ♕g1-e3+ =

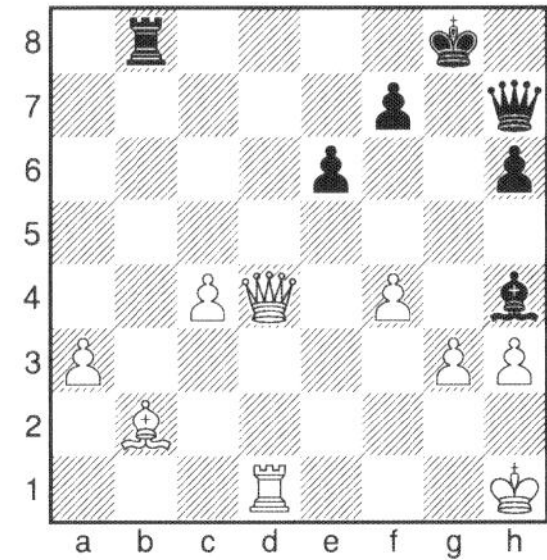

28. Adelmeyer – Ziegenfuss (1673)
Erfurter Frauen Open 2017

Die offene Königsstellung erlaubt Schwarz nach einem Weglenkungsopfer das Dauerschach:

1...♗h4–f6 2.♕d4xf6 ♕h7–e4+ 3.♔h1-g1 ♕e4–e3+ 4.♔g1-f1 ♕e3–f3+ =

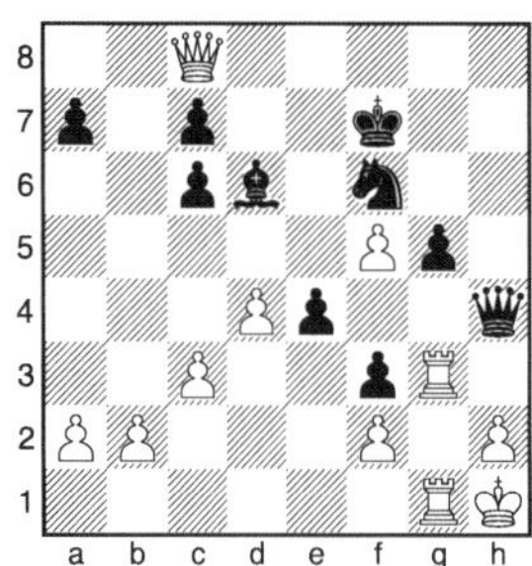

29.

1...♕h4xh2+ 2.♔h1xh2

Der nun gefesselte Turm kann dem Treiben des Springers nur zusehen.

2...♘f6–g4+ 3.♔h2–h3 ♘g4xf2+ 4.♔h3–h2 ♘f2–g4+ =

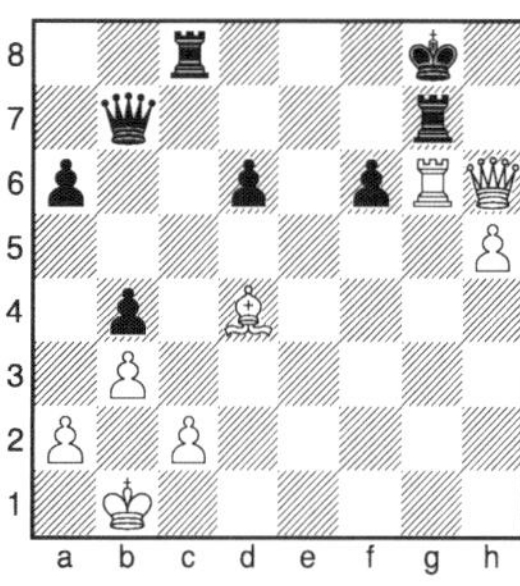

30.

Dame und Turm stehen weit entfernt, aber:

1...♕b7–h1+ 2.♔b1-b2 ♖c8xc2+! 3.♔b2xc2 ♕h1-e4+ 4.♔c2–c1 ♕e4–e1+ 5.♔c1-b2 ♕e1-e2+ 6.♔b2–c1 ♕e2–e1+ =

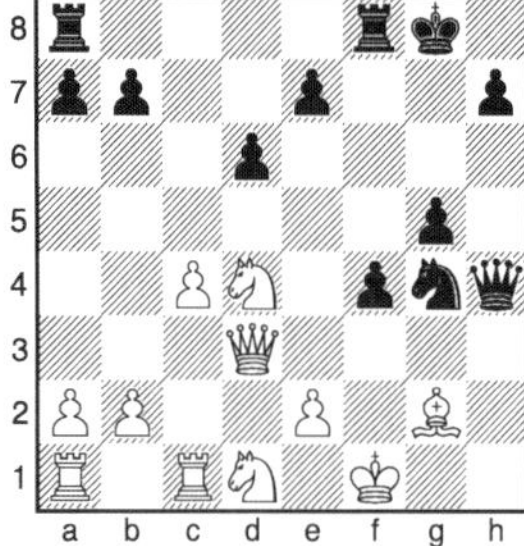

31. Ivanshuk (2739) – Vachier–Lagrave (2745) Gibraltar Open 2014

1...♘g4–e3+ 2.♘d1xe3

2.♔f1-g1? ♕h4–e1+
3.♔g1-h2 *(D2)* ♘e3–g4+
(3...♕e1-g3+ 4.♔h2–h1 ♕g3xg2#)
4.♔h2–h3 ♕e1-h4#

2...f4xe3+ 3.♔f1-g1

3.♘d4–f3?? ♕h4–f2#

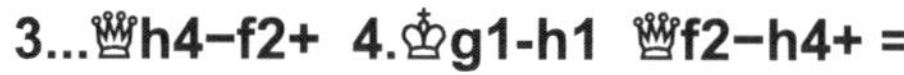

3...♕h4–f2+ 4.♔g1-h1 ♕f2–h4+ =

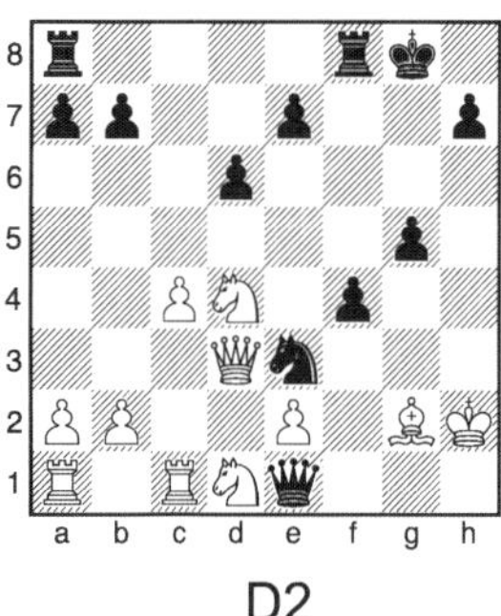

D2

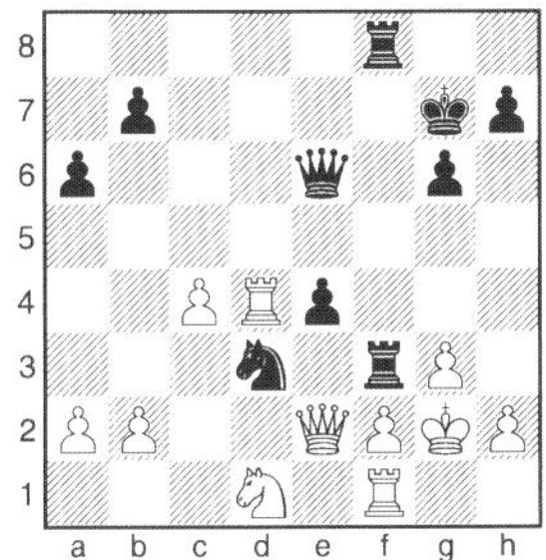

32.

Hinlenkung und Fesselung helfen Schwarz:

1...♕e6–h3+ 2.♔g2xh3

2.♔g2–g1? ♘d3–f4 3.g3xf4 ♖f8xf4
4.♖d4xe4? ♕h3–g4+ 5.♔g1-h1 ♖f4xe4;
oder
2.♔g2–h1?? ♖f3xg3 und keiner der gefesselten Bauern kann zurückschlagen.

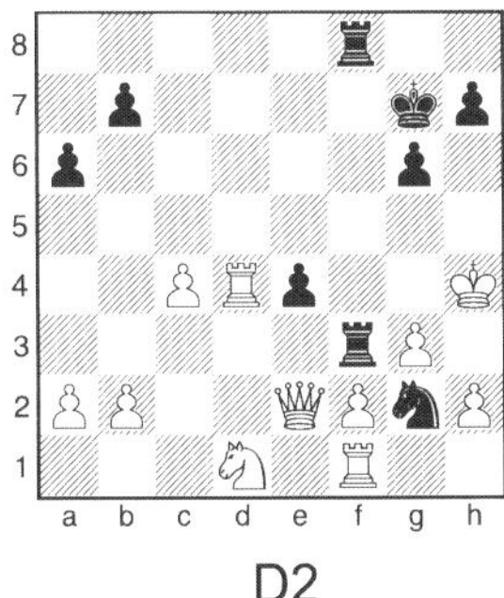

D2

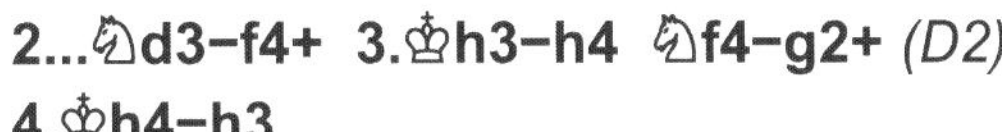

2...♘d3–f4+ 3.♔h3–h4 ♘f4–g2+ *(D2)*
4.♔h4–h3

Keinen Unterschied macht
4.♔h4–g4 h7–h5+ 5.♔g4–h3 ♘g2–f4+ =

4...♘g2–f4+ =

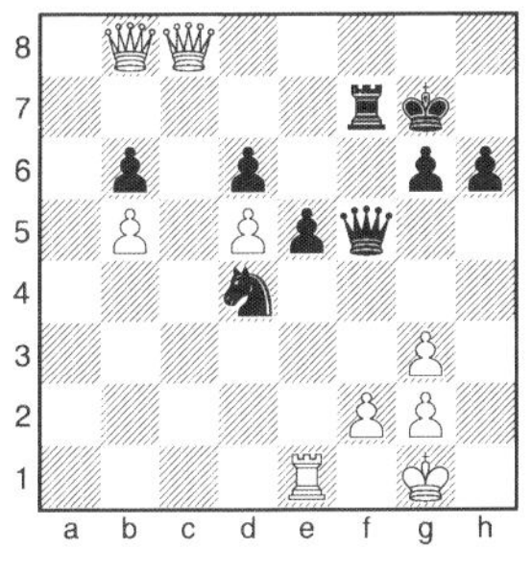

33.

Weiß hat schon eine zweite Dame und droht einzügig Matt. Doch Schwarz hat noch ein Ass im Ärmel:

1...♕f5xf2+ 2.♔g1-h2

2.♔g1-h1 ♕f2xe1+ 3.♔h1-h2 ♘d4–f3+ *(D2)*
4.g2xf3
(4.♔h2–h3?? ♕e1-h1+ 5.♔h3–g4 h6–h5#)
4...♕e1-f2+ 5.♔h2–h3 ♕f2–f1+ 6.♔h3–h2 =

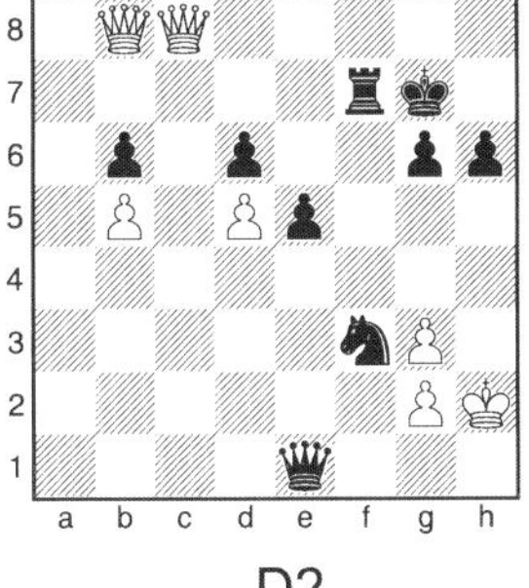

D2

2...♘d4–f3+ 3.♔h2–h3 ♘f3–g5+
4.♔h3–h2 ♘g5–f3+ =

Keine gute Idee ist 4.♔h3–h4? ♖f7–f4+
5.♕c8–g4 ♖f4xg4+ 6.♔h4xg4 ♕f2–d4+
7.♖e1-e4 ♕d4xe4#

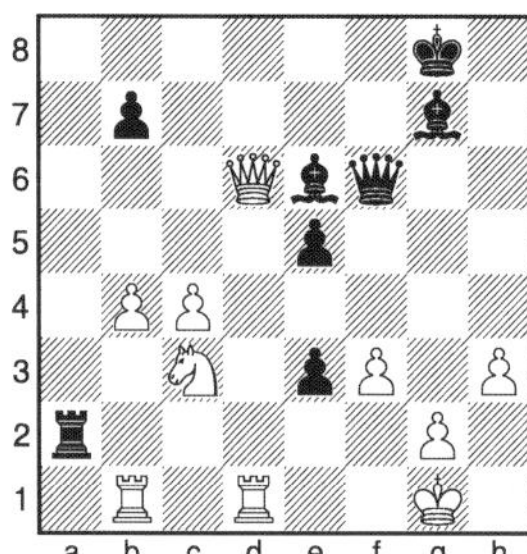

34. Baidetskyi (2398) – Mladek (2312)
World Youth U16 Olympiad 2018

Scheue dich nicht, dicke Opfer zu bringen, wenn du ein Dauerschach siehst – und ganz besonders dann nicht, wenn du schon in Schwierigkeiten steckst wie hier der Schwarze:

1...♖a2xg2+ 2.♔g1xg2 ♗e6xh3+ 3.♔g2xh3 ♕f6xf3+ =

Oder ebenso 3.♔g2–h2 ♕f6–f4+ =

Das war vielleicht der härteste Test im ganzen Buch. Viele der Stellungen wurden von Großmeistern gespielt, andere waren der Höhepunkt im Leben eines Schach Amateurs. Und wieder hast du einige nette Ideen von alten Meistern gesehen.

Also mach dir nichts draus, wenn du nicht alle Lösungen gefunden hast. Ich würde mich wundern, wenn ein Spieler von unter oder um DWZ / Elo 1500 in zwei Stunden auch nur die Hälfte der Lösungen finden würde.

Ein Problem für dich war wahrscheinlich, dass die Lösungen weit mehr Züge beinhalteten als zuvor sowie mehr Varianten. Um sie vom Diagramm zu lösen braucht man eine Menge Vorstellungskraft. Aber das ist ein gutes Training für die Spielpraxis und wenn du oft mit langen und verzweigenden Varianten rechnen musst, gewöhnst du dich bald daran.

Und nun gehen wir wieder zurück zur Strategie und lernen eine Menge über Bauernstrukturen. Nach dieser harten Arbeit ist das bloß ein Spaziergang für dich!

10. Bauern Strukturen

Doppelbauern, rückständige Bauern & isolierte Bauern

Viele unerfahrene Spieler fürchten sich davor, einen Doppelbauer zu haben und versuchen ihn unbedingt zu vermeiden. Doch das ist nicht ganz richtig, denn es gibt verschiedene Arten von Doppelbauern; manche davon sogar gut und hilfreich. Ein Doppelbauer kann schon nach wenigen Zügen in der Eröffnung erscheinen. Ein typisches Beispiel ist die Abtauschvariante in der Spanischen Partie nach den Zügen:

1.e2–e4 e7–e5 2.♘g1-f3 ♘b8–c6 3.♗f1-b5 a7–a6 4.♗b5xc6 *(D)*

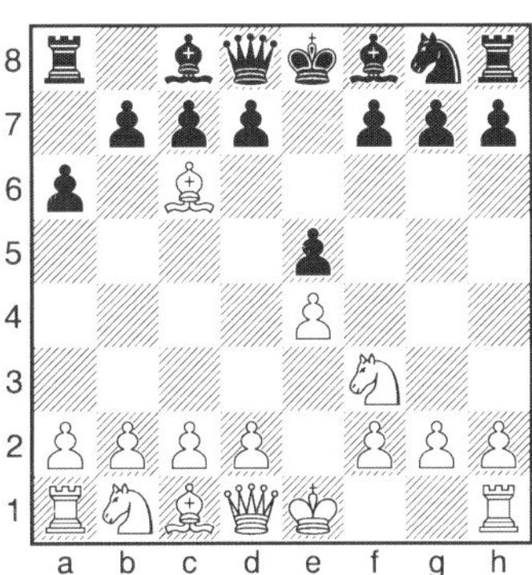

Nun hast du zwei Möglichkeiten zurückzuschlagen; beide schaffen einen Doppelbauern:

4...d7xc6 *(D links unten)*

Nebenbei: Hab keine Angst vor 5.♘f3xe5 Nach 5...♕d8–d4 6.♘e5–f3 ♕d4xe4+ hast du den Bauern zurück!

oder **4...b7xc6** *(D rechts unten)* z.B. **5.♘b1-c3 d7–d6**

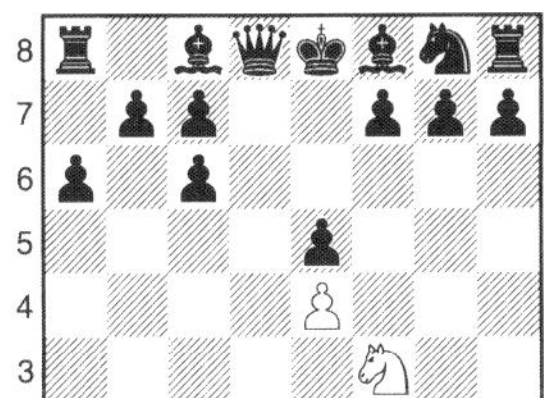

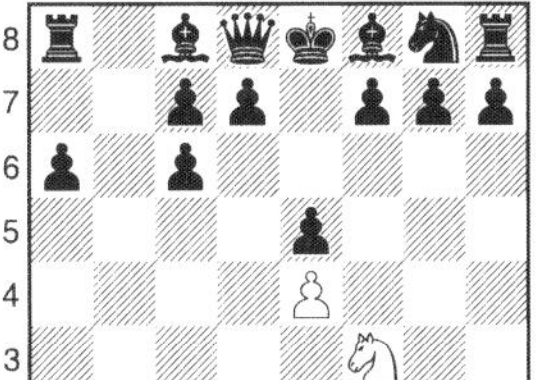

Nach 5.♘f3xe5 gewinnst du den Bauern ebenfalls schnell wieder zurück; diesmal mit 5...♕d8–g5. Nach 6.♘e5–f3 ♕g5xg2 7.♖h1-g1 ♕g2–h3 hat Weiß zwar etwas Entwicklungsvorsprung, aber Probleme mit seiner Rochade: 0–0 geht nicht mehr, und gegen 0–0–0 hat Schwarz die halboffene b–Linie; allerdings steht seine Dame nicht gut.

Wenn du **4...d7xc6** wählst *(D links vorherige Seite)* sind beide Läufer frei und deine Bauern am Damenflügel sind ein solider Block.

Wenn du **4...b7xc6** wählst *(D rechts vorherige Seite)* kannst du den Doppelbauern mit einem Abtausch nach d7–d5 wieder loswerden. Aber nun hast du einen vereinzelten a–Bauern und insgesamt drei Gruppen von Bauern. Solche Gruppen (auch wenn sie nur einen Bauern haben) nennt man **"Bauern–Inseln"**. Wenige Bauern–Inseln zu haben bedeutet eine besser zusammenhängende, solidere Bauernstellung.

Da es Argumente für und wider diese beiden Züge gibt, ist es am Ende eine Frage deines Geschmacks und deines Spielstils.

Eines haben alle Doppelbauern gemein:

Sie geben dir eine halboffene Linie und oft mehr Mobilität, vor allem für die Läufer. Dies ist zumindest teilweise eine Kompensation für den Nachteil, den ein Doppelbauer bedeuten kann.

Eine Faustregel sagt, du sollst stets in Richtung des Zentrums schlagen, da zentrumsnahe Bauern mehr wert sind als solche näher zum Brettrand.

Eine andere Art von Doppelbauer in der Eröffnung entsteht durch Abtausch auf b3 (b6) oder g3 (g6), wie wir in den folgenden Diagrammen sehen.

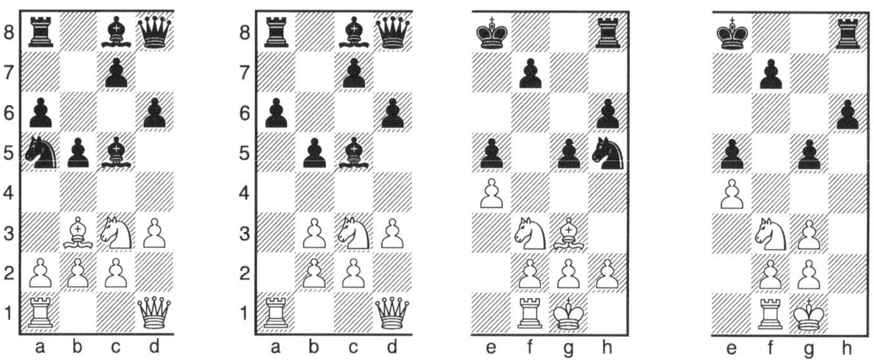

In *D links* ist nach ♘a5xb3 a2xb3 *(nächstes D)* der Doppelbauer b2/b3 solide und Weiß kann auf der halboffenen a–Linie Druck machen. c2xb3 zu schlagen würde dagegen seinen d–Bauer schwächen.

Auf der Königsseite *(3.D. vorherige Seite)* kann der Doppelbauer allerdings zum Problem werden. Nach ♘h5xg3 h2xg3 *(4.D.)* kann Schwarz mit dem h-Bauer vorrücken und versuchen, die Linie zum Angriff zu öffnen. Es mag besser sein, mit f2xg3 zu schlagen und die f-Linie für den Turm freizumachen und die Verteidigung des Königs stark zu halten.

Aber es gibt keine stets gültigen Regeln. Die Bewertung und Entscheidung hängt immer von den Eigenschaften der jeweiligen Stellung ab.

Die Doppelbauern, die wir bisher gesehen haben, verursachten keine oder zumindest keine schwerwiegenden Probleme und boten auch einige Kompensation. Nun aber sehen wir einige schlechte und sogar einige besonders hässliche Typen von Doppelbauern:

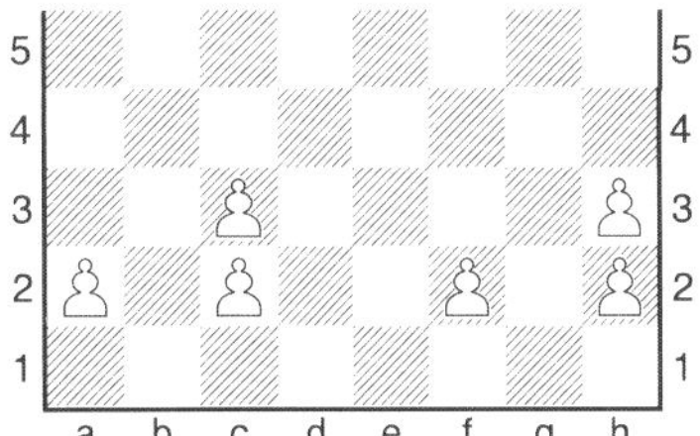

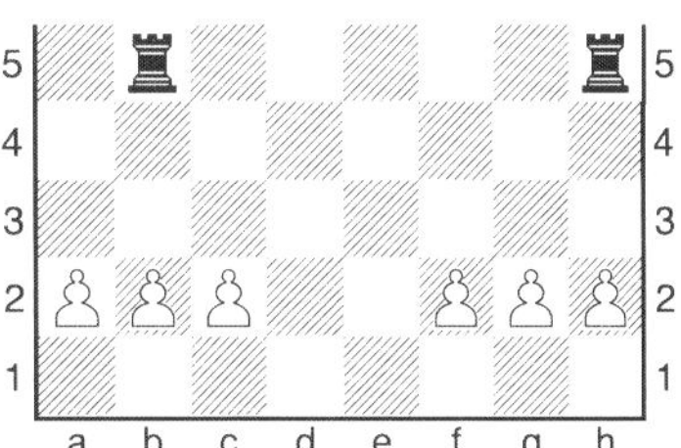

In *D links* siehst du den schlimmsten Fall. Vier Bauern-Inseln, kein Bauer kann einen Kollegen schützen oder unterstützen, alle sind absolut hilflos gegen jeden frontalen Angriff. Schwache Doppel- oder vereinzelte Bauern am Rochadeflügel können vom König verteidigt werden, aber auf beiden Flügeln ist das nicht möglich. Im Endspiel ist eine solche Bauernstruktur ein großer, wahrscheinlich spielentscheidender Nachteil. Zur Verdeutlichung vergleichen wir dies mit einer intakten Bauernstellung.

In *D rechts* sehen wir an jedem Flügel eine intakte Bauernstellung, die von einem Turm angegriffen wird. Die Bauern können sich gegenseitig verteidigen und verzögern ihren Verlust für mehrere Züge, keiner geht gleich verloren. Bauern sind am stärksten in einer Kette und bieten dem Angreifer weit mehr Widerstand als vereinzelte Bauern.

Am Damenflügel nach 1.b2-b3 ♖b5-c5 2.c2-c4 ♖c5-a5 3.a2-a4 braucht der Turm zwei Züge, bevor er den nächsten Bauern angreifen kann.

Das gleiche sehen wir am Königsflügel. 1.h2-h3 ♖h5-g5 2.g2-g4 / g2-g3 usw. In der Zeit, die in *D links* der Turm braucht, um fast alle Bauern zu schlagen, gewinnt der Turm in *D rechts* lediglich einen Bauer. Das dürfte längstens im Endspiel entscheidend sein und schon im Mittelspiel sind die vereinzelten Bauern eine erstklassige Angriffsmarke.

Zum Abschluss ein erstaunliches Beispiel, das uns lehrt, Stellungen nicht nur nach einer flüchtigen Betrachtung einzuschätzen. In einer Trainingssitzung eines meiner Freunde erreichte sein Schüler Jonah nach neun Zügen diese Stellung:

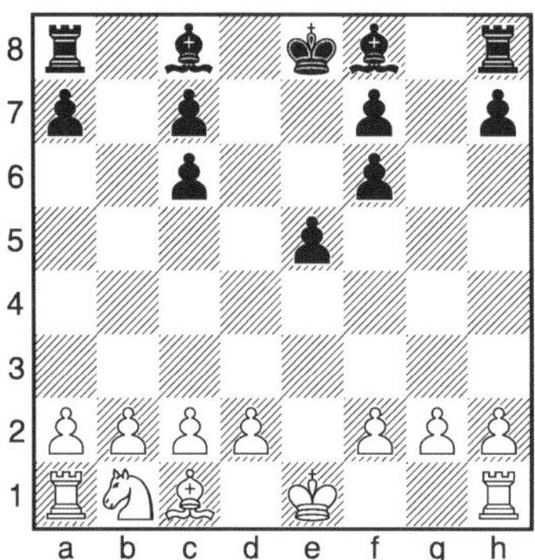

Alle Zuschauer teilten die Auffassung, dass die schwarze Stellung sehr schlecht sei und mein Freund hatte Mühe ihnen zu erklären, dass das nicht der Fall sei. Der unparteiische Computer gibt ihm Recht und beurteilt die Stellung als völlig ausgeglichen. Eine nähere Betrachtung zeigt uns auch warum:

- Schwarz hat Raumvorteil;
- Schwarz hat volle Kontrolle des Zentrums;
- Schwarz hat das Läuferpaar;
- Schwarz hat drei halboffene Linien; Weiß nur eine.

Weiß dagegen hat Probleme mit seiner Entwicklung und muss sich gegen den Druck auf den drei halboffenen Linien verteidigen. Weiß kann die Doppelbauern nicht angreifen und sie sollten zumindest bis ins späte Mittelspiel sicher sein. In der Partie folgte:

10.d2–d3 ♖h8–g8 11.g2–g3

Oder 11.♖h1-g1 ♗c8–h3 12.♔e1-f1 ♗h3–e6 oder 12.g2–g3.

11...♖a8–b8 12.♘b1-d2 f6–f5 13.♘d2–b3 ♗c8–e6 =

Und Weiß muss eine ganze Weile lang manövrieren. Jeder Bauernzug muss wohlüberlegt sein, da er andernfalls ein schwaches Feld schaffen kann, das dem starken schwarzen Läuferpaar zugutekommt.

Du siehst also, dass wir weitaus mehr Faktoren als nur den / die Doppelbauern ins Kalkül ziehen müssen, wenn wir eine Stellung korrekt einschätzen wollen.

Ein Nachteil eines Doppelbauers in einer soliden Stellung als Teil einer Bauernkette macht sich erst im Endspiel bemerkbar. Ein Doppelbauer kann nämlich keinen Freibauern bilden. Das bedeutet, dass eine Bauernmehrheit an einem Flügel mit einem Doppelbauer weniger wertvoll ist als eine solche ohne Doppelbauer:

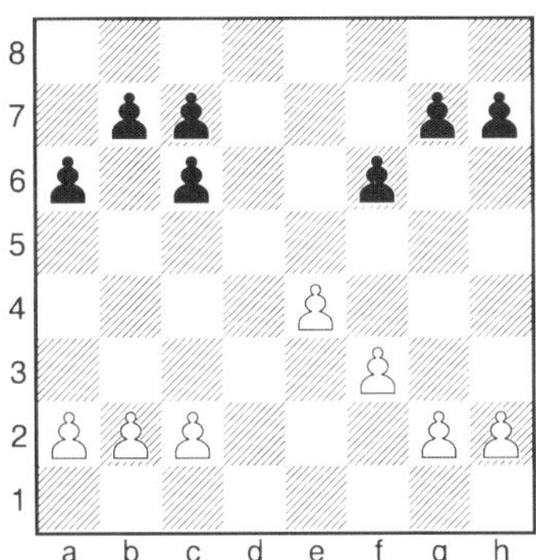

Weiß kann einen Freibauer schaffen mit f3–f4 und e4–e5.

Schwarz kann dies am Damenflügel nicht tun. Der Doppelbauer ist also in manchen Fällen ein Handicap.

Doch die Bedeutung der Majorität wird oft überschätzt. Die Stellung der Könige spielt natürlich auch eine entscheidende Rolle. Doch die Majorität ist nur ein Element des positionellen Spiels und nicht zwingend entscheidend.

Wir sollten die Entstehung von Doppelbauern vermeiden, die nicht Teil einer Bauernkette sind und, schlimmer noch, auf einer gegnerischen halboffenen Linie stehen, wo sie leicht frontal angegriffen werden können.

Wir brauchen aber eine ganze Reihe von Doppelbauer-Formationen nicht zu fürchten. Oft hängt die Einschätzung auch von unseren Absichten und vom Spielstil ab.

Der große Aaron Nimzowitsch schrieb, dass in bestimmten Stellungen

"die Schwäche des Doppelbauers ebenso wenig zum Vorschein kommt wie das Hinken bei einem sitzenden Mann. Erst im Vormarsch zeigt sich die Schwäche."

(Aus: *"Mein System easy"*, Bearbeitete Fassung von H.Brunthaler, S.111)

Er nennt dies "aktive oder dynamische Schwäche". Es bedeutet also, dass der Doppelbauer durchaus solide sein kann, solange er nicht vorziehen muss.

In der Schottischen Eröffnung nach

1.e2–e4 e7–e5 2.♘g1-f3 ♘b8–c6 3.d2–d4 (Dies definiert "Schottisch") **3...e5xd4 4.♘f3xd4** ist **♘c6xd4?**

Ein häufiger Fehler unerfahrener Spieler. Nach **5.♕d1xd4** *(D links)* sieht die Stellung zwar nicht gefährlich aus, Schwarz bekommt aber Probleme.

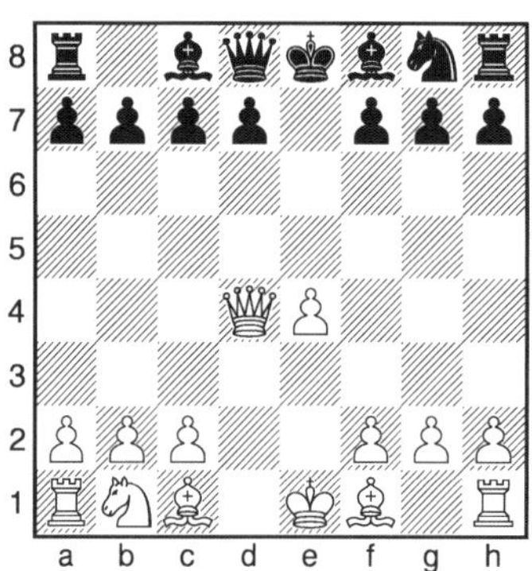

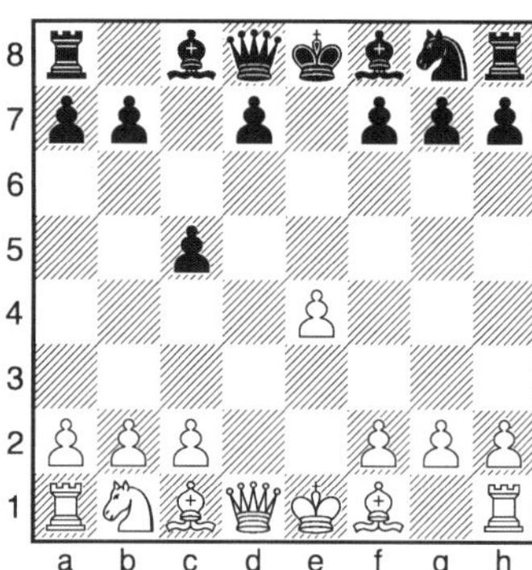

Nach ***5...♘g8–f6?*** 6.e4–e5 ♘f6–g8 hat Schwarz eine unangenehme Stellung und ist in seiner Entwicklung behindert.

(6...♕d8–e7 Diese Fesselung hilft Schwarz nur kurz, *7.♗c1-e3 ♘f6–g8 8.♘b1-c3* gibt Weiß Entwicklungsvorsprung*);*

5...d7–d6 ist keine akzeptable Alternative, denn Schwarz engt sich damit ein und gibt Weiß viel Spielraum;

5...c7–c5? Ist die häufigste Antwort. Zwar wird damit die Dame aus dem Zentrum vertrieben, doch um den Preis eines erheblichen positionellen Nachteils.

6.♕d4–d1 *(D rechts)* Andere Damenzüge bringen nichts oder die Dame steht auf anderen Feldern nicht gut. Mit diesem Manöver hat Schwarz aber einen **"rückständigen Bauer"** geschaffen.

Einen Bauer, der keinen Bauern an seiner Seite hat, der ihn verteidigen oder seinen Vormarsch unterstützen kann, nenn man einen rückständiger Bauer.

Ein rückständiger Bauer ist eine Schwäche und eine Angriffsmarke für den Gegner. Er muss durch eine Figur verteidigt werden und bindet dadurch Kräfte, die an anderer Stelle gebraucht werden. Das Feld vor einem rückständigen Bauern ist schwach und kann von einer gegnerischen Figur besetzt werden, die sehr lästig sein kann. Erinnere dich an das Kapitel über schwache Felder!!

In der frühen Phase der Partie mag sich die Schwäche des rückständigen Bauern nicht allzu sehr zeigen. Doch im Mittelspiel wachsen die Probleme, vor allem, wenn die Türme ins Spiel kommen.

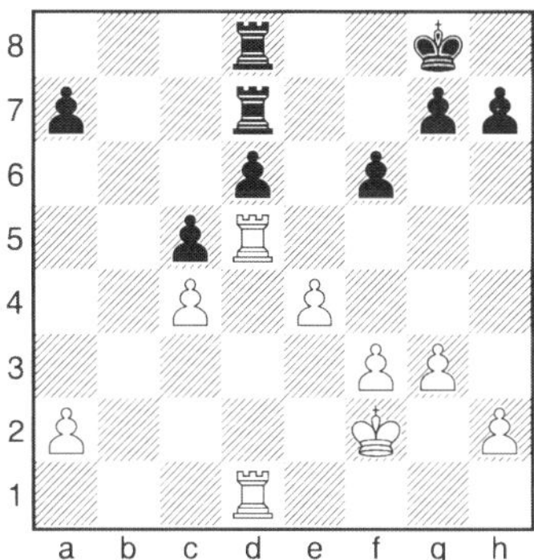

Dies ist eine typische Stellung für den Druck, der auf den rückständigen Bauern ausgeübt wird. Schwarz kann seine Türme nicht ziehen, denn nach einem Turmzug ist der d6–Bauer gefesselt, es würde ♖d5xc5 folgen.

Dagegen kann Weiß z.B. ♖d1–b1 ziehen und die offene Linie besetzen. Mit ♔g8 – f7– e6 kann Schwarz zwar versuchen, einen Turm zu befreien, aber Weiß ist mobiler, besonders sein König, und kann Gewinnversuche anstellen.

Ein rückständiger Bauer kann nahezu wertlos sein, selbst als Teil einer Majorität.

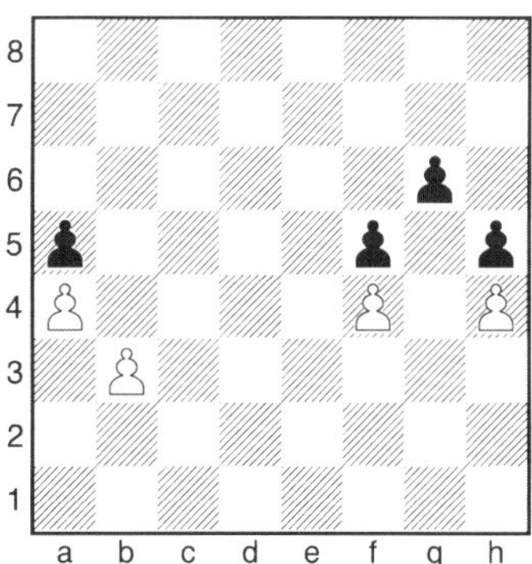

In *D links* ist der Bauer auf b3 rückständig. Ein Freibauer kann nur geschaffen werden, wenn der Bb3 geopfert wird: **1.b3–b4 a5xb4**.

In *D rechts* ist der rückständige Bauer auf g6 schwach. Wenn er zieht, geht er sofort verloren und gibt Weiß einen gedeckten Freibauer.

Das zeigt die Verwundbarkeit des rückständigen Bauern im späten Mittelspiel / Endspiel. In unseren Beispielen im vorherigen Diagramm kann der gegnerische König die rückständigen Bauern leicht erobern. Und wenn der Bauer auf g6 fällt, sind auch die anderen Bauern verloren. Solche Bauernstrukturen solltest du möglichst vermeiden.

Besonders im Endspiel solltest du es vermeiden, rückständige Bauern zu schaffen. Mach keine gedankenlose Bauernzüge!

Vergleiche die Stellungen in den beiden folgenden Diagrammen. Das linke zeigt die Stellung vor dem falschen Zug, das rechte die danach.

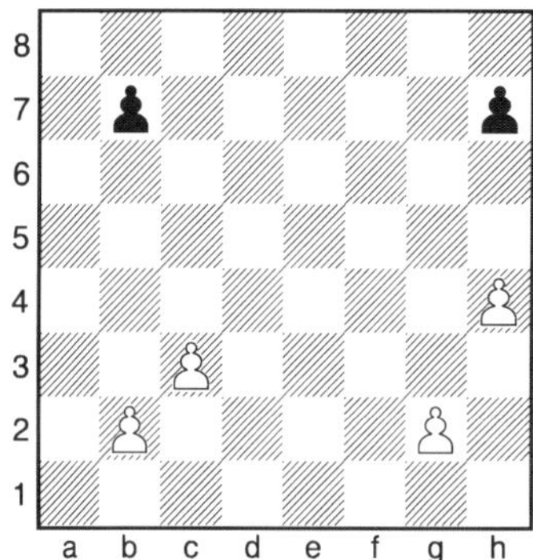

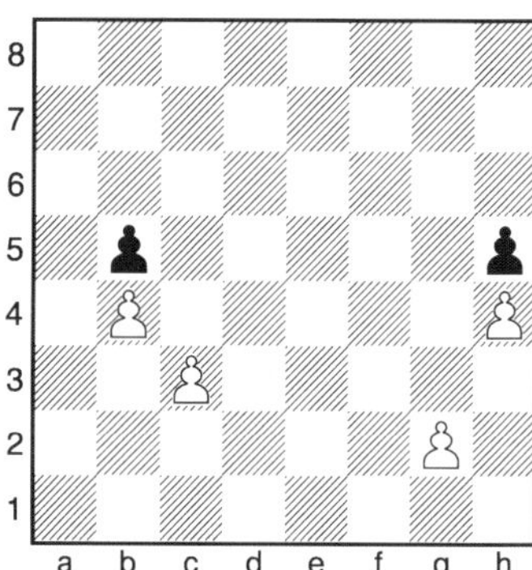

In *D links* hat Weiß am Damenflügel nach **1.b2–b4? b7–b5** *(s. D rechts)* einen rückständigen c–Bauer.

Der richtige Zug war **1.c3–c4** oder ***1.b2–b3*** b7–b5 2.c3–c4.

In *D links* kann Schwarz am Zug den g–Bauer rückständig machen mit
1.–– h7–h5 *(s. D rechts)*

Der weiße Vorteil verschwindet weitgehend mit dem rückständig werden der Bauern, auch wenn es sich um Mehrbauern handelt!

Wir haben den rückständigen Bauern schon im Kapitel über schwache Felder gesehen. Dort hatten wir ein Beispiel mit einem rückständigen Bauern, der harmlos war, weil gut verteidigt, und der Gegner das Feld vor ihm nicht besetzen konnte bzw. wenn doch, ein Abtausch die Schwäche beseitigen würde. Schau dir das noch einmal an.

Unerfahrene Spieler helfen ihrem Gegner manchmal, indem sie dessen Schwäche beseitigen statt darauf zu spielen. Hier ein Beispiel, wie man es nicht machen sollte *(D links)*:

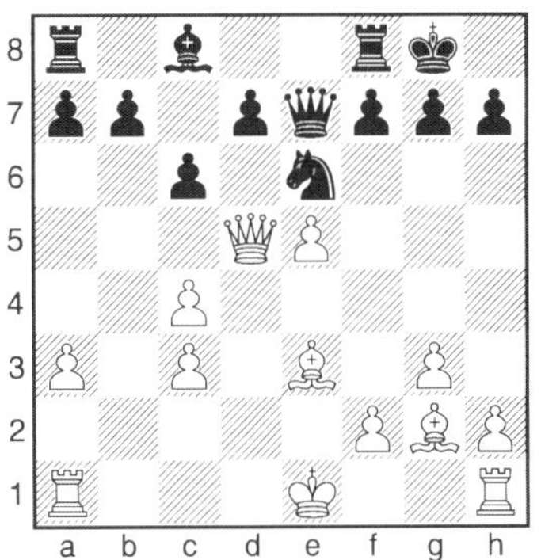

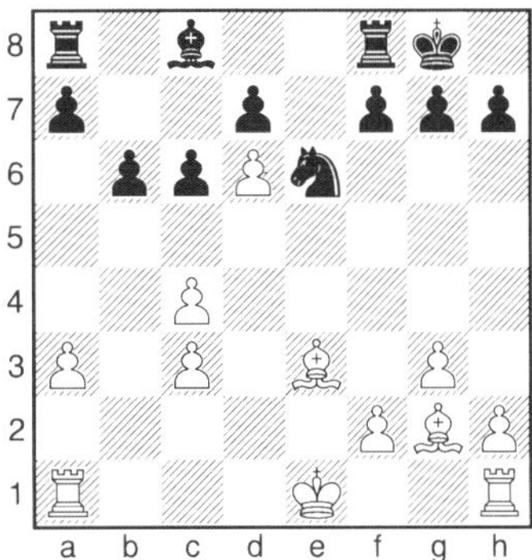

Der schwarze Bauer auf d7 ist **bedingt rückständig**. (Der c-Bauer kann zwar seinen Vormarsch unterstützen, doch der scheitert an en passant schlagen, wir haben hier einen Sonderfall). In der Partie spielte Weiß:

1.♕d5-d6?

Das ist ein strategischer Fehler, dem vermutlich die Idee zugrunde liegt, dass Schwarz nach Abtausch nun eine beengte Stellung und somit Probleme mit der Entwicklung hat. Aber die schwarze Schwäche auf d7 ist nun versiegelt und er kann sich leicht aus der Beengung herauswinden und all die schwachen Bauern von Weiß auf c3, c4 und d6 aufs Korn nehmen.

1...♕e7xd6 2.e5xd6 b7-b6 *(D rechts)* und Schwarz gewann später.

Der richtige Plan war **1.♕d5-d2**

1...b7-b6 2.0-0 ♗c8-a6 3.♖f1-d1 ♖f8-d8
4.♗g2-f1 z.B. **f7-f6 5.e5xf6 ♕e7xf6**
6.a3-a4 d7-d5 7.♕d2-a2

Mit Initiative und leichtem Vorteil für Weiß. Wenigstens kann er seinen hässlichen Doppelbauer loswerden. Das ist der Preis, den Schwarz zahlen muss, um das Problem des rückständigen Bauern zu lösen.

Mach es deinem Gegner nicht leicht, indem du ihn von seinen Schwächen befreist! Lass ihn nicht billig davonkommen!

Der letzte Fall von speziellen Bauern ist der sogenannte "**isolierte Bauer**", kurz **"Isolani"** genannt. So nennt man einen Bauern, der keinen eigenen Bauern an einer seiner Seiten hat, demzufolge also nicht von einem Bauern verteidigt werden kann. Das klingt nicht gut, ein solcher Bauer scheint schwach zu sein, aber der Isolani hat auch einige Vorteile, wie du gleich sehen wirst. In einigen Eröffnungen erscheint ein Isolani früh und regelmäßig, z.B. im Damengambit nach

1.d2–d4 d7–d5 2.♘g1-f3 ♘g8–f6 3.c2–c4 e7–e6 4.e2–e3 c7–c5 5.♘b1-c3 ♘b8–c6 *(D)*

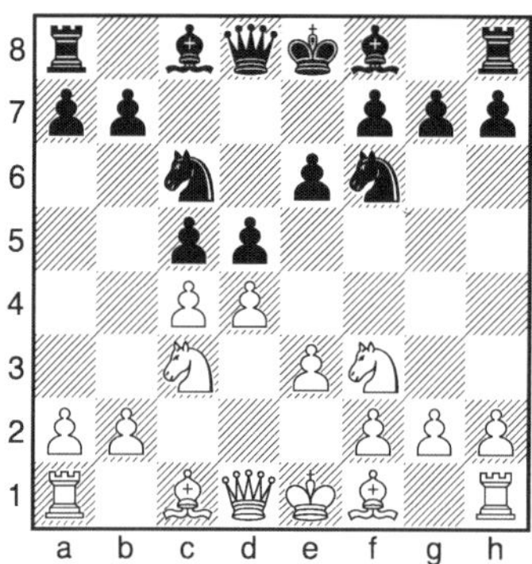

Weiß hat nun die Wahl, ob er mit einem oder gegen einen isolierten Bauern spielen will. Nach

6.♗f1-d3 c5xd4 7.e3xd4 d5xc4 8.♗d3xc4 *(D unten links)*

hat Weiß einen isolierten d–Bauer. Und nach

6.c4xd5 e6xd5 7.d4xc5 ♗f8xc5 *(D unten rechts)*

hat Schwarz einen isolierten d–Bauer

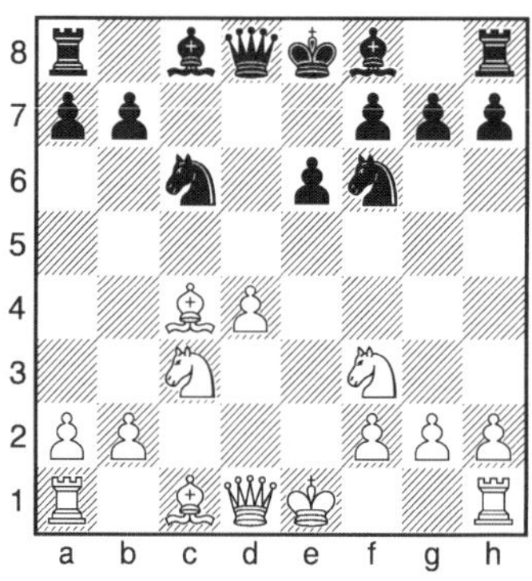

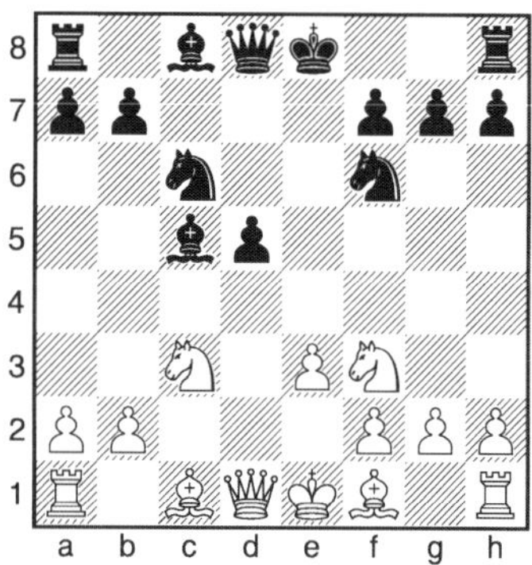

Lass uns alle Figuren vom Brett nehmen und uns die reine Bauernstruktur anschauen. *(Diagramme unten)* Die Vorteile für die Partei des isolierten Bauers sind nun klar ersichtlich:

- Viel mehr Raum, besonders für die Läufer;
- Kontrolle des Zentrums;
- Eine offene und eine halboffene Linie;

Und da ist noch mehr. Die Felder c5 und e5 (☆) kann Weiß mit einem Außenposten besetzen, z.B. einem Springer, der zu beiden Seiten wirkt. Ihn zu vertreiben kann schwache Felder schaffen / Bauern schwächen.

Vergleichsweise wäre ein schwarzer Springer auf d5 *(D links)* oder weißer Springer d4 *(D rechts,* ☆*)* weniger effektiv.

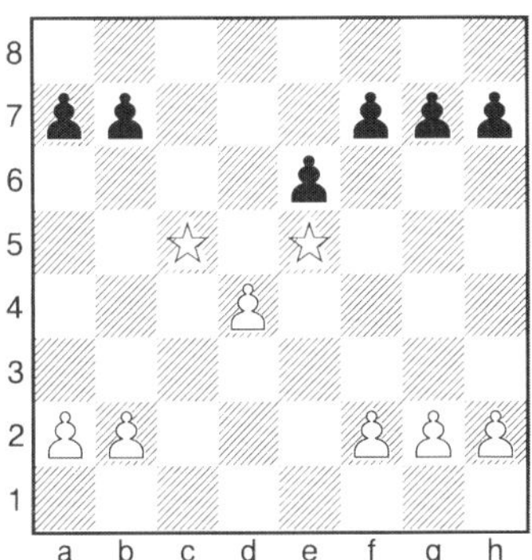

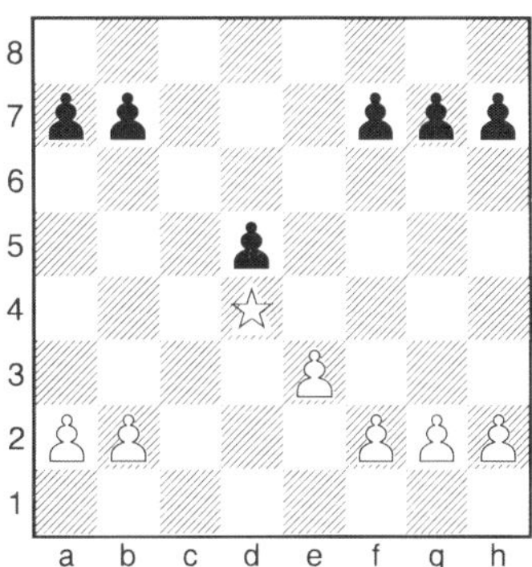

Aufgrund des Raumvorteils, den der Isolani bietet, sehen wir in den meisten Fällen einen Angriff am Königsflügel. Wenn der Isolani im richtigen Moment vorrückt, kann er wie ein Rammbock wirken und die gegnerische Stellung öffnen oder destabilisieren. Deshalb sollte der Verteidiger sich dieser Möglichkeit stets bewusst sein und den Isolani entweder blockieren oder das Feld vor ihm kontrollieren.

Der Nachteil des Isolani ist allerdings ebenso offensichtlich, Er steht im Schussfeld der Schwerfiguren des Gegners und muss stets von zumindest einer Figur verteidigt werden. In unserem Beispiel wäre ein Läufer auf e3 (e6) die natürliche Wahl, wird aber dadurch zu einem besseren Bauern degradiert.

Im Endspiel ist nach einigem Abtausch der Isolani sehr schwach und kann leicht vom gegnerischen König angegriffen werden, bzw. muss, um dies zu verhindern, stets verteidigt werden, was Kräfte bindet.

Dieses Für und Wider definiert die Strategie für beide Seiten.

Der Spieler mit dem Isolani muss angreifen und die Entscheidung suchen, bevor es zum Endspiel kommt. Während er den Abtausch von Figuren vermeiden sollte, wird der Gegner versuchen, durch solchen Abtausch den Angriff zu schwächen und das Endspiel anstreben.

Zu beurteilen, ob ein isolierter Bauer gut oder schlecht ist, ist oft eine Frage von Geschmack und Spielstil. Wenn du ein angriffslustiger Spieler bist, kann der Isolani ein wertvolles Werkzeug sein. Wenn du ein Spieler mit einer Vorliebe für zurückhaltendes oder positionelles Spiel bist, solltest du Eröffnungen / Varianten meiden, in denen du mit einem Isolani spielen musst und es vorziehen, gegen einen solchen zu spielen.

Dies war nur ein kleiner Überblick über die elementaren Bauernstrukturen. Es gäbe noch viel, viel mehr dazu zu sagen; vor allem über die Strukturen, die bei den verschiedenen Eröffnungen entstehen. Es lohnt sich, mehr über die Strukturen der von dir bevorzugten Eröffnungen zu wissen.

Eine gute Methode ist, sich Meisterpartien zu diesen Eröffnungen anzuschauen. Wie haben die Meister die Stellungen behandelt, wie und wohin haben sie ihre Bauern gezogen, welche Manöver ausgeführt? Nach Ende der Eröffnungstheorie, nach sagen wir 10–15 Zügen, ist es wichtig, einen Plan zu haben und zu verstehen, was für deine Stellung richtig / nötig ist. Unerfahrene Spieler schauen oft nur nach einem Zug oder bestenfalls nach einer kurzen Variante, aber das ist nicht genug.

Ein Trainer ist eine große Hilfe, um die richtigen Pläne zu finden und Eröffnungs- und Mittelspielstellungen zu verstehen. Wenn du wirklich besser werden willst, solltest du erwägen, einen Trainer zu verpflichten. Viele junge Spieler denken, sie könnten es auch alleine schaffen oder der Computer würde ein ausreichender Ersatz für einen Trainer sein. Doch das ist falsch.

Ich selbst hatte nur ganz am Beginn meiner Schachkarriere für eine Weile einen Trainer. Ich bin sicher das, wennm ich damals ein kompetenter Trainer unterstützt hätte, ich Jahre früher Großmeister geworden wäre und vermutlich auch ein höheres Rating erreicht hätte.

Das zeigt auch die folgende Episode. Als 17-jähriger Spieler mit Elo 2425 in meinem ersten GM-Rundenturnier schimpfte ein alter, erfahrener Großmeister mit mir nach unserer Partie. Er kritisiere meine Eröffnung und sagte, ich müsse härter an meiner Endspielkenntnis arbeiten. Und er hatte völlig Recht, seine Kritik und das Aufzeigen meiner Schwächen halfen mir bei meiner weiteren Entwicklung. Ich wünsche, ich hätte mehr solcher Kritik in den folgenden Jahren erhalten!

11. Röntgen–Angriff

Tatsächlich ist dieser Name nicht ganz korrekt. Röntgenstrahlen wurden 1895 von Wilhelm Conrad Röntgen entdeckt. Sie dringen durch weiches Material (Körpergewebe) und werden von hartem Material (Knochen) reflektiert. Im Schach wirkt eine Figur über eine gegnerische Figur hinweg und unterstützt damit eine eigene Figur. Dieser Effekt kann sowohl zum Angriff als auch zur Verteidigung genutzt werden. Hier zwei typische Beispiele für den Röntgen–Angriff:

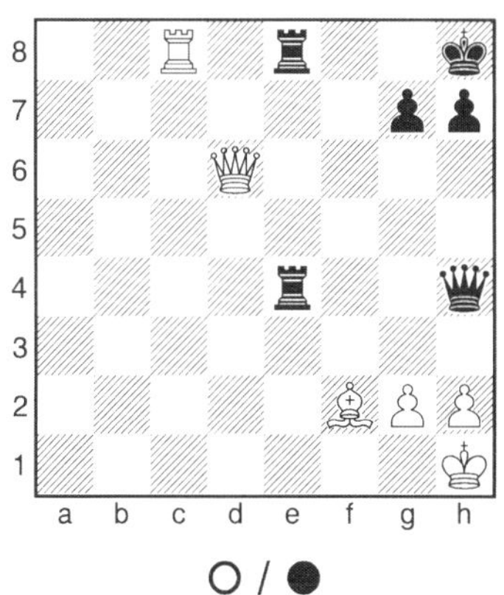

○ / ●

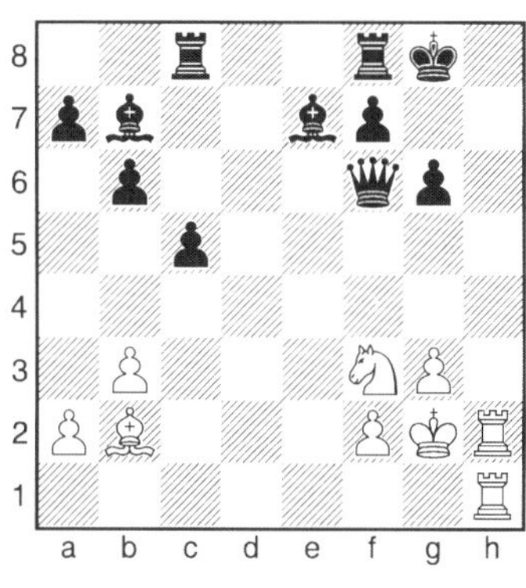

D links:

Der weiße Turm wirkt über seinen Gegenspieler auf e8 hinweg auf das Feld f8 und unterstützt so den Angriff seiner Dame:

1.♕d6–f8+ ♖e8xf8 2.♖c8xf8#

Die schwarze Dame wirkt über den gegnerischen Läufer hinweg auf das Mattfeld e1 (Der Angriff der Türme würde nicht reichen, da der Te8 gefesselt ist):

1...♖e4–e1+ 2.♗f2–g1 ♖e1xg1+

Oder falls 2.♗f2xe1 ♕h4xe1#

3.♔h1xg1 ♕h4–e1#

D rechts:

Hier siehst du einen klassischen Typ des Röntgen–Angriffs auf das Mattfeld h8 über die gegnerische Dame hinweg:

1.♖h2–h8+ ♕f6xh8 2.♖h1xh8#

Das waren einfache und einleuchtende Beispiele. Aber der Röntgen-Angriff kann auch in komplizierter Form und besser getarnt vorkommen. Das zeigte in der folgenden Stellung Bobby Fischer:

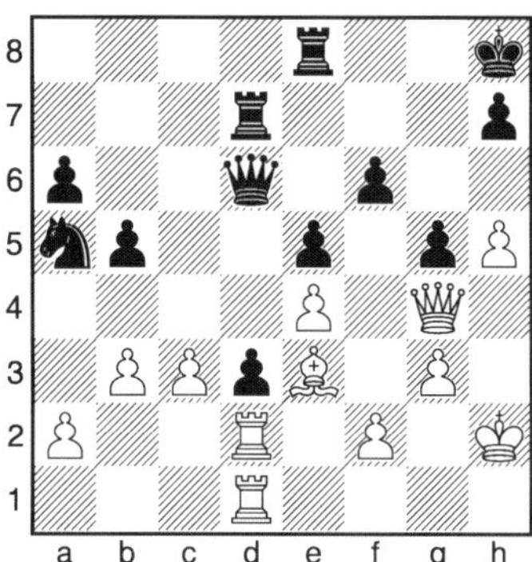

Schwarz nahm wohl an, sein d-Bauer sei ausreichend verteidigt. Aber er hatte die Rechnung ohne den Röntgen-Angriff gemacht:

1.♖d2xd3 ♕d6xd3 2.♕g4xd7! *(D)*

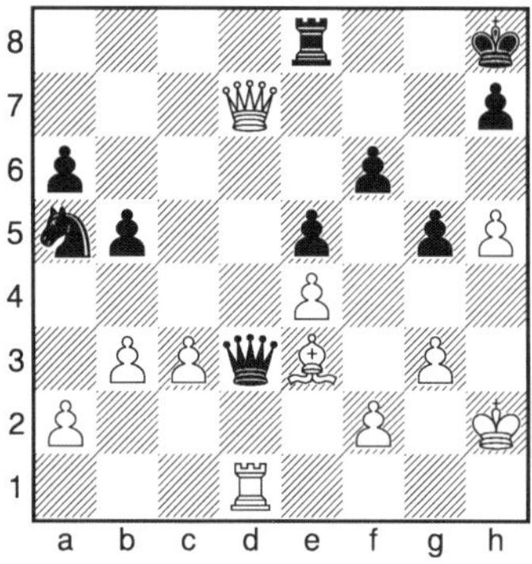

Der Röntgen-Angriff hat den wichtigen Freibauer erobert und einen günstigen Abtausch erreicht.

2...♕d3xd7 3.♖d1xd7 ♖e8-c8 4.h5-h6

Und Schwarz verliert.

Bobby Fischer - **Bisguier** US Championship 1963/64

Da das Prinzip klar sein dürfte und wir bereits zuvor Röntgen-Angriffe gesehen haben, sollten diesmal 16 Aufgaben reichen.

Röntgen-Angriff!

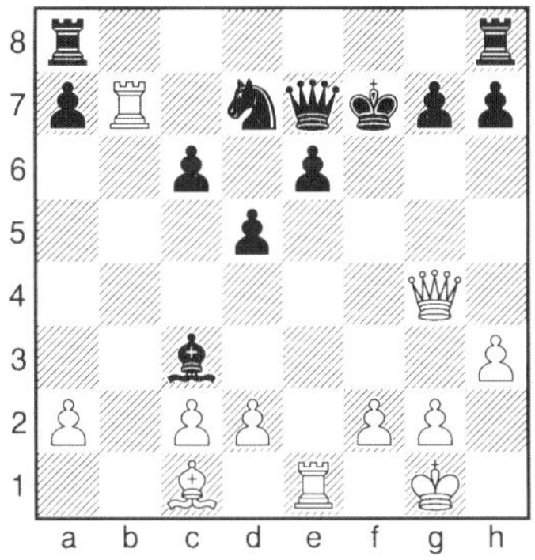

1

1. .... / ....

2. .... / ....

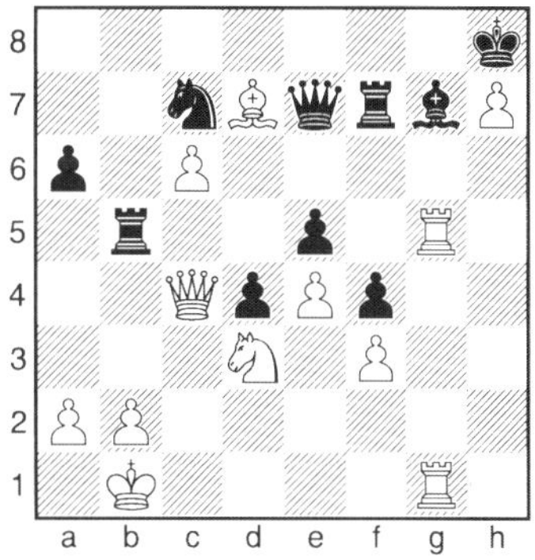

2

1. .... / ....

2. .... / ....

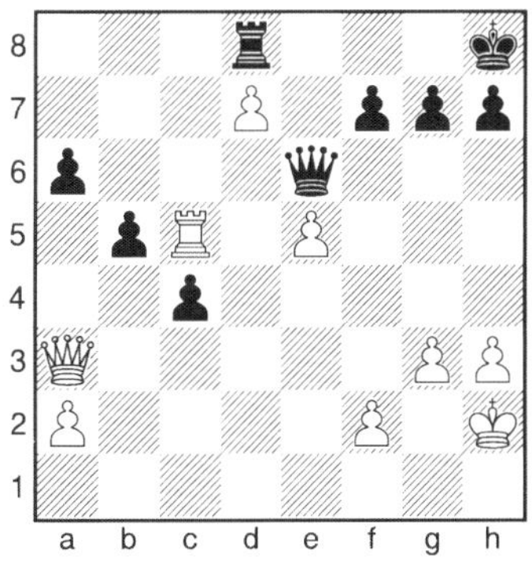

3

1. .... / ....

2. .... / ....

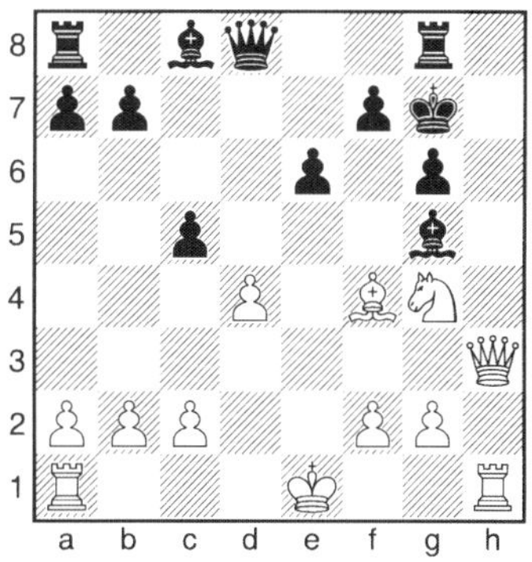

4

1. .... / ....

2. .... / ....

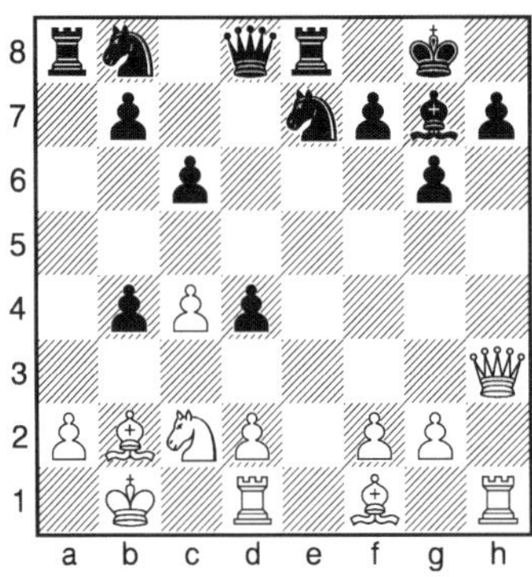

5

1. .... / ....

2. .... / ....

3. .... / ....

6

1. .... / ....

2. .... / ....

3. .... / ....

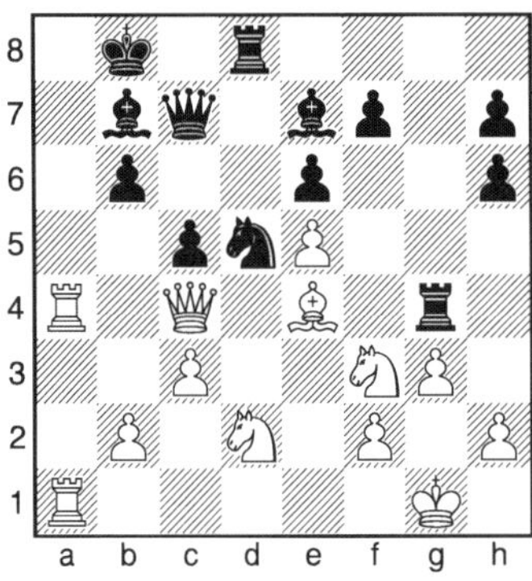

7

1. .... / ....

2. .... / ....

3. .... / ....

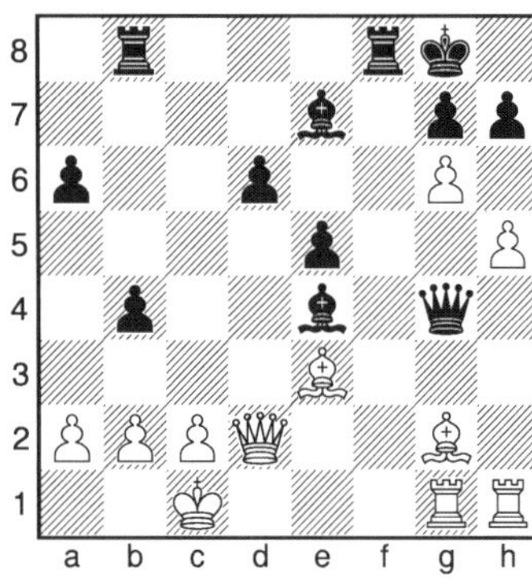

8

1. .... / ....

2. .... / ....

3. .... / ....

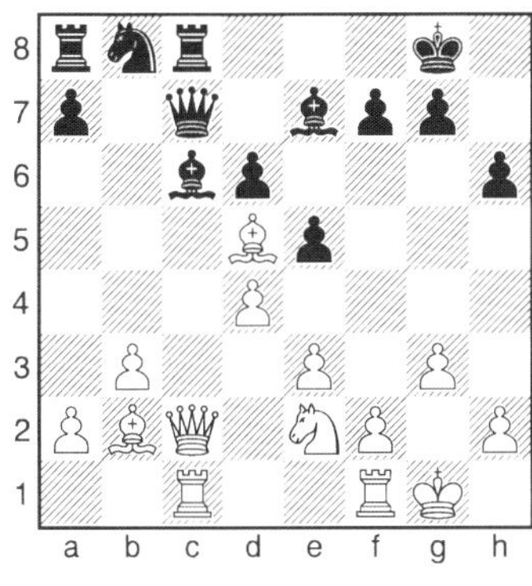

9

1. .... / ....

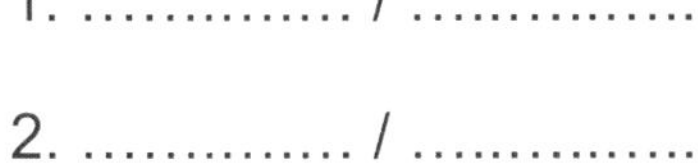

2. .... / ....

3. .... / ....

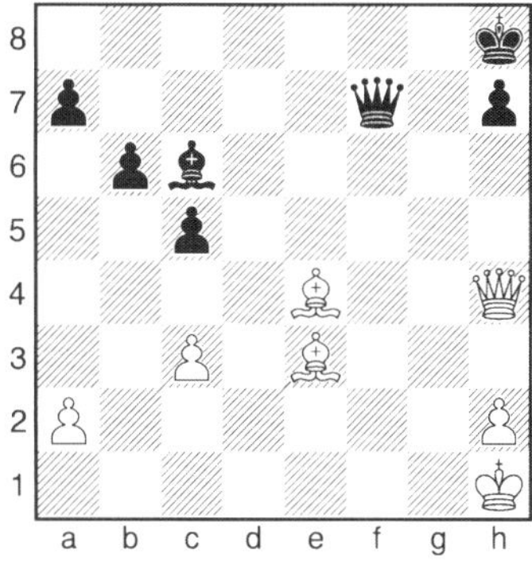

10 ●

1. .... / ....

2. .... / ....

3. .... / ....

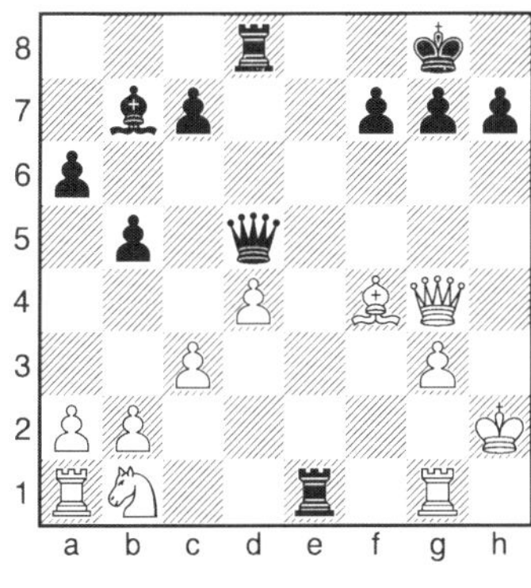

11 ●

1. .... / ....

2. .... / ....

3. .... / ....

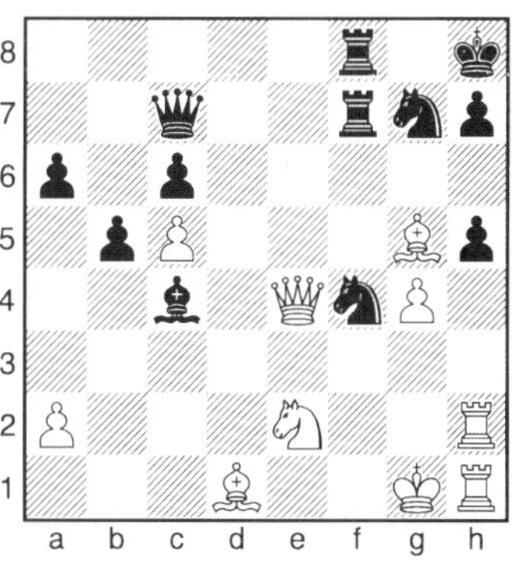

12 ●

1. .... / ....

2. .... / ....

3. .... / ....

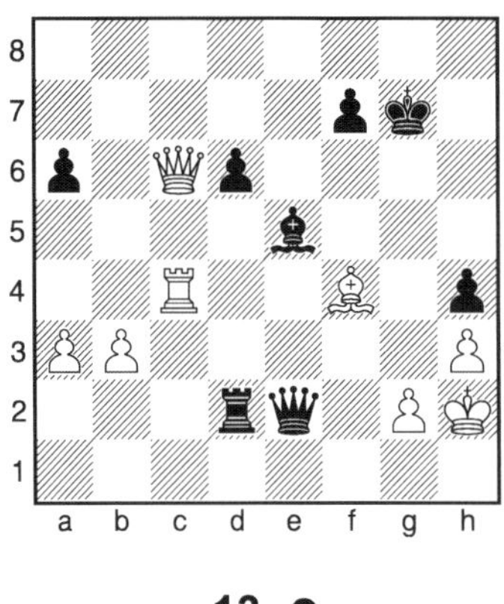

13 ●

1. .... / ....

2. .... / ....

3. .... / ....

14 ●

1. .... / ....

2. .... / ....

3. .... / ....

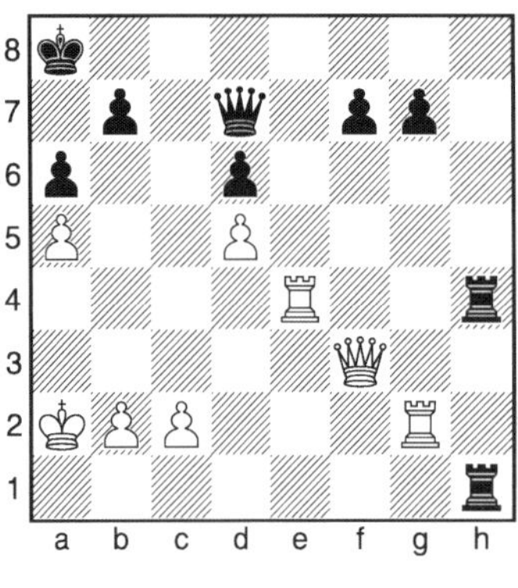

15 ●

1. .... / ....

2. .... / ....

3. .... / ....

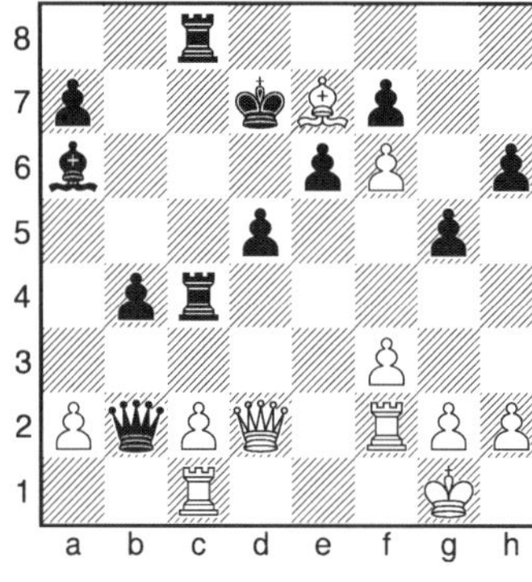

16 ●

1. .... / ....

2. .... / ....

3. .... / ....

Lösungen

Röntgen-Angriff

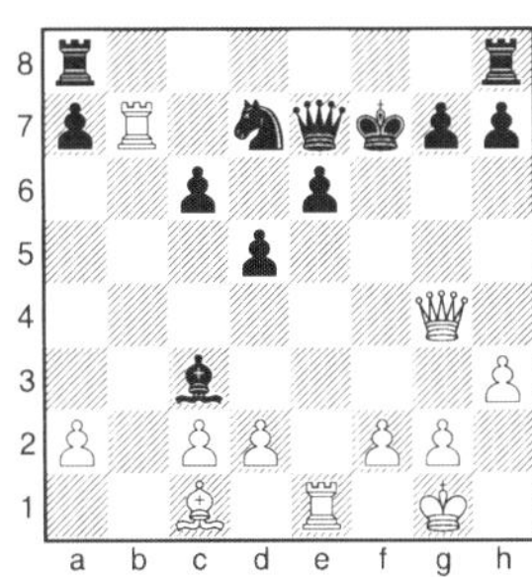

1.

1.♖e1xe6 ♕e7xe6
2.♖b7xd7+ ♕e6xd7
3.♕g4xd7+

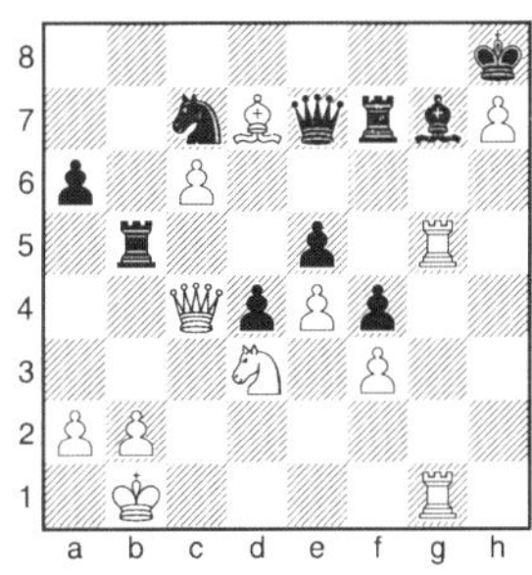

2.

1.♖g5xg7 ♖f7xg7
2.♕c4–g8+ ♖g7xg8
3.h7xg8♕#

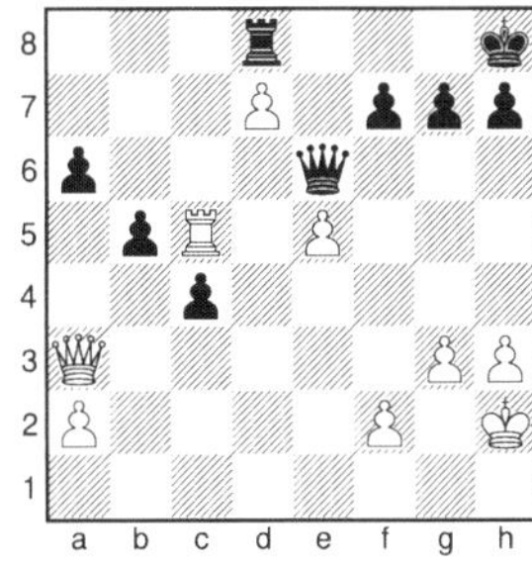

3.

1.♖c5–c8 ♕e6xd7 / ♕e6–b6

Falls 1...♖d8xc8 2.♕a3–e7 ♕e6xd7 3.♕e7xd7+–

2.♕a3–f8+ ♖d8xf8 3.♖c8xf8#

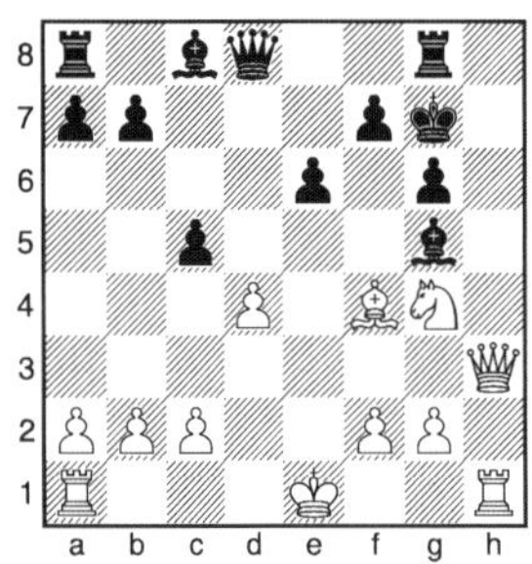

4.

1.♕h3–h6+ ♗g5xh6
2.♗f4xh6+ ♔g7–h8
3.♗h6–f8+ ♕d8–h4
4.♖h1xh4#

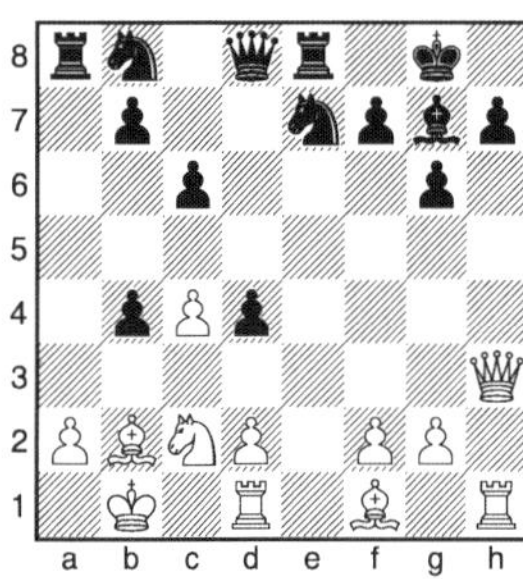

5.

Ein gut versteckter Röntgen–Angriff :

1.♕h3xh7+ ♔g8–f8 2.♘c2xd4! ♕d8xd4 3.♗b2xd4

Andernfalls 2...♗g7xd4 3.♕h7–h6+ ♔f8–g8 4.♕h6–h8+ ♗d4xh8 5.♖h1xh8#

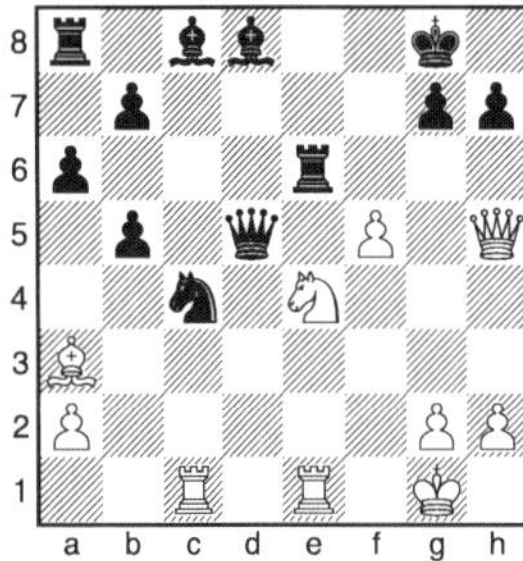

6. Antipov (2538) – Van Foreest,J (2541)
Junioren WM 2015

Eine kombinierte Matt– und Röntgen–Drohung gewinnt:

1.♘e4–g5 ♗d8xg5

Oder 1...h7–h6 2.♕h5–e8+ ♖e6xe8 3.♖e1xe8#

Auch 1...♖e6xe1+ ist nicht genug:
2.♖c1xe1 ♗d8–b6+ 3.♔g1-h1 ♗c8xf5
4.♖e1-e8+ ♖a8xe8 5.♕h5xe8#

2.♕h5–e8+ ♖e6xe8
3.♖e1xe8+ ♔g8–f7 4.♖e8–f8# *(D2)*

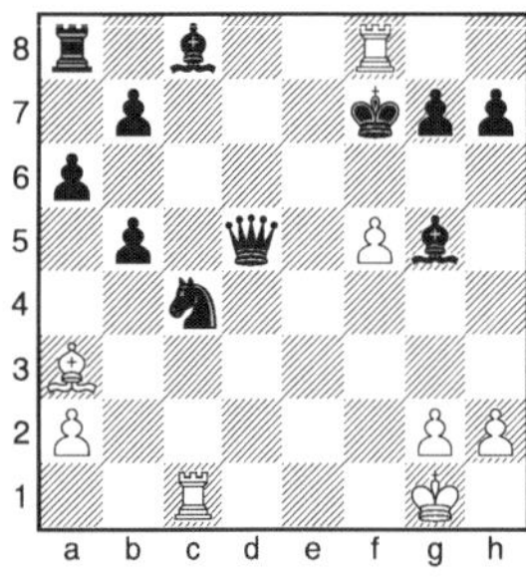

D2

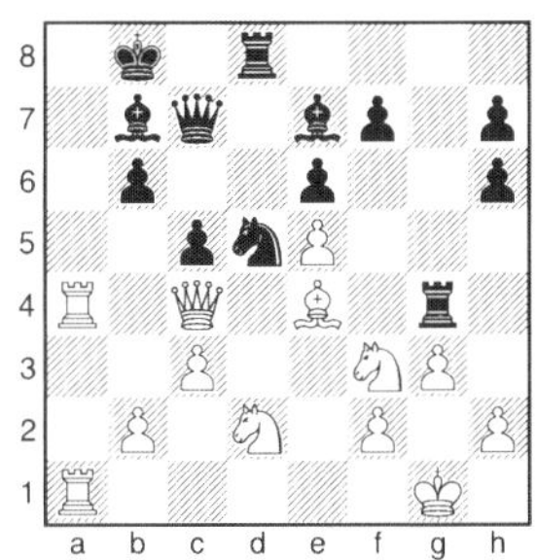

7.

1.♗e4xd5 ♖g4xc4

Die Alternative 1...♗b7xd5 2.♕c4xg4 ist hoffnungslos.

2.♖a4–a8+ ♗b7xa8 3.♖a1xa8#

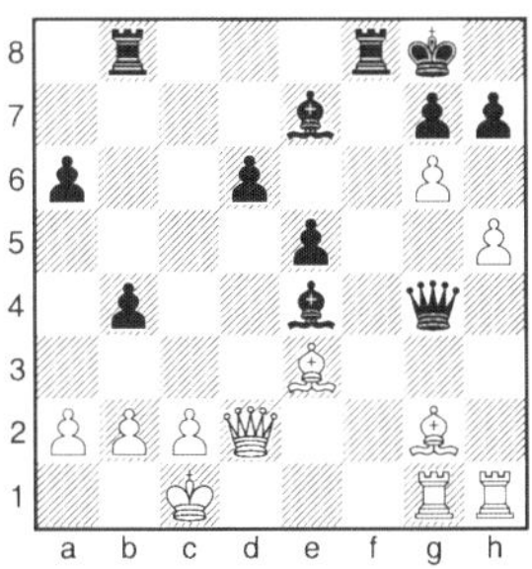

8.

Der Röntgen–Angriff führt zu einem Abzugsschach:

1.♕d2–d5+ ♗e4xd5
2.♗g2xd5+ ♔g8–h8 3.♖g1xg4

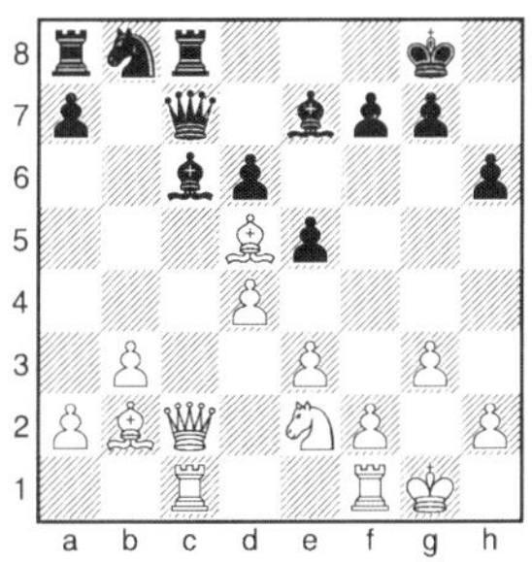

9.

Der Röntgen–Angriff beschleunigt das Ende:

1.♗d5xc6 ♕c7xc6 2.♕c2–f5

1...♘b8xc6 2.d4–d5 verliert den Springer.

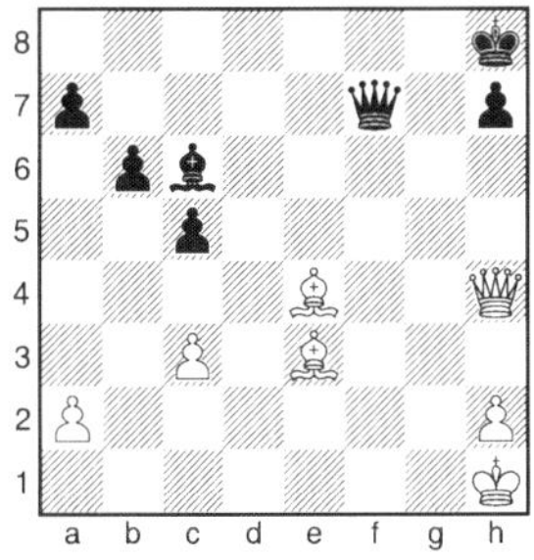

10. NN – Pillsbury, New Orleans 1899
Blindsimultan!

Ein berühmtes Beispiel des Röntgen–Angriffs, ein echter Klassiker:

1...♕f7–f1+ 2.♗e3–g1 ♕f1-f3+
3.♗e4xf3 ♗c6xf3#

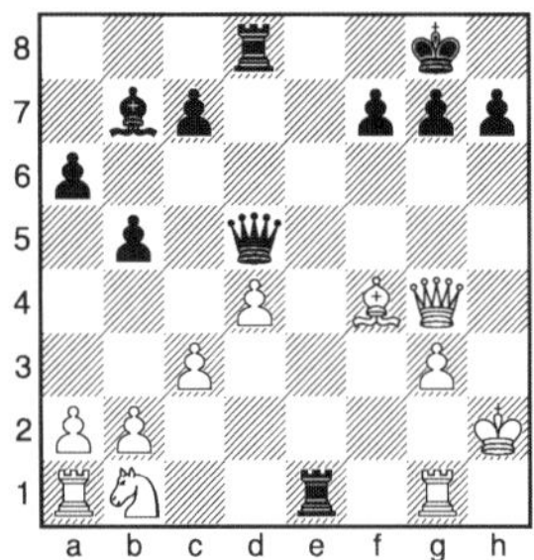

11.

Der Turm wirkt über seinen Gegenspieler hinweg auf das Mattfeld h1, ein typischer Fall von Röntgen–Angriff:

1...♕d5–h1+ 2.♖g1xh1 ♖e1xh1#

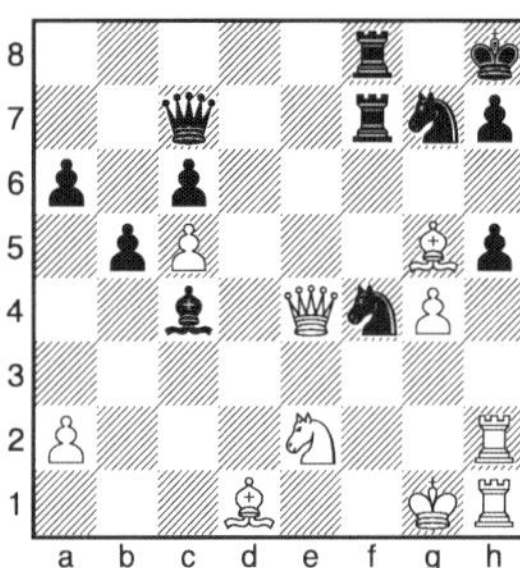

12.

1...♘f4xe2+ 2.♗d1xe2 ♕c7–g3+ 3.♕e4–g2

Oder 3.♖h2–g2 ♖f7–f1+ 4.♗e2xf1 ♖f8xf1#

3...♖f7–f1+ 4.♗e2xf1 ♖f8xf1#

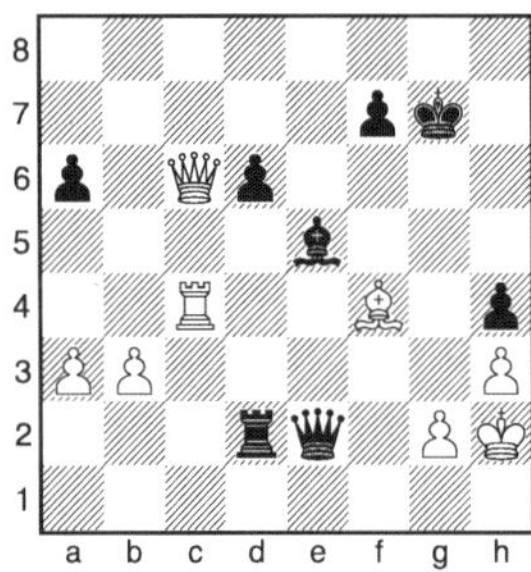

13. Howell,D (2687) – McShane,L (2669)
105th ch–GBR 2018

1...♕e2–e3 2.♕c6–e4 ♕e3–g3+!
3.♗f4xg3 ♗e5xg3+ / h4xg3+
4.♔h2–g1 ♖d2–d1+
5.♕e4–e1 ♖d1xe1#

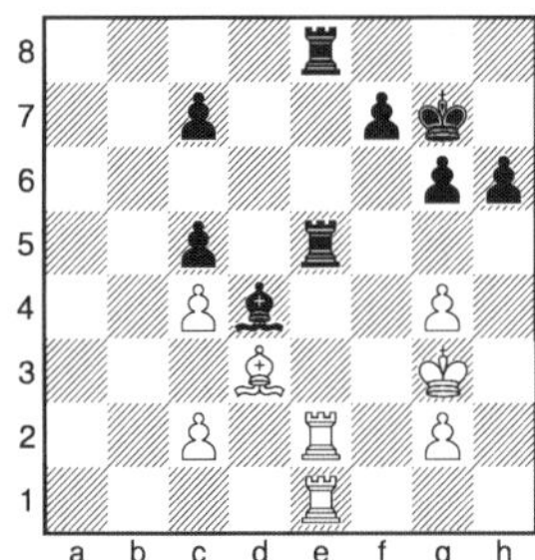

14.

1...♗d4–c3 2.♖e2xe5 ♗c3xe1+
3.♔g3–f4 ♗e1-g3+
4.♔f4xg3 ♖e8xe5

Der Röntgen–Angriff an sich war harmlos, führte aber zu einer siegreichen Weglenkung.

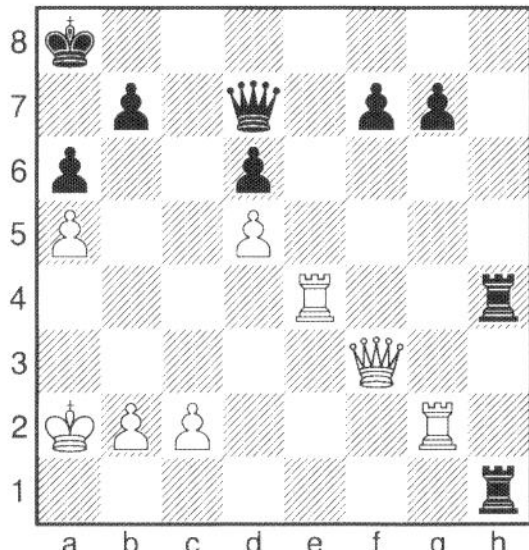

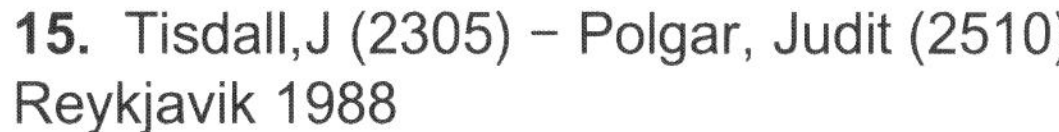

15. Tisdall,J (2305) – Polgar, Judit (2510)
Reykjavik 1988

Die 12-jährige Judit Polgar, später die stärkste Frau in der Geschichte des Schachspiels, machte hier guten Gebrauch von einem erstaunlichen Röntgen-Angriff:

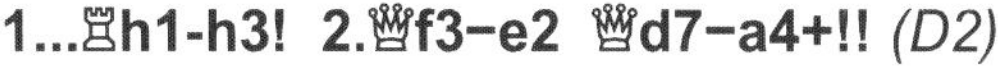

1...♖h1-h3! 2.♕f3-e2 ♕d7-a4+!! *(D2)*

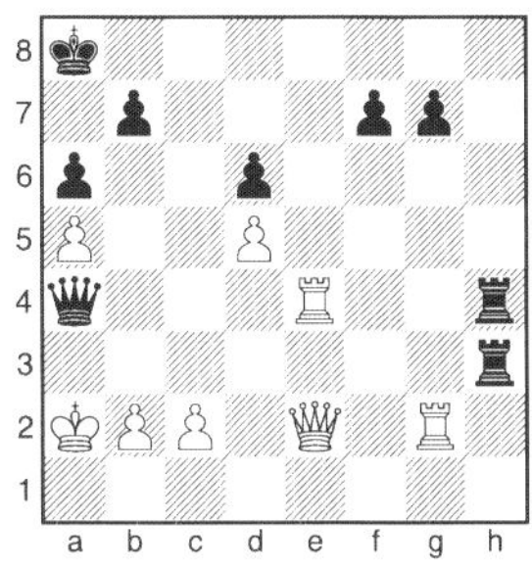

Über den weißen Turm hinweg wirkt der Turm auf seine Dame und bringt somit das "Nachlade-Motiv" zum Einsatz.

3.♖e4xa4 ♖h4xa4+
4.♔a2-b1 ♖h3-h1+ und Matt folgt

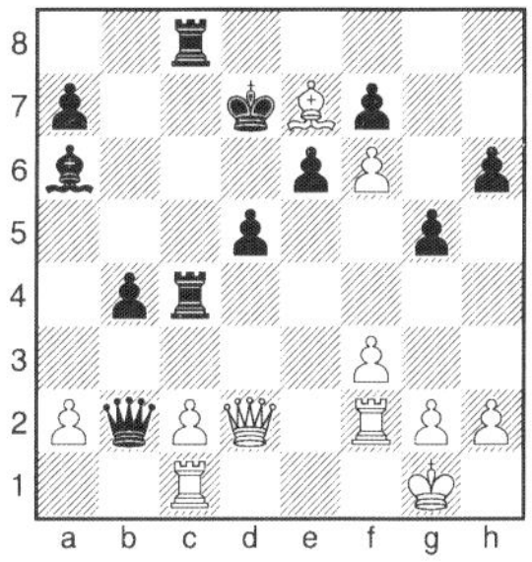

16.

1...♖c4xc2! 2.♕d2xc2

Falls 2.♖c1xc2 ♕b2-b1+

2...♕b2xc1+ 3.♕c2xc1 ♖c8xc1+
4.♖f2-f1 ♖c1xf1#

12. Vermischtes

Es gibt noch mehr taktische Motive als hier gezeigt. Aber da sie in der Praxis rar sind und einige auch in den vorhergegangenen Übungen vorkamen, gehen wir nicht weiter darauf ein. Ich möchte dir aber einige interessante Dinge zeigen. Der erste Punkt betrifft die Strategie. Wir haben die Bedeutung der offenen Linien und ihrer Kontrolle bereits behandelt. Doch eines wurde bisher noch nicht erwähnt und das ist der sogenannte **Vorposten**.

In der folgenden Stellung *(D links)* aus Aaron Nimzowitschs Buch *"Mein System"* steht ein Turm von jeder Partei auf der offenen g-Linie. Nach Turmtausch würde Weiß die Kontrolle über die Linie verlieren, sein Mehrbauer auf h3 wäre nutzlos. Aber er hat eine bessere Möglichkeit

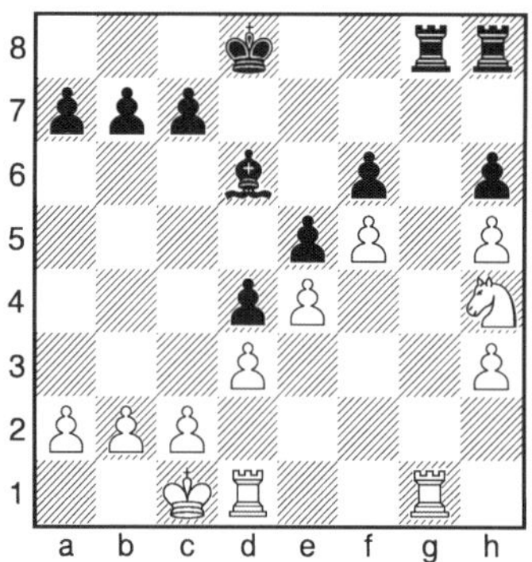

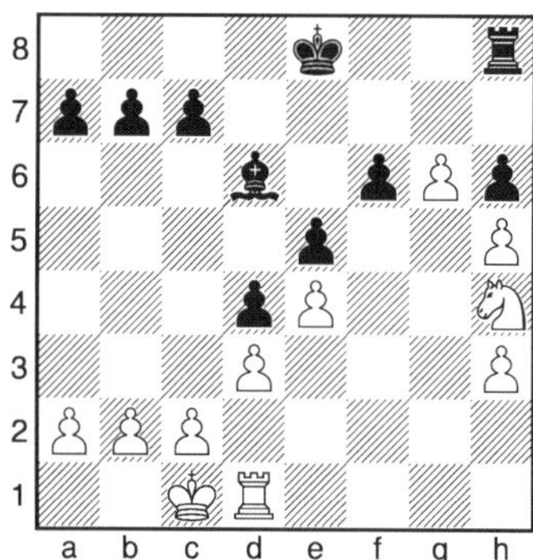

1. ♖g1-g6

Etabliert einen **"Vorposten"**. So nennt man eine Figur, die auf einer offenen Linie im gegnerischen Lager steht und von einem Bauer geschützt wird. Hier konnte auch der Springer einen solchen Vorposten bilden, hätte aber weit weniger Wirkung als der Turm. Falls Schwarz nicht abtauscht folgt **2.♖d1-g1** mit Turmverdopplung und Kontrolle über die g-Linie. Abtausch macht es aber auch nicht besser:

1...♖g8xg6 2.f5xg6 *(D rechts)* **♖h8-g8**
3.♘h4-f5 ♗d6-f8 4.♖d1-g1 ♗f8-g7

Nimzowitsch gab in seinem Buch an ***2.h5xg6*** ♖h8-g8 3.♖d1-g1 mit dem Manöver ♘h4-f3, um den h-Bauern mit ♖g1 - g4 - h4 anzugreifen.

Doch nach Schlagen mit dem f-Bauer hat Schwarz zwei schwache Bauern, das Feld f5 ist optimal für den Springer, der dann g6-g7 droht, und Schwarz ist nahezu paralysiert und kann nicht alles verteidigen.

Schauen wir uns ein anderes Beispiel an:

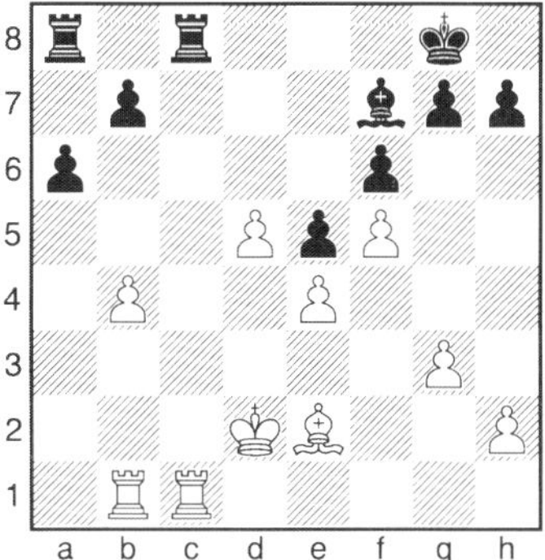

Nach 1.♖c1xc8+ ♖a8xc8 2.♖b1-c1 ♖c8xc1 3.♔d2xc1 würde die Partie wohl Remis enden. Aber ein Vorposten gibt Weiß entscheidenden Vorteil:

1.♖c1-c5 ♔g8–f8

Falls ***1...♗f7–e8*** 2.♖b1-c1 ♗e8–d7 3.♖c5–c7 +– *(D links);*

Falls ***1...♖c8xc5*** 2.b4xc5 ♖a8–a7 3.c5–c6 b7–b5
(3...b7xc6?? 4.♖b1-b8+ gewinnt den Läufer)
4.♖b1-c1 +– *(D rechts);*

2.♖b1-c1 ♖c8xc5 3.♖c1xc5 ...–– 4.♖c5–c7

Schwächer ist 3.b4xc5. Die Stellung ist zwar auch besser für Weiß, aber Schwarz kann noch kämpfen und hat nun auch einen Freibauern auf der a–Linie.

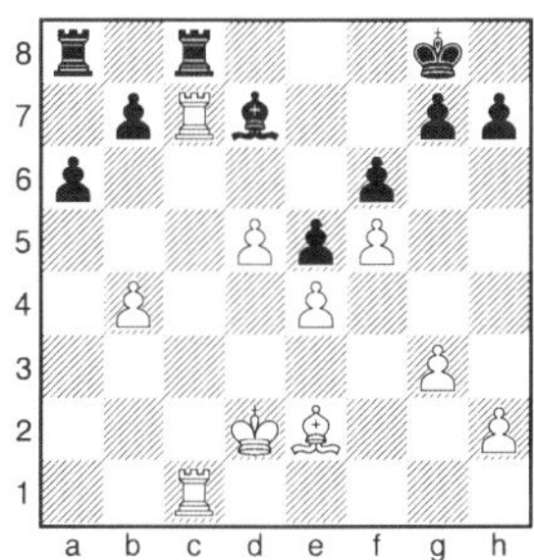

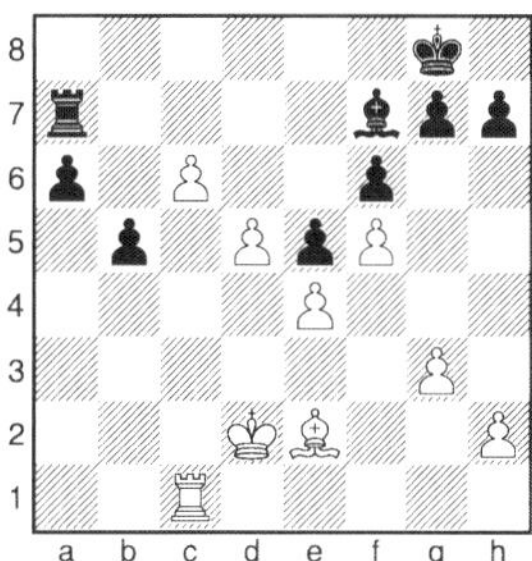

Nicht nur der Turm, sondern auch der Springer kann ein sehr effektiver Vorposten sein. (Wir haben dies bereits beim Thema "isolierter Bauer" erwähnt.) Das kann dem Gegner viele Probleme bereiten.

Wie man Linien öffnet und Bauernstrukturen aufbricht

Wir haben schon gesehen, dass ohne zumindest eine offene Linie ein Gewinn nahezu unmöglich ist. Aber was tun, wenn es keine offene Linie – oder wenigstens eine halboffene – gibt? Wir müssen einen Weg finden, die gegnerische Stellung aufzubrechen. Der vielversprechendste Weg ist eine Linienöffnung gegen die Königsstellung, besonders nach 0–0.

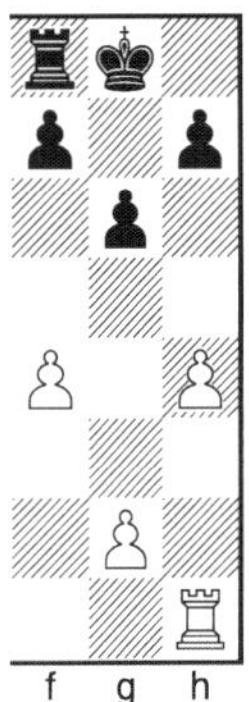

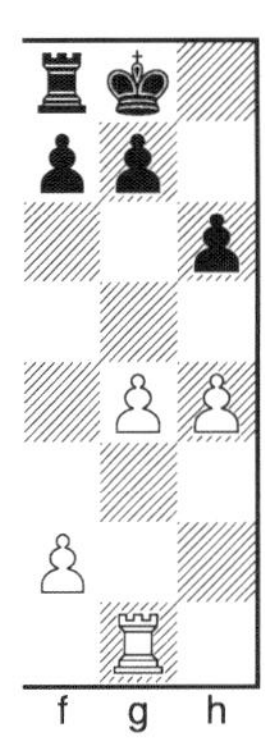

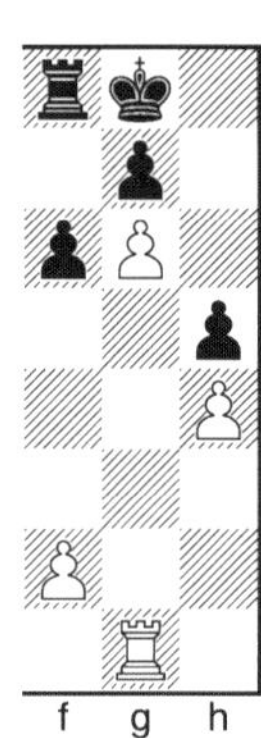

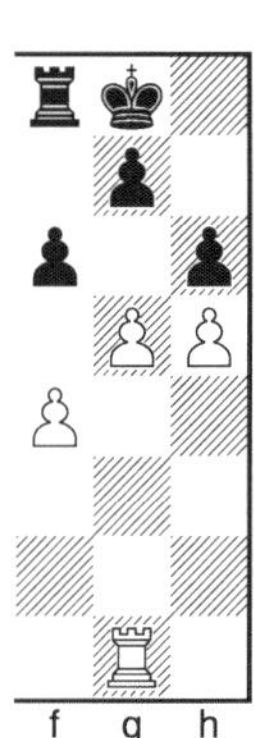

In *Diagramm links* kann **Weiß** eine Öffnung erzwingen mit

1.h4–h5 g6xh5 2.♖h1xh5

Oder 1...-- 2.h5xg6 f7xg6 / h7xg6

Schwarz kann das verzögern mit **1.-- h7–h5**, aber nach 2.g2–g4 h5xg4 3.h4–h5 kann Weiß die Stellung doch aufbrechen.

(2.Diagramm von links) Nach ***1.g4–g5*** h6–h5 2.g5–g6 f7–f6 *(3. Diagramm)* ist es nicht möglich, die Stellung zu öffnen und die weißen Bauern sind schwach und bleiben eine Belastung für das Endspiel, da sie stets Schutz vom König oder zumindest einer Figur benötigen. Doch Weiß hat eine bessere Methode zur Verfügung:

1.h4–h5

Den h-Bauern zu blockieren und es ihm somit unmöglich zu machen, dem Angriff durch vorziehen auszuweichen, ist ein wichtiges Manöver, das du dir merken solltest.

1...f7–f6 2.f2–f4 -- 3.g4–g5 *(D rechts)* **h6xg5**
4.f4xg5 f6–f5 5.g5–g6

Bindet den g7-Bauern. Mit **-- h5–h6** kann danach die Öffnung erzwungen werden.

Schauen wir uns eine Linienöffnung am Damenflügel an:

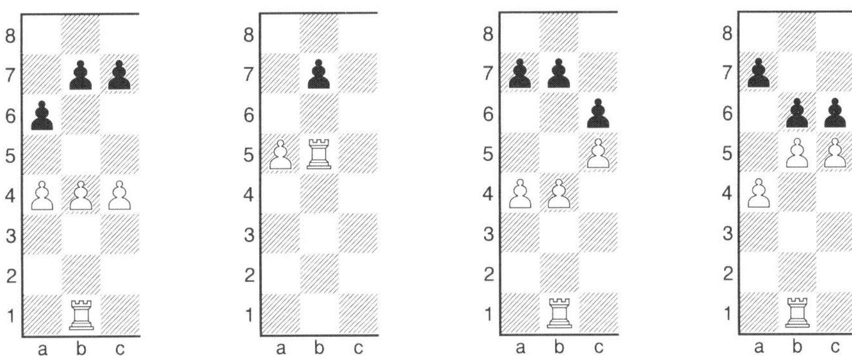

(D links) **1.a4–a5**

Legt den a–Bauern fest.
Wieder würde direktes ***1.b4–b5*** a6–a5 2.b5–b6 c7–c6 nichts bringen.

1...c7–c6 2.b4–b5 c6xb5 3.c4xb5 a6xb5 4.♖b1xb5 *(2.D von links)*

Das gleiche Manöver wirkt auch auf der anderen Seite und wir sehen einen anderen "Trick", die schwarzen Linien zu durchbrechen.

Wenn nach **1.c4–c5** *(3. Diagramm)* Schwarz **1...b7–b6** versucht, können wir einen Durchbruch mit einem Hebel forcieren:

2.b4–b5 *(D rechts)* **c6xb5 3.c5–c6**

Oder 2...b6xc5 3.b5xc6; beides mit einem Freibauer. Falls Schwarz nicht 1...b7–b6 zieht, folgt die gleiche Fortsetzung wie zuvor gesehen.

Im Beispiel hatten beide Seiten eine gleiche Anzahl von Bauern. Aber du kannst die gegnerische Stellung auch öffnen, wenn du auf dem Damenflügel einen Bauern weniger hast. Es mag dich zunächst sogar einen weiteren Bauern kosten, aber es kann sich auszahlen. Die zersplitterte Bauernstruktur ist oft nicht zu verteidigen und der Angreifer gewinnt das investierte Material zurück.

Diese Technik wird **"Minoritäts–Angriff"** genannt. Mehr dazu auf der nächsten Seite.

Minoritäts–Angriff

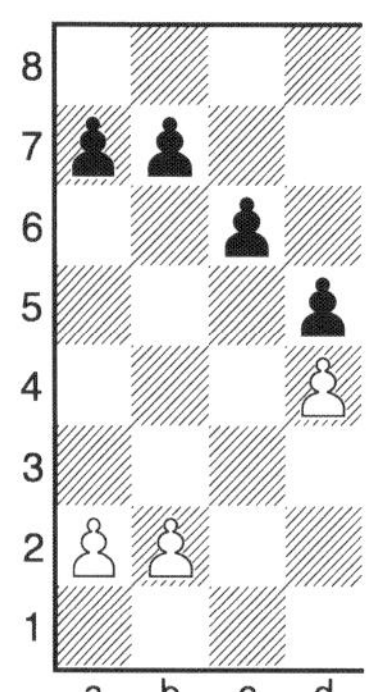
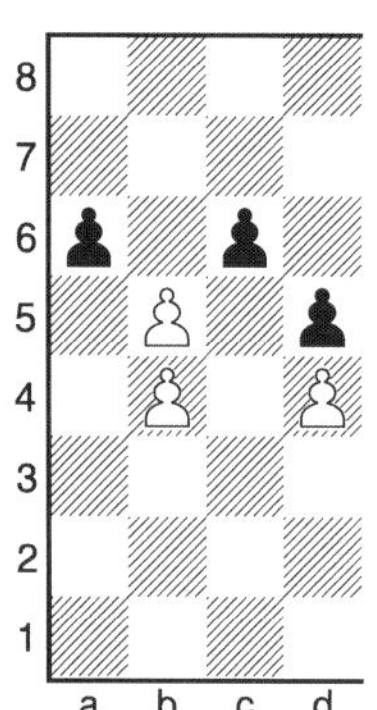
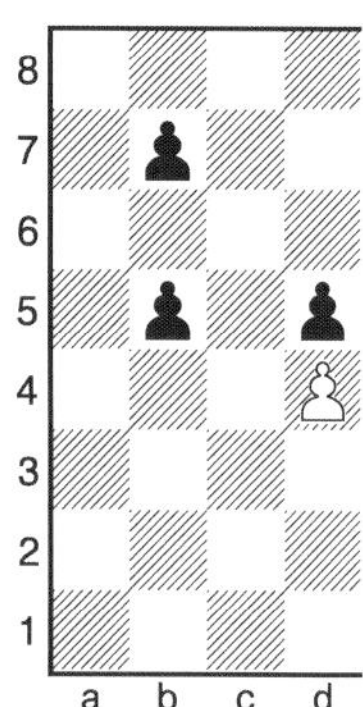

Das *linke D* zeigt eine typische Position für einen Minoritäts–Angriff. Weiß zieht seinen a– und b–Bauer vor, um die schwarze Bauernkette zu zersplittern. Das kostet ihn zwar einen Bauer, aber die schwarzen Bauern sind sehr schwach, wie wir in *D rechts* sehen, und das kompensiert den Verlust. Zudem ist die schwarze Stellung nun geöffnet und weiße Figuren können eindringen.

1.b2–b4 a7–a6

Weder dieser noch ein anderer Bauernzug kann den Angriff stoppen:

1...b7–b5 2.a2–a4 a7–a6 3.a4xb5 *(D mitte)*

3...a6xb5 (oder 3...c6xb5), in beiden Fällen eine schwache Bauernstruktur;

oder ***1...b7–b6*** 2.b4–b5 c6xb5

2.a2–a4 –– 3.b4–b5 c6xb5 4.a4xb5 a6xb5 *(D rechts)*

Natürlich ist dies hier nur ein schematisches Beispiel und die Anwendung eines Minoritäts–Angriffs hängt stets von den genauen Umständen der Stellung ab. Strategisches und längerfristiges Denken ist gefordert und der Mut, zunächst in materiellen Rückstand zu geraten. Hab keine Angst davor und sieh die Möglichkeiten, die dir die geöffnete und zersplitterte gegnerische Stellung bietet.

Bauern–Durchbruch

Unerfahrene Spieler würden wohl annehmen, dass diese Stellung mit drei gegen drei Bauern *(D links)* einfach nur remis ist. Wie könnte es einen Durchbruch geben? Doch die Stellung ist nicht so einfach, wie du denken magst, wie wir gleich sehen werden.

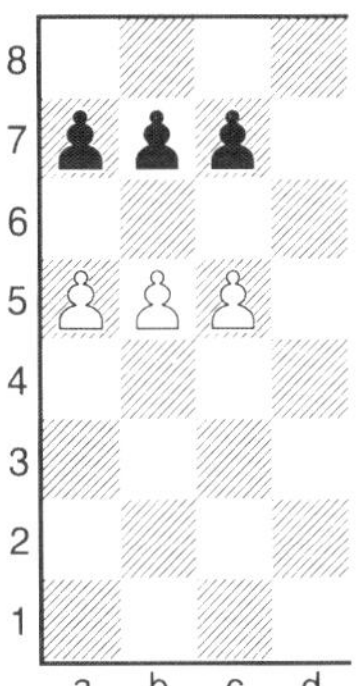

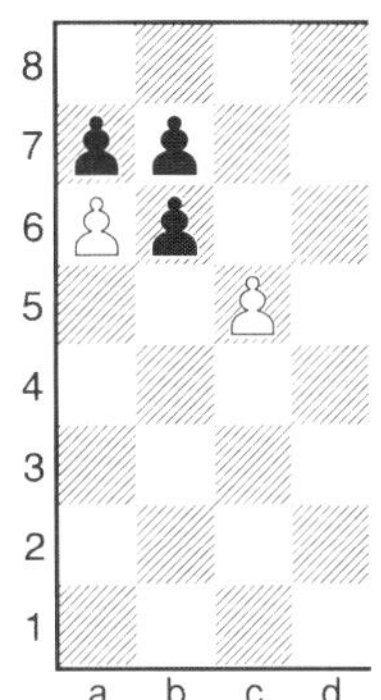

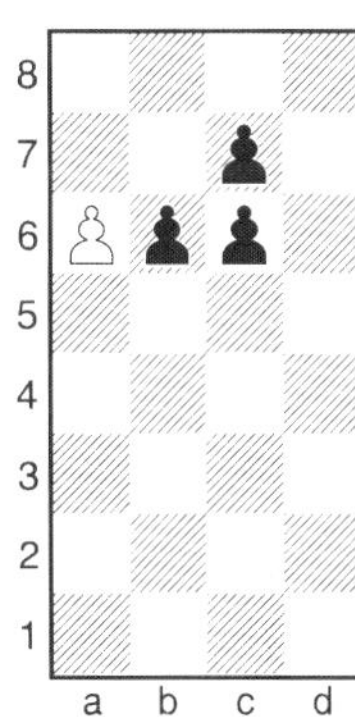

1.b5–b6 c7xb6

Oder ebenso 1...a7xb6 2.c5–c6 b7xc6 3.a5–a6 *(D rechts)*

2.a5–a6 *(D mitte)*

Zwingt den Bauern auf b7 zu schlagen und damit den Weg für den weißen c–Bauern freizugeben. Eine einfache Weglenkung hat große Wirkung!

2...b7xa6 3.c5–c6

Diese Technik des Durchbruchs wirkt nicht nur mit drei Bauern, sondern mit einer beliebigen Anzahl, sogar mit allen acht!

Vor etlichen Jahren entwickelte ich einen Test mit 21 Aufgaben, der dazu diente, Top–Talent zu erkennen. Eine der Test–Stellungen war der Acht–gegen–acht–Bauern–Durchbruch. Eigentlich eine relativ leichte Aufgabe, da das Motiv des Bauern–Durchbruchs allgemein bekannt ist. Aber zu meinem großen Erstaunen scheiterten selbst anerkannt hoch begabte junge Spieler daran. Ich zeige dir später diese Aufgabe und du kannst dein Glück versuchen – und dich vielleicht als verborgenes Talent profilieren, ☺.

Situationen wie diese sind natürlich selten und du magst denken, dieses Beispiel hätte keinen großen praktischen Nutzen. Aber tatsächlich finden wir Durchbrüche im praktischen Spiel; manche recht einfach, andere hochkompliziert und gut verborgen.

In den folgenden Beispielen sehen wir kleine Durchbrüche. Dabei müssen wir manchmal übliche Regeln des Bauernendspiels ignorieren.

(Diagramm unten links) Hier würde man normalerweise ...b5–b4 ziehen, da sonst ein rückständiger Bauer entsteht. Aber wir müssen den weiße a3 Bauern immobilisieren:

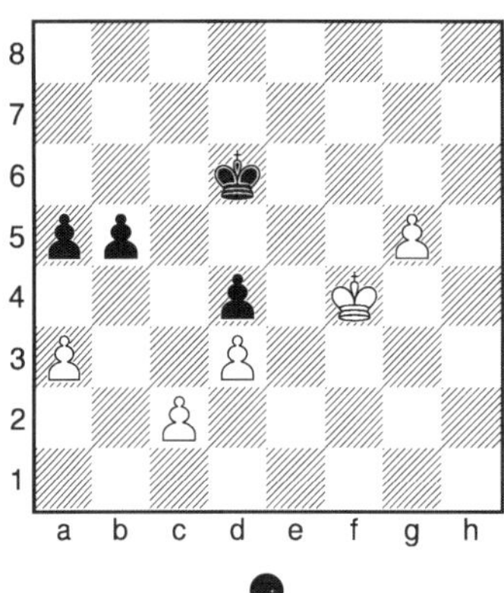

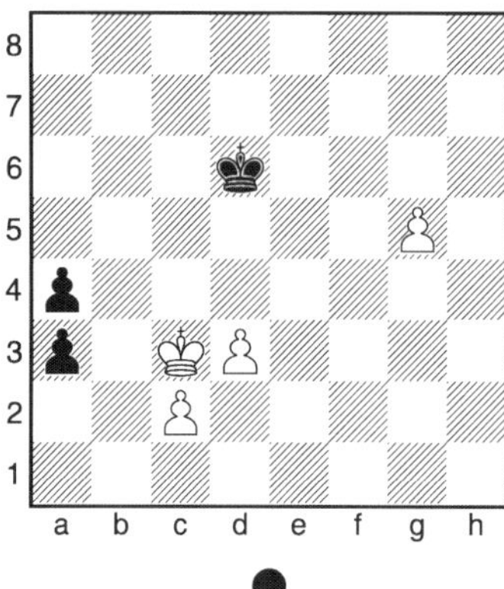

1...a5–a4 2.♔f4–e4 b5–b4 3.♔e4xd4 b4xa3

Normalerweise ist ein Doppelbauer am Rand schwach, fast wertlos. Dieser aber kann sich ausgezeichnet selbst verteidigen. Der weiße König kann sich nicht direkt nähern und der Versuch, dies auf dem Umweg über d3 zu tun, bringt ihn aus dem Quadrat des Bauern hinaus. Mittlerweile kann sein Gegenspieler in aller Ruhe auf Bauernjagd gehen!

4.♔d4–c3 *(D rechts)*

Selbst wenn der c2–Bauer, der seinem König im Weg steht, nicht wäre, bräuchte Weiß 5 Züge, um den Doppelbauern zu eliminieren. So aber ist er einfach nur hilflos:

4...♔d6–e5 5.d3–d4+ ♔e5–f5
6.d4–d5 ♔f5xg5
7.d5–d6 ♔g5–f6
8.d6–d7 ♔f6–e7
9.d7–d8♕+ ♔e7xd8

Und Zugzwang. Jeder Zug bringt den König aus dem Quadrat des Bauern heraus und es folgt die Umwandlung a3–a2 – a1D.

Die nächsten Beispiele schauen völlig harmlos aus, beinhalten aber trickreiche Durchbrüche:

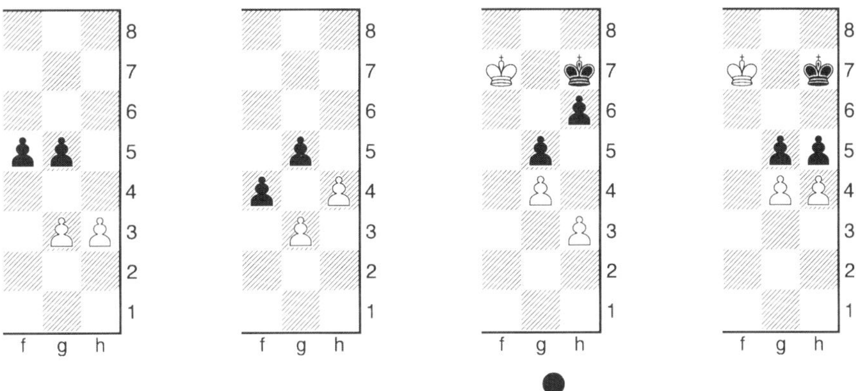

(D links) Wenn Weiß routinemäßig **1.h3–h4** zieht, wartet eine böse Überraschung auf ihn:

1...f5–f4 *(2. Diagramm von links)*

Und was Weiß auch ziehen mag, Schwarz ist stets schneller und kommt als Erster zur Umwandlung.

(3. Diagramm) Schwarz muss die Bauern auflösen, um Remis zu retten. Das scheint weiter kein Problem zu sein, den Weiß kann ja mit Bauern auf der h-Linie nicht gewinnen, aber:

1...h6–h5 2.h3–h4! *(Diagramm rechts)*

Schwarz erwartete wohl 2.g4xh5 ♔h7–h6 und Remis. Aber der Durchbruch gewinnt schnell für Weiß:

2...g5xh4 3.g4–g5 h4–h3 4.g5–g6+ ♔h7–h6
5.g6–g7 h3–h2 6.g7–g8♕ h2–h1♕ 7.♕g8–g6#

Nicht viel besser ist ***2...h5xg4*** 3.h4xg5 g4–g3 4.g5–g6+ ♔h7–h6 5.g6–g7 g3–g2 6.g7–g8♕.

Mit mehr Bauern auf dem Brett ist der Bauerndurchbruch manchmal gut getarnt und leicht zu übersehen. Er ist ein trickreiches taktisches Element im Endspiel oder späten Mittelspiel. Sei vorsichtig und überlege genau, wenn du in dieser Phase Bauern ziehst; halte die Möglichkeit eines Durchbruchs stets im Auge, sowohl als Angreifer wie auch als Verteidiger.

Nun zeige ich dir den "Super-Durchbruch" mit acht gegen acht Bauern und du kannst versuchen, es besser zu machen als die jungen Talente.

Natürlich ist der große Durchbruch komplizierter, zumal nun auch der schwarze König eingreifen kann. Aber mit logischem Überlegen und einigen Versuchen kannst du vielleicht doch die Lösung finden:

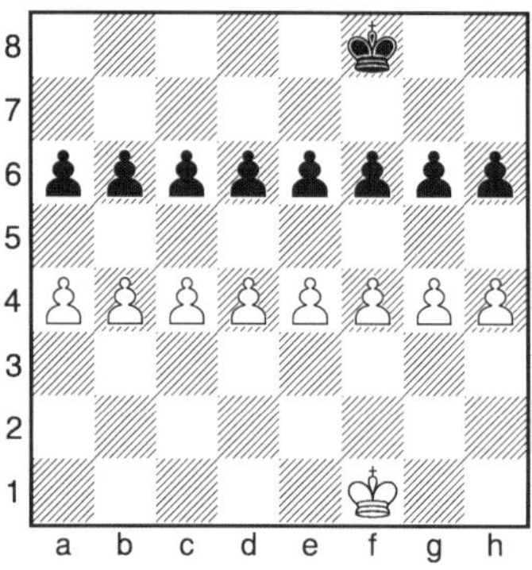

Cathignol – Studie 1981

1.d4–d5!

Der einzige Gewinnzug! Wenn wir gleich einen Durchbruch am Damenflügel versuchen, wird das nicht funktionieren:

1.b4–b5 c6xb5 2.a4–a5 b6xa5 3.c4–c5 d6xc5 4.d4xc5 a5–a4 5.c5–c6 ♔f8–e7 *(D unten)*

Und es ist leicht zu sehen, dass Schwarz gewinnt. Der schwarze König steht im Quadrat des durchgebrochenen Bauern. Wir müssen also einen Freibauer schaffen, der weiter vom König entfernt ist.

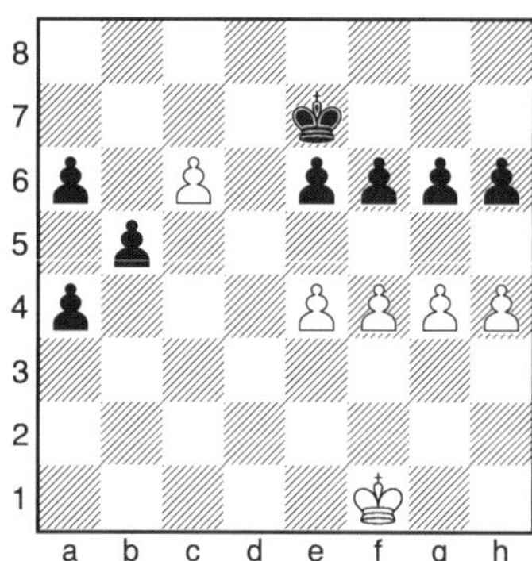

1...e6xd5 2.e4xd5 c6xd5 3.a4–a5! *(D links nächste Seite)*

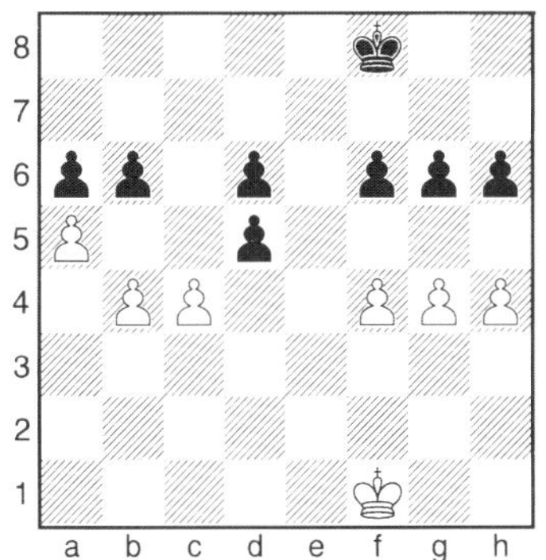

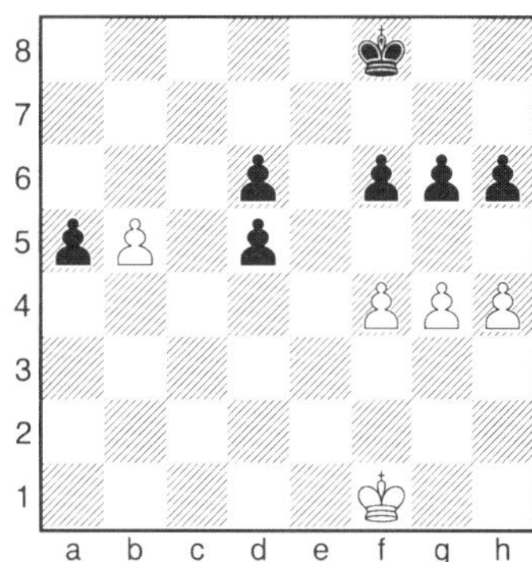

3...b6xa5 4.b4–b5 a6xb5 5.c4xb5 *(D rechts)* **♔f8–e7 6.b5–b6 ♔e7–d7 7.b6–b7 ♔d7–c7 8.g4–g5!** *(D links unten)*

Nun, da der König damit beschäftigt ist, den Bauern am Damenflügel zu stoppen, können wir den klassischen Durchbruch drei gegen drei am Königssflügel nutzen.

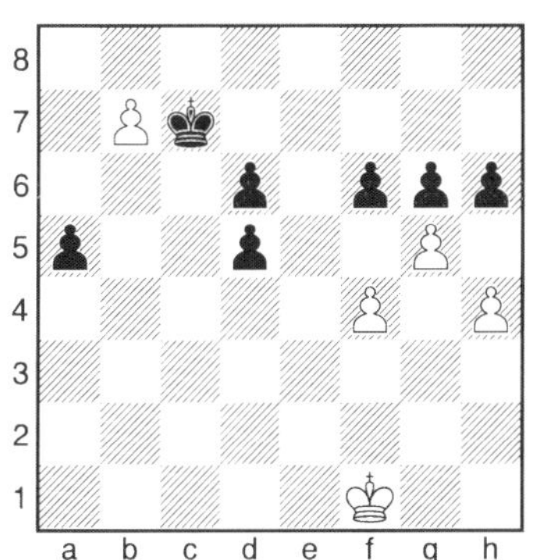

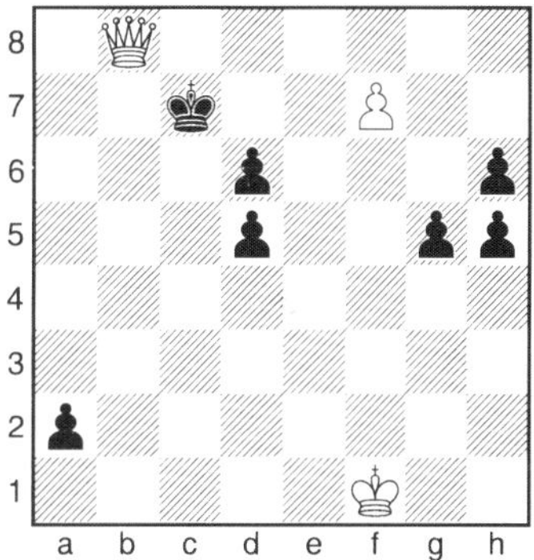

8...f6xg5 9.h4–h5 g6xh5 10.f4–f5 a5–a4 11.f5–f6 a4–a3 12.f6–f7 a3–a2 13.b7–b8♕+! *(D rechts)*

Dieses Schach ist wichtig für den Gewinn, denn es lenkt den König ins nächste Schach. Danach kann Weiß sich um den gegnerischen Freibauern kümmern und gewinnt leicht. Andernfalls könnte die eingewandelte schwarz Dame vielleicht Dauerschach geben.

13...♔c7xb8 14.f7–f8♕+ und gewinnt leicht.

13.

50 Matts
in 5+ Zügen
Für dein Berechnungstraining

50 Kombinationen mit Matt in fünf oder mehr Zügen warten darauf, von dir gelöst zu werden. Wir starten relativ einfach, aber es wird bald schwerer.

Versuche nicht nur den Gewinn zu finden, sondern auch alle Varianten, die es gibt. Wie in einer praktischen Partie musst du versuchen, alle möglichen Züge deines Gegners vorauszuberechnen und einzubeziehen. Bei Aufgaben mit längeren Varianten ist es ratsam, die Stellung auf dem Brett aufzubauen.

Du wirst wahrscheinlich einige Kombinationen lösen, die von Meistern oder sogar Großmeistern gespielt wurden und darfst dann zu Recht stolz sein. Wenn du Aufgaben nicht lösen kannst, sei nicht traurig, das ist völlig normal.

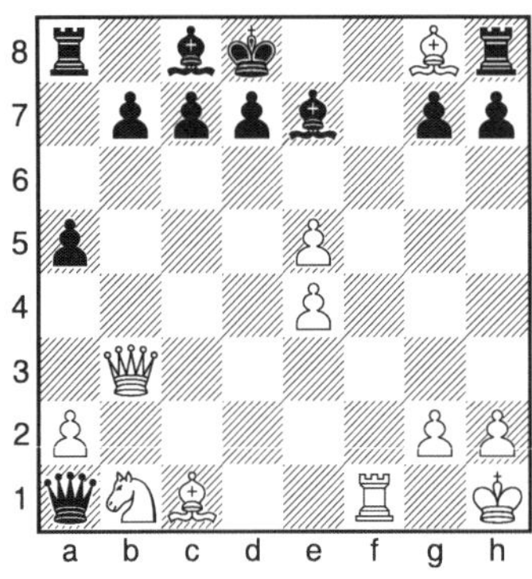

1

Napoleon Bonaparte – General Bertrand

St. Helena 1820

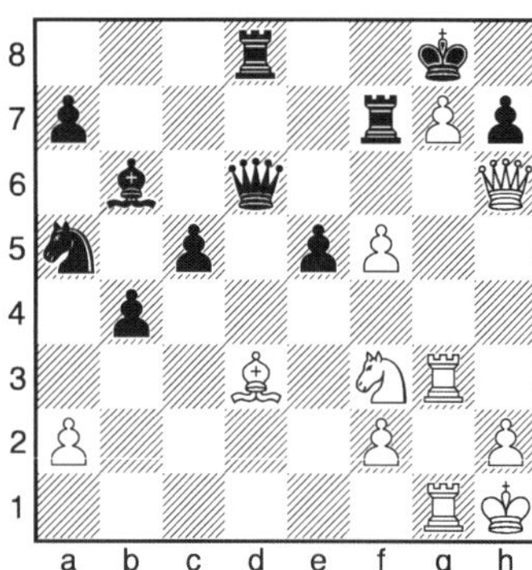

2

Anderssen – Zukertort

Bremen 1869

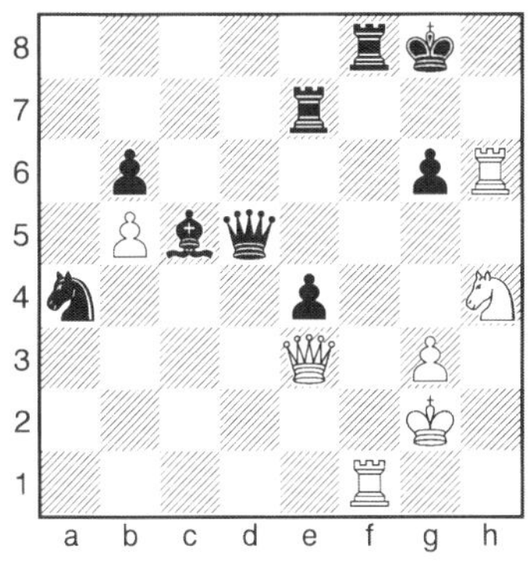

3

Aus dem Buch von Philipp Stamma

Paris 1737

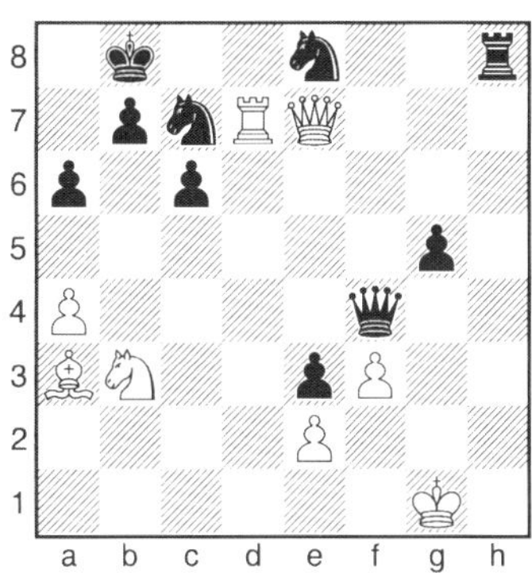

4

Aus dem Buch von Philipp Stamma

Paris 1737

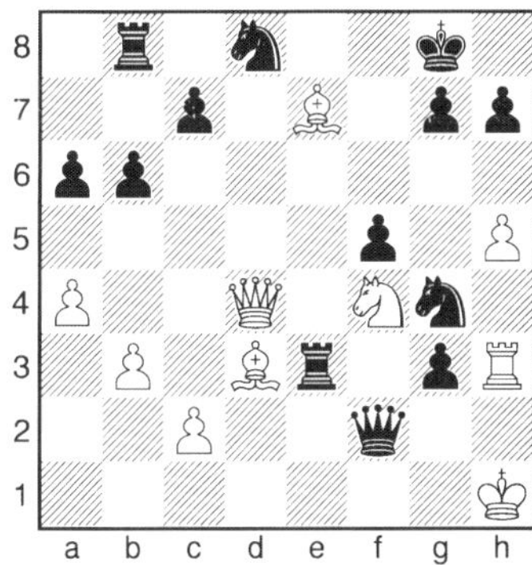

5

Aus dem Buch von Philipp Stamma

Paris 1737

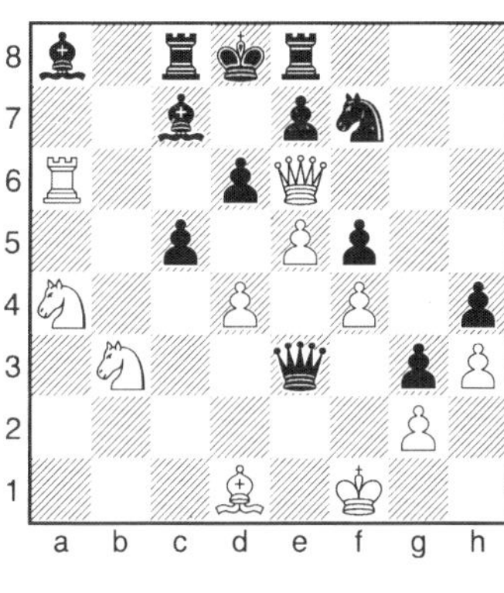

6

Aus dem Buch von Philipp Stamma

Paris 1737

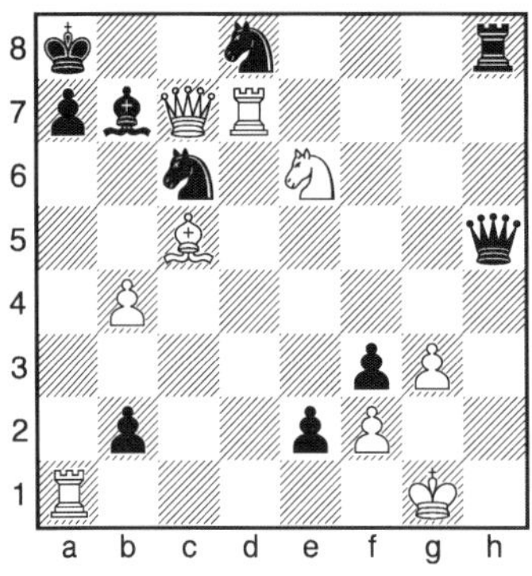

7

Aus dem Buch von Philipp Stamma

Paris 1737

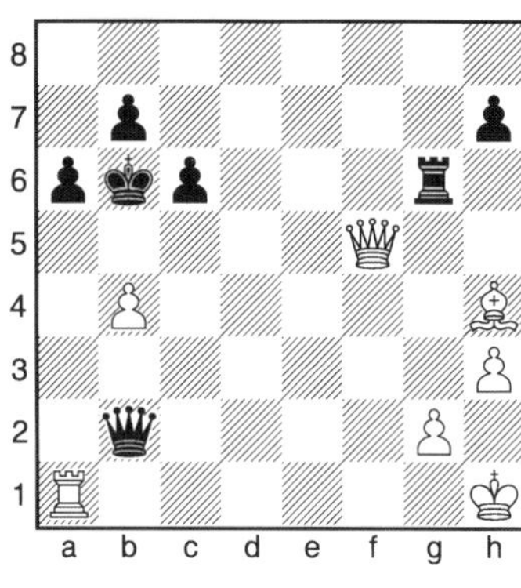

8

Aus dem Buch von Ponziani

1769

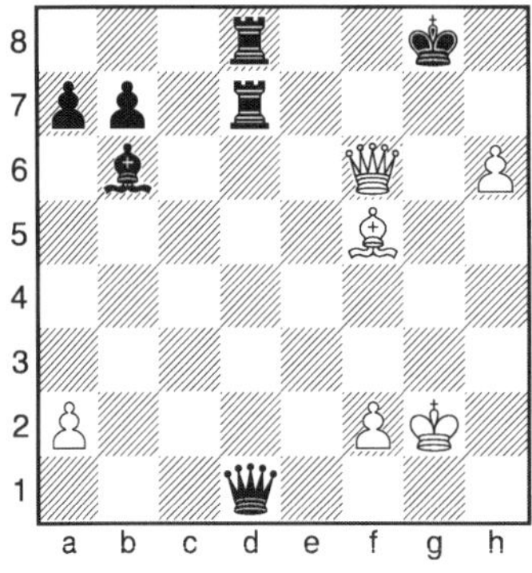

9

Paul Morphy – Alonzo Morphy

New Orleans 1849

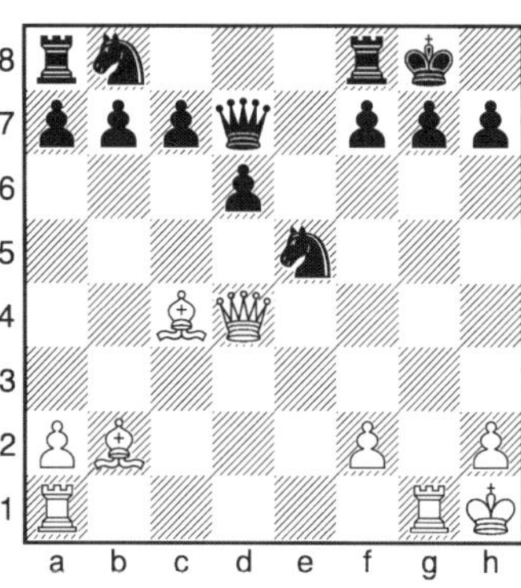

10

Hartlaub – Testa

Bremen 1913

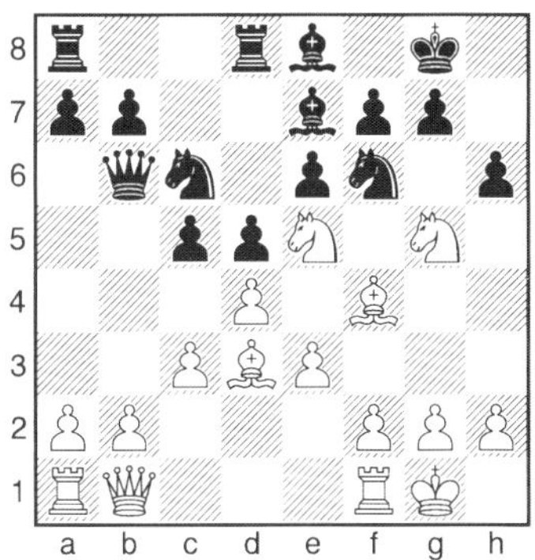

11

Lovas – Asztalos

1915

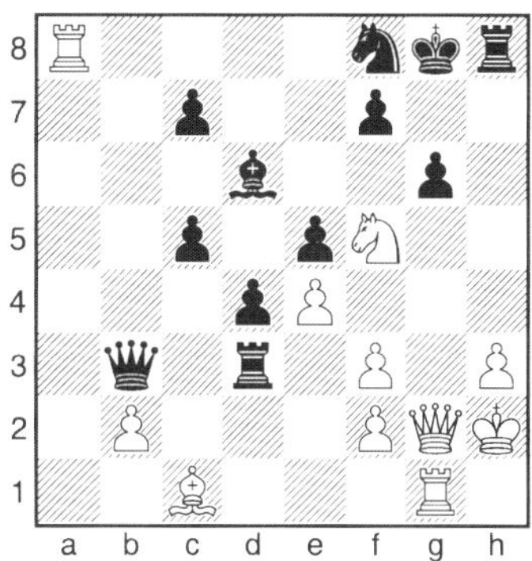

12

Tarrasch – Kürschner

Nürnberg 1888

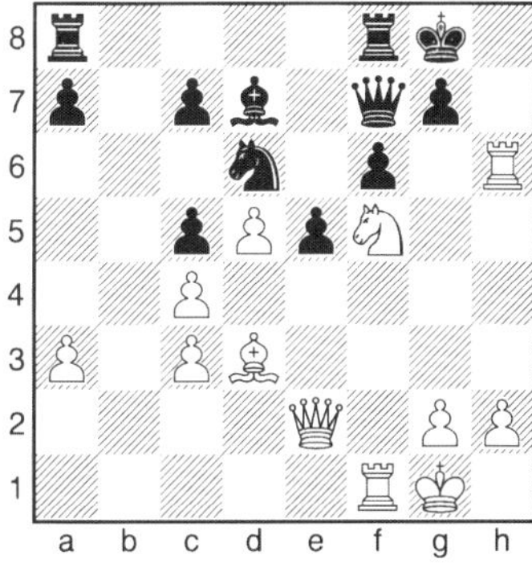

13

Sämisch – Engel

Brünn (CZE) 1928

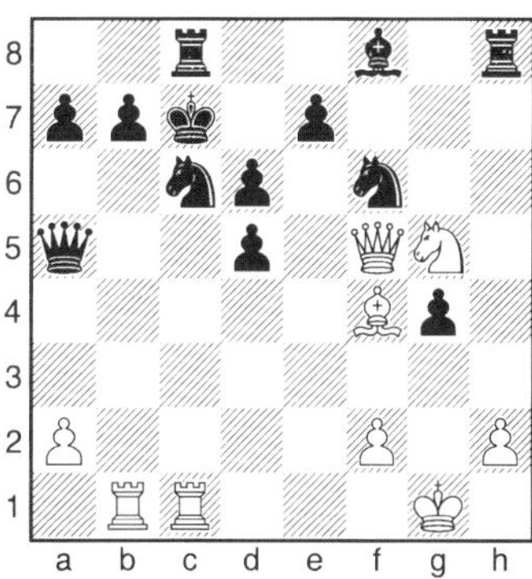

14

Perényi – Sindik

Kecskemet (HUN) 1979

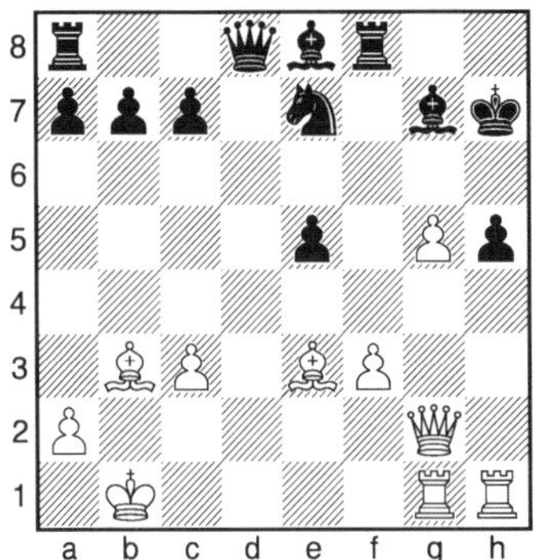

15

Rogers,I (2485) – Arapovic,V (2405)

Biel (CH) 1985

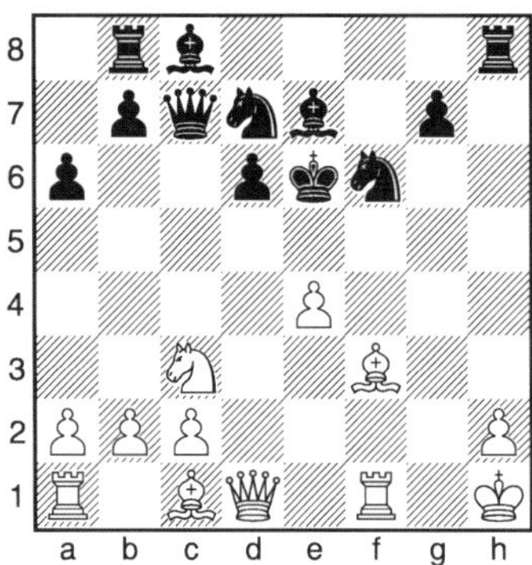

16

Shulman – Feldmus

UdSSR 1986

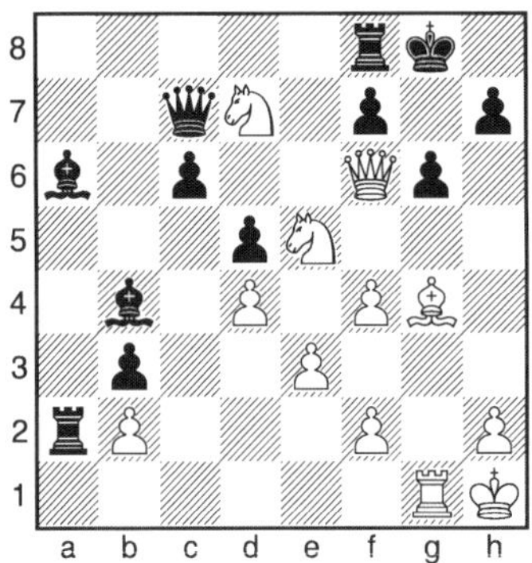

17

Dreev,A (2485) – Rozentalis,E (2520)

Vilnius (UdSSR) 1988

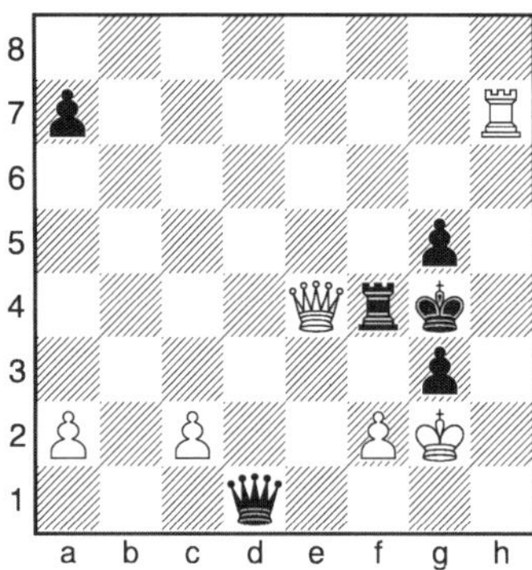

18

Ivanov – Grigorov

UdSSR 1987

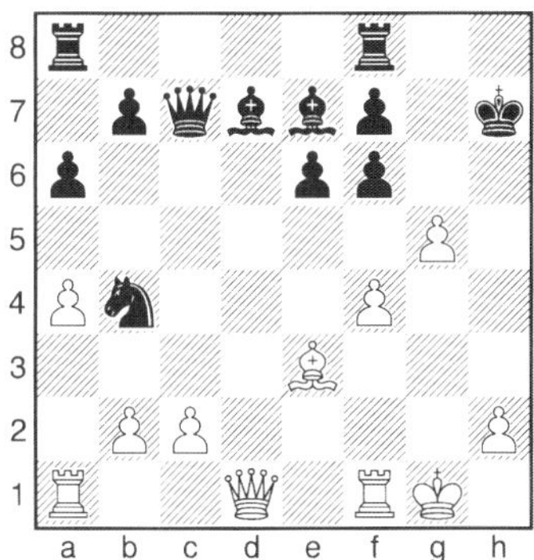

19

**Lane,P –
Shamkovich,L (2410)**

US National Open
Las Vegas 1993

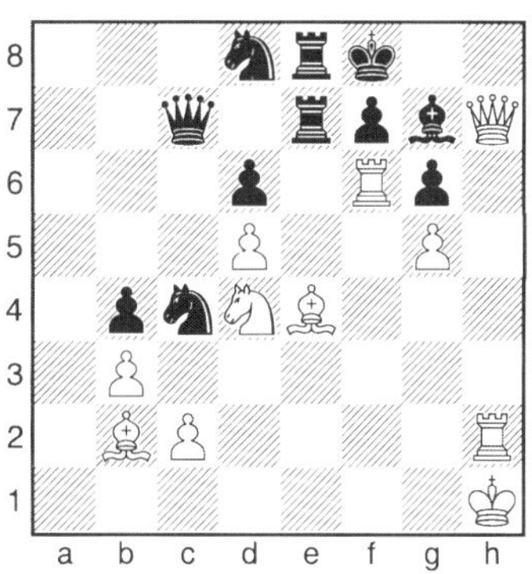

20

**Fontaine,R (2395) –
Clemens,A**

Groningen (NED) 1997

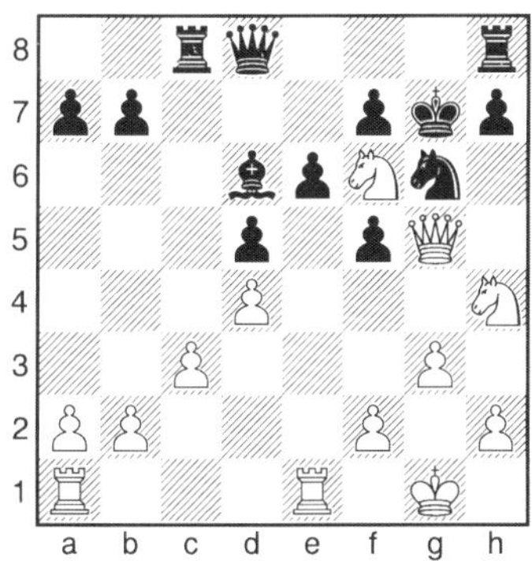

21

**Ghadiribidhendi,H –
Müller,Ma (2153)**

1st world cup blind
Benasque (ESP) 2000

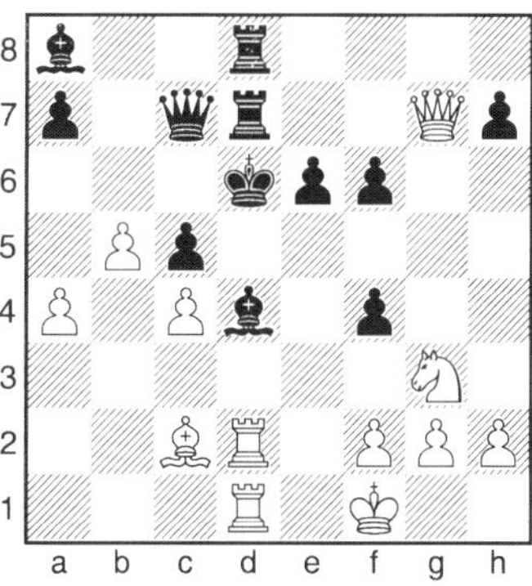

22

**Berg,Em. (2380) –
Kanatov,A (2285)**

WM u18 boys
Marina d'Oropesa (ESP) 1998

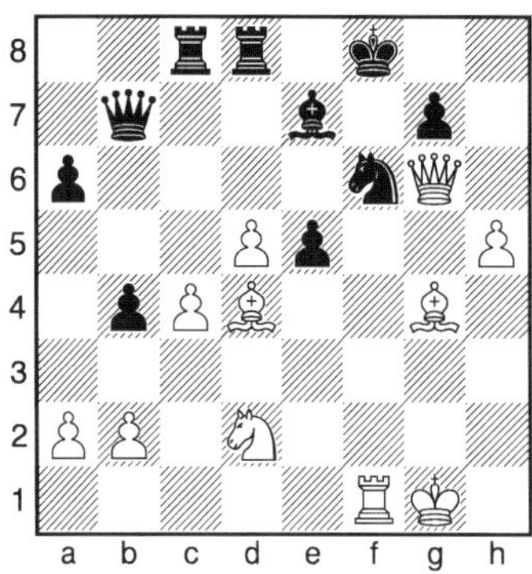

23

Solovjov,P (2139) – Boldysh,M (1815)

Geller Memorial 2010

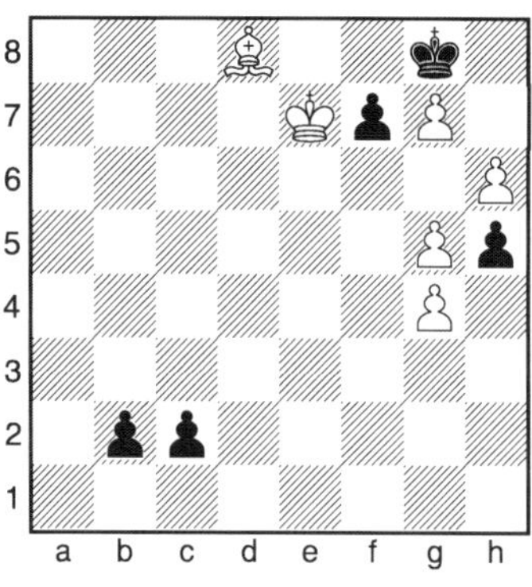

24

Kudelich –

Studie 2000

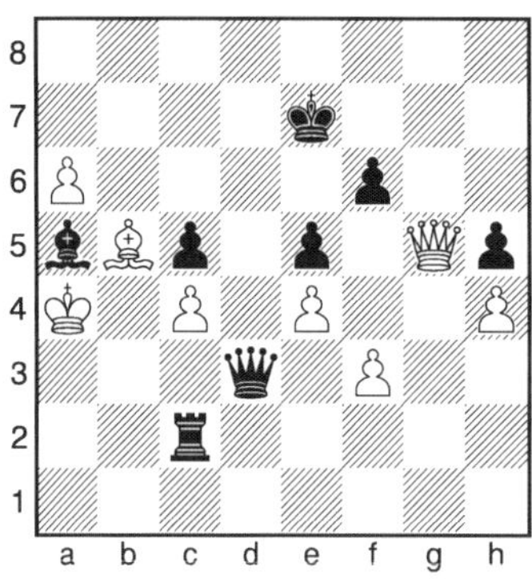

25

Laughlin,S (2091) – Wang,D (2206) Variante

Canadian Open
Kitchener (CAN) 2007

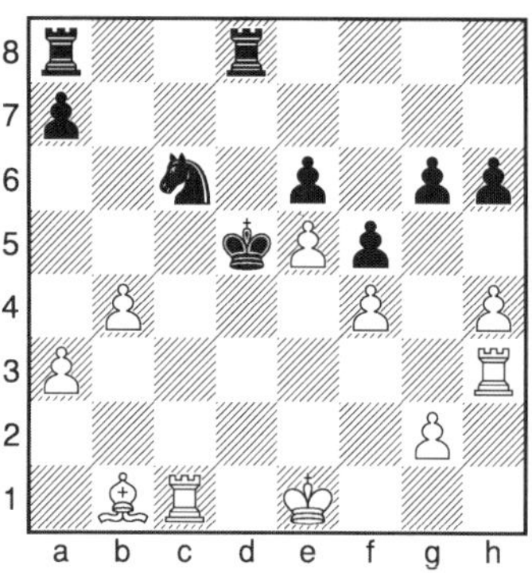

26

Kuchyna,S (1877) – Kostova,Erika (1198)

17th IPCA WM
Ruzomberok (SVK) 2017

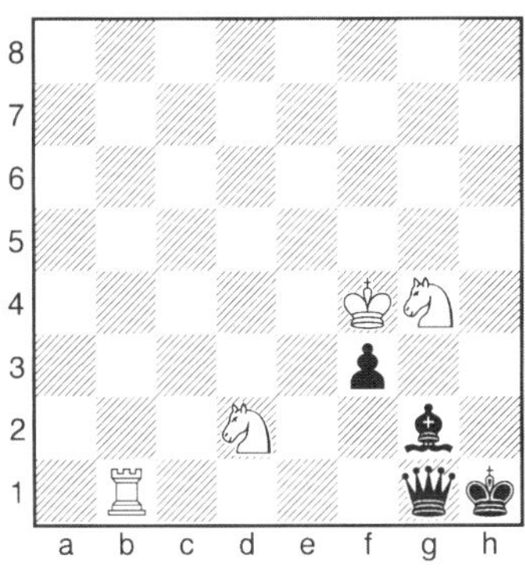

27

Kovalenko –

Ende einer Studie
2005

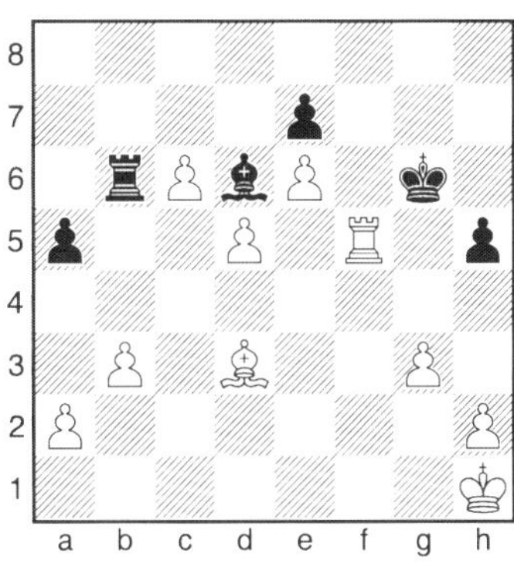

28

Rwamavubi,J – Kaituu,P

Olympiade
Tromsö (NOR) 2014

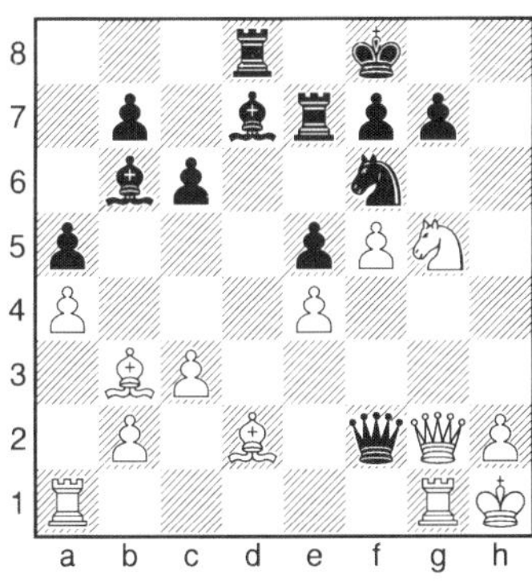

29

Ali Marandi,C (2242) – Makhnyov,D (2358)

Junioren WM 2015
Khanty-Mansiysk (RUS)

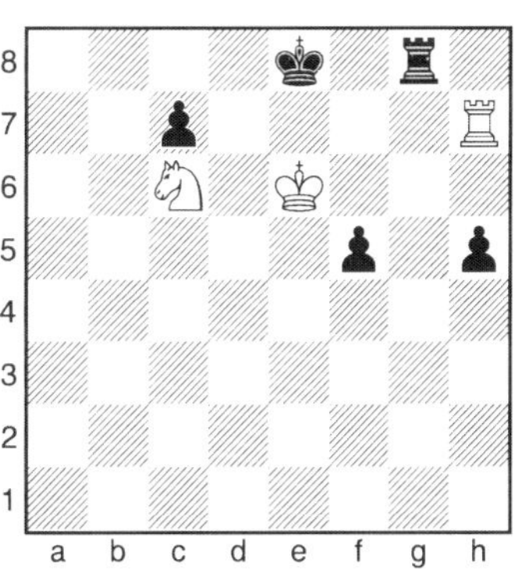

30

Zimmer –

Studie 2008

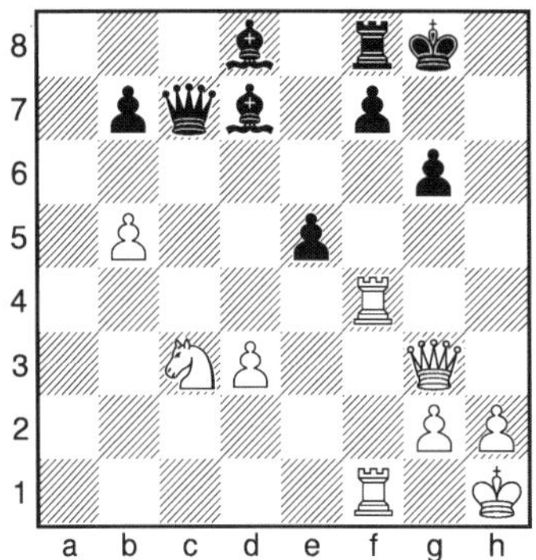

31

Czarnota (2497) – Galkin (2616)

Europa Meisterschaft
Kusadasi (TUR) 2006

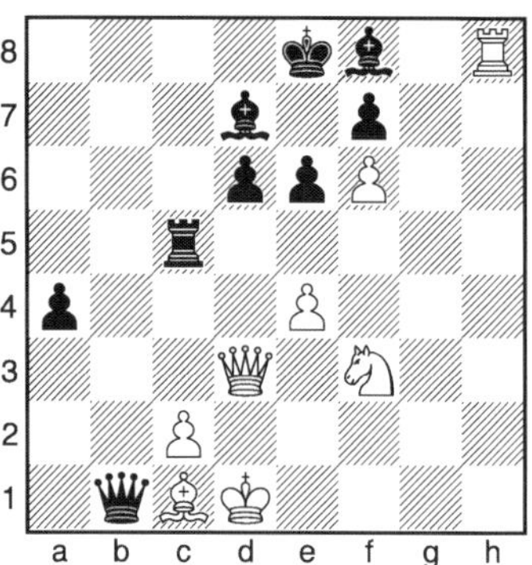

32

Bacrot,E (2652) – Ivanchuk,V (2789)

WM Blitz
Berlin 2015

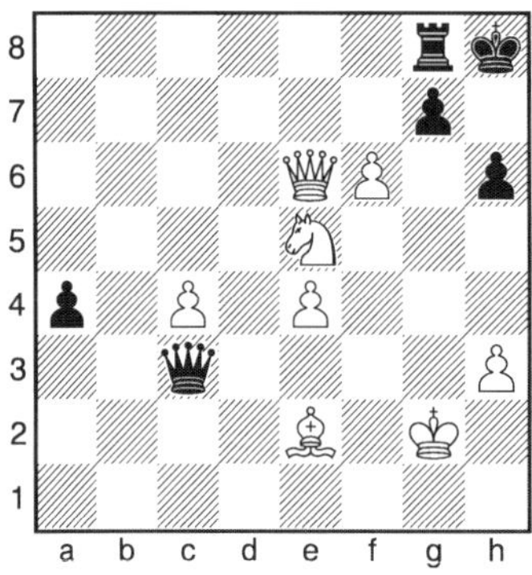

33

Shyam,S (2523) – Wagner,De (2583)

Aeroflot op A
Moskau 2016

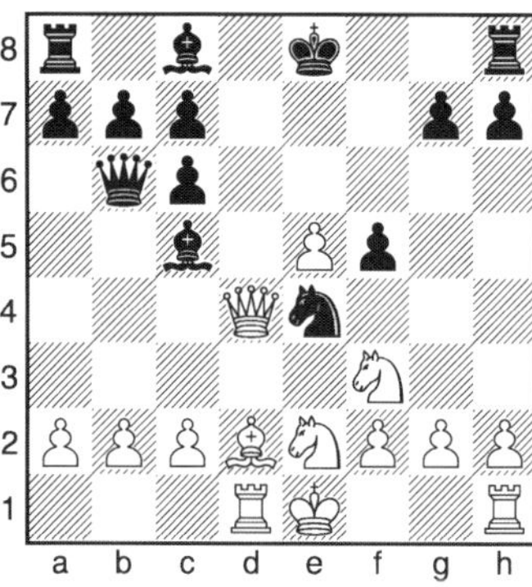

34

Vukovic – Dr.Deutsch

Zagreb 1920

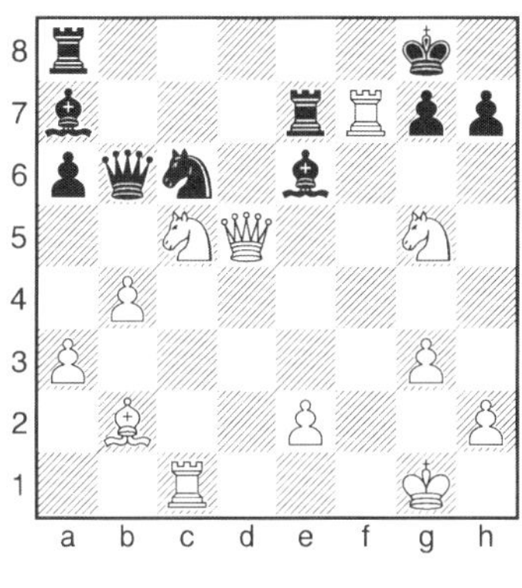

35

Houska (2391) –
Korning (2006)

London Open 2015

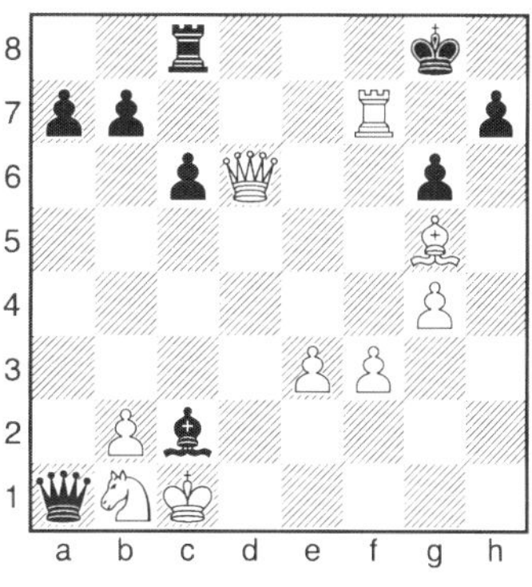

36

Cramling,D (2358) –
Ootes,La (2372)

Europa Ch
Porto Carras (GRE) 2018

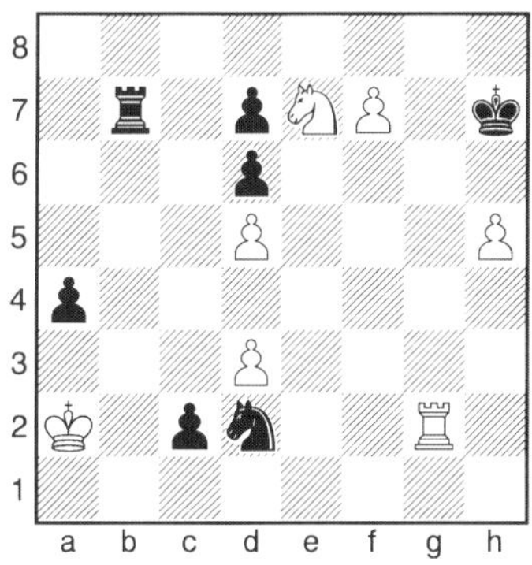

37 ❍ / ●

Razumenko –

Studie 2005

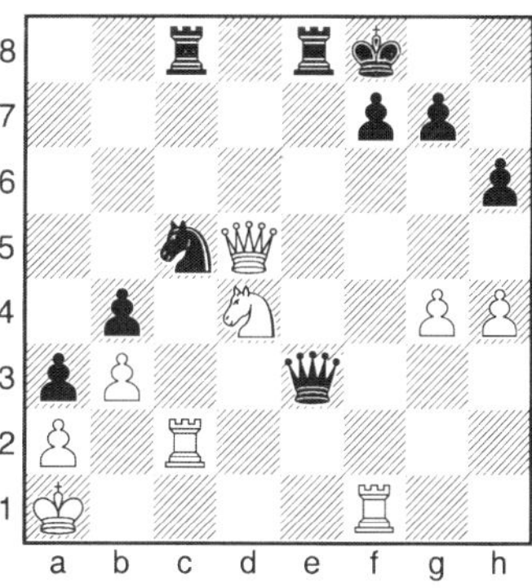

38 ●

Suvrajit,S (2208) –
Koustav,C (2404)

12th KIIT Cat A Open
Bhubaneswar (IND) 2019

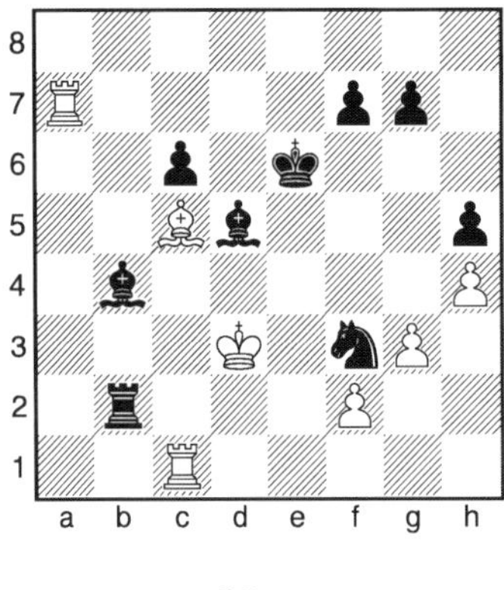

39 ●

Rogozenko,D (2495) – Morozevich,A (2590)

Kishniev (MOL) 1998

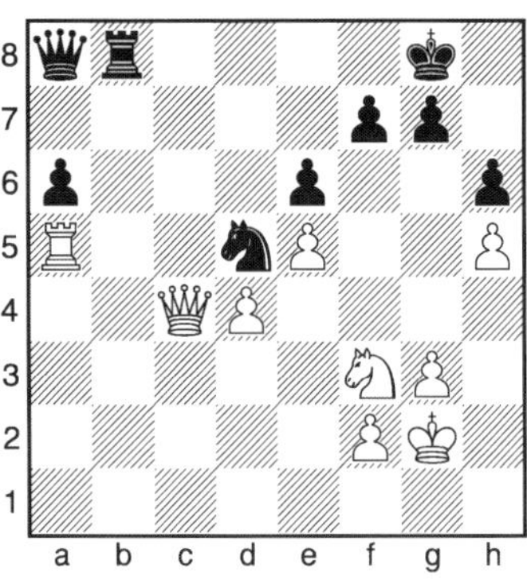

40 ●

Gulko,B (2644) – Adams,M (2715)

Internet 2000

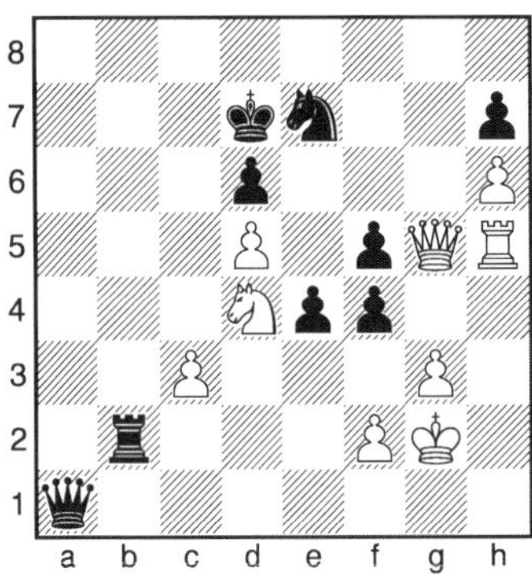

41 ●

Akkam,N (2074) – Pascua,H (2447)

Abu Dhabi 2015

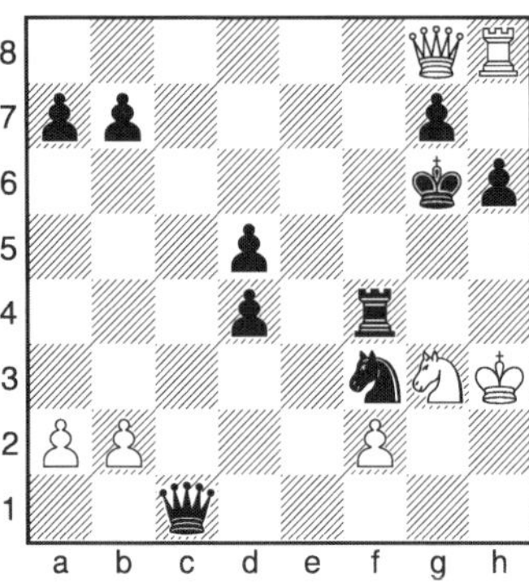

42 ●

Roberts,D (2117) – Pedersen,C (2162)

4NCL (Britische Team Ch) 2009

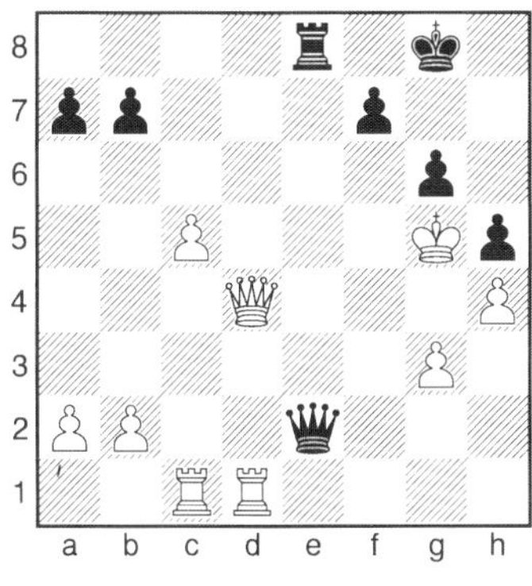

43 ●

Bluebaum,M (2600) – Bailet (2518)

Mitropacup
Zillertal 2015

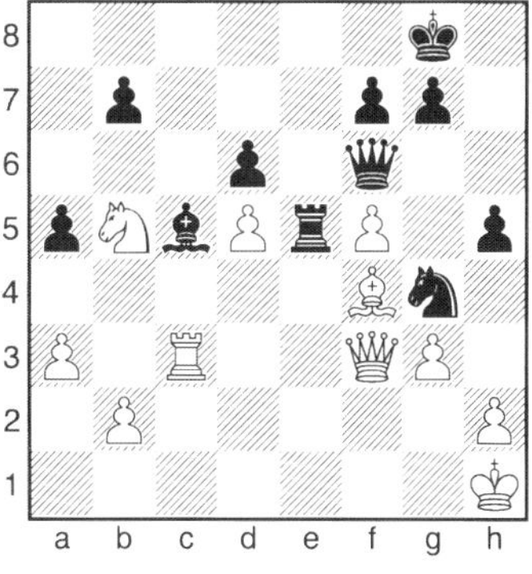

44 ●

Alekseev,E (2620) – Morozevich,A (2656)

TCh-RUS Rapid
Sochi 2018

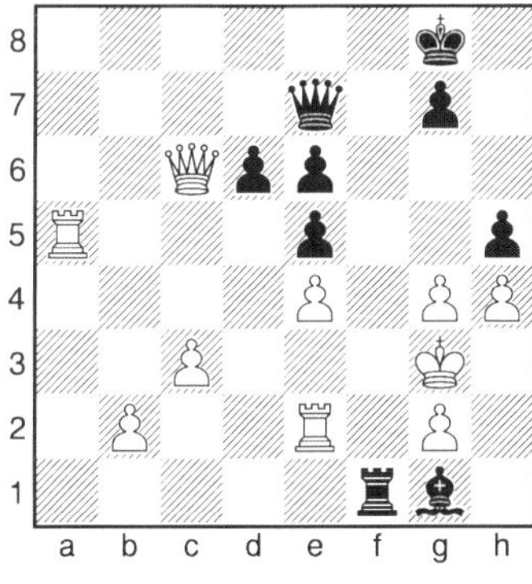

45 ●

Tejedor Fuentes,E (2428) – Frolyanov,D (2517)

30th Roquetas de Mar Open (ESP)
2019

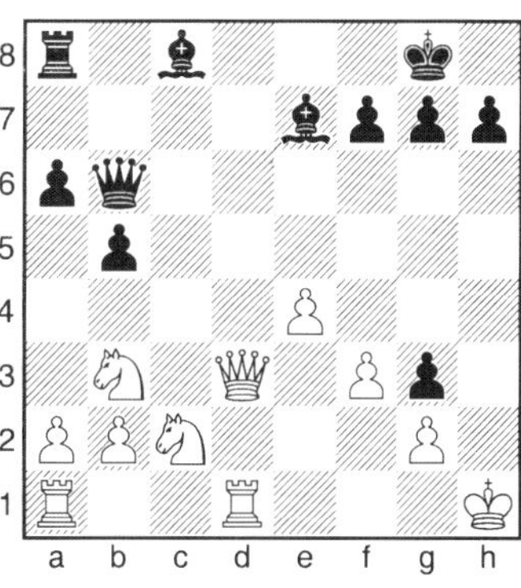

46 ●

Amarapata,S (1709) – Tandrup,M (1917)

Politiken Cup (DEN) 2011

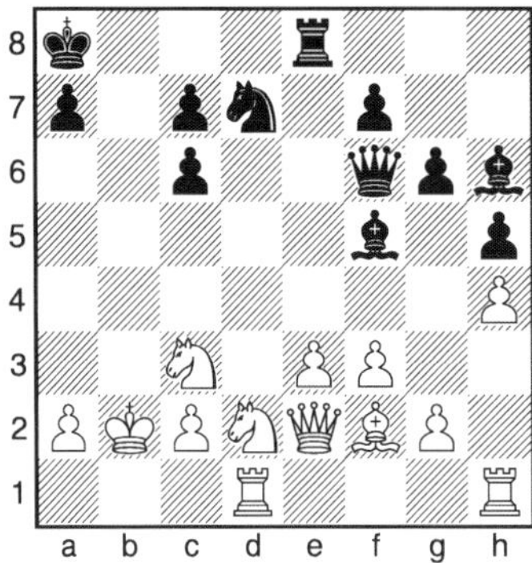

47 ●

Diaz –
Gongara

Kuba 1996

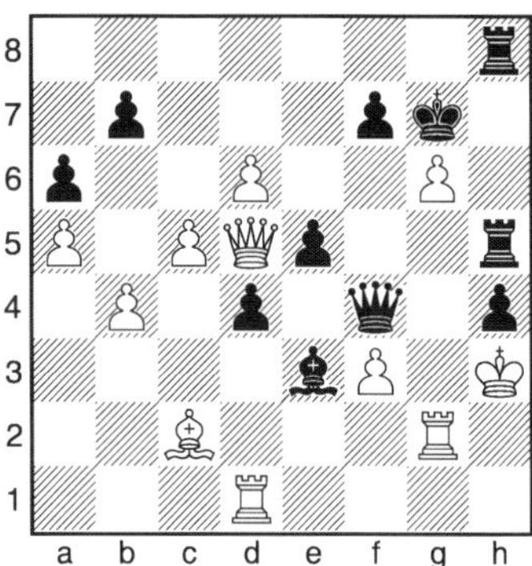

48 ●

Kowtschan,A (2507) –
Moissejenko,A (2559)

Rector Cup
Charkov (UKR) 2002

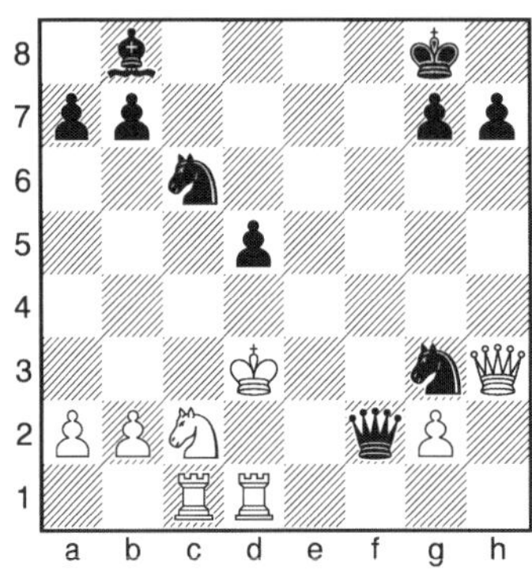

49 ●

Budnikov,O (2331) –
Vuckovic,B (2433) (Variante)

WM u20 Boys
Yerevan (ARM) 1999

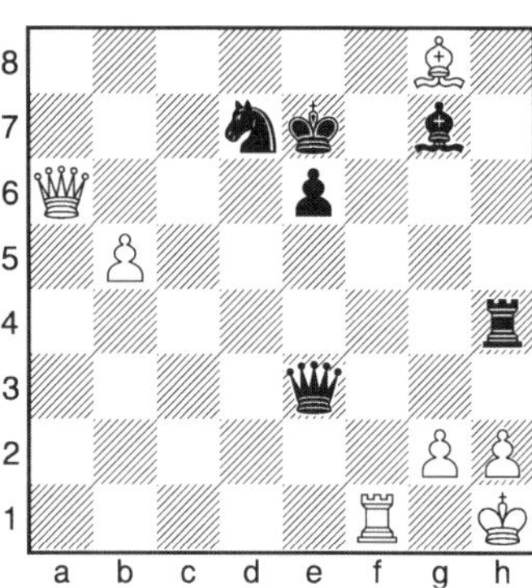

50 ●

Negi,P (2641) –
Shomoev,A (2570)

Aeroflot Open A
Moskau 2012

Lösungen

50 Matts in 5+ Zügen

Versuche, den Lösungen zuerst vom Diagramm aus zu folgen. Wenn du damit Probleme hast, bau die Stellung auf deinem Brett auf. Schau dir alle Varianten an, nicht nur die Hauptlösung. Wir können nicht alle Varianten zeigen, aber du wirst die fehlenden sicher selber finden.

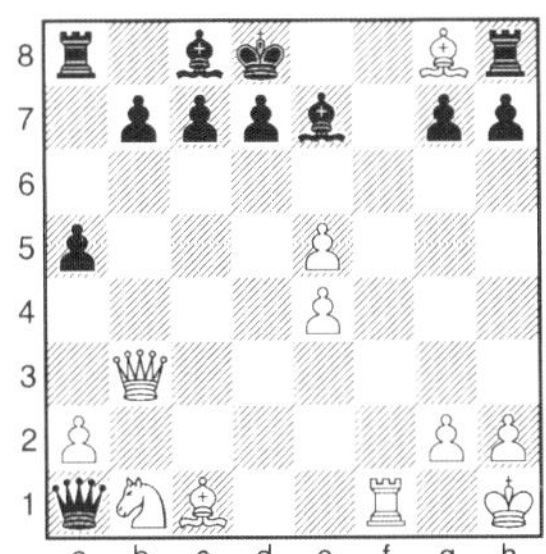

1. Napoleon – General Bertrand

Das Exil auf der öden Atlantik Insel verbesserte Napoleons Schachgeschick:

1.♖f1-f8+ ♗e7xf8 2.♗c1-g5+ ♗f8–e7 3.♗g5xe7+ ♔d8xe7 4.♕b3–f7+ ♔e7–d8 5.♕f7–f8#

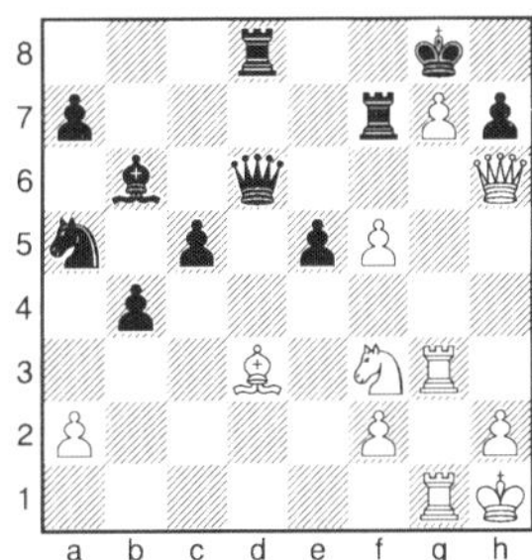

2. Anderssen – Zukertort

1.♕h6xh7+ ♔g8xh7 2.f5–f6+ ♔h7–g8

Falls 2...♕d6xd3 3.♖g3-h3+ ♔h7–g8 4.♖h3–h8#

3.♗d3–h7+ ♔g8xh7 4.♖g3–h3+ ♔h7–g8 5.♖h3–h8#

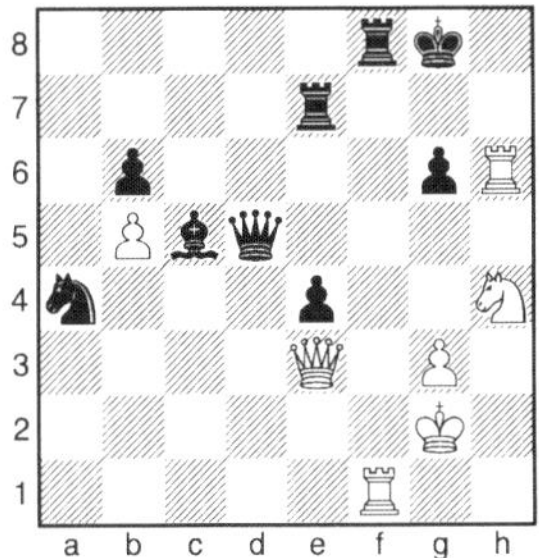

3. Stamma 1737

1.♖h6–h8+ ♔g8xh8 2.♕e3–h6+ ♖e7–h7 3.♖f1xf8+ ♗c5xf8 4.♕h6xf8+ ♕d5–g8 5.♘h4xg6#

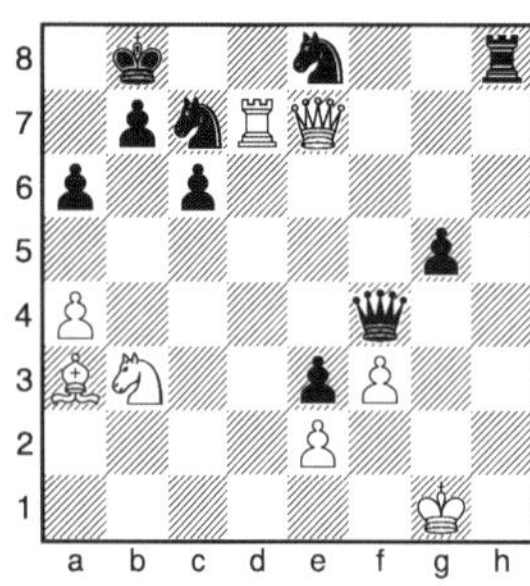

4. Stamma 1737

1.♖d7–d8+ ♔b8–a7 2.♕e7–c5+ b7–b6 3.♕c5xb6+ ♔a7xb6 4.♗a3–c5+ ♔b6–b7 5.♘b3–a5#

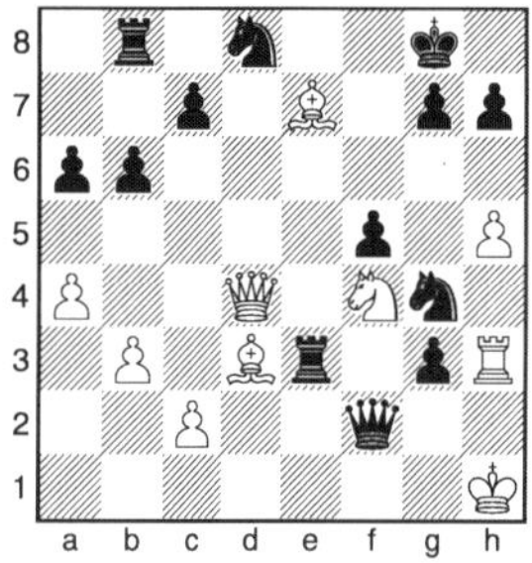

5. Stamma 1737

1.♕d4xd8+ ♖b8xd8 2.♗d3–c4+ ♔g8–h8 3.♘f4–g6+ h7xg6 4.h5xg6+ ♘g4–h6 5.♖h3xh6+ g7xh6 6.♗e7–f6#

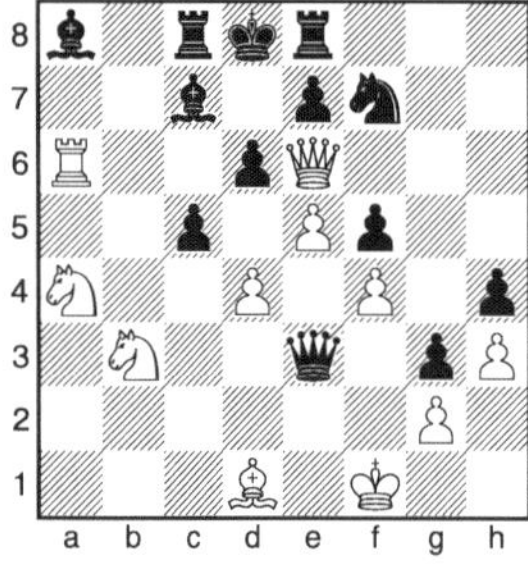

6. Stamma 1737

1.♕e6–d7+ ♔d8xd7
2.♘a4xc5+ d6xc5

Keinen Unterschied macht
2...♔d7–d8 3.♘c5–e6+ ♔d8–d7 4.♘b3–c5+

3.♘b3xc5+ ♔d7–d8
4.♘c5–e6+ ♔d8–d7 *(D2)*
5.♗d1–a4+ ♗a8–c6
6.♗a4xc6+ ♔d7xe6
7.d4–d5#

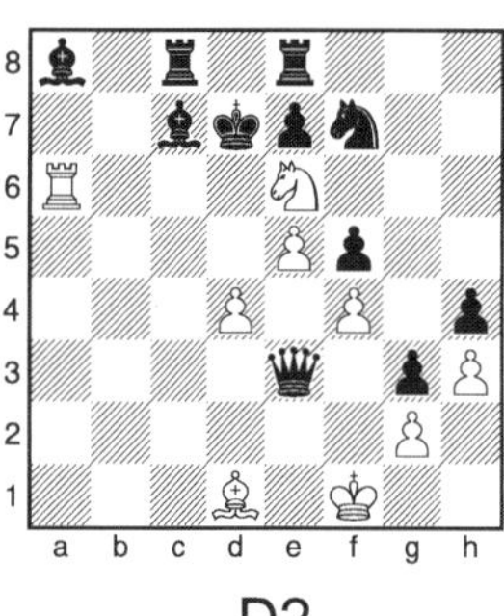

D2

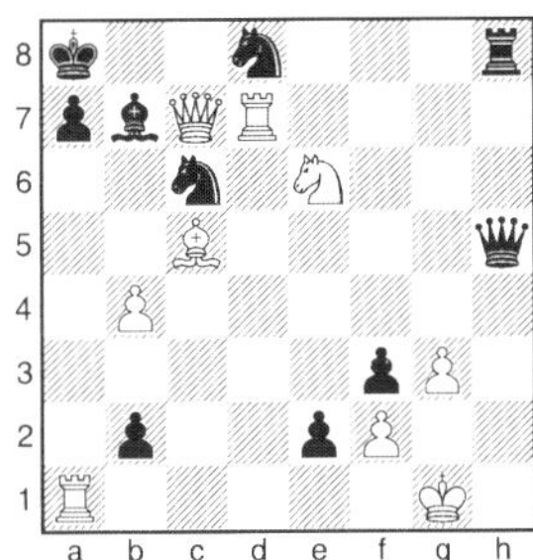

7. Stamma 1737

1.♕c7–b8+ ♔a8xb8

1...♘c6xb8?? 2.♘e6–c7# / ♖a1xa7#

2.♗c5–d6+ ♔b8–a8
3.♘e6–c7+ ♔a8–b8
4.♘c7–d5+ ♔b8–c8 *(D2)*
5.♖d7–c7+ ♔c8–b8
6.♖c7xc6+ ♔b8–a8 7.♘d5–b6#

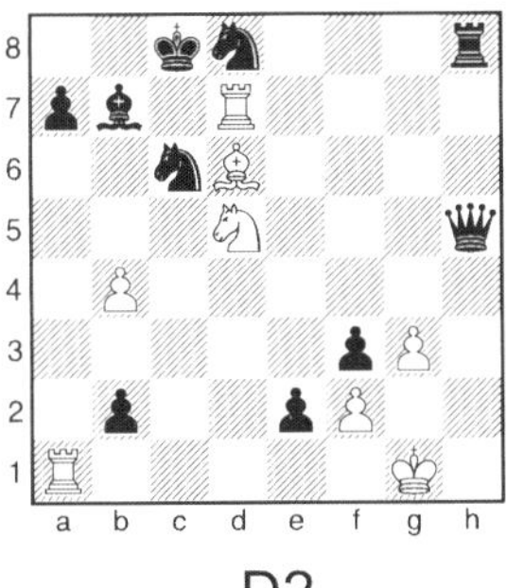

D2

Einen Zug langsamer ist

1.♖a1xa7+ ♘c6xa7 2.♕c7–b8+ ♔a8xb8 3.♗c5–d6+ ♔b8–c8 4.♖d7–c7+ ♔c8–b8 5.♖c7–c5+ ♔b8–a8 6.♘e6–c7+ ♔a8–b8 7.♘c7–d5+ ♔b8–a8 8.♘d5–b6#

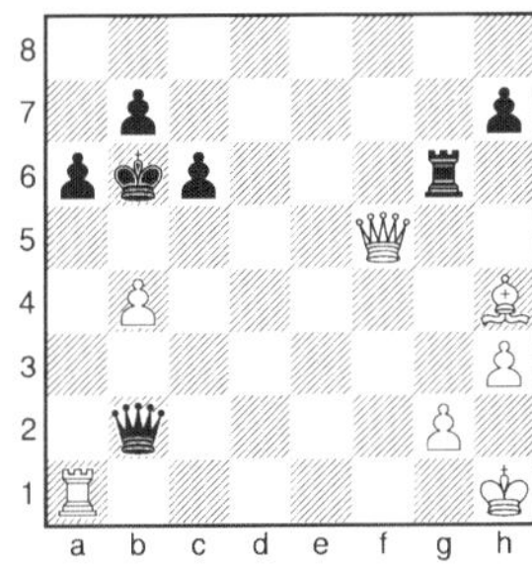

8. Ponziani 1769

1.♗h4–d8+ ♔b6–a7
2.♖a1xa6+ b7xa6
3.♕f5–d7+ ♔a7–b8 [

Einen Zug schneller verliert 3...♔a7–a8.

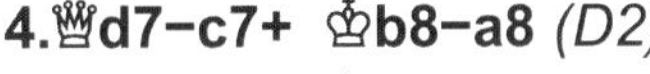

4.♕d7–c7+ ♔b8–a8 *(D2)*
5.♕c7–c8+ ♔a8–a7
6.♗d8–b6+ ♔a7xb6
7.♕c8–b8#

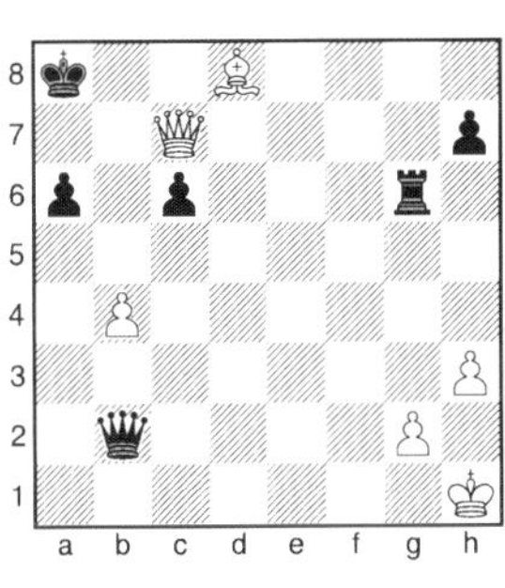

D2

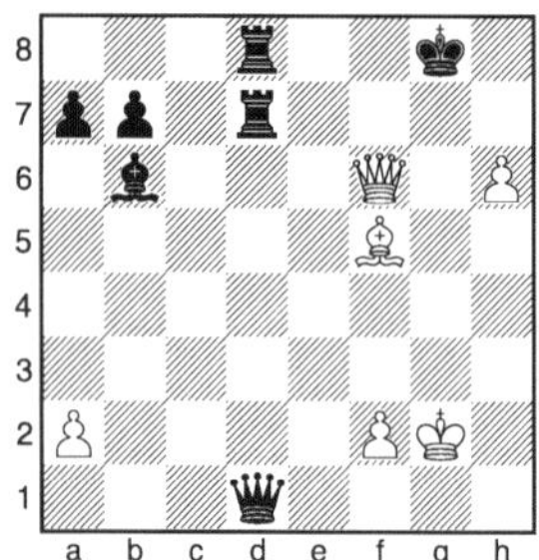

9. Paul Morphy – Alonzo Morphy

Das 12–jährige Wunderkind überrachte mit seiner perfekten Technik in dieser Partie gegen seinen Onkel, den stärksten Spieler von New Orleans. Acht Jahre später war er der erste Meister der USA, nachdem er das Turnier New York 1857 gewann.

1.h6–h7+ ♖d7xh7 2.♗f5–e6+ ♖h7–f7

3.♗e6xf7+ *(D2)*

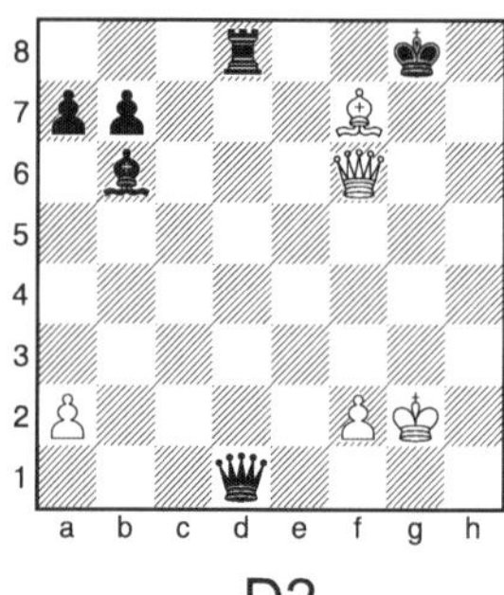

D2

3.♕f6xf7+ ♔g8–h8 4.♕f7–f6+ ist nur Dauer–schach..

3...♔g8–h7

Oder 3...♔g8–f8 4.♗f7–b3+ ♔f8–e8 5.♕f6–f7#

4.♕f6–g6+ ♔h7–h8 5.♕g6–h6#

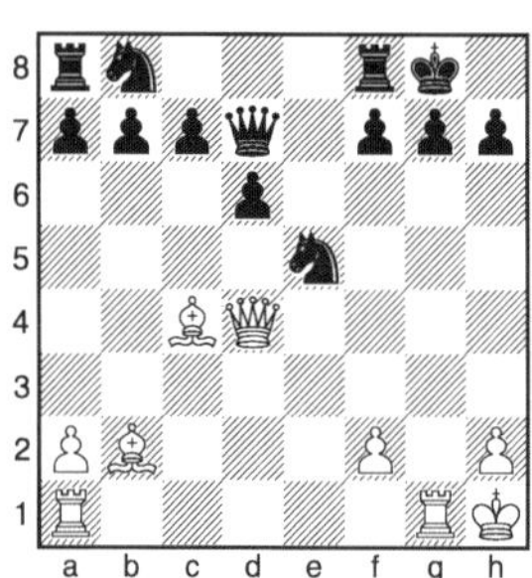

10. Hartlaub – Testa

1.♖g1xg7+ ♔g8xg7

2.♖a1-g1+ *(D2)* **♔g7–h8**

Flucht in die andere Richtung führt zum gleichen Ende:

2...♔g7–f6 3.♕d4–h4+ ♔f6–f5
4.♕h4–g5+ ♔f5–e4
5.♖g1-e1+ ♔e4–f3
6.♕g5–g3#

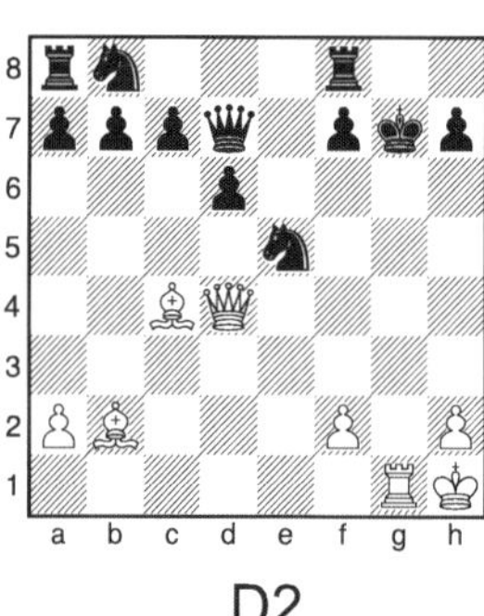

D2

3.♕d4xe5+ d6xe5
4.♗b2xe5+ f7–f6
5.♗e5xf6+ ♖f8xf6
6.♖g1-g8#

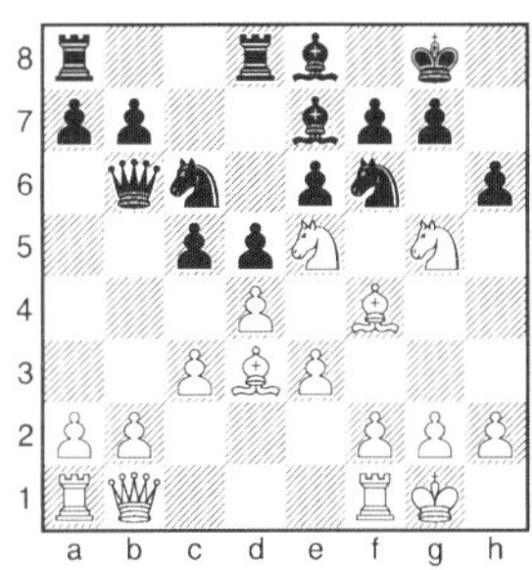

11. Lovas – Asztalos

1.♗d3–h7+ ♔g8–f8

1...♘f6xh7?? 2.♕b1xh7+ ♔g8–f8 3.♕h7–h8#

2.♘e5–g6+ f7xg6
3.♘g5xe6+ ♔f8–f7
4.♕b1xg6+ ♔f7xe6 *(D2)*
5.♗h7–g8+ ♗e8–f7

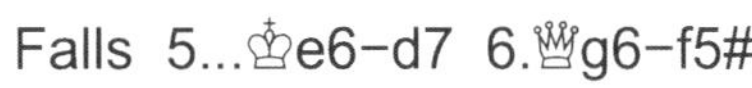

Falls 5...♔e6–d7 6.♕g6–f5#

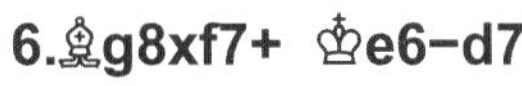

6.♗g8xf7+ ♔e6–d7
7.♕g6–f5#

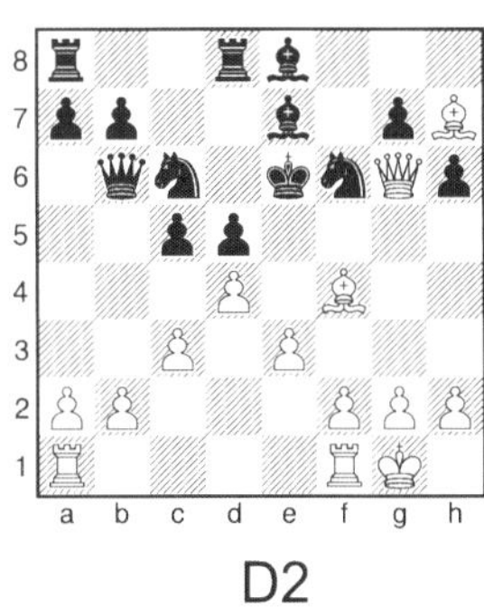

D2

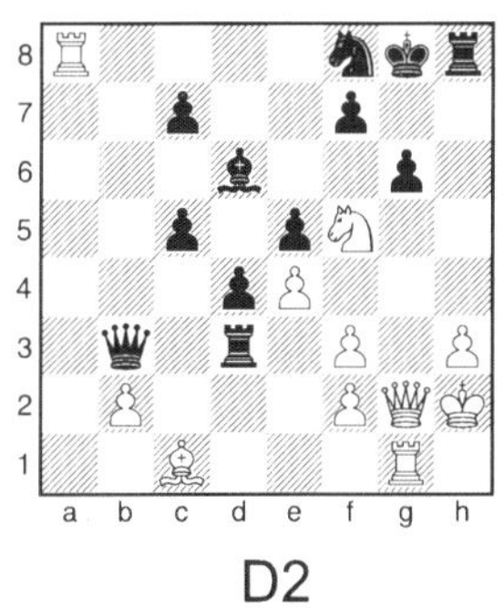

D2

12. Tarrasch – Kürschner

1.♕g2xg6+ f7xg6 2.♖g1xg6+ ♔g8–f7
3.♖g6–g7+ ♔f7–e6

Nicht anders ist 3...♔f7–f6 4.♗c1-g5+

4.♖a8–e8+ ♗d6–e7 5.♖e8xe7+ ♔e6–f6
6.♗c1-g5#

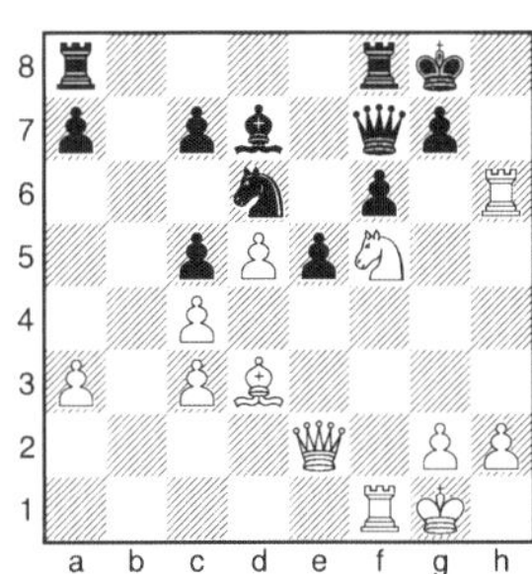

13. Sämisch – Engel

1.♘f5–e7 + ♕f7xe7 2.♖h6–h8+ ♔g8xh8

Falls 2...♔g8–f7 3.♕e2–h5+

3.♕e2–h5 + ♔h8–g8 4.♕h5–h7+ ♔g8–f7
5.♗d3–g6#

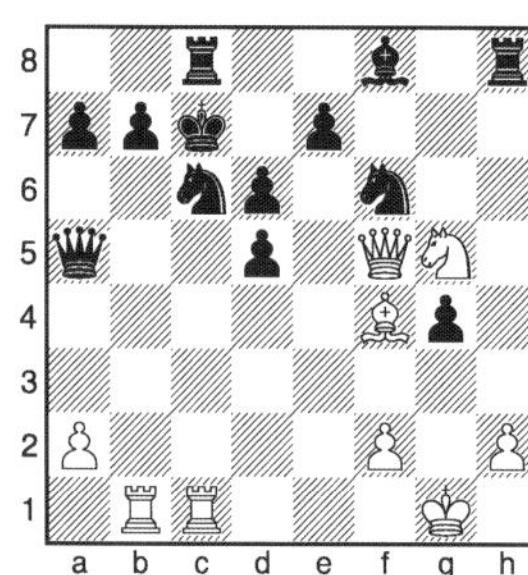

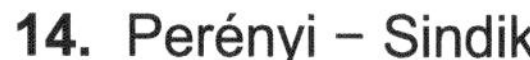

14. Perényi – Sindik

1.♖c1xc6+ b7xc6

1...♔c7xc6 2.♕f5xc8+ ♕a5–c7 3.♖b1-c1+ führt zum Matt.

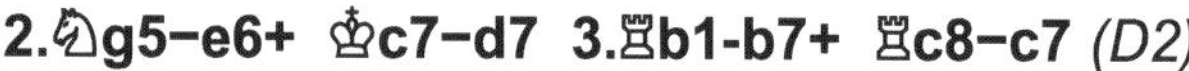

2.♘g5–e6+ ♔c7–d7 3.♖b1-b7+ ♖c8–c7 *(D2)*

3...♔d7–e8 4.♕f5–g6#

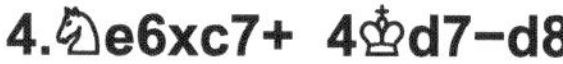

4.♘e6xc7+ 4♔d7–d8
5.♖b7–b8+ ♔d8xc7
6.♕f5–c8#

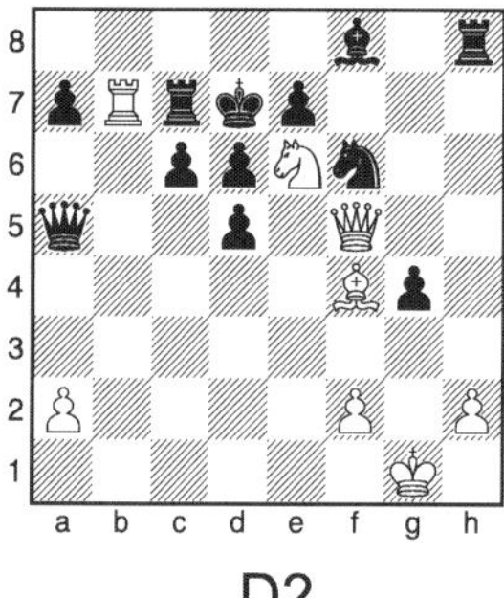

D2

Mehr oder weniger das Gleiche ist

4.♘e6–g5+; oder

4.♘e6–g7+ e7–e6 5.♕f5xe6+ ♔d7–d8 6.♖b7–b8+ ♖c7–c8 7.♖b8xc8#

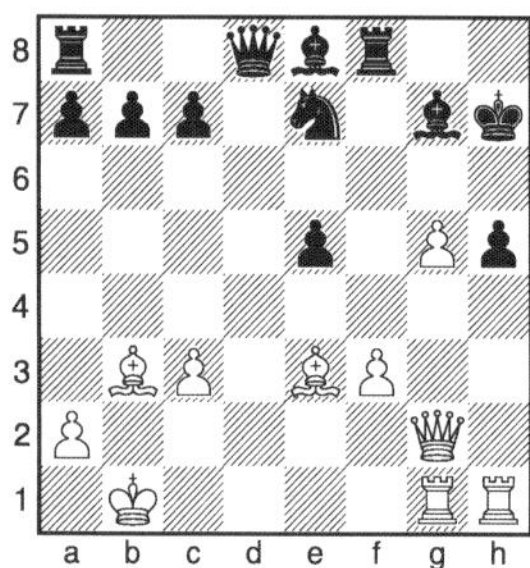

15. Rogers – Arapovic

1.g5–g6+ ♗e8xg6+

Nicht besser ist

1...♘e7xg6 2.♖h1xh5+ ♗g7–h6
3.♖h5xh6+ ♔h7–g7
4.♕g2xg6+ ♗e8xg6+
5.♖g1xg6#

2.♕g2xg6+ ♘e7xg6
3.♖h1xh5+ ♗g7–h6 *(D2)*
4.♖h5xh6+ ♔h7–g7
5.♖g1xg6#

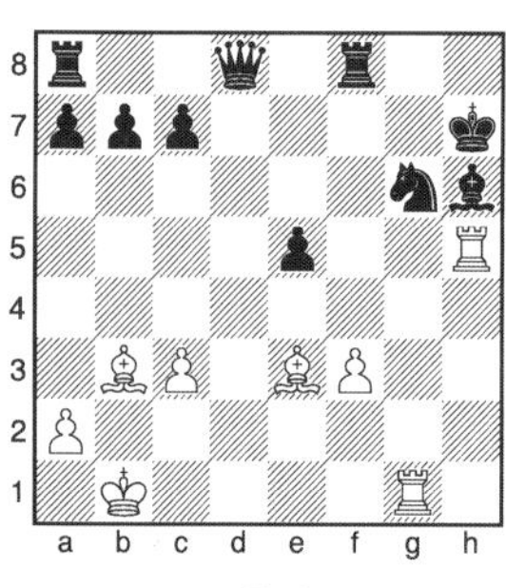

D2

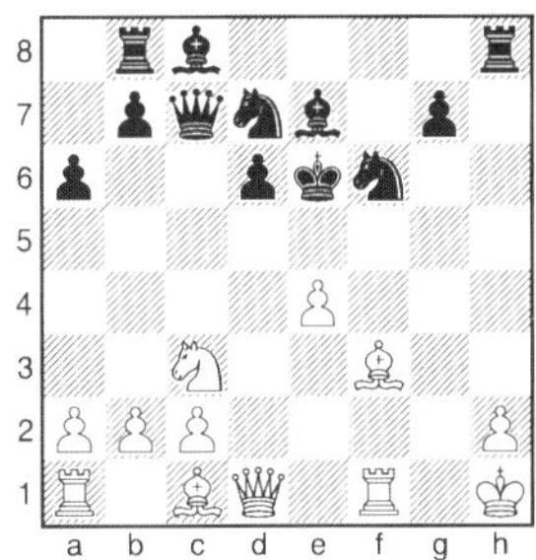

16. Shulman – Feldmus

1.♕d1-d5+ ♘f6xd5 2.♗f3–g4+ ♔e6–e5 3.♖f1-f5+ ♔e5–d4 4.♖f5xd5+ ♔d4–c4 5.♗g4–e2+ ♔c4–b4 6.a2–a3#

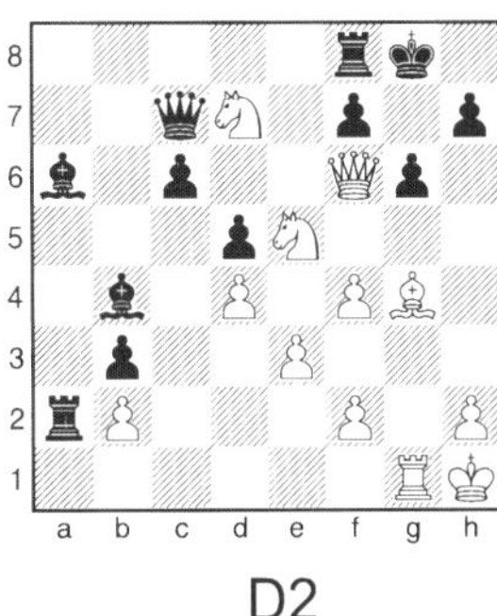

D2

17. Dreev – Rozentalis

1.♘e5xg6 h7xg6 2.♗g4–e6 ♗a6–d3 3.♖g1xg6+ ♗d3xg6 4.♕f6xg6+ ♔g8–h8 5.♕g6–h6+ ♔h8–g8 6.♘d7–f6#

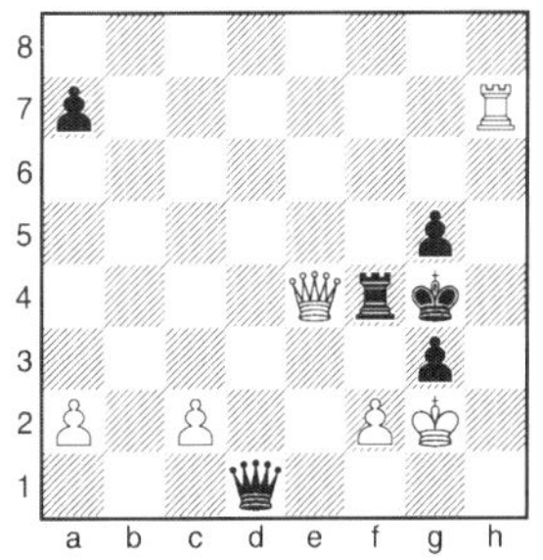

18. Ivanov – Grigorov

Weiß könnte ein Dauerschach mit ♕e4–e6+ geben. Aber ein nettes Manöver bringt ihm den ganzen Punkt:

1.♖h7–h4+ ♔g4xh4

Falls 1...g5xh4 2.♕e4–g6#

2.♕e4–h7+ ♕d1-h5

Falls 2...♔h4–g4 3.♕h7–h3#

3.f2xg3+ ♔h4–g4 *(D2)*
4.♕h7–d7+ ♖f4–f5
5.♕d7–d1+ ♖f5–f3
6.♕d1xf3#

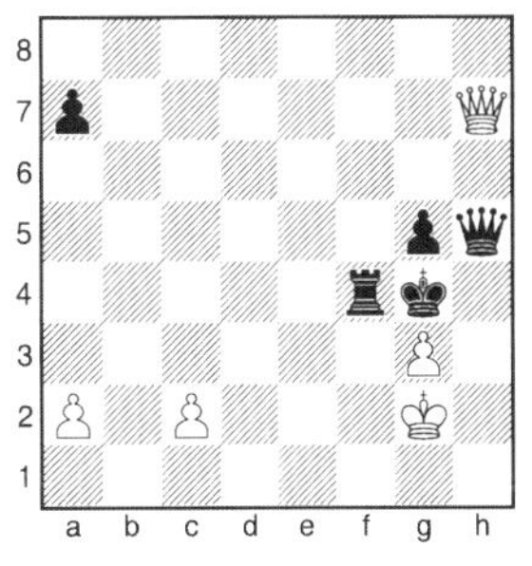

D2

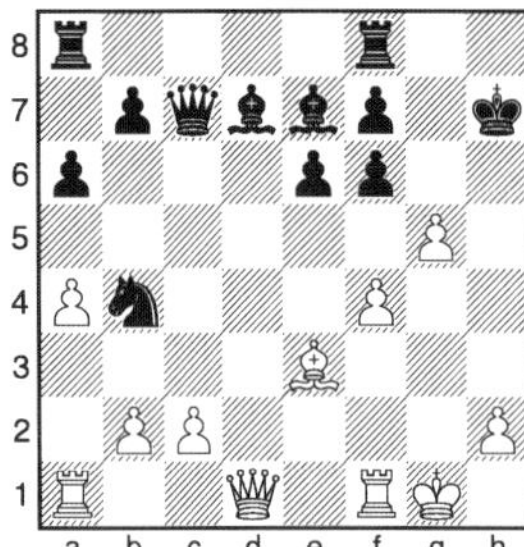
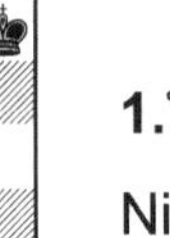

19. Lane – Shamkovich

1.♕d1-h5+ ♔h7–g7

Nicht besser ist die Partiefortsetzung 1...♔h7–g8 2.g5–g6 und Matt folgt.

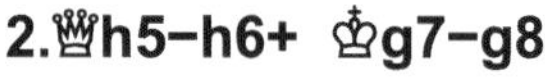

2.♕h5–h6+ ♔g7–g8
3.g5–g6 f7xg6
4.♕h6xg6+ ♔g8–h8 *(D2)*
5.♖f1-f3 e6–e5
6.♕g6–h5+ ♔h8–g8
7.♖f3–g3+ ♗d7–g4
8.♖g3xg4#

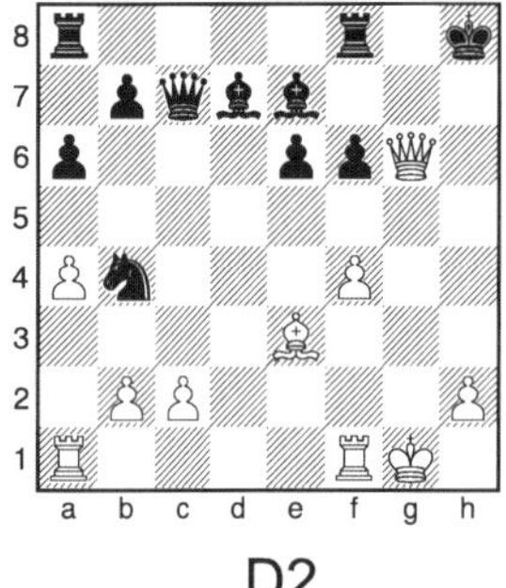

D2

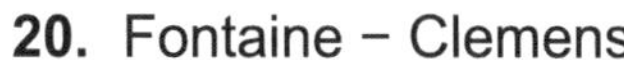

20. Fontaine – Clemens

Das Damenopfer ist nicht so riskant, wie es aussehen mag. Alle weißen Offiziere sind am Angriff beteiligt und gegen den gegnerischen König ausgerichtet:

1.♕h7xg7+

In der Partie folgte
1.♘d4–e6+ ♘d8xe6 2.♕h7xg7+ ♔f8xg7 3.♖f6xg6+ ♔g7–f8 4.♖h2–h8#

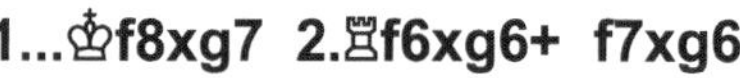

1...♔f8xg7 2.♖f6xg6+ f7xg6
3.♘d4–f5+ ♔g7–f7 *(D2)*
4.♖h2–h7+ ♔f7–g8
5.♖h7–h8+ ♔g8–f7
6.♘f5–h6#

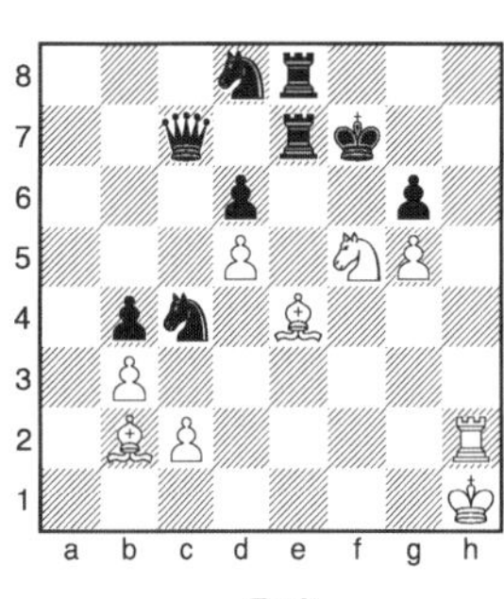

D2

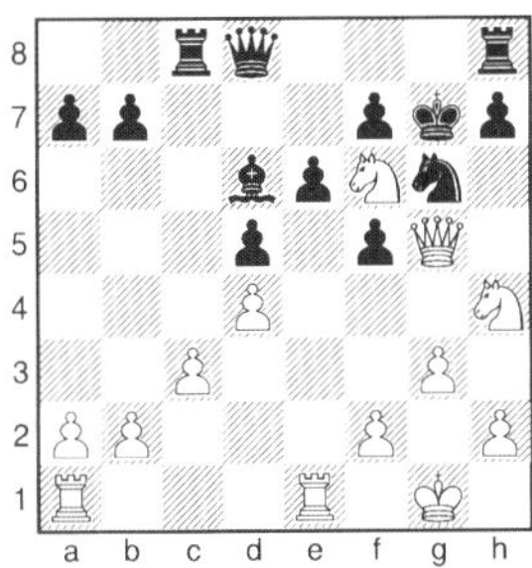

21. Quadiri – Müller

1.♘h4xf5+ e6xf5 2.♘f6–h5+ ♔g7–g8 3.♕g5–h6 ♗d6–f8 4.♖e1-e8 ♕d8–e7 5.♕h6–g7#

Oder 4...♕d8xe8 5.♘h5–f6#

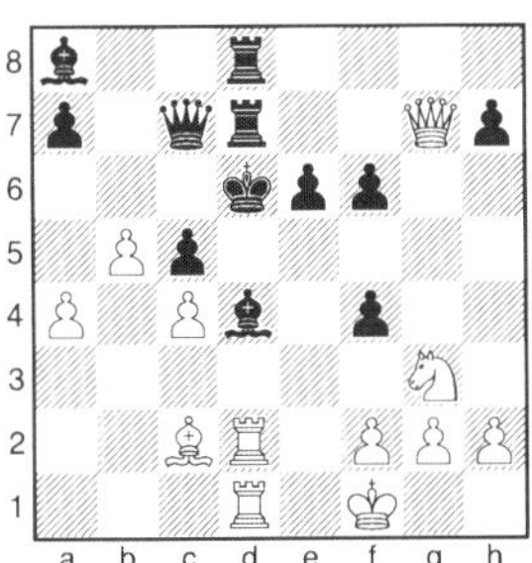

22. Berg – Kanatov

1.♘g3–f5+ ♔d6–e5
2.♖d2–e2+ ♗d4–e3
3.♖e2xe3+ ♗a8–e4 *(D2)*

Falls 3...f4xe3 4.♕g7–g3#

4.♖e3xe4+ ♔e5xf5
5.♖e4xf4+

Oder 5.g2–g4+ f4xg3 6.♕g7–g4#

5...♔f5xf4 6.♕g7–g3#

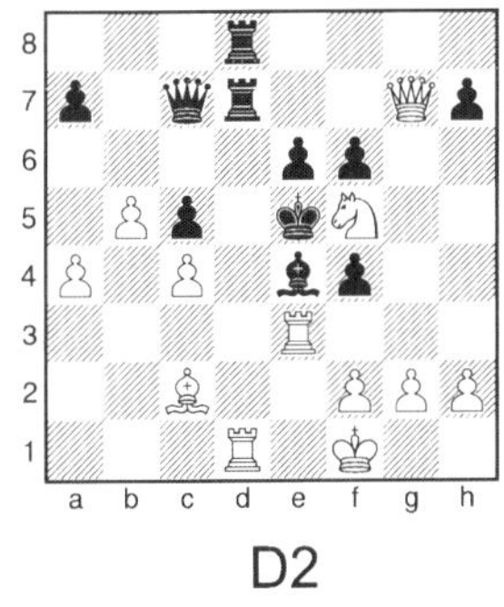

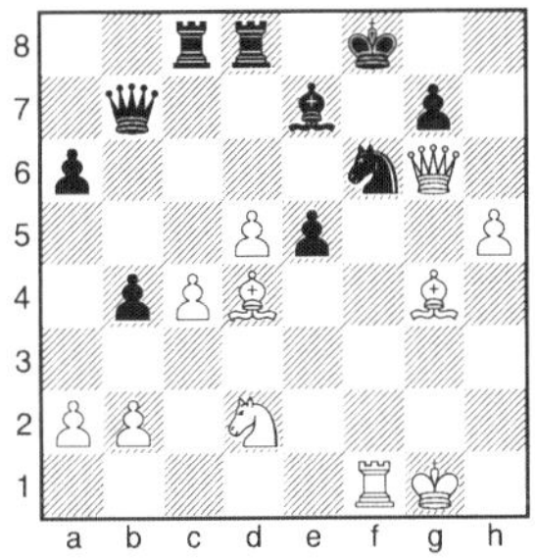

D2

23. Solovjov – Boldysh

1.♗g4–e6 ♗e7–c5
2.♖f1xf6+ g7xf6
3.♕g6–g8+ ♔f8–e7
4.♕g8–f7+ ♔e7–d6
5.♘d2–e4#

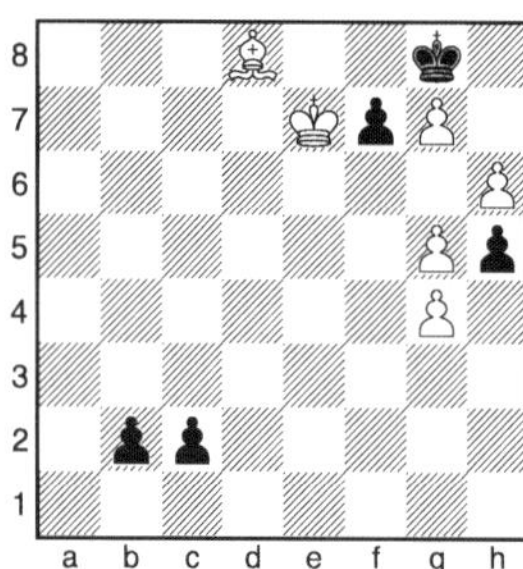

24. Kudelich – Studie 2000

1.h6–h7+ ♔g8xg7

Falls 1...♔g8xh7? 2.♔e7xf7 -- 3.g7–g8♕#

2.h7–h8♕+ ♔g7xh8
3.♔e7xf7 c2–c1♕
4.♗d8–f6+ ♔h8–h7 *(D2)*
5.g5–g6+ ♔h7–h6
6.g4–g5+ ♕c1xg5
7.♗f6–g7#

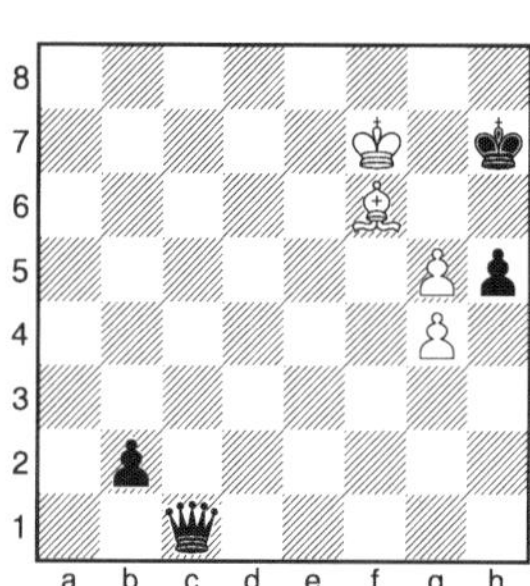

D2

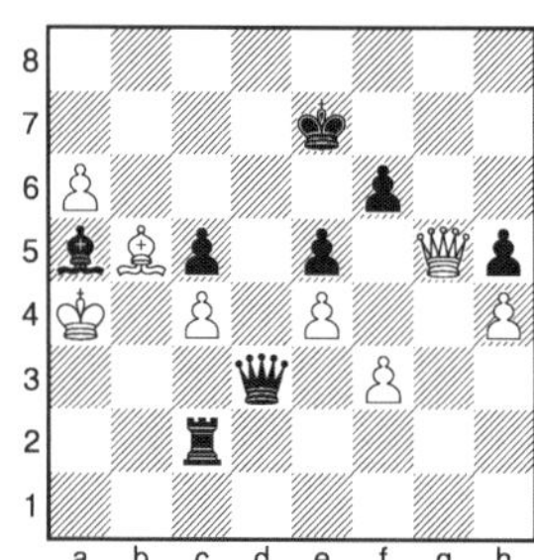

25. Laughlin – Wang

1.♕g5–g7+ ♔e7–d8

Oder
1...♔e7–e6 2.♕g7–g8+ ♔e6–d6
3.♕g8–b8+ ♗a5–c7
(3...♔d6–e6 4.♕b8–e8+ ♔e6–d6 5.♕e8–d7#)
4.♕b8–f8+ ♔d6–e6
5.♕f8–e8+ ♔e6–d6
6.♕e8–d7#

2.♕g7–f8+ ♔d8–c7
3.♕f8–e7+ ♔c7–c8
4.♕e7–b7+ ♔c8–d8 *(D2)*
5.♕b7–b8+ ♔d8–e7
6.♕b8–e8+ ♔e7–d6
7.♕e8–d7#

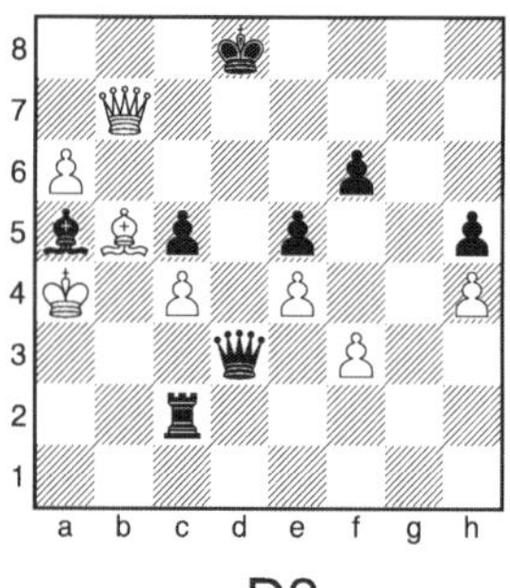

D2

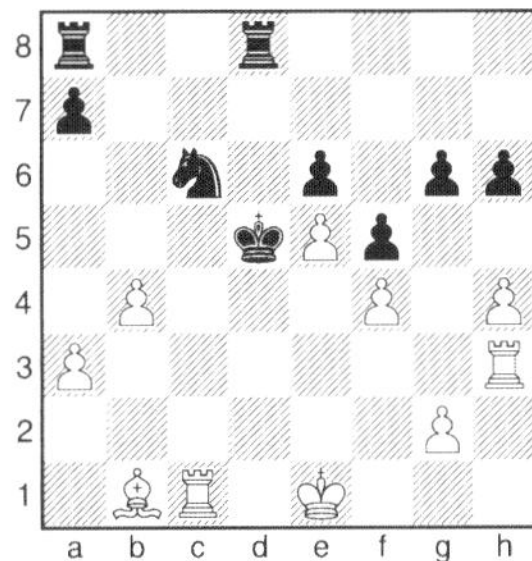

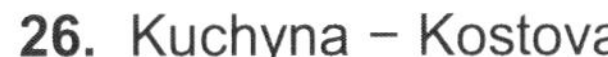

26. Kuchyna – Kostova

30.♖c1-c5+

In der Partie folgte nun
30.♗b1-a2+ ♔d5-e4 31.♖c1xc6+-
Aber ein nettes Matt war möglich:

30...♔d5–d4
31.♖h3–d3+ ♔d4–e4
32.♖c5–c4+ ♘c6–d4 *(D2)*
33.♖d3–f3+

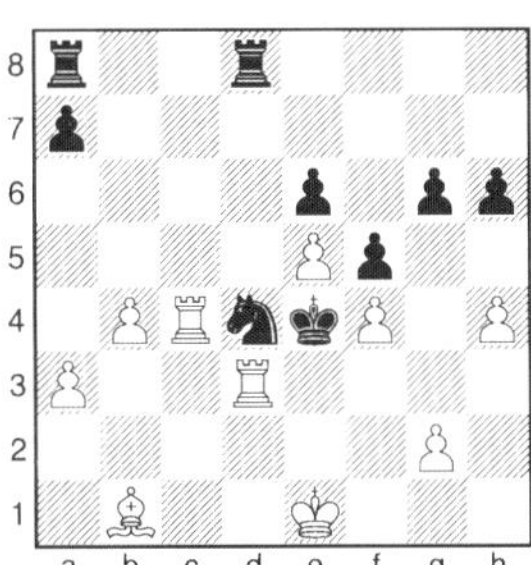

Oder 33.♖d3xd4+ ♔e4–e3
34.♖d4–e4+ f5xe4 35.♖c4xe4#

33...♔e4–d5 34.♖c4–c5#

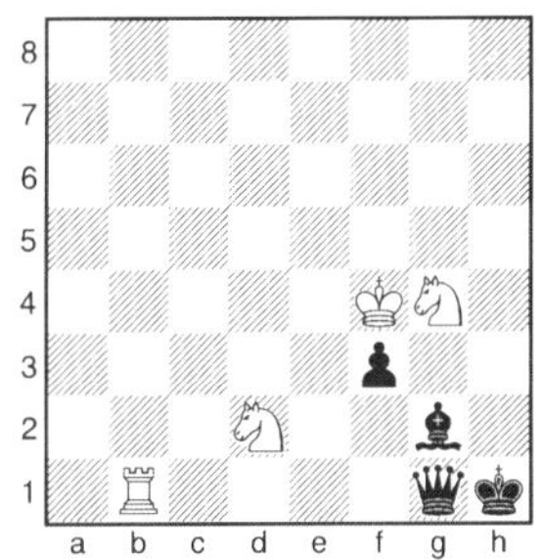

27. Kovalenko – Ende eine Studie

1.♘g4–f2+ ♔h1-h2
2.♖b1xg1 ♔h2xg1
3.♔f4–g3 *(D2)* **♗g2–h3**

Falls 3...♗g2–f1 4.♘d2xf3#;
Oder 3...♗g2–h1 4.♘f2–h3#

4.♘f2xh3+ ♔g1-h1
5.♘d2–e4 f3–f2 6.♘e4xf2#

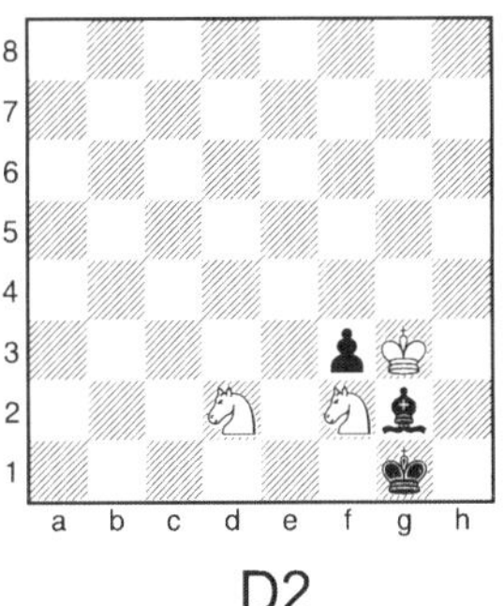

D2

Im Endspiel können zwei Springer alleine nur Matt setzen, wenn der Gegner einen Fehler macht, andernfalls beendet Patt die Partie. Mit Hilfe gegnerischer Steine geht es aber manchmal.

Du kannst mit deinen Freunden wetten: *"Ich zeige euch, wie hier zwei Springer Matt setzen bei bestem Spiel des Gegners!"* Sie werden sagen, das sei unmöglich und sehr erstaunt sein; ☺!

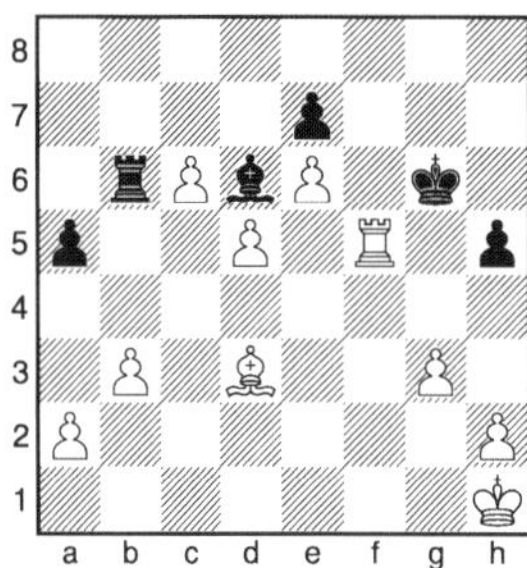

28. Rwamavubi – Kaituu

1.♖f5–f7+ ♔g6–g5

Falls 1...♔g6–h6 2.h2–h4 -- 3.♖f7–h7#

2.h2–h4+ ♔g5–g4
3.♔h1-g2 *(D2)* **♗d6xg3**

Falls 3...♗d6–e5 4.♗d3–e2#

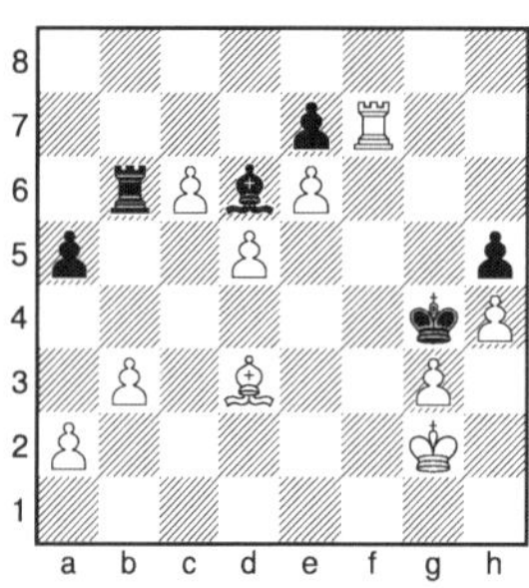

4.♗d3–e2+ ♔g4xh4
5.♖f7–f5 ♖b6xc6
6.♖f5xh5#

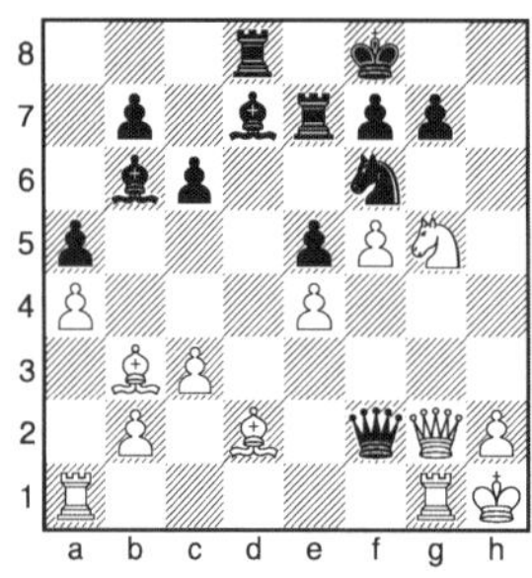

29. Ali Marandi – Makhnyov

1.♘g5–h7+ ♘f6xh7
2.♕g2xg7+ ♔f8–e8
3.♕g7–g8+ ♘h7–f8
4.♕g8xf8+ ♔e8xf8
5.♗d2–h6+ ♔f8–e8 6.♖g1-g8#

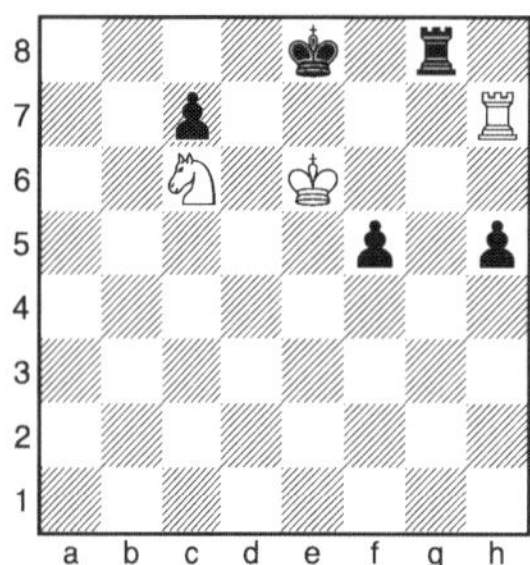

30. Zimmer – Studie 2008

1.♖h7–e7+ ♔e8–f8
2.♘c6–e5 ♖g8–g7
3.♘e5–d7+ ♔f8–g8
4.♘d7–f6+ ♔g8–h8
5.♖e7–e8+ ♖g7–g8 6.♖e8xg8#

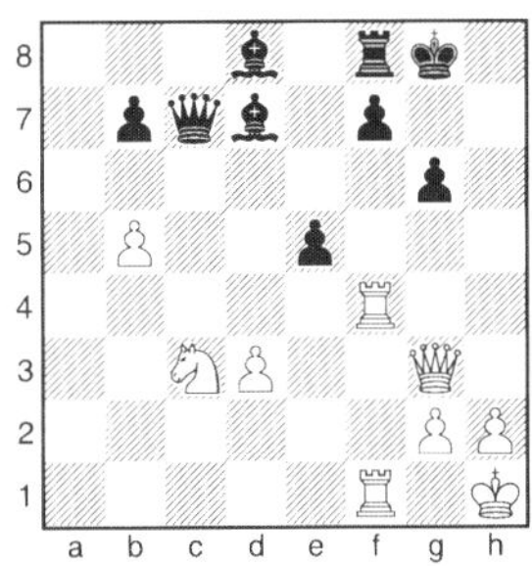

31. Czarnota – Galkin

1.♕g3xg6+ f7xg6 2.♖f4xf8+ ♔g8–g7 3.♖f1-f7+ ♔g7–h6 4.♖f8–h8+ ♔h6–g5 5.♘c3–e4+ ♔g5–g4 6.h2–h3#

Oder 6.♘e4–f2+ ♔g4–g5 7.h2–h4#

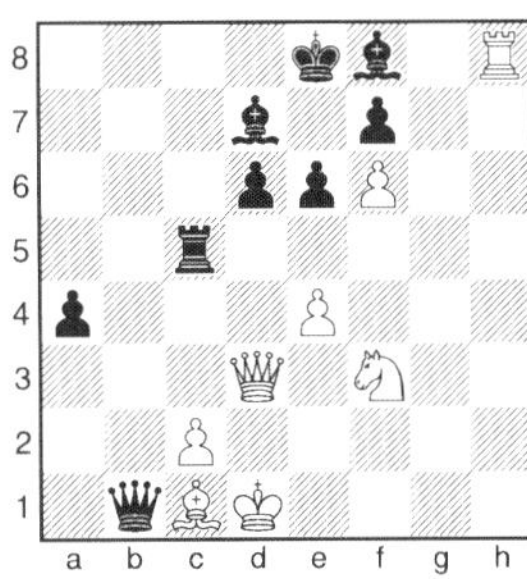

32. Bacrot – Ivanshuk

1.♖h8xf8+

In der Partie 1.♘f3–g5 und später Remis.

1...♔e8xf8 2.♕d3xd6+ ♔f8–g8 3.♕d6–g3+ ♔g8–f8 4.♕g3–g7+ ♔f8–e8 5.♕g7–g8#

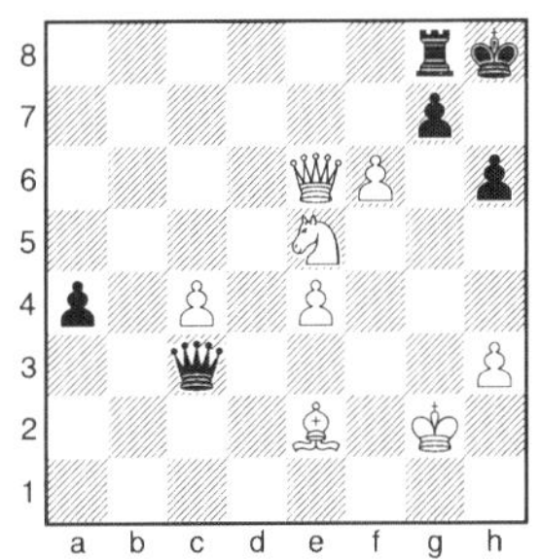

33. Shyam – Wagner

Schwarz hatte gute Gründe hier aufzugeben, denn Matt ist unvermeidbar:

1.♘e5–f7+ ♔h8–h7
2.♕e6–f5+ g7–g6
3.♕f5–d7 *(D2)* **h6–h5**

Falls 3...♕c3xf6 4.♘f7–g5+ ♔h7–h8 5.♕d7–h7#

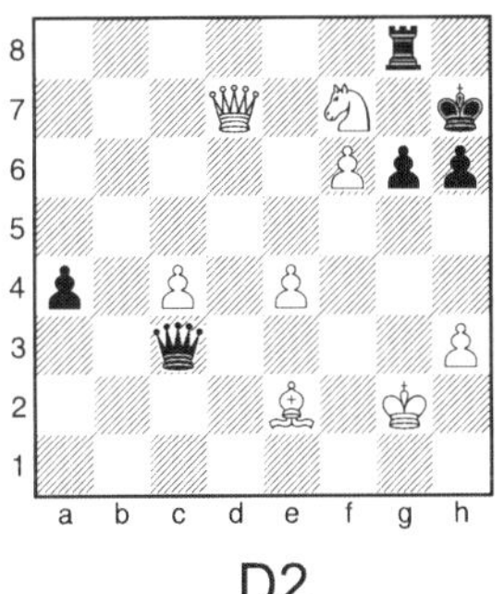

D2

4.♘f7–g5+ ♔h7–h6
5.h3–h4 – 6.♕d7–h7#

Oder 5...♖g8–h8 6.♕d7–g7#

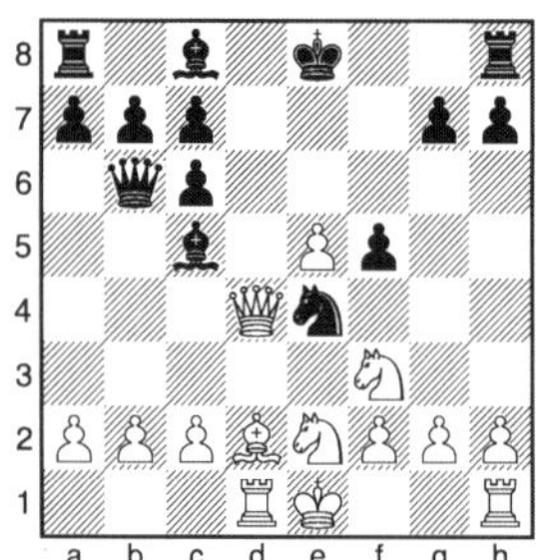

34. Vukovic – Dr.Deutsch

Die Lösung beruht auf einem bekannten Eröffnungsreinfall, der ein vernichtendes Doppelschach nutzt:

1.♕d4–d8+ ♔e8xd8
2.♗d2–g5+ ♔d8–e8
3.♖d1-d8+ ♔e8–f7
4.e5–e6+ *(D2)* **♔f7xe6**

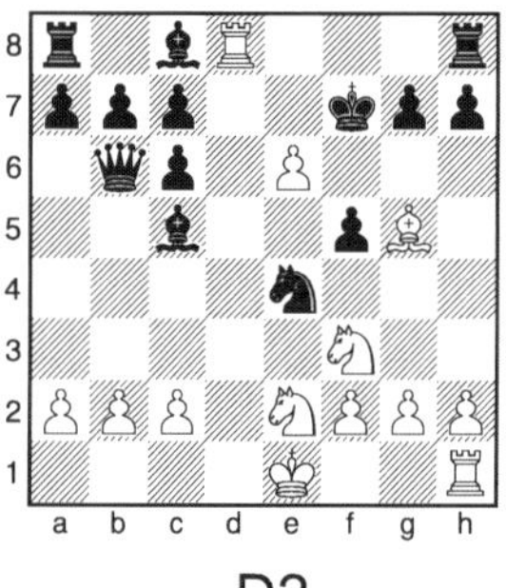

D2

Falls 4...♗c8xe6 5.♘f3–e5#;
Oder 4...♔f7–g6 5.♘e2–f4#

5.♘e2–f4+ ♔e6–f7 6.♘f3–e5#

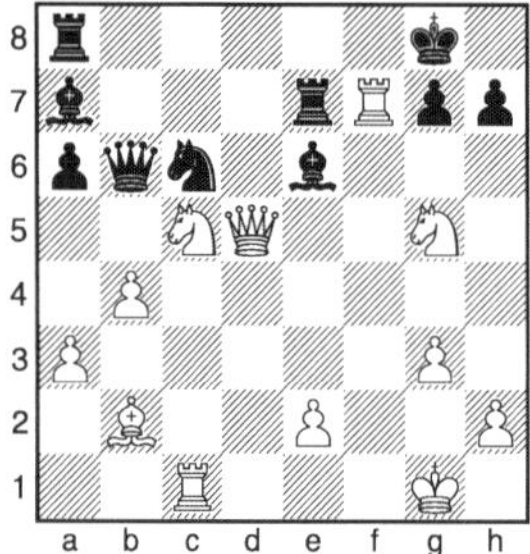

35. Houska – Koderning

Eine Sammlung von Matts ist nicht komplett ohne zumindest ein ersticktes Matt. Hier siehst du eine neue Variation mit einer Fesselung als Unterstützer:

1.♖f7xg7+ ♖e7xg7
2.♕d5xe6+ ♔g8–h8
3.♘g5–f7+ ♔h8–g8
4.♘f7–h6+ *(D2)* **♔g8–h8**

Falls 4...♔g8–f8 5.♖c1-f1+ ♖g7–f7 6.♖f1xf7#

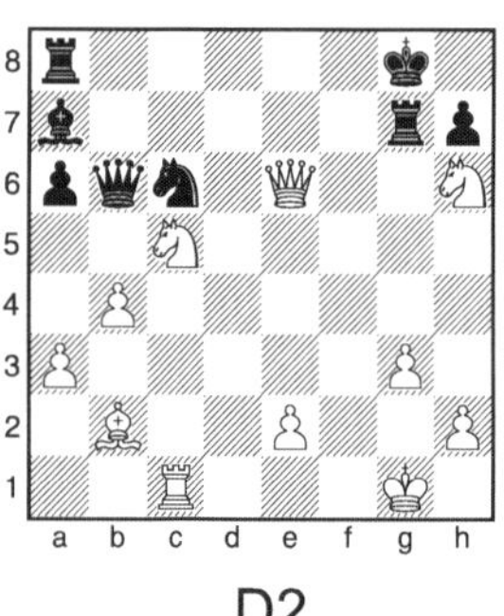

D2

5.♕e6–g8+ ♖a8xg8
6.♘h6–f7#

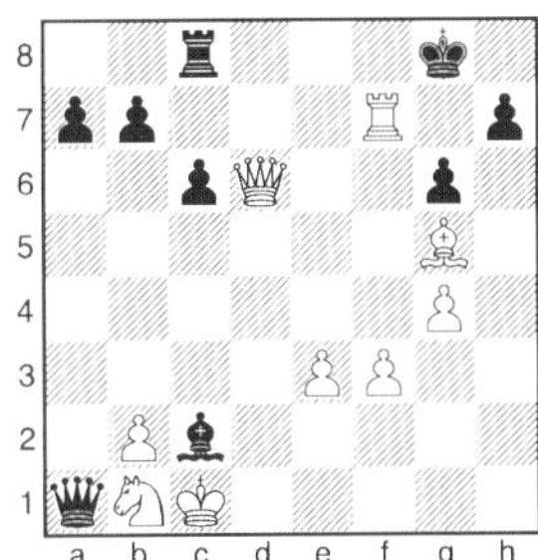

36. Cramling – Ootes

32.♖f7–g7+

In der Partie folgte nun 32...♔g8xg7 33.♕d6–d7+ und Matt in vier Zügen.

32...♔g8–h8
33.♖g7–g8+ ♔h8xg8
34.♕d6–e6+ ♔g8–g7
35.♗g5–f6+ *(D2)* **♔g7–h6**

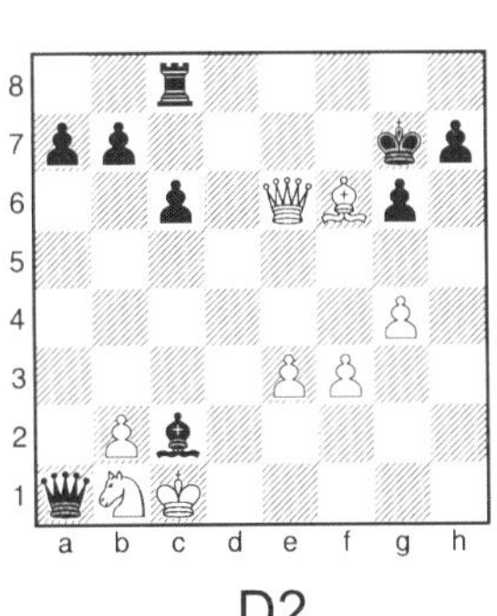

D2

Falls 35...♔g7–f8 36.♕e6–e7+ ♔f8–g8 37.♕e7–g7#

36.g4–g5+ ♔h6–h5
37.♕e6–g4#/h3#

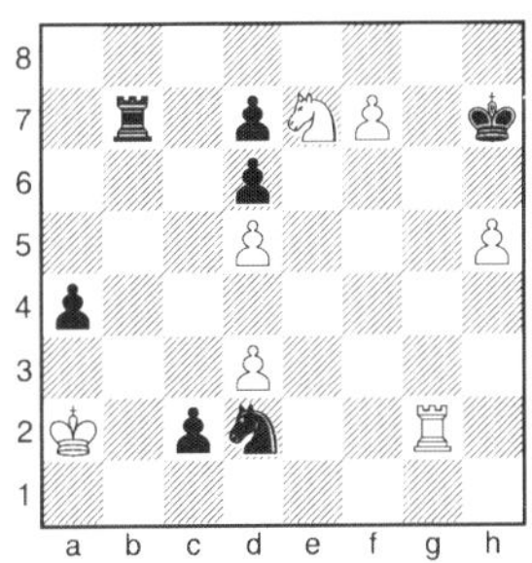

37. Razumenko – Studie 2005

Das ist ein sehr seltenes Beispiel: Eine Spiegel Studie! Das ist sehr praktisch, denn du kannst die Lösung für Weiß gleich auch für Schwarz verwenden (vorausgesetzt natürlich, du findest sie, ☺) und brauchst dir dann nicht so sehr den Kopf zu zerbrechen!

❍ **1.f7–f8♘+ ♔h7–h6 2.♘e7–f5+**

Oder 2.♘e7–g8+ ♔h6xh5 3.♘g8–f6+

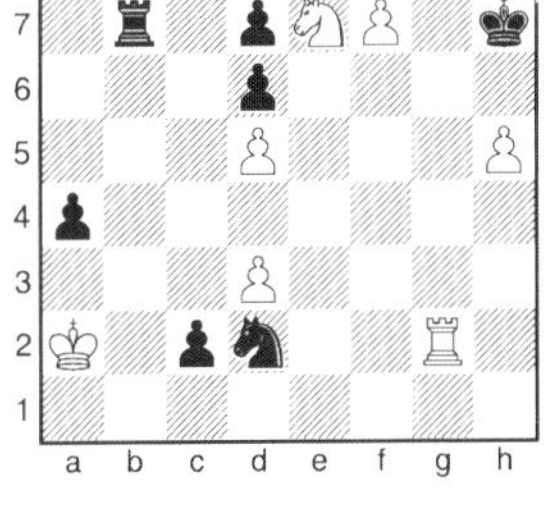

D2

2...♔h6xh5 3.♘f5–g7+ ♔h5–h4 *(D2)*
4.♘f8–g6+ ♔h4–h3 5.♘g6–f4+ ♔h3–h4
6.♘g7–f5#

● **1.-- c2–c1♘+ 2.♔a2–a3 ♘d2–b1+ 3.♔a3xa4 ♘b1–c3+ 4.♔a4–a5 ♘c1–b3+ 5.♔a5–a6 ♘b3–c5+ 6.♔a6–a5 ♖b7–b5#**

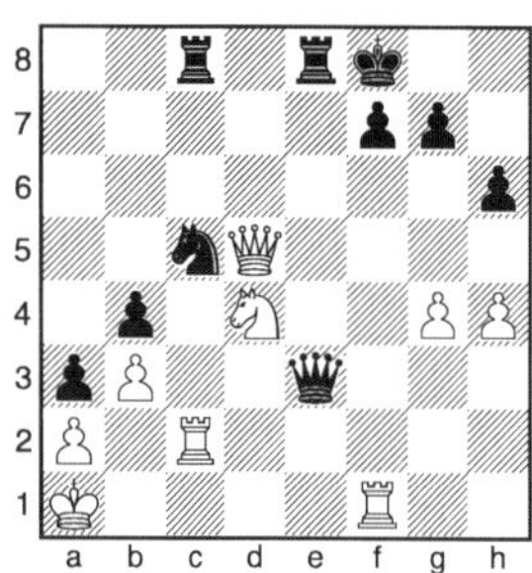

38. Suvrajit – Koustav

35...♕e3–e1+ 36.♖c2–c1 ♘c5xb3+
37.♘d4xb3 ♖c8xc1+
38.♘b3xc1 ♕e1-c3+
39.♔a1-b1 ♕c3–b2#

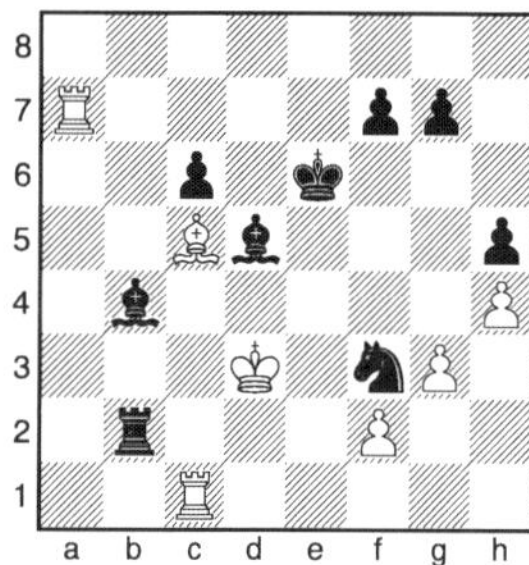

39. Rogozenko – Morozevich

1...♘f3–e5+ 2.♔d3–d4

Ähnlich 2.♔d3–e3 ♘e5–g4+ 3.♔e3–f4 , ...

2...♖b2–d2+ 3.♔d4–e3 ♘e5–g4+
4.♔e3–f4 ♖d2xf2+ 5.♗c5xf2 ♗b4–d2+
6.♗f2–e3 ♗d2xe3#

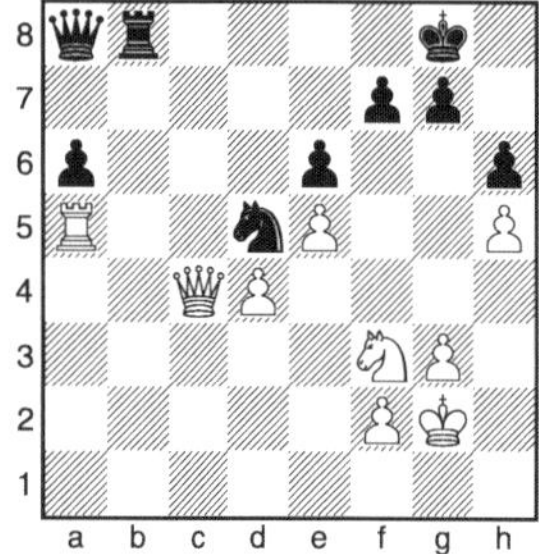

40. Gulko – Adams

1...♘d5–e3+ 2.f2xe3

2.♔g2–h3 ♕a8xf3 3.f2xe3 ♕f3xh5+
4.♔h3–g2 ♖b8–b2+ und Matt folgt.

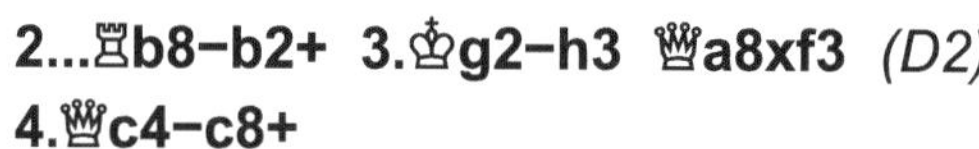

2...♖b8–b2+ 3.♔g2–h3 ♕a8xf3 *(D2)*
4.♕c4–c8+

4.d4–d5 ♕f3–f5+
5.♕c4–g4 ♕f5–f1+
6.♔h3–h4 ♖b2–h2+
7.♕g4–h3 ♕f1xh3#

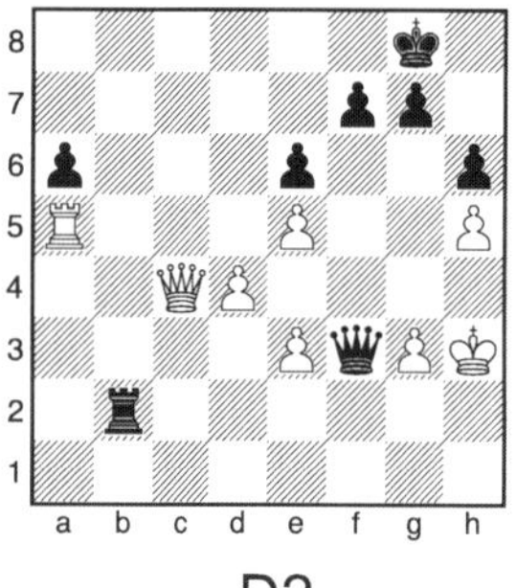

D2

4...♔g8–h7 5.♕c8–d8 ♕f3–f5+/f1+
6.g3–g4 ♕f5–f3+
7.♔h3–h4 ♖b2–h2#

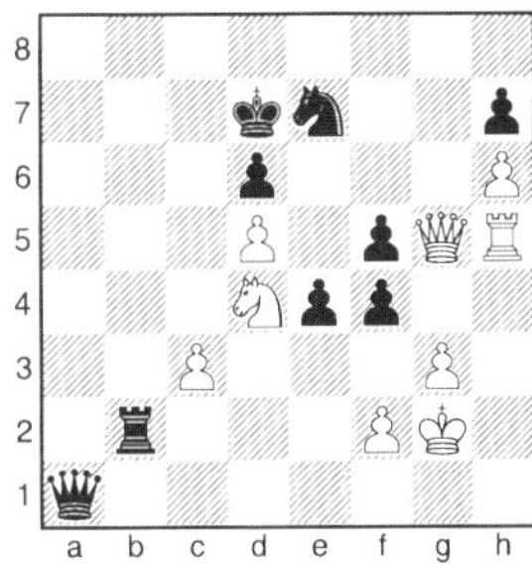

41. Akkam – Pascua

1...f4–f3+
2.♘d4xf3 e4xf3+
3.♔g2xf3 ♕a1-d1+

Nach 3...♕a1-e1 kann Weiß das Ende hinauszögern, indem er die Dame opfert;
oder er wählt das schnelle Ende
4.♕g5–e3 ♖b2xf2+ 5.♕e3xf2 ♕e1-e4#

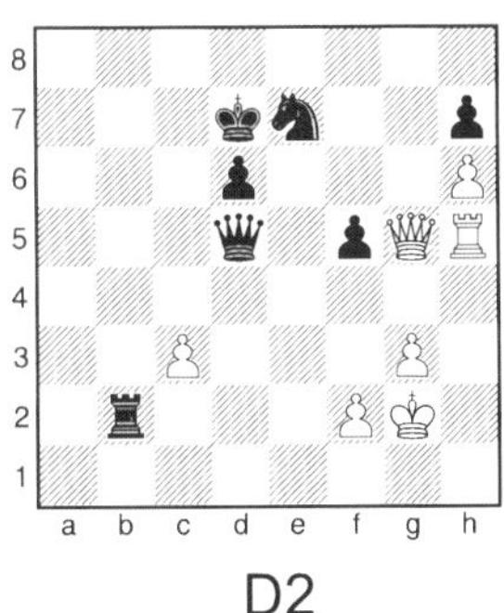

D2

4.♔f3–g2 ♕d1xd5+ *(D2)*
5.♔g2–f1 ♖b2–b1+
6.♔f1-e2 ♕d5–d1+
7.♔e2–e3 ♘e7–d5#

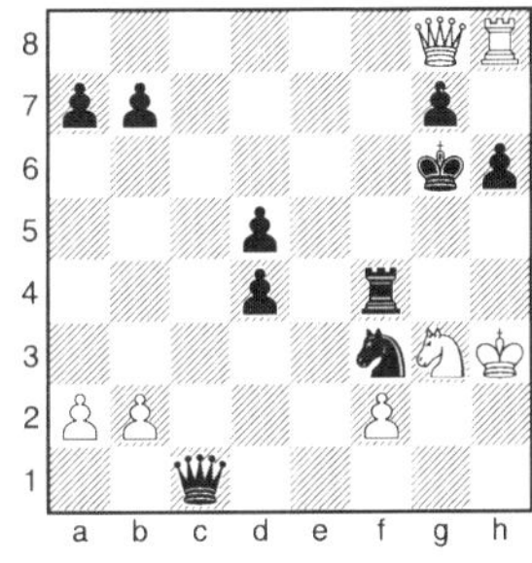

42. Roberts – Pedersen

1...♖f4–h4+ 2.♔h3–g2 ♘f3–e1+ *(D2)*
3.♔g2–g1

3.♔g2–f1 ♘e1-d3+ 4.♔f1-g2
(4.♔f1-e2 ♕c1-e1+ 5.♔e2xd3 ♕e1-d1#)
4...♘d3–f4+ 5.♔g2–f3 ♕c1-d1+
6.♘g3–e2 ♕d1xe2+ 7.♔f3–g3 ♕e2–g4#

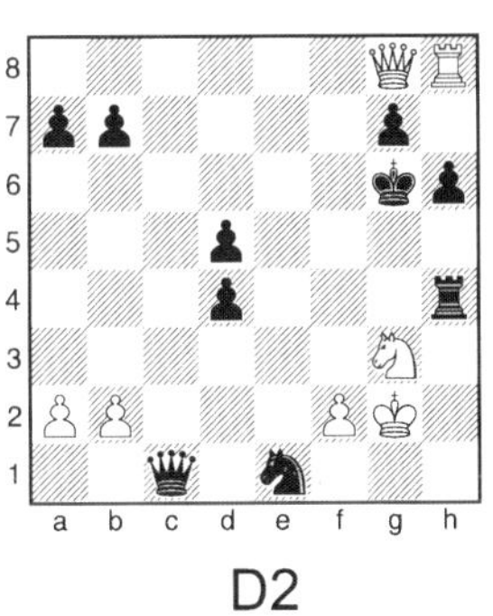

D2

3...♘e1-d3+
4.♘g3–f1 ♖h4–g4+
5.♔g1-h2 ♕c1-f4+
6.♘f1-g3 ♕f4xf2+

Oder 6...♖g4–h4+ 7.♔h2–g1 ♕f4xf2#

7.♔h2–h1 ♖g4–h4#

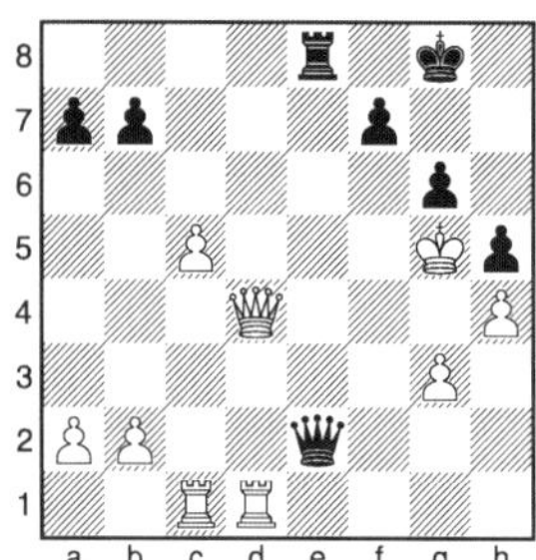

43. Bluebaum – Bailet

Ein Mattangriff muss nicht immer mit einem krachenden Opfer starten. Manchmal ist auch ein stiller Vorbereitungszug der Begin,n wie hier zu sehen ist:

1...♔g8–h7

In der Partie wählte Schwarz das Dauerschach: 1...♕e2–e7+ 2.♕d4–f6 ♕e7–e3+ =

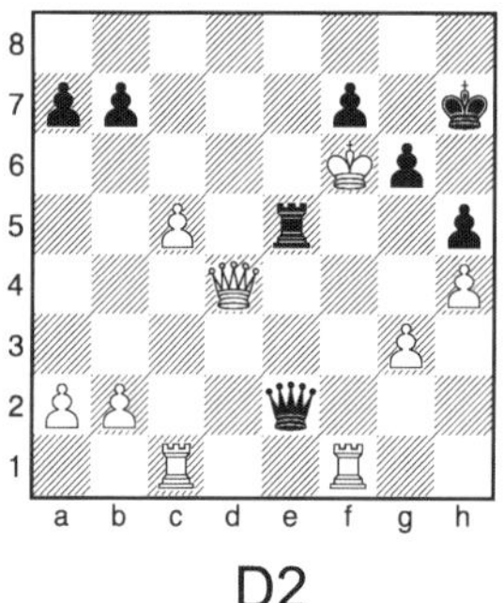

D2

2.♖d1-f1

Oder 2.♖d1-e1 f7–f6+ 3.♔g5xf6 ♖e8–f8+ 4.♔f6–g5 ♖f8–f5#

2...♖e8–e5+ 3.♔g5–f6 *(D2)* **♖e5–f5+ 4.♖f1xf5 ♕e2–e6+ 5.♔f6–g5 ♕e6xf5#**

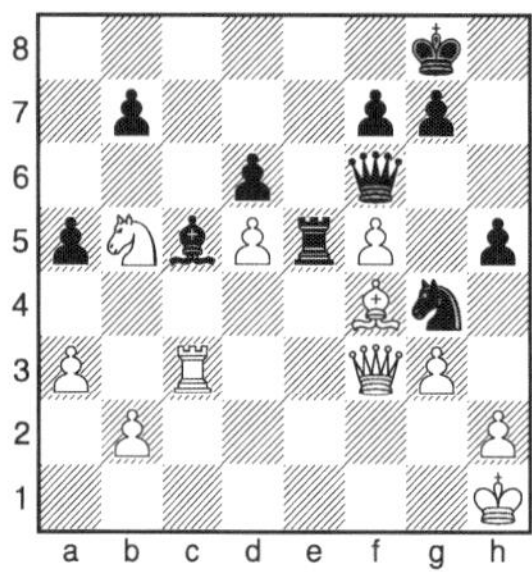

44. Alekseev – Morozevich

1...♖e5–e1+ 2.♔h1-g2 ♖e1-g1+ 3.♔g2–h3 ♘g4–f2+ 4.♕f3xf2 ♕f6xf5+ 5.♔h3–h4 ♕f5–g4#

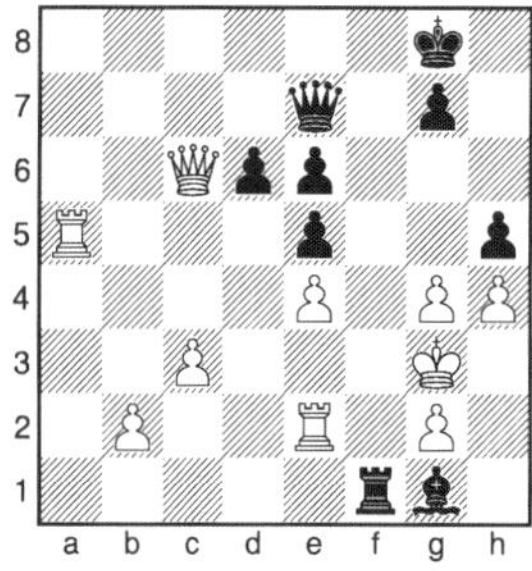

45. Tejedor Fuentes – Frolyanov

1...♗g1-h2+ 2.♔g3–h3 h5xg4+ 3.♔h3xg4 ♖f1-f4+ 4.♔g4–h5 ♕e7xh4+

Oder 4...♔g8–h7 5.-- g7–g6#

5.♔h5–g6 ♖f4–f6#

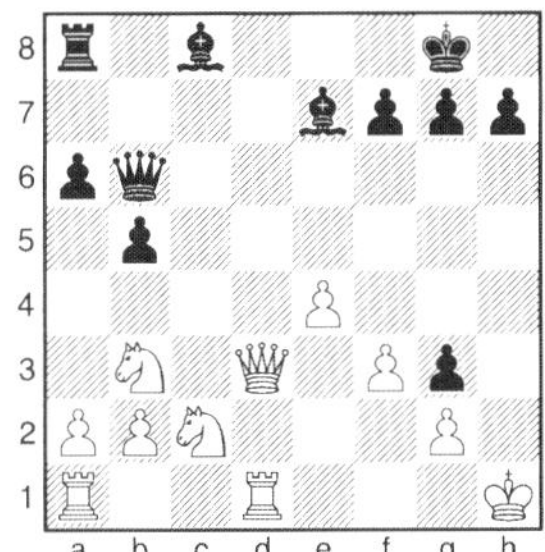

46. Amarapata – Tandrup

1...♕b6–h6+
2.♔h1-g1 ♕h6–h2+
3.♔g1-f1 ♕h2–h1+
4.♔f1-e2 ♕h1xg2+
5.♔e2–e3 ♕g2–f2+
6.♔e3–f4 g7–g5+ *(D2)*
7.♔f4–e5 f7–f6+
8.♔e5–d5 ♕f2–b6
9.♕d3–e3 ♗c8–e6#

Falls 9.e4–e5 ♗c8–b7#

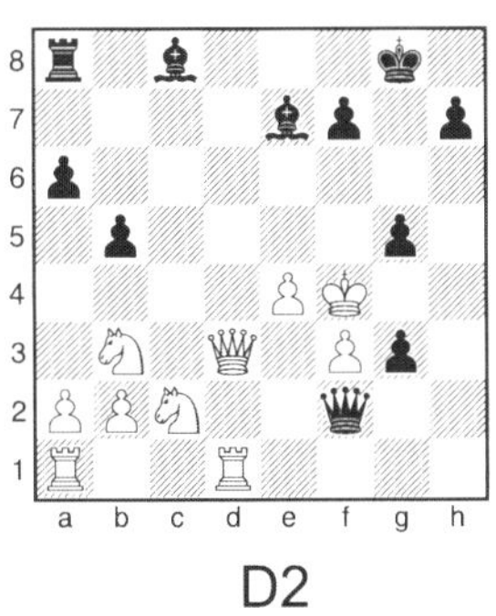

D2

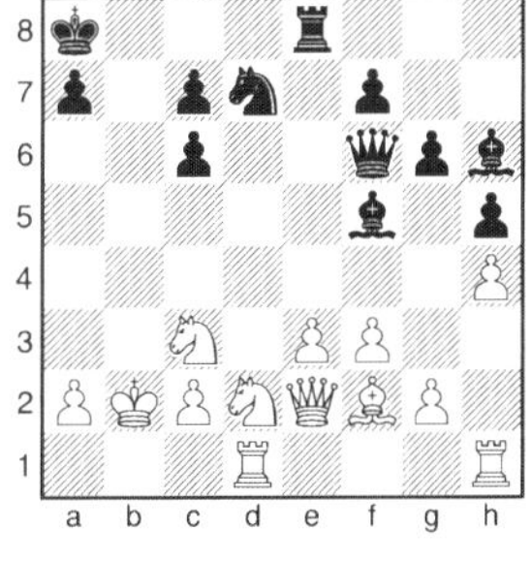

47. Diaz – Gongara

1...♕f6xc3+
2.♔b2xc3 ♗h6–g7+
3.♔c3–c4

Noch schneller verliert
3.♔c3–b4 ♖e8–b8+ 4.♔b4–a3, ...

3...♗f5–e6+
4.♔c4–b4 ♖e8–b8+ *(D2)*
5.♔b4–a3 ♗g7–b2+
6.♔a3–a4 ♘d7–c5+
7.♔a4–a5 ♗b2–c3#

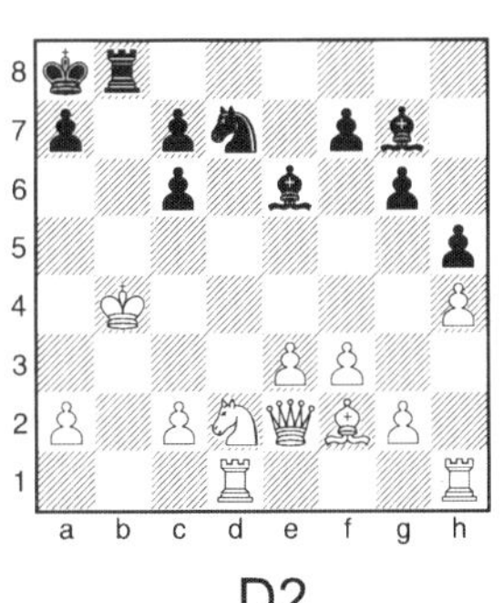

D2

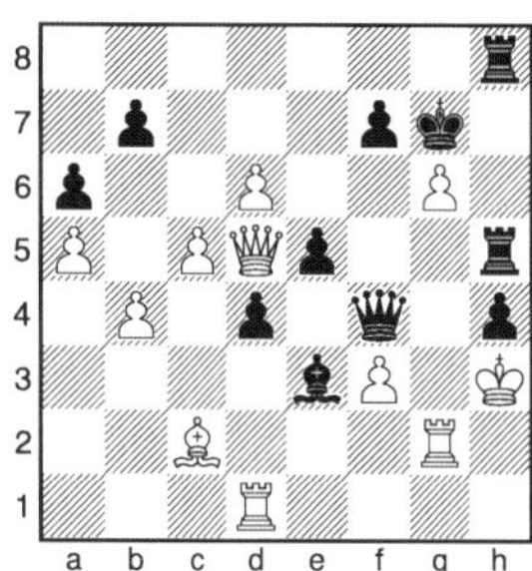

48. Kowtschan – Moissejenko

1...♕f4–g3+
2.♖g2xg3 h4xg3+
3.♔h3–g2

Falls 3.♔h3xg3?? ♖h5–g5#

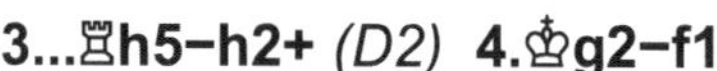

3...♖h5–h2+ *(D2)* **4.♔g2–f1**

Oder 4.♔g2xg3 ♗e3–f2+ 5.♔g3–g4 ♖h2–h4+ 6.♔g4–g5 ♖h8–h5#

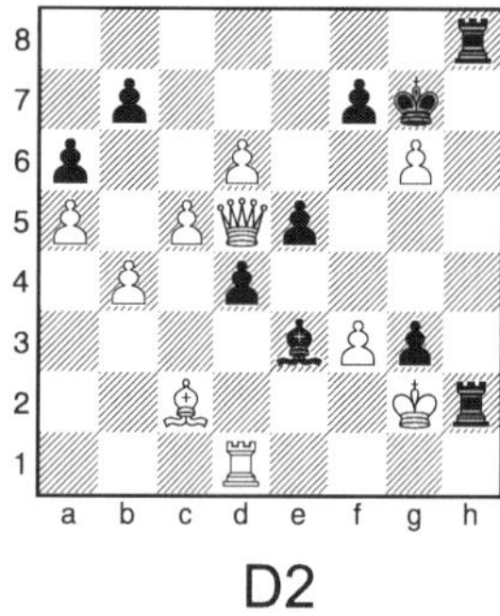

D2

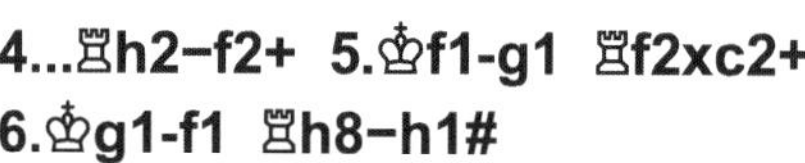

4...♖h2–f2+ 5.♔f1-g1 ♖f2xc2+
6.♔g1-f1 ♖h8–h1#

Oder etwas dramatischer
5...♖h8–h1+ 6.♔g1xh1 ♖f2–h2#

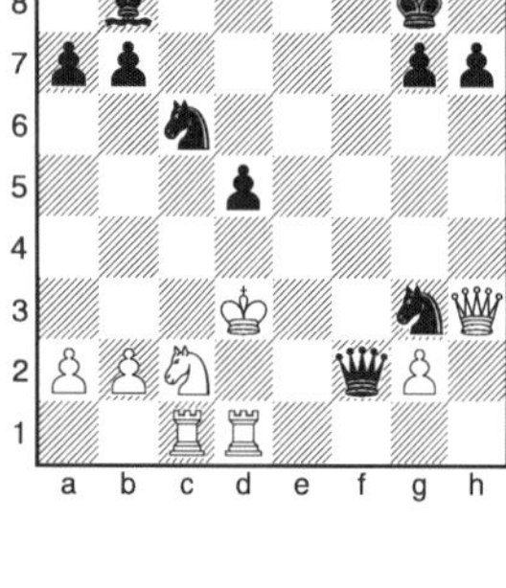

49. Budnikov – Vuckovic

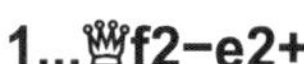

1...♕f2–e2+
2.♔d3–c3 ♕e2–c4+
3.♔c3–d2 ♗b8–f4+
4.♘c2–e3 ♕c4–e2+ *(D2)*
5.♔d2–c3 ♗f4–e5+
6.♖d1-d4 ♗e5xd4+
7.♔c3–b3 ♕e2xb2+
8.♔b3–a4 b7–b5# / ♕b2–b4#

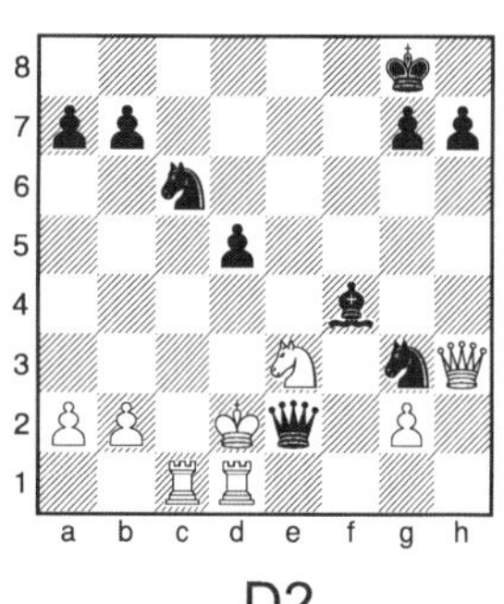

D2

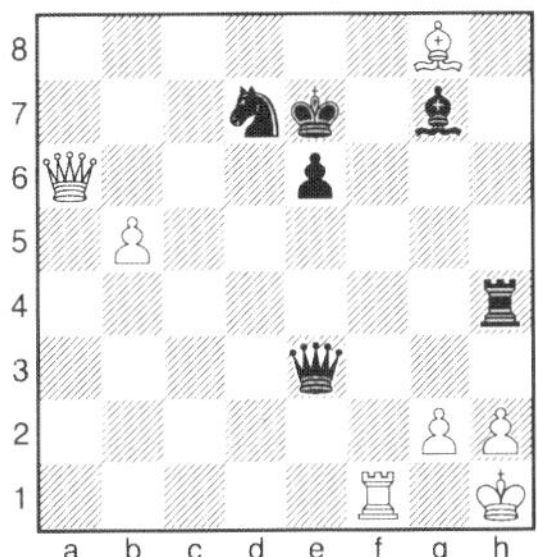

50. Negi – Shomoev

1...♖h4xh2+
2.♔h1xh2 ♗g7–e5+
3.♔h2–h1 ♕e3–h6+
4.♔h1-g1 ♗e5–h2+ *(D2)*
5.♔g1-f2 ♕h6–d2+
6.♔f2–f3 ♘d7–e5+
7.♔f3–e4 ♕d2–d3#

Die Jagd auf den König endet mitten auf dem Brett!

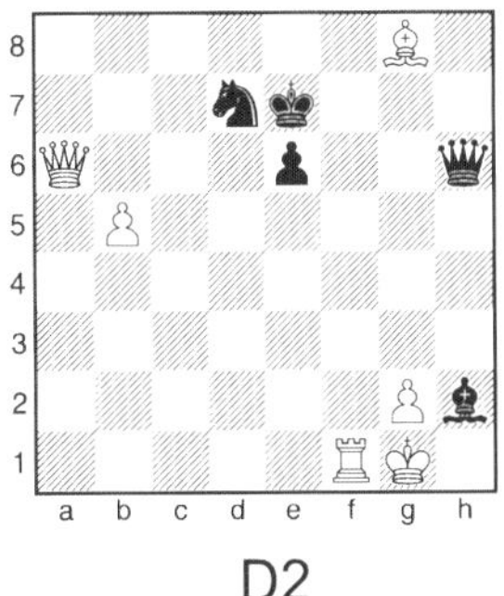

D2

Dies ist das Ende unserer Lektionen und Tests.

Wenn du dem Buch bis hierher gefolgt bist, gratuliere ich dir.

So lange so hart und konzentriert zu trainieren ist eine große Leistung!

Dies mag auch wichtiger sein als z.B. eine Turnierpartie oder sogar ein kleines Turnier zu gewinnen. Die Freude und der Stolz des Erfolgs sind schnell wieder verflogen. Aber das Wissen und Geschick, das du aus deinem Training gewonnen hast, bleibt dir fürs Leben; wird dir helfen, besser und erfolgreicher zu spielen oder, falls du nicht so sehr am Turnierschach interessiert bist, zumindest Partien, die du z.B. im Internet verfolgst, besser zu verstehen.

14. Spiel Blindschach!

Ein letzter Ratschlag für dich, bevor das Buch endet. Versuche, um deine Konzentration und Rechenfähigkeit zu stärken, Blindschach zu spielen.

Du denkst, ich scherze? Du denkst, nur Meister könnten Blindschach spielen und nicht du, der du nur auf dem Niveau eines Klubspielers bist? Das ist absolut nicht wahr!

Einer meiner Freunde hat oft Blindspiel als Trainingswerkzeug für Kids mit Rating von ca. DWZ 1200 aufwärts benutzt. Keiner von ihnen traute sich zu, mehr als ein paar Eröffnungszüge blind spielen zu können. Aber alle konnten das viel, viel besser als sie je gedacht hätten! Mein Freund gab mir ein altes Polaroid Foto, das du unten siehst. Die Jungen waren zwischen 14 und 17 Jahre alt und hatten eine Spielstärke von 1400 – 1700 Rating. Es waren keine besonders ausgewählten Spieler / Kaderspieler o. dgl., sondern ganz normale junge Klubspieler.

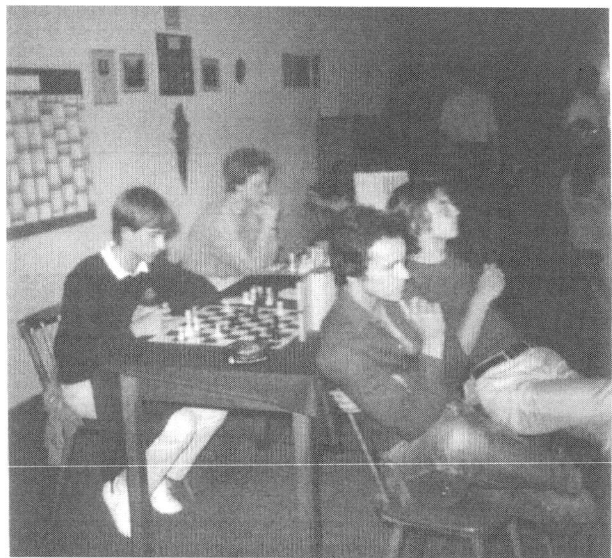

Das Foto zeigt eine praktische Anordnung für eine Blindpartie. Die beiden Jungs rechts sind die Spieler. Man sieht an Haltung und Gesichtsausdruck, wie konzentriert sie sind.

Der Junge links ist der "Kontrolleur". Er setzt die von den Spielern angesagten Züge auf dem Brett, schreibt mit und informiert die Spieler, wenn ein Zug nicht möglich ist.

Nach insgesamt drei fehlerhaft genannten Zügen ist die Partie vorbei, was aber selten geschah. Selbst in den ersten Versuchen wurden 20–25 Zügen korrekt von nahezu allen gespielt. Nach der Partie rotieren die drei oder auch vier Spieler. (Im Foto ist der Spieler links hinten der vierte Teilnehmer, der seine zuvor gespielte Partie noch einmal anschaut.)

Am Ende der Partie schauen sich die Spieler die Brettstellung an und vergleichen sie mit der Stellung, die sie im Kopf haben. Eventuell wird die Partie auch gleich nachgespielt, um interessante Momente anzuschauen, was aber auch später geschehen kann.

Während der ersten Sitzungen, wenn die Spieler noch unerfahren sind, hilft ihnen ein leeres Schachbrett, das vor ihnen liegt, sich die Züge besser vorstellen zu können.

Dieses Blindspiel in einer kleinen Gruppe ist nicht nur ein gutes Training, sondern kann auch Spaß machen. Manchmal geschehen lustige Missverständnisse. Und alle Mitspieler können sehen, wozu sie fähig sind und das ist eine gute Motivation und ein Ansporn.

Du kannst solches Blindschach Training mit Freunden machen. Oder, wenn dein(e) Partner nur schwache Spieler sind, spielst nur du blind und der Partner sitzt am Brett und spielt ganz normal sehend. Es gibt viele Variationsmöglichkeiten. Finde heraus, was dir am besten hilft oder am meisten Spaß macht!

Manche Schachprogramme und Internet-Plattformen bieten auch die Möglichkeit, blind gegen den Computer zu spielen.

Was immer du nun nach Ende dieses Buches tun magst –

Alles Gute und viel Spaß und Unterhaltung mit dem Schachspiel
wünscht dir

Thomas Luther